IFRS für Dummies – Schummelseite

Wer wendet IFRS an?

- Der *Konzernabschluss eines kapitalmarktorientierten* Unternehmens in Deutschland muss nach den IFRS aufgestellt sein.
- Der *Konzernabschluss eines nicht kapitalmarktorientierten* Unternehmens in Deutschland kann nach den IFRS aufgestellt sein. Der kann dann auch im Register eingereicht werden.
- Ein *Jahresabschluss eines einzelnen Unternehmens* kann in Deutschland nach IFRS erstellt werden; im Register muss jedoch ein HGB-Abschluss eingereicht werden.

Wo kommen die IFRS her und was gehört dazu?

- Die International Financial Reporting Standards (IFRS) werden von einer Organisation in London (IASB) geschaffen und gepflegt. Auch Deutschland ist dort vertreten.
- Neben den einzelnen Standards (*IFRS oder IAS*) gibt es Interpretationen (*SIC und IFRIC*) und ein *Rahmenkonzept*.

Was enthält ein kompletter IFRS-Abschluss?

Ein kompletter IFRS-Abschluss besteht aus

- einer Bilanz,
- einer Gesamtergebnisrechnung (darin steckt auch die GuV),
- einer Eigenkapitalveränderungsrechnung,
- einer Kapitalflussrechnung und
- einem Anhang.
- Börsennotierte Unternehmen erstellen zusätzlich eine Segmentberichterstattung und zeigen das Ergebnis je Aktie.

Wie sehen eine Bilanz und eine GuV nach IFRS aus?

- Es gibt keine festen Gliederungsvorschriften, lediglich *Mindestangaben* werden gefordert.
- Die *Bilanz* wird meistens nach der Fristigkeit gegliedert in kurz- und langfristige Posten. Die *GuV* kann nach dem Umsatzkosten- oder dem Gesamtkostenverfahren aufgestellt werden.

IFRS für Dummies – Schummelseite

Was gehört in eine IFRS-Bilanz?

- Eine IFRS-Bilanz enthält *Vermögenswerte, Schulden* und *Eigenkapital*.
- Ein *Vermögenswert* ist ein dem Unternehmen gehörendes Objekt, von dem erwartet wird, dass dem Unternehmen dadurch in Zukunft irgendein Nutzen zufließt.
- Eine *Schuld* ist eine gegenwärtige Verpflichtung eines Unternehmens, deren Erfüllung erwartungsgemäß zu einem Abfluss von Ressourcen führt.
- *Eigenkapital* ist der verbleibende Betrag, wenn von den Vermögenswerten die Schulden abgezogen werden.

Welche sind die bedeutenden Bewertungskonzepte?

- Es dominiert die Bewertung nach den *historischen Anschaffungs- und Herstellungskosten* oder dem *Fair Value*.
- Der *Fair Value* ist der Marktwert eines Vermögenswertes oder einer Schuld.

Wo kann ich sonst noch nachschauen?

Auf den folgenden zwei Websites finden Sie vielleicht schnell Hilfe:

- www.iasb.org

  Die Site der IFRS-Entwickler hält Sie über alle aktuellen Neuerungen und Änderungen auf dem Laufenden. Insbesondere finden Sie hier eine Auflistung aller aktuell geltenden Standards und Interpretationen.

- www.ifrs-fachportal.de (*deutsch*) oder www.accountingresearchmanager.com (*englisch*)

  Diese Sites liefern viele Informationen und hilfreiche Ausführungen zu bestimmten und zum Teil auch sehr speziellen Bilanzierungssachverhalten. Außerdem erhalten Sie auch hier immer einen aktuellen Überblick.

IFRS für Dummies

Jürgen Diehm und Andreas Lösler

IFRS für Dummies

WILEY-VCH

WILEY-VCH Verlag GmbH & Co. KGaA

Bibliografische Information der Deutschen Nationalbibliothek
Die Deutsche Nationalbibliothek verzeichnet diese Publikation
in der Deutschen Nationalbibliografie; detaillierte bibliografische
Daten sind im Internet über http://dnb.d-nb.de abrufbar.

1. Auflage 2011

© 2011 WILEY-VCH Verlag GmbH & Co. KGaA, Weinheim

Wiley, the Wiley logo, Für Dummies, the Dummies Man logo, and related trademarks and trade dress are trademarks or registered trademarks of John Wiley & Sons, Inc. and/or its affiliates, in the United States and other countries. Used by permission.

Wiley, die Bezeichnung »Für Dummies«, das Dummies-Mann-Logo und darauf bezogene Gestaltungen sind Marken oder eingetragene Marken von John Wiley & Sons, Inc., USA, Deutschland und in anderen Ländern.

Das vorliegende Werk wurde sorgfältig erarbeitet. Dennoch übernehmen Autoren und Verlag für die Richtigkeit von Angaben, Hinweisen und Ratschlägen sowie eventuelle Druckfehler keine Haftung.

Printed in Germany

Gedruckt auf säurefreiem Papier

Korrektur: Frauke Wilkens, München
Satz: Mitterweger und Partner, Plankstadt
Druck und Bindung: CPI – Ebner & Spiegel, Ulm
Coverfoto: iStockphoto / TommL
ISBN: 978-3-527-70577-1

Cartoons im Überblick
von Rich Tennant

Seite 31

Seite 103

Seite 213

Seite 295

Seite 397

Seite 451

Seite 519

Fax: 001-978-546-7747
Internet: www.the5thwave.com
E-Mail: richtennant@the5thwave.com

Über die Autoren

Jürgen Diehm, Diplom-Ökonom, geboren 1971 in Würzburg, studierte Wirtschaftswissenschaften an der Universität Stuttgart-Hohenheim und Economics an der University of Massachusetts, USA. Nach seinem Studium kämpfte er sich bei einer Steuerberatungs- und Wirtschaftsprüfungsgesellschaft mehrere Jahre durch das deutsche Handels- und Steuerrecht, bevor er dem Ruf der internationalen Rechnungslegung folgte. Kurz vor Ende des Neuen Marktes legte er noch das Examen zum Certified Public Accountant (CPA), dem Berufstitel des US-amerikanischen Wirtschaftsprüfers ab. Seitdem arbeitet er als Manager und Prokurist bei der FAS AG, einer auf internationale Rechnungslegung und Corporate Performance Management spezialisierten Unternehmensberatung. Er berät dort Unternehmen bei der kapitalmarktorientierten Rechnungslegung, der daraus meist resultierenden Harmonisierung von interner und externer Berichterstattung und der Optimierung von Strukturen, Prozessen und Systemen zur Wert schöpfenden Unternehmenssteuerung.

Andreas Lösler, Diplom-Kaufmann, geboren 1975 in Wernigerode, hat Betriebswirtschaftslehre an den Universitäten Marburg, Hamburg und Kopenhagen studiert. Direkt mit Beendigung des Studiums stieg er bei der FAS AG als Berater ein. Dort haben sich die Autoren auch kennengelernt und den Grundstein für ihr heutiges IFRS-Wissen legen können. Nach einigen Jahren gründete Lösler die DEOS Advisory GmbH, deren Geschäftsführer er auch heute noch ist. Hier berät er Unternehmen zu allen Fragestellungen der internationalen, US-amerikanischen und handelsrechtlichen Rechnungslegung, zu Bewertungsfragen bei Unternehmenskäufen und in der Organisation des Rechnungswesens.

Danksagung

Eine Realisierung dieses Buches neben unserem Job wäre nicht möglich gewesen ohne die Nachsicht und Unterstützung unserer Arbeitgeber, der FAS AG und der DEOS Advisory GmbH sowie der fachlichen Zuarbeit zahlreicher netter Kollegen aus beiden Unternehmen, die wir Ihnen natürlich nicht vorenthalten wollen:

- ✔ Oliver Bengel
- ✔ Christopher Budzinski
- ✔ Dr. Andreas Cebul
- ✔ Kathrin Erath
- ✔ Andreas Hofbauer
- ✔ Andreas Huthmann
- ✔ Maik Müller
- ✔ Christoph Wagner

Wir möchten uns auch ganz herzlich bei unserer Lektorin Frau Esther Neuendorf für die Unterstützung bei diesem Buchprojekt bedanken. Von ihr wurden wir immer wieder auf den richtigen Pfad gelenkt. Last but not least bedanken wir uns bei unseren Frauen, die während der Entstehung dieses Buches einiges durchmachen und auf etliche Wochenendausflüge verzichten mussten und uns beiden in dieser Zeit wunderbare Töchter geschenkt haben.

Inhaltsverzeichnis

Über die Autoren	9
Danksagung	9
Vorwort	25

Einführung | 27

Über dieses Buch	27
Konventionen in diesem Buch	27
Törichte Annahmen über den Leser	28
Was Sie nicht lesen müssen	28
Wie dieses Buch aufgebaut ist	28
Teil I: Die neue Welt der internationalen Rechnungslegung	28
Teil II: (K)eine linke Sache: Vermögenswerte in der IFRS-Bilanz	28
Teil III: Am rechten Fleck: Kapital und Schulden in der IFRS-Bilanz	29
Teil IV: Weder links noch rechts: Weitere Abschlussbestandteile	29
Teil V: Big Business: Der Konzernabschluss	29
Teil VI: So klappt die Umstellung	29
Teil VII: Der Top-Ten-Teil	29
Symbole, die in diesem Buch verwendet werden	30
Wie es weitergeht	30

Teil I
Die neue Welt der internationalen Rechnungslegung | 31

Kapitel 1
IFRS und ich | 33

Warum eigentlich? Gründe für IFRS	33
Ab zur Tankstelle – Geld vom Kapitalmarkt	34
Viele neue Eigentümer: Börsengang	35
… mein Unternehmen gehört mir – lieber doch nur Fremdkapital?	37
Hilfe! Wir werden verkauft	37
Alles für die Banken, alles für den Kredit!	38
Viel Spaß dabei: IFRS-Umstellung und Bilanzierung nach IFRS	39
Ich seh doppelt: Parallele Rechnungslegung = doppelter Aufwand?	40
Haben Sie schon neugestartet? Umstellung der IT-Systeme	40
Sprich mit mir! Herausforderung Finanzkommunikation	40
Gemeinsam einsam? Internes und externes Rechnungswesen	41
Jetzt aber alle! Umdenken auf allen Ebenen	41

Kapitel 2
Rechnungslegung »goes international« — 43

    Mehr Spaß für Soll und Haben – die Bilanzen steigen in das Globalisierungskarussell — 43
    Das ist ja mal wieder typisch für die Amerikaner, die Franzosen, die Engländer, die Deutschen ... — 44
        Lokal, national, international — 45
        US-GAAP: Liebevolle Annäherung oder feindliche Übernahme — 46
    Auch Hans will Spaß! Die Deutsche Rechnungslegung bewegt sich (doch) — 50
        Hallo? Ist jemand da draußen? — 50
        Endlich aufgewacht – auch die Politik reagiert! — 52
        BiRiLiG: Die EU greift um sich! — 52
        KapAEG: Leichter ans Geld! — 53
        KonTraG: Volle Kontrolle! — 53
        IAS-Verordnung: Ein Meilenstein! — 55
        BilReG: Eine echte Reform! — 56
        BilMoG: Alles neu oder letztes Aufbäumen? — 56
        1- 2 – Bilanzpolizei — 57
        Und was kommt jetzt? — 58
        Die »kleinen« IFRS — 58
        IFRS für jeden! IFRS auch im Einzelabschluss? — 60

Kapitel 3
Immer in Bewegung: Das IFRS-Regelwerk — 63

    Woher kommen die IFRS: Das IASC/IASB — 63
    Der Entstehungsprozess und das EU-Endorsementverfahren — 66
        Hier können Sie aktiv mitgestalten! — 66
        Grenze der Gesetzlosigkeit: Endorsement — 68
    Das sind sie nun: Das IFRS-Regelwerk — 71
        Rahmenkonzept und Standards — 71
        Interpretationen — 74
        Wer rastet, der rostet: Die Dynamik der Standardgebung! — 76
    So sehen sie aus: Aufbau der IFRS-Standards — 76
        Hier werden Sie geholfen: Optische Highlights — 77
        Hier finden Sie mal einen angenehmen Anhang! — 77

Kapitel 4
Stabile Basis: IFRS-Grundlagen — 79

    Sind die IFRS für alle da? — 79
    Die Grundprinzipien der IFRS-Rechnungslegung — 80
        Prinzip der periodengerechten Erfolgsermittlung — 81
        Prinzip der Unternehmensfortführung — 81
        Qualität der Informationen im Abschluss — 82

Verständlichkeit: Soll das jeder begreifen?!	83
Relevanz: Ist das wirklich interessant?	83
Vergleichbarkeit: Wie war das letzte Jahr oder wie haben das andere gemacht?	84
Verlässlichkeit: Das nehm ich euch ab!	86
»True and Fair View« – aber bitte in Grenzen	87
Wer darf in den IFRS-Abschluss einziehen?	87
IAS 1: Wie sieht ein IFRS-Abschluss aus? *Presentation of fin. statements*	88
Bestandteile des IFRS-Abschlusses	89
Struktur und Inhalt der Bilanz	90
Das muss unbedingt rein: Mindestangaben	90
Gliederung der Gesamtergebnisrechnung	94
Eigenkapitalveränderungsrechnung	98
Kapitalflussrechnung	98
Anhang	99
Grundregeln für die Darstellung	99

Teil II
(K)eine linke Sache: Vermögenswerte in der IFRS-Bilanz   103

Kapitel 5
Dauerhafte Werte: Anlagevermögen   105

Materielle Vermögenswerte – Sachanlagen *IAS 16 Property, Plant, & Equipment*	106
Was ist Sachanlagevermögen?	106
Vermögenswert	106
Zweckgebundenheit	107
Längere Nutzungsdauer	107
Ausweis und Gliederung	108
Bewertung bei Zugang	108
Anschaffungskosten	109
Herstellungskosten	110
Drei Sonderfälle: Verpflichtung zum Rückbau, Zinsen während der Herstellung und Zuschüsse	111
Bewertung in Folgeperioden	115
Immer wieder neu – das Neubewertungsmodell	116
Sicher nichts Neues – das Anschaffungskostenmodell	116
Gleichmäßig, abnehmend oder ganz anders – die Abschreibungsmethode	118
Nicht greifbar – immaterielle Vermögenswerte *IAS 38 Intangible Assets*	120
Was ist immateriell und was darf in die Bilanz?	120
Bitte identifizieren Sie sich	121
Das darf nicht rein: Bilanzierungsverbote	121
Selbst ist das Unternehmen – der Ansatz selbst geschaffener immaterieller Vermögenswerte	122

Ausweis und Gliederung der immateriellen Vermögenswerte	127
Zugangsbewertung immaterieller Vermögenswerte	127
Folgebewertung immaterieller Vermögenswerte	128
Außerplanmäßige Wertminderungen im Anlagevermögen	130
Immer und alles? Zeitpunkt und angesprochene Vermögenswerte	131
Abgesunken? Ermittlung der Wertminderung	133
Veräußerungspreis abzüglich der Verkaufskosten	133
Der Nutzungswert als erzielbarer Betrag	134
Wieder gestiegen – Wertaufholungen	136
Angaben zu Anlagevermögen	136
Nichts wie weg damit – Bewertung bei Veräußerungsabsicht	137
Wann eine Veräußerungsabsicht vorliegt	138
Bewertung der Veräußerungsposten	139
Auf die Nutzung kommt es an – Rendite-Immobilien	140
Erfassung von Rendite-Immobilien	140
Bewertung von Rendite-Immobilien	141
Ausweis von Rendite-Immobilien	142

Kapitel 6
Fremde Werte: Leasing *IAS 17* 143

Auf die wirtschaftliche Betrachtung kommt es an: Finance- und Operating-Leasing	143
Klassifizierungskriterien	145
Zusätzliche Beurteilungshilfen zur Klassifizierung	146
Bilanzierung beim Leasinggeber	148
Finance-Leasingverhältnisse	148
Leasing als Mittel der Verkaufsförderung	149
Operating-Leasingverhältnisse	150
Wir verkaufen, verleasen und verbuchen	150
Anhangangaben des Leasinggebers	151
Bilanzierung beim Leasingnehmer	152
Finance-Leasingverhältnisse	152
Operating-Leasingverhältnisse	154
Übung macht den Meister: Ein Beispiel	154
Anhangangaben des Leasingnehmers	155
Zum Abschluss: Zusammenfassung	156
Sale-and-lease-back-Transaktionen	156
Die Motivation dahinter	157
Buchhalterische Behandlung nach IFRS	157
Beurteilen und Verbuchen	158
Einzigartige und ungewöhnliche Anhangangaben	159
Undercover: Verdeckte Leasingverhältnisse	159
Nichts ist für die Ewigkeit: Leasingbilanzierung nach IFRS im Umbruch	160
State of the Art zur Neuregelung des IAS 17	161

Kapitel 7
Finanzielle Werte: Finanzvermögen IAS 39 / IFRS 9   163

Sie haben sie bestimmt – die Gruppe der Finanzinstrumente	163
Vier mögliche Formen: Einteilung und Ausweis	164
Bei Zugang alle gleich – erstmaliger Ansatz	165
Später ist nichts mehr gleich – die Folgebilanzierung	166
Sie bekommen noch Geld: Forderungen und Ausleihungen	166
Sie haben Zeit – bis zur Endfälligkeit gehaltene finanzielle Vermögenswerte	167
Im Notfall verkaufen: Zur Veräußerung verfügbare finanzielle Vermögenswerte	168
Zocken oder freiwilliger Mehraufwand: Erfolgswirksam zum Marktwert bewertete finanzielle Vermögenswerte	169
Zu Handelszwecken gehaltene finanzielle Vermögenswerte	171
Freiwillig zum beizulegenden Zeitwert bewertete finanzielle Vermögenswerte	172
Was hat sich denn da versteckt? Eingebettete Derivate	174
Und jetzt noch mal alles neu: Die geplanten Änderungen	177
Was ist denn hier fair? Die Ermittlung des Marktwertes	178
Oberste Hierarchie – beobachtbare Marktpreise	180
Zweite Hierarchie – Bewertungsmodelle	180
Die dritte Hierarchie – nichts ist möglich	180
Das können Sie sich abschminken – Wertberichtigungen auf Finanzinstrumente	181
Einzeln oder als Portfolio? Wertberichtigungen auf Forderungen und Ausleihungen	181
Manchmal geht auch die beste Anlage daneben	183
Jetzt wird's kompliziert: Hedge Accounting	185
Cash Flow Hedge	185
Fair Value Hedge	186
Die letzte Hürde – Anwendungsvoraussetzungen	187

Kapitel 8
Temporäre Werte: Vorratsvermögen IAS 2 Inventories   189

Anschaffungskosten und Herstellungskosten	189
Bewertungsvereinfachungen	192
Durchschnittskostenmethode	193
»First-in-First-Out«-Methode	194
Der Niederstwerttest	195
Nettoveräußerungswert von fertigen Erzeugnissen	196
Nettoveräußerungswert von unfertigen Erzeugnissen	197
Nettoveräußerungswert von Roh-, Hilfs- und Betriebsstoffen	198
Runter und wieder hoch? Abwerten und Zuschreiben	199
Angaben zu Vorräten	201
Individuell und mehr als temporär: Langfristfertigungsaufträge	201
Ertragsrealisierung bei langfristiger Auftragsfertigung	204
Auftragskosten und Fertigstellungsgrad	206

Bilanzielle Abbildung eines Fertigungsauftrags	208
Ein Verlust droht	210
Keine Schätzung, kein Gewinn	211
Angaben zu Fertigungsaufträgen	211

Teil III
Am rechten Fleck: Kapital und Schulden in der IFRS-Bilanz   213

Kapitel 9
Hoffentlich genug: Eigenkapital   215

Eigenkapital oder Fremdkapital, das ist hier die Frage	215
Wirklich mein »Eigen«? Unterscheidung zwischen Fremd- und Eigenkapital	216
Ausweis: Die Bestandteile des Eigenkapitals	218
Gezeichnetes Kapital	219
Kapitalrücklage	219
Satzungsmäßige oder gesetzliche Rücklage	220
Bilanzgewinn	220
Erfolgsneutrales Eigenkapital	220
Das kostet – Kosten der Eigenkapitalbeschaffung	222
Das setzen wir ab – eigene Anteile	224
Nennwertmethode	225
Anschaffungskostenmethode	227
Angaben im Anhang zum Eigenkapital	227

Kapitel 10
Unsichere Schulden: Rückstellungen   229

Rückstellungsausweis: Das Wer-Wie-Wo-Was	229
Vielfältiges Qualifikationsverfahren: Bilanzansatz	233
Ereignis der Vergangenheit und Außenverpflichtung	234
Wahrscheinliche Erfüllung	235
Zuverlässige Schätzung	236
Unsichere Sache: Wertfindung bei Rückstellungen	236
Risiken und Unsicherheiten	237
Der Blick in die Zukunft: Künftige Ereignisse	239
Barwert: Das Geld von heute ist weniger wert als das Geld von morgen	239
Erwarteter Abgang von Vermögenswerten	240
Ich will mein Geld zurück! Erstattungen	240
Zur Klarstellung: Typische Rückstellungsfälle	241
Abbruch-, Entsorgungs-, Rekultivierungs- und Rückbauverpflichtungen	241
Drohverlustrückstellungen	244
Garantien / Gewährleistungen	245
Kulanzrückstellungen	245

Personalrückstellungen	245
Prozessrisiken und Gerichtsverfahren	246
Restrukturierung	246
Steuerschulden	248
Umweltschutzmaßnahmen	248
Sonderfall Mitarbeiter: Pensionen und ähnliche Verpflichtungen	248
Kurzfristig fällige Leistungen an Arbeitnehmer	249
Leistungen nach Beendigung des Arbeitsverhältnisses	250
Andere langfristig fällige Leistungen an Arbeitnehmer	254
Leistungen aus Anlass der Beendigung des Arbeitsverhältnisses	255
Sonderfall: Anteilsbasierte Vergütung	255
Angaben zu Rückstellungen	258
Keine bösen Überraschungen: Eventualschulden	260
Prozessrisiken	262
Teil einer gesamtschuldnerischen Haftung	262
Bürgschaften und finanzielle Garantien	263
Eventualverbindlichkeiten bei assoziierten Unternehmen und Gemeinschaftsunternehmen	263
Eventualschulden bei Unternehmenszusammenschlüssen	263
Unverhofft kommt oft: Mögliche Änderungen des IAS 37	264

Kapitel 11
Sichere Schulden: Verbindlichkeiten — 267

Die Schuld(en)frage bei Verbindlichkeiten: Sein oder Nichtsein?	267
Verbindlichkeiten in unterschiedlichen Formen und Farben	269
Das wird eng gesehen: Schulden im engeren Sinne	270
Beinahe grenzenlos: Abgegrenzte Schulden	271
Ausweisfragen bei finanziellen Verbindlichkeiten	272
Besitzfrage: Eigenkapital oder Fremdkapital?	272
Gliederungsfrage: Wo stecken wir sie denn hin?	272
Erfassungsfrage: Wollen wir sie überhaupt reinlassen?	273
(Auf-)Rechnungsfrage: Mehr Brutto als Netto?	274
Abgangsfrage: Wollen wir sie wieder rauslassen?	275
Bilanzierung und Bewertung finanzieller Verbindlichkeiten	276
Einteilung: Kategorien finanzieller Verbindlichkeiten	276
Als »Zu Handelszwecken gehalten« eingestufte finanzielle Verbindlichkeiten (»held for trading«)	276
Fair Value Option (FVO)	277
Sonstige finanzielle Verbindlichkeiten (other liabilities)	277
Zugangsbewertung: Behandlung beim Zugang	278
Spezialität 1: Kein Transaktionspreis vorhanden	279
Spezialität 2: Vom Transaktionspreis abweichender Marktpreis	281
Spezialität 3: Agio oder Disagio	281
Spezialität 4: Emissions- und Transaktionskosten	282
Spezialität 5: Un- oder unterverzinsliche Darlehen	284

Folgebewertung: Behandlung an Folgestichtagen 285
Erfolgswirksam zum beizulegenden Zeitwert bewertete finanzielle
    Verbindlichkeiten 285
Zu fortgeführten Anschaffungskosten bewertete finanzielle Verbindlichkeiten 286
Internationales Geschäft: Fremdwährungsverbindlichkeiten 292
Zugangsbewertung 292
Folgebewertung 292

Teil IV
Weder links noch rechts: Weitere Abschlussbestandteile   295

Kapitel 12
Top oder Flop: Die Gewinn-und-Verlust-Rechnung   297

Eine Frage der Darstellung: GuV-Struktur 297
    Grundsätzliches: Was wird dargestellt 297
    Eine Frage des Geschmacks: Gesamtkostenverfahren oder Umsatz-
        kostenverfahren 298
    Die Gewinn-und-Verlust-Rechnung nach dem Gesamtkostenverfahren 299
    Die Gewinn-und-Verlust-Rechnung nach dem Umsatzkostenverfahren 300
    Die Gesamtergebnisrechnung 301
    Darf es sonst noch was sein? Das sonstige Ergebnis 302
    Nimm 2: Die zwei Arten der Gesamtergebnisrechnung 303
Auf das Timing kommt es an: Umsatzrealisierung 304
    Grundsätzliches über Umsätze 304
    Gut, Güter, am besten – der Verkauf von Gütern 305
    Wirklich kein Risiko mehr? Beurteilung von Eigentumsrisiken 307
    Alles gleichzeitig – Schätzung der Aufwendungen 307
    Hier wird Service noch großgeschrieben – die Umsatzerfassung
        bei Dienstleistungen 308
    Alles schon fertig – die Bestimmung des Fertigstellungsgrades 308
    Treuepunkte, Meilen & Co. – Kundenbindungsprogramme 309
Fremde Gelder: Zuschüsse 311
    Der Unterschied zwischen Beihilfen und Zuwendungen 311
    Was es nicht alles gibt – verschiedene Arten von öffentlichen Zuwendungen 312
    Per Kasse an Staat – die Verbuchung von öffentlichen Zuwendungen 313
    Zuwendungen für Vermögenswerte 313
    Erfolgsbezogene Zuwendungen 315
    Erlassbare Darlehen 317
    Rückzahlbarkeit von Zuwendungen der öffentlichen Hand 317
    Angaben im Anhang 317
Fremdfinanzierte Investitionen: Fremdkapitalkosten 318
    Auf die Plätze, fertig, los – wann Sie mit der Aktivierung von Fremdkapital-
        kosten beginnen 319

Inhaltsverzeichnis

Have a break – Unterbrechung des Herstellungsprozesses	320
Bis zum (bitteren) Ende – Hier hört die Aktivierung auf!	321
Zu viel Geld? – Anlage von Fremdkapital	321
Einer für alle – allgemeine Finanzierung statt spezieller Darlehen	322
Was wäre wenn: Latente Steuern	323
In der Kürze liegt die Würze – eine kleine Anleitung zur Verbuchung latenter Steuern	323
Vermögenswerte aus Verlusten – Besonderheiten bei den aktiven latenten Steuern	327
Unbegrenzt nutzbar? Die Werthaltigkeit aktiver latenter Steuern	327
Die Steuererklärung(en) – Angaben im Anhang	328
Das kann teuer werden: Mitarbeiterbeteiligungen	328
Ist wirklich alles ordentlich? Außerordentliche Sachverhalte	331

Kapitel 13
Volle Transparenz: Anhang & Co.   333

Umfangreich und zeitintensiv: Der Anhang	333
Funktionen und Aufbau des Anhangs	334
Mehr als Zahlenburgen: Anmerkungen und Offenlegungen	334
Die Qual der Wahl: Gliederungsmöglichkeiten	335
Wir lassen Sie nicht allein: Unser Gliederungsvorschlag für Sie	338
Angaben zu Finanzinstrumenten und finanziellen Risiken	340
No risk, no fun: Finanzielle Risiken	340
Know your enemy: Finanzinstrumente	341
Von Kategorien, Klassen und sonstige Schubladen	343
Ja wo isses denn: Angaben zum Kredit-/Ausfallrisiko	345
Purer Pessimismus: Angaben zum Liquiditätsrisiko	347
Achterbahn der Gefühle: Szenarien, Sensitivitäten und andere Angaben zum Marktrisiko	349
Was ist denn schon »fair«: Angaben zum Fair Value	352
Nur für Fortgeschrittene: Angaben zu Derivaten, Sicherungsmaßnahmen und Hedge Accounting	352
Wichtiger Rest: Sonstige Angaben	354
Vitamin B: Nahestehende Unternehmen und Personen	356
Nicht unbedingt schlecht, aber nicht wie unter fremden Dritten	356
Related Parties: Wem Sie nahestehen	357
Related-Party-Transaktionen: Alles Vetternwirtschaft?	360
Keine Ausnahme: Managementvergütungen	362
Wie gewonnen, so zerronnen: Die Kapitalflussrechnung	362
Die drei Flüsse: Operativ, investiv und finanziell	363
Seltsame Typen: Direkt versus indirekt	364
Zusatzinformationen	367
Schön gegliedert: Eigenkapitalveränderungsrechnung	367
Geldquellen: Veränderungen im Eigenkapital	367

Immer das Dollarzeichen im Auge: Darstellung der Eigenkapitalveränderungsrechnung 368

Kapitel 14
Am Kapitalmarkt: Vorschriften für börsennotierte Unternehmen 373

Die Sicht des Managements: Segmentberichterstattung 373
Segmentabgrenzung 374
   Schritt 1: Bestimmung der operativen Segmente 376
   Ganz ohne Schnörkel: Einheitliche Segmentierung 376
   Mixed: Gemischte Segmentierung 377
   Kreuz und quer: Matrixorganisation 377
   Schritt 2: Zusammenfassung von operativen Segmenten 378
   Gleich oder unterschiedlich: Homogenitätskriterien 378
   Grenzüberschreitend: Schwellenwerte 380
   Wins and losses: Positive und negative Ergebnisse 382
   Schritt 3: Überprüfung der Größenkriterien 383
   Nicht immer IFRS-konform: Bilanzierungs- und Bewertungsmethoden 384
   Mindestangaben 385
Auf Heller und Cent: Ergebnis je Aktie 385
   Hintergrund 385
   Pur: Unverwässertes Ergebnis je Aktie 387
   Mehr oder weniger: Kapitalerhöhungen, Aktienrückkäufe und sonstige
Veränderungen 387
   Non-cash: Bedingt emissionsfähige Aktien, Gratisaktien oder Aktiensplitts 388
   Verdünnt: Verwässertes Ergebnis je Aktie 389
   So tun als ob: Optionen und mehr 389
   Mehr als nur eine Zahl: Angabepflichten zum Ergebnis je Aktie 391
Intervallbetrachtung: Der Zwischenbericht 392
   Umfang des Zwischenberichts: Das volle Programm auch unterjährig? 392
   Die »abgespeckte« Variante: Mindestanhangangaben 393
   Welche Perioden muss ich überhaupt darstellen? 393

Teil V
Big Business: Der Konzernabschluss 397

Kapitel 15
Da kommt was zusammen: Konsolidierung 399

Plötzlich nicht mehr allein – der Konzern 399
Jetzt kommt zusammen, was zusammengehört – Aufstellungspflicht 400
   Ausnahmen von der Aufstellungspflicht 401
Eine Frage der Beherrschung – das Kontrollkonzept 402
   Wann Kontrolle vorliegt 403

Kontrolle bei weniger als 50 Prozent Besitzanteilen	403
Vom Einzelabschluss zum Konzernabschluss	405
Von jetzt an und für immer – erstmalige und letztmalige Einbeziehung	405
So basteln Sie das alles zusammen – die Einheitstheorie	406
Einheitliche Bilanzierungsregeln	407
Gemeinsamer Bilanzstichtag	408

Kapitel 16
Volle Kontrolle: Vollkonsolidierung nach der Erwerbsmethode   409

Erstkonsolidierung – die Mammutaufgabe	410
Formen der Erweiterung des Konsolidierungskreises	410
Aufgaben bei der Einbeziehung neuer Unternehmen	411
Wer ist der Käufer im Sinne der IFRS?	412
Wann erfolgt der Erwerb?	412
Wie hoch ist der bilanzielle Kaufpreis?	412
Welche Vermögenswerte und Schulden werden übernommen?	414
Wie viel sind die übernommenen Vermögenswerte und Schulden wert?	416
Minderheiten – Steht Ihnen nicht alles zu?	419
Wie lange habe ich für die Berechnungen Zeit?	419
Irgendwie muss das noch rein – Abbildung des Unternehmenserwerbs in Ihren Systemen	420
Dokumentation	421
Ermittlung und Behandlung des Unterschiedsbetrags	421
Bilanzierung des Geschäfts- oder Firmenwertes (Goodwill)	422
Bilanzierung des Bargain Purchase beziehungsweise Lucky Buy	423
Angaben zu Unternehmenserwerben	426
Die Herausforderung der Folgebilanzierung	428
Folgebilanzierung neu bewerteter Vermögenswerte und Schulden	428
Folgebilanzierung Geschäfts- oder Firmenwert (Goodwill)	428
Werthaltigkeitstest / Impairment Test	429
Bestimmung zu testende zahlungsmittelgenerierende Einheit	430
Bestimmung der relevanten Vermögenswerte und Schulden	431
Bestimmung erzielbarer Betrag	431
Ermittlung und Erfassung des Wertminderungsbedarfs	433

Kapitel 17
Nur anteilig: Equity-Methode   437

Maßgeblicher Einfluss: Assoziierte Unternehmen	437
Aller Anfang ist nicht schwer – die Erstkonsolidierung	439
Was kommt danach? Die Folgekonsolidierung	440
Alles offenlegen – die Angaben im Anhang	442
Gemeinsames Risiko: Joint Ventures	443

Kapitel 18
Da gibt's noch mehr: Besonderheiten und Sonderformen — 445

Sonderformen der »Konsolidierung« — 445
    Umgekehrte Unternehmenserwerbe — 445
    Beteiligungsproportionale Konsolidierung — 447
Auf den Zweck kommt es an: Zweckgesellschaften — 448

Teil VI
So klappt die Umstellung — 451

Kapitel 19
Das IFRS-Umstellungsprojekt: In fünf Schritten durch den Dschungel — 453

Fernweh oder unbekannte Regionen — 453
Kick-Off: Das erste Treffen — 455
Analyse: Was haben wir denn da? — 456
    Verbindliche Vorgaben zur Marschrichtung — 457
    Verortung des Zielgebiets — 458
    Muss man alles gesehen haben? — 459
    Prioritäten setzen! — 460
    Ihre Erkunder ziehen los! — 461
Planung: Was gibt es zu tun? — 461
Konzeption: Wie wollen wir es anpacken? — 465
    Task-Forces — 465
    Führen Sie ein Logbuch — 465
    Standardisierte Meldungen — 466
    Training ist alles — 467
    Material und Technik — 468
    Kontrollinstanzen — 469
Umsetzung: Es gibt viel zu tun! — 470
Abschluss: Das war's! Und nun? — 471

Kapitel 20
Parallele Welten: Rechnungswesen, EDV-Systeme, Planung und Controlling — 473

Wir sind nicht allein: Parallelität im Rechnungswesen — 473
    Erst doppelt und nun noch parallel: Vier gewinnt? — 474
    Führende Bewertung: Auf den Rhythmus kommt es an! — 474
    IT-Systeme: Beamen wäre einfacher! — 476
    Augen auf beim Softwarekauf! — 476
    Mit historischen Strukturelementen der Buchhaltung durch parallele Welten — 477
    Kontenplanbasierte Lösung — 479
    Buchungskreisbasierte Lösung — 482
    Ledger-Lösung — 484

Im Konzern ist alles möglich: Pragmatisch, individuell, umfassend oder
 kombiniert 485
Pragmatisch: Umstellung auf Konzernebene 485
Individuell: Umstellung der Tochterunternehmen 485
Umfassend: Umstellung der lokalen Buchhaltung 487
Kombiniert: Alles ist erlaubt 488
Vor dem Controlling steht die (IFRS-)Planung 489
»Captain, noch mehr neue Welten auf Kollisionskurs!« 490
Guter Rat ist nicht teuer: Unsere Tipps für die IFRS-Planung 491
Es kommt zusammen, was zusammengehört: IFRS-Controlling 492
Langsame Annäherung oder Kollisionskurs beider Welten? 494
Hier geht's zur Sache: Harte Controllerarbeit! 495
F&E-Controlling: Echte Werte oder falsche Investition 495
Goodwill-Controlling 496
Projektcontrolling unter IFRS: PoC oder Flop? 498

Kapitel 21
So geht's los: IFRS-Erstanwendung 501

Wozu brauchen Sie einen IFRS 1? 501
Ein paar Erstanwender-Floskeln zum Mitreden 502
Was gehört alles in den ersten IFRS-Abschluss? 505
Was müssen Sie liefern? 505
Ihr Analyseergebnis bitte! 508
Grundsätzlich müssen Sie Akten wälzen 509
Hier haben Sie die Wahl, ob Sie sich die Finger schmutzig machen 511
Bloß nicht! Grenzen der retrospektiven Bewertung 512
Wohin mit den Bewertungsunterschieden? 513
Spezielle Darstellungs- und Angabeanforderungen 515
Zunächst die schlechte Nachricht: Keine Befreiungen durch IFRS 1! 515
Nun die ganz schlechte Nachricht: IFRS 1 fordert noch mehr! 515

Teil VII
Der Top-Ten-Teil 519

Kapitel 22
Zehn Websites für die internationale Rechnungslegung 521

IASB – International Accounting Standards Board 521
EFRAG – European Financial Reporting Advisory Group 522
Europäische Kommission 523
DRSC – Deutsches Rechnungslegungs Standards Committee 523
DPR – Deutsche Prüfstelle für Rechnungslegung 523
OANDA 524

Europäische Zentralbank (EZB) 525
Websites der Big 4 525
Akademie für Internationale Rechnungslegung 527
Fachportale zur internationalen Rechnungslegung 527

Kapitel 23
Zehn Begriffe, die Ihnen über den Weg laufen können 529

Due Diligence 529
Kapitalmarktfähigkeit 530
Initial Public Offering (IPO) 530
Fast Close 531
Corporate Governance 531
Post Merger Integration 532
Working Capital Management 533
Wertorientierte Unternehmensführung 534
Fair Value 535
Certified Public Accountant 536

Kapitel 24
Die zehn wichtigsten Änderungen 537

Projekte im Zusammenhang mit der Finanzkrise 537
   Konsolidierung 537
   Finanzinstrumente 538
   Anleitung zur Fair-Value-Bewertung 538
Projekte im Zusammenhang mit der Angleichung von IFRS und US-GAAP 539
   Leasing 539
   Ertragsteuern 539
   Joint Ventures 540
   Ertragsrealisierung 540
   Darstellung des Abschlusses 540
Sonstige Projekte 541
   Schulden 541
   Jährliche Verbesserungen 542

Stichwortverzeichnis 543

Vorwort

Eigentlich ist alles ganz einfach: die moderne Rechnungslegung ist dazu da, einen »true and fair view« von der Lage eines Unternehmens zu vermitteln – also einen wahren und angemessenen Eindruck. Aber was schon bei Kindern erkennbar wird, gilt auch für ausgewachsene Manager: gelegentlich tut sich der Mensch mit der Bekanntgabe der Wahrheit etwas schwer. Vor allem, wenn es unangenehme Wahrheiten sind, oder es um das Erreichen von (Bonus-) Zielen oder Budgets geht. Aus einer möglichst ehrlichen Berichterstattung wird dann ganz schnell eine »kreative« Rechnungslegung. Dass die betroffenen Geldgeber ihre Kröten dann lieber für sich behalten, ist nicht nur für das Unternehmen unangenehm, dem das Geld ausgeht: Auch die gesamte Volkswirtschaft kommt in Schwierigkeiten, wenn niemand mehr auf die Informationen des anderen vertrauen kann. Die jüngsten Krisen haben gezeigt, wohin Angst-Sparen führen kann.

Um den Geldgebern trotz dieser Probleme mit der Wahrheit einen möglichst unverfälschten Eindruck der Realität geben zu können, braucht es also jede Menge Regeln zur Kommunikation. Diese müssen für nahezu jeden Lebenssachverhalt erfassen, wie er in der Rechnungslegung abzubilden ist. Schlupflöcher sollen geschlossen werden, neu auftretende Sachverhalte möglichst schnell eindeutig festgelegt sein. Die Folgen sind klar: über die Jahre entsteht so ein Dschungel an Regelungen, der auch für den Eingeweihten häufig schwer zu durchschauen ist. Konkret bei den International Financial Reporting Standards (IFRS), um die es in diesem Buch geht, hat der Anwender mittlerweile mit rund 3.000 Seiten Gesetzestext zu kämpfen. Die größte Herausforderung ist dabei häufig gar nicht einmal, die passende Regelung richtig anzuwenden – sondern sie überhaupt erst zu finden. Manchmal muss man sich fragen, ob die Realität vielleicht sogar einfach zu kompliziert ist, um sie in einen Geschäftsbericht zu pressen?

Überblick tut daher Not – angesichts der Komplexität des Themas aber auch Einblick. Mit diesem Buch haben Jürgen Diehm und Andreas Lösler eine leicht verständliche Steighilfe für all diejenigen geschrieben, die einmal wirklich wissen wollen, worum es bei den IFRS geht, sich aber nicht im Dschungel der Regelungen verirren wollen. Lassen Sie sich in diesem Buch zeigen, für wen die IFRS ein Thema sind, welche Positionen wie in einen modernen Jahresabschluss aufzunehmen sind, und wie die Umstellung auf IFRS bewältigt werden kann. In diesem Sinne wünsche ich allen Lesern »Happy Accounting«!

Prof. Dr. Peter Leibfried

Geschäftsführender Direktor des Instituts für Accounting, Controlling und Auditing der Universität St. Gallen (HSG)

Einführung

Da Sie dieses Buch in der Hand halten, wird Ihnen sicherlich der Begriff IFRS schon einmal über den Weg gelaufen sein. Es handelt sich hier nicht um ein Kürzel für irgendeine Hilfsorganisation, sondern ganz banal um die Regeln zur internationalen Rechnungslegung. Diese hat in den letzten Jahren vermehrt Einzug in die Bilanzierungsabteilungen von Unternehmen auf der ganzen Welt gehalten.

Die große Anzahl an Anwendern der internationalen Rechnungslegung hat aber auch sehr viele Fragen. Die Regelungen sind manchmal ziemlich theoretisch formuliert oder mit Begriffen hinterlegt, die nur Experten verstehen. Aber müssen sich auch alle diese Experten mit der täglichen Praxis in der Buchhaltung auseinandersetzen? Nein! Daher stellen sich manche Fragen gar nicht. Dies ist der Ansatzpunkt für dieses Buch.

Wir wollen Ihnen die internationale Rechnungslegung näherbringen und dabei auf Ihre tägliche Praxis eingehen. Sie werden sehen, dass sich mittlerweile eine große Schar von Nichtbuchhaltern ebenfalls um die IFRS kümmern muss. Früher undenkbar. Dies macht die Bilanzierung mit einmal wieder hoffähig und auch interessant. Wir stellen Ihnen dieses Interessante auf rund 550 Seiten vor. Und diese Regelungen gelten auf der ganzen Welt! Das ist doch mal was! Treten Sie ein in die Welt der internationalen Rechnungslegung.

Über dieses Buch

Erwarten Sie auf den kommenden Seiten keine tiefgehenden theoretischen Diskussionen über die Regeln der IFRS. Dies überlassen wir gerne den Theoretikern. Dieses Buch ist für den Praktiker, den Anwender, den Interessierten, der einfach wissen will, wie man den »globalen Stier« IFRS bei den Hörnern packt. Die Floskeln aus den Vorschriften haben wir für Sie verständlich umformuliert. Viele Beispiele und Praxistipps helfen Ihnen bei der Bewältigung Ihrer Fragen.

Nach der Lektüre wissen Sie alles über:

- ✔ die Herkunft der IFRS und warum Sie sich damit beschäftigen
- ✔ die Ansatzkriterien und Bewertungsregeln für sämtliche Posten der Aktiv- und Passivseite
- ✔ die Erfassung von Aufwendungen und Erträgen nach IFRS und deren Darstellung
- ✔ den kompletten Inhalt eines IFRS-Abschlusses
- ✔ wie Sie sich aktiv in die Gestaltung der Bilanzierungsregeln einbringen können

Konventionen in diesem Buch

Die einzige Konvention in diesem Buch: Es gibt keine. Sie werden weder geprüft noch zum Notizenmachen aufgefordert. Mitschreiben müssen Sie hier nicht!

Törichte Annahmen über den Leser

Wir gehen in diesem Buch davon aus, dass Sie sich ein wenig mit Buchhaltung auskennen und wissen, das Soll und Haben nicht nur auf Ihrem Kontoauszug stehen und Aktiv und Passiv keine Fußballregel ist. Günstigerweise haben Sie auch schon einmal eine Bilanz gelesen.

Dieses Buch ist für:

- Mitarbeiter im Rechnungswesen und Controlling.
- Bilanzanalysten, die nun auch immer mehr IFRS-Bilanzen auf den Tisch bekommen.
- Berater und Prüfer, die ab und an mit der internationalen Rechnungslegung zu tun haben.
- alle anderen an Bilanzen interessierten Personen wie Aktionäre oder ständig Wissbegierige.
- diejenigen, die *Buchführung und Bilanzierung für Dummies* gelesen haben und nun eine Stufe weiterklettern möchten.

Wenn Sie nicht zu einer dieser Gruppen gehören, bitten wir höflichst um Verzeihung und freuen uns, dass auch Sie sich für dieses Buch entschieden haben.

Was Sie nicht lesen müssen

Wir Autoren sind natürlich der Meinung, dass jedes einzelne Wort in diesem Buch lesenswert ist, aber wenn Sie unbedingt etwas überspringen wollen, dann könnten es die Kästen sein, die Ihnen immer wieder in diesem Buch begegnen. Sie enthalten interessante Hintergrundinformationen und nette Anekdoten aus dem Alltag eines IFRS-Beraters, sind aber nicht unbedingt lebensnotwendig. Und: Es merkt ja keiner, wenn Sie sie nicht lesen.

Wie dieses Buch aufgebaut ist

Das Buch ist in sieben Teile untergliedert. Jeder Teil beinhaltet einzelne Kapitel, die nach Themenkomplexen sinnvollerweise mit den anderen Kapiteln in diesem Teil zusammengehören.

Teil I: Die neue Welt der internationalen Rechnungslegung

Hier stellen wir Ihnen die Basis der internationalen Rechnungslegung vor. Wir zeigen Ihnen, wo die Regelungen herkommen und warum und wie Sie sie anwenden. Außerdem stellen wir Ihnen einige grundlegende Prinzipien der IFRS vor. Außerdem zeigen wir Ihnen die Bestandteile eines IFRS-Abschlusses und welche Gliederungsformen zur Auswahl stehen.

Teil II: (K)eine linke Sache: Vermögenswerte in der IFRS-Bilanz

Dann sind wir auch schon tief in der Bilanzierung. In Teil II erfahren Sie alles über die Aktivseite einer IFRS-Bilanz.

Einführung

Wir steigen in das Anlagevermögen ein und zeigen Ihnen alles über die Bilanzierung von Sachanlagen und immateriellen Vermögenswerten. Nachdem wir uns Leasingverträge angeschaut haben, geht es um die finanziellen Vermögenswerte und Vorräte!

Teil III: Am rechten Fleck: Kapital und Schulden in der IFRS-Bilanz

Und weiter hangeln wir uns durch die Bilanz auf die Passivseite. Mit der beschäftigen wir uns komplett in Teil III.

Wir zeigen Ihnen den Unterschied zwischen Eigenkapital und Fremdkapital – den Schulden. Die Schulden untergliedern wir dann noch weiter in Rückstellungen und andere (finanzielle) Schulden. Allen haben wir ein eigenes spannendes Kapitel gewidmet.

Teil IV: Weder links noch rechts: Weitere Abschlussbestandteile

Was zählt, ist unter dem Strich. Die Besonderheiten, Arten und Gliederung der Gewinn-und-Verlust-Rechnung stellen wir Ihnen am Anfang des Teils IV vor.

Damit aber noch nicht genug: Es gibt noch mehr Pflichtbestandteile, die einen IFRS-Abschluss komplettieren. Hier lesen Sie etwas über den Anhang, die Kapitalflussrechnung und wie Sie die Veränderungen in Ihrem Eigenkapital darstellen. Die Börsenfreaks unter Ihnen freuen sich über weitere Bestandteile: Abschließend lernen Sie noch die Untiefen der Segmentberichterstattung kennen und berechnen fleißig das Ergebnis pro Aktie.

Teil V: Big Business: Der Konzernabschluss

Zusammen ist es doch am schönsten. In Teil V können Sie alles über die Konzernabschlusserstellung nach IFRS lernen.

Je nachdem, wie viele Anteile Sie an einem Unternehmen halten, können Sie sich über die einzelnen Besonderheiten der Bilanzierung informieren. Wir zeigen Ihnen dabei auch, was Sie beachten sollten, wenn Sie ein Unternehmen kaufen.

Teil VI: So klappt die Umstellung

Hier geht's nun aber wirklich nur um die Praxis! Wir stellen ein Unternehmen vom Handelsrecht auf die IFRS um. Wir geben Ihnen praktische Tipps für einen erfolgreichen Projektverlauf und wie Sie vielleicht das Controlling mehr einbinden und der Bilanzierung angleichen können. Schließlich erfahren Sie, dass Sie bei der erstmaligen Anwendung der IFRS auch ein paar Erleichterungen mit auf den Weg bekommen.

Teil VII: Der Top-Ten-Teil

Wie in jedem ... *für Dummies* gibt es auch hier einen Top-Ten-Teil. Die unseres Erachtens wichtigsten zehn Webseiten finden Sie gleich am Anfang. Denen folgen zehn wichtige Begriffe, die Ihnen sicherlich sehr oft über den Weg laufen können. Zum Abschluss sehen Sie, dass es kein Ende gibt: Wir haben für Sie die zehn wichtigsten Änderungen zusammengestellt, die in der nächsten Zeit innerhalb der IFRS auf dem Plan stehen.

Symbole, die in diesem Buch verwendet werden

An ganz vielen Stellen in diesem Buch finden Sie Symbole. Damit Sie diese auch deuten können, sind sie hier schön übersichtlich aufgeführt und inhaltlich erläutert:

Wenn Sie dieses Symbol sehen, heißt das, dass es sich hier um einen praktischen Tipp handelt, der Ihnen einiges erleichtert.

Hierbei handelt es sich um wichtige Hinweise, die Sie vor Stolperfallen, zum Beispiel in Form von gesetzlichen Vorgaben oder typischen Praxisfehlern, warnen oder etwaige Unklarheiten beseitigen.

Hier gibt es theoretisches Hintergrundwissen. Wenn Sie etwas, das mit diesem Symbol versehen ist, nicht lesen, tut das dem Verständnis keinen Abbruch.

Hinter diesem Symbol versteckt sich eine Erklärung oder eine Definition von neu eingeführten Fachbegriffen.

Dreimal dürfen Sie raten, was Sie bei diesem Icon erwartet: Richtig, ein übersichtliches Beispiel zum jeweiligen Thema.

Wie es weitergeht

Wir haben Ihnen die Lektüre leicht gemacht. Sie müssen das Buch nicht chronologisch durcharbeiten. Nur weil Sie etwas über die Vorräte in Kapitel 8 wissen wollen, müssen Sie nicht das Anlagevermögen in Kapitel 6 gelesen haben. Teilweise kann es aber sinnvoll sein, dass Sie vielleicht in den Grundlagenkapiteln 3 und 4 etwas nachlesen, was dann zu einem besseren Verständnis einiger Regelungen führt. Dies müssen Sie aber nur, wenn Sie die Idee hinter einer bestimmten Regelung hinterfragen wollen. Für das allgemeine Verständnis können Sie die Kapitel ruhig einzeln lesen.

Lesen Sie also einfach das, was Ihnen gerade Spaß macht. Und damit sind wir auch schon beim Thema: Wir wünschen Ihnen nun viel Spaß und Erfolg mit diesem Buch!

Teil I
Die neue Welt der internationalen Rechnungslegung

»Dieses Gerät berechnet den Deckungsbeitrag, die Gesamtrentabilität und das Kurs-Gewinn-Verhältnis.«

In diesem Teil ...

Es muss einen Grund haben, warum Sie dieses Buch in den Händen halten. Die wenigsten von Ihnen, werden zu diesem Buch aus Spaß oder bedingungslosem Interesse gegriffen haben. Deshalb erzählen wir Ihnen erst einmal in Kapitel 1, warum Sie sich überhaupt mit der internationalen Rechnungslegung beschäftigen müssen und anschließend in Kapitel 2, ob Sie dies gesetzlich oder freiwillig »müssen«.

Dann schaffen wir in Kapitel 3 die Grundlage für Ihr weiteres Wissen: Wo kommen die IFRS denn eigentlich her und wie entstehen die ganzen Regelungen? Damit Sie mit diesen ganzen Regelungen auch umgehen können, stellen wir Ihnen anschließend das Regelwerk der internationalen Rechnungslegung vor und zeigen Ihnen, wie die einzelnen Standards aufgebaut sind.

Auch die IFRS leben nach Prinzipien. Diese schauen wir uns zum Schluss von Teil I an. Zum Einstieg erfahren Sie hier, wie denn so ein IFRS-Abschluss überhaupt aussieht und was alles da hinein muss.

IFRS und ich

In diesem Kapitel
▸ Gründe für eine IFRS-Umstellung
▸ Kapitalmarktorientiert – was bedeutet das?
▸ Die Umstellung und ihre Folgen

*B*evor wir in Kapitel 2 einen genaueren Blick in die IFRS werfen und erklären, wie es überhaupt zur Internationalisierung der IFRS kam, möchten Sie sicher zunächst einmal wissen, was die IFRS mit Ihnen zu tun haben und wie es dazu kommen kann, dass Sie sich plötzlich mitten in einer IFRS-Umstellung befinden.

Warum eigentlich? Gründe für IFRS

Wie kann es eigentlich passieren, dass Sie sich mit IFRS auseinandersetzen müssen? Warum sollten Sie sich schon jetzt zu diesem Thema schlaumachen?

Gründe für eine Umstellung auf IFRS können sein:

✔ **Kapitalmarktorientierung**

Das ist natürlich der Grund schlechthin für die Einführung der IFRS. Für Unternehmen, deren Wertpapiere am organisierten Kapitalmarkt gehandelt werden, führt in Europa kein Weg an IFRS vorbei. Mehr dazu erfahren Sie weiter hinten in diesem Kapitel im Abschnitt »Ab zur Tankstelle – Geld vom Kapitalmarkt«.

✔ **Unternehmensverkauf**

Natürlich kann es auch im Rahmen eines Unternehmensverkaufs dazu kommen, dass Ihre neue Muttergesellschaft nach IFRS bilanziert und somit auch Sie in diesen Genuss kommen. Im Abschnitt »Hilfe! Wir werden verkauft« weiter hinten in diesem Kapitel erfahren Sie mehr zu diesem Thema.

✔ **Kreditaufnahme**

Hat Ihr Unternehmen einen Kredit aufgenommen oder möchten Sie bestehende Kreditlinien erweitern? Dann kann es passieren, dass Ihre Hausbank plötzlich Druck macht und eine Umstellung auf IFRS erwartet. Erstaunt Sie das? Im Abschnitt »Alles für die Banken, alles für den Kredit!« weiter hinten in diesem Kapitel erfahren Sie mehr zu diesem Thema.

✔ **Internationale Akquisitionen**

Ihr Management plant einen internationalen Unternehmenskauf und will sich die Option eines sogenannten Aktientausches offenhalten?

Aufgrund der internationalen Vergleichbarkeit haben (gute) IFRS-Zahlen hier mehr Aussicht auf Erfolg. Die in IFRS bewerteten Aktien Ihres Unternehmens stellen somit eine Art Akquisitionswährung für den Unternehmenskauf dar.

✔ **Internationale Wettbewerbsfähigkeit**

Bei Unternehmen, die sich international um neue Aufträge bemühen, gehen immer stärker auch finanzwirtschaftliche Kriterien in die Lieferantenbeurteilung ein.

Um den Zuschlag bei internationalen Ausschreibungen zu bekommen, kann es daher durchaus notwendig sein, IFRS-Informationen zu liefern, die international vergleichbar sind.

✔ **Interne Umstrukturierung**

Neben externen Motiven, können aber auch interne Umstrukturierungen zu einer Umstellung auf IFRS führen.

Bei einer Modernisierung und Beschleunigung der Finanzprozesse bietet sich eine Harmonisierung des internen und externen Rechnungswesens an, was in einer Zusammenführung von Rechnungswesen und Controlling enden kann. Allerdings führt hierfür kein Weg an den IFRS vorbei.

Eine solche Straffung der Organisationsstrukturen soll meist auch personelle Einsparungen mit sich bringen. Als gut ausgebildeter IFRS-Spezialist wird man auf Sie aber sicher nicht verzichten!

Sie sehen, dass eine Umstellung auf IFRS vielfältige Motive haben kann. Umgekehrt formuliert könnte man aber auch sagen, dass eine Umstellung auf IFRS viele verschiedene (und zum Teil sogar strategische) Vorteile mit sich bringen kann!

Ab zur Tankstelle – Geld vom Kapitalmarkt

Für kapitalmarktorientierte Unternehmen führt in Europa (und vielleicht auch bald in den USA!? Warum? Das erfahren Sie in Kapitel 2) fast kein Weg an den IFRS vorbei.

> **Kapitalmarktorientierung**
>
> Unter kapitalmarktorientiert versteht man Unternehmen, deren *Wertpapiere* am *organisierten* Kapitalmarkt öffentlich gehandelt werden.
>
> Der öffentliche Handel von Wertpapieren erfolgt über die Börsen. Zum organisierten Kapitalmarkt gehören dort allerdings nur die *EU-regulierten Märkte*. An der Frankfurter Wertpapierbörse sind dies der »Prime Standard« und der »General Standard«.
>
> Bei den gehandelten Wertpapieren unterscheidet man insbesondere:
>
> ✔ *Aktien:* Als Inhaber einer Aktie (Aktionär) sind Sie Eigentümer des Unternehmens, obwohl das manchmal nicht so aussieht. Als Aktionär sind Sie damit am Gewinn in Form von Dividenden beteiligt, während Sie Verluste in Form von sinkenden Kursen treffen.

✔ *Anleihen:* Mit einer Anleihe gewähren Sie einem Unternehmen einen Kredit und erhalten dafür, zumindest wenn es planmäßig läuft, Zinsen. Am Ende der Laufzeit bekommen Sie dann hoffentlich Ihr Geld zurück. Auch Anleihen werden übrigens gehandelt. Der Kurs der Anleihe ist dabei abhängig vom aktuellen Zinsniveau am Markt und der Bonität des Schuldners.

Viele neue Eigentümer: Börsengang

Unter einem Börsengang (englisch *Initial Public Offering* oder kurz *IPO*) versteht man das erstmalige Angebot von Aktien eines Unternehmens am Kapitalmarkt.

Ein Börsengang ist ein Meilenstein in der Geschichte eines jeden Unternehmens und bringt meist tief greifende Veränderungen im Unternehmen mit sich. Andererseits soll ein solcher Schritt neben der reinen Kapitalbeschaffung für Wachstum ja auch einiges bewirken:

✔ Steigerung des Bekanntheitsgrades

✔ Internationalisierung

✔ Stärkung der Wettbewerbsposition

✔ Verbesserung der Fremdkapitalkosten durch Verbesserung der Bonität

✔ Steigerung der Attraktivität für Mitarbeiter und Führungskräfte

In Europa gibt es zwei Zugänge zum Kapitalmarkt:

1. **EU-regulierter Markt:** Märkte, die von der Europäischen Union reguliert werden
2. **Börsenregulierter Markt:** Märkte, die von den Börsen selbst reguliert werden

Diese Märkte gelten übrigens sowohl für die öffentliche Platzierung von Eigenkapital (Aktien) als auch von Fremdkapital (Anleihen).

Falls Sie im geordneten Umfeld des EU-regulierten Marktes einen Börsengang anstreben, haben Sie die Wahl zwischen zwei verschiedenen Börsensegmenten (siehe Abbildung 1.1):

✔ **General Standard:** Hier müssen Sie die Mindestanforderungen der EU – dazu gehört unter anderem die Bilanzierung nach IFRS – erfüllen.

✔ **Prime Standard:** Im »Premiumsegment« des Kapitalmarkts müssen Sie darüber hinaus internationale Transparenzanforderungen erfüllen, erzielen dadurch aber auch eine noch höhere Investorenaufmerksamkeit.

IFRS für Dummies

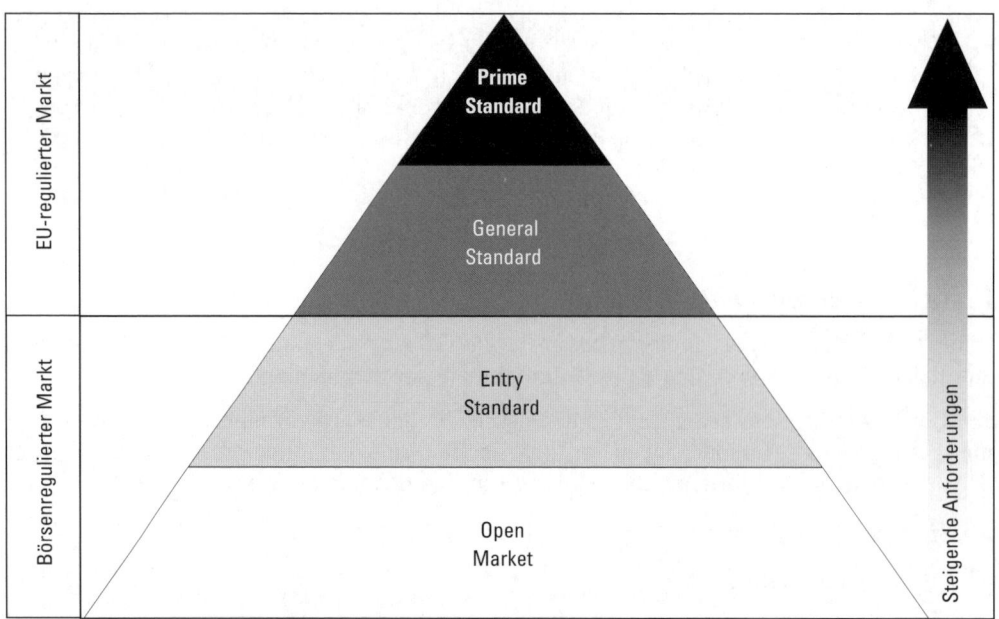

Abbildung 1.1: Die Tore zum Kapitalmarkt

Sind wird dann auch im DAX?!

DAX®, MDAX®, TecDAX® und SDAX® sind sogenannte Auswahlindizes der Deutschen Börse und basieren ausschließlich auf ausgewählten Unternehmen des Prime Standard.

Nur wenn Unternehmen die zusätzlichen Transparenzanforderungen des Prime Standard erfüllen und fortlaufend gehandelt werden, können sie in diese Indizes aufgenommen werden.

Falls Sie einen Börsengang am rein börsenregulierten Kapitalmarkt planen, sehen weder die *IAS-Verordnung* (siehe den Abschnitt »Endlich aufgewacht – auch die Politik reagiert!« in Kapitel 2) noch Vater Staat hierfür einen IFRS-Abschluss verpflichtend vor. Die relevanten Börsensegmente sind hier (siehe Abbildung 1.1):

✔ **Entry Standard**: Er ist ein nicht amtliches, rein privatrechtliches Börsensegment der Börse Frankfurt und enthält nur relativ geringe Transparenzanforderungen für die dort gelisteten Unternehmen. Er gehört formal zum *Open Market*, stellt dort aber das »Premiumsegment« dar.

✔ **Open Market**: Dies ist der nicht amtliche, rein privatrechtliche Freiverkehr, der von der Börse Frankfurt organisiert wird. Es gelten dort quasi keine Transparenzanforderungen.

Das ist jedoch kein Grund nicht mehr weiterzulesen. Trotz einer Notierung an diesen Märkten bringt Sie ein IFRS-Abschluss dem Interesse der Investoren näher.

1 ➤ IFRS und ich

Aufgrund der fehlenden Transparenz im Entry Standard oder Open Market raten Aktionärsschützer Privatanlegern auch oft von Investments in Papiere dieser Börsensegmente ab.

... mein Unternehmen gehört mir – lieber doch nur Fremdkapital?

Wenn Unternehmen große Pläne haben, denken sie bei der Finanzierung zuerst an einen Kredit ihrer »Hausbank« oder vielleicht sogar an eine Eigenkapitalzufuhr über einen Börsengang. Eine attraktive und interessante Finanzierungsalternative stellt aber auch die Ausgabe von Unternehmensanleihen (*Corporate Bonds*) dar.

Erfolgt die Ausgabe einer solchen Anleihe nicht »privat« (sogenanntes *Private Placement*), sondern »öffentlich« auf einem der EU-regulierten Märkte, so müssen sie ebenfalls einen Abschluss nach IFRS erstellen.

Wie bei einer Platzierung von Aktien im Rahmen eines Börsengangs werden auch mit der öffentlichen Ausgabe einer Anleihe neben der reinen Geldbeschaffung meist weitere Motive verfolgt:

- ✔ **Publizitäts- und Imagewirkung:** Ein Public Placement sowie eine Notierung an der Börse steigern Ihren Bekanntheitsgrad.

- ✔ **Vorbereitung auf ein IPO:** Darüber hinaus verschafft Ihnen ein Public Placement die Möglichkeit, dass Sie Ihre Kapitalmarktfähigkeit demonstrieren.

- ✔ **Ansprache eines größeren Investorenkreises:** Mit einem Public Placement erreichen Sie natürlich einen wesentlich größeren Investorenkreis und dadurch auch eine Erweiterung und Diversifizierung des Gläubigerkreises über die bisherigen Finanzierungspartner hinaus.

Hilfe! Wir werden verkauft

Eine immer wichtigere Rolle spielen die IFRS bei Unternehmenskäufen. Großunternehmen oder Beteiligungsgesellschaften kaufen sich zunehmend auch im deutschen Mittelstand ein.

Diese Gesellschaften beschaffen das Geld für die Unternehmenskäufe meist am Kapitalmarkt und sind so den IFRS verpflichtet. Dies wiederum führt dazu, dass sie von den Unternehmen, an denen sie sich beteiligt haben, ebenfalls eine Berichterstattung nach IFRS fordern.

Alles Heuschrecken oder was?

Bei den Interessenten an einem Unternehmenskauf muss man oft genau hinschauen, um die Intention des Investors zu erkennen. Grob sollte man zumindest die folgenden Typen und Motive unterscheiden:

- ✔ **Strategische Investoren:** Hierbei handelt es sich meist um Konkurrenten oder Unternehmen, die mit dem Kauf beispielsweise neue Märkte oder Marktsegmente erschließen wollen.

- **Private-Equity-Gesellschaften:** Hierbei handelt es sich um Finanzinvestoren, die sich an Unternehmen beteiligen. Sie stellen den Unternehmen Kapital (oft auch Know-how) über einen befristeten Zeitraum zur Verfügung. Beteiligen sich Finanzinvestoren in einer frühen und damit risikoreichen Phase an Unternehmen, so spricht man von *Venture-Capital-Gesellschaften*.

Egal ob strategischer Investor oder Finanzinvestor, letztendlich wollen alle mit dem Unternehmenskauf Geld verdienen. Von »Heuschrecken« sollte aber nur dann gesprochen werden, wenn ein Investor das erworbene Unternehmen durch zu kurzfristige oder überzogene Renditeerwartungen auf ungesunde Weise regelrecht aussaugt.

Eine faktische Verpflichtung zur Umstellung auf IFRS kann sich auch dann ergeben, wenn Sie sich aktiv auf die Suche nach einem internationalen Investor begeben wollen. Sie müssen sich das vorstellen wie bei einem Schönheitswettbewerb: Investoren, die nach geeigneten Investitionsobjekten suchen, erwarten von Ihnen im Laufe der Verkaufsverhandlungen, dass Sie zeigen, was Sie haben und international vergleichbare (Schönheits-)Standards präsentieren.

Alles für die Banken, alles für den Kredit!

Da Banken spätestens seit Basel II ihre Kreditvergabe am individuellen Rating ihrer Kreditnehmer festmachen, spüren deutsche Unternehmen auch von Bankenseite einen gewissen Druck zur Umstellung auf IFRS.

Basel II

Unter Basel II versteht man eine Reihe von Empfehlungen aus dem Jahre 2004 des Basler Ausschuss für Bankenaufsicht. Diese Verlautbarungen sind zwar allein nicht rechtlich bindend, werden aber in der Regel durch EU-Richtlinien und entsprechende Gesetze in Deutschland umgesetzt.

Eine Bank muss danach bei einem schlechten Rating ihres Kunden mehr Eigenkapital vorhalten. Dadurch erhöhen sich ihre Kosten für den Kredit. Diese erhöhten Kosten werden über höhere Zinsen an den Kreditnehmer weitergegeben. Umgekehrt profitiert ein Kreditnehmer mit gutem Rating von niedrigeren Kreditzinsen, weil die Bank für den Kredit geringere Eigenmittel hinterlegen muss.

Für das Rating müssen Banken alle relevanten Informationen eines Kunden berücksichtigen. Dazu zählen unter anderem auch die folgenden Aspekte:

- **Schnelligkeit:** Abschlüsse sollten schnellstmöglich erstellt und bei der Bank vorgelegt werden. Verstehen Sie dies nicht als Holschuld der Bank, sondern auch als Ihre Bringschuld!
- **Kennzahlen:** Abschlüsse sollten automatisch die relevanten Kennzahlen aus Bankensicht enthalten.
- **Integration:** Es sollte ein harmonisiertes internes und externes Rechnungswesen vorliegen.

✔ **Qualität**: Ein IFRS-Abschluss mit seinen umfangreichen Offenlegungserfordernissen wird oft mit einer höheren Qualität der Bilanzierung assoziiert.

✔ **Dynamik**: Ihr Unternehmen sollte Innovationskraft, Kundenorientierung und funktionierende interne Strukturen präsentieren. IFRS wird hier als ein Signal verstanden.

Es hilft hier schon sehr viel, wenn Sie sich kurz in Ihren Bankberater hineinversetzen. Außerdem sollten Sie sich vorab über das angewendete Ratingverfahren informieren. Fragen Sie nach Ihrem bisherigen Rating: So können Sie sich zielgerichtet verbessern. Stimmen Sie ab, welche Unterlagen Ihre Bank zukünftig regelmäßig von Ihnen benötigt.

Sie sehen: Mit einer Bilanzierung nach IFRS werden Ihnen neue Spielräume für die Finanzierung eröffnet!

Viel Spaß dabei: IFRS-Umstellung und Bilanzierung nach IFRS

Die Umstellung auf IFRS bringt eine ganze Reihe von Konsequenzen für Ihr Unternehmen mit sich, die Sie nicht nur im Rechnungswesen spüren werden. Genauere Details dazu finden Sie in Teil VI dieses Buches.

Vorneweg schon mal ein paar gute Ratschläge:

✔ Unterschätzen Sie nicht den finanziellen und personellen Aufwand der reinen Umstellung.

✔ Verkennen Sie nicht die mit einer IFRS-Umstellung verbundenen Potenziale für die Zukunft.

✔ Ziehen Sie eine Synchronisierung des externen und internen Rechnungswesens in Erwägung.

✔ Nutzen Sie die Chance zur effizienteren Gestaltung Ihrer Berichtsprozesse und EDV-Systeme.

✔ Berücksichtigen Sie die Auswirkungen auf Ihr Tagesgeschäft.

✔ Modifizieren und optimieren Sie bestehende Prozesse.

✔ Ergreifen Sie die Chance zur Verbesserung Ihrer Finanzkommunikation gegenüber internen und externen Adressaten.

Wenn Sie bereits nach IFRS bilanzieren, brauchen Sie unsere guten Ratschläge hierfür nicht mehr, können uns aber hoffentlich mit heftigem Kopfnicken (und vielleicht ein bisschen Bedauern für die Kollegen, die dieses Programm noch vor sich haben) zustimmen.

Das A und O einer IFRS-Umstellung und der Bilanzierung nach IFRS ist und bleibt aber eine fundierte Kenntnis der relevanten IFRS-Bilanzierungsvorschriften und der Unterschiede zur nationalen Rechnungslegung.

Daher haben wir den Schwerpunkt dieses Buches auch auf diese Themen gelegt und werden Sie nach diesem kleinen Überblick über das Thema IFRS hier im Teil I im Rest des Buches nicht mit Bilanzierungs- und Bewertungsfragen, finanzmathematischen Formeln und natürlich nicht mit Buchungssätzen verschonen!! Wir hoffen, Sie haben Spaß dabei!

Ich seh doppelt: Parallele Rechnungslegung = doppelter Aufwand?

Leider kommen Sie selbst bei einer vollständigen Umstellung Ihres Rechnungswesens auf IFRS weder um den HGB-Abschluss noch um die Steuerbilanz herum. Unglaublich, aber wahr: Sie müssen als IFRS-Bilanzierer mehrere Rechnungslegungsstandards in einem Rechnungswesen parallel abbilden.

Parallel bedeutet nicht zwangsläufig, dass Sie alle Geschäftsvorfälle zeitgleich und mehrfach erfassen müssen. Mit einer geschickten Wahl der »führenden Bewertung«, die als Ausgangsbasis dient, können Sie den mit einer parallelen Rechnungslegung verbundenen Aufwand minimieren.

Ihre führende Bewertung sollte die sein, die Sie laufend für Steuerung und Berichterstattung benötigen. Wenn Sie beispielsweise intern nach IFRS steuern und monatlich ein IFRS-Reporting an die Konzernmutter schicken müssen, aber nur einmal jährlich einen Abschluss nach HGB erstellen, bietet sich IFRS als führende Bewertung an. Macht irgendwie Sinn, oder?

Haben Sie schon neugestartet? Umstellung der IT-Systeme

In den Anfängen der IFRS-Bilanzierung haben sich die meisten Unternehmen bei einer Umstellung auf IFRS darauf konzentriert, die minimalen Anforderungen zu erfüllen, sprich: die reine Erstellung des IFRS-Konzernabschlusses.

Die IFRS-Umstellung fand also nicht in den operativen Buchhaltungssystemen statt, sondern man arbeitete mit Überleitungsrechnungen, die oft auf Basis von Microsoft Excel mit all seinen Schwächen und Problemen erfolgten.

Wenn Sie möchten, dass Ihr Wirtschaftsprüfer den IFRS-Abschluss dauerhaft testiert und Sie die Chancen einer Umstellung auf IFRS voll ausnutzen möchten, müssen Sie die parallele Rechnungslegung dauerhaft in Ihren Buchhaltungs- oder ERP-Systemen verankern.

Eine IT-Lösung zur parallelen Rechnungslegung stellt hohe Anforderungen an die eingesetzte Software, hat meist erhebliche Auswirkungen auf interne Prozesse und stellt insbesondere in größeren Umstellungsprojekten einen der wesentlichen Kostenblöcke dar.

Sprich mit mir! Herausforderung Finanzkommunikation

Grundsätzlich ist nach IFRS keine häufigere Berichterstattung notwendig als nach HGB. Da die Umstellung auf IFRS aber häufig mit der Vorbereitung eines Börsengangs oder der Annäherung an ein börsennotiertes Unternehmen verbunden ist, kommt es durch notwendig werdende Zwischenabschlüsse und die kürzeren Veröffentlichungsfristen am Kapitalmarkt zu einer Erhöhung des Termindrucks.

Um eine zeitnahe Veröffentlichung zum Abschlussstichtag gewährleisten zu können, müssen Sie meist einen sogenannten *Fast-Close-Abschluss* aufstellen. Fast Close bezeichnet hier einen optimierten und zum Teil vorgezogenen Abschlusserstellungsprozess. »Fast« halt!

Da Sie bei der Erstellung eines IFRS-Abschlusses stärker als bisher auf die Zuarbeit von verschiedenen Abteilungen auf allen Unternehmensebenen abhängig sind, müssen Jahresabschlussprozesse und interne Kommunikation reibungslos funktionieren. Ihr Management erwartet die IFRS-Ergebnisse stets noch ein wenig vor dem Kapitalmarkt. Nur so lassen sich Überraschungen und die verspätete Anpassung von Planzahlen vermeiden.

Gemeinsam einsam? Internes und externes Rechnungswesen

In deutschen Unternehmen existieren traditionell zwei separate Rechenwerke für die Berichterstattung (Zweikreissystem):

- ✔ Das Controlling liefert dem Management die Informationen, die es zur Unternehmenssteuerung benötigt. Eine externe Weitergabe ist nicht gewollt.
- ✔ Die Finanzbuchhaltung hingegen erstellt im Abschluss die Informationen, die an Aktionäre, Banken und das Finanzamt gehen. Bei der Erstellung dieser Informationen zählen, anders als im Controlling, nicht betriebswirtschaftliche Vorgaben, sondern die gesetzlichen Vorgaben.

Die sich daraus ergebenden Auswirkungen für das Management können höchst unerfreulich werden: Ein Management, das sich nur an den Zahlen der Controller orientiert, muss am Jahresende möglicherweise abweichende und eventuell sogar unerfreuliche Geschäftszahlen der Finanzbuchhaltung offenlegen, obwohl man nach den Vorgaben des Controlling durchaus betriebswirtschaftlich korrekt gehandelt hat. Andererseits sollte sich ein Manager nicht nur auf die Zahlen seiner Bilanzbuchhalter verlassen, da sich dort oft auch steuerliche Einflüsse oder bilanzpolitische Maßnahmen »verstecken«.

Eine Umstellung auf IFRS bringt hier ein fast unvermeidbares Zusammenwachsen von externem und internem Rechnungswesen mit sich, in dessen Zuge die organisatorische Abgrenzung der Aufgaben auch neu definiert werden muss. Mehr dazu finden Sie in Kapitel 20.

Jetzt aber alle! Umdenken auf allen Ebenen

In vielen Bereichen greifen die IFRS auf Daten zurück, die bislang gar nicht erhoben wurden oder zumindest nicht in der nach IFRS erforderlichen Weise aufbereitet und berichtet wurden. Hieraus ergibt sich meist Anpassungsbedarf an Systeme und Prozesse außerhalb des eigentlichen Finanzbereichs. Hinzu kommt, dass die Vorschriften zu einer bislang meist nicht dagewesenen Transparenz bei Mitarbeitern in operativen Bereichen führen und dass die dort zutage geförderten Informationen oft direkte Auswirkungen auf die Vermögens- und Ertragslage des Unternehmens haben.

Projektmäßige Abwicklung einer IFRS-Umstellung

Um Sie bei einer noch bevorstehenden Umstellung auf IFRS nicht nur inhaltlich auf Ballhöhe zu bringen, sondern auch bei der Durchführung zu begleiten, machen wir Ihnen in Kapitel 19 einen Vorschlag für die projektmäßige Abwicklung einer IFRS-Umstellung.

Rechnungslegung »goes international«

In diesem Kapitel
▶ Gründe für die Internationalisierung der Rechnungslegung
▶ Weltweiter Siegeszug der IFRS
▶ Entwicklung der Rechnungslegung in Deutschland
▶ IFRS für Mittelständler und den Einzelabschluss?

Stellen Sie sich Rechnungslegung einfach wie die Sprache der Buchhalter vor. Aber in unserer globalisierten Welt, in der Produkte, Kapital und Menschen über Länder hinweg beweglich sein sollen, ohne durch unterschiedliche Produktvorschriften, Umrechnungskurse oder griesgrämige Zöllner behindert zu werden, müssen auch die Buchhalter eine *international* verständliche und möglichst *einheitliche* Sprache sprechen.

Denken Sie kurz zurück, wie lästig bis vor wenigen Jahren noch das Drumherum bei Reisen durch Europa war: Sie mussten verschiedenste Währungen parat haben, Einkäufe umrechnen, um nicht übers Ohr gehauen zu werden, und auch noch unterschiedliche Steckdosenadapter einpacken. Mit der europäischen Harmonisierung und der Einführung des Euro wurde hier vieles einfacher.

Das Ziel der *internationalen Rechnungslegung* ist also die Formulierung einer international einheitlichen Buchhaltersprache (die selbstverständlich auch gerne von anderen genutzt werden darf).

Vielleicht denken Sie sich nun »Alles klar! Gebt mir ein Wörterbuch – ich mach das!« Aber wie Sie sicher noch aus dem Englischunterricht wissen, ist selbst bei Sprachen eine Eins-zu-eins-Übersetzung oft nicht möglich: So macht es beispielsweise auch keinen Sinn, sich mit einem »Fuß-ball«-Fan über »Foot-ball«-Regeln zu unterhalten.

Wir geben Ihnen daher in diesem Kapitel einen kleinen Überblick über die Anforderungen, Auswirkungen und Hintergründe der internationalen Rechnungslegung und was insbesondere bei einer Umstellung auf IFRS alles auf Sie zukommt.

Mehr Spaß für Soll und Haben – die Bilanzen steigen in das Globalisierungskarussell

Das *Rechnungswesen* war bislang ein Hort für Konservatismus und Beständigkeit, in dem man Dynamik und Risikobereitschaft eher vergeblich suchte.

Viele Unternehmensbereiche wie beispielsweise *Produktion*, *Einkauf* und *Vertrieb* hatten sich schon in den letzten Jahrzehnten auf den Weg rund um den Globus gemacht und die Beziehungen zwischen internationalen Geschäftspartnern nahmen immer mehr zu. Sie können wahrscheinlich auch ein Lied davon singen: Lieferanten aus Indonesien, Niederlassungen in Frankreich und den USA, Kunden aus England und Investoren aus Arabien sind an der Tagesordnung.

Diese fortschreitende Globalisierung auf den Güter- und Finanzmärkten löste auch in den anderen Unternehmensbereichen eine Dynamik und Technisierung aus, der sich auch der eher bodenständige Buchhalter nicht mehr erwehren konnte.

In Deutschland wurden Jahresabschlüsse lange ausschließlich auf Basis des historisch durch einen gesunden Konservatismus geprägten und leicht angestaubten *Handelsgesetzbuchs* (HGB) aufgestellt. Internationale Geschäftspartner, denen diese Informationen oft mehr schlecht als recht übersetzt vorgelegt wurden, beäugten das Zahlenmaterial meist skeptisch.

Es mussten also Regeln her, die es Geschäftspartnern oder Investoren ermöglichten, Jahresabschlüsse und Unternehmensdaten zu verstehen und zu vergleichen. Die Idee der internationalen Rechnungslegung war geboren.

Das ist ja mal wieder typisch für die Amerikaner, die Franzosen, die Engländer, die Deutschen ...

Nicht nur wir Menschen haben unsere Eigenheiten; auch Länder haben nationale Eigenheiten. Sie kennen vielleicht den Ausspruch:

»*In England ist alles erlaubt, was nicht verboten ist; in Deutschland ist alles verboten, was nicht erlaubt ist; in Russland ist alles verboten, auch was erlaubt ist; in Italien ist alles erlaubt, auch was verboten ist.*«

Genau solche nationalen Eigenheiten, egal ob es nun soziale, wirtschaftliche, rechtliche oder kulturelle Dinge sind, wirken sich auch auf die Rechnungslegung aus.

Wir sind zwar keine Psychologen, aber um hier tiefer einsteigen zu können, haben wir in Tabelle 2.1 zwei wichtige Kulturräume gegenübergestellt und wollen Ihnen zeigen, welche Dinge prägend auf die Rechnungslegung gewirkt haben.

Das deutsche HGB ist in Tabelle 2.1 übrigens links einzuordnen, während die US-amerikanischen Rechnungslegungsstandards US-GAAP (United States Generally Accepted Accounting Principles) rechts zuzuordnen sind. Letzteres gilt auch für die IFRS. Warum dies so ist, erfahren Sie noch im Laufe dieses Kapitels.

Diese Eigenheiten haben teilweise zu gravierenden Unterschieden bei den konkreten, nationalen Bilanzierungsvorschriften geführt, mit denen sich Buchhalter weltweit herumschlagen müssen.

2 ▶ Rechnungslegung »goes international«

Die Unterschiede betreffen alle drei Fragen, die sich ein Buchhalter bei jedem einzelnen Geschäftsvorfall stellen muss:

- ✔ **Erfassung:** Welche Geschäftsvorfälle müssen *konkret* erfasst werden?
- ✔ **Bewertung:** Mit welchen Werten muss ein Sachverhalt *konkret* gebucht werden?
- ✔ **Darstellung:** Wo und wie ist ein Sachverhalt *konkret* im Abschluss abzubilden?

	Europäische Rechnungslegung *(Deutschland, Frankreich, Italien, Schweiz)*	Angloamerikanische Rechnungslegung *(Australien, Großbritannien, Kanada, Singapur, USA)*
Ursache		
Wie finanzieren sich Unternehmen?	Die Banken dominieren das Geschäft.	Man finanziert sich gerne durch Aktien oder Anleihen.
Wie steht die Bevölkerung zur Geldanlage in Aktien?	Lange wurde wenig in Aktien angelegt; in Deutschland kam ein Schub erst mit der T-Aktie.	Die Menschen investieren traditionell mehr in Aktien.
Dominiert in den Unternehmen Eigen- oder Fremdkapital?	Hoher Anteil von Fremdkapital im Verhältnis zum Eigenkapital	Geringer Anteil von Fremdkapital im Verhältnis zum Eigenkapital
Wie sieht das Gesellschaftssystem aus?	Man hat es gerne etwas ordentlicher und bürokratisch.	Hier geht man gerne eigene Wege und ist Individualist.
Wie sieht das Rechtssystem aus?	Es gibt für alles detaillierte Gesetzesvorgaben.	Es wird meist der konkrete Fall durch Richter entschieden.
Wirkung		
Wer macht Vorgaben für die Rechnungslegung?	Staatliche Institutionen	Private Institutionen
An wen richtet sich der Jahresabschluss?	Gläubiger, Fiskus, Eigentümer	Investoren
Welches Prinzip dominiert die Rechnungslegung?	Lieber mal vorsichtig sein (Vorsichtsprinzip).	Die Informationen sollen dem Investor für seine Entscheidungen nützlich sein.
Was ist der Öffentlichkeit im Abschluss preiszugeben?	Möglichst wenig!	Möglichst viel!

Tabelle 2.1: Warum bilanziert man nicht überall gleich?

In einem sind jedoch fast alle Rechnungslegungssysteme gleich: Sie bauen auf dem System der doppelten Buchführung auf, wie es bereits im 15. Jahrhundert von einem italienischen Mönch namens Luca Pacioli beschrieben wurde.

Lokal, national, international

Getreu dem Motto »Jede Rechnungslegung ist international. Fast überall.« kann man unter »internationaler Rechnungslegung« in Deutschland alles verstehen, wo nicht »HGB« draufsteht.

Wenn Sie sich bereits etwas mit der Materie auseinandergesetzt haben, wissen Sie, dass unter »internationaler Rechnungslegung« in Deutschland lange die Rechnungslegung nach IFRS *oder* US-GAAP verstanden wurde. Aber eigentlich sind die US-GAAP die nationalen Rechnungslegungsstandards der USA. Nur die IFRS werden tatsächlich von einer internationalen Institution erlassen.

> **Waren da nicht auch noch die International Accounting Standards?**
>
> Richtig! Die International Accounting Standards (IAS) wurden vom 1973 gegründeten International Accounting Standards Committee (IASC), dem Vorgänger des International Accounting Standards Board (IASB) mit Sitz in London, herausgegeben.
>
> Das IASC war eine private Organisation von Wirtschaftsprüferverbänden aus Deutschland, Großbritannien, Irland, Frankreich, den Niederlanden, Australien, Japan, Kanada, Mexiko und den USA.
>
> Das IASB wurde im Jahr 2001 als Nachfolger des IASC gegründet und ist Herausgeber der neueren IFRS, die jedoch die alten IAS nicht ersetzen, sondern ergänzen.
>
> Mit der Umbenennung in IFRS, also *International Financial Reporting Standards* sollte insbesondere der Tatsache Rechnung getragen werden, dass die Standards nicht nur eine korrekte Rechnungslegung, sondern auch eine vollständige und transparente Finanzberichterstattung zum Ziel haben. Herzlichen Glückwunsch! Sie arbeiten also nicht mehr in der Buchhaltung, sondern in der Finanzberichterstattung. Klingt doch gleich viel besser.

Aber warum halten Sie heute ein Buch über IFRS in der Hand und nicht über US-GAAP?

US-GAAP: Liebevolle Annäherung oder feindliche Übernahme

Auch wenn wir gesehen haben, dass sowohl die US-GAAP als auch die IFRS den Stempel angloamerikanischer Rechnungslegung tragen und damit automatisch über einige Gemeinsamkeiten verfügen, bestehen zahlreiche praxisrelevante Unterschiede. In Tabelle 2.2 finden Sie eine kleine Übersicht.

Trotz dieser Unterschiede existierten beide Rechnungslegungssysteme jahrelang gleichwertig und friedlich nebeneinander; lediglich wer in den USA groß rauskommen wollte, kam an den US-GAAP und »Big Brother« SEC nicht vorbei.

> **»Big Brother« SEC**
>
> Die United States Securities and Exchange Commission (SEC), gegründet 1934 als Reaktion auf den Börsencrash von 1929, ist die amerikanische Aufsichtsbehörde für den Börsen- und Wertpapierhandel und hat ihren Sitz in der US-Hauptstadt Washington D. C.
>
> Sie regelt unter anderem den Zugang zum amerikanischen Kapitalmarkt und erlässt zusammen mit dem FASB (Financial and Accounting Standards Board), dem amerikanischen Pendant zum IASB, wesentliche Rechnungslegungsvorschriften sowie deren Interpretationen.

2 ➤ Rechnungslegung »goes international«

	IFRS	US-GAAP
Für wen sollen die Regeln primär gelten?	Es handelt sich um supranationale Regeln, die dem Zweck der internationalen Vergleichbarkeit dienen sollen.	Nationalstaatliche Regeln der USA
Seit wann gibt es die Regeln?	Die IAS/IFRS sind noch sehr jung. Das IASC (heute: IASB) wurde 1973 gegründet.	Die ersten Regeln entstanden schon in den 1930er-Jahren.
Wie sind die Regeln entstanden?	Basiert auf grundlegenden Prinzipien der Rechnungslegung	Basiert auf einer Vielzahl von Einzelregelungen
Wie komplex sind die Regeln?	Aufgrund Zielrichtung, Historie und Regelungsbasis relativ geringe Komplexität	Hohe Komplexität durch die lange Historie, nationale Besonderheiten und Interessen der US-Industrie

Tabelle 2.2: Charakteristika IFRS versus US-GAAP

Sie können es wahrscheinlich schon erahnen: Sie halten heute ein Buch über IFRS in Ihren Händen, weil das friedliche Nebeneinander nicht von Dauer war. Richtig!

Ihren ersten Aufwind erlebten die IFRS Ende der 80er-Jahre, als das damalige IASC sich daranmachte, eine Vereinbarung mit der Vereinigung der internationalen Wertpapieraufsichtsbehörden, der IOSCO, umzusetzen. Es wurden damals erste Wahlrechte bei der Bilanzierung eingeschränkt und die Anforderungen an die Veröffentlichung von Jahresabschlussinformationen angehoben.

IOSCO

Die International Organization of Securities Commissions wurde 1974 mit Sitz im spanischen Madrid gegründet und hat sich zum Ziel gesetzt, weltweit einheitliche Standards für die Zulassung von Aktien und Wertpapieren zum öffentlichen Handel an Börsen zu fördern.

Aus Deutschland ist das Bundesaufsichtsamt für den Wertpapierhandel vertreten. Größtes und wohl bedeutendstes Mitglied der IOSCO ist aber die SEC.

Getreu dem Motto »Eine Hand wäscht die andere« wurde die Umsetzung dieser Vereinbarung von der IOSCO damit belohnt, dass sie ihren Mitgliedern empfahl, Unternehmen für internationale Börsengänge die Bilanzierung nach IFRS zu gestatten.

Es ist heute unbestritten, dass mit diesem Schritt der Grundstein für die spätere EU-Verordnung sowie die Verbreitung der IFRS in anderen Ländern gelegt wurde (und damit eigentlich auch für dieses Buch!). Allerdings hielt damals ausgerechnet das wichtigste Mitglied der IOSCO, »Big Brother« SEC, daran fest, für US-amerikanische Börsen (noch) eine Überleitungsrechnung von IFRS auf US-GAAP zu fordern.

Auf der Weltkarte in Abbildung 2.1 sehen Sie in etwa, wie verbreitet die IFRS heute sind und wo überall auf dieser Welt gerade noch Pläne für eine weitere Anerkennung laufen.

Weltweite Verbreitung der International Financial Reporting Standards

Stand der Umstellung
abgeschlossen
in Umsetzung
aktuell geplant
IFRS-Roadmap
aktuell keine Pläne
keine Informationen

Abbildung 2.1: Der weltweite »Siegeszug« der IFRS

Sie sehen so langsam, wohin die Reise geht und welcher weltweiten Bewegung Sie sich mit dem Erwerb dieses Buches angeschlossen haben.

Wahrscheinlich hatten SEC und FASB irgendwann die gleiche Erkenntnis wie Sie: Die IFRS gewinnen international zunehmend an Bedeutung!

Vielleicht verständigten sich deshalb 2002 das amerikanische FASB und das IASB im sogenannten »Norwalk Agreement« (man traf sich im amerikanischen Norwalk/Connecticut, dem Sitz des FASB) erstmals auf ein gemeinsames Arbeitsprogramm zur Verringerung der Unterschiede zwischen beiden Welten der Rechnungslegung.

Anfänglich schien es, dass sich die Mitglieder beider Institutionen noch nicht ganz geheuer sind, da die anschließenden Tätigkeiten eher schlecht als recht in getrennten stillen Kämmerlein beider Boards stattfanden. Erst ab dem Jahr 2004 arbeitete man auch wirklich gemeinsam an Projekten und weil es so schön war, erneuerte man im Jahr 2006 den Bund in einem sogenannten »Memorandum of Understanding«.

Auch wenn beide Seiten immer wieder hoch und heilig versprochen haben, dass man aus beiden Welten das »Beste« zusammenführt, hatte man auf dem Boden der Tatsachen das Gefühl, dass es eigentlich zu einer weltweiten Einführung der US-GAAP unter dem Namen »IFRS« kommt.

Klar, denn die jungen IFRS hatten bis dato bei Weitem nicht alle Dinge im Detail geregelt, und so griff man auf die bestehenden US-GAAP als Basis für neue IFRS zurück.

2 ➤ Rechnungslegung »goes international«

Den Eingang in weltweite IFRS-Abschlüsse finden die US-GAAP aber nicht nur indirekt. Für den Fall, dass ein Sachverhalt in IFRS nicht geregelt ist, kann gemäß IAS 8 in bestimmten Fällen direkt auf Standards anderer Länder (zum Beispiel US-GAAP) zurückgegriffen werden.

Es war von Beginn an klar, dass der Erfolg des gemeinsamen Konvergenzprojekts insbesondere an einem Verzicht von »Big Brother« SEC auf seine Überleitungspflicht auf US-GAAP gemessen werden könne. Und tatsächlich: Im Jahr 2005 stellte die SEC dieses Bonbon in Form eines Fahrplans (»Roadmap«) für das Jahr 2009 in Aussicht.

Doch dann überschlugen sich die Ereignisse in der sonst so tristen Welt der Buchhaltung: Bereits im November 2007 verzichtete die SEC überraschend auf die bislang zwingende Überleitung auf die US-GAAP. Es war fortan für die an den US-amerikanischen Börsen vertretenen deutschen Unternehmen (eine Aufstellung der Unternehmen an der NYSE finden Sie in Abbildung 2.3) völlig ausreichend, einen IFRS-Abschluss vorzulegen.

Aber mehr noch: Ausgelöst durch die weltweite Wirtschaftskrise und die Erkenntnis, dass die Abhängigkeiten zwischen globalen Geschäftsbeziehungen sowie Finanz- und Kapitalmärkten eine einzige, hochwertige und einheitliche »internationale Rechnungslegung« erfordern, hat die SEC im November 2008 einen neuen Fahrplan, die sogenannte »IFRS-Roadmap« veröffentlicht (siehe Abbildung 2.2).

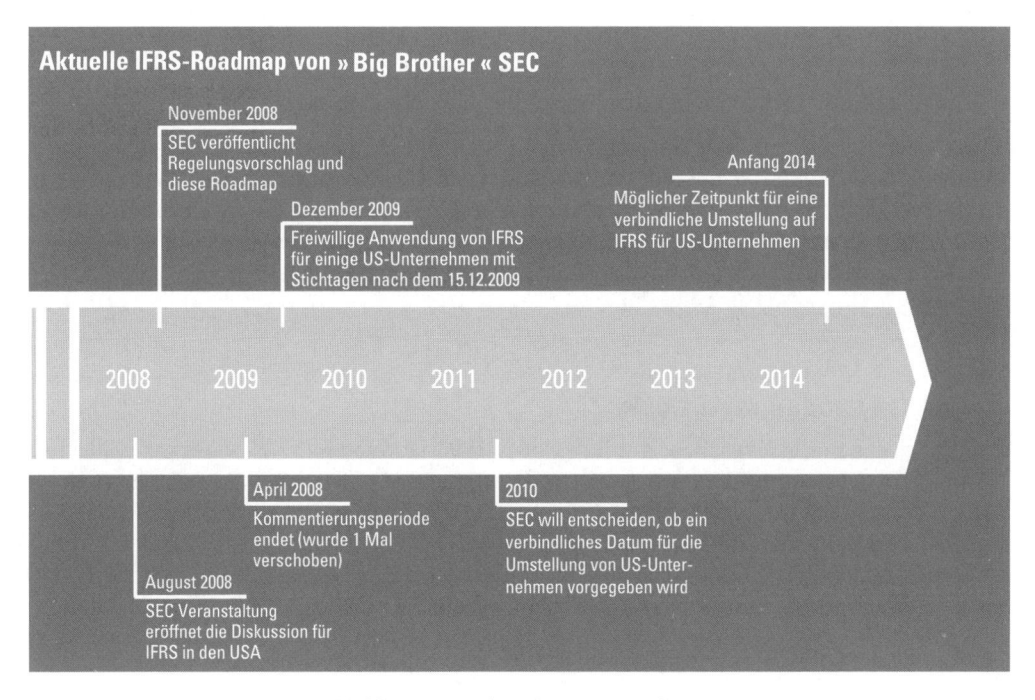

Abbildung 2.2: Aktuelle IFRS-Roadmap

Und nun halten Sie sich fest: Sollte dieser Fahrplan tatsächlich umgesetzt werden, so wären zukünftig *alle* Unternehmen an amerikanischen Börsen (also auch alle US-Unternehmen) zu einer Bilanzierung nach IFRS nicht nur berechtigt, sondern *verpflichtet*.

Momentan wehren sich amerikanische Buchhalter, Finanzvorstände und Wirtschaftsprüfer zwar (noch) gegen diese IFRS-Roadmap, aber spätestens dann, wenn weitere wichtige US-Handelspartner wie Brasilien (2010), Kanada und Südkorea (beide 2011) und Mexico (2012) auf IFRS umgestellt haben oder der Finanzplatz USA gegenüber London, Frankfurt und Paris an Bedeutung verliert, wird auch dort ein Umdenken stattfinden.

Neben den US-GAAP macht sich das IASB aber auch an zahlreiche andere nationale Institutionen ran, um dem Ziel »internationale Rechnungslegungsstandards« immer näher zu kommen.

Auch Hans will Spaß! Die Deutsche Rechnungslegung bewegt sich (doch)

Geld ist wichtig. Nicht nur für Sie als Privatperson, sondern auch für Unternehmen und die Wirtschaft ist ein funktionierender Kapitalmarkt von entscheidender Bedeutung. Er ist die Grundlage für eine optimale Versorgung der Wirtschaft mit Geld und damit für Wachstum und Stabilität, für mehr Arbeitsplätze und unser aller Einkommen.

Lange Zeit wollten deutsche Unternehmen nicht in die Ferne schweifen. Sie suchten statt mit dem Fernglas mit der Lupe in Deutschland nach Kapital, namentlich an der Frankfurter Wertpapierbörse. Für die notwendige Stabilität und das Vertrauen in die Rechnungslegung der dort gelisteten Unternehmen sorgten das vermeintlich gute alte Handelsgesetzbuch und der von einem deutschen Wirtschaftsprüfer testierte Jahresabschluss.

Alles war gut ... und schlief!

Hallo? Ist jemand da draußen?

Dann kam das große Erwachen: Am 5. Oktober 1993 läutete an der New Yorker Wall Street erstmals die Glocke auch für ein deutsches Unternehmen. Die damalige Daimler Benz AG hatte sich als erstes deutsches Unternehmen Zugang zum größten Kapitalmarkt der Welt verschafft, es wagte den Börsengang an der New York Stock Exchange (NYSE). Und für diese Notierung (»Listing«) musste ein Konzernabschluss nach US-GAAP erstellt werden. Wobei sich im Nachhinein das Ganze für dieses Unternehmen eher als US-GAP (GAP = Lücke) darstellte.

In den nachfolgenden Jahren war es für einige deutsche Großkonzerne und ihre Vorstände meist mehr schick als erfolgreich, ebenfalls an der NYSE vertreten zu sein. In Abbildung 2.3 sehen Sie, wie sich die Präsenz deutscher Unternehmen an der NYSE seit damals entwickelt hat.

2 ▶ Rechnungslegung »goes international«

Deutsche Unternehmen an der New York Stock Exchange

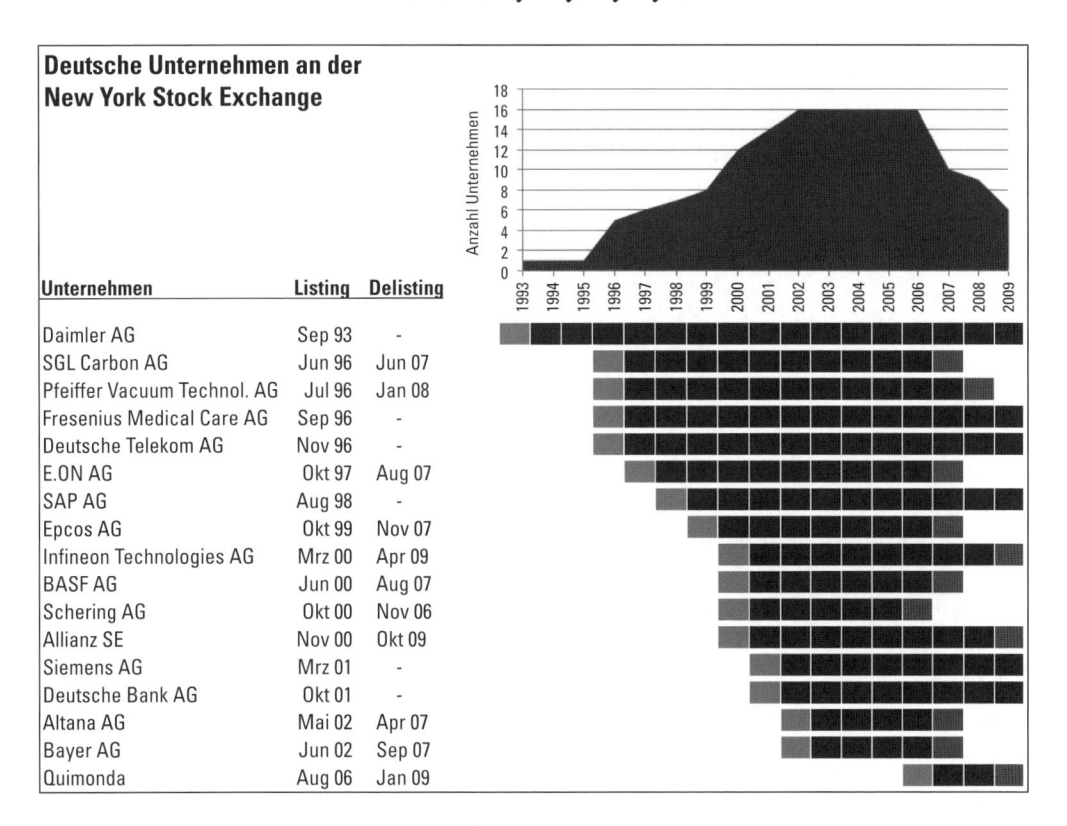

Unternehmen	Listing	Delisting
Daimler AG	Sep 93	-
SGL Carbon AG	Jun 96	Jun 07
Pfeiffer Vacuum Technol. AG	Jul 96	Jan 08
Fresenius Medical Care AG	Sep 96	-
Deutsche Telekom AG	Nov 96	-
E.ON AG	Okt 97	Aug 07
SAP AG	Aug 98	-
Epcos AG	Okt 99	Nov 07
Infineon Technologies AG	Mrz 00	Apr 09
BASF AG	Jun 00	Aug 07
Schering AG	Okt 00	Nov 06
Allianz SE	Nov 00	Okt 09
Siemens AG	Mrz 01	-
Deutsche Bank AG	Okt 01	-
Altana AG	Mai 02	Apr 07
Bayer AG	Jun 02	Sep 07
Quimonda	Aug 06	Jan 09

Abbildung 2.3: Sehr schick – NYSE-Börsengang

In den letzten Jahren kehrten viele Unternehmen der Wall Street wieder den Rücken. Die meisten begründeten den Schritt mit den hohen Kosten und der sinkenden Bedeutung des amerikanischen Kapitalmarkts.

Wie dem auch sei, jedenfalls machte die mit den US-Börsengängen verbundene Umstellungspflicht der deutschen Öffentlichkeit erstmals die Unterschiede zwischen deutschem HGB und internationalen Rechnungslegungsstandards (hier: US-GAAP) bewusst und markierte den Zeitpunkt, zu dem das deutsche Bilanzrecht weltweit in die öffentliche Kritik geriet. Das Wort vom deutschen »Hokuspokus-Accounting« machte die Runde.

Aber damit nicht genug. Mit Gründung des – inzwischen berühmt-berüchtigten – »Neuen Marktes« als separater Handelsplattform der Deutschen Börse in Frankfurt wurde in Deutschland die Rechnungslegung nach internationalen Vorschriften (damals noch IAS oder US-GAAP) sogar Pflicht.

> **Der Neue Markt**
>
> Der Neue Markt an der Frankfurter Wertpapierbörse wurde 1997 nach dem Vorbild der amerikanischen Technologiebörse NASDAQ als spezielles Handelssegment für Zukunftsbranchen wie Informationstechnologie, Multimedia, Biotechnologie und Telekommunikation eingerichtet, um jungen und innovativen Unternehmen eine Möglichkeit der Eigenkapitalfinanzierung über einen Börsengang zu bieten.
>
> Bis zum Platzen der sogenannten »Dotcom-Blase« und seiner Schließung im Jahr 2003 waren mehr als 300 Unternehmen am Neuen Markt gelistet.

Allerdings hielt sich der Staat noch vornehm zurück. Die Pflicht zur internationalen Bilanzierung basierte damals nicht auf Gesetzen, sondern auf dem sogenannten *Regelwerk Neuer Markt*, einer Vereinbarung zwischen der Deutschen Börse AG und dem jeweiligen Unternehmen. Ziel war es, dem erhöhten Maß an Unsicherheit in diesem Marktsegment durch erhöhte Anforderungen hinsichtlich Publizität, Transparenz und Anlegerschutz gerecht zu werden.

Man war damals der Ansicht, dass die internationale Rechnungslegung, anders als das HGB, besonders geeignet ist, Investoren mit entscheidungsrelevanten, zuverlässigen und vergleichbaren Informationen zu versorgen und so ein hohes Maß an Anlegerschutz zu gewährleisten.

Die Idee war richtig, allerdings hatte man damals den Eindruck, dass vor lauter Gier kein Anleger die Emissionsprospekte und Abschlüsse überhaupt las. Ganz sicher ist aber, dass damals noch kaum jemand IFRS oder US-GAAP verstand.

Damit war der Bedarf nach Geld über den Kapitalmarkt der Auslöser für eine verstärkte Internationalisierung der Rechnungslegung in Deutschland. Die bilanziellen Vorreiter in Deutschland waren hier lange Jahre auf steinigem und kostenintensivem Terrain unterwegs. Der Gesetzgeber zog erst mit einigen Jahren Verspätung nach und ebnete den Weg für die Nachzügler.

Endlich aufgewacht – auch die Politik reagiert!

Wie so oft bei neuen Entwicklungen hinkte die Politik dem Bedarf an Internationalisierung und Erneuerung der Rechnungslegung in Deutschland hinterher. Daher ein kurzer historischer Abriss über die gesetzliche Entwicklung.

BiRiLiG: Die EU greift um sich!

Sie erinnern sich sicher noch an die Inhalte der 4., 7. oder 8. EG-Richtlinie. Nein? Dann geht es Ihnen wie vielen! Man wusste damals noch nichts damit anzufangen und schon gar nicht, was da in Brüssel und Straßburg so alles getrieben wurde und für wen das überhaupt galt.

Spätestens aber als zum 1.1.1986 all diese Böhmischen Dörfer durch das sogenannte Bilanzrichtliniengesetz (BiRiLiG) in deutsches Recht umgesetzt wurden, hätte uns klar sein müssen: Irgendwann bekommen sie uns alle – sei es in der Rechnungslegung oder mit Glühbirnenverboten!

2 ▶ Rechnungslegung »goes international«

Von standardisierten und vergleichbaren Abschlüssen innerhalb der jungen Europäischen Gemeinschaft war damals aber noch nicht zu sprechen.

KapAEG: Leichter ans Geld!

Zu Beginn dieses Kapitels haben wir gesehen, dass Anfang der 90er-Jahre die ersten deutschen Unternehmen weder Kosten noch Mühen scheuten, um freiwillig ihre Konzernabschlüsse neben dem HGB zusätzlich nach internationalen Rechnungslegungsstandards aufzustellen.

Erst auf den Druck dieser Unternehmen hin reagierten 1998 die Politiker und fügten durch das Kapitalaufnahmeerleichterungsgesetz (KapAEG) den historischen § 292a HGB in das Handelsgesetzbuch ein. Er tolerierte für eine begrenzte Zeit die Anwendung internationaler Rechnungslegungsvorschriften für den Konzernabschluss zugunsten der Wettbewerbsfähigkeit deutscher Konzerne an ausländischen Kapitalmärkten.

> **Die historische Öffnungsklausel des § 292a HGB**
>
> Dieser heute längst der Vergangenheit angehörende Paragraf war damals von historischer Bedeutung. Er befreite börsennotierte Konzerne von der Pflicht zur Erstellung eines Konzernabschlusses nach HGB, wenn stattdessen ein Konzernabschluss nach den Regeln der IFRS oder US-GAAP erstellt wurde. Die Anwendung dieser Vorschrift war allerdings zeitlich begrenzt und konnte nur für Geschäftsjahre angewendet werden, die vor oder am 31.12.2004 endeten.

In der Bilanzierungswelt und insbesondere für Analysten und Bankmitarbeiter, die Konzernabschlüsse beurteilen mussten, entstand ab 1998 ein ziemliches Durcheinander (siehe Tabelle 2.3). Aber der durch parallele Konzernabschlüsse verursachte Mehraufwand konnte so für viele Unternehmen vermieden werden.

Abschluss/Standard	HGB	HGB i.V.m DRS	HGB i.V.m Steuerrecht	IFRS	US-GAAP
Konzernabschluss	Wahlrecht	Wahlrecht	Wahlrecht	Wahlrecht	Wahlrecht
Steuerbilanz	-	-	Pflicht	-	-
Einzelabschluss	Pflicht	-	-	-	-

Tabelle 2.3: Bilanzierungsdurcheinander im Konzernabschluss ab 1998

KonTraG: Volle Kontrolle!

Noch im gleichen Jahr wurde auch das KonTraG auf den Weg gebracht. Wie der ausgeschriebene Gesetzestitel »Gesetz zur Kontrolle und Transparenz im Unternehmensbereich« schon sagt, stellte es Regeln und Vorschriften zur verantwortungsvollen und zielgerichteten Unternehmensführung und -überwachung auf.

In diesem Zusammenhang spricht man in Fachkreisen auch von der sogenannten *Corporate Governance* (oder bösartig von der korpulenten Gouvernante).

Auslöser für das Gesetz waren die spektakulären Unternehmenskrisen der 90er-Jahre, zu denen Namen wie »Metallgesellschaft« oder »Philipp Holzmann« gehören.

Mit dem KonTraG wurde vor allem die Haftung von Vorstand, Aufsichtsrat und Wirtschaftsprüfern erweitert und der Aufbau eines Alarmsystems zur Früherkennung von Unternehmensrisiken verlangt. Aber auch auf unsere Rechnungslegung hatte das Gesetz einigen Einfluss:

- So mussten beispielsweise Konzerne, die an der Börse waren, ihren Konzernanhang zukünftig um eine Kapitalflussrechnung und eine Segmentberichterstattung ergänzen (was übrigens nach IFRS schon lange Pflicht war!).
- Zudem schuf das KonTraG die Voraussetzungen, dass auch wir ein Gremium im Bereich der Rechnungslegung (vergleichbar dem FASB oder IASB) bekamen: Das Deutsche Rechnungslegungs Standards Committee e.V. (DRSC) war geboren.

International bezeichnet sich das DRSC auch gerne als German Accounting Standards Board (GASB).

Das DRSC

Das DRSC wurde 1998 auf Basis eines Staatsvertrags mit dem Bundesministerium der Justiz (BMJ) gegründet.

Man meinte damals, ebenfalls ein unabhängiges Expertengremium zu benötigen, um der zunehmenden Bedeutung der internationalen Kapitalmärkte für deutsche Unternehmen und Konzerne gerecht zu werden. Zudem brauchte die Bundesregierung einen Berater und Vertreter für die komplexen Rechnungslegungsthemen.

Und, wie sollte es auch anders sein, natürlich durfte das DRSC auch eigene Deutsche Rechnungslegungs Standards (DRS) oder German Accounting Standards (GAS) zur Konzernrechnungslegung herausgeben. Diese Standards sind allerdings reine Empfehlungen. Man findet aber auch einige HGB-Konzernabschlüsse, die nach den Vorgaben der DRS aufgestellt werden.

Ausgelöst durch den Vormarsch der IFRS versuchte man 2003 eine Neupositionierung des DRSC: Es vertrat seitdem die deutschen Interessen in europäischen und internationalen Gremien zur IFRS-Rechnungslegung.

Allerdings hat das DRSC Mitte 2010 überraschend den bestehenden Staatsvertrag gekündigt. Aktuell ist nicht klar, wie es ab dem 1. Januar 2011 weitergeht und ob es nochmal ein privates Rechnungslegungsgremium geben wird. Die Aufgaben des DRSC gehen zunächst an das Bundesjustizministerium zurück.

2 ▶ Rechnungslegung »goes international«

IAS-Verordnung: Ein Meilenstein!

Am 19. Juli 2002 war es dann so weit: Auf Vorstoß der EU-Kommission wurde die sogenannte IAS-Verordnung vom Europäischen Parlament und dem Rat der Europäischen Union erlassen (siehe Abbildung 2.4).

Aufgrund der rechtlichen Form einer EU-Verordnung waren einige der enthaltenen Vorschriften unmittelbar geltendes Recht für alle Mitgliedstaaten. Dazu zählte insbesondere die verpflichtende Anwendung der IFRS (und nicht mehr HGB oder US-GAAP) für den Konzernabschluss von kapitalmarktorientierten Unternehmen mit Sitz in der EU.

Die Entscheidung über die Anwendung der IFRS für den Konzernabschluss anderer Unternehmen oder den Einzelabschluss hatte man den Mitgliedstaaten überlassen.

IAS-Verordnung	Kapitalgesellschaften		Personengesellschaften	
	kapitalmarktorientiert	nicht kapitalmarktorientiert	kapitalmarktorientiert	nicht kapitalmarktorientiert
Konzernabschluss	**IFRS**	IFRS / HGB	**IFRS**	IFRS / HGB
Einzelabschluss	IFRS / HGB	IFRS / HGB	IFRS / HGB	IFRS / HGB

■ = Pflicht
▧ = Mitgliedstaatenwahlrecht

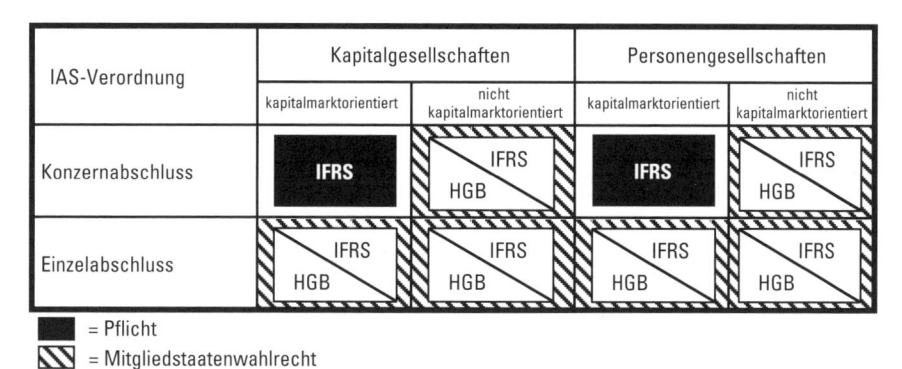

Abbildung 2.4: Wesentliche Inhalte der IAS-Verordnung

Die wichtigsten Regelungen im Detail

✓ **Ab 1.1.2005 verpflichtender Bericht nach IFRS:** Mutterunternehmen mit Sitz in der EU, deren Wertpapiere zum Handel auf einem organisierten Kapitalmarkt zugelassen sind, mussten für Geschäftsjahre, die am oder nach dem 01.01.2005 beginnen, verpflichtend nach IFRS berichten (inklusive Vorperiode).

✓ **Eine Übergangsfrist bis zum 01.01.2007** galt für kapitalmarktorientierte Mutterunternehmen,

- von denen ausschließlich Fremdkapitaltitel (zum Beispiel Anleihen) an Börsen gehandelt werden
- oder die nach anderen Rechnungslegungsvorschriften aufgrund der Vorgaben einer ausländischen Börse (zum Beispiel NYSE) bilanzierten.

✓ Ein vom IASB neu erlassener Standard ist nicht sofort für uns verpflichtend. Er muss zuerst eine Art Prüfung und Anerkennung in der EU durchlaufen. Wir stellen Ihnen diesen sogenannten *Endorsementprozess* in Kapitel 3 vor.

Die IAS-Verordnung und die angestrebte Errichtung eines effizienten und transparenten Kapitalmarkts in Europa war die konsequente Fortsetzung der Währungs- und Zollunion sowie des Euro.

BilReG: Eine echte Reform!

Mit der Verabschiedung des Bilanzrechtsreformgesetzes (BilReG) Ende 2002 erfolgte die Transformation der IAS-Verordnung in deutsches Recht. Mit dem neuen § 315a HGB wurden alle kapitalmarktorientierten Unternehmen dazu verpflichtet, ihre Konzernabschlüsse zukünftig nach IFRS aufzustellen.

Die Wahlrechte der IAS-Verordnung wurden in Deutschland dahingehend ausgeübt, dass für alle *Konzernabschlüsse* nicht börsennotierter Unternehmen entweder IFRS oder HGB angewendet werden kann. Bei der Erstellung und Offenlegung von *Einzelabschlüssen* konnte man sich nicht vom guten alten HGB trennen. Lediglich für große Kapitalgesellschaften wird gestattet, dass die Offenlegung auch auf Basis eines IFRS-Abschlusses erfolgen kann (siehe Abbildung 2.5).

Bilanzrechts-reformgesetz	Kapitalgesellschaften		Personengesellschaften	
	kapitalmarktorientiert	nicht kapitalmarktorientiert	kapitalmarktorientiert	nicht kapitalmarktorientiert
Konzernabschluss	IFRS	IFRS / HGB	IFRS	IFRS / HGB
Einzelabschluss	HGB	HGB	HGB	HGB

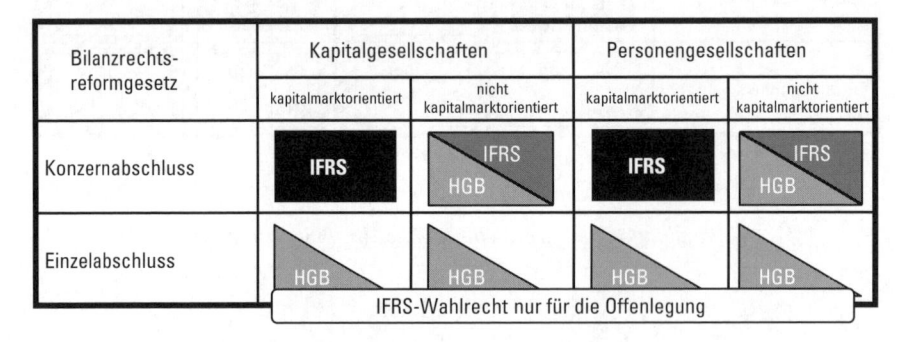

IFRS-Wahlrecht nur für die Offenlegung

Abbildung 2.5: Umsetzung der IAS-Verordnung in Deutschland

Wichtig ist für Sie nur, dass die IFRS-Pflicht für

✔ den **Konzernabschluss** von

✔ **kapitalmarktorientierten Unternehmen** gilt.

Der jährliche Einzelabschluss aller Unternehmen ist auch weiterhin nach HGB aufzustellen.

BilMoG: Alles neu oder letztes Aufbäumen?

Am Anfang als große Reform und Annäherung an die internationale Rechnungslegung gedacht, wurde das 2009 verabschiedete Bilanzrechtsmodernisierungsgesetz (BilMoG) im Zuge der parlamentarischen Beratungsphase stark beschnitten. Dennoch stellt es die umfangreichste Modernisierung des HGB seit Jahrzehnten dar und soll den Fortbestand des HGB mittelfristig sichern.

2 ▶ Rechnungslegung »goes international«

Das BilMoG ist kein alleinstehendes Gesetz, sondern eines dieser unübersichtlichen Änderungsgesetze, das bestehende Vorschriften in vielen unterschiedlichen Gesetzen ändert. Den Mittelpunkt der Änderungen bilden aber die Rechnungslegungsvorschriften des HGB.

Neben der Modernisierung des Bilanzrechts zielt das Gesetz mit der Anhebung von Größenkriterien auch auf Vereinfachung und Kostenreduzierung für kleinere Unternehmen.

Sie können davon ausgehen, dass auch Ihr Unternehmen in jedem Fall von den Neuregelungen des BilMoG betroffen ist. Dies betrifft nicht nur die Bilanzierungsvorschriften, sondern hat meist auch Auswirkungen auf IT-Systeme und Prozesse.

HGB-Rechnungslegung reloaded

Wir haben exemplarisch einige wesentliche Änderungen an der Rechnungslegung durch das BilMoG aufgelistet:

- ✔ Befreiung von Buchführungs- und Abschlusserstellungspflichten für kleine Einzelkaufleute und Kleinstunternehmen
- ✔ Anhebung der Größenkriterien für die Einteilung in kleine, mittelgroße und große Unternehmen
- ✔ Aufhebung der sogenannten umgekehrten Maßgeblichkeit, durch den steuerliche Wertansätze Eingang in den handelsrechtlichen Abschluss fanden
- ✔ Wahlrecht zur Aktivierung von Entwicklungsaktivitäten
- ✔ Wegfall einiger liebgewonnener und weitverbreiteter Ansatzwahlrechte wie beispielsweise die Bilanzierungshilfe für die Ingangsetzung und Erweiterung des Geschäftsbetriebs oder Rückstellungen für unterlassene Instandhaltungsaufwendungen

Darüber hinaus gibt es weitere Änderungen bei zahlreichen Bewertungs-, Ausweis- und Anhangsvorschriften.

Sie werden später erkennen, dass diese Änderungen nur eine leichte Annäherung an die IFRS darstellen. Ob dies ausreicht, um das HGB als konkurrenzfähige Alternative für den Konzernabschluss zu erhalten, wird sich zeigen. Die HGB-Bilanz wird hierdurch zumindest mittelfristig die Grundlage für die steuerliche Gewinnermittlung als auch für die Bemessung von Ausschüttungen bleiben.

1- 2 – Bilanzpolizei

»Comroad«, »EM.TV« oder »Flowtex« – diese Namen stehen für die größten Fälle von Bilanzbetrug in der Geschichte der Bundesrepublik und veranlassten die Bundesregierung im Jahr 2004 mit dem Bilanzkontrollgesetz die rechtliche Basis für eine »Bilanzpolizei« in Deutschland zu schaffen.

Die deutsche »Bilanzpolizei« heißt Deutsche Prüfstelle für Rechnungslegung DPR e. V. (englische Bezeichnung: Financial Reporting Enforcement Panel, kurz: FREP), hat ihr »Hauptquartier« in Berlin und nahm am 1. Juli 2005 die Ermittlungen auf.

Es handelt sich bei der DPR allerdings nicht um eine staatliche Behörde wie ihr US-amerikanisches Gegenstück »Big Brother« SEC, sondern eine private Einrichtung. Ihre Aufgabe besteht in der Überwachung der Rechnungslegung börsennotierter Unternehmen. Sie kann bei Verdacht, auf Verlangen der Bundesanstalt für Finanzdienstleistungsaufsicht (BaFin) sowie auf der Basis von Stichproben bei diesen Unternehmen anklopfen und prüfen.

> **Die BaFin, unser »Big Brother«**
>
> Die BaFin ist unsere Aufsichtsbehörde über alle Bereiche des Finanzwesens in Deutschland: Banken, Versicherungen und Wertpapierhandel.
>
> Sie soll die Funktionsfähigkeit und Stabilität des deutschen Finanzsystems und unser Vertrauen in den deutschen Finanzmarkt sicherstellen.

Ein solches »Enforcement-Verfahren« (englisch zwangsweise Durchführung) kann in **zwei Stufen** erfolgen:

- ✔ **Stufe 1:** Die DPR prüft, ob der letzte Abschluss den gesetzlichen Vorschriften einschließlich der Grundsätze ordnungsmäßiger Buchführung (GoB) und den anzuwendenden Rechnungslegungsstandards (IFRS oder HGB) entspricht.

- ✔ **Stufe 2:** Sofern ein Verdächtiger versucht, sich der Prüfung durch die DPR zu entziehen, oder mangelnde Einsicht bezüglich aufgedeckter Fehler zeigt, kann die BaFin einschreiten und das Verfahren selbst übernehmen.

Bei der von der DPR geführten »Vernehmung« in Form von detaillierten Fragen zum Jahresabschluss kann es oft richtig zur Sache gehen. Da die gesetzten Fristen sehr kurz sind, sollten kapitalmarktorientierte Unternehmen für den Fall, dass die DPR anklopft, einen internen Prozess parat haben.

Und was kommt jetzt?

Es ist unbestritten, dass die verpflichtende Anwendung der IFRS an US-Börsen den internationalen Siegeszug der IFRS krönen würde. Aber auch auf nationaler Ebene zeichnet es sich ab, dass sich die IFRS noch weiter einnisten werden.

Die »kleinen« IFRS

Die IFRS sind weltweit gerade bei den vielen kleinen und mittelgroßen Unternehmen (KMU, englisch SME für »small and medium sized entities«) nicht weit gekommen. Eine freiwillige Umstellung auf IFRS kam dort wegen zu hoher Kosten und der ständigen Änderungen nicht infrage.

Aus diesem Grund hat das IASB im Jahr 2007 einen IFRS für kleine und mittlere Unternehmen vorgeschlagen. Es wollte dabei ganz einfach vorgehen: Nimm die (Full-)IFRS, streiche nicht KMU-relevante Themen und vereinfache dort, wo es möglich und notwendig erscheint.

Wie so häufig war die Umsetzung schwieriger als gedacht: Erst im Juli 2009 wurde der endgültige Standard veröffentlicht.

Die *IFRS for SMEs* betreffen weltweit ca. 95 Prozent aller Unternehmen und sind damit aus Sicht des IASB der wichtigste Standard, der je veröffentlicht wurde. Es wird erwartet, dass viele Länder die IFRS for SMEs als Alternative zur nationalen Rechnungslegung zulassen werden. In Südafrika konnten Unternehmen sogar schon den Entwurf der IFRS for SMEs statt des lokalen Regelwerks anwenden.

Wer gilt als klein oder mittelgroß?

In Section 1 des IFRS for SMEs wird der Anwendungsbereich auf kleine und mittelgroße Unternehmen beschränkt. Gemäß Section 1.2 sind dies Unternehmen ohne öffentliche Rechenschaftspflicht.

Diese schwammige Definition soll es den nationalen Gesetzgebern erlauben, den Anwendungsbereich durch die Festlegung von Größenkriterien oder sonstigen Voraussetzungen individuell zu bestimmen.

In Deutschland wurden die »kleinen« IFRS auf breiter Front kritisiert und nicht nur vom deutschen Mittelstand abgelehnt.

Die IFRS for SMEs betreffen in Deutschland nur die nicht kapitalmarktorientierten Mutterunternehmen, die statt eines HGB-Konzernabschlusses einen IFRS-Konzernabschluss erstellen.

Sofern Sie als nicht kapitalmarktorientiertes Unternehmen bereits in der Vergangenheit freiwillig einen Konzernabschluss nach (Full-)IFRS erstellt haben, müssten Sie dies zukünftig nicht mehr tun.

Wie Sie bereits wissen, entfaltet der veröffentlichte SME-Standard allein in Deutschland und Europa noch keine rechtliche Wirkung. Es bedarf dazu erst noch einer Transformation in europäisches Recht.

> ### Wodurch unterscheiden sich die IFRS for SMEs von den Full-IFRS?
>
> Das IASB selbst gibt im Wesentlichen die folgenden Arten von Vereinfachungen an:
>
> 1. **Für KMUs nicht relevante Themen wurden weggelassen.**
>
>   Beispiel: Angabe des Ergebnisses je Aktie, Segmentberichterstattung
>
> 2. **Bilanzierungs- beziehungsweise Bewertungswahlrechte wurden gestrichen und die einfachere Methode wurde als verbindlich vorgegeben.**
>
>   Beispiel: Bewertung von Sachanlagen zu fortgeführten Anschaffungs-/ Herstellungskosten (statt Neubewertung als Bewertungsalternative)
>
> 3. **Vereinfachung der in Full-IFRS enthaltenen Bilanzierungs- und Bewertungsvorschriften**
>
>   Beispiel: Der Goodwill und immaterielle Vermögenswerte mit einer unbestimmten Nutzungsdauer werden nach IFRS for SMEs planmäßig abgeschrieben und ein Impairment Test ist nur bei Anzeichen für eine Wertminderung durchzuführen.
>
> 4. **Reduzierung von Offenlegungspflichten**
>
>   Beispiel: Deutlich weniger Angaben zu Finanzinstrumenten im Vergleich zu dem Offenlegungs-GAU des IFRS 7
>
> 5. **Geringere Überarbeitungsgeschwindigkeit der IFRS for SMEs**
>
>   Das IASB will Änderungen zukünftig ansammeln und nur im 3-Jahres-Rhythmus veröffentlichen. Bis zum Anwendungszeitpunkt soll ein weiteres Jahr vergehen. Änderungen, die zwischenzeitlich an den Full-IFRS gemacht werden, sind nicht von den SMEs anzuwenden.

IFRS für jeden! IFRS auch im Einzelabschluss?

Auch wenn der deutsche Gesetzgeber mit dem BilMoG das deutsche Handelsrecht modernisiert und für ein paar Jahre abgesichert hat, so wird erwartet, dass die IFRS irgendwann auch für den Einzelabschluss verpflichtend werden.

Da der Einzelabschluss aber noch immer für andere Rechtsbereiche die Basis darstellt, ist hier noch einiges zu klären:

- ✔ Es wäre eine eigenständige steuerliche Gewinnermittlung oder eine Maßgeblichkeit der IFRS-Bilanz für die Steuerbilanz notwendig.

> ### Das eherne Maßgeblichkeitsprinzip
>
> In Deutschland ist die Basis für die Berechnung der Unternehmenssteuern über das sogenannte Maßgeblichkeitsprinzip an den handelsrechtlichen Einzelabschluss geknüpft. Die Steuerbilanz basiert danach grundsätzlich auf den Ansätzen und Bewertungen der Handelsbilanz, soweit nicht steuerliche Vorschriften Vorrang haben.

- ✔ Der handelsrechtliche Einzelabschluss begrenzt aber auch die Ausschüttungen und Dividenden. Damit wird sichergestellt, dass nur das Geld verteilt wird, das tatsächlich verdient wurde.
- ✔ Darüber hinaus hat der gute alte HGB-Abschluss noch zahlreiche andere Verbindungen, wie beispielsweise zum Gesellschaftsrecht oder Insolvenzrecht.

Was für uns Deutsche noch wie ein Zukunftsszenario klingt, ist in einigen EU-Mitgliedstaaten schon längst Realität:

- ✔ In Dänemark, Griechenland, Italien und der Tschechischen Republik sind Einzelabschlüsse kapitalmarktorientierter Unternehmen bereits verpflichtend nach IFRS zu erstellen.
- ✔ In Slowenien, Italien, Estland/Lettland/Litauen sind bei Banken und Versicherungen IFRS-Einzelabschlüsse selbst für nicht kapitalmarktorientierte Unternehmen verpflichtend.
- ✔ In anderen EU-Mitgliedstaaten wie Großbritannien, Polen, Finnland, Irland, Portugal, Norwegen, Luxemburg etc. haben die Unternehmen unter bestimmten Voraussetzungen die Möglichkeit, einen befreienden IFRS-Einzelabschluss zu erstellen.

Immer in Bewegung: Das IFRS-Regelwerk

In diesem Kapitel

▶ Vertrauen in die Autoren der IFRS aufbauen

▶ Überblick über das gesamte Regelwerk der IFRS bekommen

▶ Aufbau der IFRS verstehen

*E*s war einmal ... ein Unternehmer, der unheimlich viel Wert auf den Ruf und das Image seines Unternehmens legte. Eines Tages kamen zwei weit gereiste und erfahrene Berater in sein Unternehmen und berichteten ihm von einer neuen Finanzsprache, mit deren Hilfe sich Unternehmen auf der ganzen Welt im schönsten Lichte präsentieren könnten. Allerdings könne die Sprache nur von den besten Mitarbeitern und von Menschen, die nicht unverzeihlich dumm seien, verstanden werden ...

Dies ist frei nach »Des Kaisers neue Kleider« von Hans Christian Andersen der Anfang von »Des Unternehmers neue Rechnungslegung«.

Für alle, die bei einer bevorstehenden IFRS-Umstellung befürchten, langfristig eventuell auf das falsche Pferd zu setzen (obwohl jeder – wie im Originalmärchen – Ihnen sagt »es ist allerliebst« oder vielleicht »es ist klar und verständlich«), zeigen wir Ihnen in diesem Kapitel, woher die IFRS kommen, wer sie geschrieben hat und wodurch die IFRS bei uns sogar rechtsverbindlichen Charakter haben. Wir zeigen Ihnen außerdem, wo Sie sich selbst über den aktuellen Stand der IFRS informieren können und wie Sie die IFRS lesen sollten.

Wir hoffen, dass Sie spätestens am Ende dieses Buches nicht nur **sagen** »es ist allerliebst« oder vielleicht »es ist klar und verständlich«, sondern die grundlegenden Prinzipien der IFRS sogar **verstanden** haben.

Woher kommen die IFRS: Das IASC/IASB

Die Vorgänger der IFRS – die IAS – gibt es bereits seit 1973. In diesem Jahr ging das historische International Accounting Standards Committee (IASC) als privatrechtliche (also nicht staatliche) Vereinigung verschiedener Wirtschaftsprüferverbände an den Start. Ziel war die Schaffung international übergreifender, von einzelnen Staaten unabhängige Vorschriften für die Rechnungslegung.

Die IFRS werden uns heute vom International Accounting Standards Board (IASB) mit Sitz in London beschert. Es entstand im Jahr 2001 aus einer Neuorganisation des IASC. An der Spitze dieser neuen Organisation finden Sie heute eine Stiftung mit Sitz in Delaware (USA), die IFRS Foundation (IFRSF). Ihre Aufgabe ist die Benennung und Kontrolle des IASB, das in dieser neuen Organisation die eigentlichen operativen Aufgaben wahrnimmt (Sie finden dazu eine kurze Übersicht in Tabelle 3.1).

> ### Wer sind die Köpfe hinter dieser Organisation?
> Die IFRSF wird von Treuhändern aus verschiedenen Teilen der Welt vertreten, die ausschließlich ehrenamtlich und, in Abstimmung mit dem sogenannten »Monitoring Board«, neue Mitglieder bestimmen.
>
> Das IASB besteht dagegen aus internationalen, fachlich unabhängigen, aber hauptamtlich tätigen Rechnungslegungsexperten. Deren einzige Aufgabe ist die Erstellung und Weiterentwicklung der IFRS.

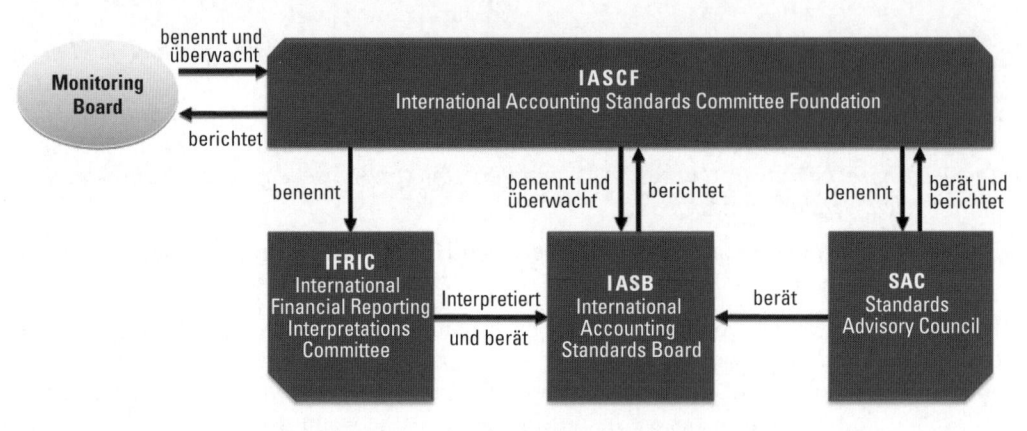

Abbildung 3.1: Die IASC/IASB-Organisation

Damit Sie die Entstehung und den Entwicklungsstand neuer Standards verstehen, macht es Sinn, dass wir gemeinsam einen kurzen Blick auf die gesamte IASC/IASB-Organisation und ihre Aufgaben werfen.

Wir verwenden bereits die seit 2010 geltenden neuen Namen innerhalb der IASB-Organisation:

- ✔ Die International Accounting Standards Committee Foundation (IASFC) wurde in International Financial Reporting Standards Foundation (IFRSF) umbenannt.

- ✔ Das International Financial Reporting Interpretations Committee (IFRIC) firmiert nun unter IFRS Interpretations Committee.

- ✔ Der Standards Advisory Council (SAC) heißt nun IFRS Advisory Council.

- ✔ Der Name des International Accounting Standards Board (IASB) ist unverändert und soll dies wohl auch bleiben.

3 ▶ Immer in Bewegung: Das IFRS-Regelwerk

Wie Sie in Abbildung 3.1 sehen, gibt es neben den oben erwähnten IFRSF und IASB noch das International Financial Reporting Standards Advisory Council und das International Financial Reporting Standards Interpretations Committee. Zusätzlich zum IASB nehmen auch die bisherigen SAC und IFRIC wichtige operative Aufgaben bei der Entstehung neuer IFRS wahr. Die verschiedenen operativen Aufgaben haben wir kurz in Tabelle 3.1 zusammengefasst.

Institution	Aufgabe
IFRS Advisory Council	• Fachliche Beratung des IASB • Beratung und Berichterstattung für das IFRSF
IFRS Interpretations Committee	• Erarbeitung und Veröffentlichung von Interpretationen zu lückenhaften oder missverständlichen Standards • Enge Abstimmung mit den nationalen Gesetz- und Standardgebern (in Deutschland beispielsweise – noch – mit dem DRSC) • Beratung und Berichterstattung für das IASB
IASB	• Erarbeitung von neuen und überarbeiteten Standards im Rahmen des Due Process (das erläutern wir nachfolgend noch) • Entscheidung über Veröffentlichung und Wirksamwerden der Standards • Entscheidung über Veröffentlichung und Wirksamwerden von Interpretationen des IFRIC

Tabelle 3.1: Operative Einrichtungen und ihre Aufgaben

SIC und IFRIC: Zwei Namen – eine Aufgabe

Teilweise sind die Standards missverständlich oder lückenhaft. Damit es auch international nur eine Auslegung in Zweifelsfragen gibt, wurde bereits in den 90er-Jahren das SIC (Standing Interpretations Committee) errichtet. Es versorgt Sie mit verpflichtenden Leitlinien (ebenfalls als SIC bezeichnet) für die einheitliche Auslegung und Anwendung der Standards. Im Zuge der Neuorganisation des IASC wurde dann das IFRIC als Nachfolger des SIC gegründet und gibt seitdem seine Interpretationen als IFRIC heraus. Viele der alten SIC gelten jedoch nach wie vor. Merke: **SIC und IFRIC sind das gleiche, nur dass die alten SIC und die neueren IFRIC heißen!**

Sie sehen bereits aus unseren kurzen Ausführungen zum Standardsetter IASB, dass Unabhängigkeit, Kontrolle und Internationalität an oberster Stelle stehen. Ohne eine bedingungslose Verfolgung dieser Ziele wäre die Entstehung und weltweite Verbreitung der IFRS überhaupt nicht möglich gewesen. Im Wesentlichen werden diese Ziele durch die folgenden Mechanismen erreicht:

1. **Internationale und interdisziplinäre Besetzung:** Die verschiedenen Gremien der Organisation sind immer international und interdisziplinär besetzt.

2. **Überwachungsgremium:** Mit dem *Monitoring Board* wurde ein formales Überwachungsgremium aus öffentlichen Behörden (dazu gehören aktuell beispielsweise die Europäische Kommission, die japanische Finanzdienstleistungsbehörde oder unser Freund SEC) geschaffen.

3. **Constitution Review:** Im fünfjährigen Turnus muss die Satzung (Constitution) des IFRSF einer Kontrolle und Überarbeitung unterzogen werden.
4. **Due Process:** Stellen Sie sich darunter ein förmliches und satzungsmäßig festgelegtes Verfahren vor, dass bei der Entstehung und Verabschiedung eines neuen IFRS zwingend durchlaufen werden muss, um Qualität, Unabhängigkeit und Internationalität zu garantieren. Wir stellen Ihnen dieses Verfahren im nächsten Abschnitt vor.
5. **Öffentlichkeit:** Sowohl bei der Entstehung und Verabschiedung neuer IFRS als auch bei der sonstigen Arbeit des IASB sind Sie aufgerufen, sich aktiv zu beteiligen.
6. **Zusammenarbeit mit internationalen Standardgebern:** Das IASB sucht die möglichst enge Zusammenarbeit mit allen nationalen Standardgebern (wie beispielsweise aktuell noch unser deutsches DRSC).

Das DRSC hat im Juni 2010 überraschend den mit dem Bundesministerium der Justiz (BMJ) bestehenden Staatsvertrag gekündigt. Dadurch fallen die bisherigen Aufgaben des DRSC zum 1. Januar 2011 wieder dem BMJ zu. Es ist leider im Moment noch nicht klar, ob es wieder ein privates Rechnungslegungsgremium geben wird, das die Aufgaben in § 342 HGB übernimmt und uns dann auch wieder in internationalen Rechnungslegungsthemen vertritt.

Der Entstehungsprozess und das EU-Endorsementverfahren

Neue oder überarbeitete Standards entstehen beim IASB im Rahmen eines formalen Verfahrens, an dem auch Sie teilnehmen können. In Europa müssen die Standards anschließend sogar noch ein weiteres Verfahren durchlaufen, bei dem sie nochmals »durchleuchtet« werden, bevor sie rechtsverbindlichen Charakter entfalten.

Hier können Sie aktiv mitgestalten!

Einer der Eckpfeiler der internationalen Akzeptanz der IFRS ist die transparente und unabhängige Entstehung jedes Standards und seiner Änderungen im Rahmen eines formalen Verfahrens. Dieser sogenannte *Due Process* hat die folgenden Stationen:

1. **Discussion Paper (kurz: DP):** Bei wichtigen Themen ist die Geburtsstunde eines IFRS meist die Erarbeitung eines Diskussionspapiers (englisch *discussion paper* oder *draft statement of principles*). An diesen Diskussionspapieren können Sie noch nicht mitwirken, da sie in speziellen Arbeitsgruppen des IASB entstehen. Aber gleich anschließend werden die Discussion Papers auf der Webseite des IASB (siehe hierzu auch Kapitel 22) veröffentlicht.
2. **Erste Veröffentlichung und Kommentierung:** Ab dem Zeitpunkt der Veröffentlichung können auch Sie sich an der Entstehung oder Weiterentwicklung eines Standards beteiligen. In der Regel hat die interessierte Öffentlichkeit vier bis sechs Monate Zeit, ein veröffentlichtes Diskussionspapier zu kommentieren. Sie müssen dazu als registrierter eIFRS-Nutzer lediglich Ihre Kommentare als »Comment Letter« auf der Webseite des IASB hochladen (die Webadresse finden Sie in Kapitel 22). Nach Abschluss der Kommentierungsfrist werden Sie dann zusammen mit allen anderen Kommentierenden zu einer

3 ▶ Immer in Bewegung: Das IFRS-Regelwerk

öffentlichen Veranstaltung eingeladen. Sehr formal laufen dabei die *Public Hearings* ab, während *Public Round Tables* eher Diskussionscharakter haben.

3. **Exposure Draft (kurz ED):** Anschließend wird das Diskussionspapier unter Berücksichtigung oder Nichtberücksichtigung Ihrer Kommentare sowie des Inputs der fachlichen IASB-Gremien in einen Entwurf des späteren Standards (englisch *Exposure Draft*) überführt. Sie finden sämtliche Exposure Drafts auf der Webseite des IASB.

> Bei weniger wichtigen Themen oder kleineren Änderungen an Standards startet der Entstehungs-/Anpassungsprozess manchmal auch gleich mit einem Entwurf des Standards.

4. **Zweite Veröffentlichung und Kommentierung:** Im Anschluss an die Veröffentlichung des Exposure Draft findet in jedem Fall eine Kommentierungsphase statt, an der Sie sich ebenfalls beteiligen können. Auch in dieser Phase werden Ihre Stellungnahmen vom IASB diskutiert und bei der Überarbeitung des bevorstehenden Standardentwurfs berücksichtigt. Bei anspruchsvollen Standards kann es in dieser Phase durchaus auch noch mal zu öffentlichen Anhörungen oder Praxisstudien kommen.

5. **Verabschiedung und Veröffentlichung:** Anschließend erfolgt die Verabschiedung des endgültigen Standards durch das IASB. Sie finden den Standard dann im kostenpflichtigen eIFRS-Bereich auf der Webseite des IASB.

> Bei der Veröffentlichung eines neuen oder geänderten Standards ist das IASB übrigens vollkommen unabhängig, es hat keine weitere Institution ein Vetorecht, auch nicht die Treuhänder der IFRS-Stiftung.

In Abbildung 3.2 finden Sie den Due Process zusammen mit einem typischen Zeitstrahl dargestellt.

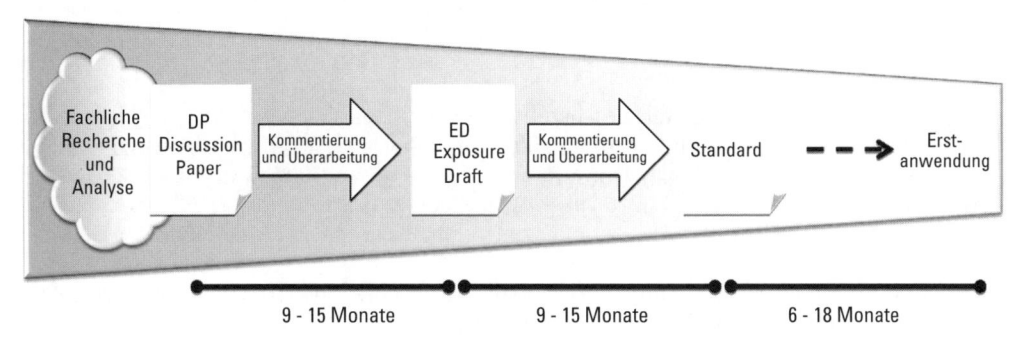

Abbildung 3.2: Der Due Process des IASB

Der Due Process und die Finanzkrise: Pandoras Büchse

Nicht erst zum Höhepunkt der Finanzkrise Ende 2008 wurde über den Beitrag der internationalen kapitalmarktorientierten Rechnungslegung zu dieser negativen Entwicklung diskutiert.

Einer der wesentlichen Gründe dieser Diskussion ist die Fair-Value-Bewertung nach IFRS, die Sie in diesem Buch an einigen Stellen wiederfinden. Da diese marktnahe Bewertung in der Krise bei vielen Unternehmen wie in einer Abwärtsspirale zu bedrohlichen Abwertungsrisiken geführt hätte, veröffentliche das IASB unter großem politischen Druck eigenständige Anpassungen zu IAS 39 und IFRS 7, ohne sich dabei an den Due Process zu halten.

Als Unternehmen in der Krise war es Ihnen als IFRS-Bilanzierer nun möglich, Wertpapiere rückwirkend so auszuweisen, dass die katastrophale Bewertung zum Marktwert nicht mehr verpflichtend war.

Sie können sich nun sicher vorstellen, dass trotz der damit verbundenen strengen Offenlegungsvorschriften durch diesen Schritt die »Büchse der Pandora« geöffnet ist und es für das IASB schwer werden wird, den ehernen Due Process in zukünftigen Krisen mit der gleichen Vehemenz wie früher durchzusetzen.

Grenze der Gesetzlosigkeit: Endorsement

Mit der verpflichtenden Anwendung der IFRS für den Konzernabschluss kapitalmarktorientierter Unternehmen durch die IAS-Verordnung (wir stellen diesen Meilenstein in Kapitel 2 kurz vor) wurde der Entstehungsprozess neuer und geänderter Standards *in Europa* um ein zusätzliches Element erweitert: das *EU-Endorsementverfahren* (englisch bedeutet endorsement Anerkennung). Erst mit diesem zusätzlichen Schritt werden die vom IASB verabschiedeten IFRS für ein Unternehmen innerhalb der Europäischen Union rechtsverbindlich.

Endorsement: Europäische Sonderlocke

Wie Sie zu Beginn dieses Kapitels gesehen haben, handelt es sich beim IASB um eine privatrechtliche Organisation. Aus rechtlichen Gründen hatte die EU damals Bedenken, die Regelungen einer solchen Organisation unmittelbar zu europäischem Recht zu machen. Daher hat sich Brüssel eine weitere Hürde ausgedacht.

Das EU-Endorsementverfahren knüpft direkt an die Verabschiedung eines neuen oder geänderten Standards durch den IASB an und läuft wie folgt ab:

✓ **Schritt 1**: Zunächst prüft die European Financial Reporting Advisory Group (EFRAG), eine Gruppe von Sachverständigen aus den Mitgliedstaaten, ob der Standard überhaupt die Beurteilungskriterien der IAS-Verordnung erfüllt.

3 ➤ Immer in Bewegung: Das IFRS-Regelwerk

✔ **Schritt 2**: Die Standards Advice Review Group (SARG), eine weitere Gruppe von Sachverständigen, gibt eine Stellungnahme an die EU-Kommission ab, ob die Empfehlung der EFRAG objektiv und ausgewogen ist.

✔ **Schritt 3**: Die EU-Kommission erarbeitet selbst einen Übernahmevorschlag für den IASB-Standard. Sie ist dabei nicht an die Empfehlung der EFRAG gebunden.

✔ **Schritt 4**: Das Accounting Regulatory Committee (ARC) gibt ein Urteil über den Übernahmeentwurf der EU-Kommission ab und legt diesen dem Europäischen Parlament und dem Rat der Wirtschafts- und Finanzminister zur Entscheidung vor. Der ARC ist der EU-Regelungsausschuss für Rechnungslegung, der aus Vertretern der EU-Mitgliedstaaten besteht.

✔ **Schritt 5**: Entscheidung des Europäischen Parlaments und des Rats der Wirtschafts- und Finanzminister.

Den aktuellen Stand eines Endorsementverfahrens können Sie übrigens immer auf der Website des EFRAG verfolgen. Auch diese Webseite finden Sie in Kapitel 22.

Erst nach der Zustimmung beider Gremien erfolgt die Bekanntmachung des neuen Standards im Amtsblatt der Europäischen Union und erst damit ist er für Sie und alle anderen betroffenen Unternehmen ohne weitere nationale Schritte verbindlich. Das Endorsement ist damit abgeschlossen.

Vielleicht fragen Sie sich nun, ob das europäische Endorsementverfahren nicht dazu führen kann, dass in Europa von den IASB-Standards abweichende »EU-IFRS« gelten. Ja, kann passieren! Bislang kam es allerdings noch zu keiner Ablehnung von ganzen Standards. Lediglich bei der Neufassung von IAS 39 im Jahr 2004 (der übrigens durch IFRS 9 abgelöst wird) wurden nur Teile zu EU-Recht. 2005 hatte die EFRAG aber die Übernahme des IFRIC 3 »Emissionsrechte« in EU-Recht nicht empfohlen. Nach lebhafter Diskussion hat das IASB die Interpretation dann nach Veröffentlichung sogar wieder zurückgezogen.

In Abbildung 3.3 finden Sie auch die europäische Sonderlocke mit einem typischen Zeitstrahl.

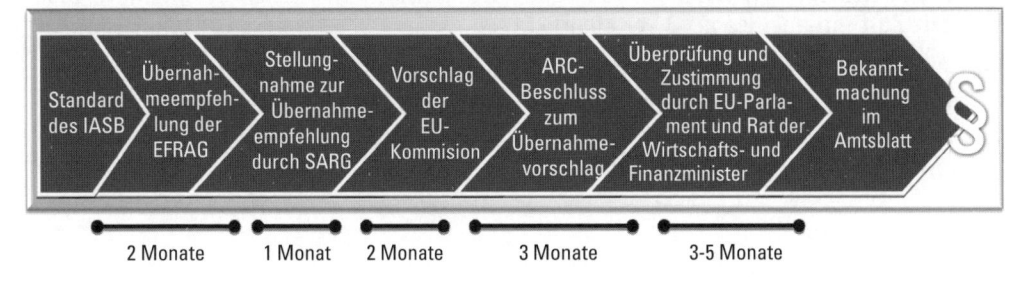

Abbildung 3.3: Der europäische Endorsementprozess

Die europäischen Bürokratiemühlen mahlen langsam!

Wie Sie in Abbildung 3.3 sehen, vergehen allein im EU-Endorsementprozess locker neun bis elf Monate, bis ein neuer Standard im Amtsblatt verbindlich veröffentlicht ist.

Für den vom IASB festgelegten Zeitpunkt des Inkrafttretens eines neuen oder geänderten Standards ist dies in der Regel unkritisch, aber die häufig erlaubte vorzeitige Anwendung eines Standards geht Ihnen in Europa dadurch leicht durch die Lappen.

Wenn Sie bei all diesen Begriffen den Überblick verlieren, schauen Sie sich immer mal wieder die Abbildungen dazu an. Ohne diese können Sie am Anfang leicht die Orientierung verlieren, wo und in welchem Stadium sich ein neuer Standard gerade befindet.

Die Entstehung der IFRIC-Interpretationen zu den IFRS

Auch die IFRIC-Interpretationen entstehen im Rahmen eines Due Process. Dieses Verfahren beim International Financial Reporting Interpretations Committee umfasst die folgenden Schritte:

1. **Identification of issues:** Neben den Mitgliedern und speziell beauftragten Beobachtern können auch Sie, sowie alle anderen interessierten Parteien, Lücken oder missverständliche Regelungen aufzeigen. Vorlagen hierfür sowie die Kontaktdaten finden Sie wiederum auf der Webseite des IASB.

2. **Setting the agenda:** Ein spezielles Komitee diskutiert Ihre Vorschläge und prüft, ob es sich auch wirklich um allgemeine und nicht Ihre individuellen Probleme handelt. Wenn Ihr Vorschlag aber zu einer wirklichen Verbesserung der Rechnungslegung führt, wird er dem IFRIC als Regelungskandidat vorgelegt.

3. **IFRS Interpretations Committee meetings and voting:** Wenn Ihr Vorschlag so gut war, dass er einer konkretisierenden Regel für würdig erachtet wurde, folgen nun öffentliche Beratungen, Diskussionen und Abstimmungen.

4. **Development of a draft interpretation:** Die Ergebnisse der fachlichen Beratungen und Diskussionen werden nun vom IFRIC in einen Interpretationsentwurf überführt und mit Zustimmung des IASB veröffentlicht.

5. **Comment period and deliberation:** Auch nach der Veröffentlichung eines Interpretationsentwurfs haben Sie die Möglichkeit, diesen zu kommentieren. Nach Sichtung aller Stellungnahmen erstellt das IFRIC die endgültige Interpretation, die nun vom IASB genehmigt und veröffentlicht werden muss.

Das sind sie nun: Das IFRS-Regelwerk

Nachdem Sie nun gesehen haben, woher das IFRS-Regelwerk kommt, und hoffentlich ein erstes zaghaftes Grundvertrauen in die neuen Vorschriften gewonnen haben, wollen wir Ihnen das neue Handwerkszeug nun in voller Breite präsentieren.

Das gesamte IFRS-Regelwerk hat einen dreistufigen Aufbau:

1. **Rahmenkonzept:** Das Rahmenkonzept (englisch *Framework* genannt) bildet die theoretische Basis – den Unterbau – der IFRS. Sie finden dort allgemeine Definitionen sowie Ziele und Grundannahmen eines IFRS-Abschlusses. Dort werden auch Anforderungen zum Nutzen der im Abschluss enthaltenen Informationen formuliert. Unter rein praktischen Gesichtspunkten können Sie das Rahmenkonzept zunächst einmal vernachlässigen.

2. **Standards:** Die konkreten Bilanzierungs- und Bewertungsvorschriften für spezielle Geschäftsvorfälle finden Sie ausschließlich in den jeweiligen Standards. Da die IFRS anders als das deutsche HGB nicht dem Prinzip des sogenannten *code law* (in Paragrafen knapp kodifiziertes Recht), sondern eher dem angloamerikanisch geprägten *case law* (mit einzelfallbezogenen Detailregeln) folgen, müssen Sie sich hier oft durch mehr als 50 Seiten starke Standards wühlen. Außerdem wird es Sie als § 255 HGB (Bewertungsmaßstäbe) verwöhnten Bilanzierer wundern, dass Sie beispielsweise die Bilanzierungs- und Bewertungsvorschriften zu Anschaffungs- und Herstellungskosten in zig Standards einzelfallbezogen verteilt wiederfinden werden.

3. **Interpretationen:** Die Interpretationen von SIC/IFRIC sollen verhindern, dass Sie sich mit unterschiedlichen Auslegungen der Standards herumschlagen müssen. Sie sind ebenfalls von hoher praktischer Bedeutung für Sie, denn sie sorgen für eine einheitliche Auslegung und Anwendung.

Bei der konkreten Anwendung des IFRS-Regelwerks im Unternehmen müssen Sie zunächst die gegebenenfalls konkreten Regelungen einer SIC- oder IFRIC-Interpretation für Ihren Geschäftsvorfall berücksichtigen, bevor Sie eine Regelung im Standard auf Basis der allgemeinen Grundprinzipien im Framework für sich interpretieren.

In Abbildung 3.4 haben wir diesen hierarchischen Aufbau grafisch kurz dargestellt und legen Ihnen die Reihenfolge der Anwendung nochmals ans Herz.

Das komplette IFRS-Regelwerk ist ursprünglich in englischer Sprache verfasst und auch nur in dieser Fassung wirklich verbindlich. Für Sie als betroffenen Anwender wird das Regelwerk aber durch die IFRSF (sie ist Eigentümerin der Rechte an den IFRS) in verschiedene Sprachen übersetzt, unter anderem in Deutsch. Natürlich stellt auch die EU sicher, dass die Standards in allen EU-Sprachen verfügbar sind. Schließlich sind die Standards ja geltendes EU-Recht.

Rahmenkonzept und Standards

In Tabelle 3.2 finden Sie eine Auflistung aller aktuell gültigen Standards (Stand: Juni 2010) einschließlich des Rahmenkonzepts. Die Tabelle zeigt Ihnen auch, wann jeder einzelne Standard erstmals veröffentlicht wurde und wann er letztmalig aktualisiert wurde. Zudem haben wir alle Standards nach den folgenden inhaltlichen Schwerpunkten kategorisiert:

- ✔ Grundlagen der IFRS-Rechnungslegung
- ✔ Vorschriften zur Bilanz
- ✔ Vorschriften zur Gewinn-und-Verlust-Rechnung
- ✔ Vorschriften zum Eigenkapitalspiegel
- ✔ Vorschriften zur Cashflow-Rechnung
- ✔ Vorschriften zum Anhang
- ✔ Vorschriften für den Konzernabschluss
- ✔ Sondervorschriften für börsennotierte Unternehmen
- ✔ Branchenspezifische Vorschriften

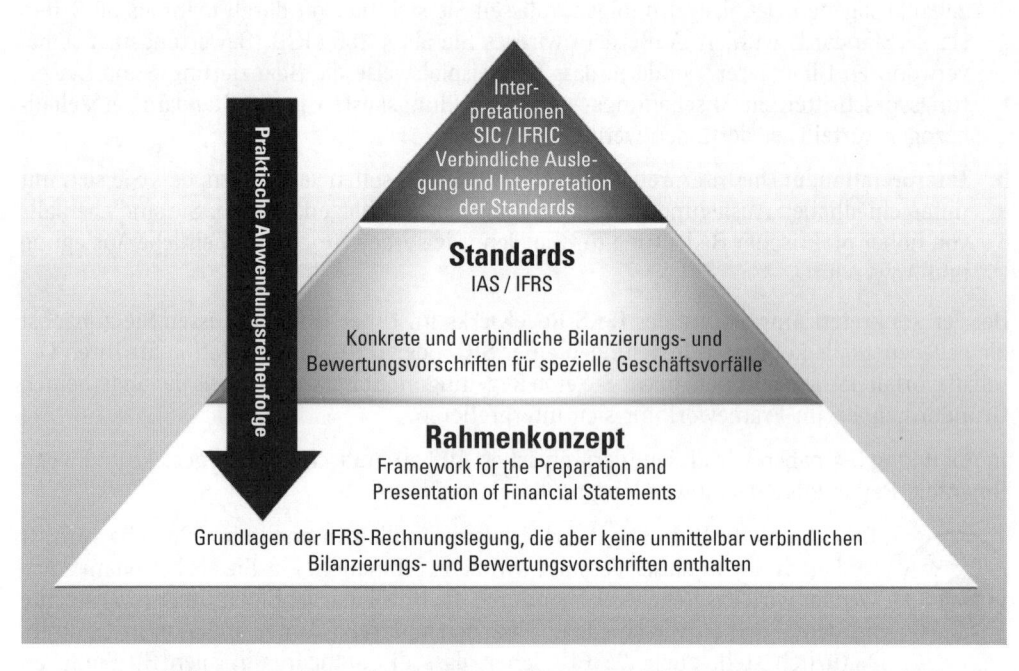

Abbildung 3.4: Hierarchie und Anwendungsreihenfolge im IFRS-Regelwerk

Die »A« und »P« bei den Vorschriften zur Bilanz zeigen Ihnen, ob sich die Vorschriften schwerpunktmäßig auf die Aktiv- oder Passivseite Ihrer Bilanz auswirken. Die grauen Kästchen bedeuten nichts anderes, als dass letztendlich fast jeder Standard in irgendeiner Form Auswirkungen auf Bilanz, Ergebnisrechnung oder Anhang hat. Legt ein Standard irgendwo besondere Schwerpunkte, finden Sie dort das dunkle Kästchen mit dem Kreuzchen.

3 ➤ Immer in Bewegung: Das IFRS-Regelwerk

Standard	Deutsche Bezeichnung	Erstmalige Veröffentlichung	Letzte Aktualisierung	Grundlagen der IFRS Rechnungslegung	Grundlegende Bewertungsprinzipien	Bilanz (Aktiva / Passiva)	Gesamtergebnisrechnung	Eigenkapitalspiegel	Cash Flow Rechnung	Anhangsangaben	Übergreifende Vorschriften	Konzernabschluss	Sondervorschriften börsennotierter Unternehmen	Branchenspezifische Vorschriften
F	Rahmenkonzept	1989	-	x										
IAS 1	Darstellung des Abschlusses	1975	2009	x		P	x	x		x				
IAS 2	Vorräte	1975	2003		x	A								
IAS 7	Kapitalflussrechnungen	1977	2009						x	x				
IAS 8	Bilanzierungs- und Bewertungsmethoden, Änderungen von Schätzungen und Fehler	1978	2003	x			x							
IAS 10	Ereignisse nach dem Bilanzstichtag	1978	2003	x										
IAS 11	Fertigungsaufträge	1979	1993			A	x							
IAS 12	Ertragsteuern	1979	2000				x							
IAS 14	Segmentberichterstattung (für Geschäftsjahre, die ab dem 1. Januar 2009 beginnen, durch IFRS 8 ersetzt)												x	
IAS 16	Sachanlagen	1982	2008		x	A								
IAS 17	Leasingverhältnisse	1982	2009			A								
IAS 18	Erträge	1982	2009				x							
IAS 19	Leistungen an Arbeitnehmer	1983	2008			P								
IAS 20	Bilanzierung und Darstellung von Zuwendungen der öffentlichen Hand	1983	2008		x									
IAS 21	Auswirkungen von Änderungen der Wechselkurse	1983	2008								x			
IAS 23	Fremdkapitalkosten	1984	2008		x	x								
IAS 24	Angaben über Beziehungen zu nahe stehenden Unternehmen und Personen	1984	2009							x				
IAS 26	Bilanzierung und Berichterstattung von Altersversorgungsplänen	1987	-											x
IAS 27	Konzern- und separate Einzelabschlüsse nach IFRS	1989	2008							x		x		
IAS 28	Anteile an assoziierten Unternehmen	1989	2008			x						x		
IAS 29	Rechnungslegung in Hochinflationsländern	1989	2008							x				
IAS 30	Angaben im Abschluss von Banken und ähnlichen Finanzinstitutionen (ab 1. Januar 2007 ersetzt durch IFRS 7)													x
IAS 31	Anteile an Joint Ventures	1990	2008									x		
IAS 32	Finanzinstrumente: Angaben und Darstellung	1995	2009			P				x				
IAS 33	Ergebnis je Aktie	1997	2007				x						x	
IAS 34	Zwischenberichterstattung	1998	2007										x	
IAS 36	Wertminderung von Vermögenswerten	1998	2009		x	A								
IAS 37	Rückstellungen, Eventualschulden und Eventualforderungen	1998	-			P				x				
IAS 38	Immaterielle Vermögenswerte	1998	2009		x	A								
IAS 39	Finanzinstrumente: Ansatz und Bewertung (ersetzt durch IFRS 9 ab 1. Januar 2013)	1998	2009			A, P				x				
IAS 40	Als Finanzinvestition gehaltene Immobilien	2000	2008			A								
IAS 41	Landwirtschaft	2000	2009			A								x
IFRS 1	Erstmalige Anwendung der International Financial Reporting Standards	2003	2010	x										
IFRS 2	Aktienbasierte Vergütung	2004	2009			P								
IFRS 3	Unternehmenszusammenschlüsse	2004	2008									x		

Standard	Deutsche Bezeichnung	Erstmalige Veröffentlichung	Letzte Aktualisierung	Grundlagen der IFRS Rechnungslegung	Grundlegende Bewertungsprinzipien	Bilanz (Aktiva / Passiva)	Gesamtergebnisrechnung	Eigenkapitalspiegel	Cash Flow Rechnung	Anhangsangaben	Übergreifende Vorschriften	Konzernabschluss	Sondervorschriften börsennotierter Unternehmen	Branchenspezifische Vorschriften
IFRS 4	Versicherungsverträge	2004	2005											x
IFRS 5	Zur Veräußerung gehaltene langfristige Vermögenswerte und aufgegebene Geschäftsbereiche	2004	2009			x					x			
IFRS 6	Exploration und Evaluierung von mineralischen Ressourcen	2004	2005											x
IFRS 7	Finanzinstrumente: Angaben	2005	2009							x				
IFRS 8	Operative Segmente	2006	2009							x			x	
IFRS 9	Finanzinstrumente (ersetzt IAS 39 ab 1. Januar 2013)	2009	-							x				

Tabelle 3.2: Standards und wo sie sich niederschlagen

Anhand der Kategorisierung können Sie schnell erkennen, welche Standards für Sie überhaupt von Interesse sind oder welche Standards richtig wichtig sind. Eventuell sind für Sie die Standards für spezielle Branchen oder für börsennotierte Unternehmen überhaupt nicht interessant.

Interpretationen

In Tabelle 3.3 finden Sie eine Auflistung aller aktuell gültigen Interpretationen (Stand: Juni 2010) einschließlich der sie betreffenden Standards.

Interpretation	Bezeichnung	Betroffene Standards
SIC-7	Einführung des Euro	IAS 21
SIC-10	Beihilfen der öffentlichen Hand – kein spezieller Zusammenhang mit betrieblichen Tätigkeiten	IAS 20
SIC-12	Konsolidierung – Zweckgesellschaften	IAS 27
SIC-13	Gemeinschaftlich geführte Einheiten – nicht monetäre Einlagen durch Partnerunternehmen	IAS 31
SIC-15	Operating-Leasingverhältnisse – Anreizvereinbarungen	IAS 17
SIC-21	Ertragssteuern – Realisierung von neubewerteten, nicht planmäßig abzuschreibenden Vermögensgegenständen	IAS 12
SIC-25	Ertragssteuern – Änderungen im Steuerstatus eines Unternehmens oder seiner Anteilseigner	IAS 12
SIC-27	Beurteilung des wirtschaftlichen Gehalts von Transaktionen in der rechtlichen Form von Leasingverhältnissen	IAS 1, 17 und 18
SIC-29	Angabe – Vereinbarungen von Dienstleistungslizenzen	IAS 1
SIC-31	Erträge – Tausch von Werbeleistungen	IAS 18
SIC-32	Immaterielle Vermögenswerte – Websitekosten	IAS 38

3 ➤ Immer in Bewegung: Das IFRS-Regelwerk

IFRIC 1	Änderungen bestehender Rückstellungen für Entsorgungs-, Wiederherstellungs- und ähnliche Verpflichtungen	IAS 37
IFRIC 2	Mitgliedschaftsanteile an Genossenschaften und ähnliche Instrumente	IAS 32
IFRIC 3	Emissionsrechte 2005 zurückgezogen → laufendes Projekt	–
IFRIC 4	Feststellung, ob eine Vereinbarung ein Leasingverhältnis ist	IAS 17
IFRIC 5	Rechte auf Anteile an Fonds für Entsorgung, Wiederherstellung und Umweltsanierung	primär IAS 37, aber viele andere
IFRIC 6	Verbindlichkeiten, die sich aus einer Teilnahme an einem spezifischen Markt ergeben – Elektro- und Elektronik-Altgeräte	IAS 37
IFRIC 7	Anwendung des Restatement-Ansatzes nach IAS 29 Rechnungslegung in Hochinflationsländern	IAS 29
IFRIC 8	Anwendungsbereich von IFRS 2 zum 1. Januar 2010 zurückgezogen	–
IFRIC 9	Neubeurteilung eingebetteter Derivate	IAS 39
IFRIC 10	Zwischenberichterstattung und Wertminderung	IAS 34
IFRIC 11	IFRS 2 – Geschäfte mit eigenen Aktien und Aktien von Konzernunternehmen zum 1. Januar 2010 zurückgezogen	–
IFRIC 12	Dienstleistungskonzessionsvereinbarungen	primär IAS 38 und 39, aber auch viele andere
IFRIC 13	Kundenbindungsprogramme	IAS 18, 37 und 38
IFRIC 14	IAS 19 – Die Begrenzung eines leistungsorientierten Vermögenswertes, Mindestfinanzierungsvorschriften und ihre Wechselwirkung	IAS 19
IFRIC 15	Verträge über die Errichtung von Immobilien	IAS 11 und 18
IFRIC 16	Absicherung einer Nettoinvestition in einen ausländischen Geschäftsbetrieb	IAS 21 und 39
IFRIC 17	Sachausschüttungen an Eigentümer	IAS 1, 27 und 37
IFRIC 18	Übertragungen von Vermögenswerten von Kunden	IAS 18
IFRIC 19	Tilgung finanzieller Verbindlichkeiten durch Eigenkapitalinstrumente	IAS 1, 32 und 39 sowie IFRS 2 und 3

Tabelle 3.3: Interpretationen und ihre Standards

Falls Sie einmal einen aktuellen Überblick über die Standards und Interpretationen benötigen, finden Sie beispielsweise unter http://www.iasplus.de/standards/standards.php einen sehr guten Überblick und können sich dort auch die Entwicklungshistorie jedes einzelnen Standards und jeder Interpretation im Detail ansehen.

Wer rastet, der rostet: Die Dynamik der Standardgebung!

Tabelle 3.2 zeigt recht gut, dass es nur wenige Standards gibt, die nicht in den vergangenen drei Jahren in irgendeiner Form überarbeitet wurden. Hintergrund ist, dass uns das IASB überarbeitete Standards nicht nur bei großen und dringenden Anpassungen beschert, sondern regelmäßig kleinere Änderungen über eine Art Sammelanpassung gleich in mehreren Standards vornimmt. Dies wird auch immer gern als *Jährliche Verbesserungen* oder *Annual Improvements* präsentiert.

So sehen sie aus: Aufbau der IFRS-Standards

Kurz noch eine Einführung zum Aufbau der Standards. In Tabelle 3.4 sehen Sie den gewünschten Aufbau der Standards. Gewünscht daher, weil dies so konsequent erst bei den neueren Standards durchgezogen wird. Wenn Sie dieses Schema vorab kennen, kann Ihnen die Arbeit mit dem Standard leichter fallen.

	Wesentliche Abschnitte (dt./engl.)	Inhalt
1	Zielsetzung *Objective*	Hier finden Sie eine ganz kurze Beschreibung dessen, was der Standard regelt.
2	Anwendungsbereich *Scope*	Prüfen Sie hier, welche bilanziellen Sachverhalte in den Regelungsbereich des Standards fallen oder davon ausgenommen sind.
3	Definitionen *Definitions / Defined Terms*	Hier können Sie die im Standard verwendeten Schlüsselwörter nachschlagen. Leider sind die Definitionen in den neuen Standards beginnend mit IFRS 1 in den Anhang gerutscht.
4	Ansatz und Bewertung *Recognition and Measurement*	In diesem zentralen Abschnitt, der sich meist über mehrere Kapitel erstreckt, werden die drei magischen Fragen der Bilanzierung beantwortet: (1) Ansatz: Welche Geschäftsvorfälle müssen erfasst werden? (2) Ausweis: Wo und wie ist ein Sachverhalt im Abschluss abzubilden? (3) Bewertung: Mit welchen Werten muss ein Sachverhalt gebucht werden?
5	Anhangangaben *Disclosure*	In diesem Abschnitt werden alle Pflichtangaben und empfohlenen Angaben für Ihren Anhang dargestellt.
6	Zeitpunkt des Inkrafttretens *Effective Date*	Hieraus ergibt sich, ab welchem Geschäftsjahr Sie den Standard verpflichtend anwenden müssen und ob Sie ihn eventuell auch schon früher anwenden können.
7	Übergangsvorschriften *Transitional Provisions*	Hier wird beschrieben, wie Sie bei der erstmaligen Anwendung des Standards vorgehen müssen.

Tabelle 3.4: Der Standard im Standard

Hier werden Sie geholfen: Optische Highlights

Ein für Sie als Anwender sehr angenehmes Merkmal aller Standards ist die **optische Hervorhebung** der wesentlichen Textziffern (beispielsweise IAS 16 Tz. 43: »wertmäßig bedeutsame Komponenten einer Sachanlage sind getrennt abzuschreiben«) **durch Fettdruck**. Die anschließenden Textziffern dienen dann meist der Erläuterung (beispielsweise IAS 16 Tz. 44: »getrennte Abschreibung von Flugzeug und Turbinen«). Dies **erleichtert Ihnen die schnelle Lektüre** der wesentlichen Inhalte eines Standards.

> Die fett gedruckten Textstellen haben aber weder eine größere Bedeutung als die anderen Textstellen, noch haben sie Vorrang! Es soll Sie nur auf einige wichtige Sachverhalte hinweisen!

Hier finden Sie mal einen angenehmen Anhang!

Auch wenn die Erstellung eines IFRS-Anhangs und die Lektüre der Vorschriften dazu vielleicht nicht Ihre Lieblingsbeschäftigung werden, so sollten Sie sich aber den Anhang zum Standard immer etwas genauer anschauen:

Viele Standards enthalten nämlich neben den oben gezeigten typischen Elementen mehr oder weniger umfangreiche Anhänge. Diese beinhalten oft Umsetzungsleitlinien (englisch *implementation guidance*), Definitionen (englisch *defined terms*), erläuternde Beispiele (englisch *illustrative examples*) und weiteres hilfreiches Zusatzmaterial. Schauen Sie doch mal vorbei!

> Da diese Anhänge nur als Zusatzmaterial zum Standard angesehen werden, bleiben sie im EU-Endorsementprozess unberücksichtigt. Dies führt für Sie als Anwender leider dazu, dass diese Texte und Beispiele weder amtlich übersetzt noch im Amtsblatt der EU veröffentlicht werden. Deshalb haben wir die englischen Begriffe in Klammern dazugeschrieben.

Stabile Basis: IFRS-Grundlagen

In diesem Kapitel

▶ Übergeordnete Ziele der internationalen Rechnungslegung kennenlernen

▶ Grundprinzipien der IFRS-Rechnungslegung und die qualitativen Anforderungen an das Zahlenwerk

▶ Bestandteile eines IFRS-Abschlusses und deren Struktur

---

*Ü*berall auf der Welt werden von kleinen und großen Unternehmen Jahresabschlüsse nach unterschiedlichen nationalen Vorschriften erstellt. Interesse an den Jahresabschlüssen haben die unterschiedlichsten Personen – Geldgeber, Lieferanten, Kunden oder sogar die Öffentlichkeit. Da kein Mensch sämtliche Rechnungslegungsvorschriften der Welt kennt, wollen die IFRS die Abschlüsse über Kontinente, Länder und Unternehmen hinweg einheitlich nach den gleichen Regularien gestalten.

Die Grundidee der internationalen Rechnungslegung und die für alle IFRS-Abschlüsse geltenden Prinzipien sind im sogenannten *Rahmenkonzept* festgelegt – man könnte quasi auch vom theoretischen Fundament der IFRS reden.

Das Rahmenkonzept

✔ definiert die Zielsetzung von Abschlüssen.

✔ identifiziert die Merkmale, die den Nutzen der im Abschluss enthaltenen Informationen bestimmen.

✔ definiert die grundlegenden Posten des Abschlusses und deren Ansatz- und Bewertungskonzepte.

Das Rahmenkonzept ist allerdings kein Standard und auch keine Interpretation und darf diesen in Zweifelsfragen nicht vorgezogen werden. Das Rahmenkonzept soll primär den Damen und Herren vom Board (Sie erinnern sich? das IASB) als Spickzettel bei der Entwicklung neuer Rechnungslegungsvorschriften oder Ihnen als Anwender bei der Klärung von bilanziellen Sachverhalten helfen, die nicht explizit geregelt sind.

Sind die IFRS für alle da?

Um einen aussagekräftigen Unterbau zu schaffen, sollte es immer ein strategisches Ziel geben. Wer schon mal ein Haus gebaut hat, weiß sicherlich, dass am Anfang immer erst die Frage steht: Wie soll das Haus denn am Ende eigentlich aussehen? Will ich ein Friesenhaus, ein Holzhaus, ein Steinhaus oder ein Blockhaus? Auch wenn die Jungs und Mädels vom IASB nicht unbedingt ein Haus bauen wollen, so wurde zunächst einmal das umfassende Ziel der internationalen Rechnungslegung festgelegt. Und hier kommt es:

Zielsetzung von IFRS-Abschlüssen ist es, Informationen über die Vermögens-, Finanz- und Ertragslage sowie Veränderungen in der Vermögens-, Finanz und Ertragslage eines Unternehmens zu geben, die für einen weiten Adressatenkreis bei dessen wirtschaftlichen Entscheidungen nützlich sind.

Getreu dem Motto eines jeden neu gewählten Präsidenten in einer demokratischen Welt: »Ich möchte der Präsident aller Bürger sein«, scheint es nach der obigen Definition auch, dass die IFRS für alle da sein möchten. Sie möchten einem »weiten Adressatenkreis« nützlich sein. Bei näherer Betrachtung ist dies jedoch ein Trugschluss – den das Rahmenkonzept auch offen zugibt.

Es wurde sofort erkannt, dass man es nicht allen recht machen kann und mit einem Jahresabschluss nicht die Informationsbedürfnisse aller Personen erfüllen kann, die an dem Jahresabschluss interessiert sind. Daher wurde festgelegt, dass ein Abschluss, der die Wissensbedürfnisse eines Investors erfüllt, am ehesten in der Lage ist, auch die Wissensbedürfnisse der anderen Interessierten zu erfüllen. Es sind nicht die Wissenslücken der Mitarbeiter, der Gläubiger, der Kunden, Lieferanten oder gar des Staates, die der Abschluss füllen soll – es sind die Wissenslücken der aktuellen oder zukünftigen Investoren.

»Was gut ist für den Investor, ist auch gut für alle anderen!« Punkt, aus, basta!

Damit der Investor nicht im Dunkeln tappt, soll ein Abschluss nach IFRS ihm Informationen darüber geben, ob es sich lohnt, in ein Unternehmen zu investieren oder aber bereits bestehende Anteile zu halten oder zu verkaufen. Darüber hinaus soll der Investor aus dem Zahlenwerk auch abschätzen können, ob sein potenzielles Objekt der Begierde in Zukunft Gewinne erwirtschaften kann, die an die Investoren ausgeschüttet werden können.

Das Rahmenkonzept der IFRS legt fest, dass die internationalen Bilanzierungsregeln so ausgearbeitet werden müssen, dass sie einem Investor bei der Frage »Kaufen, halten oder verkaufen?« helfen.

In der schönen englisch-geprägten Welt der internationalen Bilanzierung wird Ihnen häufiger die Floskel »decision usefulness« über den Weg laufen. Gemeint ist damit genau diese Investitionsentscheidung. Um dieses Ziel herum hat man dann die grundsätzlichen Prinzipien der IFRS-Rechnungslegung formuliert. Lassen Sie uns nun gemeinsam in diese Prinzipien eintauchen.

Die Grundprinzipien der IFRS-Rechnungslegung

Wenn Sie bisher stark unter dem Einfluss des deutschen Handelsrechts bilanziert haben, werden Sie bei Grundprinzip sofort an das Vorsichtsprinzip denken. Den Zahn können wir Ihnen aber gleich einmal ziehen. Das deutsche HGB will die Gläubiger schützen und mahnt daher zur Vorsicht. Wie Sie gerade erfahren haben, wollen die IFRS aber alle Investoren dieser Welt bei deren Investitionsentscheidung unterstützen. Daher wurden andere Grundprinzipien festgelegt. Aber keine Angst, eine abgeflachte Ausprägung des Vorsichtsprinzips hat auch Einzug in die IFRS gehalten, aber dazu später.

4 ▸ Stabile Basis: IFRS-Grundlagen

Das Rahmenkonzept legt die folgenden zwei Grundprinzipien der internationalen Rechnungslegung fest:

✔ Prinzip der periodengerechten Erfolgsermittlung

✔ Prinzip der Unternehmensfortführung

Diese beiden Prinzipien schauen wir uns nun einmal genauer an.

Prinzip der periodengerechten Erfolgsermittlung

Das wichtigste Prinzip der IFRS-Bilanzierung ist das der periodengerechten Erfolgsermittlung.

Bei der periodengerechten Erfolgsermittlung sollen unternehmerische Sachverhalte in der Periode zu Aufwendungen oder Erträgen führen, in der sie entstehen und nicht bereits (oder erst) dann, wenn dem Unternehmen daraus Geld zu- oder abfließt.

Dieses Grundprinzip ist nun sicherlich nichts Neues für Sie und haut Sie nicht vom Hocker. Auch das deutsche Handelsrecht will die Aufwendungen und Erträge der jeweiligen Entstehungsperiode zuordnen. Jedoch hat sich dieses auch »matching principle« oder »accrual principle« genannte Prinzip in den Regelungen der IFRS weitaus stärker durchgesetzt.

Die IFRS haben schon immer die Bildung der typisch deutschen Aufwandsrückstellung verboten, wie sie noch in den Zeiten vor dem Bilanzrechtsmodernisierungsgesetz weitverbreitet waren. Da hier ein Aufwand erfasst werden sollte, der aber eventuell im nächsten Jahr überhaupt nicht anfällt, war diese Art der vorgezogenen Aufwandserfassung in den IFRS nie bekannt.

Prinzip der Unternehmensfortführung

Das Prinzip der Unternehmensführung ist Ihnen vermutlich auch schon bekannt. Der Jahresabschluss sollte immer unter der Annahme der Unternehmensfortführung aufgestellt werden. Wenn Ihnen also nicht bekannt ist, dass Ihr Arbeitgeber in der näheren Zukunft aufgelöst wird oder werden muss, so können Sie die kompletten Standards des IFRS- Regelwerks anwenden. Können Sie dies aber nicht mehr behaupten, so ist die Anwendung der internationalen Rechnungslegung für Sie nicht mehr sinnvoll – hier sollten Sie sich bestimmter anderer Regularien bedienen.

Aber Achtung: Entscheidet sich ein Konzern dafür, eine Tochtergesellschaft oder einen ganzen Unternehmensbereich zu veräußern, gilt für diesen Unternehmensteil natürlich weiterhin die Annahme der Unternehmensfortführung. Für die Bilanzierung sind auch weiterhin die IFRS anwendbar – jedoch gibt es mit IFRS 5 eine spezielle Regelung für solche Fälle.

Qualität der Informationen im Abschluss

Im Rahmenkonzept wird darüber hinaus auch die qualitative Messlatte formuliert, die jeder IFRS-Bilanzierer an die Informationen seines Abschlusses anlegen muss. Umgekehrt wird aber auch jeder Leser des Abschlusses diese Anforderungen an die erhaltenen Informationen stellen.

Das Rahmenkonzept geht davon aus, dass Ihr IFRS-Abschluss genau die richtigen Informationen enthält, wenn Sie bei der Aufstellung des Abschlusses die folgenden vier Anforderungen an die präsentierte Position gestellt haben:

- ✔ Verständlichkeit (*understandability*)
- ✔ Relevanz (*relevance*)
- ✔ Vergleichbarkeit (*comparability*)
- ✔ Verlässlichkeit (*reliability*)

Diese vier Grundanforderungen und deren Ausprägungen sollten Sie sich gut einprägen. Dabei hilft Ihnen sicherlich die grafische Darstellung in Abbildung 4.1.

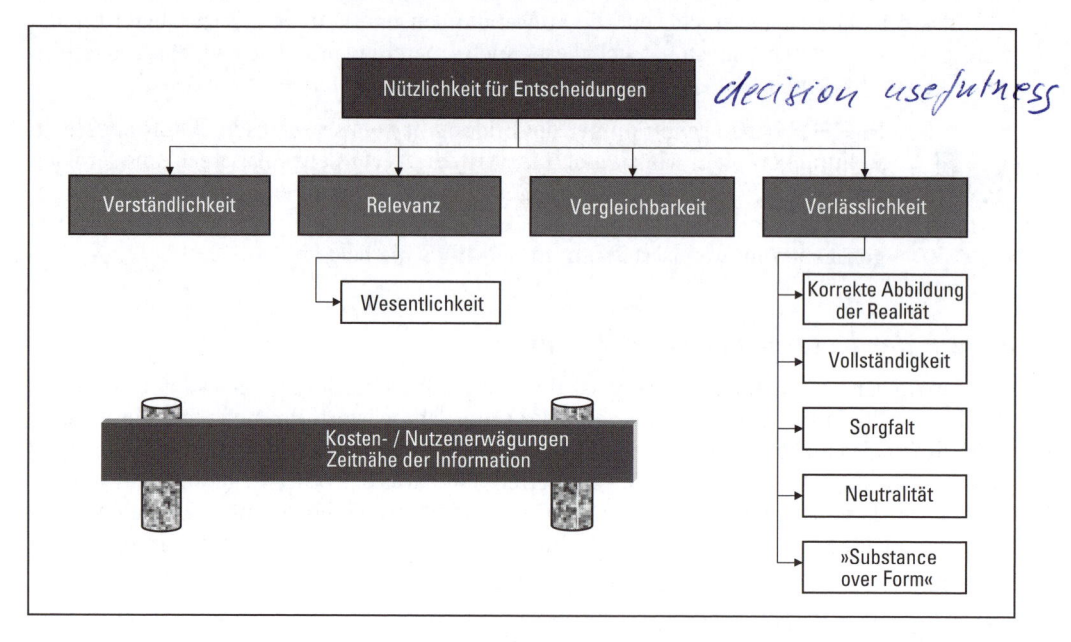

Abbildung 4.1: Grundanforderungen an einen IFRS-Abschluss

Jetzt aber zu den Anforderungen im Einzelnen.

Verständlichkeit: Soll das jeder begreifen?!

Es ist schon schwierig genug, alles zu verstehen, was in den Abschluss aufgenommen wird. Nun kommt auch noch ein weiterer Interessent dazu. Bei der Erstellung eines IFRS-Abschlusses sollten Sie darauf achten, dass die dargestellten Informationen für einen fachlich und wirtschaftlich interessierten Leser auch verständlich sind. Dabei dürfen Sie aber ruhig von einer gewissen Qualifikation des Lesers ausgehen.

Die Anforderung, dass der Leser Kenntnisse der Rechnungslegung besitzt, darf allerdings nicht als Ausrede dafür gelten, relevante (siehe nächste Anforderung), aber komplizierte Themen einfach wegzulassen.

Relevanz: Ist das wirklich interessant?

Grundsätzlich gilt, dass die Abschlussinformationen für den Leser relevant sein müssen. Dies zu beurteilen ist natürlich nicht ganz so einfach. Denken Sie dabei an das Hauptziel, dem Investor bei der Entscheidung »kaufen, halten oder verkaufen« Hilfestellung zu geben. Davon können Sie ausgehen, wenn eine Information hilft,

✔ vergangene, aktuelle oder zukünftige Unternehmensereignisse zu beurteilen oder

✔ zurückliegende Beurteilungen oder Entscheidungen zu korrigieren oder zu bestätigen.

Eine Komponente der Relevanz, die *Wesentlichkeit* zieht sich durch das gesamte IFRS-Regelwerk und überlagert gleich zwei Vorschriften:

✔ **Ausweisvorschriften** (das heißt, ob und wie Abschlussposten und Bilanzierungssachverhalte dargestellt werden müssen)

✔ **Bewertungsvorschriften** (das heißt die Frage, wie sie monetär bewertet werden müssen)

Ermittlung der Wesentlichkeit

Informationen müssen dann im IFRS-Abschluss auftauchen, wenn sie für den Leser wesentlich sind. Dies ist dann der Fall, wenn ihr Weglassen oder ihre fehlerhafte Darstellung die wirtschaftlichen Entscheidungen der Adressaten beeinflussen könnten.

Die Entscheidung über die Wesentlichkeit einer Information ist nicht immer einfach: So kann die Aufnahme einer Forderung über EUR 50.000 für ein Unternehmen wesentlich sein, für ein anderes aber nicht einmal eine Nachkommastelle in der präsentierten Zahl ändern. Fingerspitzengefühl ist gefragt.

In der Praxis wird hier auch häufig mit monetären Grenz- oder Schwellenwerten gearbeitet, ab denen ein Sachverhalt oder eine Summe von Sachverhalten für das Unternehmen als wesentlich zu betrachten ist.

Hilfreich ist es, wenn Sie die prozentuale Auswirkung der Sachverhalte auf Ergebnis oder Bilanzsumme abschätzen. Die Prozentzahl kann Ihnen helfen, eine Wesentlichkeitsgrenze zu setzen.

Vergleichbarkeit: Wie war das letztes Jahr oder wie haben andere das gemacht?

Vergleichbar sein sollten:

✔ die Abschlüsse verschiedener Stichtage

✔ die IFRS-Abschlüsse verschiedener Unternehmen

Ist ja logisch, dass Sie nicht jedes Jahr einfach mal die Bilanzierungsmethode für ein und denselben Sachverhalt ändern. Diese Methodenstetigkeit sollte Ihnen als geübtem Bilanzierer aber durchaus schon bekannt sein.

Menschen machen aber auch Fehler, verschätzen sich und manchmal will man Neues ausprobieren. Daher gibt es auch in der IFRS-Welt Tage, an denen man einfach etwas ändern muss und die Stetigkeit durchbricht. Worauf Sie dann achten sollten, steht nicht im Rahmenwerk, sondern in IAS 8 »Rechnungslegungsmethoden, Änderungen von rechnungslegungsbezogenen Schätzungen und Fehler«.

Änderungen der Bilanzierung

Damit Sie sehen, dass das Prinzip der Vergleichbarkeit sehr ernst zu nehmen ist, machen wir mit Ihnen einen kleinen Ausflug in die Regelungen des IAS 8 und schauen uns an, welche Pflichten Ihnen die IFRS bei Bilanzierungsänderungen zwischen zwei Stichtagen aufbrummen (lassen Sie sich aber nicht von den Vorgaben abschrecken – wenn Sie einen Fehler entdecken, sollten Sie diesen bitte auch korrigieren):

Änderung von Bilanzierungsmethoden

Eine Änderung der Methode ist nur dann zulässig, wenn die Änderung aufgrund eines Standards oder einer Interpretation erforderlich ist oder dazu führt, dass der Abschluss bessere Informationen zur Vermögens-, Finanz- oder Ertragslage des Unternehmens vermittelt.

Änderungen müssen dann grundsätzlich retrospektiv vorgenommen werden (»so als ob die neue Methode auch in der Vergangenheit schon immer angewendet worden wäre«). Die retrospektive (oder besser: rückwirkende) Anpassung erfolgt grundsätzlich erfolgsneutral. Folglich benötigen Sie schon mal keine Aufwands- oder Ertragsposition im laufenden Geschäftsjahr für die Anpassung. Immer wenn Sie etwas erfolgsneutral rückwirkend abbilden sollen, verwenden Sie die Position Gewinnvortrag (also direkt im Eigenkapital und daher erfolgsneutral). Den ermittelten Anpassungsbetrag korrigieren Sie daher im Gewinnvortrag zu Beginn der frühesten dargestellten Periode. Das führt dann unweigerlich auch zu einer Anpassung der Vorjahreszahlen, wenn diese Periode nicht ohnehin die »Fehlerperiode« war.

In Periode 10 möchte Ihr Chef eine neue Bewertungsmethode für die Bewertung der Vorräte anwenden, da er erkannt hat, dass diese Methode den Wert der Vorräte viel besser darstellt. Erstmalig hatten Sie diese bestimmte Art von Vorräten in Periode 8 bewertet. Die Vorräte waren mit der alten Methode recht niedrig bewertet. Ihr Gewinn in Periode 8 war daher auch viel zu hoch ausgewiesen. Die Auswirkung der Bilanzierungsänderung ermitteln Sie auf EUR 1 Mio. in Periode 8. In der Buchhaltung erfassen Sie das Ganze, indem Sie den Gewinnvortrag um EUR 1 Mio. verringern und natürlich auch die Vorratsposition um EUR 1 Mio. erhöhen. Nun müssen Sie aber auch Ihren Vorjahresabschluss anpassen und die Positionen so ausweisen, wie sie im Vorjahr unter Verwendung der neuen Methode ausgesehen hätten.

Änderung von Schätzungen

Manchmal sind zur Bewertung Schätzungen auf der Grundlage von aktuell verfügbaren, verlässlichen Informationen notwendig. Beispiele hierfür sind risikobehaftete Forderungen, die Nutzungsdauer von Vermögensgegenständen oder Gewährleistungsgarantien. Änderungen von Schätzungen ergeben sich daher aus neuen Informationen oder Entwicklungen und sind deshalb keine Fehlerkorrekturen. Verschätzen kann sich ja schließlich jeder mal, oder?!

Im Gegensatz zu den tatsächlichen Fehlern nehmen Sie Änderungen von Schätzungen prospektiv vor. Sie gehen hier nicht über »Los« zurück und ändern die Vergangenheit, sondern nehmen die Änderung zukunftsgerichtet vor. Der Begriff zukunftsgerichtet ist im Standard immer ein wenig irreführend. Es bedeutet konkret, dass Sie die Änderung der Schätzung ab sofort in der laufenden Bilanzierung berücksichtigen – »ab sofort« beginnt ja auch die Zukunft!

Nehmen wir das letzte Beispiel und ändern es ein wenig ab. Im Gegensatz zu einer Änderung der Methode, teilt Ihr Chef Ihnen nun mit, dass er sich bei der Schätzung einer Rückstellungsbewertung wohl etwas verschätzt hat. Die Rückstellung wurde im letzten Abschluss mit EUR 9 Mio. angesetzt. Die neue Schätzung liegt aber eher bei EUR 10 Mio. In diesem Falle erfassen Sie den Anpassungsbetrag in der laufenden Periode als Aufwand und erhöhen die Rückstellung um EUR 1 Mio. Die gesamten Vorjahresanpassungen können Sie getrost weglassen.

Korrektur eines Bilanzierungsfehlers

Fehler, die noch während der Erstellung entdeckt werden, müssen sofort korrigiert werden, bevor der Abschluss zur Veröffentlichung freigegeben wird. Wesentliche (siehe den Kasten »Ermittlung der Wesentlichkeit«) Fehler aus früheren Perioden müssen im ersten vollständigen Abschluss nach Entdeckung der Fehler rückwirkend korrigiert werden. Dieses sogenannte *Restatement* erfolgt damit analog zur Änderung von Bilanzierungsmethoden.

Nehmen wir auch hier das Beispiel zur Änderung von Bilanzierungsmethoden. Einzige Veränderung ist nun, dass Ihr Chef nicht die Bilanzierungsmethode ändern möchte, sondern festgestellt hat, dass die Vorräte komplett falsch bewertet wurden. Die Korrektur nehmen Sie nun genauso vor wie bei der Änderung der Bilanzierungsmethode. Also zurück in die Vergangenheit und alles anpassen, was ohne den Fehler anders ausgesehen hätte. Und bitte die Anpassung der Vorjahreszahlen bei der Offenlegung nicht vergessen.

Zusätzlich dürfen Sie in allen drei Fällen eine ganze Reihe von Erläuterungen und Überleitungsrechnungen (»Vorher-Nachher-Show«) im Anhang machen.

Das Prinzip der Vergleichbarkeit hat aber auch noch einen zweiten Aspekt: Weil sich ein Investor ja entscheiden können muss, in welches Unternehmen er sein sauer verdientes Geld steckt, muss auch das Zahlenwerk zweier oder mehrerer Unternehmen der gleichen Branche vergleichbar sein.

Verlässlichkeit: Das nehm ich euch ab!

Informationen in Abschlüssen sind verlässlich, wenn sie keine wesentlichen Fehler enthalten und frei von verzerrenden Einflüssen sind. Informationen sind insbesondere dann nicht verlässlich, wenn sie absichtlich so aufbereitet wurden, dass sie die Entscheidung der Leser in eine bestimmte Richtung lenken sollen – das nennt man Manipulation und das sollte ja wirklich nicht sein.

Die Verlässlichkeit der Informationen setzt fünf verschiedene Eigenschaften voraus:

- ✔ **Glaubwürdige Darstellung:** Bei sämtlichen Abschlussinformationen muss es sich um eine korrekte und glaubwürdige Abbildung der Realität handeln.

- ✔ **Wirtschaftliche Betrachtungsweise:** Für eine korrekte Abbildung der Realität müssen bilanzielle Ereignisse oft gemäß ihrem tatsächlichen wirtschaftlichen Gehalt und nicht allein gemäß der rechtlichen Gestaltung bilanziert und dargestellt werden. Am deutlichsten wird dies bei der Abbildung von Finanzierungsleasing (was das ist, erfahren Sie in Kapitel 6). Obwohl Sie kein rechtlicher Eigentümer sind, wird das Leasingobjekt in Ihrem Anlagevermögen gezeigt. Dieses als »substance over form« bezeichnete Prinzip der IFRS wird Ihnen noch an vielen Stellen dieses Buches über den Weg laufen.

- ✔ **Sorgfalt:** Dies ist die abgeschwächte Form des Vorsichtsprinzips. Seien Sie umsichtig bei Schätzungen und Annahmen. Vermögen und Erträge sollten nicht über- und Schulden und Aufwendungen nicht unterbewertet werden. Die Bildung stiller Reserven ist dennoch nicht gewollt.

- ✔ **Neutralität:** Verzerrende Einflüsse sollten nichts in Ihrem Abschluss zu suchen haben. Abschlüsse wären dann nicht neutral, wenn sie durch eine beeinflussende Darstellung eine bestimmte Entscheidung oder Beurteilung herbeiführen wollen. Es ist auch nicht gewollt, dass Sie nur Ihre schönen Seiten zeigen – auch die schlechten müssen gezeigt werden (also kein »Cherry Picking«).

- ✔ **Vollständigkeit:** In den Grenzen von Wesentlichkeit und Kosten müssen die Abschlussinformationen vollständig sein. Diese Inventur aller Sachverhalte ist aber nicht erst durch die IFRS entstanden. Also: Überlegen Sie lieber zweimal oder dreimal, ob Sie alles erfasst haben.

Zwischen den Prinzipien Relevanz, Verlässlichkeit und der Tatsache, das Schätzungen vorgenommen werden, kommt es in der Bilanzierungspraxis immer wieder zu Konflikten. Hierbei muss das Management Ermessensentscheidungen treffen, um ein angemessenes Gleichgewicht zu gewährleisten.

»True and Fair View« – aber bitte in Grenzen

Die Grundprinzipien alle einzuhalten, kann recht nervenaufreibend sein. Daher wurden den vielen Anforderungen Grenzen aufgezeigt – die aber in der Praxis leider meist nicht so ziehen.

- ✔ **Kosten-Nutzen-Erwägungen:** Die Kosten, die zur Bereitstellung der Informationen benötigt werden, dürfen nicht höher sein als der Nutzen, den diese Informationen bieten. Die Abschätzung von Nutzen und Kosten ist jedoch meist eine Ermessensfrage und die Vornahme eines Kosten-Nutzen-Tests ist auch nicht immer praktikabel durchführbar.

- ✔ **Zeitnahe Informationen:** Was nützt dem Investor eine Information, wenn er diese erst nach Monaten bekommt? Richtig! Damit die Information, die Sie dem Investor geben möchten, diesen auch einen Dienst erweist, sollte diese zeitnah zur Verfügung stehen. Zeitnah umschreibt hierbei einen Zeitraum, in dem die Informationen höchstwahrscheinlich beim Empfänger für Entscheidungen benötigt werden. Das Management muss daher auch hier die Vorteile einer zeitnahen Berichterstattung und einer Bereitstellung verlässlicher Informationen gegeneinander abwägen.

So schön die Grenzen sind, so weich und nichtssagend sind sie aber leider auch. Das Argument der Kosten-Nutzen-Erwägung zieht bei den meisten Wirtschaftsprüfern nicht so sehr, da es nicht nachprüfbar ist. Versuchen Sie daher eher mit der Wesentlichkeit zu argumentieren, wenn Sie bestimmte Angaben einfach nicht für sinnvoll halten.

Es wird immer viel über die Aussagekraft eines IFRS-Abschlusses diskutiert – sehr oft fällt dabei die Aussage, dass ein IFRS-Abschluss vor allem einen *true and fair view* in die Lage des Unternehmens geben soll.

In der internationalen Bilanzierungspraxis hat sich der englische Begriff »true and fair view« der Unternehmenslage durchgesetzt. Dies bedeutet nichts anderes als einen *wahren und angemessenen Einblick* in die wirtschaftliche Lage des Unternehmens. Da es mittlerweile gängige Praxis ist, bleiben wir auch hier beim »true and fair view«. So können Sie dann auch mitreden.

Das Rahmenkonzept enthält allerdings keine ausdrückliche Forderung nach einem »true and fair view«. Es sagt aber, dass die Berücksichtigung der Grundprinzipien zu Aussagen führen soll, die angemessen und wahr oder eben »true and fair« sind.

Die Forderung nach dem »true and fair view« in die wirtschaftliche Lage des Unternehmens kann die Anwendung einer Ihnen nicht sinnvoll erscheinenden Regel aus einem Standard leider nicht verhindern. Es handelt sich daher nicht um einen Hebel, der andere Standards außer Kraft setzen kann. Es gibt kein »Overriding Principle« in den IFRS.

Wer darf in den IFRS-Abschluss einziehen?

Das Rahmenkonzept gibt auch die grundsätzlichen Eigenschaften vor, die eine Position haben muss, um Einzug in die Bilanz oder in die Gewinn-und-Verlust-Rechnung eines IFRS-Abschlusses zu halten.

Von größter Bedeutung sind da natürlich die Begriffe:

✔ Vermögenswert

✔ Schuld

✔ Eigenkapital

Hier sind zunächst einmal die Definitionen dieser Begriffe:

✔ Ein *Vermögenswert* ist eine in der Verfügungsmacht des Unternehmens stehende Ressource, die ein Ergebnis von Ereignissen der Vergangenheit darstellt und von der erwartet wird, dass dem Unternehmen aus ihr wirtschaftlicher Nutzen zufließt.

✔ Eine *Schuld* ist eine gegenwärtige Verpflichtung des Unternehmens, die aus Ereignissen der Vergangenheit entsteht und deren Erfüllung für das Unternehmen erwartungsgemäß mit einem Abfluss von Ressourcen mit wirtschaftlichem Nutzen verbunden ist.

✔ *Eigenkapital* ist der nach Abzug aller Verbindlichkeiten verbleibende Restbetrag der Vermögenswerte des Unternehmens.

Erfüllt eine Position diese Definition, aber können Sie den Wert der Position nicht verlässlich ermitteln, so dürfen Sie den Posten dennoch nicht in Ihrem Abschluss ansetzen – das passiert aber mittlerweile eher selten. Getreu dem Motto: »Alles ist bewertbar!« findet diese Regel in der Praxis eher selten Anwendung.

Wir verzichten an dieser Stelle auf eine tiefer gehende Erläuterung der Definitionen. Die Erläuterung der drei Begriffe füllt mittlerweile Bücher und viele Autoren haben sich in Fachzeitschriften über den Sinn (und Unsinn) der Definitionen und ihres Inhaltes ausgelassen. Für die tägliche Praxis helfen Ihnen diese geistigen Ergüsse jedoch sicher recht wenig. Wir führen Sie lieber ein wenig praktischer an die Begriffe heran. Sie lernen in diesem Buch an den verschiedensten Stellen die Ansatzkriterien für so ziemlich alle Posten der Bilanz und GuV kennen. Das theoretische Grundgerüst dazu können Sie aber immer wieder hier nachschlagen.

IAS 1: Wie sieht ein IFRS-Abschluss aus?

Einführend haben wir Ihnen die Zielsetzung eines Abschlusses vorgestellt, der nach den Normen der internationalen Rechnungslegung aufgestellt wird. Damit Sie nun nicht gleich hektisch zurückblättern müssen, kommt die Zielsetzung hier gleich noch einmal:

Zielsetzung von IFRS-Abschlüssen ist es, Informationen über die Vermögens-, Finanz- und Ertragslage sowie Veränderungen in der Vermögens-, Finanz und Ertragslage eines Unternehmens zu geben, die für einen weiten Adressatenkreis bei dessen wirtschaftlichen Entscheidungen nützlich sind.

Danach haben Sie die Grundprinzipien durchstöbert und haben die einzelnen Bilanzposten *Vermögenswert*, *Schuld* und *Eigenkapital* kennengelernt. Diese Prinzipien und Bestandteile müssen ja nun auch irgendwie in eine bestimmte Form gegossen werden. Dazu wurde vom IASB im IAS 1 »Darstellung des Abschlusses« festgehalten, wie ein kompletter IFRS-Abschluss aussehen soll. Die Bestandteile des Abschlusses führen gemäß den Vorstellungen des IASB dazu, dass ein Abschluss die Zielsetzung eines IFRS-Abschlusses erfüllt.

Bestandteile des IFRS-Abschlusses

Gemäß den Ausführungen des IAS 1 besteht ein vollständiger IFRS-Abschluss aus den folgenden Pflichtbestandteilen:

- ✔ Bilanz (*statement of financial position*)
- ✔ Gesamtergebnisrechnung (*statement of comprehensive income*)
- ✔ Eigenkapitalveränderungsrechnung (*statement of changes in equity*)
- ✔ Kapitalflussrechnung (*statement of cash flows*)
- ✔ Anhang (*notes*)

Handelt es sich bei Ihrem Unternehmen um ein kapitalmarktorientiertes Unternehmen, müssen Sie zusätzlich eine Segmentberichterstattung erstellen und das Ergebnis pro Aktie ermitteln und irgendwo im Abschluss veröffentlichen. Wenn Ihnen aber der Sinn danach steht, können Sie diese beiden Bestandteile auch freiwillig erstellen – bedeutet aber natürlich mehr Arbeit für Sie.

Kapitalmarktorientiert ist Ihr Unternehmen dann, wenn die Anteile Ihres Unternehmens an einer Börse gehandelt werden oder Ihr Unternehmen den Kapitalmarkt als eine Finanzierungsform angezapft hat (üblicherweise über die Ausgabe einer Anleihe).

Stellen Sie nun fest, dass Ihr Unternehmen zur Gruppe der kapitalmarktorientierten Unternehmen zählt, so schlagen Sie bitte in Kapitel 14 nach, wenn Sie mehr über die Segmentberichterstattung und das Ergebnis pro Aktie erfahren wollen. In diesem Kapitel beschäftigen wir uns lediglich mit den Grundbestandteilen.

> ### Lagebericht
> Der im deutschen HGB bekannte und für einige Unternehmen verpflichtende Lagebericht ist nach IFRS kein Pflichtbestandteil des Abschlusses. Er wird aber benötigt, wenn Ihr Unternehmen den IFRS-Konzernabschluss erstellt, weil Sie keinen Konzernabschluss nach dem deutschen HGB mehr erstellen möchten (auch bekannt unter dem Begriff »befreiender IFRS-Konzernabschluss«).

Als geübter Bilanzierer werden Sie sich nun bestimmt wundern, wo denn die Gewinn-und-Verlust-Rechnung verblieben ist. Wird diese nicht mehr angegeben oder aber nicht mehr gebraucht? Keine Angst, das IASB hat den IAS 1 beginnend ab dem Geschäftsjahr 2009 ein wenig umgestaltet. Die Gewinn-und-Verlust-Rechnung wird weiterhin gefordert, wurde aber in Gesamtergebnisrechnung umbenannt und um einige weitere Posten erweitert. Dazu aber später mehr, wenn wir uns mit der Gesamtergebnisrechnung beschäftigen.

Wie diese verschiedenen Pflichtbestandteile mit den enthaltenen Abschlussposten dem *IFRS-Zielsystem* dienen sollen, stellt Tabelle 4.1 dar.

Zielsetzung	Erfüllung durch Bestandteil	Erläuterung
Darstellung der Vermögenslage	Bilanz	Die Vermögenslage wird im Wesentlichen von den Vermögenswerten und Schulden eines Unternehmens bestimmt, die in seiner Verfügungsmacht stehen.
Darstellung der Finanzlage	Bilanz; Kapitalflussrechnung; Anhang	Informationen über die Stichtagsliquidität liefert die Bilanz; Informationen über die Zahlungsfähigkeit liefern die Bilanz und die zusätzlichen Angaben im Anhang; die Verwendung und den Ursprung der finanziellen Mittel stellt die Kapitalflussrechnung dar.
Darstellung der Ertragslage	Gesamtergebnisrechnung	Informationen über die Ertragslage können Sie in erster Linie mithilfe der Gesamtergebnisrechnung erfahren. Informationen über die Höhe und Schwankungen der Gewinne helfen bei der Vorhersage zukünftiger Zahlungsüberschüsse aus den bestehenden Ressourcen des Unternehmens.
Veränderung in der Vermögens-, Finanz- und Ertragslage	Bilanz; Gesamtergebnisrechnung; Kapitalflussrechnung; Eigenkapitalveränderungsrechnung; Anhang	Durch die Abbildung der Vorperiode geben Sie Informationen über die Veränderung preis. Zusätzlich werden wesentliche Veränderungen im Anhang erläutert.

Tabelle 4.1: Zusammenhang zwischen Zielsetzung und Bestandteilen

Struktur und Inhalt der Bilanz

Inhalt und Gliederung der Bilanz ist vom Ziel der Ermittlung der Vermögens- und Finanzlage getrieben. Die hiermit unmittelbar verbundenen Posten der Bilanz sind Vermögenswerte, Schulden und das Eigenkapital.

Zur Gliederung einer Bilanz nach IFRS haben wir erst einmal ein gute Nachricht für Sie: IAS 1 schreibt keine bestimmte Bilanzgliederung vor. Festgelegt werden lediglich Mindestangaben und Gliederungsmöglichkeiten. Dies ist für den Anwender nicht nur von Vorteil, da er in jedem Fall die allgemeinen Gliederungsprinzipien *und* die speziellen Vorschriften in den einzelnen IFRS beachten muss. Ein standardisiertes Gliederungsschema würde Sicherheit und Hilfestellung in einem Umstellungsprozess geben, ist aber aufgrund unterschiedlicher Traditionen und Strukturen in den verschiedenen Ländern und Kulturkreisen kaum durchsetzbar. Auch das wiederum ist verständlich.

Das muss unbedingt rein: Mindestangaben

Tabelle 4.2 stellt die nach IAS 1 in der Bilanz geforderten Mindestangaben dar.

Diese Posten sind die vom Standard vorgeschlagenen Mindestgliederungsposten. Trifft der eine oder andere Posten für Ihr Unternehmen nicht zu, lassen Sie ihn natürlich getrost weg.

4 ▶ Stabile Basis: IFRS-Grundlagen

	Bilanzposition
a)	Sachanlagen
b)	Als Finanzinvestitionen gehaltene Immobilien
c)	Immaterielle Vermögenswerte
d)	Finanzielle Vermögenswerte (ohne die Beträge, die unter (e), (h) und (i) ausgewiesen werden)
e)	Nach der Equity-Methode bilanzierte Finanzanlagen
f)	Biologische Vermögenswerte
g)	Vorräte
h)	Forderungen aus Lieferungen und Leistungen und sonstige Forderungen
i)	Zahlungsmittel und Zahlungsmitteläquivalente
j)	Zur Veräußerung gehaltene langfristige Vermögenswerte und Veräußerungsgruppen
k)	Verbindlichkeiten aus Lieferungen und Leistungen und sonstige Verbindlichkeiten
l)	Rückstellungen
m)	Finanzielle Verbindlichkeiten (ohne die Beträge, die unter (j) und (k) ausgewiesen werden)
n)	Steuerschulden und -erstattungsansprüche gemäß IAS 12 Ertragsteuern
o)	Latente Steueransprüche und -schulden gemäß IAS 12
p)	Schulden, die den zur Veräußerung gehaltenen langfristigen Vermögenswerten und aufgegebenen Geschäftsbereichen zuzuordnen sind
q)	Nicht beherrschende Anteile, die im Eigenkapital dargestellt werden (Minderheiten)
r)	Gezeichnetes Kapital und Rücklagen, die den Anteilseignern der Muttergesellschaft zuzuordnen sind

Tabelle 4.2: Mindestangaben in der IFRS-Bilanz

Darüber hinaus enthalten die einzelnen Standards zu vielen Posten noch weiterführende Gliederungsangaben, die dazu führen können, dass Sie die Mindestangaben doch noch weiter untergliedern müssen. Diese erfahren Sie in den einzelnen Kapiteln zu jedem Sachverhalt. In diesem Kapitel stellen wir Ihnen lediglich die Mindestangaben vor.

IAS 1 fordert mindestens die Angabe der Position »Vorräte« in der Bilanz. Der für Vorräte zuständige IAS 2 verlangt darüber hinaus noch die unternehmensspezifische Untergliederung der Position Vorräte und schlägt die Untergliederung in Handelswaren, Roh-, Hilfs- und Betriebsstoffe, unfertige Erzeugnisse und Fertigerzeugnisse vor. Diese Untergliederung können Sie bereits in der Bilanz vornehmen oder Sie stellen es im Anhang dar. Zur besseren Übersichtlichkeit empfiehlt sich die Gesamtangabe in der Bilanz. Die Untergliederung können Sie dann immer noch im Anhang vornehmen.

Mindestangaben sind Posten, die Sie mindestens in der Bilanz aufzeigen sollen. Es steht Ihnen darüber hinaus frei, dass Sie bestimmte Posten hinzufügen, wenn Sie denken, dass der Einzelausweis dazu beiträgt, ein klareres Bild über die Vermögens- und Finanzlage Ihres Unternehmens darzustellen.

> Bei Ihrer Entscheidung, ob Sie zusätzliche Posten gesondert ausweisen möchten, berücksichtigen Sie bitte die Art und die Liquidität von Vermögenswerten, die Funktion der Vermögenswerte innerhalb des Unternehmens und die Beträge, die Art und den Fälligkeitszeitpunkt von Schulden.

Damit die Posten in der Bilanz nicht alle wild durcheinander ausgewiesen werden, gilt als Hauptgliederungsprinzip die Unterscheidung nach kurzfristigen und langfristigen Vermögenswerten beziehungsweise Schulden. Tabelle 4.3 hilft Ihnen bei der Einteilung:

Bilanzposten	Kurzfristig	Langfristig
Vermögenswert	Verkauf oder Realisierung des Vermögenswerts wird innerhalb des normalen Geschäftszyklus oder innerhalb der nächsten zwölf Monate erwartet oder der Vermögenswert wird zum Verkauf oder Verbrauch innerhalb dieses Zeitraums gehalten. Der Vermögenswert wird zu Handelszwecken gehalten. Es handelt sich um Zahlungsmittel oder Zahlungsmitteläquivalente.	Alles, was nicht kurzfristig ist
Schuld	Die Erfüllung der Schuld wird innerhalb des normalen Geschäftszyklus oder innerhalb der nächsten zwölf Monate erwartet. Die Schuld wird primär für Handelszwecke gehalten. Das Unternehmen hat kein uneingeschränktes Recht, die Erfüllung der Verpflichtung um mindestens zwölf Monate nach dem Bilanzstichtag zu verschieben.	Alles, was nicht kurzfristig ist

Tabelle 4.3: Unterscheidung nach Fristigkeit

In der Tabelle 4.4 stellen wir Ihnen einige typische Vermögensgegenstände und Schulden und ihre übliche Fristigkeit vor.

Nr.	Bilanzpositionen	Klassifizierung
1.	Kasse, Bank	kurzfristig
2.	Vorräte	kurzfristig
3.	Kundenforderungen	Kurzfristig (wenn keine anders lautende Klausel im Vertrag)
4.	Mitarbeiterdarlehen	Anteil fällig innerhalb von 12 Monaten – kurzfristig Anteil fällig nach 12 Monaten – langfristig
5.	Latente Steueransprüche	Immer langfristig (speziell vorgeschrieben)
6.	Latente Steuerschulden	Immer langfristig (speziell vorgeschrieben)
7.	Kundenverbindlichkeiten	Kurzfristig (wenn keine anders lautende Klausel im Vertrag)
8.	Leasingverbindlichkeiten	Anteil fällig innerhalb von 12 Monaten – kurzfristig Anteil fällig nach 12 Monaten – langfristig
9.	Darlehensverbindlichkeiten	Anteil fällig innerhalb von 12 Monaten – kurzfristig Anteil fällig nach 12 Monaten – langfristig
10.	Rückstellungen	Je nach erwartetem Fälligkeitszeitpunkt der Zahlung – Anteil, der innerhalb von 12 Monaten erwartet wird: kurzfristig Anteil, der nach 12 Monaten erwartet wird: langfristig

Tabelle 4.4: Beispiele für kurzfristige und langfristige Bilanzpositionen

4 ▶ Stabile Basis: IFRS-Grundlagen

HGB	IFRS
Aktiv	**Aktiv**
A. Anlagevermögen	Langfristige Vermögenswerte
I. Immaterielle Vermögenswerte	Geschäfts- oder Firmenwert
II. Sachanlagen	Sonstige immaterielle Vermögenswerte
III. Finanzanlagen	Sachanlagen
B. Umlaufvermögen	Finanzanlagen
I. Vorräte	Latente Steuern
II. Forderungen und sonstige Vermögensgegenstände	Kurzfristige Vermögenswerte
III. Wertpapiere	Vorräte
IV. Kassenbestand, Bundesbankguthaben, Guthaben bei Kreditinstituten, Schecks	Forderungen aus Lieferungen und Leistungen
C. Rechnungsabgrenzungsposten	Sonstige Vermögenswerte
D. Aktive latente Steuern	Zahlungsmittel und -äquivalente
Passiv	**Passiv**
A. Eigenkapital	Eigenkapital
I. Gezeichnetes Kapital	Gezeichnetes Kapital
II. Kapitalrücklage	Kapitalrücklage
III. Gewinnrücklagen	Sonstige Rücklagen
IV. Gewinn-/Verlustvortrag	Gewinnrücklagen
V. Jahresüberschuss/-fehlbetrag	Minderheitenanteile
B. Rückstellungen	Langfristige Schulden
C. Verbindlichkeiten	Pensionsrückstellungen
D. Rechnungsabgrenzungsposten	Sonstige Rückstellungen
E. Passive latente Steuern	Finanzschulden
	Übrige Schulden
	Latente Steuern
	Kurzfristige Schulden
	Pensionsrückstellungen
	Sonstige Rückstellungen
	Verbindlichkeiten aus Lieferungen und Leistungen
	Finanzschulden
	Übrige Schulden
	Steuerschulden

Tabelle 4.5: Beispiel Bilanzgliederung nach HGB und IFRS

> **Der Geschäftszyklus – was ist hier schon normal?**
>
> In einem typischen Produktionsunternehmen umfasst der Geschäftszyklus (*operating cycle*) den Zeitraum zwischen dem Kauf der Rohstoffe und dem Zahlungseingang aus dem Verkauf der Endprodukte. Bei einem Möbelbauer sind dies beispielsweise sechs Monate, die zwischen der Holzlieferung und dem Zahlungseingang für die gelieferten Möbel liegen. Bei einem Bauunternehmen können es dagegen auch 24 Monate sein, die zwischen der Baustofflieferung und der Bezahlung einer Fabrikhalle liegen. In diesem Fall gelten die Vorräte und Kundenforderungen als kurzfristig, auch wenn die Realisationsperiode mehr als zwölf Monate beträgt. Gleiches gilt auf der Passivseite für die Verbindlichkeiten aus Lieferungen und Leistungen sowie Rückstellungen für operative Kosten wie Gewährleistungen und die Urlaubsrückstellungen.

In Tabelle 4.5 sehen Sie unseren Vorschlag für die Gliederung einer IFRS-Bilanz. Zur Veranschaulichung haben wir die Pflichtgliederung für kleine Kapitalgesellschaften gemäß HGB gegenübergestellt.

Gliederung der Gesamtergebnisrechnung

Wesentliche Neuerung im Rahmen der Neufassung von IAS 1 seit dem Geschäftsjahr 2009 war die verpflichtende Einführung einer Gesamtergebnisrechnung. Die eigentliche Gewinn- und-Verlust-Rechnung kann nun auf zwei mögliche Arten im Abschluss auftauchen, die wir Ihnen gleich vorstellen. Sie ist also nicht verloren gegangen, sondern wird nur ein wenig anders dargestellt.

Neben der eigentlichen GuV, die die Aufwendungen und Erträge darstellt, werden nach IFRS weitergehende Informationen zu *erfolgsneutralen Ergebnisbestandteilen* (sogenanntes *other comprehensive income*) gefordert.

Erfolgsneutrale Ergebnisbestandteile sind solche Erträge oder Aufwendungen, die nicht in der Gewinn-und-Verlust-Rechnung gezeigt werden, sondern erfolgsneutral im Eigenkapital erfasst werden. In der aktuellen Sprachregelung hat sich auch der englische Begriff »other comprehensive income« durchgesetzt.

Die Gesamtergebnisrechnung stellt nun alle Posten – egal ob erfolgswirksam oder erfolgsneutral – zusammen dar. Für Geschäftsjahre ab 2009 müssen Sie hierfür eine Gesamtergebnisrechnung nach einer der folgenden Methoden erstellen:

✓ **Gesamtergebnisrechnung nach dem One-Statement Approach:** Hier müssen Sie GuV-Informationen und erfolgsneutrale Ergebnisbestandteile in einem kombinierten Rechenwerk darstellen.

✓ **Gesamtergebnisrechnung nach dem Two-Statement Approach:** Hier müssen Sie zusätzlich zum GuV-Rechenwerk die Gesamtergebnisrechnung erstellen, die mit dem Jahresergebnis aus der GuV startet.

Zur besseren Verständlichkeit haben wir in Tabelle 4.6 die beiden Möglichkeiten der Gesamtergebnisrechnung zusammengestellt.

4 ► Stabile Basis: IFRS-Grundlagen

Gesamtergebnisrechnung (One-Statement Approach)	Gesamtergebnisrechnung (Two-Statement Approach)
I. Gesamtergebnisrechnung	**I. Gewinn-und-Verlust-Rechnung**
1. Umsatzerlöse	1. Umsatzerlöse
2. Bestandsveränderung	2. Bestandsveränderung
3. Aktivierte Eigenleistung	3. Aktivierte Eigenleistung
4. Sonstige betriebliche Erträge	4. Sonstige betriebliche Erträge
5. Materialaufwand	5. Materialaufwand
6. Personalaufwendungen	6. Personalaufwendungen
7. Abschreibungen	7. Abschreibungen
8. Sonstige betriebliche Aufwendungen	8. Sonstige betriebliche Aufwendungen
9. **Operatives Ergebnis**	9. **Operatives Ergebnis**
10. Ergebnis aus At-equity-Beteiligungen	10. Ergebnis aus At-equity-Beteiligungen
11. Finanzaufwendungen	11. Finanzaufwendungen
12. Finanzerträge	12. Finanzerträge
13. **Ergebnis vor Ertragsteuern**	13. **Ergebnis vor Ertragsteuern**
14. Ertragsteuern	14. Ertragsteuern
15. **Jahresüberschuss/Jahresverlust**	15. **Jahresüberschuss/Jahresverlust**
16. Differenzen aus der Fremdwährungsbewertung	
17. Ergebnis aus zur Veräußerung verfügbaren Finanzinstrumenten	**II. Übriges kumuliertes Einkommen**
18. Ergebnis aus Cash Flow Hedges	1. Jahresüberschuss/Jahresverlust
19. Neubewertung von Sachanlagen	2. Differenzen aus der Fremdwährungsbewertung
20. Versicherungsmathematische Erfolge aus leistungsorientierten Pensionsplänen	3. Ergebnis aus zur Veräußerung verfügbaren Finanzinstrumenten
21. Anteil am Gesamtergebnis assoziierter Unternehmen	4. Ergebnis aus Cash Flow Hedges
22. Steuern auf anderes kumuliertes Ergebnis	5. Neubewertung von Sachanlagen
23. **Übriges kumuliertes Ergebnis**	6. Versicherungsmathematische Veränderungen aus leistungsorientierten Pensionsplänen
24. **Gesamtergebnis der Periode**	7. Anteil am Gesamtergebnis assoziierter Unternehmen
	8. Steuern auf anderes kumuliertes Ergebnis
	9. **Übriges kumuliertes Ergebnis**
	10. **Gesamtergebnis der Periode**

Tabelle 4.6: Varianten der Gesamtergebnisrechnung

Ähnlich wie für die Bilanz existieren relativ wenige Vorschriften für die Gliederung der GuV und Gesamtergebnisrechnung nach IFRS. Wiederum erhalten Sie lediglich eine Vorgabe von Posten, die mindestens einzeln anzugeben sind. Die Gliederung können Sie dabei nach dem Gesamtkostenverfahren oder dem Umsatzkostenverfahren vornehmen.

Wir haben in Tabelle 4.7 für Sie die Mindestangaben zusammengetragen, die Sie in der GuV ausweisen sollten. Wie bei den Erläuterungen zur Bilanz können Sie auch hier Posten hinzufügen, wenn Sie denken, dadurch ein sinnvolleres Abbild der Ertragslage Ihres Unternehmens darstellen zu können. Ebenso erfordern diverse andere Standards bestimmte Aufgliederungen von einzelnen Positionen. Dies erfahren Sie aber dann in den einzelnen Kapiteln oder aber auch in Kapitel 12, das sich einzig und allein mit der GuV und Gesamtergebnisrechnung befasst.

	Position
a)	Umsatzerlöse
b)	Finanzierungsaufwendungen
c)	Gewinn- und Verlustanteile an assoziierten Unternehmen und Gemeinschaftsunternehmen, die nach der Equity-Methode bilanziert werden
d)	Steueraufwendungen
e)	ein gesonderter Betrag, der der Summe entspricht aus (i) dem Ergebnis nach Steuern des aufgegebenen Geschäftsbereichs und (ii) dem Ergebnis nach Steuern, das bei der Bewertung mit dem beizulegenden Zeitwert abzüglich Veräußerungskosten oder der Veräußerung der Vermögenswerte oder Veräußerungsgruppe(n), die den aufgegebenen Geschäftsbereich darstellen, erfasst wurde
f)	Gewinne oder Verluste
g)	jeder Bestandteil des sonstigen Ergebnisses nach Art unterteilt
h)	Anteil am sonstigen Ergebnis, der auf assoziierte Unternehmen und Gemeinschaftsunternehmen entfällt, die nach der Equity-Methode bilanziert werden
i)	Gesamtergebnis

Tabelle 4.7: Mindestangaben, die Sie in der GuV ausweisen müssen

Wenn Sie Ihre IFRS-GuV nach den aus dem HGB bekannten Strukturen aufstellen, erfüllen Sie meist automatisch auch die Vorschrift des IAS 1, nach dem zusätzliche Posten, Überschriften und Zwischensummen einzufügen sind, sofern dies für ein Verständnis der Ertragslage notwendig ist.

Auch die Minderheitenanteile am Gewinn oder Verlust und am Gesamtergebnis müssen Sie separat ausweisen.

Anders als beim deutschen HGB sind außerordentliche Posten in der internationalen Rechnungslegung nicht zulässig. Es gilt hierbei die Annahme, dass alle Situationen in Ihrem Unternehmen, irgendwie mit der »ordentlichen« Geschäftstätigkeit zu tun haben und es keine »außerordentlichen« Situationen geben kann.

4 ▶ Stabile Basis: IFRS-Grundlagen

Der 11. September 2001

Nach den Terroranschlägen des 11. September 2001 gab es in den USA eine Diskussion, ob die daraus resultierenden Ergebniseffekte der Unternehmen als »außerordentlich« in der GuV dargestellt werden sollten. Die Regelungen der US-amerikanischen Rechnungslegung sind hier ähnlich denen in den IFRS. Es wurde jedoch eine Regelung verabschiedet, wonach diese Effekte keine außerordentlichen sind. Zweierlei Gründe sprachen dagegen:

1. Es kann nicht ausgeschlossen werden, dass derlei Terroranschläge wiederholt geschehen und dadurch nicht mehr so stark außerordentlich sind.
2. Diese Effekte können sicherlich sehr schwierig nur diesem Anschlag direkt zugeordnet werden.

Vorschlag zur GuV-Gliederung

Zum Schluss zeigen wir Ihnen in Tabelle 4.8 unseren Vorschlag für die IFRS-Gliederung einer GuV nach dem Gesamt- und dem Umsatzkostenverfahren.

Gesamtkostenverfahren	Umsatzkostenverfahren
1. Umsatzerlöse	1. Umsatzerlöse
2. Bestandsveränderung	2. Herstellungskosten
3. Aktivierte Eigenleistung	3. **Bruttoergebnis vom Umsatz**
4. Sonstige betriebliche Erträge	4. Vertriebskosten
5. Materialaufwand	5. Allgemeine Verwaltungskosten
6. Personalaufwendungen	6. Sonstige betriebliche Erträge
7. Abschreibungen	7. Sonstige betriebliche Aufwendungen
8. Sonstige betriebliche Aufwendungen	8. **Operatives Ergebnis**
9. **Operatives Ergebnis**	9. Ergebnis aus At-equity-Beteiligungen
10. Ergebnis aus At-equity-Beteiligungen	10. Finanzaufwendungen
11. Finanzaufwendungen	11. Finanzerträge
12. Finanzerträge	12. **Ergebnis vor Ertragsteuern**
13. **Ergebnis vor Ertragsteuern**	13. Ertragsteuern
14. Ertragsteuern	14. **Jahresüberschuss/Jahresverlust**
15. **Jahresüberschuss/Jahresverlust**	15. Anteil Minderheitsgesellschafter am Jahresergebnis
16. Anteil Minderheitsgesellschafter am Jahresergebnis	16. Anteil Anteilseigner des Mutterunternehmens am Jahresergebnis
17. Anteil Anteilseigner des Mutterunternehmens am Jahresergebnis	

Tabelle 4.8: Beispiel für GuV-Gliederung

Eigenkapitalveränderungsrechnung

Veränderungen des Eigenkapitals von einem zum anderen Jahr spiegeln die Zu- oder Abnahme des Nettovermögens eines Unternehmens wider. Das Eigenkapital setzt sich je nach Landesrecht aus diversen einzelnen Komponenten zusammen. Veränderungen der einzelnen Eigenkapitalkomponenten können sich nach IFRS aus den folgenden Arten von Transaktionen ergeben:

- ✔ **erfolgswirksame Unternehmenstransaktionen,** die sich im Gewinn oder Verlust niederschlagen

- ✔ **erfolgsneutrale Transaktionen** mit den Eigentümern des Unternehmens, wie zum Beispiel Kapitaleinzahlungen, Dividendenausschüttungen (zuzüglich aller damit zusammenhängenden Transaktionskosten)

- ✔ **sonstige erfolgsneutrale Transaktionen** des Gesamtergebnisses, die direkt im Eigenkapital erfasst werden (beispielsweise Währungsumrechnungen, bestimmte Teile der Pensionsaufwendungen, Neubewertungen von Sachanlagen)

Damit die Entwicklung der einzelnen Posten für den Externen nachvollziehbar ist, müssen Sie eine Eigenkapitalveränderungsrechnung erstellen. Praktisch wird hier versucht, jede Veränderung eines Postens des Eigenkapitals durch einen Effekt zu erläutern.

> Ihr Unternehmen hat in der aktuellen Periode eine Einzahlung eines Gesellschafters in die Kapitalrücklage in Höhe von EUR 10 Mio. erhalten. Diese Einzahlung berührt die Gesamtergebnisrechnung nicht und ist daher bisher nirgendwo im Abschluss zu sehen. Das Einzige, was der Bilanzleser sieht, ist der Anstieg der Kapitalrücklage gegenüber der Vorperiode um EUR 10 Mio. Damit der Leser nun weiß, was passiert ist, stellen Sie die Entwicklung des Postens Kapitalrücklage in der Eigenkapitalveränderungsrechnung dar – als »Einzahlung von Gesellschaftern«.

IAS 1 gibt hier wiederum nur Mindestangaben, die die Eigenkapitalveränderungsrechnung enthalten muss. Sie können jedoch auch hier wieder bestimmte Posten hinzufügen, wenn Sie das möchten und es ein klareres Bild über die Entwicklung Ihres Eigenkapitals gibt.

Wir haben hier im Grundlagenteil die Erläuterungen zur Eigenkapitalveränderungsrechnung bewusst knapp gehalten. In Kapitel 13 gehen wir wesentlich detaillierter auf diesen Abschlussbestandteil ein und wir wollen natürlich nicht, dass Sie alles zweimal lesen. Wenn Sie gerade eine Eigenkapitalveränderungsrechnung aufstellen sollen, schlagen Sie schnell Kapitel 13 auf.

Kapitalflussrechnung

Wie Sie sicherlich wissen, kann das Jahresergebnis eines Unternehmens bestimmte Posten enthalten, die überhaupt nicht zu einem Zu- oder Abfluss von Zahlungsmitteln geführt haben. Mithilfe der Kapitalflussrechnung sollen diese Posten aufgedeckt werden und der eigentliche Fluss der Gelder aus und in Ihr Unternehmen dargestellt werden. Sie gibt dem Leser Ihres Abschlusses die Grundlage für die Beurteilung der Fähigkeit des Unternehmens, Zahlungsmittel und Zahlungsmitteläquivalente zu erwirtschaften. Was bringt es denn dem Unternehmen, wenn ein sehr hoher Gewinn ausgewiesen wird, der aber zu 50 Prozent aus der Auflösung von Rückstellungen resultiert? Wenn Sie sich nur das Gesamtergebnis anschauen, werden Sie sicher denken: »Wow, was für ein tolles Investment«. Bei einem kurzen Blick in die Kapitalflussrechnung stellt sich dann die Ernüchterung ein, weil der Gewinn nicht annähernd dem Zufluss an Geldern der Periode entspricht.

Die Kapitalflussrechnung bildet die Mittelzuflüsse und Mittelabflüsse aus betrieblicher Tätigkeit sowie Investitions- und Finanzierungstätigkeit ab.

Weil die Kapitalflussrechnung ein wichtiger Bestandteil des Abschlusses ist, wird ihre Entwicklung und ihr Aufbau detailliert in Kapitel 13 analysiert. Bitte schlagen Sie dort nach, wenn Sie mehr über die Kapitalflussrechnung erfahren möchten.

Anhang

Sie kennen das sicher: Sie lesen eine Bilanz und die GuV und haben zu vielen Positionen Fragen. Dieselben Fragen stellen sich bestimmt auch andere interessierte Bilanzleser. Für die Beantwortung dieser Fragen steht der Anhang zur Verfügung.

Der Anhang soll

✔ Informationen über die Grundlagen der Aufstellung des Abschlusses und die spezifischen Rechnungslegungsmethoden darlegen,

✔ die nach IFRS erforderlichen Informationen über bestimmte Posten liefern, die nicht in den anderen Abschlussbestandteilen ausgewiesen sind,

✔ zusätzliche Informationen liefern, die nicht in anderen Abschlussbestandteilen ausgewiesen werden, für das Verständnis derselben jedoch relevant sind.

Der Anhang eines IFRS-Konzernabschlusses ist mittlerweile ein sehr dickes Buch geworden. Legen Sie einmal einen IFRS-Konzernanhang neben einen HGB-Konzernanhang. Sie werden staunen, wie viel dicker der IFRS-Konzernanhang daherkommt. Wenn Sie dies getan haben, werden Sie auch verstehen, warum wir dem Anhang in diesem Buch ein eigenes Kapitel gewidmet haben. Sie finden die vielen Angaben, die im Anhang gefordert werden, positionsbezogen am Ende jedes einzelnen Kapitels. Die darüber hinaus geforderten Angaben, die sich nicht einzelnen Bilanz- oder GuV-Posten zuordnen lassen, können Sie in Kapitel 13 nachschlagen. Dort erfahren Sie auch etwas über den Aufbau und die praktische Gestaltung des Anhangs.

Die für die Position »Vorräte« geforderten Anhangangaben finden Sie am Ende des Kapitels 8 »Vorratsvermögen«; die für die Rückstellungen geforderten Angaben können Sie am Ende des Kapitels 10 »Rückstellungen« nachschlagen und so weiter. Dass Sie die Vergütung Ihrer Geschäftsführung oder Ihres Vorstandes offenlegen müssen, können Sie in Kapitel 13 »Anhang« nachschlagen – offensichtlich lässt sich diese Angabe nicht mit einer Bilanz- oder GuV-Position verbinden.

Grundregeln für die Darstellung

Nachdem Sie nun einen Überblick über die Bestandteile eines kompletten IFRS-Abschlusses haben, stellen wir Ihnen abschließend noch ein paar Basisvorschriften vor, an die Sie sich bei der Erstellung des Abschlusses halten sollten. Diese Grundlagen sind allgemein gültig und werden durch diverse weitere Anforderungen an die Darstellung in einzelnen Standards ergänzt. Für Sie sollte das Grundgerüst jedoch erst einmal ausreichend sein. Damit das Ganze übersichtlicher ist, haben wir die Informationen in Tabelle 4.9 aufgenommen.

Grundregel	Das fordert die Regel	Das ist gemeint
Identifikation	Ein Abschluss muss eindeutig als solcher zu erkennen sein und sich von anderen Informationen, die im gleichen Dokument veröffentlicht werden, unterscheiden lassen.	Viele Unternehmen veröffentlichen noch weitere Berichte, wie den Lagebericht, einen Umweltbericht, einen Nachhaltigkeitsbericht etc. Die fünf (oder sieben) Bestandteile des IFRS-Abschlusses müssen jedoch als eigenständiger Teil gekennzeichnet werden.
Bezeichnung	Jeder Bestandteil des Abschlusses muss eindeutig bezeichnet werden. Darüber hinaus muss Folgendes angegeben werden: • der Name des berichtenden Unternehmens • ist es ein Einzelabschluss oder ein Konzernabschluss • Bilanzstichtag oder Berichtsperiode • die Darstellungswährung • wie weit die Zahlen im Abschluss gerundet wurden	Schreiben Sie über die Bilanz »Konzernbilanz der XY-GmbH zum 31.12.2010« und über die anderen Bestandteile Ähnliches. Auf dem Deckblatt empfiehlt sich Folgendes: »IFRS-Konzernabschluss der XY GmbH zum 31.12.2010«
Stetigkeit	Die Darstellung und der Ausweis von Posten im Abschluss müssen von einem Jahr zum nächsten beibehalten werden, es sei denn, eine Änderung der Darstellung ist aufgrund eines neuen Standards erforderlich oder eine geänderte Darstellung, zum Beispiel aufgrund sich ändernder operativer Rahmenbedingungen, führt zu einer besseren Darstellung.	Die Gliederung der einzelnen Bestandteile des Abschlusses sollte wie im Vorjahr beibehalten werden und nicht von Periode zu Periode verändert werden. Wenn Sie etwas in der Darstellung ändern, sollten Sie es erläutern.
Wesentlichkeit und Zusammenfassung von Posten	Grundsätzlich müssen alle wesentlichen Sachverhalte im Abschluss gesondert dargestellt werden. Positionen ähnlicher Art oder Funktion können aus Wesentlichkeitsgründen zusammengefasst werden. Aber Achtung: Ein Posten, der vielleicht nicht wesentlich genug ist, in Bilanz oder GuV gesondert ausgewiesen zu werden, kann doch wesentlich genug sein, um gesondert in den Anhangangaben dargestellt werden zu müssen.	Überlegen Sie bei der Zusammenfassung von Posten, zum Beispiel als »Sonstige Forderungen«, ob darin nicht eine sehr große einzelne Position enthalten ist, die den Bilanzleser interessieren sollte oder die für das Verständnis Ihres Abschlusses von größerer Bedeutung ist.

Saldierung	Vermögenswerte und Schulden sowie Erträge und Aufwendungen im IFRS-Abschluss dürfen prinzipiell nicht miteinander saldiert werden, sofern nicht die Saldierung von einem Standard gefordert oder gestattet wird. Gewinne und Verluste aus ähnlichen Geschäftsvorfällen dürfen saldiert dargestellt werden.	Generell sollte so wenig wie möglich saldiert werden. Es gibt aber Ausnahmen: • Erlöse abzüglich Erlösminderungen wie Preisnachlässe und Mengenrabatte • Erlöse aus dem Abgang von Anlagevermögen abzüglich Buchwerte • Veräußerungskosten Ob Sie saldieren dürfen oder nicht, sagt Ihnen im Zweifel ein Blick in den zuständigen Standard.
Vorjahresvergleich	Vorjahreswerte sind für alle quantitativen Informationen im Jahresabschluss anzugeben. Dies gilt insbesondere auch für den Anhang. Vergleichsinformationen sind zudem in die verbalen Informationen einzubeziehen, sofern dies für ein Verständnis des Sachverhalts sinnvoll ist.	Jede Zahl, die Sie in einem Abschlussbestandteil angeben, muss auch eine Angabe zu dem Wert der Vorperiode haben. Dies gilt auch für Zahlenangaben in laufenden Texten im Anhang. Daher wird auch eine Bilanz, Gesamtergebnisrechnung, Eigenkapitalveränderungsrechnung und Kapitalflussrechnung der Vorperiode mit veröffentlicht.
Häufigkeit der Berichterstattung	Ein Unternehmen muss mindestens jährlich einen vollständigen Abschluss (einschließlich Vergleichsinformationen) aufstellen.	Einmal im Jahr sollten Sie einen kompletten Abschluss erstellen: Ändert sich Ihr Abschlussstichtag, so müssen Sie dies angeben und aufzeigen, dass die Vergleichsperiode nicht wirklich vergleichbar ist, da diese einen längeren oder einen kürzeren Zeitraum umfasst.

Tabelle 4.9: Grundregeln der Darstellung

Teil II

(K)eine linke Sache: Vermögenswerte in der IFRS-Bilanz

»Bitten Sie jemanden aus dem Controlling, eine Kapitalflussrechnung zu erstellen, das Ergebnis pro Aktie zu ermitteln und dieses Sudoku zu Ende zu lösen.«

In diesem Teil ...

In diesem Teil tasten wir uns erst mal anhand der Bilanz durch die Welt der internationalen Rechnungslegung. Auch die IFRS-Bilanz besteht aus Aktiva und Passiva. Wir hangeln uns von links oben nach rechts unten und fangen mit der linken Seite an – dazu erfahren Sie, was Vermögenswerte nach IFRS sind und wo Sie diese auf der linken Seite der Bilanz zeigen müssen.

Dabei geht's aber auch gleich ans Eingemachte: Im Anlagevermögen schauen wir uns die Sachanlagen und die immateriellen Vermögenswerte an. Hier zeigen wir Ihnen auch, wie Sie feststellen, ob Ihr Anlagevermögen am Jahresende noch werthaltig ist. Dass Sie Ihre Leasingverträge vielleicht noch einmal komplett durchlesen sollten, erfahren Sie in Kapitel 6.

In Kapitel 7 lesen Sie etwas (zum Teil Skurriles) über Finanzinstrumente der Aktivseite und dass sich das vielleicht bald alles ändern könnte. Den Schluss dieses Teil bildet Kapitel 8. Hier zeigen wir Ihnen alles über die Bewertung und Gliederung von Vorräten.

Dieser Teil hat es durchaus in sich. Aber es lohnt sich – vieles hört sich schlimm an, ist aber in der Praxis gar nicht so wild.

Dauerhafte Werte: Anlagevermögen

In diesem Kapitel

▶ Zwischen materiellen und immateriellen Werten unterscheiden

▶ Anschaffungs- und Herstellungskosten richtig bestimmen

▶ Abschreibungsmethoden und Abschreibungsdauer festlegen

▶ Werthaltigkeit von Anlagevermögen überprüfen

---

*N*ichts ist von Dauer!« Dieses Zitat kennt sicherlich jeder und über den Sinn oder Unsinn der Bedeutung kann man sicherlich heftig und »dauernd« streiten. In der Bilanzierung aber hat das Zitat nichts zu suchen. In diesem Kapitel beschäftigen wir uns nämlich mit den hoffentlich reichlich vorhandenen dauerhaften Werten Ihres Unternehmens. Dies betrifft per Definition das Anlagevermögen.

Das *Anlagevermögen* soll dem Geschäftsbetrieb eines Unternehmens dauernd dienen.

In diesem Kapitel zeigen wir Ihnen deshalb den Unterschied zwischen einer dauernden und einer nicht dauernden Nutzung. Das wird Ihnen bei der Zuordnung der Posten in Ihrem Unternehmen helfen. In Ihrer bisherigen Rechnungslegung und auch in der Welt der IFRS-Rechnungslegung wird Anlagevermögen weiter unterteilt in:

✔ materielles Anlagevermögen (auch Sachanlagen genannt)

✔ immaterielles Anlagevermögen

Dass an dieser Unterteilung innerhalb der IFRS festgehalten wird, erkennen Sie bereits an den beiden Standards, die im Wesentlichen die Bilanzierung von Anlagevermögen regeln.

Anlagevermögen wird in den folgenden Standards beschrieben:

✔ IAS 16 regelt die Bilanzierung von Sachanlagevermögen und hat daher auch den Namen »Sachanlagen«.

✔ IAS 38 hat den Namen »Immaterielle Vermögenswerte« und regelt die Bilanzierung genau dieser Posten.

Diese Unterteilung greifen wir in diesem Kapitel auf. Sie erfahren, wie materielle und immaterielle Vermögenswerte definiert sind und wie Sie sie am Anfang erstmalig und später in der Folge bilanzieren.

Die Bilanzierung in späteren Perioden hat eine Besonderheit, die aber nicht immer zutrifft. Manchmal müssen Sie nämlich nachweisen, dass Ihr Anlagevermögen noch werthaltig ist –

vielleicht ist Ihnen der Begriff *Impairment Test* schon einmal über den Weg gelaufen. Dies ist genau dieser Werthaltigkeitstest für das Anlagevermögen. Da dies eine sehr spezielle und nicht ganz einfache Bewertungsregel ist, haben wir ihr einen extra Abschnitt gewidmet.

Zum Schluss gehen wir dann noch auf zwei Sonderfälle ein – diese sollten Sie aber nur lesen, wenn es in Ihrem Unternehmen diese Situationen gibt oder Sie tatsächlich Interesse daran haben. Die Rede ist hier von

- ✔ Grundstücken und Gebäuden, die Ihr Unternehmen nicht selber nutzt, sondern lediglich die Miete daraus oder die Wertsteigerung der Immobilien einstecken möchte,
- ✔ Anlagevermögen, das verkauft werden soll.

Materielle Vermögenswerte – Sachanlagen

Steigen wir zunächst ein mit der Definition von Sachanlagevermögen, bevor wir uns mit der erstmaligen Bewertung und danach mit der Folgebewertung beschäftigen.

Was ist Sachanlagevermögen?

Die Bilanzierung von Sachanlagevermögen ist in IAS 16 »Sachanlagevermögen« geregelt. Der legt auch gleich mit der folgenden Definition von Sachanlagevermögen los:

Sachanlagen umfassen materielle Vermögenswerte,

- ✔ die für Zwecke der Herstellung oder der Lieferung von Gütern und Dienstleistungen, zur Vermietung an Dritte oder für Verwaltungszwecke gehalten werden.
- ✔ die erwartungsgemäß länger als eine Periode genutzt werden sollen.

Vermögenswert

Wenn wir uns an die Definition herantasten, merken Sie gleich, dass darin zunächst der Begriff Vermögenswert enthalten ist. Auch der Vermögenswert entstammt einer Definition der IFRS:

Ein *Vermögenswert* ist eine in der Verfügungsmacht des Unternehmens stehende Ressource, die ein Ergebnis von Ereignissen der Vergangenheit darstellt und von der erwartet wird, dass dem Unternehmen aus ihr künftiger wirtschaftlicher Nutzen zufließt.

Was heißt das konkret? Schauen wir uns die Definition anhand eines Beispiels einmal genauer an:

Eine vom Unternehmen zur Produktion genutzte Maschine werden Sie sicherlich eindeutig als Sachanlagevermögen anerkennen. Lassen Sie uns die einzelnen Definitionsbestandteile nacheinander durchgehen:

5 ➤ Dauerhafte Werte: Anlagevermögen

✔ **Ressource unter der Verfügungsmacht des Unternehmens:** Eine Ressource ist ein Objekt und dieses soll im Eigentum des Unternehmens liegen. Wenn Ihnen die Maschine also rechtlich gehört, haben Sie schon die erste Hürde überstanden. Verfügungsmacht kann aber auch vorliegen, wenn Sie nicht der Eigentümer sind, aber andere von der Nutzung ausschließen können. Dies ist zum Beispiel bei Leasingverträgen der Fall – das steht aber in Kapitel 6.

✔ **Ergebnis von Ereignissen der Vergangenheit:** Hört sich dramatisch an, heißt aber nur, dass das Eigentum bereits bei Ihnen liegt – also der Kauf und damit der Eigentumsübergang schon erfolgt ist. Bei einer Maschine, die in Ihrer Werkhalle steht und rechtmäßig erworben wurde, sollte dieser Punkt erfüllt sein.

✔ **Erwartung eines zukünftigen wirtschaftlichen Nutzens:** Hier ist gemeint, dass Ihrem Unternehmen dadurch irgendein Vorteil zukommt. Dies sind natürlich Umsätze, können aber auch Kosteneinsparungen oder Effizienzsteigerungen sein. In unserem Beispiel produziert die Maschine Güter, diese verkaufen Sie an Ihre Kunden, die Ihnen dafür Geld überweisen. Der Nutzenzufluss ist unstrittig.

Zweckgebundenheit

Um zum Sachanlagevermögen zu gehören, muss der Vermögenswert für Zwecke der Herstellung oder der Lieferung von Gütern und Dienstleistungen, zur Vermietung an Dritte oder für Verwaltungszwecke gehalten werden. Durch diese Eigenschaften unterscheiden sich nämlich Sachanlagen von Vorräten. Sachanlagen dienen der Produktion von Gütern und gehen nicht wie beispielsweise Vorräte in die Produktion dieser Güter ein.

Beispiele für Sachanlagevermögen sind:

✔ **Maschinen** – sie haben den Zweck der Herstellung von Produkten.

✔ **Lastkraftwagen für Frachten** – sie dienen der Herstellung (für Eingangsfrachten) oder der Lieferung (Ausgangsfrachten) von Produkten.

✔ **Dienstwagen des Chefs** – er dient Verwaltungszwecken.

✔ **Bürogebäude** – sie dienen Verwaltungszwecken.

Wichtig bei der Zweckeinordnung ist, dass das Objekt im Produktionsprozess nicht verbraucht wird. Sonst würde es nicht »dauernd« dem Geschäftsbetrieb dienen. Eigentlich ganz einfach, oder?

Längere Nutzungsdauer

Beim Sachanlagevermögen sollten Sie den Vermögenswert länger als zwölf Monate halten wollen, sonst wäre es ja nichts, was auch tatsächlich »dauernd« im Unternehmen bleibt.

Ausweis und Gliederung

In Ihrer Bilanz fassen Sie am besten alle Positionen des Sachanlagevermögens zu einem Posten zusammen. Im Anhang unterteilen Sie dann die einzelnen Posten des Sachanlagevermögens sinnvoll. Es spricht nichts dagegen, wenn Sie die Einteilung der Posten ähnlich der aus der HGB-Welt bekannten Gliederung vornehmen:

- Grundstücke
- Gebäude
- Technische Anlagen und Maschinen
- Betriebs- und Geschäftsausstattung

Die Abgrenzung der Posten untereinander können Sie dementsprechend auch in Anlehnung an die handelsrechtlichen Vorschriften vornehmen.

In Anlehnung an die Vorschriften des HGB definieren Sie wie folgt:

- Gebäude sind Bauwerke, die der Produktion oder Verwaltung dienen.
- Mit technischen Anlagen und Maschinen wird die Fertigung durchgeführt.
- Die Betriebs- und Geschäftsausstattung umfasst die Vermögenswerte, die nicht direkt im Produktionsprozess eingesetzt werden (Büromöbel, Kopierer, Computer, Firmenwagen etc.).

Wenn jemand von »PP&E« spricht, ist *Property, Plant & Equipment* gemeint. Dies ist ganz einfach der englische Begriff für Sachanlagevermögen.

Sie wissen nun, was alles zu den Vermögenswerten des Sachanlagevermögens zählt. Damit Sie die einzelnen Posten auch zusammenzählen können, beschäftigen wir uns nun mit der erstmaligen Bewertung des Sachanlagevermögens bei Erwerb oder Herstellung.

Die Bewertung von Sachanlagen ist ein zentraler Punkt in der Bilanzierung. Wenn Sie einen Gegenstand eindeutig als materiellen Vermögenswert identifiziert haben, dürfen Sie diesen nur in der Bilanz ansetzen, wenn Sie die Anschaffungs- oder Herstellungskosten dieses Gegenstandes verlässlich ermitteln können.

Bewertung bei Zugang

Zugangsbewertung bedeutet, dass Sie einen Bilanzposten erstmalig in Ihrer Bilanz ansetzen. Wenn Sie Sachanlagen erstmalig ansetzen wollen, müssen Sie sich fragen, auf welchem Wege der Posten in Ihr Unternehmen gelangt ist. Prinzipiell kann dies auf zwei Wegen geschehen:

- Sie können eine Spezialmaschine kaufen, in diesem Falle liegen *Anschaffungskosten* vor.
- Sie sind ein echter Tüftler und haben die Maschine selber hergestellt. Es liegen also *Herstellungskosten* vor.

Nach der jeweiligen Zugangsform richtet sich auch die Bewertung.

5 ▶ Dauerhafte Werte: Anlagevermögen

Sie müssen ja nicht immer kaufen oder selber herstellen. Manchmal wird eine Maschine auch gegen eine Herde Schafe *eingetauscht* – oder umgekehrt. In diesem Falle gelten besondere Regeln für den erstmaligen Ansatz. Allerdings kommt dies in der Praxis doch relativ selten vor. Wenn Sie ein aktiver Teilnehmer auf einem orientalischen Tauschmarkt sind, sollten Sie sich einmal die Passagen des IAS 16.24 – 26 genauer durchlesen. Hier nur so viel: Der erstmalige Ansatz erfolgt mit dem Marktwert des von Ihnen abgegebenen Postens. Wenn der Marktwert des von Ihnen erworbenen Gutes zuverlässiger bestimmbar ist, nehmen Sie diesen. Wenn beides recht schwammig in der Bewertung ist, nehmen Sie den Buchwert des von Ihnen abgegebenen Postens.

Anschaffungskosten

Wenn Sie Sachanlagevermögen erworben haben, ist der Anschaffungspreis entscheidend. Das ist aber nicht der Kaufpreis allein:

Zu den *Anschaffungskosten* eines materiellen Vermögenswertes zählen alle Kosten, die Sie direkt dem Erwerb des Vermögenswertes zurechnen können. Dazu gehören auch die Kosten, die notwendig sind, damit Sie den Vermögenswert in den von Ihnen gewünschten betriebsbereiten Zustand und den gewünschten Einsatzort bringen.

Die einzelnen möglichen Bestandteile von Anschaffungskosten können Sie Tabelle 5.1 entnehmen.

	Kaufpreis
+	Einfuhrzölle und nicht erstattungsfähige Erwerbsteuern
–	Skonti und Rabatte
+	Direkt zurechenbare Kosten für die Vorbereitung des Vermögenswertes auf seine beabsichtigte Nutzung
	• Transportkosten • Gebühren des Kaufs (Makler, Abgaben etc.) • Aufbau- und Montagekosten
=	Anschaffungskosten

Tabelle 5.1: Bestandteile der Anschaffungskosten

Doch was ist »direkt zurechenbar«? Wichtig ist, dass diese Kosten tatsächlich nur angefallen sind, weil Sie einen bestimmten Vermögenswert erworben haben. Hier ist natürlich Fingerspitzengefühl gefordert.

Beispiele für *direkt zurechenbare Kosten* sind:

✔ Lohnkosten für Mitarbeiter, die wesentlich mit der Installation und Ingangsetzung des Vermögenswertes befasst waren

✔ Kosten der Standortvorbereitung; dies kann ein speziell angefertigtes Fundament für eine Maschine sein

✔ Kosten der Lieferung und weiteren Verbringung bis zum vorgesehenen Einsatzort

✔ Montagekosten

✔ Anlauf- und Vorproduktionskosten während einer Testphase (wenn Sie aber Testexemplare der Vorproduktion schon verkaufen können, müssen Sie die Erlöse daraus von den Anlaufkosten abziehen)

✔ Honorare, beispielsweise für Architekten, Ingenieure und Makler

Alle Kosten, die Sie auch nach längerem Überlegen nicht ohne Bedenken direkt dem Erwerb des Postens zurechnen können, dürfen Sie nicht als Bestandteil der Anschaffungskosten berücksichtigen. Dies sind beispielsweise Werbe- und Marketingkosten, um den neuen Vermögenswert am Markt einzuführen, Kosten der Geschäftsführung an einem neuen Standort und generell Verwaltungs- und andere Gemeinkosten. Auch wenn Ihr Chef sich sehr intensiv mit der Bestellung seines neuen Firmenwagens beschäftigt hat, wird es Ihnen schwerfallen, einen Teil seines Gehalts direkt dem Erwerb des Wagens zuzuordnen.

Nach einigem Hin und Her hat sich Ihr Unternehmen nun für den Kauf einer neuen Abfüllanlage für EUR 500.000 entschieden. Da Sie gerade gut bei Kasse sind, ziehen Sie die angebotenen 2 % Skonto. Für den Transport in Ihre Fertigungshalle hat der Fuhrunternehmer EUR 50.000 in Rechnung gestellt. Ihre Fertigungshalle ist etwas uneben – der Bodenbereich musste vor der Aufstellung noch geglättet werden, was EUR 100.000 gekostet hat. Im Anschluss daran sind umfangreiche Testläufe notwendig, bevor die Anlage den Betrieb aufnehmen kann. Diese Testläufe muss ein Ingenieur eine Woche lang betreuen, den Sie extra dafür beauftragt haben und der Ihnen dafür EUR 10.000 abzweigt. Die Anlage war ein besonderer Wunsch Ihres Chefs, daher schaut er jeden Tag ca. 1 Stunde mal in der Fertigungshalle während der Testläufe vorbei. Die Miete für die Fertigungshalle kostet Sie EUR 5.000 im Monat. Welche Kosten gehören nun zu den Anschaffungskosten? Tabelle 5.2 zeigt die Lösung.

Herstellungskosten

Falls ein Anlagegut so speziell ist, dass Sie es nicht erwerben können, müssen Sie wohl selbst Hand anlegen. In diesem Fall bewerten Sie den Vermögenswert beim erstmaligen Ansatz nicht mit den Anschaffungskosten, sondern mit den Herstellungskosten. Bei der Ermittlung der Herstellungskosten gilt der gleiche Grundsatz wie bei den Anschaffungskosten.

Zu den *Herstellungskosten* eines materiellen Vermögenswertes zählen alle Kosten, die Sie direkt der Herstellung des Vermögenswertes zurechnen können. Dazu gehören auch die Kosten, die notwendig sind, damit Sie den Vermögenswert in den von Ihnen gewünschten betriebsbereiten Zustand und den gewünschten Einsatzort bringen.

Die Problematik liegt also wieder in der Ermittlung der *direkt zurechenbaren Kosten*. Eine gut und detailliert aufgebaute Kostenrechnung in Ihrem Unternehmen kann hier sicherlich von Vorteil sein. Zu den Herstellungskosten eines selbst erstellten materiellen Vermögenswertes gehören:

5 ▶ Dauerhafte Werte: Anlagevermögen

✔ **Direkt zurechenbare Einzelkosten** wie Material- und Fertigungseinzelkosten und Sondereinzelkosten der Fertigung

✔ **Direkt zurechenbare Gemeinkosten** wie Material- und Fertigungsgemeinkosten sowie Verwaltungs- und Personalkosten, wenn diese tatsächlich nur durch die Herstellung des Vermögenswertes angefallen sind

Kosten	EUR	Anschaffungskosten?
Kaufpreis	500.000	Ja. Keine Diskussion.
Skonto	10.000	Mindert die Anschaffungskosten.
Transport	50.000	Ja. Ist für die Verbringung an den vorgesehenen Ort notwendig.
Bodenglättung	100.000	Ja. Ist für die Herstellung der Betriebsbereitschaft notwendig.
Ingenieur für Tests	10.000	Ja. Erst nach den Testläufen ist die Betriebsbereitschaft hergestellt.
Gehalt des Chefs pro Monat	8.000	Nein. Das Gehalt des Chefs fällt auch so an. Sein Zuschauen bringt die Anlage auch nicht schneller in die Betriebsbereitschaft.
Miete der Halle	5.000	Nein, die Miete wäre auch so angefallen und trägt nicht zur Wertschöpfung der Anlage bei.
Anschaffungskosten, gesamt	**650.000**	

Tabelle 5.2: Beispiel Anschaffungskosten

Gehen Sie zur Ermittlung der Herstellungskosten am besten einmal mit Ihrem obersten Kostenrechner die gesamten Arbeitsschritte durch, die für die Herstellung anfallen. Sie sehen, dass es stark auf die Zurechenbarkeit ankommt. Zurechenbar sind Kosten dann, wenn sie ohne die Herstellung des Vermögenswertes nicht angefallen wären und dazu beitragen, den Vermögenswert in seinen gewünschten und betriebsbereiten Zustand zu versetzen. Wenn Ihr Kostenrechner diesen einzelnen Arbeitsschritten nun auch noch zuverlässig Kosten zuteilen kann, sollten Sie diese auch aktivieren.

Generell können Sie all das zu den Herstellungskosten hinzurechnen, was Sie auch zu den Herstellungskosten von Vorräten hinzurechnen würden. Schauen Sie dazu doch einmal in Kapitel 8 vorbei – da werden die einzelnen Bestandteile der Herstellungskosten vorgestellt und mit Beispielen erläutert.

Drei Sonderfälle: Verpflichtung zum Rückbau, Zinsen während der Herstellung und Zuschüsse

An dieser Stelle möchten wir Sie noch auf drei Besonderheiten der IFRS hinweisen:

✔ Verpflichtung zum Rückbau

✔ Zinsen während der Herstellung

✔ Zuschüsse aus öffentlichen Geldern

Verpflichtung zum Rückbau

Was einen Anfang hat, hat meistens auch ein Ende. Diese Weisheit hat auch in die Bilanzierung des Sachanlagevermögens nach IFRS Einzug gehalten. Häufig wissen Sie bereits beim Erwerb oder beim Bau von Sachanlagen, dass Sie diese nicht ewig nutzen werden. Doch was passiert nach der Nutzung mit dem Posten? Wenn Sie bereits bei der Anschaffung oder Herstellung wissen, dass der angeschaffte Vermögenswert nach dem Ende der Nutzung wieder abgebaut werden muss, so liegt eine sogenannte *Rückbauverpflichtung* vor.

Beispiele für Rückbauverpflichtungen:

- ✔ Mietereinbauten in gemieteten Räumen müssen nach Ende des Mietvertrags wieder abgebaut werden.
- ✔ Aus Umweltschutzgründen muss der Unterbau einer Maschine oder Anlage nach Nutzung komplett rekultiviert werden.
- ✔ Bekanntestes Beispiel: Kernkraftwerke müssen nach ihrer Nutzung komplett abgebaut und der Boden wieder in den ursprünglichen Zustand versetzt werden.

Liegt eine solche Verpflichtung bereits bei Anschaffung oder Herstellung der Anlage vor, müssen Sie die für den Rückbau geschätzten Kosten bereits bei dem erstmaligen Ansatz des Postens als Bestandteil der Anschaffungs- oder Herstellungskosten berücksichtigen. Eine kleine Hürde besteht jedoch noch:

Voraussetzung für den Ansatz von Rückbauverpflichtungen im erstmaligen Buchwert einer Anlage ist der gleichzeitige Ansatz einer Rückstellung für Rückbauverpflichtung.

Dies bedeutet, dass alle Voraussetzungen für den Ansatz einer Rückstellung für Rückbauverpflichtung erfüllt sein müssen. Erst wenn Sie dies überprüft haben, dürfen Sie die Anschaffungs- oder Herstellungskosten der Sachanlage erhöhen. Leider lässt es sich in diesem Falle nicht vermeiden, dass Sie nun erst einmal in Kapitel 10 nachlesen, wann und in welcher Höhe Sie eine solche Rückstellung ansetzen dürfen. Dort beschäftigt sich ein ganzer Abschnitt mit der Thematik.

Wenn Sie an dieser Stelle keine Lust auf Kapitel 10 haben, machen wir es kurz: Wenn Sie vertraglich zum Rückbau verpflichtet sind und sich daran auch nichts ändern kann, sollten die Voraussetzungen für die Aktivierung erfüllt sein.

Das interessante an der erstmaligen Erfassung ist die erfolgsneutrale Verbuchung. Wie das geht? Da Sie die Anschaffungskosten um genau den Betrag erhöhen, zu dem Sie auch eine Rückstellung erfasst haben, ergibt sich zunächst kein Effekt auf Ihr Jahresergebnis.

Eine neu angeschaffte Maschine zur Galvanisierung Ihrer Produkte muss nach der Nutzung in zehn Jahren wieder komplett abgebaut und der Untergrund klinisch rein sein. Die Kosten dafür haben Sie auf EUR 50.000 geschätzt. Tabelle 5.3 zeigt den notwendigen Buchungssatz bei der erstmaligen Erfassung.

Soll		Haben	
Maschine	50.000	Rückstellung für Rückbau	50.000

Tabelle 5.3: Verbuchung einer Rückbauverpflichtung

Zinsen während der Herstellung

Eine weitere Besonderheit bei der Bestimmung der Anschaffungs- oder Herstellungskosten einer Sachanlage nach IFRS ist die verpflichtende Aktivierung von Fremdkapitalkosten, die während einer längerfristigen Herstellungsphase von Sachanlagen anfallen.

Fremdkapitalkosten können sein:

✔ Zinsen für Kontokorrentkredite

✔ Zinsen für lang- und kurzfristige Kredite

✔ Agien oder Disagien auf Kredite

Sie sind verpflichtet, die Zinsen auf die Herstellungskosten draufzuschlagen, wenn zwei Voraussetzungen erfüllt sind:

✔ Es handelt sich um einen sogenannten *qualifizierten Vermögenswert*. Dieser liegt immer dann vor, wenn Sie für dessen Herstellung oder Anschaffung einen beträchtlichen Zeitraum benötigen; in der Regel sind dies mehr als zwölf Monate.

✔ Die Zinsen können Sie *direkt dem Erwerb* oder aber dem Bau der Sachanlage zuordnen. Dies sind die Zinsen, die Sie nicht gezahlt hätten, wenn Sie die bestimmte Sachanlage nicht angeschafft hätten. Man spricht hier auch von den *vermeidbaren Zinsen*.

Ermittlung der aktivierungspflichtigen Finanzierungskosten

Zur Ermittlung der Finanzierungskosten müssen Sie zunächst den Finanzierungskostensatz festlegen. Hier gehen Sie in Abhängigkeit von der Finanzierungsform wie folgt vor:

✔ **Spezielle Finanzierung des qualifizierten Vermögenswertes:** Verwenden Sie den Fremdkapitalkostensatz dieser Finanzierung.

✔ **Gemischte Finanzierung oder Mittel aus Kontokorrentdarlehen:** Ermitteln Sie den gewogenen Durchschnitt der Fremdkapitalkosten aller Kredite Ihres Unternehmens.

Die ermittelten Finanzierungskostensätze multiplizieren Sie dann mit den Ausgaben für den Erwerb oder die Herstellung des qualifizierten Vermögenswertes.

Die Aktivierung von Fremdkapitalkosten beginnt ab dem Zeitpunkt, ab dem die Ausgaben für die Herstellung oder Anschaffung des Vermögenswertes und natürlich die Fremdkapitalkosten anfallen.

Die Aktivierung der Fremdkapitalkosten endet zu dem Zeitpunkt, an dem der Vermögenswert in seinem beabsichtigten Zustand fertiggestellt wurde und gebrauchsfähig ist.

Wenn Sie mehr über die Aktivierung von Fremdkapitalkosten innerhalb der Anschaffungs- oder Herstellungskosten wissen wollen, lesen Sie bitte auch in Kapitel 12 nach. Dazu können Sie sich auch noch den IAS 23 anschauen. Dieser trägt den Namen »Fremdkapitalkosten« und beschäftigt sich lediglich mit eben diesen.

Zuschüsse aus öffentlichen Geldern

In vielen Branchen gehört es mittlerweile zum gewöhnlichen Geschäftsgebaren, dass Investitionen erst getätigt werden, wenn sich eine lokale oder sogar staatliche Behörde dazu erweichen lässt, diese Investition mit Zuschüssen aus öffentlichen Geldern zu fördern. Dementsprechend geringer wird natürlich die Investition aus Eigenmitteln des Unternehmens. Diese Zuschüsse müssen Sie bei der Ermittlung der Anschaffungs- oder Herstellungskosten einer Sachanlage berücksichtigen. Generell stehen Ihnen nach dem Erhalt von Investitionszuschüssen zwei Möglichkeiten der bilanziellen Erfassung zur Verfügung:

✔ Erfassung als *Rechnungsabgrenzungsposten* und ertragswirksame Verteilung über die Nutzungsdauer des geförderten Vermögenswertes oder

✔ *Minderung der Anschaffungs- oder Herstellungskosten* der geförderten Sachanlage.

Wenn Sie sich für die zweite Variante entscheiden, mindern Sie direkt beim Erhalt des Zuschusses den erstmaligen Buchwert der bezuschussten Anlage.

Vertiefende Erläuterungen zu der Erfassung von öffentlichen Zuschüssen erhalten Sie in Kapitel 12. Dort zeigen wir Ihnen die möglichen Varianten der Bilanzierung und deren Voraussetzungen. Eine Hilfestellung sollte auch IAS 20 sein. Dieser hat den eindrucksvollen Namen »Bilanzierung und Darstellung von Zuwendungen der öffentlichen Hand«. Der Inhalt dieses Standards sollte Ihnen schlagartig klar werden.

Erweitern wir nun einmal unser einführendes Beispiel aus der Bestimmung der Anschaffungskosten. Tabelle 5.4 zeigt noch einmal die bisher berücksichtigten Anschaffungskosten.

Position	Anschaffungskosten		
Kaufpreis	500.000	+	500.000
Skonto	10.000	–	10.000
Transport	50.000	+	50.000
Bodenglättung	100.000	+	100.000
Ingenieur für Tests	10.000	+	10.000
Anschaffungskosten	**650.000**		**650.000**

Tabelle 5.4: Beispiel Anschaffungskosten

Die Anlage wird durch ein Bankdarlehen in Höhe von EUR 300.000 zu einem Festzinssatz von 6,0 % finanziert. Das Darlehen hat eine Laufzeit von zwei Jahren, wofür die Bank Ihnen insgesamt EUR 36.000 Zinsen berechnet. Die Bauzeit beträgt drei Monate. Der Bürgermeister Ihres Unternehmenssitzes möchte wiedergewählt werden und gewährt einen Zuschuss in Höhe von EUR 200.000. Am Ende der Nutzungsdauer ist Ihr Unternehmen verpflichtet, die

5 ➤ Dauerhafte Werte: Anlagevermögen

Anlage recyceln zu lassen. Der Barwert der geschätzten Kosten für diesen Prozess beträgt EUR 100.000. Ihr Chef möchte möglichst geringe Anschaffungskosten haben. Wie hoch sind nun die Anschaffungskosten der Abfüllanlage? Die Lösung zeigt Tabelle 5.5.

Kosten		Anschaffungskosten?
Anschaffungskosten, bisher	650.000	
Recycling	100.000	Ja. Es besteht die Verpflichtung zum Rückbau. Daher wird eine Rückstellung angesetzt und der Buchwert erhöht.
Zuschuss	200.000	Der Zuschuss mindert die Anschaffungskosten. Sie entscheiden sich für diese Variante, da Ihr Chef als Ziel geringe Anschaffungskosten vorgegeben hat.
Finanzierungskosten	36.000	Ja. Es darf aber lediglich der Anteil der Zinsen aktiviert werden, der in der Bauphase angefallen ist. Dies waren drei Monate, wofür EUR 4.500 Zinsen angefallen sind.
Anschaffungskosten, gesamt	554.500	

Tabelle 5.5: Erweitertes Beispiel Anschaffungskosten

So, nachdem Sie nun wissen, wie Sie Ihr Sachanlagevermögen erstmalig in die Bilanz bekommen haben, wollen Sie natürlich wissen, was danach passiert. Steigen wir ein in die Welt der Abschreibungen und Nutzungsdauern – die Folgebewertung.

Bewertung in Folgeperioden

Sachanlagen werden durch ihren Gebrauch abgenutzt. Meistens kommt irgendwann der Zeitpunkt, ab dem ein bestimmtes Gut nicht mehr für den ursprünglichen Zweck genutzt werden kann. Dass in den meisten Fällen durch die Nutzung auch der Wert des Gegenstandes gemindert wird, leuchtet ein.

Die Wertveränderung eines Vermögenswertes des Sachanlagevermögens soll durch die Regelungen zur Folgebewertung sachgerecht abgebildet werden.

Die Verfasser der internationalen Rechnungslegung waren sich bezüglich der Folgebewertung von Sachanlagen wohl nicht so ganz sicher. Daher haben sie gleich zwei Methoden zur Folgebewertung zugelassen, zwischen denen Sie ganz wertfrei wählen dürfen.

Für die Folgebewertung von Sachanlagen stehen zwei Methoden zur Verfügung:

✔ **Das Anschaffungskostenmodell,** bei dem planmäßige und außerplanmäßige Wertminderungen berücksichtigt werden

✔ **Das Neubewertungsmodell,** bei dem der Posten immer wieder mit seinem beizulegenden Zeitwert angesetzt wird.

Abbildung 5.1 stellt die beiden Methoden noch einmal dar.

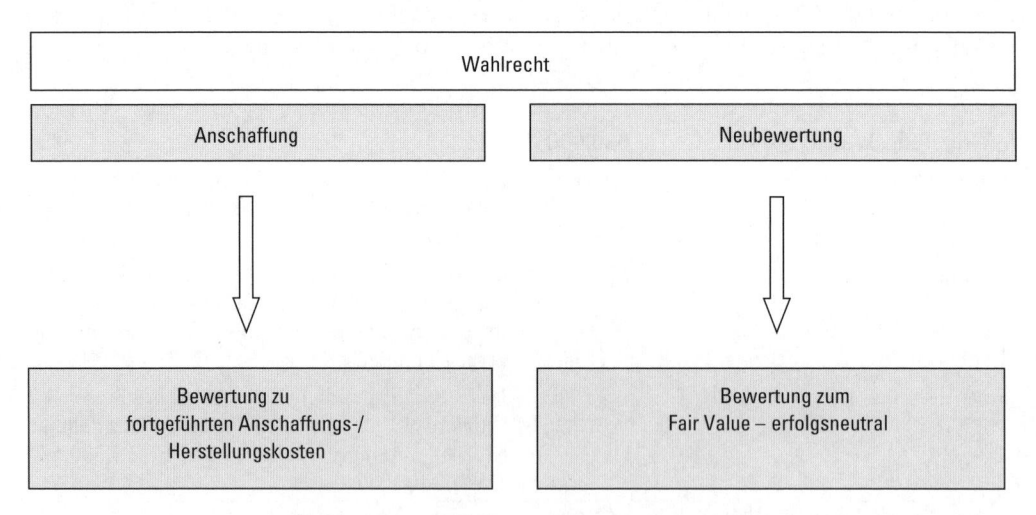

```
                          Wahlrecht
              ┌──────────────┴──────────────┐
         Anschaffung                   Neubewertung
              ⇓                              ⇓
      Bewertung zu                   Bewertung zum
 fortgeführten Anschaffungs-/    Fair Value – erfolgsneutral
      Herstellungskosten
```

Abbildung 5.1: Folgebewertung von Sachanlagen

Immer wieder neu – das Neubewertungsmodell

Das Neubewertungsmodell finden Sie in der Praxis relativ selten. Daher wollen wir uns hier auch nicht so tief greifend damit beschäftigen. Die Bewertung anhand des Neubewertungsmodells hat es nämlich in sich und diese Details wollen wir Ihnen ersparen. Wenn Sie aber dennoch mitreden möchten, lesen Sie einfach mal hier:

> Gemäß dem *Neubewertungsmodell* wird eine Sachanlage mit ihrem Marktwert oder »beizulegendem Zeitwert« bewertet. Der Marktwert der Sachanlage muss dazu regelmäßig neu ermittelt werden. Wird in einer Periode keine Neubewertung durchgeführt, wird der Posten mit seinem Neubewertungsbetrag fortgeführt. Dieser ermittelt sich durch den letzten festgestellten Marktwert abzüglich späterer kumulierter Abschreibungen und späterer kumulierter Wertminderungsaufwendungen. Der Posten muss jedoch in regelmäßigen Abständen mit seinem Marktwert bewertet werden. Änderungen im Marktwert werden weitestgehend erfolgsneutral erfasst. Weiterführende Erläuterungen finden Sie in IAS 16.31 – 42.

Sicher nichts Neues – das Anschaffungskostenmodell

Das Anschaffungskostenmodell wird Ihnen sicherlich bekannt vorkommen.

> Beim *Anschaffungskostenmodell* wird ein materieller Vermögenswert nach erstmaligem Ansatz mit seinen Anschaffungs- oder Herstellungskosten abzüglich aller kumulierten Abschreibungen und aller kumulierten Wertminderungsaufwendungen erfasst.

5 ➤ Dauerhafte Werte: Anlagevermögen

Wie im guten alten Handelsrecht wird auch hier der Werteverlust durch Nutzung über die planmäßige und sinnvolle Verteilung der Abschreibungen dargestellt. Die Abschreibungen verteilen Sie nach IFRS über die geschätzte Nutzungsdauer der Sachanlage.

Bei der Bestimmung der Nutzungsdauern passen Sie bitte auf. Wenn Sie bisher rein steuerliche Vorschriften (zum Beispiel die Afa-Tabellen in Deutschland) zur Bestimmung der Nutzungsdauer herangezogen haben, müssen Sie sich nun davon trennen. Nach IFRS soll die geschätzte Nutzungsdauer der tatsächlichen wirtschaftlichen Nutzungsdauer entsprechen.

Bei der Bestimmung der wirtschaftlichen Nutzungsdauer sollten Sie sich im Idealfall daran orientieren, wie lange Sie denn tatsächlich vorhaben, den bestimmten Posten zu nutzen. Wenn Sie sich dies einmal ein wenig detaillierter anschauen, werden Sie schnell merken, dass einige Nutzungsdauern aus den Afa-Tabellen nicht so wirklich der Realität entsprechen. Aber gut, das wird von steuerlichen Vorschriften auch oftmals gar nicht erwartet.

Bisher haben Sie das Firmenfahrzeug über drei Jahre nach den Vorgaben der steuerlichen Afa-Tabellen abgeschrieben. Nun wollen Sie sich in Ihrer Rechnungslegung nach den IFRS richten. Dazu sprechen Sie mit Ihrem Fuhrparkkollegen. Der sagt Ihnen, dass Ihr Unternehmen die Firmenfahrzeuge immer fünf Jahre nutzt und dann neue anschafft. Für den ersten Buchwertansatz nach IFRS dürfen Sie nun für alle Fahrzeuge einen neuen Buchwert berechnen. Dabei berücksichtigen Sie bitte fünf Jahre Nutzungsdauer.

Die wirtschaftliche Nutzungsdauer nach IFRS soll den tatsächlichen voraussichtlichen Nutzen für Ihr Unternehmen darstellen. Dies ist sicher nicht immer einfach bestimmbar. Schon gar nicht, wenn Sie den Posten gerade erst erworben haben. Wir haben hier ein paar Überlegungen zusammengestellt, die Sie bei der Bestimmung der Nutzungsdauern in Betracht ziehen sollten:

✔ Wie lange werden Sie den Vermögenswert voraussichtlich effizient nutzen?

✔ Was sind die für den Vermögenswert typischen Produktlebenszyklen?

✔ Welche öffentlichen Informationen gibt es über die geschätzte Nutzungsdauer von Vermögenswerten ähnlicher Art, die auf ähnliche Weise genutzt werden?

✔ Wie sieht es mit der technischen, technologischen oder anderen Arten der Veralterung aus?

✔ Wie stabil ist Ihre Branche und welche eventuellen Änderungen sind in der Gesamtnachfrage nach den Produkten oder Dienstleistungen zu erwarten, die mit dem Vermögenswert erzeugt werden?

✔ Was werden Ihre Mitbewerber voraussichtlich tun?

✔ Wie hoch sind die Erhaltungsausgaben, die erforderlich sind, um den voraussichtlichen künftigen wirtschaftlichen Nutzen aus dem Vermögenswert zu erzielen und wie steht es mit Ihrer Fähigkeit und Intention, dieses Niveau zu erreichen?

✔ Wie lange haben Sie noch die Verfügungsmacht über den Vermögenswert und welche rechtlichen oder ähnlichen Beschränkungen hinsichtlich der Nutzung des Vermögenswertes gibt es? Konkret zum Beispiel: Wann läuft ein Leasingvertrag aus?

✔ Hängt die Nutzungsdauer des Vermögenswertes von der Nutzungsdauer anderer Vermögenswerte Ihres Unternehmens ab?

Wenn Sie Probleme mit der Bestimmung der Nutzungsdauer haben, sehen Sie sich doch einmal die veröffentlichten Abschlüsse Ihrer Kunden, Wettbewerber oder Lieferanten an. Die Angabe der Nutzungsdauer der einzelnen Positionen des Anlagevermögens ist verpflichtend. Spicken ist hier erlaubt und durchaus hilfreich.

Gleichmäßig, abnehmend oder ganz anders – die Abschreibungsmethode

Die Nutzungsdauer allein hilft Ihnen noch nicht viel weiter. Nun müssen Sie noch festlegen, wie Sie denn die Anschaffungs- oder Herstellungskosten über die Nutzungsdauer verteilen.

Die *Abschreibungsmethode* soll dem erwarteten Verlauf des Verbrauchs des künftigen wirtschaftlichen Nutzens des Vermögenswertes durch das Unternehmen entsprechen.

Die IFRS legen sich hier nicht auf eine bestimmte Abschreibungsmethode fest. Ganz im Gegenteil: Da die Inanspruchnahme während der Nutzung von Vermögenswerten von Unternehmen zu Unternehmen abweichen kann, sind einige Abschreibungsmethoden möglich. Tabelle 5.6 zeigt Ihnen die möglichen Methoden und erläutert diese kurz.

Abschreibungsmethode	Abschreibungsverlauf
Linear	Der Abschreibungsbetrag ist in jeder Periode gleich hoch.
Degressiv	Der Abschreibungsbetrag nimmt von Periode zu Periode ab.
Leistungsabhängig	Der Abschreibungsbetrag ist von der Nutzung des Vermögenswertes abhängig. Wenn eine Sachanlage mit einer Nutzungsdauer von fünf Jahren im dritten Jahr planmäßig nicht genutzt wird, wäre die Abschreibung in diesem Jahr null.

Tabelle 5.6: Abschreibungsmethoden nach IFRS

Gehen wir zurück zum letzten Beispiel. Nach dem Erstansatz der Abfüllanlage mit EUR 554.500 haben Sie eine wirtschaftliche Nutzungsdauer von zehn Jahren ermittelt. Mit Ihren Kollegen diskutieren Sie die Abschreibungsmethode.

✔ **Lineare Abschreibung:** Der erste Kollege sagt, dass der Nutzenverlauf jedes Jahr gleich ist und bevorzugt die lineare Abschreibungsmethode.

✔ **Degressive Abschreibung:** Der zweite Kollege geht davon aus, dass der Nutzenverlauf anfangs sehr hoch bei 30 Prozent ist und dann prozentual gleich abnimmt. Nach zehn Jahren ist aber auch für ihn alles vorbei.

✔ **Leistungsabhängige Abschreibung:** Der dritte Kollege erinnert an eine neue gesetzliche Vorschrift – nach dieser können Sie die Maschine im vierten Jahr gar nicht nutzen, da der entsprechende Rohstoff zur Produktion nicht zur Verfügung stehen wird. Auch für

5 ➤ Dauerhafte Werte: Anlagevermögen

ihn ist nach zehn Jahren kein Nutzen mehr zu erwarten – aber bis auf die eine Periode läuft die Anlage jedes Jahr auf Hochtouren.

Bitte alles einzeln abschreiben – Komponentenansatz

Wie die meisten Rechnungslegungssysteme haben auch die IFRS das Leitbild der Einzelbewertung. Dies spiegelt sich extrem im sogenannten *Komponentensatz* bei der Abschreibung von Sachanlagen wider.

Jeden wesentlichen Posten eines an sich eigenständigen Sachanlagegutes müssen Sie einzeln abschreiben. Bestes und beliebtestes Beispiel ist hier das Triebwerk eines Flugzeugs. Das Flugzeug an sich ist auf den ersten Blick ein einzelner Vermögenswert. Jedoch besteht das Flugzeug aus vielen einzelnen Komponenten, die auch anderweitig einsetzbar wären – zum Beispiel in anderen Flugzeugen. Über die Lebenszeit eines Flugzeugs werden jedoch etliche Triebwerke an- und wieder abgebaut. Sie haben also eine eigenständige Nutzungsdauer. Daher schreiben Sie solche Komponenten einzeln ab.

Diese auch oft *Atomisierung* von Sachanlagen genannte Vorgehensweise stellt sich in der Praxis jedoch als relativ unkompliziert dar. Wenn Sie bisher Ihr Anlagevermögen nach der Einzelbewertung des HGB angelegt haben, sollten Sie keine Probleme haben.

Tabelle 5.7 zeigt die Verteilung der Abschreibungen nach den einzelnen Methoden und den jeweiligen Restbuchwert am Ende der Periode.

Periode	Methode 1 linear Abschreibung	Restbuchwert	Methode 2 degressiv Abschreibung	Restbuchwert	Methode 3 leistungsabhängig Abschreibung	Restbuchwert
0		554.500		554.500		554.500
1	55.450	499.050	166.350	388.150	61.611	492.889
2	55.450	443.600	116.445	271.705	61.611	431.278
3	55.450	388.150	81.512	190.194	61.611	369.667
4	55.450	332.700	57.058	133.135	0	369.667
5	55.450	277.250	39.941	93.195	61.611	308.056
6	55.450	221.800	27.958	65.236	61.611	246.444
7	55.450	166.350	19.571	45.665	61.611	184.833
8	55.450	110.900	13.700	31.966	61.611	123.222
9	55.450	55.450	9.590	22.376	61.611	61.611
10	55.450	0	22.376	0	61.611	0

Tabelle 5.7: Verteilung von Abschreibungen

Planmäßige Abschreibungen sind nicht das Ende der Folgebilanzierung. Wenn es planmäßige Abschreibungen gibt, muss es auch unplanmäßige oder außerplanmäßige Abschreibungen geben. Richtig. Wann und wie Sie diese erfassen, erfahren Sie in dem extra dafür vorgesehen Abschnitt »Außerplanmäßige Wertminderungen im Anlagevermögen« etwas weiter hinten in diesem Kapitel.

Nicht greifbar – immaterielle Vermögenswerte

In vielen Unternehmen stellen die immateriellen Vermögenswerte das größte Potenzial des Unternehmens dar, aber finden keinen Eingang in die Bilanz. Warum das so ist? Lesen Sie einfach weiter.

Was ist immateriell und was darf in die Bilanz?

Aber was heißt eigentlich »immateriell«?

Ein immaterieller Vermögenswert ist ein identifizierbarer, nicht monetärer Vermögenswert ohne physische Substanz.

Die Hauptabgrenzung zu den materiellen Sachanlagen liegt auf der Hand: Immaterielle Posten sind »ohne physische Substanz« – also nichts, was irgendwie sichtbar wäre. Immaterielle Vermögenswerte liegen im Verborgenen. Daher werden die immateriellen Posten häufig auch als »gefährliche« Vermögenswerte bezeichnet. Keine Angst, damit ist nicht gemeint, dass Sie sich nun vor körperlicher Gewalt oder Wirtschaftskriminalität in Sicherheit bringen müssen. Gemeint ist damit, dass diese Posten aufgrund der fehlenden materiellen Substanz sehr schwer zu bewerten sind.

Ein Verlagshaus erwirbt die Verlegerrechte an einem noch sehr geheimen Buch. Die Chefs des Verlags sehen in diesem Buch ein sehr hohes Potenzial und schätzen, dass damit mindestens ein Umsatz von EUR 200 Mio. erzielt werden kann. Der Autor des Buches, der sich schon lange damit beschäftigt hat, sieht kein großes Interesse am Markt und verkauft die Rechte daher für EUR 10.000 und freut sich noch über die Großzügigkeit des Verlags.

Das Beispiel zeigt, wie subjektiv die Werteinschätzungen für einen immateriellen Wert sein können – das ist das »gefährliche« daran. Dies muss auch den Vätern der IFRS eingeleuchtet haben. Folglich verlangen sie für das Vorliegen eines immateriellen Vermögenswertes neben den oben für die Sachanlagen beschriebenen allgemeinen Eigenschaften noch die *Identifizierbarkeit*.

Ein immaterieller Vermögenswert muss drei Kriterien erfüllen:

- ✔ Kontrolle des Unternehmens über den Vermögenswert
- ✔ Erwartung eines zukünftigen wirtschaftlichen Nutzens
- ✔ Identifizierbarkeit

5 ▶ Dauerhafte Werte: Anlagevermögen

Bitte identifizieren Sie sich

Wie können Sie denn nun einen Posten identifizieren und warum das ganze überhaupt? Identifizierbarkeit bedeutet Abgrenzbarkeit gegenüber anderen Vermögenswerten und soll die tatsächliche Existenz des immateriellen Vermögenswertes sicherstellen. Die *Abgrenzbarkeit* kann über zwei mögliche Wege nachgewiesen werden:

✔ **Existenz einer vertraglichen oder rechtlichen Grundlage:** Dies gilt insbesondere für Patenturkunden oder rechtsgültige Verträge, die das Eigentum an dem bestimmten Posten nachweisen.

✔ **Separierbarkeit:** Der Vermögenswert lässt sich von anderen Posten trennen, also separieren. Dies gilt immer dann, wenn Sie den Gegenstand der Diskussion einzeln verkaufen, vermieten, lizenzieren oder anderweitig übertragen können.

Die Separierbarkeit soll dafür sorgen, dass Sie keinen immateriellen Vermögenswert finden, der nicht vom sogenannten Geschäfts- oder Firmenwert getrennt werden kann. Mit Geschäfts- oder Firmenwert ist all das gemeint, was zwar den Wert Ihres Unternehmens erhöht, aber nicht in der Bilanz zu finden ist. Sie können ein perfekt aufeinander eingespieltes Team von Mitarbeitern haben, durch deren effiziente Arbeitsweise Ihr Unternehmen enorme Kosten spart. Es wird jedoch schwer sein, dieses Team als Ganzes zu vermieten oder zu verkaufen. Auch ein Arbeitsvertrag gibt Ihnen nicht die rechtliche Kontrolle über den Mitarbeiter. Es liegt kein immaterieller Vermögenswert vor – den Wert Ihres Unternehmens erhöhen die Mitarbeiter trotzdem.

Prüfen wir mal gemeinsam die Kriterien für einen immateriellen Vermögenswert anhand des oben genannten Verlagsrechts ab:

✔ **Kontrolle:** Der abgeschlossene Vertrag gibt Ihnen die Kontrolle über das Buch und dessen Inhalt. Dies sollte auch gerichtlich durchsetzbar sein.

✔ **Wirtschaftlicher Nutzen:** Sie erwarten einen recht hohen Umsatz aus dem Verkauf des Buches.

✔ **Separierbarkeit:** Das Verlagsrecht lässt sich eindeutig von anderen Verlagsrechten abgrenzen und beruht auf einer rechtlichen Vereinbarung.

Alle drei Kriterien sind erfüllt. Es liegt ein immaterieller Vermögenswert vor.

Das darf nicht rein: Bilanzierungsverbote

Bei einigen Posten können Sie sich die Mühe sparen, die einzelnen Kriterien abzuprüfen. Es existieren nämlich explizite Ansatzverbote. Tabelle 5.8 zeigt die Posten auf, die Sie niemals als immateriellen Vermögenswert ansetzen dürfen.

Gehen Sie die einzelnen Ansatzverbote mal in einer ruhigen Minute Punkt für Punkt durch. Für alle diese genannten Bilanzierungsverbote könnte eine Einzelfallprüfung sicherlich von Fall zu Fall zum Vorliegen eines immateriellen Vermögenswertes führen. Die Bewertung dieser Posten könnte dann aber wieder zu »gefährlichen« Ergebnissen führen. Vor diesen sollte der Anleger wohl durch die ausdrücklichen Bilanzierungsverbote geschützt werden.

Bilanzierungsverbote für immaterielle Vermögenswerte
Selbst geschaffene Markennamen, Drucktitel, Verlagsrechte, Kundenlisten sowie ihrem Wesen nach ähnliche Sachverhalte
Ausgaben für Forschung
Ausgaben für die Gründung und den Anlauf eines Geschäftsbetriebs
Ausgaben für Aus- und Weiterbildungsaktivitäten
Ausgaben für Werbekampagnen und Maßnahmen der Verkaufsförderung
Ausgaben für die Verlegung oder Umorganisation von Unternehmensteilen oder des gesamten Unternehmens

Tabelle 5.8: Bilanzierungsverbote immaterieller Vermögenswerte

Sehen Sie die fett geschriebene Stelle »selbst geschaffene« innerhalb der Bilanzierungsverbote in Tabelle 5.8? Eventuell ist Ihnen dann schon aufgefallen, dass dahinter eine explizite Aufzählung kommt und nicht generell von einem Bilanzierungsverbot »selbst geschaffener immaterieller Vermögenswerte« gesprochen wird. Richtig, das stimmt. Das gibt es nämlich auch nicht. Was es aber gibt, sind strenge Anforderungen an deren Ansatz. Diese gehen wir im nächsten Abschnitt an.

Selbst ist das Unternehmen – der Ansatz selbst geschaffener immaterieller Vermögenswerte

Diskutieren Sie doch einmal mit Ihren Kollegen darüber, was es in Ihrem Unternehmen so alles an Werttreibern gibt, wofür Sie aber in der Buchhaltung niemals eine Erwerbsrechnung verbucht haben. Da kommt sicher so einiges zusammen.

Ihre Kollegen aus dem Marketing und Vertrieb werden eventuell die folgenden Punkte nennen:

✔ der Markenname des Unternehmens oder bestimmter Produkte

✔ eine starke Kundenbeziehung und Kundenbindung

✔ der gute Ruf Ihres Unternehmens und Ihrer Produkte

Die Kollegen aus der Produktion und Logistik werden bestimmt auf diese Sachen hinweisen:

✔ ausgefeilter Produktionsprozess

✔ hohe Qualität und Güte der Produkte

✔ sehr effizient aufeinander abgestimmte Logistikprozesse

Ein Gespräch mit der Personalabteilung wird natürlich auf die stark motivierten und sehr gut zusammenarbeitenden Mitarbeiter hinweisen und so weiter und so weiter ...

Alle so von Ihren Kollegen genannten selbst geschaffenen Posten dürfen Sie aber leider nicht in der Bilanz Ihres Unternehmens abbilden. Den meisten Posten fehlt die Separierbarkeit oder Ihnen die Kontrolle darüber. Andere wiederum unterliegen den extra genannten Ansatzverboten aus Tabelle 5.8. Jetzt schlendern Sie aber im Unternehmen als Nächstes zu den Entwicklern und der IT-Abteilung. Mit den Kollegen sollten Sie sich dann näher befassen, denn hier schlummert »Aktivierungspotenzial«.

5 ➤ Dauerhafte Werte: Anlagevermögen

Für Entwicklungsaktivitäten eines Unternehmens besteht eine Aktivierungspflicht, wenn bestimmte Voraussetzungen erfüllt sind. Nur Forschungsaktivitäten dürfen nicht aktiviert werden.

Unterscheidung zwischen Forschung und Entwicklung

Forschungsaufwendungen dürfen Sie nicht aktivieren, Entwicklungsaufwendungen müssen Sie eventuell aktivieren. Doch was ist der Unterschied zwischen Forschung und Entwicklung? Die Unterscheidung zwischen diesen beiden Aktivitäten ist nicht immer einfach. Wenn Sie aber aus bilanzpolitischen Gründen eine Aktivierung bestimmter Entwicklungsaktivitäten anstreben, sollten Sie für eine klare Trennung zwischen den beiden sorgen. Die IFRS haben den Unterschied zwischen Forschung und Entwicklung auch gleich mal definiert:

Forschung ist definiert als die eigenständige und planmäßige Suche mit der Aussicht, zu neuen wissenschaftlichen oder technischen Erkenntnissen zu gelangen.

Entwicklung ist die Anwendung von Forschungsergebnissen oder von anderem Wissen auf einen Plan oder Entwurf für die Produktion von neuen oder beträchtlich verbesserten Materialien, Vorrichtungen, Produkten, Verfahren, Systemen oder Dienstleistungen. Die Entwicklung findet dabei vor Beginn der kommerziellen Produktion oder Nutzung statt.

So klingt das, wenn Bilanztheoretiker technische Prozesse erklären wollen. Was heißt das aber konkret? *Forschung* ist eher darauf ausgerichtet, etwas komplett Neues zu erfinden. *Entwicklungsaktivitäten* sind der Forschung nachgelagert und wenden das in der Forschung erworbene Grundlagenwissen explizit an.

Tabelle 5.9 gibt Ihnen einen Überblick über Beispiele für Forschungsaktivitäten und Entwicklungsaktivitäten.

Forschung	Entwicklung
• Aktivitäten, die auf die Erlangung neuer Erkenntnisse ausgerichtet sind • die Suche nach Anwendungen für Forschungsergebnisse und für anderes Wissen sowie deren Beurteilung und endgültige Auswahl • die Suche nach Alternativen für Materialien, Vorrichtungen, Produkte, Verfahren, Systeme oder Dienstleistungen und im darauf folgenden Schritt • die Formulierung, der Entwurf sowie die Beurteilung und endgültige Auswahl von möglichen Alternativen für neue oder verbesserte Materialien, Vorrichtungen, Produkte, Verfahren, Systeme oder Dienstleistungen	• der Entwurf, die Konstruktion und das Testen von Prototypen und Modellen vor Beginn der eigentlichen Produktion oder Nutzung • der Entwurf von Werkzeugen, Spannvorrichtungen, Prägestempeln und Gussformen unter Verwendung neuer Technologien • der Entwurf, die Konstruktion und der Betrieb einer Pilotanlage, die von ihrer Größe her für eine kommerzielle Produktion wirtschaftlich ungeeignet ist • der Entwurf, die Konstruktion und das Testen einer ausgewählten Alternative für neue oder verbesserte Materialien, Vorrichtungen, Produkte, Verfahren, Systeme oder Dienstleistungen

Tabelle 5.9: Beispiele für Forschung und Entwicklung

Als Hersteller von Telefonen suchen Ihre Kollegen gerade einen neuen Weg, die Schallwellen im Hörer zu leiten. Nachdem hierfür eine Technologie gefunden wurde, versucht nun eine andere Abteilung, diese Technik in einem neuen Telefonmodell zu verwenden.

Die Kollegen, die an der neuen Übertragungstechnik tüfteln, machen Forschung. Sie erkunden etwas komplett Neues, was es bisher nicht gab.

Die Kollegen, die diese Technik dann in einem neuen Telefonmodell einsetzen wollen, machen Entwicklung. Sie setzen die neue Grundlagenkenntnis dann in ein Produkt um.

Wenn Sie nicht klar eine Trennlinie zwischen Forschung und Entwicklung ziehen können, müssen Sie alles als Forschung betrachten. In diesem Falle dürften Sie nichts aktivieren. Wenn Sie also die Entwicklungsleistung in der Bilanz wiederfinden möchten, sollten Sie sich an eine klare Prozessdokumentation setzen.

Der Weg zur Aktivierung – die sechs Hürden

Ihr Unternehmen entwickelt und Sie können die Forschung klar von der Entwicklung trennen? Dann stehen Ihnen auf dem Weg zur Aktivierung der Entwicklungsleistung zwar keine sieben Brücken, aber noch sechs Hürden im Weg. Diese sechs Hürden hat das IASB aufgestellt, um die »Gefährlichkeit« der selbst geschaffenen immateriellen Vermögenswerte einzudämmen. Die normalen Ansatzkriterien für immaterielle Vermögenswerte müssen natürlich auch noch erfüllt sein. Tabelle 5.10 zeigt die sechs Ansatzkriterien, die allesamt erfüllt sein müssen.

Kriterium	Inhalt
Technische Realisierbarkeit	Die Entwicklung ist tatsächlich machbar.
Beabsichtigte Fertigstellung	Sie wollen die Entwicklung tatsächlich fertigstellen und danach nutzen oder verkaufen
Fähigkeit zur späteren Nutzung oder Verkauf	Sie können den entwickelten Posten später auch tatsächlich nutzen oder verkaufen.
Zukünftiger wirtschaftlicher Nutzen	Es liegt ein Markt für das Produkt vor oder – bei interner Nutzung – es treten Einsparungen durch die Entwicklung auf.
Ausreichende Verfügbarkeit von Mitteln	Sie verfügen über die technischen, finanziellen und sonstigen Mittel, damit Sie die Entwicklung beenden können.
Zuverlässige Bewertung	Die Kosten der Entwicklung können Sie zuverlässig bestimmen.
Alle Kriterien sind erfüllt	→ Aktivierungspflicht
Nur ein Kriterium ist nicht erfüllt	→ Aktivierungsverbot

Tabelle 5.10: Ansatzkriterien für selbst erstellte immaterielle Posten

5 ► Dauerhafte Werte: Anlagevermögen

Wie Sie sehen, ist es schon mit ein wenig Arbeit verbunden, wenn Ihr Chef im nächsten Jahresabschluss die Aktivierung der Entwicklungsleistungen als Zielvorgabe ausgelobt hat. Das folgende Beispiel führt Sie durch die einzelnen Kriterien und zeigt Ihnen, wie Sie diese erfüllen können:

Als Telefonhersteller stellen Sie bisher nur Telefone mit Schnur her. Nun wollen Sie auch schnurlose Telefone anbieten. Die Entwicklungsabteilung arbeitet mit Hochdruck an der Umsetzung der vorgegebenen Eigenschaften.

Forschung oder Entwicklung?

Da es bereits schnurlose Telefone gibt, liegt hier keine Forschung mehr vor. Sie müssen lediglich das bereits Bekannte in Ihrem Produkt anwenden. Es handelt sich eindeutig um Entwicklung.

Technische Realisierbarkeit

Ihre Konkurrenz hat bereits schnurlose Telefone hergestellt. Da Sie nicht an der Entwicklung des »Perpetuum mobile« basteln, sprechen keine Naturgesetze gegen die Realisierbarkeit. Als Dokumentation sollte eine Art Entwicklungsplanung der einzelnen Schritte der Entwicklungsabteilung dienen. Am besten bestätigt der Entwicklungschef die technische Machbarkeit.

Beabsichtigte Fertigstellung

Dies ist immer ein schwer zu erklärender Punkt – warum sollten Sie etwas beginnen, ohne es fertigstellen zu wollen? Also wenn Sie hier einen zeitlichen Fahrplan vorlegen können, der den geplanten Fertigstellungstermin zeigt, sollte dies ausreichen.

Fähigkeit zur späteren Nutzung oder Verkauf

Eine interne Nutzung liegt bei Ihnen nicht vor. Sie wollen die Telefone später verkaufen. Sie sollten daher zeigen können, dass Sie die Telefone nach der Entwicklung auch produzieren können. Als Dokumentation sollten Sie hier einen bereits in Arbeit befindlichen Produktionsplan liefern können. Aber auch hier gilt: Warum sollten Sie etwas entwickeln, was sie später nicht produzieren können?!

Zukünftiger wirtschaftlicher Nutzen

Marktstudien zeigen, dass die Kundschaft geradezu nach schnurlosen Telefonen Ihres Unternehmens schreit. Also ist das Potenzial zum Verkauf da und die aktuellen Vertriebskanäle können auch genutzt werden. Nun müssen Sie noch darstellen, dass Sie die Entwicklungskosten auch wieder verdienen können. Eine Plankalkulation über die geschätzten Umsätze und Kosten sollte hier den Nachweis erbringen.

Verfügbarkeit von Mitteln

Hier sollten Sie nachweisen können, dass Sie auch in der Lage sind, das Projekt zu stemmen. Die technischen Mittel beziehen sich auf Ihre Entwickler und die für die Entwicklung notwendigen Geräte. Zeigen Sie auf, dass Sie die benötigten Mitarbeiter beschäftigen und die technischen Geräte besitzen. Dass Sie die nötigen finanziellen Mittel besitzen, demonstrieren Sie über einen Finanzplan. Auch das im Geschäftsplan verabschiedete Entwicklungskostenbudget kann ausreichen. Wichtig ist, dass es hier keine Lücke gibt. Gibt es doch eine, sollten Sie eine Finanzierung aufweisen können.

Zuverlässige Bewertung

Hier geht es darum, die Kosten direkt der Entwicklungsaktivität zuordnen zu können. Die Entwickler in Ihrem Unternehmen melden zum Beispiel Stundenzettel und dokumentieren genau, an welchem Projekt sie wie viele Stunden gearbeitet haben. Aber auch externe Kosten müssen Sie hier berücksichtigen. Wenn Sie sich vielleicht das Know-how für Testläufe einkaufen, ordnen Sie es immer den jeweiligen Entwicklungsprojekten zu.

Aktivierung, fertig, los!

Wenn Sie nun diese sechs Punkte abgearbeitet und alle mit einem »Ja« beantwortet haben, müssen Sie aktivieren.

> Vielleicht ist Ihnen schon aufgefallen, dass es sich hier eigentlich ja um ein Aktivierungswahlrecht handelt – wenn auch kein explizites. Es kommt wie so oft auf die Dokumentation an. Überlegen Sie genau, ob Sie aktivieren wollen oder nicht und stellen Sie dann die Dokumente zusammen. Besonders über den Punkt »wirtschaftlicher Nutzen« kann man meistens in beide Richtungen trefflich argumentieren. Auch ein Blick in die Aktivierungspraxis in Ihrer Branche kann helfen.

Die Aktivierung beginnt ab dem Zeitpunkt, an dem alle sechs Kriterien das erste Mal zusammen erfüllt sind. Wie bei allen anderen immateriellen Vermögenswerten auch, endet die Aktivierung zu dem Zeitpunkt, an dem der Vermögenswert für die gewünschte Nutzung bereit ist. Für die Entwicklung ist dies meist der Zeitpunkt der Fertigstellung und der Beginn der Serienproduktion.

Praxis der Aktivierung von Entwicklungsleistungen

Ein Blick in die Abschlüsse von Unternehmen, die Entwicklungsleistungen betreiben, zeigt die unterschiedliche Bilanzierungspraxis nach bestimmten Industriebranchen:

In der Automobilbranche bei den Herstellern und deren Zulieferern wird recht viel aktiviert.

In der Pharmabranche wird wider Erwarten wenig aktiviert. Das entscheidende Kriterium ist hier der zukünftige Nutzen. Die meisten Medikamente unterliegen behördlichen Genehmigungsverfahren. Diese entscheiden über die Zulassung und damit den zukünftigen wirtschaftlichen Nutzen. Bei Antragstellung ist das Produkt aber fertig entwickelt. Wenn die Genehmigung dann kommt, wird sofort mit der Produktion begonnen. Somit fallen hier die Zeitpunkte Aktivierungsbeginn und Aktivierungsende zusammen und es kommt nicht zur Aktivierung.

In der Softwarebranche wird – ebenfalls entgegen der Erwartung – wenig aktiviert. Hier wiederum liegt die Argumentation in der technischen Realisierbarkeit. Diese ist nämlich erst kurz vor der Marktreife erreicht und die danach noch anfallenden Kosten sind meist nicht wesentlich. Somit ist der Zeitraum zwischen Aktivierungsbeginn und -ende sehr kurz und es kommt zu keiner oder nur geringer Aktivierung.

Zum Schluss noch ein paar Beispiele für aktivierte, selbst erstellte immaterielle Vermögenswerte:

- ✔ Entwicklung von Produkten, die für den Verkauf bestimmt sind
- ✔ Entwicklung eines Internetauftritts, wenn dieser einen Onlineshop beinhaltet. Darüber kann später ein wirtschaftlicher Nutzen erzielt werden.
- ✔ Entwicklung von Software für die eigene Nutzung
- ✔ »Customizing« erworbener Software. Viele Softwareprogramme müssen nach der Installation noch an Ihr Unternehmen angepasst werden. Die Aufwendungen dafür könnten aktivierungspflichtig sein.

Ausweis und Gliederung der immateriellen Vermögenswerte

In der Bilanz fassen Sie am besten alle Positionen zu einem Posten immaterielle Vermögenswerte zusammen. Im Anhang unterteilen Sie die einzelnen Posten des immateriellen Vermögens dann sinnvoll. Hier legen Sie die einzelnen Posten nach der Relevanz und Bedeutung für Ihr Unternehmen fest. Denkbar ist beispielsweise die folgende Untergliederung:

- ✔ Geschäfts- oder Firmenwert
- ✔ selbst erstellte immaterielle Vermögenswerte
- ✔ Konzessionen, gewerbliche Schutzrechte und ähnliche Rechte
- ✔ erworbener Kundenstamm
- ✔ erworbene Markenrechte

So, nun wissen Sie auch, welche immateriellen Vermögenswerte den Weg in Ihre Bilanz finden dürfen oder auch müssen. Wiederum steht als letzte Hürde vor der Bilanzierung die Bewertung. Was Sie hier beachten müssen, zeigen wir Ihnen im nächsten Abschnitt.

Zugangsbewertung immaterieller Vermögenswerte

Der erstmalige Ansatz immaterieller Vermögenswerte unterscheidet sich nicht wesentlich von den Vorschriften für den erstmaligen Ansatz materieller Vermögenswerte.

Für die erstmalige Bewertung immaterieller Vermögenswerte gelten die folgenden Regeln:

- ✔ **Erworbene immaterielle Vermögenswerte** werden mit den *Anschaffungskosten* angesetzt.
- ✔ **Selbst erstellte immaterielle Vermögenswerte** werden mit den *Herstellungskosten* angesetzt. Diese umfassen nur die Kosten, die Sie direkt der Entwicklungsaktivität zuordnen können.

Die allgemeine Zugangsbewertung der immateriellen Vermögenswerte ist die gleiche wie bei den materiellen Vermögenswerten. Damit wir uns nicht wiederholen müssen, blättern Sie also noch einmal zurück zum Abschnitt »Bewertung bei Zugang« weiter vorn in diesem Kapitel.

Wenn Sie Entwicklungskosten bereits als Aufwand erfasst haben und dann später feststellen, dass die sechs Kriterien für die Aktivierung der Entwicklungsaktivitäten erfüllt sind, dürfen Sie die bereits als Aufwand erfassten Kosten nicht nachträglich noch aktivieren. Hier gilt die Regel: »Einmal Aufwand immer Aufwand«.

Wenn immaterielle Vermögenswerte im Rahmen eines Unternehmenserwerbs erworben werden, gelten diese Regelungen der Zugangsbewertung nicht, sondern die besonderen Regelungen des IFRS 3 »Unternehmenszusammenschlüsse« (mehr dazu finden Sie in Kapitel 16). Da ein Geschäfts- oder Firmenwert, auch Goodwill genannt, auch durch einen Unternehmenszusammenschluss entsteht, erfahren Sie dort auch mehr über dessen Bilanzierung.

Folgebewertung immaterieller Vermögenswerte

Wie bei den Sachanlagen haben Sie auch bei den immateriellen Vermögenswerten die Qual der Wahl zwischen zwei Bilanzierungsmethoden für die Folgebewertung. Diese beiden Methoden wurden bereits in Abbildung 5.1 aufgezeigt.

Für die Folgebewertung von immateriellen Vermögenswerten stehen zwei Methoden zur Verfügung:

✔ das *Anschaffungskostenmodell* unter Berücksichtigung planmäßiger und außerplanmäßiger Wertminderungen und

✔ das *Neubewertungsmodell*, bei dem der Posten immer wieder mit seinem beizulegenden Zeitwert angesetzt wird.

Generell gelten für beide Varianten die gleichen Vorschriften wie auch für das Sachanlagevermögen. Daher wollen wir Sie auch hier nicht mit einer doppelten Darstellung der Methoden langweilen. Schlagen Sie doch einfach weiter vorn im Abschnitt »Bewertung in Folgeperioden« unter den Erläuterungen zum Sachanlagevermögen nach.

Eine Besonderheit besteht jedoch – und die ist wesentlich, wenn Sie sich für das Anschaffungskostenmodell entscheiden.

Für die Erfassung von Abschreibungen auf immaterielle Vermögenswerte müssen Sie unterscheiden zwischen

✔ immateriellen Vermögenswerten mit *bestimmter* Nutzungsdauer und

✔ immateriellen Vermögenswerten mit *unbestimmter* Nutzungsdauer.

Diskussion über die Nutzungsdauer von immateriellen Vermögenswerten

Über die Bestimmung der Nutzungsdauer immaterieller Vermögenswerte wird zwischen dem IASB und seinem US-amerikanischen Gegenpart zum Teil heftig debattiert, zum Beispiel in folgender sinngemäßer Debatte zwischen dem aktuellen Chef des IASB und einem ehemaligen Mitglied der US-amerikanischen Börsenaufsichtsbehörde SEC:

5 ➤ Dauerhafte Werte: Anlagevermögen

Der US-Amerikaner: »Die Vereinigten Staaten haben die Lösung für die Bilanzierung von Goodwill und Marken bereits vor 30 Jahren gefunden: Sie über einen Zeitraum von 40 Jahren gleichmäßig abzuschreiben.«

IASB-Chef: »Wie ich den Herren bereits erläutert habe: Im Vereinigten Königreich haben wir solche Marken wie Gordon's Gin oder Johnnie Walker, die sogar älter als die USA sind und meiner bescheidenen Meinung nach mehr für die Glückseligkeit der Menschheit getan haben als die Vereinigten Staaten. Ich persönlich würde eher Amerika abschreiben, bevor ich jemals Johnnie Walker Black Label abschreiben würde.«

Natürlich sollte sich für die meisten immateriellen Vermögenswerte eine Nutzungsdauer bestimmen lassen.

Eine Softwarelizenz über die Nutzung der Software über zehn Jahre hat eine Nutzungsdauer von zehn Jahren.

Eine normale Bürosoftware wird entsprechend der schnellen technologischen Entwicklung eine recht kurze Nutzungsdauer haben.

In ganz seltenen Fällen kann es aber durchaus vorkommen, dass Sie nicht genau sagen können, über welchen Zeitraum Sie sich einen wirtschaftlichen Nutzen aus einem erworbenen immateriellen Vermögenswert erhoffen. In diesem Fall können Sie dem Posten keine bestimmte Nutzungsdauer zuordnen.

Auf Drängen Ihres Vertriebschefs haben Sie das Markenrecht an einer Produktmarke eines Ihrer Konkurrenten erworben, der Konkurs angemeldet hat. Die Marke ist unter den Kunden in Ihrer Branche der absolute Umsatzbringer und Sie werden nun versuchen, einige Ihrer Produkte unter diesem Markennamen zu verkaufen. Wie lange Sie dies tun wollen und können, lässt sich im Moment schwer sagen. Der Marke weisen Sie eine unbestimmte Nutzungsdauer zu.

Für die Bilanzierung hat die Bestimmung der Nutzungsdauer die folgende Auswirkung:

✔ **Immaterielle Vermögenswerte mit bestimmter Nutzungsdauer** werden planmäßig über ihre Nutzungsdauer abgeschrieben. Hier gelten die gleichen Vorschriften wie auch für das Sachanlagevermögen. Dies wurde bereits weiter vorn in diesem Kapitel im Anschaffungskostenmodell erläutert.

✔ **Immaterielle Vermögenswerte mit unbestimmter Nutzungsdauer** werden nicht planmäßig abgeschrieben. Sie müssen einmal pro Jahr einem Wertminderungstest unterzogen werden. Je nach dem Ergebnis dieses Wertminderungstests, wird eine außerplanmäßige Abschreibung vorgenommen oder gar keine.

Dieser Wertminderungstest ist der gleiche, der auch für die Ermittlung der außerplanmäßigen Abschreibungen von allen Posten des Sachanlagevermögens durchgeführt werden muss. Wie bei den Erläuterungen zur Folgebilanzierung von Sachanlagen kurz dargestellt, gibt es neben der planmäßigen Abschreibung von Positionen des Anlagevermögens auch noch die außerplanmäßige Abschreibung. Dies gilt natürlich auch für die immateriellen Vermögenswerte, die planmäßig abgeschrieben werden. Abbildung 5.2 stellt diese Vorgehensweise noch einmal dar.

```
┌─────────────────────────────────────────────────────────────────┐
│                   Festlegung der Nutzungsdauer                  │
└─────────────────────────────────────────────────────────────────┘
         │                                          │
 ┌───────────────────────┐              ┌───────────────────────┐
 │ Bestimmte Nutzungsdauer│             │ Unbestimmte Nutzungsdauer│
 └───────────────────────┘              └───────────────────────┘
           ⇓                                        ⇓
 ┌───────────────────────────┐         ┌───────────────────────────┐
 │ Berücksichtigung planmäßiger und │   │ Keine planmäßige Abschreibung, aber │
 │ außerplanmäßiger Abschreibungen  │   │ 1 x jährlich Wertminderungstest    │
 └───────────────────────────┘         └───────────────────────────┘
```

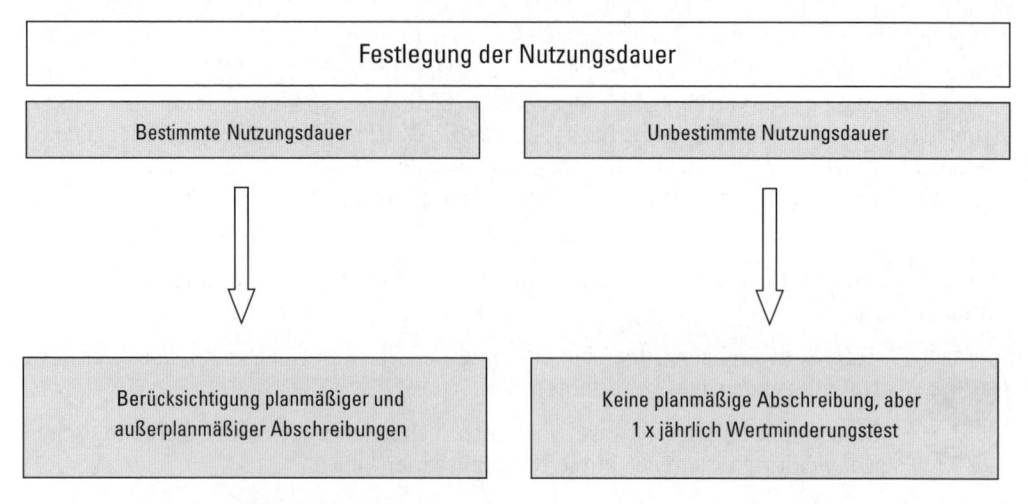

Abbildung 5.2: Folgebewertung immaterieller Vermögenswerte

Wie Sie diesen Wertminderungstest durchführen, erfahren Sie im folgenden Abschnitt.

Außerplanmäßige Wertminderungen im Anlagevermögen

Wenn Sie dieses Kapitel ganz fleißig bis zu dieser Stelle durchgearbeitet haben, ist Ihnen bestimmt aufgefallen, dass bei der Folgebewertung von Sachanlagen, aber auch von immateriellen Vermögenswerten immer wieder die *außerplanmäßigen* Abschreibungen angesprochen wurden, die neben der *planmäßigen* Abschreibung möglich sind. Haben Sie bisher noch nicht in diesem Kapitel gelesen, sind Sie bestimmt aus anderen Kapiteln oder einfach aus Neugier auf den Abschnitt »außerplanmäßige Wertminderungen« gestoßen.

In der IFRS-Rechnungslegung werden außerplanmäßige Wertminderungen auch als *Impairment* bezeichnet. Daher wird der dazu notwendige Wertminderungstest auch als *Impairment Test* bezeichnet.

Die Regelungen zum Wertminderungstest gehören zu den absoluten Highlights der internationalen Rechnungslegung und werden sicher zu Recht auch oft als »Ungetüm« bezeichnet.

Ein kompletter Standard beschäftigt sich ausschließlich mit den Wertminderungen – IAS 36 »Wertminderung von Vermögenswerten« genannt.

5 ➤ Dauerhafte Werte: Anlagevermögen

Worum geht es? Eigentlich soll nur sichergestellt werden, dass die Erträge, die Ihrem Unternehmen aus einem einzelnen (oder mehreren) Vermögenswerten zukommen, nicht geringer sind als sein aktueller Buchwert. Wir werden Ihnen helfen, das »Ungetüm« zu bezwingen und nur das aufzeigen, was Sie auch tatsächlich wissen müssen.

Machen Sie sich keine Sorgen, wenn Sie den Wertminderungstest nicht auf Anhieb allein in Ihrem Unternehmen anwenden können. Die meisten Unternehmen nehmen heute die Dienste externer Berater in Anspruch, die auf die Thematik spezialisiert sind. Ein wenig mutiert der Impairment Test bereits zu einer Pensionsbewertung – die wird nämlich auch meistens von externen Experten berechnet.

Immer und alles? Zeitpunkt und angesprochene Vermögenswerte

Sie müssen nicht immer und andauernd einen Vermögenswert auf seine Werthaltigkeit hin überprüfen. Nein, Sie dürfen sich durchaus auch um andere Themen in Ihrer Buchhaltung kümmern. Abbildung 5.3 liefert einen Einstieg in das Thema und zeigt Ihnen, was Sie wann und wie oft überprüfen müssen.

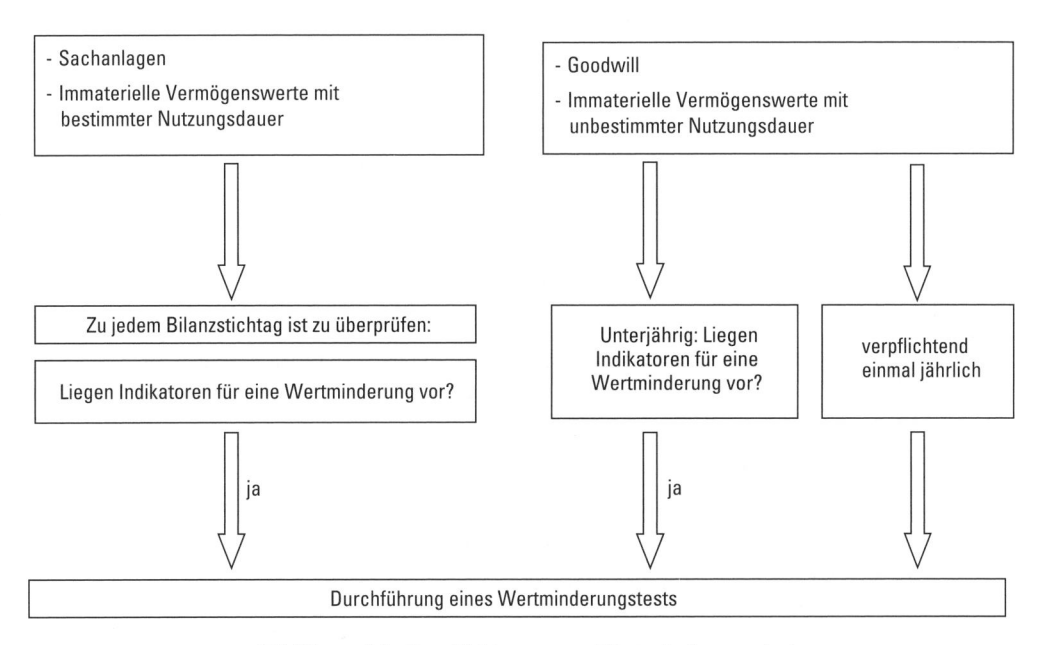

Abbildung 5.3: Verpflichtung zum Wertminderungstest

Die Regelungen zum Impairment Test gelten auch für die Buchwerte an Tochterunternehmen, assoziierten Unternehmen und Gemeinschaftsunternehmen. Die Berechnungen sind jedoch so kompliziert, dass wir hier auf die Darstellung verzichten. Vorräte, Finanzinstrumente, latente Steuern, zum Fair Value bewertete Rendite-Immobilien fallen nicht unter die Regelungen des IAS 36.

Generell müssen Sie die Werthaltigkeit von Sachanlagevermögen und immateriellen Vermögenswerten mit bestimmter Nutzungsdauer nur dann überprüfen, wenn Sie das Gefühl haben, dass es eine Wertminderung gegeben haben könnte. Damit die Bilanz Ihres Unternehmens nicht vollständig von Ihrem Gefühl abhängig ist, werden Ihnen bestimmte Indikatoren vorgegeben. Diese Indikatoren können Sie ruhig wie eine Checkliste verstehen. Gehen Sie die einzelnen Punkte am besten zum Geschäftsjahresende durch. Sobald Sie bei einem einzigen Indikator zustimmen, müssen Sie in die Welt der Wertminderungstests einsteigen. Tabelle 5.11 gibt Ihnen einen Überblick über die Indikatoren.

Externe marktbedingte Indikatoren	Interne unternehmensbedingte Indikatoren
Sie kennen den Marktwert eines Vermögenswertes und wissen, dass dieser stärker als erwartet gesunken ist.	Es gibt einen Marktwert für Ihr Unternehmen (zumeist ein Börsenwert) und der ist geringer als der Buchwert Ihres Eigenkapitals.
Ihr technisches, marktbezogenes, ökonomisches oder gesetzliches Umfeld hat sich für Sie dramatisch nachteilig verändert.	Es gibt ernst zu nehmende Hinweise auf Überalterung oder einen physischen Schaden eines Vermögenswertes.
Die Marktzinssätze oder Marktrenditen in Ihrem Umfeld sind heftig angestiegen. Eine Bewertung eines Vermögenswertes mit abgezinsten Zahlungsflüssen würde daher den Wert stark absinken lassen.	Es gibt Entwicklungen in Ihrem Unternehmen, die sich stark negativ auf die ursprüngliche Verwendung eines Vermögenswertes auswirken.
	Ihr Controlling gibt Ihnen einen Hinweis, dass die Ertragskraft eines Vermögenswertes wohl doch nicht so sein wird, wie Sie erwartet hatten.

Tabelle 5.11: Indikatoren für eine Wertminderung

Hier sind ein paar praktische Beispiele für Indikatoren, die zu einem Wertminderungstest führen:

✔ Sie haben ein Entwicklungsprojekt aktiviert und schreiben es über fünf Jahre ab. Nach einem Jahr liegen die Umsätze aber 50 Prozent unter den geplanten Umsätzen.

✔ Eine vor zwei Jahren angeschaffte Maschine darf aus Lärmschutzgründen nur noch halbtags eingesetzt werden. Geplant war eine ganztätige Einsatzzeit.

✔ Ein technischer Durchbruch in der Produktion Ihrer Produkte führt zu einem starken Preisverfall für die von Ihnen hergestellten Produkte.

Meistens reicht aber bereits ein gesunder wirtschaftlicher Menschenverstand für die Erkenntnis aus, dass ein Vermögenswert nicht mehr werthaltig sein könnte.

Stellen Sie sich immer mal wieder die Frage, ob Sie den Buchwert eines Vermögenswertes noch verdienen können. Bringen die Erträge abzüglich der Kosten tatsächlich noch den aktuellen Buchwert ein?

5 ➤ Dauerhafte Werte: Anlagevermögen

Abgesunken? Ermittlung der Wertminderung

Nur weil einer oder mehrere der Wertminderungsindikatoren vorliegen, heißt das ja noch lange nicht, dass es auch zu einer Wertminderung kommen muss. Davor liegen noch eine ziemlich aufregende Berechnung des *erzielbaren Betrags* und der Vergleich mit dem aktuellen Buchwert.

Wenn der *erzielbare Betrag* eines Vermögenswertes geringer ist als sein Buchwert, müssen Sie den Buchwert des Vermögenswertes auf seinen erzielbaren Betrag verringern. Der erzielbare Betrag eines Vermögenswertes oder einer zahlungsmittelgenerierenden Einheit ist der höhere der beiden Beträge aus Veräußerungspreis abzüglich der Verkaufskosten und Nutzungswert.

Das Schaubild in Abbildung 5.4 verdeutlicht die Vorgehensweise.

Testverfahren für Wertminderungen
Eine Wertminderung liegt vor, wenn ...

Buchwert des Vermögenswertes > Erzielbarer Betrag des Vermögenswertes → Erfolgswirksame Abwertung des Vermögenswertes

Das ist der höhere der beiden Werte aus

- Veräußerungspreis abzgl. Verkaufskosten
- Nutzungswert

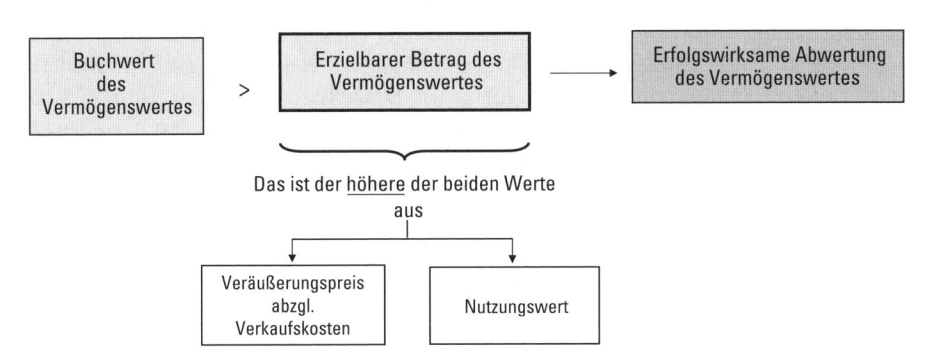

Abbildung 5.4: Testverfahren für Wertminderungen

Sie sehen schon, ein Wert allein reicht nicht aus. Es müssen gleich zwei Werte ermittelt werden.

Veräußerungspreis abzüglich der Verkaufskosten

Der Veräußerungspreis abzüglich der geschätzten Kosten des Verkaufs wird auch als *Nettoveräußerungspreis* bezeichnet. Dieser Wert ist eigentlich ganz leicht ermittelbar, wenn er denn vorliegt. Leider liegt er in den seltensten Fällen für einzelne Vermögenswerte vor. Wenn Sie aber einen der folgenden Werte aus der Schublade ziehen können, haben Sie einen Nettoveräußerungswert ermittelt:

✔ **Der Vermögenswert, der in einem bindenden Verkaufsvertrag festgelegt ist:** Allerdings darf der Käufer mit Ihnen weder verwandt noch verschwägert sein.

✔ **Der Marktpreis:** Es gibt einen tatsächlich gelebten und stattfindenden Markt für diesen Vermögenswert und Sie können einen Marktpreis ermitteln.

- **Verkaufspreis eines sehr ähnlichen Vermögenswertes:** Ist in Ihrer Branche vor Kurzem ein sehr ähnlicher Vermögenswert verkauft worden, können Sie diesen Verkauf quasi als Benchmark für den Wert heranziehen.

Ziehen Sie von diesem Wert dann noch die geschätzten Veräußerungskosten ab und Sie haben den ersten der beiden Werte ermittelt.

Beispiele für Veräußerungskosten sind Gerichts- und Anwaltskosten, Börsenumsatzsteuern und ähnliche Transaktionssteuern oder Vermittlergebühren, die Aufwendungen für die Beseitigung des Vermögenswertes und die direkt zurechenbaren zusätzlichen Aufwendungen, um den Vermögenswert in den entsprechenden Zustand für seinen Verkauf zu versetzen.

Wenn Sie den Nettoveräußerungspreis ermitteln konnten und dieser über dem Buchwert liegt, können Sie an dieser Stelle schon aufhören mit dem Wertminderungstest. Da der erzielbare Betrag damit über dem Buchwert liegt, haben Sie keine weiteren Probleme.

Der Bäckermeister Knusprig hat vor drei Jahren eine Maschine zur Herstellung von besonderen rot-weißen Brezeln angeschafft. Die waren damals der Renner. In diesem Jahr ist aber ein heftiger Preisverfall auf dem Markt für rot-weiße Brezeln zu bemerken. Der Buchhalter hat den Indikator für eine Wertminderung schnell erkannt und soll nun den erzielbaren Betrag ermitteln. Er will die Maschine aber weder verkaufen noch werden die Backanlagen öffentlich gehandelt. Es ist kein Nettoveräußerungswert ermittelbar. Was nun?

Wenn der Nettoveräußerungswert nicht vorliegt und auch durch extremste Kraftanstrengungen nicht ermittelt werden kann, so muss der *Nutzungswert* des Vermögenswertes als sein erzielbarer Betrag herhalten.

Der Nutzungswert als erzielbarer Betrag

Wie der Name unschwer erkennen lässt, steht der Nutzungswert in direktem Zusammenhang mit dem Nutzen, den Ihnen ein Vermögenswert noch bringt.

Der Nutzungswert basiert auf den Zahlungsströmen, die ein Unternehmen aus der weiteren Nutzung eines Vermögenswertes erwartet. Die Summe dieser abgezinsten Zahlungsströme stellt den Nutzungswert dar.

Wenn Sie ein Finanzmathematiker sind, werden Sie sofort erkannt haben, dass es sich bei dem Nutzungswert um nichts anderes als den *Barwert* einer Reihe von Zahlungsflüssen handelt. Für diejenigen, die neben der täglichen Bilanzerstellung nicht noch finanzmathematische Arbeitsgruppen besuchen, hier schnell noch die Barwertformel:

Nutzungswert = Zahlungsstrom $\times$ $(1+\text{Zinssatz})^{-\text{Periode}}$

Dieses Vorgehen wird auch gern *Discounted-Cash-Flow-Methode*, kurz *DCF-Methode*, genannt.

5 ➤ Dauerhafte Werte: Anlagevermögen

Die Vorgehensweise bei der Ermittlung des Nutzungswertes lässt gut erkennen, dass es in der internationalen Rechnungslegung immer wieder zu Schätzungen kommt. Für diese Schätzungen sind Annahmen nötig, die Sie treffen, dokumentieren und vor Wirtschaftsprüfern und der interessierten Öffentlichkeit verteidigen müssen. Das Hinzuziehen von externen Beratern kann hier sicherlich für einen ruhigeren Schlaf sorgen.

Bei der Ermittlung der zukünftigen Zahlungsströme aus dem Vermögenswert sollten Sie die folgenden Elemente berücksichtigen:

✔ **Prognostizierte Mittelzuflüsse** aus der weiteren Nutzung des Vermögenswertes (am besten Umsatzerlöse) und eventuelle Mittelzuflüsse aus dem Verkauf am Ende der Nutzung

✔ **Prognostizierte Mittelabflüsse** aus der weiteren Nutzung des Vermögenswertes. Dies sind die Kosten, die Ihnen entstehen, um die Umsätze zu erzielen.

Bitte berücksichtigen Sie nur tatsächlich zahlungswirksame Transaktionen. Hier werden keine buchhalterischen, aber zahlungsunwirksamen Tricksereien berücksichtigt. Hier zählt nur »Cash in de Täsch«.

Die Schätzungen der zukünftigen Zahlungsflüsse dürfen jedoch keine Zahlungsflüsse aus Finanzierungsaktivitäten, Steuerzahlungen oder Steuererstattungen umfassen.

Zu guter Letzt müssen Sie noch einen Abzinsungssatz ermitteln. Dieser soll ein Zinssatz vor Steuern sein, der das spezifische Risiko des Vermögenswertes beinhaltet.

Unser Bäckermeister Knusprig ermittelt nun also den Nutzungswert seiner Backanlage. Da seine Brezeln nicht nur knusprig sind, sondern er auch pfiffig ist, konnte er vor Kurzem noch eine Vereinbarung mit dem FC Bayern München treffen. Für die Versorgung bei Heimspielen nimmt ihm der Verein immer 50 Prozent seiner rot-weißen Brezeln zu einem Preis von EUR 1,50 pro Stück ab. Die restlichen 50 Prozent müssen wohl oder übel mit dem Straßenpreis kämpfen, den der Bäcker auf EUR 1 schätzt. Die Kapazität der Anlage liegt bei 500.000 Brezeln pro Jahr. Knusprig denkt, dass er die Maschine noch vier Jahre nutzen kann. Die Produktion einer Brezel kostet ihn 25 Cent. Der Buchwert der Maschine liegt aktuell bei EUR 1,2 Mio. Als Zinssatz wurden 6,5 Prozent ermittelt. Tabelle 5.12 zeigt seine Berechnungen zur Ermittlung des Nutzungswertes.

Periode	Umsatz FC Bayern	Umsatz Straße	Gesamtumsatz	Kosten der Herstellung	Zahlungsfluss	Barwert des Zahlungsflusses
1	375.000,00	250.000,00	625.000,00	125.000,00	500.000,00	469.483,57
2	375.000,00	250.000,00	625.000,00	125.000,00	500.000,00	440.829,64
3	375.000,00	250.000,00	625.000,00	125.000,00	500.000,00	413.924,55
4	375.000,00	250.000,00	625.000,00	125.000,00	500.000,00	388.661,55

Tabelle 5.12: Ermittlung des Nutzungswertes der Brezelbackanlage

Die Summe der abgezinsten Zahlungsmittelzuflüsse ergibt EUR 1.712.899,30. Dieser liegt über dem Buchwert von EUR 1,2 Mio. Knusprig muss die Backanlage also nicht abwerten.

Hier noch ein kleiner Ausflug in die hohe Kunst des Impairment Test. Nicht immer werden Sie einem einzelnen Vermögenswert exakt direkte Zahlungsflüsse zuordnen können. Dies kommt zum Beispiel dann vor, wenn mehrere Maschinen zur Produktion eines Produkts benötigt werden. In diesem Falle ermitteln Sie die sogenannte »kleinste zahlungsmittelgenerierende Einheit von Vermögenswerten«, der sie unabhängige Zahlungsflüsse zuordnen können. Dies ist die kleinste Einheit Ihres Unternehmens, die unabhängig von anderen Maschinen oder Geschäftsbereichen Umsatz erwirtschaften kann. Selten wird dies eine einzelne Maschine sein. Oftmals ist dies dann ein kompletter Produktionsstandort oder sogar ein ganzes Unternehmen. In diesem Fall ermitteln Sie den erzielbaren Betrag für die komplette zahlungsmittelgenerierende Einheit und vergleichen diesen mit dem gesamten Buchwert der zahlungsmittelgenerierenden Einheit. Liegt eine Wertminderung vor, so müssen Sie diese prozentual im Verhältnis der Buchwerte auf alle einzelnen Vermögenswerte der Gruppe verteilen. Sollte ein Geschäfts- oder Firmenwert unter den Buchwerten der zahlungsmittelgenerierenden Einheit sein, so werten Sie zunächst den Geschäfts- oder Firmenwert ab. Für weitere Erläuterungen über zahlungsmittelgenerierende Einheiten schauen Sie doch einmal in IAS 36.65 – 108 nach.

Wieder gestiegen – Wertaufholungen

Wertminderungen kommen und gehen. So kann es natürlich auch sein, dass in einer späteren Periode die Gründe für eine außerplanmäßige Wertminderung wieder wegfallen.

Angenommen, Bäckermeister Knusprig hätte in diesem Geschäftsjahr doch eine außerplanmäßige Wertminderung erfasst, da er für die anderen 50 Prozent der Brezeln keine Abnahme mehr sah. Ein Jahr später verpflichtet sich der FC Bayern dann aber zur kompletten Abnahme der Brezelproduktion. Eine erneute Berechnung des Nutzungswertes zeigt, dass dieser nun wieder über dem Buchwert liegt.

Fallen die Gründe für eine außerplanmäßige Wertminderung in späteren Perioden weg, müssen Sie eine *Wertaufholung* durchführen.

Die Wertaufholung erfassen Sie als Ertrag in der Gewinn-und-Verlust-Rechnung. Als Wertobergrenze für die Wertaufholung gilt der Buchwert des Vermögenswertes unter Berücksichtigung planmäßiger Abschreibungen. Dies entspricht dem normalen Anschaffungskostenprinzip.

Angaben zu Anlagevermögen

Wiederum ist es mit der Bilanzierung allein nicht getan. Der Leser Ihres Abschlusses soll noch ein paar weiterführende Informationen erhalten. Die wichtigsten haben wir für Sie in Tabelle 5.13 zusammengestellt.

5 ▶ Dauerhafte Werte: Anlagevermögen

Sachanlagen	Immaterielle Vermögenswerte
Anlagespiegel, der zeigt, warum sich die Posten des Anlagevermögens von Beginn bis zum Ende der Berichtsperiode in ihrer Höhe geändert haben. Sinnvollerweise untergliedern Sie das Anlagevermögen hier nach den wesentlichsten Posten.	Anlagespiegel – genau wie bei den Sachanlagen
Verwendete Abschreibungsmethoden und die Nutzungsdauern	Angabe, ob Nutzungsdauern bestimmt oder unbestimmt sind
Angabe bestehender Eigentumsrechte und die Buchwerte der Posten, die als Sicherheiten für Verbindlichkeiten hinterlegt sind	Für Posten mit bestimmter Nutzungsdauer: Nutzungsdauern und Abschreibungsmethode
	Für Posten mit unbestimmter Nutzungsdauer: Buchwert dieses Postens und die Gründe für die Einschätzung seiner unbestimmten Nutzungsdauer
	Beschreibung, Buchwert und verbleibender Abschreibungszeitraum eines jeden einzelnen immateriellen Vermögenswertes, der für den Abschluss Ihres Unternehmens wesentlich ist
	Angabe bestehender Eigentumsrechte und die Buchwerte der Posten, die als Sicherheiten für Verbindlichkeiten hinterlegt sind
	Summe des Aufwands für Forschung & Entwicklung

Tabelle 5.13: Anhangangaben zum Anlagevermögen

Für den Fall einer außerplanmäßigen Wertminderung sind noch sehr viele einzelne Angaben im Anhang gefordert. Wir empfehlen Ihnen in diesem Fall das Studium von IAS 36.126 – 137.

Wenn Sie dachten, dies sei nun schon alles, was Sie für die Bilanzierung von Anlagevermögen nach IFRS wissen müssten, so müssen wir Sie an dieser Stelle leider enttäuschen. Zwei Ausnahmefälle kommen noch:

✔ Anlagevermögen, das Sie in naher Zukunft veräußern wollen

✔ Rendite-Immobilien

Nichts wie weg damit – Bewertung bei Veräußerungsabsicht

Wenn Sie vorhaben, Ihr Hab und Gut in Kürze zu verkaufen, liegt eine sogenannte *Veräußerungsabsicht* vor. Und in diesem Fall ist alles ein wenig anders.

Soll Anlagevermögen in der nächsten Zeit veräußert werden und somit nicht länger dem Unternehmen zur Nutzung dienen, gelten die besonderen Vorschriften des IFRS 5 »Zur Veräußerung gehaltene langfristige Vermögenswerte und aufgegebene Geschäftsbereiche«.

Wann eine Veräußerungsabsicht vorliegt

Eigentlich hatten Sie ja vor, Ihr Grundstück neben Ihrer Werkhalle weiterhin zu nutzen. Sie hatten geplant, hier eine größere Werkhalle zu errichten. Die Zeiten haben sich nun aber geändert und Ihre Kollegen haben eine andere Werkhalle gefunden, die angemietet werden soll. Da Ihr Grundstück in exponierter Lage ist, überlegt Ihr Chef, ob er das Grundstück nicht versilbern kann.

Soll ein langfristiger Vermögenswert nicht weiter genutzt, sondern verkauft werden, klassifizieren Sie diesen Posten als »Zur Veräußerung gehaltenen langfristigen Vermögenswert«.

Die IFRS-Sprachregelung spricht hier davon, dass der Buchwert nicht länger durch die fortgeführte Nutzung realisiert werden soll, sondern durch den Veräußerungserlös.

Am obigen Beispiel wird die Idee dahinter ganz deutlich. Bisher wollten Sie auf dem Grundstück bauen und es zur weiteren Produktion nutzen. Das Grundstück wurde unter den langfristigen Vermögenswerten im Sachanlagevermögen ausgewiesen. Nun wollen Sie das Grundstück aber lieber verkaufen und »Kasse machen«. Die weitere Nutzung steht nun hinten an. Durch die Umgliederung in die Position »Zur Veräußerung gehaltene langfristige Vermögenswerte« erfährt ein Außenstehender sofort, dass Sie hier einen Verkauf anstreben.

An die Erfassung eines langfristigen Postens als »Zur Veräußerung vorgesehen« sind jedoch einige Voraussetzungen geknüpft:

✔ **Unmittelbare Veräußerung:** Der Vermögenswert kann in seinem gegenwärtigen Zustand veräußert werden, es gibt also keine rechtlichen oder technischen Einwände gegen einen Verkauf.

✔ **Sehr wahrscheinlicher Verkauf:** Die folgenden vier Punkte sind allesamt erfüllt:

- Sie haben einen konkreten Verkaufsplan festgelegt und dieser ist vom Management abgenickt.
- Sie sind bereits aktiv auf der Suche nach einem Käufer und der von Ihnen geforderte Preis ist so vernünftig festgelegt worden, dass auch ein Käufer gefunden werden kann.
- Der Verkauf soll innerhalb der nächsten zwölf Monate abgeschlossen sein.
- Änderungen im Verkaufsplan sind eher unwahrscheinlich.

Nehmen Sie sich noch einmal unser Beispiel vor: Ihr Chef hat den Verkauf angeordnet und bereits einen Makler mit der Preisfindung und Käufersuche beauftragt. Die exponierte Lage lässt keinen Zweifel an einem zügigen Verkauf aufkommen. Es sind also alle Voraussetzungen erfüllt. Das Grundstück wird zum Bilanzstichtag aus dem Sachanlagevermögen in die Position »Zur Veräußerung gehaltene langfristige Vermögenswerte« umgegliedert.

5 ➤ Dauerhafte Werte: Anlagevermögen

Die oben genannten vier Voraussetzungen lassen sich in der Praxis eigentlich immer gut aufzeigen. Die Hauptfrage ist, ob Sie eine Umgliederung erreichen wollen oder nicht. Gerade die Punkte »aktive Käufersuche« und »Verkauf innerhalb von zwölf Monaten« können in viele Richtungen interpretiert werden. Dokumentation ist hier wieder alles!

Es kann natürlich auch vorkommen, dass Sie ganze Unternehmensteile oder Produktionsstätten veräußern wollen. Auch für diese gelten die vier Vorschriften. Berücksichtigen müssen Sie allerdings, dass zu einer sogenannten *Veräußerungsgruppe* auch Schulden gehören können, wenn diese mit verkauft werden sollen. Bei der Umgliederung in die Position »Zur Veräußerung gehaltene langfristige Vermögenswerte« dürfen Sie dort nur die Vermögenswerte der Veräußerungsgruppe erfassen. Die zu verkaufenden Schulden der Veräußerungsgruppe werden in einer extra Position auf der Passivseite der Bilanz ausgewiesen. Es bietet sich zum Beispiel der Ausweis als »Verbindlichkeiten im Zusammenhang mit zur Veräußerung gehaltenen Vermögenswerten« an.

Für Vermögenswerte, die stillgelegt werden sollen, treffen die Regelungen aus IFRS 5 nicht zu. Sie werden ja bis zur Stilllegung weiter genutzt und es besteht keine Absicht zur Veräußerung. Die geplante Stilllegung könnte allerdings ein Indikator für eine Wertminderung sein. Stichwort Impairment Test ...

Bewertung der Veräußerungsposten

Natürlich ist es mit der Umgliederung allein nicht getan. Wäre ja noch schöner. Wenn Sie einen Vermögenswert in die Position »Zur Veräußerung gehaltene langfristige Vermögenswerte« umgliedern, müssen Sie diesen mit dem niedrigeren der beiden folgenden Werte ansetzen:

✔ Buchwert des Vermögenswertes oder

✔ Verkaufspreis abzüglich geschätzter Verkaufskosten (Nettoveräußerungswert)

Liegt der Nettoveräußerungswert unter dem Buchwert, erfassen Sie im Zeitpunkt der Umgliederung eine außerplanmäßige Wertminderung in der Gewinn-und-Verlust-Rechnung.

Ab dem Zeitpunkt der Umgliederung in die Position »Zur Veräußerung gehaltene langfristige Vermögenswerte« dürfen Sie keine planmäßigen Abschreibungen mehr vornehmen. Der Vermögenswert bleibt mit dem Wert aus dem Umgliederungszeitpunkt in der Bilanz. Weitere Wertänderungen werden nur erfasst, wenn der Nettoveräußerungswert weiter sinkt oder wieder steigt – und zwar maximal bis zur Höhe des ursprünglichen Buchwertes.

Sie wollen Ihr Grundstück nun in die Position »Zur Veräußerung gehaltene langfristige Vermögenswerte« umgliedern. Aktuell ist das Grundstück mit EUR 2 Mio. in Ihren Büchern angesetzt. Der Makler bietet das Grundstück mit EUR 4 Mio. an und verlangt 5 % Courtage. Der Nettoveräußerungswert liegt bei EUR 3,8 Mio. (4 Mio. Verkaufspreis – 0,2 Mio. Courtage) und somit über dem Buchwert. Sie erfassen keine weitere Abschreibung. Tabelle 5.14 zeigt die notwendige Buchung.

Soll		Haben	
Zur Veräußerung gehaltene langfristige Vermögenswerte	2 Mio.	Grundstücke	2 Mio.

Tabelle 5.14: Umgliederung ohne Wertminderung

Läge der Veräußerungspreis bei EUR 1,5 Mio. würden Sie einen Nettoveräußerungspreis von EUR 1,425 Mio. erzielen. Dieser liegt unter dem Buchwert und erfordert eine außerplanmäßige Wertminderung. Die jetzt notwendigen Buchungen zeigt Tabelle 5.15.

Soll		Haben	
Außerplanmäßige Wertminderung	0,575 Mio.	Grundstücke	0,575 Mio.
Zur Veräußerung gehaltene langfristige Vermögenswerte	1,425 Mio.	Grundstücke	1,425 Mio.

Tabelle 5.15: Umgliederung mit Wertminderung

Auf die Nutzung kommt es an – Rendite-Immobilien

Ihr Unternehmen hat eine oder mehrere Immobilien, die Sie aber nicht selber nutzen, sondern an Dritte vermieten? Dann könnte dieser Abschnitt für Sie interessant sein. Wenn so etwas in Ihrem Unternehmen gar nicht vorkommt, ist das Kapitel Anlagevermögen für Sie hier beendet. Bei Interesse können Sie aber natürlich gern weiterlesen.

Erfassung von Rendite-Immobilien

Wenn Sie Grundstücke und Gebäude besitzen, haben Sie ja eigentlich immer zwei Möglichkeiten der Nutzung:

✔ Sie können die Immobilien selber nutzen als Produktionsgebäude, Verwaltungssitz, Parkplätze für Mitarbeiter oder so etwas Ähnliches.

✔ Sie können die Immobilien aber auch vermieten.

Im letzteren Fall spricht die IFRS-Rechnungslegung von *Rendite-Immobilien* oder auch *als Finanzinvestition gehaltene Immobilien*. Rendite-Immobilien hört sich aber besser an – und ist kürzer.

> Werden Grundstücke und Gebäude nicht zur eigenen Nutzung gehalten, sondern zur Erzielung von Mieteinnahmen oder Wertsteigerungen, so liegen Rendite-Immobilien vor. Die Regelungen dazu finden sich in IAS 40 »Als Finanzinvestition gehaltene Immobilien«.

Normalerweise betrachten Sie Immobilien als Anlagevermögen und wenden die in diesem Kapitel beschriebenen Vorschriften des IAS 16 an. Wenn Sie nun aber eine Rendite-Immobilie besitzen, dürfen Sie IAS 16 nicht mehr anwenden, sondern müssen sich auf IAS 40 konzentrieren.

5 ➤ Dauerhafte Werte: Anlagevermögen

Die Zuordnung eines Grundstückes oder Gebäudes als Rendite-Immobilie ist eigentlich immer recht einfach. Problematisch wird es meistens dann, wenn Sie die Immobilie gemischt nutzen.

> Ihr Verwaltungsgebäude ist recht groß und Sie benötigen den vielen Platz gar nicht. Da das Gebäude Ihnen gehört, haben Sie die leer stehenden Räumlichkeiten vermietet. Hier liegt eine gemischte Nutzung vor. Einen Teil nutzen Sie selber und mit einem Teil erzielen Sie Mieteinkünfte.

Wenn bei einer Immobilie eine gemischte Nutzung vorliegt, gehen Sie bei der Zuordnung folgendermaßen vor:

- ✔ Wenn Sie die einzelnen Teile, die unterschiedlich genutzt werden, einzeln verkaufen könnten, so teilen Sie die Immobilie auf. Den selbst genutzten Teil ordnen Sie dem Anlagevermögen zu und den vermieteten Teil ordnen Sie den Rendite-Immobilien zu.

- ✔ Wenn Sie die einzelnen Teile nicht einzeln verkaufen können, liegt eine Rendite-Immobilie nur dann vor, wenn Sie lediglich einen unbedeutenden Teil selber nutzen.

> Wie groß ein unbedeutender Teil ist, ist leider nicht festgelegt. Sie können sich also selbst überlegen, was für Sie »unbedeutend« heißt. Als Hausnummer verwenden Sie vielleicht erst einmal 15 Prozent und ziehen damit in die Diskussion mit Ihrem Prüfer.

Bewertung von Rendite-Immobilien

Beim *erstmaligen Ansatz* bewerten Sie Rendite-Immobilien mit den Anschaffungskosten beim Kauf oder mit den Herstellungskosten, wenn Sie das Gebäude eigenhändig hochgezogen haben. Die Ermittlung der Anschaffungs- oder Herstellungskosten erfolgt genau so, wie Sie das bereits von dem normalen Sachanlagevermögen kennen. Schauen Sie doch einfach noch mal am Anfang dieses Kapitels nach.

Für die *Folgebewertung* haben Sie dann wieder die Qual der Wahl und dürfen zwischen zwei Möglichkeiten auswählen.

- ✔ **Das Anschaffungskostenmodell:** Sie legen eine Nutzungsdauer fest und schreiben das Gebäude über seine Nutzungsdauer planmäßig ab. Grundstücke schreiben Sie natürlich nicht ab. Wenn Sie eine außerplanmäßige Wertminderung vermuten, wenden Sie auch hier die Regelungen zum Wertminderungstest an. So weit nichts Neues im Vergleich zur Bilanzierung von Sachanlagen.

- ✔ **Das Marktwertmodell:** Diese zweite Möglichkeit erfordert eine jährliche Ermittlung des aktuellen Marktwertes der Immobilie. Den Marktwert setzen Sie in der Bilanz an und erfassen Schwankungen im Marktwert von einer Periode zur anderen sofort als Aufwand oder Ertrag.

Das Anschaffungskostenmodell ist Ihnen jetzt schon hinreichend bekannt. Lesen Sie dazu bitte noch einmal auf den vorhergehenden Seiten nach.

Wenn Sie sich für das Marktwertmodell entscheiden, haben Sie einiges zu tun. Im besten Fall bieten Sie die Immobilie jährlich zum Kauf an und ermitteln so den aktuellen Zeitwert. Dies wird aber nicht immer möglich sein. In diesem Falle müssen Sie ein Marktwertgutachten einholen.

Gutachten über den Marktwert von Immobilien sollten Sie immer von Experten durchführen lassen. Diese geben Ihnen Brief und Siegel auf den aktuellen Wert der Immobilie. Dadurch haben Sie hinterher weniger Erklärungsnot gegenüber dem Prüfer. Obwohl dieser das Gutachten immer noch einmal kritisch hinterfragen wird.

Den ermittelten Marktwert setzen Sie dann in Ihrer Bilanz zum Stichtag an. Ändert sich der Marktwert von einer Periode zur anderen, so müssen Sie die Änderung in der Gesamtergebnisrechnung erfassen. Planmäßige Abschreibungen werden dann natürlich nicht erfasst.

Sie vermieten ein von Ihnen nicht genutztes Gebäude an einen Dritten. Bei Erwerb im letzten Jahr haben Sie dafür EUR 1,5 Mio. gezahlt. Da Sie sich für das Marktwertmodell entschieden haben, lassen Sie zum folgenden Bilanzstichtag ein Gutachten anfertigen. Die Zeiten sind gut und somit auch die erzielbaren Mieterträge. Der Gutachter ermittelt einen Wert von EUR 2 Mio. In Ihrer Bilanz setzen Sie das Gebäude nun mit EUR 2 Mio. an. Die Differenz in Höhe von EUR 0,5 Mio. erfassen Sie als Ertrag im Ergebnis. Im folgenden Jahr wird neben Ihrem Gebäude ein Atomkraftwerk errichtet. Die möglichen Mieterträge sinken dramatisch und der Gutachter ermittelt nur noch einen Wert von EUR 0,5 Mio. Auch diesen Wert müssen Sie wieder als Buchwert der Renditeimmobilie ansetzen und leider auch den Aufwand in Höhe von EUR 1,5 Mio. berücksichtigen.

Sie sehen schon. Bei Anwendung des Marktwertmodells sind Sie sämtlichen Wertschwankungen nach oben und unten ausgesetzt. Eine exakte Ergebnisplanung wird hier schwer sein. Sie können immer wieder von starken Wertschwankungen erwischt werden, die Ihnen dann das geplante Ergebnis vermiesen.

Ausweis von Rendite-Immobilien

Rendite-Immobilien werden nicht im Anlagevermögen unter den Sachanlagen ausgewiesen. Hier gehören nur die selbst genutzten Immobilien rein.

Rendite-Immobilien werden als eigenständige Bilanzposition ausgewiesen. Ihrem Charakter entsprechend erfolgt ein Ausweis unter Finanzanlagen.

Fremde Werte: Leasing

In diesem Kapitel

▶ Klassifizierung von Leasingverhältnissen gemäß IAS 17

▶ Bilanzierung von Leasingverhältnissen und Sale-and-lease-back-Transaktionen nach IFRS

▶ Identifizierung von Leasingsachverhalten gemäß IFRIC 4

*W*er nicht kaufen will, kann leasen. In diesem Kapitel geht es um die bilanzielle Behandlung von Leasing nach IFRS. Im Privatbereich kennt fast jeder das Leasing von Autos. Aber was heißt Leasing konkret? Lassen Sie uns mit einer Definition beginnen:

> Unter *Leasing* versteht man eine Finanzierungsform, bei der ein Wirtschaftsgut (Leasinggegenstand) vom Leasinggeber dem Leasingnehmer gegen Bezahlung für einen bestimmten Zeitraum zur Nutzung überlassen wird.

Und was heißt das nun für die Bilanzierung nach IFRS? Wem gehört das geleaste Objekt? Wer muss es in seiner Bilanz ausweisen? Und wie?

Auf die wirtschaftliche Betrachtung kommt es an: Finance- und Operating-Leasing

Knackpunkt bei der Bilanzierung von Leasingverträgen ist immer die Frage, wer die mit dem Leasinggut verbundenen Chancen und Risiken trägt (siehe dazu Tabelle 6.1). Die Beantwortung dieser Frage regelt dann, bei wem das Leasinggut in der Bilanz im Anlagevermögen und sogar auf der Passivseite auftaucht.

Chancen	Risiken
• Gewinnbringende Nutzung des Leasinggutes • Möglichkeit zur Realisierung von Wertsteigerungen • Beteiligung an einem eventuellen Verkaufserlös	• Technische Veralterung während der Leasingdauer • Negative Entwicklung der wirtschaftlichen Rahmenbedingungen • Verluste aufgrund von Leerstand oder Nichtnutzung, da es sich um einen Ladenhüter handelt

Tabelle 6.1: Mögliche Chancen und Risiken am Leasinggut

Am Anfang aller Überlegungen zur Bilanzierung eines Leasingverhältnisses steht daher die Einteilung des Vertrags in die zwei nach IFRS möglichen Kategorien von Leasingverträgen.

> **»Substance over form«: Es ist oft anders als es scheint**
>
> Unter IFRS sollten Sie auf alles einen zweiten Blick werfen, denn ein bilanzieller Sachverhalt darf nicht danach beurteilt werden wie er auf den ersten Blick zu sein scheint oder wie er gar vertraglich ausgestaltet ist. Das Einzige, was nach IFRS zählt, ist die wirtschaftliche Intention und Wirkung. Allerdings benötigen Sie dazu oft viel Erfahrung, ein geschultes Auge oder einen zweiten Blick.

> **Typische Elemente eines Leasingvertrags**
>
> Leasingverträge sind überall auf dieser Welt meist in einer unverständlichen Juristensprache geschrieben; schrecken Sie davor nicht zurück und konzentrieren Sie sich auf das Wesentliche:
>
> ✔ **Laufzeit:** Unkündbare (Mindest-)Zeitperiode, über die der Leasingnehmer das Leasinggut nutzt. Eventuell kommen optionale Zeiträume hinzu, sofern deren Inanspruchnahme schon zu Beginn hinreichend sicher ist. Nehmen wir einmal an, die Firma »Lieschen Müller« least einen kleinen, aber schicken Lieferwagen, um früh morgens ihre Kunden mit frischen Brötchen zu beliefern. Sie least den Wagen für fünf Jahre.
>
> ✔ **Leasingrate:** Sie ist das Nutzungsentgelt (ohne abziehbare Vorsteuer), das der Leasingnehmer für die Überlassung des Leasinggutes zahlt. Allerdings müssen Sie für die Anwendung des IAS 17 Beträge für Service, Wartung oder Versicherung herausrechnen, denn sie gehören nicht zu den Anschaffungskosten, sondern zu den laufenden Nebenkosten. »Lieschen Müller« zahlt zum Beispiel pro Monat EUR 500 für den Lieferwagen, muss sich dafür aber nicht mehr zusätzlich um Wartung, Service oder Versicherung kümmern. Das ist alles in den Leasingkosten schon mit enthalten; der darauf entfallende Teil gehört nicht zur Leasingrate.
>
> ✔ **An- und Abschlusszahlungen:** Das sind Sonderzahlungen zu Beginn oder Ende der Laufzeit, die vereinbart werden, um die laufenden Leasingzahlungen zu reduzieren oder die der Kompensation eines unsicheren Restwertverlaufs des Leasinggutes dienen. »Lieschen Müller« und ihr Leasinggeber vereinbaren, dass bei dem Leasing des Lieferwagens eine einmalige Zahlung zu Vertragsbeginn in Höhe von EUR 5.000 geleistet wird: Das tut sie gern, denn dadurch zahlt sie nun nur noch EUR 300 pro Monat.
>
> ✔ **Kaufoption:** Hier erhält der Leasingnehmer das Recht, das Leasinggut nach Ablauf des Leasingvertrags zu kaufen. Lieschen bekommt also die Möglichkeit, nach Ablauf der Leasingzeit den Lieferwagen zu kaufen.
>
> ✔ **Eigentumsübergang:** Manchmal wird auch der automatische Eigentumsübergang auf den Leasingnehmer am Ende der Laufzeit vereinbart. Das heißt, nach Ablauf der Leasingzeit gehört der Lieferwagen automatisch der Firma »Lieschen Müller«. Wer würde den völlig verschrammten Lkw sonst auch noch haben wollen?

> ✔ **Restwert, garantiert:** Der Teil des Restwerts am Ende der Laufzeit, der dem Leasinggeber vom Leasingnehmer oder einer dritten Partei im Leasingvertrag schriftlich garantiert wird. Lieschen Müller garantiert ihrem Leasinggeber, der Auto-Bank, dass der Lieferwagen am Ende des Leasingvertrags mindestens noch EUR 10.000 wert ist, da sie pro Jahr nur 10.000 km fährt und das Fahrzeug stets sauber hält.
>
> ✔ **Restwert, nicht garantiert:** Der Teil des Restwerts am Ende der Laufzeit, dessen Realisierung beim Leasinggeber nicht gesichert ist. Lieschen Müller kann und will ihrem Leasinggeber nicht garantieren, dass sie die fünf Jahre unfallfrei mit dem geleasten Lieferwagen fährt.

Die Einteilung eines Leasingvertrags in die zwei nach IFRS möglichen Arten nennt man auch »Klassifizierung des Leasingverhältnisses«.

Je nach rechtlicher Ausgestaltung kann ein Leasingverhältnis entweder mehr einer Miete oder einem Kauf auf Raten ähnlen. Unabhängig vom rechtlichen Eigentum (*substance over form*) werden Leasingverhältnisse sowohl nach HGB als auch nach IFRS wie folgt unterschieden:

1. **Finance-Leasing:** Es entspricht eher einem »auf Pump« finanzierten *Ratenkauf*. Das Leasinggut gehört zwar rechtlich dem Leasinggeber, aber das wirtschaftliche Eigentum liegt beim Leasingnehmer. In einem solchen Fall muss der Leasingnehmer das Leasinggut bilanzieren.

2. **Operating-Leasing:** Hier liegt inhaltlich ein klassisches *Mietverhältnis* vor. Daher bleibt das Leasinggut im wirtschaftlichen Eigentum des Leasinggebers und der Leasinggeber muss es deshalb auch bilanzieren.

Aber Vorsicht! In der Praxis enthalten Leasingverträge oft Elemente beider Vertragsformen. Sie müssen daher immer im Einzelfall entscheiden, welche Leasingform vorliegt.

Sie treffen hier schon wieder einen zentralen Baustein der IFRS-Rechnungslegung an: *substance over form*.

Zum Glück gibt der für uns relevante IAS 17 »Leasingverhältnisse«, ähnlich den deutschen steuerlichen Leasingerlassen, für die Vertragsklassifizierung mehr oder weniger klare Kriterien vor.

Klassifizierungskriterien

Ein *Finance-Leasing* mit Zurechnung des wirtschaftlichen Eigentums beim Leasingnehmer, liegt gemäß IAS 17.10 vor, wenn *mindestens eines* der folgenden Kriterien erfüllt ist:

1. **Automatischer Eigentumsübergang:** Das Eigentum am Leasinggut geht zum Ende der Laufzeit des Leasingverhältnisses automatisch auf den Leasingnehmer über.

2. **Günstige Kaufoption:** Der Leasingnehmer hat eine günstige Kaufoption mit einem Kaufpreis unterhalb des dann erwarteten Marktwerts.

3. **Laufzeittest:** Die Grundmietzeit des Leasinggutes umfasst den überwiegenden Teil (Interpretationsspielraum, aber in der Regel größer als 75 Prozent) seiner wirtschaftlichen Nutzungsdauer.

4. **Barwerttest:** Der abgezinste Gegenwartswert (Barwert) der Mindestleasingzahlungen zu Beginn des Leasingverhältnisses entspricht im Wesentlichen mindestens (Interpretationsspielraum, aber in der Regel größer als 90 Prozent) dem Marktpreis des Leasinggutes.

5. **Spezialleasing:** Das Leasinggut hat eine spezielle Beschaffenheit, sodass es ohne wesentliche Veränderungen nur vom Leasingnehmer genutzt werden kann.

Der *Barwert* ist der Gegenwartswert zukünftiger Zahlungen. Im einfachsten Fall ermitteln Sie den heutigen Wert einer einzelnen, zukünftigen Zahlung durch Abzinsung mit der folgenden Formel:

$$\text{Barwert} = \text{Zahlung} \times (1 + \text{Zinssatz}/100)^{-\text{Laufzeit}}$$

Bis auf wenige Ausnahmen in IAS 17.11 kann *in allen anderen Fällen* davon ausgegangen werden, dass die Chancen und Risiken beim Leasinggeber verbleiben und somit ein *Operating-Leasing* vorliegt. Normalerweise handelt es sich bei den Leasingverträgen um Operating-Leasing, da die Leasingnehmer das Leasinggut ohne Risiko nur vorübergehend nutzen wollen.

Zusätzliche Beurteilungshilfen zur Klassifizierung

Falls eine Vertragsklassifizierung nicht eindeutig ist, gibt IAS 17.11 weitere Beurteilungshilfen, die für eine Zurechnung beim Leasingnehmer (Finance-Leasing) sprechen:

✔ Der Leasingnehmer trägt die Verluste aus einer vorzeitigen Vertragsauflösung.

✔ Gewinne und Verluste aus Restwertschwankungen trägt der Leasingnehmer.

✔ Der Leasingnehmer hat eine günstige Mietverlängerungsoption.

Leasing von Grund und Boden

Für die Klassifizierung von Leasingverhältnissen über Grund und Boden gelten Sonderregelungen (IAS 17.14 f.). Grundstücks- und Gebäudekomponente werden dabei getrennt voneinander behandelt. Die Leasingzahlungen werden dafür im Verhältnis der relativen Marktwerte beider Komponenten aufgeteilt. Der Grund und Boden wird normalerweise als Operating-Leasing klassifiziert, es sei denn, das Eigentum geht am Ende der Laufzeit automatisch oder durch eine günstige Kaufoption auf den Leasingnehmer über. Die Gebäudekomponente wird entsprechend der obigen Kriterien klassifiziert.

6 ➤ Fremde Werte: Leasing

Das Prüfschema in Abbildung 6.1 wird Ihnen bei der Klassifizierung von normalen Leasingverhältnissen helfen.

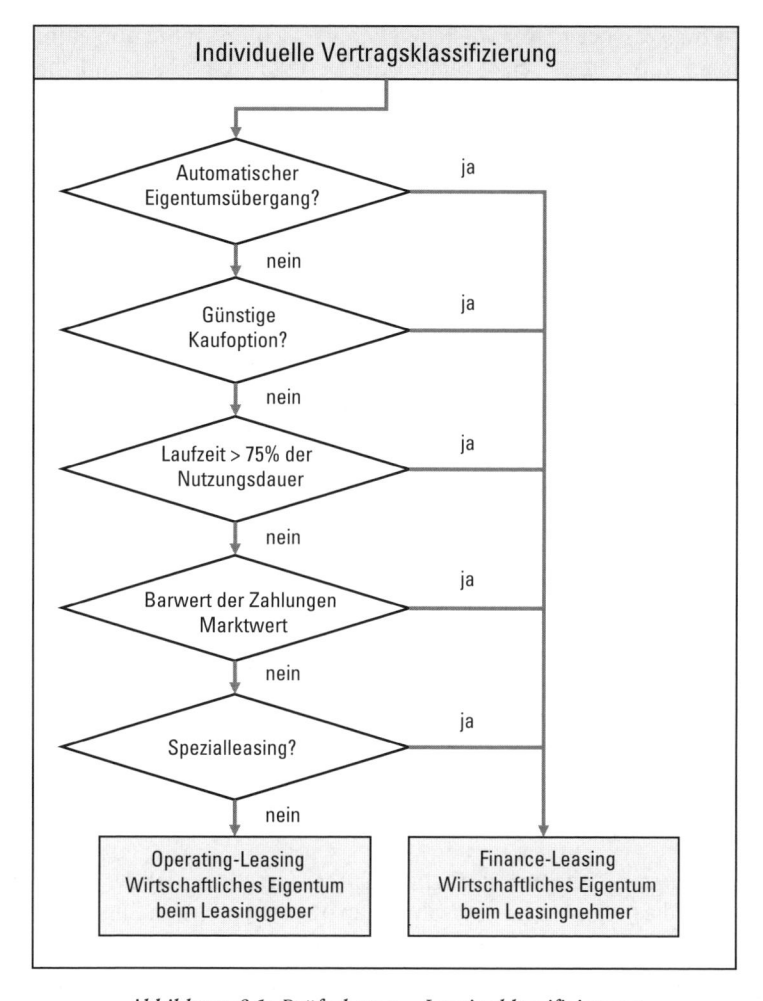

```
Individuelle Vertragsklassifizierung
         │
         ▼
   Automatischer          ja
   Eigentumsübergang? ──────────┐
         │ nein                 │
         ▼                      │
   Günstige               ja    │
   Kaufoption? ──────────────────┤
         │ nein                 │
         ▼                      │
   Laufzeit > 75% der     ja    │
   Nutzungsdauer ────────────────┤
         │ nein                 │
         ▼                      │
   Barwert der Zahlungen  ja    │
   Marktwert ────────────────────┤
         │ nein                 │
         ▼                      │
   Spezialleasing?        ja    │
   ──────────────────────────────┤
         │ nein                 │
         ▼                      ▼
   Operating-Leasing      Finance-Leasing
   Wirtschaftliches       Wirtschaftliches
   Eigentum               Eigentum
   beim Leasinggeber      beim Leasingnehmer
```

Abbildung 6.1: Prüfschema – Leasingklassifizierung

Bei der Identifikation von Leasingverhältnissen ergibt sich häufig das Problem, dass die zugrunde liegenden Verträge oft nicht ausdrücklich als Leasing-, Miet- oder Ratenkaufvertrag gekennzeichnet sind. In einem solchen Fall sollten Sie zunächst anhand der Kriterien des IFRIC 4 überprüfen, ob ein Leasingverhältnis vorliegt. Mehr dazu finden Sie weiter hinten in diesem Kapitel im Abschnitt »Undercover: Verdeckte Leasingverhältnisse«.

Holen Sie bitte noch einmal kurz Luft, bevor wir gleich gemeinsam die unterschiedliche Behandlung der verschiedenen Leasingtypen in den IFRS-Abschlüssen der beteiligten Parteien besprechen.

Bilanzierung beim Leasinggeber

Damit Sie sich die bilanzielle Behandlung von Leasingverhältnissen aus der unterschiedlichen Sicht beider Vertragspartner besser vorstellen können, schlüpfen Sie nun einmal in die Rolle des Leasinggebers »Lisa Meier Jets«. Stellen Sie sich vor, Sie sind rechtlicher Eigentümer mehrerer Passagierflugzeuge, die Sie an Ihre Kunden vermieten.

Finance-Leasingverhältnisse

Sofern Sie einen neuen Leasingvertrag als Finance-Leasing klassifiziert haben (zu den Kriterien siehe den Abschnitt »Klassifizierungskriterien« weiter vorn in diesem Kapitel), sind die wesentlichen mit dem Passagierflugzeug verbundenen Chancen und Risiken auf Ihren Kunden übergegangen. Obwohl Sie natürlich weiterhin der rechtliche Eigentümer des Flugzeugs sind, liegt das wirtschaftliche Eigentum nun bei Ihrem Kunden.

Sofern Sie das Flugzeug bislang mit allen seinen Komponenten im Anlagevermögen bilanziert hatten, scheidet es wie bei einem normalen Verkauf mit Gewinn oder Verlust aus Ihrer IFRS-Bilanz aus. Sofern das Flugzeug bei Ihnen zum Verkauf im Rahmen des laufenden Geschäftsbetriebs vorgesehen war, scheidet es alternativ aus Ihrem Vorratsvermögen aus.

In jedem Fall müssen Sie das Finance-Leasingverhältnis gemäß IAS 17.36 zu Beginn der Laufzeit in Ihrer IFRS-Bilanz als Forderung in Höhe des Nettoinvestitionswertes unter »Finanzielle Vermögenswerten« ausweisen.

Der *Nettoinvestitionswert* in das Leasingverhältnis entspricht am Anfang des Leasingvertrags praktisch dem Marktwert des Leasinggegenstands und muss vom Leasinggeber erst einmal vorgestreckt werden. Der Leasinggeber versucht natürlich, sich dieses Geld von Ihnen als Leasingnehmer über die Laufzeit (zurück) bezahlen zu lassen und zusätzlich noch Zinsen zu verlangen. Wie viel Zinsen das genau sind, hängt davon ab, welche Renditewünsche der Leasinggeber hat.

Der Zinssatz, mit dem Sie diese zusätzlichen Zinsen berechnen, ist der sogenannte *interne Zinssatz*. Wenn Sie die gesamten Leasingzahlungen mit dem internen Zinssatz abzinsen, bleibt als Barwert der Marktwert sozusagen übrig.

Wenn Sie als Leasingnehmer den Gegenstand nur kurz mieten, wird der Leasinggeber zusätzlich darauf achten, dass er im Anschluss einen anderen Leasingnehmer für das gebrauchte Objekt findet oder zumindest den Gegenstand wieder zum verbleibenden Restwert gut verkaufen kann. Für die Berechnung des internen Zinssatzes wird er aber erst einmal davon ausgehen, dass der Restwert immer erzielt werden kann oder sich vielleicht sogar noch ein Gewinn aus dem Verkauf erzielen lässt. Der Restwert ist dann zwar nicht garantiert, aber wird wie eine Zahlung berücksichtigt; siehe hierzu auch Abbildung 6.2.

Entspricht der aktuelle Buchwert des Flugzeugs den Anschaffungskosten und wurde es zu marktüblichen Konditionen gekauft, so ergeben sich aus der gleichzeitigen Ausbuchung des Flugzeugs und der Einbuchung der Forderung keine ergebniswirksamen Buchungen in Ihrem Abschluss.

6 ➤ Fremde Werte: Leasing

Veräußerungsgewinne oder -verluste

Eine Identität von Buchwert und Marktwert liegt in folgenden Fällen nicht vor:

✔ Sie sind *Hersteller oder Händler* und wollen mit dem Leasingvertrag primär einen Veräußerungsgewinn erzielen. Mehr dazu erfahren Sie im Abschnitt »Leasing als Mittel der Verkaufsförderung« weiter hinten in diesem Kapitel.

✔ Sie sind als Leasinggeber auf bestimmte Branchen oder Produkte spezialisiert und können das Leasinggut zu besonders günstigen *Konditionen unter Marktwert* beschaffen.

✔ Es handelt sich um ein *gebrauchtes Leasinggut,* bei dem der aktuelle Buchwert vom Marktwert abweicht.

In diesen Fällen entstehen Veräußerungsgewinne oder -verluste. Sie müssen IAS 17.42 ff. anwenden, der für Leasinggeber gilt, die Leasinggüter herstellen oder mit ihnen handeln.

Die Ihnen zufließenden Leasingraten können Sie nun nicht mehr »ganz einfach« als Leasingertrag in der GuV erfassen. Sämtliche Leasingraten, die Ihnen aus der Vermietung des Flugzeugs zufließen, müssen Sie in einen Tilgungs- und einen Zinsanteil aufteilen. Der Tilgungsanteil dient der Rückführung Ihrer Forderung, während der Zinsanteil Ihre Bezahlung für die Finanzierung des Flugzeugs gegenüber Ihrem Kunden darstellt. Zum Beginn der Laufzeit entspricht der Barwert aller Zinsanteile dem noch nicht realisierten Finanzertrag.

Die Aufteilung in Zins und Tilgung und damit Ihre ergebniswirksame Vereinnahmung der laufenden Zinserträge müssen Sie gemäß IAS 17.39 f. so vornehmen, dass eine konstante Verzinsung der noch ausstehenden Forderung erreicht wird.

Sofern Sie Ihre IFRS-Bilanz nach Fristigkeit gliedern, müssen Sie zum Bilanzstichtag Ihre Leasingforderungen in einen kurzfristigen und einen langfristigen Teil aufgliedern. Kurzfristige Forderungen führen innerhalb von zwölf Monaten zu einem Zahlungsmittelzufluss, langfristige erst danach.

Leasing als Mittel der Verkaufsförderung

Neben reinen Leasinggesellschaften treten auch immer mehr Hersteller oder Händler als Leasinggeber auf. Diese bieten ihren Kunden die Möglichkeit, Produkte entweder direkt zu erwerben oder aber nach dem Motto »Geiz ist geil« günstig zu leasen.

Stellen Sie sich vor, Sie sind Verkaufsleiter der Firma »Auto auf vier Rädern«; Sie machen Ihrem Kunden »Lieschen Müller« alternativ zur gängigen Möglichkeit, einen Lieferwagen zu kaufen, auch ein Leasingangebot. Entscheidet sich unsere Frau Müller nun dafür, ein Produkt zu leasen statt zu kaufen, so müssen Sie dieses Leasingverhältnis nach den allgemeinen Kriterien des IAS 17.7 ff. klassifizieren.

Sofern Sie das Leasingverhältnis als Finance-Leasing klassifizieren, bei dem Ihr Kunde das wirtschaftliche Eigentum am Leasinggut erwirbt, so entspricht die Transaktion wirtschaftlich einem Veräußerungsgeschäft, bei dem in der Regel ein Gewinn oder Verlust erzielt wird. Diesen erfassen Sie wie bei einem normalen Verkauf. Lediglich die Bezahlung des Kaufpreises erfolgt verteilt über die Laufzeit des Leasingvertrags und Sie als Leasinggeber erzielen neben dem Verkaufserlös regelmäßige Finanzerträge aus der Finanzierung des Kaufpreises.

Als Leasinggeber zeigen Sie daher zu Beginn der Leasingvereinbarung in Ihrer Gewinn-und-Verlust-Rechnung Umsatzerlöse in Höhe des marktüblichen Verkaufspreises. Diesen steht Aufwand in Höhe der Anschaffungs-/Herstellungskosten des Leasinggutes gegenüber. Sofern allerdings der Restwert nicht vom Leasingnehmer garantiert wird, kann insofern noch kein Verkaufsgewinn gezeigt werden.

Operating-Leasingverhältnisse

Haben Sie als Leasinggeber von Passagierflugzeugen einen Ihrer Leasingverträge bei »Lisa Meier Jets« als Operating-Leasing klassifiziert, so behalten Sie neben dem rechtlichen Eigentum auch das für die bilanzielle Zuordnung nach IFRS ausschlaggebende wirtschaftliche Eigentum an Ihrem Passagierflugzeug.

Die einem Operating-Leasing zugrunde liegenden, vermieteten Vermögenswerte müssen Sie gemäß IAS 17.49 in der entsprechenden Anlageklasse Ihres Anlagevermögens ausweisen und entsprechend den einschlägigen Standards (für Passagierflugzeuge ist das der bereits bekannte IAS 16 »Sachanlagevermögen«) bilanzieren.

Die laufenden Leasingerträge aus der Vermietung des Passagierflugzeugs erfassen Sie gemäß IAS 17.50 linear über die Laufzeit des Leasingverhältnisses, sofern nicht eine andere planmäßige Verteilung eher dem zeitlichen Nutzenverlauf entspricht.

Wir verkaufen, verleasen und verbuchen

Stellen Sie sich vor, »Auto auf vier Rädern« hat nun ein kleineres Leasinggut, sagen wir einen italienischen Kleinwagen, zu Herstellkosten in Höhe von EUR 5.000 produziert, den es üblicherweise für EUR 5.500 verkauft. Zum Jahresbeginn schließt Ihr Unternehmen mit »Lieschen Müller« statt eines Kaufvertrags einen »Geiz ist geil«-Leasingvertrag. Die Vereinbarung sieht zum Ende der Laufzeit einen Eigentumsübergang auf den Kunden gegen eine Abschlusszahlung vor.

Der Ihnen vorliegende Leasingvertrag enthält folgende Daten:

- ✔ Laufzeit 2 Jahre

- ✔ Leasingraten EUR 2.800 p.a. am Jahresende

- ✔ Abschlusszahlung EUR 500 am Laufzeitende

- ✔ Finanzierungszinssatz 8 %

Da der Barwert der Leasingraten mit EUR 5.422 im Wesentlichen dem Marktwert entspricht und ein automatischer Eigentumsübergang vereinbart wurde, sollten Sie die »Bella Machina« in jedem Fall als Finance-Leasing klassifizieren und »Lieschen Müller« muss sie in ihrem Anlagevermögen bilanzieren. Sie bilanzieren in Ihrem Unternehmen die Verkaufstransaktion und

6 ▶ Fremde Werte: Leasing

das daraus resultierende Finance-Leasing. Tabelle 6.2 enthält alle notwendigen Berechnungsergebnisse.

Werte in EUR	Rate	Restzahlung	Barwert	Forderung	Tilgung	Zins
Jahresbeginn	–	–	–	5.422	–	–
Jahr 1	2.800	0	2.593	3.056	2.366	434
Jahr 2	2.800	500	2.829	0	3.056	245
Summe	**5.600**	**500**	**5.422**	–	**5.422**	**678**

Tabelle 6.2: Beispiel zur Leasingbilanzierung (Leasinggeber)

Zum Jahresbeginn verbuchen Sie die Verkaufs- und Leasingtransaktion wie in Tabelle 6.3 dargestellt im IFRS-Abschluss.

Soll		Haben	
Bestandsveränderung	5.000	Vorräte	5.000
Leasingforderung	5.422	Umsatzerlöse	5.422

Tabelle 6.3: Buchung zum Jahresbeginn

Am Ende des Jahres 1 müssen Sie die Verkaufs- und Leasingtransaktion wie in Tabelle 6.4 dargestellt verbuchen.

Soll		Haben	
Bank	2.800	Leasingforderung	2.366
		Zinsertrag	434

Tabelle 6.4: Buchung zum Ende des Jahres 1

Anhangangaben des Leasinggebers

Wenn Sie als Leasinggeber Operating- oder Finance-Leasingverhältnisse im IFRS Abschluss bilanzieren, dürfen Sie nicht vergessen, die erforderlichen Zusatzinformationen in Ihrem Anhang offenzulegen.

Für alle Ihre Finance-Leasingverhältnisse:

✔ Eine zusammengefasste Überleitungsrechnung von der Bruttoinvestition in das Leasingverhältnis zum Barwert der Mindestleasingzahlungen

✔ Die Bruttoinvestition und den Barwert der ausstehenden Mindestleasingzahlungen getrennt für das nächste Jahr, die Jahre 2 bis 5 zusammengefasst sowie zusammengefasst für alle Zeiträume über fünf Jahre

✔ Die Summe der noch nicht realisierten Finanzerträge

✔ Die Höhe von nicht garantierten Restwerten bei den Bruttoinvestitionen

- ✔ Die kumulierten Wertberichtigungen auf uneinbringliche, ausstehende Mindestleasingzahlungen (also Forderungen) von Kunden
- ✔ Eine allgemeine Beschreibung der wesentlichen Leasingvereinbarungen

Für Ihre Operating-Leasingverhältnisse:

- ✔ Die gesamten Mindestleasingzahlungen aus unkündbaren Operating-Leasingverhältnissen als Gesamtbetrag und getrennt für das nächste Jahr, die Jahre 2 bis 5 zusammengefasst sowie zusammengefasst für alle Zeiträume über fünf Jahre
- ✔ Eine allgemeine Beschreibung der wesentlichen Leasingvereinbarungen

Bilanzierung beim Leasingnehmer

Nachdem wir Sie bis hierhin mit der möglicherweise etwas ungewohnten Rolle des Leasinggebers gequält haben, dürfen Sie nun die etwas bequemere Brille des Leasingnehmers aufsetzen.

Finance-Leasingverhältnisse

Wird Ihnen ein Leasingvertrag vorgelegt, den Sie auf Basis des bis jetzt Gelernten als *Finance-Leasing* klassifizieren, so ist Ihr Unternehmen als wirtschaftlicher Eigentümer verpflichtet, das Leasinggut in seinem IFRS-Abschluss zu bilanzieren. Außerdem führt dieser »Finanzkauf« auch dazu, dass Sie eine finanzielle Verbindlichkeit auf der Passivseite Ihrer Bilanz ansetzen müssen.

Sie setzen dazu das Leasinggut zu Beginn der Laufzeit des Leasingverhältnisses in Ihrer IFRS-Bilanz gleichzeitig unter der passenden Anlageklasse als Anlagevermögen und unter den »Finanziellen Schulden« als Leasingverbindlichkeit an. Der Ansatz erfolgt in Höhe des niedrigeren Betrags aus:

1. Marktwert der Mindestleasingzahlungen
2. Barwert der Mindestleasingzahlungen

Nachdem Sie die Zugangsbewertung beim Finance-Leasing aus der Perspektive beider Vertragsparteien kennengelernt haben, stellen wir den Zusammenhang zwischen Zahlungen, Bewertung und Bilanzierung beim Leasingnehmer und -geber noch mal in einer Grafik übersichtlich nebeneinander dar (siehe Abbildung 6.2). Dies wird Ihnen auch helfen, den Unterschied zwischen Mindestleasingzahlungen, Brutto- und Nettoinvestitionen und den verschiedenen Barwerten zu verstehen.

Bei einer Umstellung auf IFRS hat die Aktivierung von Leasinggütern aufgrund von Finance-Leasingverhältnissen gemäß IAS 17 regelmäßig erhebliche bilanzielle Auswirkungen beim Leasingnehmer. Durch die »Verlängerung« der Bilanz auf der Aktiv- und Passivseite verschlechtern sich wichtige Bilanzkennzahlen wie etwa die Eigenkapitalquote und die Gesamtkapitalrentabilität.

6 ➤ Fremde Werte: Leasing

Zahlungen, Bewertungen und Bilanzierung beim Finance-Leasing

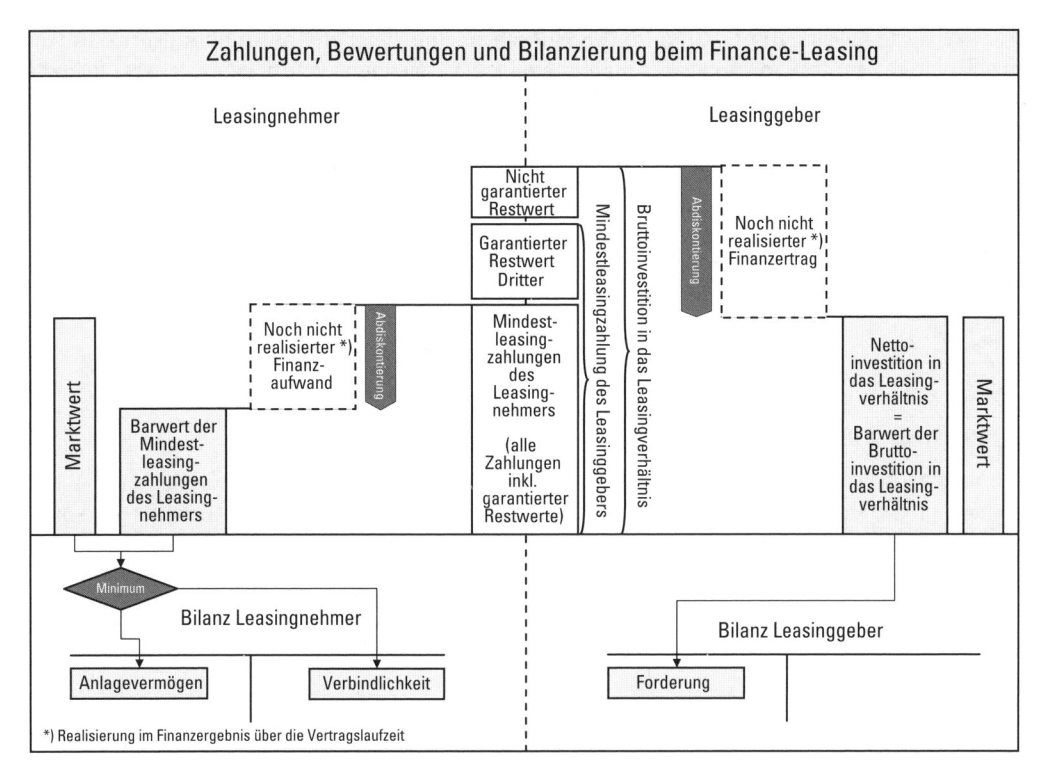

Abbildung 6.2: Bilanzierung beim Finance-Leasing

Verwenden Sie zur Ermittlung des Barwerts der Mindestleasingzahlungen den Zinssatz, der beim Leasinggeber dem Leasingverhältnis zugrunde liegt. Falls dieser nicht vorliegt, verwenden Sie den Fremdkapitalzinssatz Ihres Unternehmens. Im besten Fall haben Sie einen Fremdkapitalzinssatz für Ihr Unternehmen vorliegen, der für eine Finanzierung über eine ähnliche Laufzeit wie derjenige des Leasingvertrags zur Anwendung kam.

Auch als Leasingnehmer können Sie die abfließenden Leasingraten nun nicht mehr »ganz einfach« als Leasingaufwand in der GuV erfassen. Wie als Leasinggeber, müssen Sie auch als Leasingnehmer alle Leasingzahlungen in einen Zins- und einen Tilgungsteil aufteilen. Verteilen Sie den Zinsanteil auch hier so, dass über die Laufzeit des Leasingverhältnisses ein konstanter Zinssatz auf die verbleibende Leasingverbindlichkeit entsteht.

> Wenn Sie Ihre IFRS-Bilanz nach Fristigkeit gliedern, müssen Sie zum Bilanzstichtag Ihre Leasingverbindlichkeiten in einen kurzfristigen und einen langfristigen Teil aufgliedern. Kurzfristige Verbindlichkeiten führen innerhalb von zwölf Monaten zu einem Zahlungsmittelabfluss, langfristige erst danach.

Für aktivierte Leasinggüter gelten im IFRS-Abschluss die gleichen Abschreibungsgrundsätze, die Sie auch für Ihr »normales« Anlagevermögen verwenden. Wenn kein sicherer Eigentumsübergang vorliegt, schreiben Sie das Leasinggut über den kürzeren Zeitraum aus der Laufzeit des Leasingverhältnisses oder der Nutzungsdauer ab. Liegt ein solcher Eigentumsübergang am Ende des Leasingvertrags vor, so schreiben Sie über die betriebsgewöhnliche Nutzungsdauer ab.

In Kapitel 5 können Sie nachlesen, wie Sie die Abschreibungsdauern und -methoden von Anlagevermögen ermitteln. Sie können aber auch direkt in IAS 16, IAS 38 und IAS 40 nachschlagen.

Operating-Leasingverhältnisse

Wenn Sie als Leasingnehmer einen Leasingvertrag als *Operating-Leasing* klassifiziert haben, so können Sie sich freuen, denn Sie haben das Leasinggut auch aus wirtschaftlicher Perspektive lediglich gemietet.

Nach IFRS müssen Sie die Leasingzahlungen im Rahmen eines Operating-Leasingverhältnisses linear über die Laufzeit des Leasingverhältnisses als Aufwand in der Gewinn-und-Verlust-Rechnung erfassen, sofern nicht eine andere systematische Grundlage dem zeitlichen Nutzenverlauf näher kommt.

Übung macht den Meister: Ein Beispiel

Bevor wir fortfahren, betrachten wir ein kleines Beispiel zur Bilanzierung eines Finance-Leasings nach IFRS beim Leasingnehmer.

Aufgrund einer weltweiten Wirtschaftskrise entscheidet sich Ihr Arbeitgeber »Lieschen Müller« bei der anstehenden Ersatzinvestition einer Frische-Brötchen-Backmaschine gegen einen Kauf und für ein Leasinggeschäft. Die Nutzungsdauer der Maschine ist sechs Jahre, der Marktwert beträgt EUR 20.000. Vertragsbeginn war zum Jahresanfang.

Der Ihnen vorliegende Leasingvertrag enthält folgende Daten:

✔ Laufzeit 5 Jahre

✔ Leasingraten EUR 5.000 p. a. am Jahresende

✔ Finanzierungszinssatz 8 %

Da die Laufzeit mehr als 75 % der Nutzungsdauer beträgt und der Barwert der Leasingraten mit EUR 19.964 im Wesentlichen dem Marktwert entspricht, müssen Sie das Leasinggut in jedem Fall als Finance-Leasing klassifizieren und im Anlagevermögen Ihres Arbeitgebers bilanzieren. Die Abschreibung erfolgt über fünf Jahre, den kürzeren Zeitraum aus Vertragslaufzeit und Nutzungsdauer. Tabelle 6.5 enthält alle notwendigen Berechnungsergebnisse.

6 ▸ Fremde Werte: Leasing

Werte in EUR	Rate	Barwert	Maschine	Abschreibungen	Verbindlichkeit	Tilgung	Zins
Jahresbeginn			19.964		19.964		
Jahr 1	5.000	4.630	15.971	3.993	16.561	3.403	1.597
Jahr 2	5.000	4.287	11.978	3.993	12.885	3.675	1.325
Jahr 3	5.000	3.969	7.985	3.993	8.916	3.969	1.031
Jahr 4	5.000	3.675	3.993	3.993	4.630	4.287	713
Jahr 5	5.000	3.403	0,00	3.993	0,00	4.630	370
Summe	**25.000**	**19.964**	–	**19.964**	–	**19.964**	**5.036**

Tabelle 6.5: Beispiel zur Leasingbilanzierung (Leasingnehmer)

Zum Jahresbeginn verbuchen Sie das Leasinggut wie in Tabelle 6.6 dargestellt im IFRS-Abschluss.

Soll		Haben	
Anlagevermögen	19.964	Leasingverbindlichkeit	19.964

Tabelle 6.6: Buchung zum Jahresbeginn

Am Ende des Jahres 1 müssen Sie wie in Tabelle 6.7 dargestellt buchen.

Soll		Haben	
Zinsaufwand	1.597	Bank	5.000
Leasingverbindlichkeit	3.403		

Tabelle 6.7: Buchung zum Ende des Jahres 1

Anhangangaben des Leasingnehmers

Wenn Sie als Leasingnehmer Operating- oder Finance-Leasingverhältnisse im IFRS-Abschluss bilanzieren, dürfen Sie nicht vergessen, die erforderlichen Zusatzinformationen in Ihrem Anhang offenzulegen, für alle Ihre Finance-Leasingverhältnisse:

✔ den Buchwert aller relevanten Leasinggüter

✔ eine Überleitung von den zusammengefassten, noch ausstehenden Mindestleasingzahlungen zu den bilanziell angesetzten Barwerten der Leasingverbindlichkeit

✔ die gesamten Mindestleasingzahlungen und deren Barwert, getrennt für das nächste Jahr; die Jahre 2 bis 5 zusammengefasst sowie die kompletten Zahlungen für alle Zeiträume über fünf Jahre

✔ eine allgemeine Beschreibung der wesentlichen Leasingvereinbarungen

Für die Operating-Leasingverhältnisse:

✔ die gesamten Mindestleasingzahlungen aufgrund von unkündbaren Leasingverhältnissen, getrennt für das nächste Jahr; die Jahre 2 bis 5 zusammengefasst sowie die kompletten Zahlungen für Zeiträume über fünf Jahre

✔ Zahlungen aus Leasingverhältnissen und Untermietverhältnissen, die in der Periode als Aufwand erfasst wurden

✔ eine allgemeine Beschreibung der wesentlichen Leasingbedingungen

Zum Abschluss: Zusammenfassung

Bevor wir uns näher mit Sale-and-lease-back-Transaktionen nach IFRS beschäftigen, soll Ihnen die Matrix in Abbildung 6.3 einen zusammenfassenden Rückblick über die Leasingtypen und die Perspektiven der Vertragsparteien geben.

	Finance-Leasing	Operating-Leasing
Leasinggeber	IAS 17. 36 • Abgang des Leasinggutes aus dem Anlagevermögen oder den Vorräten • Aktivierung der zukünftigen Leasingzahlungen als Forderung • Aufteilung der Leasingzahlungen in einen Tilgungsanteil zur Rückführung der Forderung und regelmäßigen Finanzertrag	IAS 17.49 ff. • Leasinggeber ist rechtlicher und wirtschaftlicher Eigentümer, er vermietet das Leasinggut • Aktivierung des Leasinggutes im Anlagevermögen • Abschreibung des Leasinggutes über die wirtschaftliche Nutzungsdauer • Leasinggeber erzielt regelmäßige Leasingerträge
Leasingnehmer	IAS 17.20 • Aktivierung des Leasinggutes im Anlagevermögen • Passivierung der zukünftigen Leasingzahlungen als Verbindlichkeit • Abschreibung des Leasinggutes wie beim übrigen Anlagevermögen • Aufteilung der Leasingzahlungen in einen Tilgungsanteil zur Tilgung der Verbindlichkeit und regelmäßigen Finanzaufwand	• Leasingnehmer ist klassischer Mieter • Miet- / Leasingzahlungen führen zu regelmäßigem Aufwand während der Laufzeit des Leasingvertrages

Abbildung 6.3: Leasingbilanzierung: Zusammenfassung

Sale-and-lease-back-Transaktionen

Bei einer Sale-and-lease-back-Transaktion veräußert der zukünftige Leasingnehmer das Leasinggut vor Beginn des Leasingverhältnisses selbst an den späteren Leasinggeber. Abbildung 6.4 verdeutlicht den Ablauf.

6 ➤ Fremde Werte: Leasing

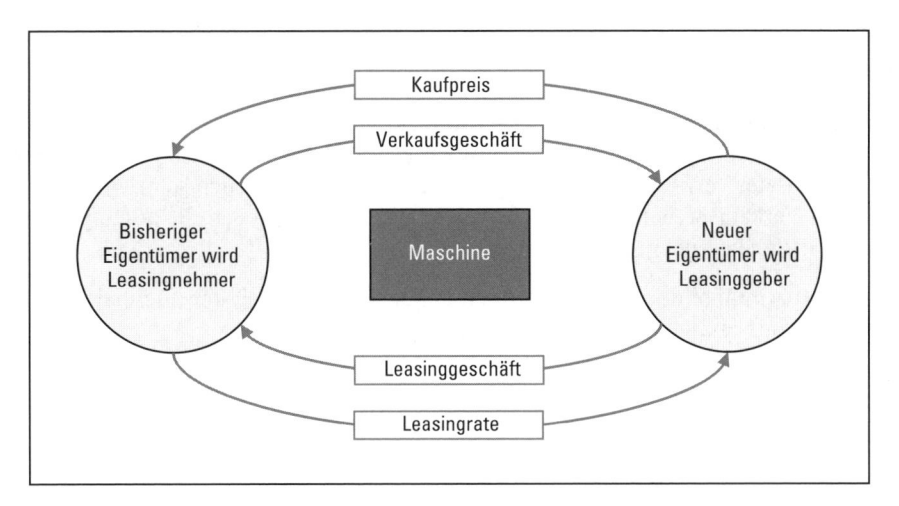

Abbildung 6.4: Ablauf einer Sale-and-lease-back-Transaktion

Die Motivation dahinter

Häufig wird mit einer Sale-and-lease-back-Transaktion ausschließlich die kurzfristige Liquiditätsbeschaffung in Krisensituationen oder der Wunsch nach einer (nach HGB) Gewinn erhöhenden Auflösung von im Leasinggut steckenden »stillen Reserven« zur Bilanzkosmetik verbunden. Es kann aber in vielen Situationen auch betriebswirtschaftlich sinnvoll sein, das im Immobilien- oder Anlagevermögen steckende Kapital zu Geld zu machen und anderweitig effizienter im Unternehmen zu nutzen. So oder so stellt eine Sale-and-lease-back-Transaktion wirtschaftlich eine Umfinanzierung dar, bei der die bisherige Eigenfinanzierung eines Wirtschaftsgutes nachträglich in eine Fremdfinanzierung umgewandelt wird.

Buchhalterische Behandlung nach IFRS

Auch wenn den IFRS in vielen Punkten Unschärfen, Ermessensspielräume und Wahlrechte vorgeworfen werden, bei Sale-and-lease-back-Transaktionen engen sie den nach deutschem Recht bestehenden bilanzpolitischen Spielraum stark ein.

Die IFRS schreiben in IAS 17.58 ff. eine rein wirtschaftliche Betrachtungsweise vor, nach der die Verkaufstransaktion und die anschließende Miete nicht voneinander getrennt betrachtet werden dürfen (»substance over form«), sondern einen gemeinsamen Sachverhalt darstellen.

Es ist demzufolge nicht verwunderlich, dass auch hier Ausgangspunkt jeglicher weiterer bilanziellen Abbildung die Klassifizierung des abgeschlossenen Leasingvertrags ist. Für den Ausweis Ihrer Erlöse aus einer Sale-and-lease-back-Transaktion müssen Sie folgende Fälle unterscheiden:

✔ **Finance-Leasing:** Wenn Sie das nach dem Verkauf geltende Leasingverhältnis als Finance-Leasing klassifizieren müssen, müssen Sie als Leasingnehmer das Wirtschaftsgut weiterhin bilanzieren. Aus ökonomischer Sicht hat hier kein Verkauf, sondern eine reine Umfinanzierung stattgefunden. Sie grenzen daher Ihren Gewinn aus der Transaktion gemäß IAS

17.59 ab und lösen ihn über die Laufzeit der Vereinbarung auf. Einen entstandenen Verlust dürfen Sie jedoch sofort erfassen.

✔ **Operating-Leasing:** Falls das an die Sale-and-lease-back-Transaktion anschließenden Leasingverhältnis aber als Operating-Leasing zu klassifizieren ist, dürfen Sie Gewinne oder Verluste aus der Verkaufstransaktion gem. IAS 17.61 grundsätzlich sofort realisieren. Nur wenn der Verkaufspreis nicht dem Marktwert entspricht, müssen Sie auch hier Gewinne oder Verluste abgrenzen.

Das Prüfschema in Abbildung 6.5 wird Ihnen bei der Bestimmung der buchhalterischen Behandlung von Sale-and-lease-back-Transaktionen helfen.

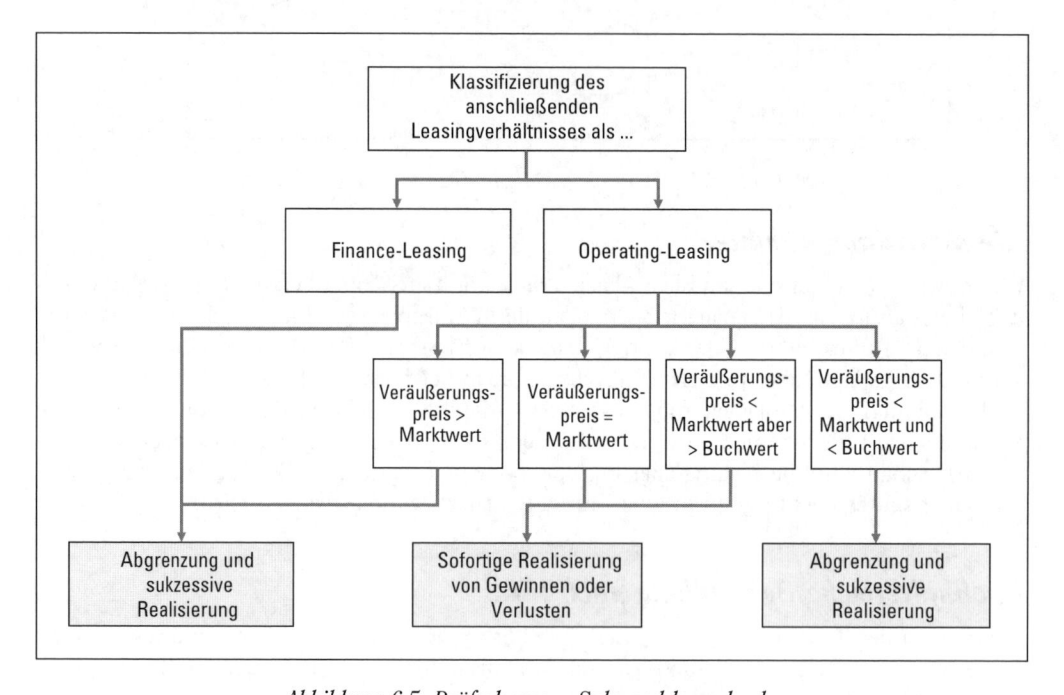

Abbildung 6.5: Prüfschema – Sale-and-lease-back

Beurteilen und Verbuchen

Die Zeiten sind schlecht und die Geschäfte bei »Lisa Meier Jets« laufen nicht gerade rosig. Zur Sicherung der Zahlungsfähigkeit Ihres Unternehmens (und damit Ihrer Gehaltszahlungen) beauftragt Ihr Chef Sie, eine im Anlagevermögen mit EUR 500.000 bilanzierte Immobilie im Rahmen einer Sale-and-lease-back-Transaktion zu veräußern.

Der Verkauf der Immobilie am Jahresbeginn zum aktuellen Marktwert führt zu Erlösen in Höhe von EUR 800.000. Die restliche Nutzungsdauer beträgt zehn Jahre. Da Sie das Gebäude im Unternehmen weiterhin nutzen müssen, mieten Sie es vom Käufer, einer Leasinggesellschaft, nach dem Verkauf zurück. Die Vereinbarung mit der Leasinggesellschaft enthält eine

Klausel, wonach die Immobilie am Ende der zehnjährigen Vertragslaufzeit wieder an »Lisa Meier Jets« übergeht.

Da Ihre Vereinbarung mit der Leasinggesellschaft einen Eigentumsübergang am Ende der Laufzeit vorsieht, klassifizieren Sie den Vertrag gemäß IAS 17.10 als Finance-Leasing, das heißt, der Verkauf führt zu keinem Abgang im Anlagevermögen. Den aus dem Verkauf resultierenden Buchgewinn in Höhe von EUR 300.000 (Kaufpreis EUR 800.000 – Buchwert EUR 500.000) grenzen Sie nach IAS 17.59 ab und realisieren ihn über die Laufzeit des Vertrags mit jährlich EUR 30.000 (EUR 300.000 / 10).

Zum Jahresbeginn verbuchen Sie die Sale-and-lease-back-Transaktion wie in Tabelle 6.8 dargestellt im IFRS-Abschluss.

Soll		Haben	
Bank	800.000	Selbstgenutzte Immobilien	500.000
		Abgegrenzte Gewinne aus Sale-and-lease-back	300.000

Tabelle 6.8: Buchung zum Jahresbeginn

Am Ende des Jahres 1 müssen Sie wie in Tabelle 6.9 dargestellt buchen.

Soll		Haben	
Abgegrenzte Gewinne aus Sale-and-lease-back	30.000	Realisierte Gewinne aus Sale-and-lease-back	30.000

Tabelle 6.9: Buchung zum Ende des Jahres 1

Außerdem bilanzieren Sie das Leasinggut nach den allgemeinen Vorschriften zur Bilanzierung eines Finance-Leasings als Anlagevermögen und Verbindlichkeit.

Einzigartige und ungewöhnliche Anhangangaben

Vergessen Sie neben der komplexen bilanziellen Abbildung nicht, die gleichen Anhangangaben offenzulegen, die ohnehin für sämtliche Leasingverhältnisse gelten. Außerdem fordert Sie IAS 17.65 auf, über einzigartige und ungewöhnliche Vereinbarungen der gesamten Transaktion zu berichten (hier liegt es aber in Ihrem Ermessen festzulegen, was für Ihr Unternehmen »einzigartig« und »ungewöhnlich« ist).

Undercover: Verdeckte Leasingverhältnisse

Leider können sich hinter manchen, zunächst harmlos erscheinenden Verträgen mit Kunden oder Lieferanten Leasingverhältnisse verbergen, die nach IAS 17 zu behandeln sind.

In diesen Fällen müssen Sie neben IAS 17 zunächst die IFRIC-Interpretation 4 »Feststellung, ob eine Vereinbarung ein Leasingverhältnis enthält« aus der Tasche ziehen und untersuchen, ob es sich bei einem Vertragsverhältnis eventuell um ein Leasingverhältnis nach IAS 17 handelt.

Ob eine Vereinbarung ein Leasingverhältnis enthält, können Sie anhand von zwei Kriterien prüfen:

✔ **Kriterium 1:** Es geht bei der Vereinbarung um die Nutzung eines bestimmten, genau spezifizierten Vermögenswertes.

✔ **Kriterium 2:** Die Vereinbarung überträgt ein Recht auf die Nutzung des Vermögenswertes. Dies ist meist dann der Fall, wenn der Kunde das Recht hat, den bestimmten Vermögenswert (Kriterium 1) physisch oder wirtschaftlich zu kontrollieren.

In der Praxis betrifft dies meist Fälle, bei denen ein im Eigentum des Lieferanten befindliches Wirtschaftsgut ausschließlich für einen bestimmten Kunden eingesetzt wird, zum Beispiel:

✔ **Outsourcing von EDV-Leistungen:** Dass viele Unternehmen trotz *EDV für Dummies* ihre EDV-Dienstleistungen an externe Unternehmen vergeben, ist nichts Ungewöhnliches. Wenn aber spezielle EDV-Dienstleistungen nur von einem bestimmten Rechenzentrum erbracht werden können und Ihr Unternehmen verpflichtet ist, im Wesentlichen den gesamten Output von 90 Prozent dieses Rechenzentrums abzunehmen und Sie damit praktisch die wirtschaftliche Kontrolle über das Rechenzentrum ausüben, liegt nach IFRS ein verdecktes Leasingverhältnis vor.

✔ **Stromerzeugungsanlage auf dem Firmengelände:** Wenn Ihr Unternehmen aus Angst vor einem Blackout auf dem Betriebsgelände ein kleines »Stromkraftwerk« unterhält, gehört es rechtlich häufig einem der lokalen Stromerzeuger, der das Kraftwerk auch betreibt. Sind Sie aber der einzige Abnehmer der erzeugten Energie, so kann auch hier recht schnell ein Leasingvertrag vorliegen, da sich dann der Stromerzeuger mit dem Strompreis die gesamten Anschaffungskosten der Anlage von Ihnen bezahlen lässt.

Schon bei Vertragsabschluss oder bei Änderung der Vertragsbedingungen sollten Sie sich überlegen, ob eine Vereinbarung vielleicht ein Leasingverhältnis begründet.

In der IFRS-Bilanz eines Unternehmens müssen generell alle Wirtschaftsgüter bilanziert werden, die dem Unternehmen bei einer *rein wirtschaftlichen Betrachtung* zuzurechnen sind. Es gilt hier das allgemeine Grundprinzip der IFRS: »substance over form«.

Nichts ist für die Ewigkeit: Leasingbilanzierung nach IFRS im Umbruch

Gerade haben Sie gelernt, wie Leasingverhältnisse nach den IFRS klassifiziert und bilanziert werden, schon kommen die Standardsetter auf die Idee, die hier erläuterten Regelungen zu reformieren. Aber keine Sorge, wir werden Ihnen die wesentlichen Neuerungen kurz vorstellen.

State of the Art zur Neuregelung des IAS 17

Seit Langem stoßen der beschriebene IFRS-Leasingstandard IAS 17, und auch sein US-amerikanisches Pendant FAS 13, auf Kritik. Vor allem von Investoren, Analysten und den in diesen Tagen viel gescholtenen Ratingagenturen, werden speziell die beim Operating-Leasing fehlenden Schulden in der Bilanz des Leasingnehmers bemängelt. Die internationalen Standardsetter IASB und FASB streben deshalb für die nahe Zukunft eine grundlegende Reform der Leasingbilanzierung an. Das neue IFRS-Recht soll aller Voraussicht nach ab 2012 verbindlich gelten.

Zukünftig soll die Unterscheidung in Operating-Leasing und Finance-Leasing aufgegeben werden. Stattdessen werden alle Miet- und Leasingverhältnisse, quasi wie das heutige Finance-Leasing, in der Bilanz erfasst. Nach dem aktuellen Vorschlag müssen Sie als Leasingnehmer das Recht auf die Nutzung des Leasingobjekts als Vermögenswert in Ihrer Bilanz aktivieren und wie beim bisherigen Finance-Leasing abschreiben. Die mit dem Vermögenswert verbundenen zukünftigen Zahlungsverpflichtungen werden – ebenfalls wie beim Finance-Leasing – in gleicher Höhe als Verbindlichkeit passiviert. Allerdings erweitert der neue »Right-of-Use-Ansatz« die Höhe der Leasingschulden, die Sie ansetzen können, an einigen Stellen. So müssen Sie zukünftig nicht mehr die Zahlungen laut Vertrag ansetzen, sondern die Zahlungen, die wahrscheinlich anfallen werden. Das kann vor allem dann mehr sein, wenn der ursprüngliche Leasingvertrag tatsächlich immer wieder verlängert wird. Außerdem sind auch unbestimmte Zahlungen, wie beispielsweise am Ende eines Auto-Leasingvertrages für mehr gefahrene Kilometer als vertraglich vereinbart, mit in die Bilanz als Schuld aufzunehmen.

Mit dem neuen Ansatz dürfte es bei Ihnen zu einer Erhöhung der Leasingschulden und den damit verbundenen Bilanzkennzahlen (siehe oben) kommen, wenn Sie vor allem Operating-Leasingverträge abgeschlossen haben. Die gute Nachricht ist aber, dass sich dann auch das operative Ergebnis verbessert, da wie beim Finanzierungsleasing zukünftig der Zinsanteil der Leasingrate im Finanzergebnis ausgewiesen wird.

7
Finanzielle Werte: Finanzvermögen

In diesem Kapitel
▶ Finanzinstrumente identifizieren
▶ Definition und Kategorisierung von finanziellen Vermögenswerten
▶ Hedge Accounting verstehen
▶ Nichts bleibt, wie es ist: IFRS 9 kommt!

---

*I*n diesem Kapitel beschäftigen wir uns mit einem Themengebiet, vor dem es selbst vielen IFRS-Experten graut und zu dem es in schöner Regelmäßigkeit Änderungen gibt – den Finanzinstrumenten. Aber keine Angst: Viele Dinge sind viel einfacher, als es zunächst scheint. Das Problem liegt aber in den meisten Fällen nicht in der IFRS-Regelung, sondern in den komplizierten Finanzprodukten, die dahinterstecken. Wer diese ganzen kreativen Konstruktionen der Finanzbranche versteht, hat in aller Regel keine großen Schwierigkeiten mit der Bewertung nach IFRS. Im Moment ist zu alledem noch eine große Überarbeitung des Hauptstandards für die Bilanzierung von Finanzinstrumenten – IAS 39 – in Arbeit. Wenn diese abgeschlossen ist, wird der relevante Standard für die Bilanzierung von Finanzinstrumenten der IFRS 9 sein. Sofern Änderungen, die aus dieser Anpassung resultieren, schon bekannt sind, weisen wir Sie entsprechend darauf hin und erläutern sowohl die alten als auch die neuen Regelungen.

Sie haben sie bestimmt – die Gruppe der Finanzinstrumente

Der typische Satz zum Thema Finanzinstrumente während eines IFRS- Umstellungsprojekts lautet: »Finanzinstrumente? Brauchen wir gar nicht drüber reden. Haben wir nicht und so einen Kram machen wir auch nicht!« Leider weit gefehlt. Sie werden feststellen, dass unter die Rubrik Finanzinstrumente wesentlich mehr Positionen fallen, als Sie vielleicht anfangs erwartet haben.

> IAS 39 definiert ein *Finanzinstrument* als einen Vertrag, der bei der einen Partei zu einem finanziellen Vermögenswert und bei der anderen Partei zu einer finanziellen Verbindlichkeit oder einem Eigenkapitalinstrument führt.

Was sich da im IFRS-Deutsch so kompliziert anhört, bedeutet einfach, dass nach IFRS grundsätzlich alle Forderungen und Verbindlichkeiten Finanzinstrumente sind, die Sie oder Ihr Vertragspartner durch Zahlung von liquiden Mitteln begleichen können. Um noch ein bisschen konkreter zu werden, schauen Sie sich doch mal an, welche Positionen die Definition eines finanziellen Vermögenswertes erfüllen:

- liquide Mittel und Kassenbestände
- Forderungen aus Lieferungen und Leistungen
- Ausleihungen an Mitarbeiter oder andere Gesellschaften
- Wertpapiere des Umlauf- und Anlagevermögens
- Derivate mit einem positiven Marktwert

Im Umkehrschluss müssten dann alle Forderungen, die nicht mit Zahlungsmitteln erfüllt werden, keine Finanzinstrumente darstellen. Die Abgrenzung ist denkbar einfach:

Betrachten Sie einfach mal eine Anzahlung für die Renovierung Ihres Bürogebäudes. Sie haben dem Handwerker schon einen Vorschuss bezahlt und weisen daher eine Forderung aus. Der Handwerker wird diese Schuld jedoch nicht in Zahlungsmitteln begleichen – da hätten Sie nicht viel davon. Er wird seine Schuld durch die vereinbarte Leistung begleichen. Er renoviert Ihr Bürogebäude. Demzufolge liegt bei Ihnen kein finanzieller Vermögenswert und damit auch kein Finanzinstrument vor.

Sie sehen es schon. Wenn es finanzielle Vermögenswerte gibt, muss es auch finanzielle Verbindlichkeiten geben. Zum besseren Verständnis haben wir diese beiden Posten getrennt. In diesem Kapitel beschäftigen wir uns vorrangig mit den finanziellen Vermögenswerten. Die finanziellen Verbindlichkeiten behandelt Kapitel 11. Da es hier jedoch einige Überschneidungen gibt, müssen Sie gegebenenfalls in Einzelfällen in das Kapitel zu den finanziellen Verbindlichkeiten schauen. Hier haben wir bewusst auf eine doppelte Darstellung verzichtet.

Nachdem Sie nun wissen, dass sich auch in Ihrer Bilanz Finanzinstrumente verbergen, wollen Sie natürlich die komplette Bilanzierung dieser Positionen kennenlernen. Dazu müssen wir die Finanzinstrumente erst einmal einer Kategorie zuweisen.

Vier mögliche Formen: Einteilung und Ausweis

Der erste und wichtigste Schritt bei der Bilanzierung von finanziellen Vermögenswerten ist die Einteilung eines Postens in eine bestimmte Kategorie. Diese Einteilung ist dann ausschlaggebend für die gesamte Abbildung Ihres Finanzinstruments. Und da wir uns nicht auf dem Wochenmarkt befinden, sind die Kategorien nicht »unreif«, »reif« oder »überreif«, sondern schon ein wenig differenzierter.

Sie müssen jeden finanziellen Vermögenswert einer von vier Kategorien zuordnen. Diese Kategorien sind entscheidend für die Bilanzierung der finanziellen Vermögenswerte.

In Tabelle 7.1 haben wir die vier Kategorien zusammengestellt. Da in diesem Bereich immer mehr die englischen Bezeichnungen Einzug halten, geben wir Ihnen auch gleich den englischen Begriff und die Abkürzung dazu mit.

7 ➤ Finanzielle Werte: Finanzvermögen

Kategorie	Englisch	Abkürzung
Forderungen und Ausleihungen	Loans & Receivables	LaR
Bis zur Endfälligkeit gehaltene finanzielle Vermögenswerte	Held to maturity	HtM
Zur Veräußerung verfügbare finanzielle Vermögenswerte	Available for sale	AfS
Erfolgswirksam zum beizulegenden Zeitwert bewertete finanzielle Vermögenswerte	Financial assets at fair value through profit or loss	FVTPL

Tabelle 7.1: Kategorien finanzieller Vermögenswerte

Die letzte Kategorie »Erfolgswirksam zum beizulegenden Zeitwert bewertete finanzielle Vermögenswerte« besitzt noch zwei Unterkategorien, die Sie in Tabelle 7.2 finden.

Kategorie	Englisch	Abkürzung
Zu Handelszwecken gehalten	Held for Trading	HfT
Freiwillig zum beizulegenden Zeitwert bewertete finanzielle Vermögenswerte	Designated at fair value through profit or loss	atFV

Tabelle 7.2: Kategorien der erfolgswirksam zum beizulegenden Zeitwert bewerteten finanziellen Vermögenswerte

Nachdem Sie die Namen der Kategorien kennengelernt haben, verstehen Sie sicher, warum wir Ihnen die Abkürzung mit auf den Weg gegeben haben.

Wofür sind die Kategorien denn nun wichtig und was beinhalten diese überhaupt? Wichtig sind die Kategorien für die Folgebilanzierung. Hier gibt es wesentliche Unterschiede zwischen den einzelnen Kategorien. Steigen wir aber zunächst mit der erstmaligen Bewertung ein und schauen uns dann die Kategorien im Einzelnen an.

Bei Zugang alle gleich – erstmaliger Ansatz

Hier schon einmal die gute Nachricht gleich am Anfang. Wenn Sie einen finanziellen Vermögenswert nach Zugang erstmalig abbilden müssen, ist Ihnen die Kategorie zunächst egal.

> Unabhängig davon, welche dieser vier Kategorien Sie für einen finanziellen Vermögenswert wählen, erfolgt der erstmalige Ansatz zum Marktwert des finanziellen Vermögenswertes, korrigiert um eventuell angefallene Transaktionskosten.

Jetzt stellt sich natürlich die Frage, woher Sie wissen, welches der Marktwert eines finanziellen Vermögenswertes ist. In der Regel ist das jedoch ein kleineres Problem als es scheint: Sie haben den Vermögenswert sicher freiwillig und ohne Zwang erworben – damit sind Sie Marktteilnehmer geworden und Ihr Kaufpreis entspricht dem Marktwert bei Zugang des finanziellen Vermögenswertes.

Die Marktwerte müssen aber um eventuell angefallene *Transaktionskosten* korrigiert werden.

Transaktionskosten sind alle Kosten, die direkt durch den Erwerb eines finanziellen Vermögenswertes verursacht wurden. Ohne diese Transaktion wären sie nicht angefallen. Hierzu zählen beispielsweise Kreditbearbeitungsgebühren, Rechts- und Beratungskosten sowie Vermittlungsentgelte.

Das ist eigentlich zunächst alles, was Sie über die Zugangsbewertung wissen müssen. Hier sind keine größeren Schwierigkeiten versteckt.

Später ist nichts mehr gleich – die Folgebilanzierung

Beim erstmaligen Ansatz mussten Sie noch nicht auf eine der vier Kategorien achten, bei der Folgebilanzierung kommen Sie aber nicht drum herum. Deshalb ist es wichtig für Sie zu wissen, was sich hinter den einzelnen Kategorien so alles verbirgt. Im Folgenden zeigen wir Ihnen, welche Voraussetzungen Sie erfüllen müssen, um ein Finanzinstrument einer der vier Kategorien zuzuordnen und welche Folgen sich hieraus für die Bilanzierung nach dem erstmaligen Ansatz dieser Instrumente ergibt.

Sie bekommen noch Geld: Forderungen und Ausleihungen

Die Kategorie »Forderungen und Ausleihungen« ist wahrscheinlich eine der häufigsten und gleichzeitig eine der einfachsten Kategorien für finanzielle Vermögenswerte. In den meisten Fällen werden Sie hier auch ohne die ganzen Vorschriften intuitiv alles richtig machen. Nach den folgenden *Kriterien* ordnen Sie einen finanziellen Vermögenswert der Kategorie »Forderungen und Ausleihungen« zu:

- ✔ **Der finanzielle Vermögenswert wird nicht an einem aktiven Markt gehandelt.** Ein aktiver Markt wäre hier beispielsweise eine Börse.

- ✔ **Der finanzielle Vermögenswert verfügt über feste, im Voraus festgelegte Zahlungsströme.** Dieses Kriterium ist sowohl für festverzinsliche Forderungen als auch für Forderungen erfüllt, deren Zinszahlungen an einen Referenzzins (zum Beispiel den Euribor) gebunden sind und die über einen im Voraus definierten Rückzahlungsbetrag verfügen.

- ✔ **Sie erhalten Ihr ursprüngliches Investment nahezu vollständig zurück.** Die Rückzahlung ist nur durch einen möglichen Ausfall Ihres Schuldners, aber nicht durch irgendwelche sonstigen Ereignisse gefährdet.

- ✔ **Sie haben nicht die Absicht, den finanziellen Vermögenswert in näherer Zukunft wieder zu veräußern.**

- ✔ **Bei dem finanziellen Vermögenswert handelt es sich nicht um ein Derivat.** Dies ist jedoch recht unwahrscheinlich, wenn Sie die vorhergehenden Punkte bereits abhaken konnten.

7 ➤ Finanzielle Werte: Finanzvermögen

Diese Kriterien sollten in aller Regel für die meisten Ihrer »normalen« Forderungen zutreffen. Es ist jedoch keine Voraussetzung für eine Kategorisierung als »Forderungen und Ausleihungen«, dass eine klassische Forderung vorliegt.

Falls Sie die obigen Punkte erfüllen und den finanziellen Vermögenswert nicht einer anderen Kategorie zuordnen wollen oder können, wird er unabhängig von seiner rechtlichen Form und Ausgestaltung als »Forderungen und Ausleihungen« kategorisiert und zu fortgeführten Anschaffungskosten bewertet.

Die *fortgeführten Anschaffungskosten* ergeben sich aus den ursprünglichen Anschaffungskosten vermindert um bereits geleistete Teilzahlungen, eventuelle Wertberichtigungen und die Amortisation von Transaktionskosten oder sonstigen Unterschiedsbeträgen.

Zu fortgeführten Anschaffungskosten werden auch bis zur Endfälligkeit gehaltene finanzielle Vermögenswerte und der größte Teil der *finanziellen Verbindlichkeiten* bewertet. Wenn Sie wissen wollen, wie diese genau ermittelt werden, schauen Sie doch einmal in Kapitel 11 nach.

In der Praxis ordnen Sie typischerweise die folgenden bilanziellen Posten der Kategorie »Forderungen und Ausleihungen« zu:

✔ Forderungen aus Lieferung und Leistung

✔ Bankguthaben

✔ Ausleihungen an Mitarbeiter oder Kunden

Sie haben Zeit – bis zur Endfälligkeit gehaltene finanzielle Vermögenswerte

Die Kategorie »bis zur Endfälligkeit gehaltene finanzielle Vermögenswerte« ist in der Praxis eher unbeliebt. Als zweite Kategorie für finanzielle Vermögenswerte, die zu fortgeführten Anschaffungskosten bewertet werden, ähneln die Kriterien denen der Kategorie »Forderungen und Ausleihungen«. Der wesentliche Unterschied liegt darin, dass Sie hier auch Vermögenswerte einordnen dürfen, die an einem aktiven Markt gehandelt werden. Im Gegenzug müssen Sie die Absicht und die Fähigkeit haben, die finanziellen Vermögenswerte bis zu ihrer Fälligkeit zu halten.

Mit der Anforderung, dass Sie den finanziellen Vermögenswert bis zur Endfälligkeit halten wollen und können, ist indirekt schon definiert, welche finanziellen Vermögenswerte Sie nicht der Kategorie »bis zur Endfälligkeit gehalten« zuordnen dürfen: sämtliche finanziellen Vermögenswerte ohne Fälligkeit, wie zum Beispiel Aktien oder Investmentfonds.

Bei der Bewertung in Folgeperioden ist alles so wie auch in der Kategorie »Forderungen und Ausleihungen«.

Finanzielle Vermögenswerte der Kategorie »bis zur Endfälligkeit gehaltene finanzielle Vermögenswerte« werden zu jedem Stichtag mit ihren fortgeführten Anschaffungskosten bewertet.

Für Posten dieser Kategorie müssen Sie eine Halteabsicht bis zum Fälligkeitsdatum haben. Natürlich kann Sie eine Rechnungslegungsvorschrift de facto nicht davon abhalten, ein »bis zur Endfälligkeit gehaltenes« Wertpapier bereits vor Endfälligkeit zu veräußern. Das dürfen Sie natürlich machen, aber die IFRS sind darauf vorbereitet und legen Ihnen dann Steine in den Weg. In diesem Fall müssen Sie sämtliche Wertpapiere dieser Kategorie umgehend in eine andere Kategorie umgliedern (im Zweifel ist dies die Kategorie »zur Veräußerung verfügbar«) und dürfen die Kategorie »bis zur Endfälligkeit gehalten« für die nächsten zwei Jahre nicht mehr verwenden.

Alles nicht so schlimm, denken Sie jetzt? Dann bedenken Sie mal die mögliche Außenwirkung, wenn Sie in Ihrem Abschluss berichten müssen, dass Sie die Papiere nicht wie geplant bis zur Endfälligkeit halten konnten, zum Beispiel weil Sie auf die Liquidität angewiesen waren. Das wird die Banken und Lieferanten nicht freuen. Also überlegen Sie sich das gut!

Im Notfall verkaufen: Zur Veräußerung verfügbare finanzielle Vermögenswerte

Diese Kategorie stellt so etwas wie ein Auffangbecken für alle finanziellen Vermögenswerte dar, die Sie keiner anderen Kategorie zugeordnet haben oder zuordnen konnten. Sie können diese Kategorie jedoch auch gezielt einsetzen, wenn Sie bestimmte Effekte aus der Folgebilanzierung erwarten. Sie können beispielsweise ein Darlehen an einen Kunden in diese Kategorie eingliedern, anstatt dieses als »Forderung und Ausleihung« auszuweisen.

In der Praxis finden Sie jedoch in der Kategorie »zur Veräußerung verfügbare finanzielle Vermögenswerte« vorwiegend Wertpapiere des Anlagevermögens. Lassen Sie sich hier bitte nicht vom Namen der Kategorie täuschen. Für die dieser Kategorie zugeordneten Wertpapiere müssen Sie keine tatsächlichen Verkaufspläne haben und auch wenn Sie das Papier bis Fälligkeit halten wollen, spricht nichts dagegen, dass Sie diese Kategorie nutzen.

Wenn Sie nun einen finanziellen Vermögenswert dieser Kategorie zugeordnet haben, müssen Sie in der Folge immer einen Marktwert für das Teil ermitteln.

Finanzielle Vermögenswerte der Kategorie »zur Veräußerung verfügbar« werden zu jedem Bilanzstichtag mit ihrem Marktwert bilanziert. Die Wertänderungen zwischen zwei Stichtagen werden erfolgsneutral im Eigenkapital erfasst.

Die Veränderungen im Marktwert des Vermögenswertes bleiben aber nicht komplett außerhalb der Gewinn-und-Verlust-Rechnung. Erst wenn Sie den Vermögenswert verkaufen, müssen Sie die in der Neubewertung gespeicherte Reserve in die Gewinn-und-Verlust-Rechnung umbuchen. Dies führt dann dazu, dass Sie lediglich die Wertveränderung zwischen Kauf und Verkauf im Gewinn oder Verlust abbilden, die gesamten Schwankungen während Ihrer Besitzdauer aber lediglich im »Sonstigen Ergebnis« in der Gesamtergebnisrechnung auftauchen. Damit bleiben die Veränderungen zunächst erfolgsneutral.

7 ➤ Finanzielle Werte: Finanzvermögen

Wie Sie »erfolgsneutrale Bewegungen« erfassen und abbilden, können Sie in Kapitel 12 nachschlagen. Dort erfahren Sie auch, was das »Sonstige Ergebnis« ist.

Schauen wir uns das Ganze mal beispielhaft mit Unterstützung von Buchungssätzen an. Sie haben Wertpapiere für EUR 10.000 erworben und ordnen diese der Kategorie »zur Veräußerung verfügbar« zu.

Bei Zugang erfassen Sie den Marktwert. Sie haben EUR 10.000 am Markt bezahlt. Somit haben Sie den Marktwert und erfassen den in Tabelle 7.3 abgebildeten Buchungssatz.

Soll		Haben	
Finanzanlagen	10.000	Kasse/Bank	10.000

Tabelle 7.3: Buchung AfS-Wertpapier – Zugang

Zum nächsten Bilanzstichtag ermitteln Sie einen Marktwert von EUR 12.000 für Ihre Papiere. Die Werterhöhung erfassen Sie dann im Eigenkapital wie in Tabelle 7.4 dargestellt.

Soll		Haben	
Finanzanlagen	2.000	Neubewertungsrücklage (EK)	2.000

Tabelle 7.4: Buchung AFS-Wertpapier – Folgebewertung

Jetzt wollen Sie aber den Erfolg mal mitnehmen und entscheiden sich für einen Verkauf. Erst beim Verkauf dürfen Sie sich den Erfolg auch in die Gewinn-und-Verlust-Rechnung schreiben. Die Summe der Wertschwankungen, die Sie im Eigenkapital »geparkt« haben, müssen Sie nun aber wieder ausbuchen. Wie das alles geht, zeigt Ihnen die Buchung in Tabelle 7.5.

Soll		Haben	
Kasse/Bank	12.000	Finanzanlagen	12.000
Neubewertungsrücklage (EK)	2.000	Ertrag aus Wertpapieren	2.000

Tabelle 7.5: Buchung AFS-Wertpapier – Abgang

Eine Ausnahme von dieser Regel gibt es jedoch noch: Sollte eine dauerhafte Wertminderung vorliegen und zeigt ein Wertminderungstest einen Wertberichtigungsbedarf an, so müssen Sie die Neubewertungsrücklage im Eigenkapital für das entsprechende Wertpapier bereits erfolgswirksam auflösen, wenn Sie das Wertpapier noch halten. Näheres zum Thema Wertberichtigungen finden Sie am Ende dieses Kapitels.

Zocken oder freiwilliger Mehraufwand: Erfolgswirksam zum Marktwert bewertete finanzielle Vermögenswerte

Die letzte Kategorie von finanziellen Vermögenswerten sind die »erfolgswirksam zum beizulegenden Zeitwert bewerteten finanziellen Vermögenswerte«. Diese Kategorie gliedert sich in zwei weitere Unterkategorien:

- ✔ die »als zu Handelszwecken gehaltenen« Finanzinstrumente (»Held for Trading«)
- ✔ freiwillig dieser Kategorie zugeordnete Finanzinstrumente (auch »Fair Value Option« genannt)

Bevor wir die inhaltlichen Posten der beiden Unterkategorien darstellen, schauen wir uns kurz die Bewertung an. Der Name der Kategorie lässt da kaum noch Spielraum für Überlegungen.

Bei der Folgebilanzierung ergeben sich bei den beiden Unterkategorien keine Unterschiede für Sie. In beiden Fällen müssen Sie zu jedem Stichtag den Marktwert der Finanzinstrumente ermitteln und den Bilanzwert erfolgswirksam anpassen.

Hier gibt man Ihnen also nicht die Möglichkeit einer erfolgsneutralen Erfassung der Marktwertänderungen. Jede Wertänderung muss in der Gewinn-und-Verlust-Rechnung auftauchen.

Schauen wir uns das mal am Beispiel an. Wenn wir nun annehmen, Sie hätten Ihre Finanzanlagen aus dem obigen Beispiel nicht mit Anlage-, sondern mit Spekulationsabsicht erworben, ergäbe sich bei Zugang die in Tabelle 7.6 dargestellte Buchung.

Soll		Haben	
FVTPL-Wertpapiere	10.000	Kasse/Bank	10.000

Tabelle 7.6: Buchung FVTPL-Wertpapier – Zugang

Während sich bei Zugang außer der Bilanzposition noch nichts ändert, sieht es nun bei der Folgebewertung schon anders aus. Der Anstieg von einer Periode zur anderen wird sofort in der Gewinn-und-Verlust-Rechnung abgebildet. Tabelle 7.7 zeigt Ihnen, wie Sie den Ertrag verbuchen.

Soll		Haben	
FVTPL-Wertpapiere	2.000	Handelsertrag	2.000

Tabelle 7.7: Buchung FVTPL-Wertpapier – Folgebewertung

Da die Wertänderungen ja bereits erfolgswirksam erfasst wurden, ist bei Abgang nur noch der in Tabelle 7.8 dargestellte Aktivtausch notwendig.

Soll		Haben	
Kasse	12.000	FVTPL-Wertpapiere	12.000

Tabelle 7.8: Buchung FVTPL-Wertpapier – Abgang

In der Praxis werden Geschäfte der beiden Unterkategorien in der Regel in unterschiedlichen Bilanzpositionen gezeigt. Das ist kein Muss, da Sie diese Angabe im Rahmen der Anhangangaben aber sowieso machen müssen, ersparen Sie sich und Ihren Bilanzlesern mit einer solchen Trennung Arbeit.

7 ➤ Finanzielle Werte: Finanzvermögen

Zu Handelszwecken gehaltene finanzielle Vermögenswerte

»Nomen est omen!« Die Unterkategorie »zu Handelszwecken gehalten« beinhaltet im Wesentlichen zwei Sachverhalte:

- ✔ Alle finanziellen Vermögenswerte, mit denen Sie spekulieren oder die Sie aus anderen Gründen mit einer kurzfristigen Verkaufsabsicht erworben haben. *Held for trading*
- ✔ Alle *Derivate*, die nicht im Rahmen des »Hedge Accounting« eingesetzt werden.

Bei Derivaten spielt es somit keine Rolle, welche ökonomischen Beweggründe Sie für deren Abschluss hatten. Ob es sich um Risikoaufbau oder Risikoreduzierung handelt, ist vollkommen egal.

Derivate müssen Sie immer zum Marktwert und mit Ausnahme einiger Hedge-Accounting-Spezialfälle immer erfolgswirksam bilanzieren.

Bevor wir uns die Kriterien für eine freiwillige Marktwertbilanzierung anschauen, sollten wir noch mal sichergehen, dass Sie und das IASB das gleiche Verständnis davon haben, was ein Derivat ist.

Gemäß IAS 39 ist ein *Derivat* ein Vertrag, der die folgenden drei Bedingungen alle erfüllt:

- ✔ Seine Erfüllung liegt in der Zukunft.
- ✔ Sein Wert ändert sich in Abhängigkeit von einem Basiswert (zum Beispiel einem Zinssatz, einem Rohstoffpreis, einem Aktienpreis oder einem Index).
- ✔ Es ist kein Anfangsinvestment erforderlich oder ein Anfangsinvestment, das wesentlich niedriger ist, als bei einem anderen Alternativinvestment mit vergleichbaren Chancen und Risiken.

Hört sich nicht nach dem an, was Sie erwartet haben? Dann gehen wir mal die einzelnen Punkte an einem klassischen Devisentermingeschäft durch und Sie werden erkennen, dass die Definition des IAS 39 zwar abstrakter und allgemeiner gehalten ist als erwartet, aber die klassischen Derivate problemlos unter diese Definition fallen.

Ein Devisentermingeschäft wird erst zu einem bereits vorher festgelegten Zeitpunkt in der Zukunft durch Lieferung der Fremdwährung erfüllt. Sein Wert ändert sich während der Laufzeit in Abhängigkeit vom tatsächlichen Devisenkurs und für den Abschluss ist keine Zahlung beziehungsweise kein Investment notwendig. Ein alternatives Investment mit vergleichbaren Chancen und Risiken wäre der sofortige Kauf von Devisen. In diesem Fall wäre jedoch ein Investment in Höhe des Gegenwertes der Devisen notwendig.

Sie sehen also: Auch wenn die Definition etwas verzwickt klingt, das, was Sie als Derivat kennen, ist auch nach IFRS noch ein Derivat.

Durch die etwas allgemeiner gehaltene Definition eines Derivats nach IFRS müssen Sie in Einzelfällen aufpassen. Es kann passieren, dass auch ein Vertrag, der nicht den Begriff Derivat enthält, gemäß der Definition des IAS 39 wirtschaftlich ein Derivat darstellt.

Nachdem Sie nun wissen, dass Sie Ihren Handelsbestand und Ihre Derivate erfolgswirksam zum Marktwert bilanzieren müssen, stellt sich die Frage wann und warum Sie ein Finanzinstrument freiwillig dieser Kategorie zuordnen sollen.

Freiwillig zum beizulegenden Zeitwert bewertete finanzielle Vermögenswerte

Grundsätzlich muss für die freiwillige Zuordnung in diese Kategorie mindestens eine der folgenden drei Bedingungen erfüllt sein:

✔ **Die Zuordnung zu einer anderen Kategorie würde zu einem wirtschaftlich unangemessenen Bilanzierungsungleichgewicht führen.**

Ein wirtschaftlich unangemessenes Bilanzierungsungleichgewicht kann zum Beispiel entstehen, wenn Sie den Marktwert einer festverzinslichen Anleihe des Anlagevermögens mit einem Zinsswap gegen Zinsänderungen sichern. Sie haben dann bilanziell zwei Posten: die Anleihe und den Zinsswap. Beides muss in die Bilanz. Die zinsgesteuerten Marktwertänderungen von Swap und Anleihe gleichen sich aus – bilanziell würden Sie jedoch die Wertänderungen der Anleihe (als »zur Veräußerung verfügbar« kategorisiert) im Eigenkapital zeigen, während die Wertänderungen des Swaps (als Derivat verpflichtend der Kategorie »erfolgswirksam zum Marktwert bewertet« zugeordnet) in Ihrer Gewinn-und-Verlust-Rechnung erscheinen würden. Mit einer freiwilligen Zuordnung der Anleihe als »erfolgswirksam zum Marktwert bewertet« würden Sie dieses Problem umgehen. Sowohl die Wertänderungen des Swaps als auch die der Anleihe würden in der Gewinn-und-Verlust-Rechnung erfasst und sich dort gegenseitig kompensieren.

✔ **Der finanzielle Vermögenswert gehört zu einem Portfolio von Finanzinstrumenten.**

Hier ist es wichtig, dass Sie dieses *Portfolio von Finanzinstrumenten* wirtschaftlich nach seinem Marktwert steuern und diesen Marktwert auch so an Ihr oberstes Management berichten. Wenn dies zutrifft, geht das IASB davon aus, dass Ihrem Abschlussleser ein Mehrwert an Informationen geliefert wird, wenn die bilanzielle Abbildung mit der internen Steuerung übereinstimmt.

Wir betonen an dieser Stelle noch einmal ganz deutlich: Sie sind nicht zur Kategorisierung als »freiwillig erfolgswirksam zum Marktwert bewertet« verpflichtet. Auch wenn eine oder mehrere der drei Anwendungsvoraussetzungen erfüllt sind. Alles ist freiwillig!

✔ **Der finanzielle Vermögenswert enthält ein eingebettetes Derivat.**

Damit Sie diese letzte Möglichkeit zur freiwilligen Marktwertbewertung nachvollziehen können, müssen Sie die im nächsten Abschnitt beschriebenen Regelungen zu *eingebetteten Derivaten* kennen. Wenn Sie die aber gar nicht kennenlernen wollen, hier schon mal das

7 ➤ Finanzielle Werte: Finanzvermögen

Wesentliche vorweg: Es gibt komplexe Finanzinstrumente, die in ihre Bestandteile aufgespaltet werden müssen, falls sie nicht als Gesamtinstrument der Kategorie »erfolgswirksam zum Marktwert bewertet« zugeordnet wurden. Um nun eine solche Aufspaltung und die damit verbundene Arbeit zu umgehen, hat der Standardsetter Ihnen die Möglichkeit eingeräumt, diese Geschäfte freiwillig komplett zum Marktwert zu bewerten.

Das Ganze hat nichts mit atomaren Spaltungen zu tun. Das Verständnis dieser ganzen Sache kann aber auch für einen geübten Bilanzierer wie Atomphysik sein. Daher ist dies wirklich nur was für Sie, wenn Sie in Ihrem Unternehmen mit diesen Produkten arbeiten. Dann verstehen Sie die Materie dahinter und können sich etwas darunter vorstellen. Wenn dies bei Ihnen nicht auf der Tagesordnung steht, sollten Sie hier gar nicht so tief einsteigen.

> Eine freiwillige Zuordnung zu dieser Kategorie, ohne dass einer der drei oben genannten Gründe erfüllt ist, ist nicht zulässig. Daher ist es in der Praxis sinnvoll, wenn Sie sich eine kurze Dokumentation anlegen, warum Sie sich bei den einzelnen Positionen für eine Anwendung der »Fair Value Option« entschieden haben. Die häufigsten Gründe sind das Vermeiden einer Trennung von eingebetteten Derivaten und die Reduzierung eines Bilanzierungsungleichgewichts.

Als kleine Hilfe bei der Kategorisierung von finanziellen Vermögenswerten hilft Ihnen der Entscheidungsbaum aus Abbildung 7.1. Sie können sich übrigens bei jedem Zugang eines Finanzinstruments neu entscheiden – sinnvoll ist es natürlich für die gleichen Arten von Finanzinstrumenten auch die gleiche Kategorisierung zu wählen, aber die finale Entscheidung liegt – zumindest soweit Sie sich im Rahmen der oben dargestellten Regeln bewegen – bei Ihnen.

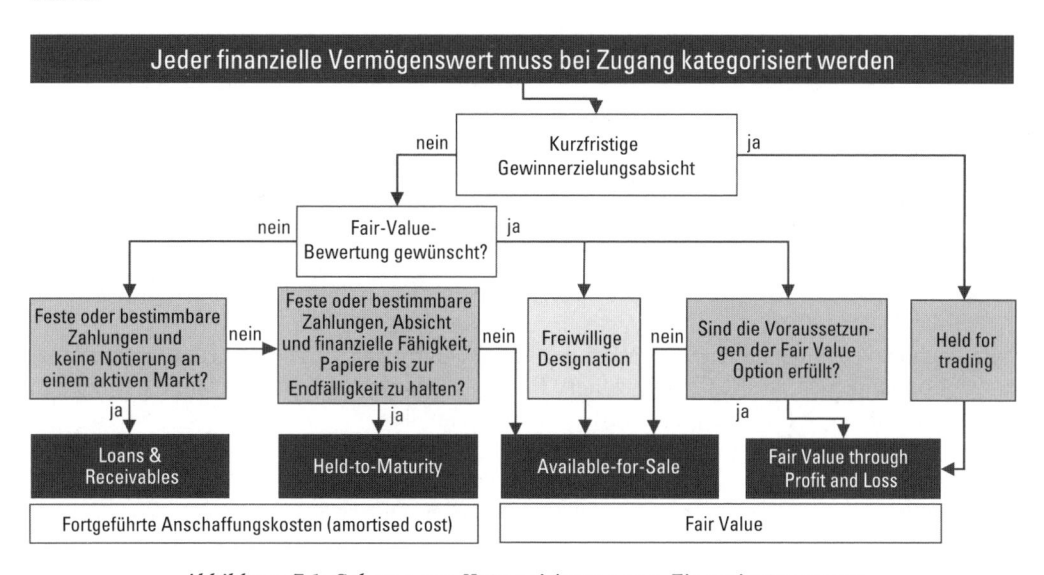

Abbildung 7.1: Schema zur Kategorisierung von Finanzinstrumenten

Was hat sich denn da versteckt? Eingebettete Derivate

Nachdem Sie nun die vier Kategorien von finanziellen Vermögenswerten kennen und wissen, wie Finanzinstrumente dieser Kategorien grundsätzlich zu bilanzieren sind, gibt es noch eine Besonderheit, die Sie kennen sollten, wenn Sie sich auf diesem Parkett bewegen. Im Rahmen der Fair Value Option haben Sie bereits erfahren, dass es komplexe Finanzinstrumente gibt, die gegebenenfalls aufgespalten werden müssen. Auf diesen Sonderfall wollen wir nun einen kurzen Blick werfen.

Einige moderne, komplexe Finanzprodukte bestehen aus einer Kombination von einfachen Standardkomponenten. Häufig werden hier zum Beispiel Anleihen mit Derivaten kombiniert. Das Besondere hierbei ist, dass Sie das Derivat nicht auf den ersten Blick erkennen, sondern in der Regel nur eine Anleihe mit einigen außergewöhnlichen Eigenschaften.

Nehmen wir zum Beispiel eine Anleihe mit einer Verzinsung von 12 Prozent bei der die Rückzahlung nach Ermessen des Emittenten in Bargeld oder durch Lieferung von fünf Aktien der Weltauto AG erfolgen kann. Bei dieser Anleihe handelt es sich um eine ganz normale Standardanleihe, die mit einer *Put-Option auf Aktien* der Weltauto AG kombiniert wurde. Wenn Sie diese Anleihe erwerben, werden Sie somit gleichzeitig Stillhalter einer Option. In die Anleihe wurde also ein Derivat eingebettet. Da Ihnen der IAS 39 nun grundsätzlich vorschreibt, dass Sie alle Derivate »erfolgswirksam zum Marktwert« bewerten müssen, würden Sie diese Vorschrift bei einer Kategorisierung der Anleihe als »zur Veräußerung verfügbar« umgehen. IAS 39 lässt Ihnen nun die Wahl, ob Sie entweder die gesamte Anleihe freiwillig als »erfolgswirksam zum Marktwert bewertet« einordnen oder ob Sie die Option abspalten und nur die Option erfolgswirksam bewerten und die eigentliche Anleihe weiter erfolgsneutral bewerten wollen und damit in der Kategorie »zur Veräußerung verfügbar« belassen.

Nehmen wir an, Sie kaufen die Anleihe für EUR 15.000, entscheiden sich für eine Trennung der Option und bei Zugang bestimmen Sie den Wert der Option mit EUR 1.000. In diesem Fall müssen Sie die in Tabelle 7.9 dargestellte Buchung vornehmen.

Soll		Haben	
Finanzanlagen	14.000	Kasse/Bank	15.000
Derivate	1.000		

Tabelle 7.9: Zugang und Trennung eingebettetes Derivat

Zum nächsten Stichtag hat sich der Wert der Anleihe nun auf EUR 16.000 geändert. Der Wert der Option ist jedoch auf EUR 800 gefallen. Da Sie beides getrennt haben, müssen Sie die in Tabelle 7.10 dargestellte Buchung in Ihrem System abbilden.

Soll		Haben	
Finanzanlagen	1.200	Neubewertungsrücklage (EK)	1.200
Aufwand Derivate	200	Derivate	200

Tabelle 7.10: Folgebewertung eingebettetes Derivat

Falls Sie sich nun entscheiden, die Anleihe wieder zu verkaufen, ergeben sich die in Tabelle 7.11 aufgezeigten Abgangsbuchungen.

7 ➤ Finanzielle Werte: Finanzvermögen

Soll		Haben	
Kasse/Bank	16.000	Finanzanlagen	15.200
		Derivate	800
Neubewertungsrücklage (EK)	1.200	Ertrag Finanzanlagen	1.200

Tabelle 7.11: Abgang eingebettetes Derivat

Hätten Sie sich für die Fair Value Option entschieden, wären die Buchungen analog zu dem Beispiel oben in diesem Kapitel gewesen. Problematisch und aufwendig ist jedoch in der Praxis nicht vorrangig die angepasste Buchungslogik, sondern ein Problem, das in unserem Beispiel etwas untergegangen ist, da wir die Werte vorgegeben haben. In der Praxis stellt sich natürlich immer die Frage nach dem Wert der einzelnen Komponenten. Diese werden weder durch einen Börsenpreis noch durch Ihren Vertragspartner vorgegeben. Daher müssen Sie gezwungenermaßen ein Bewertungsmodell für die einzelnen Komponenten erstellen (meistens: erstellen lassen). Nur so können Sie zu jedem Stichtag die korrekten Marktwerte erhalten.

Nachdem Sie nun das Prinzip der Trennung von eingebetteten Derivaten kennen, wird es Zeit, dass Sie die grundsätzlichen Trennungskriterien kennenlernen. Falls die folgenden Kriterien alle zusammen erfüllt sind, müssen Sie eine Trennung des eingebetteten Derivats vornehmen oder das Gesamtinstrument »freiwillig erfolgswirksam zum Marktwert« bewerten.

- ✔ Das eingebettete Derivat würde als alleinstehendes Instrument die Voraussetzungen für ein Derivat nach IAS 39 erfüllen: Prüfen Sie also, ob die oben genannten Kriterien für ein Derivat erfüllt wären, wenn Sie das aus dem eingebetteten Derivat resultierende Recht in einem separaten Vertrag erworben hätten.

- ✔ Das Gesamtinstrument wird nicht bereits »erfolgswirksam zum Marktwert« bilanziert: Eine Trennungspflicht besteht also nicht für Geschäfte des Handelsbestands oder für Geschäfte, auf die Sie die Fair Value Option angewendet haben.

- ✔ Die Chancen und Risiken von eingebettetem Derivat und Basisvertrag dürfen nicht eng miteinander verbunden sein.

Und auf einmal macht sich große Ratlosigkeit breit! Die ersten beiden Kriterien sind ja noch ansatzweise verständlich, aber wann sind Risiken eng miteinander verbunden und wie prüfen Sie das systematisch? In der Praxis ist dies mit Sicherheit einer der undankbarsten Punkte des IAS 39. Klar sagen lässt sich, dass Risiken nicht eng miteinander verbunden sind, wenn es sich um zwei unterschiedliche *Risikoarten* handelt.

Risikoarten im Zusammenhang mit Finanzinstrumenten können sein:

- ✔ Ausfallrisiko (Vertragspartner kann überhaupt nicht zahlen)
- ✔ Liquiditätsrisiko (Vertragspartner kann nicht die volle Summe zahlen)
- ✔ Marktrisiko, untergliedert in
  - Währungsrisiko (durch Wechselkursschwankungen verringert sich der Ihnen zustehende Betrag)
  - Zinsänderungsrisiko (durch Schwankungen der Zinsen verringert sich der Ihnen zustehende Betrag)

- sonstige Preisrisiken (durch Marktpreisschwankungen bekommen Sie weniger, als Ihnen ursprünglich einmal zustand)

In unserem Beispiel liegen ein Zinsänderungsrisiko bei der Anleihe und ein Preisrisiko (Aktienkursrisiko) für die zugrunde liegende Aktie der Option vor. Leider ist die Praxis nicht immer so trennscharf.

Hilfe finden Sie hierzu in der Anwendungsrichtlinie des IAS 39. In den Paragrafen 30 und 33 werden die wichtigsten Beispiele genannt, wann eine Trennung vorzunehmen ist und wann nicht.

Abbildung 7.2 zeigt noch mal den Entscheidungsbaum zur Trennung von eingebetteten Derivaten:

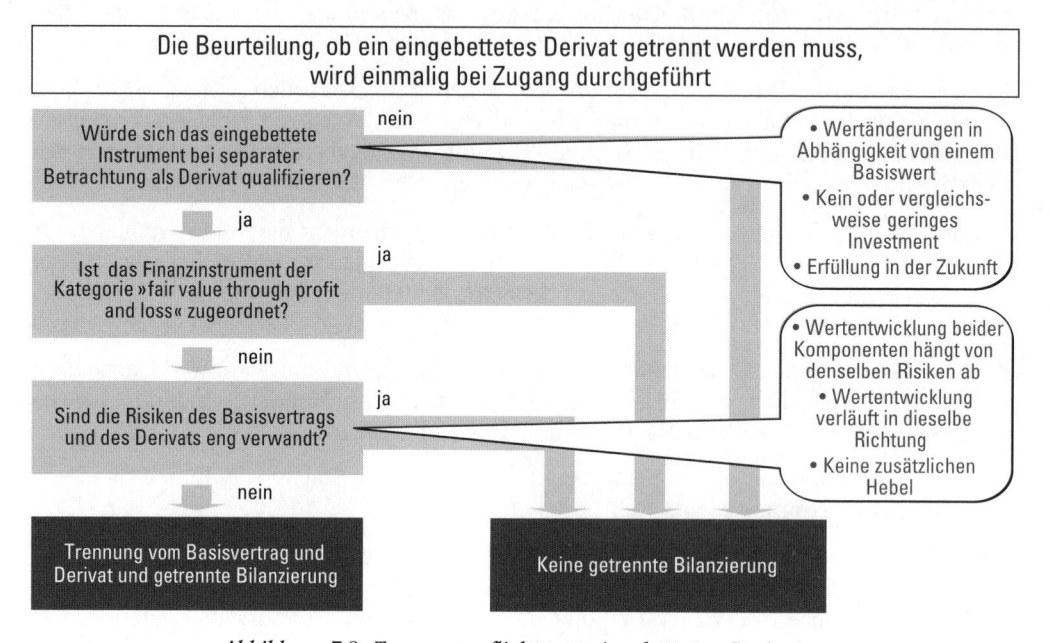

Die Beurteilung, ob ein eingebettetes Derivat getrennt werden muss, wird einmalig bei Zugang durchgeführt

- Würde sich das eingebettete Instrument bei separater Betrachtung als Derivat qualifizieren? — nein →
- ja ↓
- Ist das Finanzinstrument der Kategorie »fair value through profit and loss« zugeordnet? — ja →
- nein ↓
- Sind die Risiken des Basisvertrags und des Derivats eng verwandt? — ja →
- nein ↓
- Trennung vom Basisvertrag und Derivat und getrennte Bilanzierung
- Keine getrennte Bilanzierung

- Wertänderungen in Abhängigkeit von einem Basiswert
- Kein oder vergleichsweise geringes Investment
- Erfüllung in der Zukunft

- Wertentwicklung beider Komponenten hängt von denselben Risiken ab
- Wertentwicklung verläuft in dieselbe Richtung
- Keine zusätzlichen Hebel

Abbildung 7.2: Trennungspflicht von eingebetteten Derivaten

Grundsätzlich ist es übrigens möglich, dass sich ein eingebettetes Derivat in einem Nichtfinanzinstrument, also einem beliebigen anderen Vertrag, verbirgt. In diesem Fall gelten grundsätzlich die gleichen Vorschriften wie bei Finanzinstrumenten: Ist das Derivat trennungspflichtig, wird es wie ein alleinstehendes Derivat bilanziert. Der Basisvertrag wird gemäß der für ihn geltenden Vorschriften bilanziert.

Wenn Sie sich nicht sicher sind, ob ein eingebettetes Derivat vorliegt, stimmen Sie sich besser rechtzeitig mit Ihrem Berater oder Wirtschaftsprüfer ab und achten mit offenen Augen auf exotische Sonderbedingungen.

7 ➤ Finanzielle Werte: Finanzvermögen

Und jetzt noch mal alles neu: Die geplanten Änderungen

Nachdem Sie nun wissen, wie Finanzinstrumente nach IFRS zu kategorisieren sind und welche Auswirkungen diese Kategorisierung auf die Folgebewertung hat, kommen wir nun zu der angekündigten Überarbeitung des IAS 39. Vorweg noch ein paar Hinweise zu dieser Überarbeitung:

- ✔ Nach aktuellen Vorgaben des IASB müssen die neuen Vorschriften zur Kategorisierung ab dem 01.01.2013 angewendet werden. Die EU Kommission hat jedoch bereits bekannt gegeben, dass mit einem Endorsement grundsätzlich erst zu rechnen ist, wenn der neue Standard für Finanzinstrumente IFRS 9 vollständig vorliegt. Bisher sind hierzu nicht einmal zu allen Teilen die Entwürfe veröffentlicht worden. Endorsement stellen wir detailliert in Kapitel 3 vor. Kurz bedeutet dies die Übernahme der IFRS-Regelungen in europäisches Bilanzrecht. Und der Prozess dauert.

- ✔ Die Erfahrungen in Hinblick auf Standardentwürfe und Standards zum Thema Finanzinstrumente haben gezeigt, dass diese einem starken Einfluss und Druck durch Lobbygruppen und Politik unterliegen. Hierdurch gab es in der Vergangenheit teilweise auch noch kurzfristige Änderungen an Standards beziehungsweise deutliche Verzögerungen bei der Inkraftsetzung. Sie sollten die Entwicklung hier also aufmerksam verfolgen.

Aus den beiden obigen Gründen sollten Sie die folgenden Erläuterungen eher als Bericht zum aktuellen Stand des Verfahrens verstehen. Als Leitfaden für die Zeit ab 2013 sollten Sie diese Angaben noch nicht aufgreifen.

Nach diesen allgemeinen einführenden Worten sollten Sie kräftig durchatmen – die Änderungen sind grundlegend. Ob sie aber das Ziel erfüllen, alles einfacher zu machen, darf zumindest zum Teil bezweifelt werden:

- ✔ Für finanzielle Vermögenswerte fällt die Trennung von eingebetteten Derivaten weg. Zukünftig gibt es nur noch die Möglichkeit, dass ein eingebettetes Derivat eng mit seinem Basisvertrag verbunden ist – in diesem Fall hat es keinen weiteren Einfluss auf die Bilanzierung des Gesamtinstruments und die Chancen und Risiken sind auch nicht eng mit denen des Basisvertrags verbunden – das Gesamtinstrument muss also als »erfolgswirksam zum Marktwert bewertet« eingestuft werden. Für die Passivseite und die nicht finanziellen Verträge mit eingebetteten Derivaten gelten grundsätzlich weiter die alten Vorschriften. Hier sind nach aktuellem Stand auch keine wesentlichen Änderungen vorgesehen.

- ✔ Bei den Kategorien soll es in Zukunft nur noch zwei Hauptvarianten und eine Variante für Sonderfälle geben. Die beiden Hauptvarianten entsprechen am ehesten den Kategorien »Forderungen und Ausleihungen« sowie »erfolgswirksam zum Marktwert bewertet«. Die Variante für Sonderfälle ähnelt der Kategorie »zur Veräußerung verfügbar«.

- ✔ Die Kategorisierung soll nach zwei Kriterien erfolgen:
  - Wurde das Finanzinstrument vor allem mit dem Ziel erworben, Zins und Tilgungszahlungen zu vereinnahmen?
  - Erfolgen aus dem Finanzinstrument im Wesentlichen Zins und Tilgungszahlungen, die dem Instrument den Charakter einer klassischen Forderung verleihen?

Während Sie den ersten Punkt auf Basis des Geschäftsmodells für einen Unternehmensbereich prüfen müssen, müssen Sie den zweiten Punkt für jedes Einzelinstrument prüfen. Können Sie beide Punkte bejahen, erfolgt eine Bewertung zu fortgeführten Anschaffungskosten. Dies ist die erste Hauptvariante.

Sollten Sie mindestens einen der beiden obigen Punkte verneinen, müssen Sie das Finanzinstrument grundsätzlich »erfolgswirksam zum Marktwert« bewerten. Dies ist die zweite Hauptvariante, für die es noch die oben angesprochene Sondervariante gibt.

✔ Falls es sich bei dem eigentlich erfolgswirksam zum Marktwert kategorisierten Instrument um Aktien oder sonstige Gesellschaftsanteile handelt, die Sie nicht mit einer Handelsabsicht erworben haben, können Sie sich bei Zugang freiwillig entscheiden, diese »erfolgsneutral zum Marktwert« zu bilanzieren.

✔ Im Gegensatz zu der bisherigen Kategorie »zur Veräußerung gehalten« dürfen Sie bei Abgang der Wertpapiere keine Umbuchung der in der Neubewertungsrücklage gesammelten Wertänderungen in die Gewinn-und-Verlust-Rechnung vornehmen. Diese bleiben dauerhaft im Eigenkapital.

Auch hier gibt es schon einen Entscheidungsbaum, der Ihnen zukünftig bei der Kategorisierung helfen soll. Diesen haben wir in Abbildung 7.3 dargestellt.

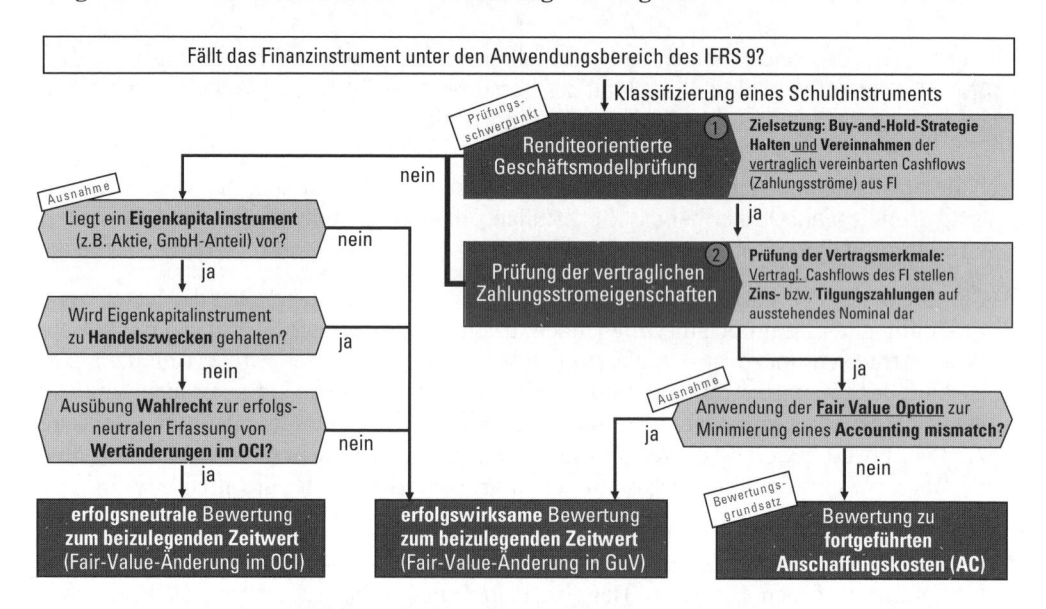

Abbildung 7.3: Neue Kategorisierung nach IFRS 9

Was ist denn hier fair? Die Ermittlung des Marktwertes

Was nützt Ihnen die beste Einteilung in bestimmte Kategorien von finanziellen Vermögenswerten, wenn Sie nicht wissen, wie Sie dem Posten einen Wert zuordnen können. In dem bisher Erläuterten ging es immer wieder um zwei Werte:

7 ➤ Finanzielle Werte: Finanzvermögen

✔ fortgeführte Anschaffungskosten

✔ Marktwert

Die fortgeführten Anschaffungskosten sind ja noch einfach. Das in Tabelle 7.12 gezeigte Schema stellt die Ermittlung dar.

	Bestandteil der fortgeführten Anschaffungskosten
	Betrag der Erstbewertung = Fair Value = historische Anschaffungskosten
−	Tilgungen/Rückführungen
+	Zusätzliche Auszahlungen
−	Bereits erfolgte Amortisation eines Agios
+	Bereits erfolgte Amortisation eines Disagios
−	Bereits erfolgte Amortisation von Transaktionskosten
−	Wertminderungen
+	Wertaufholungen
=	**Fortgeführte Anschaffungskosten (aktueller Buchwert)**

Tabelle 7.12: Ermittlung der fortgeführten Anschaffungskosten

Die genaue Bestimmung und ausführliche Beispiele zur Ermittlung der fortgeführten Anschaffungskosten sind in Kapitel 11 für die finanziellen Verbindlichkeiten abgebildet. Das Gleiche gilt natürlich spiegelbildlich auch für die finanziellen Vermögenswerte. Schauen Sie doch mal dort vorbei.

In diesem Abschnitt wollen wir Ihnen die Systematik zur Ermittlung des Marktwertes näherbringen. Es geht uns an dieser Stelle nicht darum, Ihnen auf ein paar Seiten »Finanzmathematik für Dummies« vorzustellen. Ziel dieses Abschnitts ist es vielmehr, bei Ihnen ein Grundverständnis für die Vorschriften des IAS 39 zur Marktwertermittlung zu schaffen. Sie können beruhigt sein: Im IAS 39 findet sich keine einzige Bewertungsformel!

Der *Marktwert* oder *Fair Value* ist der Wert, zu dem zwei sachkundige, voneinander unabhängige vertragswillige Parteien in einer gleichberechtigten Transaktion ohne Zwang ein Finanzinstrument austauschen würden.

Hört sich klasse an, sagt Ihnen aber immer noch nicht, welchen Wert Sie für die Bilanzierung Ihrer Finanzinstrumente heranziehen sollen? Dann schauen wir uns das mal genauer an!

Der wichtigste Punkt der Definition ist die Vorschrift, dass es sich um einen Wert handeln muss, zu dem eine Transaktion stattfinden würde. Hierbei kommt es nicht darauf an, dass tatsächlich irgendwo auf der Welt eine solche Transaktion stattgefunden hat oder stattfindet, sondern nur auf die theoretische Möglichkeit. (Haben Sie eine Idee, woher die Kritik an der Marktwertbilanzierung des IAS 39 kommen könnte?) Da auch das IASB eingesehen hat, dass diese allgemeine Vorgabe nicht wirklich ausreichend ist, wurde eine Hierarchie entwickelt. Diese gibt vor, welche Quellen und Methoden Sie bei der Marktwertermittlung heranziehen sollten. Auf eine nächsttiefere Hierarchieebene dürfen Sie immer erst dann wechseln, wenn auf der höheren Ebene keine Wertermittlung möglich ist. Hangeln Sie sich durch die Hierarchien.

Oberste Hierarchie – beobachtbare Marktpreise

Die oberste Ebene stellen an einem *aktiven Markt* beobachtete Preise dar.

Als *aktiver Markt* gelten vor allem Börsen und Daten von Brokern, die regelmäßig zur Verfügung gestellt werden. Bevor Sie sich jetzt jedoch blindlings auf den nächstbesten Börsenkurs für Ihre Finanzanlagen stürzen, müssen Sie prüfen, ob der Markt auch tatsächlich aktiv ist. Aktiv ist er dann, wenn zu den Preisen tatsächlich regelmäßig Transaktionen stattfinden.

In der Praxis gibt es immer wieder Fälle, in denen ein Wertpapier zwar an einer Börse notiert ist, Transaktionen jedoch nur alle paar Wochen und dann meist in kleinem Volumen stattfinden. Auch sehr große Spannen zwischen Geld und Briefkurs können ein Hinweis auf mangelnde Marktaktivität sein.

In diesem Fall suchen Sie sich entweder einen anderen Marktplatz oder wenn dieser nicht existiert, erfolgt der zweite Teilschritt der ersten Hierarchieebene. Sie ermitteln den Marktwert Ihrer Finanzanlage, indem Sie den Wert einer vergleichbaren Anlage, für die ein aktiver Markt vorliegt, auf Ihr Wertpapier übertragen. Klingt es für Sie unrealistisch, dass Sie ein vergleichbares Instrument finden, dessen Wert Sie einfach auf Ihr Wertpapier spiegeln können? Ist es in der Praxis auch, daher hat dieser Schritt wenig praktische Relevanz, wird jedoch vom IAS 39 so vorgegeben. Man kann ja nie wissen und theoretisch hört es sich zumindest plausibel an. Haben Sie für beides nichts ermitteln können, steigen Sie die Hierarchieleiter nach unten zur zweiten Ebene.

Zweite Hierarchie – Bewertungsmodelle

Auf dieser Ebene ermitteln Sie den Wert über ein für das Finanzinstrument angemessenes und anerkanntes Bewertungsmodell. Womit wir schon beinahe an der Stelle sind, an der wir auf die einschlägige finanzmathematische Literatur verweisen müssen – der Standard schweigt sich an dieser Stelle zu konkreten Methoden aus. In der Praxis üblich ist die Ermittlung des Barwertes des jeweiligen Finanzinstruments. Je nach Komplexität des Instruments erfolgt hier eine einfache Diskontierung der vertraglichen Zahlungsströme oder die Zahlungsströme werden neben der Diskontierung noch mit ihrer Wahrscheinlichkeit gewichtet. Wichtig ist jedoch, dass Sie möglichst viele der Bewertungsparameter von einem aktiven Markt beziehen beziehungsweise ableiten. Hier wären zum Beispiel Marktzinssätze für die Diskontierung, Wechselkurse und Volatilitäten zu nennen. Es gibt in der Praxis zig Modelle für zig mögliche Konstruktionen von Finanzinstrumenten und meistens lässt sich auch eines für Ihren finanziellen Vermögenswert finden. Manchmal ist aber selbst das nicht möglich. Dann müssen Sie noch eine Stufe weiter runter klettern.

Die dritte Hierarchie – nichts ist möglich

Die dritte Bewertungsebene stellen dann Finanzinstrumente dar, für die auch mittels eines Bewertungsmodells keine verlässliche Bewertung möglich ist. Sollte es sich hierbei um Eigenkapitaltitel beziehungsweise Derivate auf Eigenkapitaltitel handeln, sind Sie in der dankbaren Situation, dass diese dann ausnahmsweise zu fortgeführten Anschaffungskosten bewertet werden dürfen.

In der Praxis wird von dieser Ausnahme vor allem im Zusammenhang mit Beteiligungen an nicht notierten Unternehmen Gebrauch gemacht. In der Regel ist es für diese Minderheitsbeteiligungen sehr schwer, verlässliche Zahlungsströme für die Zukunft zu schätzen. Aber Vorsicht, die Anforderungen der Wirtschaftsprüfer, wann eine Bewertung vorzunehmen ist, sind in den letzten Jahren gestiegen.

Für Fremdkapitalinstrumente geht das IASB davon aus, dass immer ein Marktwert ermittelt werden kann. Meist stimmt dies sogar. Sollten Sie jedoch einmal auf die Ausnahme stoßen, dass eine Bewertung nicht möglich ist, nehmen Sie nach Rücksprache mit Ihrem Wirtschaftsprüfer einfach an, dass der Marktwert den fortgeführten Anschaffungskosten entspricht.

Das können Sie sich abschminken – Wertberichtigungen auf Finanzinstrumente

Den Wert Ihrer finanziellen Vermögenswerte können Sie nun anhand der fortgeführten Anschaffungskosten oder mit dem Marktwert bestimmen. Da wir uns nicht immer in einer heilen Welt befinden, fehlt nur noch ein kleiner, etwas unschöner Teil zur Vollständigkeit: Auch den Besten wird es früher oder später passieren, dass sie Wertberichtigungen auf ihre Forderungen oder Finanzanlagen bilden müssen.

Die IFRS geben zur Ermittlung dieser Wertberichtigungen konkrete Vorgaben. Diese können sich danach unterscheiden, ob Sie die Finanzinstrumente zu fortgeführten Anschaffungskosten oder aber zum Marktwert bewerten.

Einzeln oder als Portfolio? Wertberichtigungen auf Forderungen und Ausleihungen

Für finanzielle Vermögenswerte, die Sie zu fortgeführten Anschaffungskosten bewerten, sieht der IAS 39 ein mehrstufiges Verfahren zur Ermittlung von Wertberichtigungen vor.

✔ Prüfen Sie, ob substanzielle Hinweise für einen Wertberichtigungsbedarf vorliegen (sogenannte »Triggering Events«).

✔ Falls dies der Fall ist, schätzen Sie die noch zu erwartenden Cashflows aus Ihrer Forderung und deren Zeitpunkt. Diese Cashflows diskontieren Sie nun mit dem ursprünglichen Effektivzinssatz der Forderung (der Satz, den Sie auch für die Effektivzinsermittlung verwendet haben).

✔ Wenn Sie nun den so ermittelten Wert zuzüglich des Wertes von eventuellen Sicherheiten mit Ihrem aktuellen Buchwert vergleichen und feststellen, dass dieser niedriger ist als der Buchwert, nehmen Sie eine Wertberichtigung vor. Die folgende Formel zeigt noch mal die Rechnung:

$$\sum \frac{erwartete\ CF}{(1 + i_{eff})^t} + Sicherheitswert < Buchwert$$
$$\Rightarrow Buchwert = \sum \frac{erwartete\ CF}{(1 + i_{eff})^t} + Sicherheitswert$$

Bei der Abschreibung haben Sie die Wahl, ob Sie diese direkt vornehmen oder ein Wertberichtigungskonto verwenden, das als passivische Gegenposition auf der Aktivseite den Forderungsbestand reduziert.

> Sollten Sie sich, wie bei den meisten Unternehmen üblich, für ein Wertberichtigungskonto entscheiden, müssen Sie im Rahmen der Anhangangaben eine Überleitungsrechnung für dieses Konto erstellen.

Die Vorgehensweise hört sich ziemlich verrückt an, oder? Wenn Sie nun aber an Ihre jährliche Überprüfung der Werthaltigkeit von Forderungen aus Lieferungen und Leistungen denken, stellen Sie fest, dass Sie genau diese drei Schritte durchlaufen:

- Hat ein Kunde seine Rechnung schon sehr lange nicht bezahlt oder haben Sie Kenntnis, dass sich der Kunde in einem Insolvenzverfahren befindet, liegen Anzeichen (»Triggering Events«) dafür vor, dass die Forderung eventuell nicht in voller Höhe beglichen wird. Das war Schritt eins.

- Nun schätzen Sie ab, was Sie von dem Kunden eventuell noch bekommen werden. Im Insolvenzfall hilft hier eine Quote und ansonsten müssen Sie mit Erfahrungswerten arbeiten. Sie schätzen die Höhe der Cashflows und arbeiten damit Schritt zwei ab.

- Nun vergleichen Sie die offene Forderung mit dem von Ihnen erwarteten Cashflow. Wenn die Forderung höher als der ermittelte Cashflow ist, erfassen Sie eine Einzelwertberichtigung auf die Forderung. Das war der dritte Schritt.

Sollten Sie bei der Prüfung auf Einzelpositionsebene keinen Wertberichtigungsbedarf beziehungsweise kein »Triggering Event« festgestellt haben, müssen Sie in einem zweiten Schritt alle nicht einzelwertberichtigten Forderungen in Portfolien mit gleichen Charakteristika zusammenfassen und diese Portfolien auf einen Wertberichtigungsbedarf prüfen. Das machen Sie grundsätzlich genauso wie auf Einzelgeschäftsebene, nur dass Sie diesmal die erwarteten Zahlungsströme auf Portfoliobasis schätzen müssen. Dies wird in der Praxis unter Zuhilfenahme von historischen Ausfallraten durchgeführt. Als Diskontierungszinssatz sollten Sie gemäß Standard den gewichteten ursprünglichen Effektivzins verwenden. In der Praxis wird hier jedoch meist auf eine Diskontierung verzichtet.

Bei der Erfassung der Wertberichtigungen auf Portfoliobasis kommt praktisch gesehen nur der Einsatz eines Wertberichtigungskontos infrage, da Sie den Abschreibungsbedarf ja nicht den einzelnen Forderungen direkt zuordnen können.

> Ein häufiges Vorurteil lautet, dass es nach IFRS im Gegensatz zu HGB keine Pauschalwertberichtigungen gäbe. Dies ist, wie Sie gesehen haben, nicht ganz richtig. Neben den Portfoliowertberichtigungen für Geschäfte, bei denen kein Wertberichtigungsbedarf auf Einzelgeschäftsebene festgestellt werden konnte, besteht nach IFRS weiterhin die Möglichkeit, Positionen von untergeordneter Bedeutung gar nicht auf Einzelgeschäftsebene zu untersuchen, sondern nur auf Portfoliobasis. Richtig hingegen ist, dass Sie nach IFRS für die Portfoliowertberichtigung nicht

7 ➤ Finanzielle Werte: Finanzvermögen

auf steuerliche Größen oder sonstige Pauschalgrößen abstellen dürfen, sondern bei der Schätzung der Ausfallraten auf historische Erfahrungswerte zurückgreifen müssen. Und auch der Ansatz von den bekannten 2 Prozent auf die verbleibenden Forderungen ist nicht erlaubt – es sei denn, Sie können die 2 Prozent irgendwie belegen.

In den Folgeperioden müssen Sie den Wertminderungstest für alle wertberichtigten Forderungen wiederholen und prüfen, ob sich gegebenenfalls ein weiterer Abschreibungsbedarf oder auch ein Zuschreibungsbedarf ergeben hat. Eine Zuschreibung dürfen Sie natürlich nur bis zu dem Wert vornehmen, der sich ohne vorherige Wertberichtigung ergeben hätte. Zuschreibungen darüber hinaus sind unzulässig.

Abbildung 7.4 verdeutlicht noch einmal das Vorgehen beim Wertminderungstest für zu fortgeführten Anschaffungskosten bewertete finanzielle Vermögenswerte nach IAS 39.

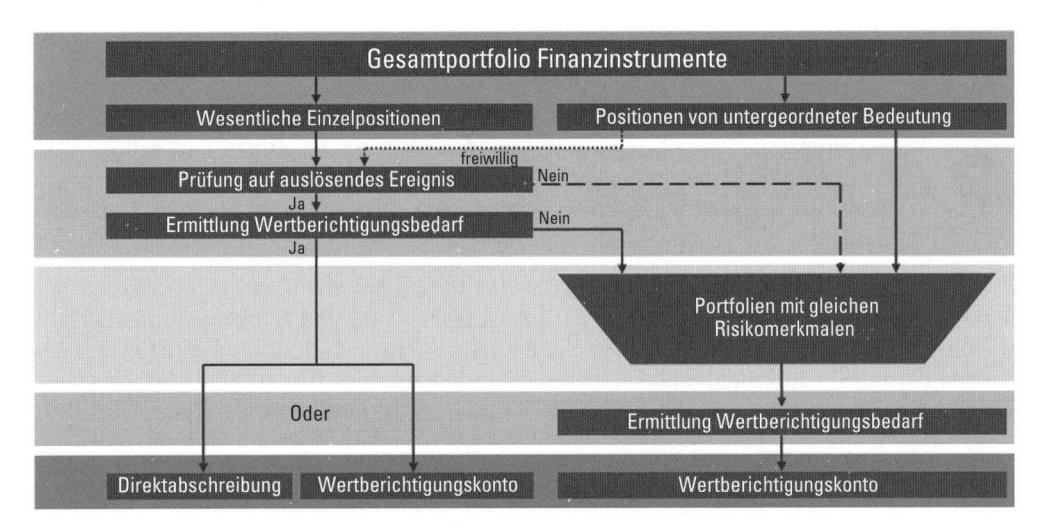

Abbildung 7.4: Wertberichtigungen für Forderungen

Manchmal geht auch die beste Anlage daneben

Das Vorgehen zur Ermittlung möglicher Wertminderungen von zum Marktwert bewerteten Finanzinstrumenten ist zwar ähnlich dem eben beschriebenen Vorgehen, einige kleine Unterschiede müssen Sie jedoch beachten.

Da die »erfolgswirksam zum Marktwert bewerteten« Finanzinstrumente immer mit ihrem Marktwert bewertet werden und keine Reserven entstehen, ist das Thema Wertminderung nur für die Instrumente der Kategorie »zur Veräußerung verfügbar« relevant.

Sowohl für Eigenkapitaltitel als auch für Fremdkapitaltitel müssen Sie die folgenden Unterschiede zum Wertminderungstest bei Forderungen beachten:

- ✔ Da der Bilanzansatz hier der Marktwert ist, wird auch für die Ermittlung des Wertberichtigungsbedarfs jeweils der Marktwert mit den Anschaffungskosten verglichen. Hier ist jedoch zusätzlich Ihre Einschätzung notwendig, ob es sich bei der möglichen Wertminderung um eine dauerhafte Wertminderung handelt oder ob diese als vorübergehend einzustufen ist.

- ✔ Sie dürfen grundsätzlich keine Wertberichtigungen auf Portfoliobasis vornehmen, sondern nur auf Einzelpositionsbasis. Sollten Sie ein Wertpapier zu verschiedenen Zeitpunkten zu unterschiedlichen Kursen erworben haben, verwenden Sie in der Praxis den gewichteten Mittelkurs als Vergleichskurs.

- ✔ Falls Sie einen Abschreibungsbedarf feststellen, müssen Sie den gesamten in der Neubewertungsrücklage gespeicherten Verlust realisieren – auch wenn Sie persönlich davon ausgehen, dass ein Teil der Wertminderung nicht dauerhaft ist.

Bei Eigenkapitaltiteln kommt noch ein kleiner Wermutstropfen hinzu: Sobald Sie einmal eine Abschreibung vorgenommen haben, ist Ihnen eine erfolgswirksame Zuschreibung untersagt. Daher sollten Sie hier zwar keine Abschreibungen verschleppen, aber besser etwas gründlicher prüfen, ob tatsächlich ein Bedarf besteht.

Sie haben eine Anleihe zu einem Marktwert von EUR 10.000 erworben. Heute beträgt der Marktwert nur noch EUR 9.000. Sie haben eine entsprechend negative Neubewertungsrücklage in Höhe von EUR 1.000. Leider müssen Sie davon ausgehen, dass zumindest EUR 500 der Wertminderungen von Dauer sind. Ihre Einschätzung kann hier aber nicht verhindern, dass Sie die kompletten EUR 1.000 wie in Tabelle 7.13 dargestellt, ausbuchen müssen.

Soll		Haben	
Wertberichtigungen Finanzanlagen	1.000	Neubewertungsrücklage	1.000

Tabelle 7.13: Wertminderung AfS-Anleihe

Sie erfassen also den vollen in der Neubewertungsrücklage gespeicherten Verlust als Wertberichtigung – auch wenn Sie davon ausgehen, dass dieser nicht vollständig von Dauer ist.

Zum nächsten Stichtag hat sich die Situation deutlich verbessert und der Wert Ihrer Anleihe ist sogar auf EUR 10.500 gestiegen. Den Anstieg bilden Sie über die in Tabelle 7.14 vorgeschlagene Buchung ab.

Soll		Haben	
Finanzanlagen	1.500	Zuschreibung	1.000
		Neubewertungsrücklage	500

Tabelle 7.14: Zuschreibung AfS-Anleihe

7 ➤ Finanzielle Werte: Finanzvermögen

Wenn es sich bei Ihrer Anlage nicht um eine Anleihe (Fremdkapitaltitel), sondern um eine Aktie (Eigenkapitaltitel) handelt, nehmen Sie keine Zuschreibung vor. Tabelle 7.15 zeigt die Buchung.

Soll		Haben	
Finanzanlagen	1.500	Neubewertungsrücklage	1.500

Tabelle 7.15: Zuschreibung AfS-Aktie

Jetzt wird's kompliziert: Hedge Accounting

Nun kennen Sie die wesentlichen Vorschriften zur Bilanzierung von finanziellen Vermögenswerten. Ein nicht unbedeutender, wenn auch komplizierter Fall fehlt jedoch noch: die Vorschriften zum Hedge Accounting.

Zuerst die gute Nachricht vorweg: Die Anwendung von Hedge Accounting ist vollkommen freiwillig! Wenn Sie nicht wollen, müssen Sie sich niemals um diese doch recht komplexen Vorschriften kümmern!

Warum wir sie dennoch hier erwähnen? Weil sie Ihnen eventuell bei der Neutralisierung eines unangenehmen Effekts aus den Vorschriften zur Bilanzierung von finanziellen Vermögenswerten helfen können.

Falls Sie sich für Hedge Accounting entscheiden, sollten Sie unbedingt im Voraus mit Ihrem Wirtschaftsprüfer oder Ihren Beratern klären, ob Sie die Voraussetzungen hierfür im Einzelnen erfüllen.

Cash Flow Hedge

Stellen Sie sich einfach die folgende Situation vor: Sie haben mit Ihrer Bank eine variabel verzinsliche Finanzierung abgeschlossen und wollen diese mittels eines Zinsswaps zur besseren Planbarkeit Ihrer Ausgaben für einen bestimmten Zeitraum in eine festverzinsliche Finanzierung umwandeln. Aus ökonomischer Sicht haben Sie erst mal kein Risiko, da sich ja die Cashflows aus Zinsswap und Darlehen ausgleichen und Sie fest kalkulierbare Zahlungen haben. Aus bilanzieller Sicht ergibt sich jedoch das Problem, dass Sie den Swap als Derivat erfolgswirksam zum Marktwert bilanzieren müssen.

Wenn Sie den Swap erfolgswirksam zum beizulegenden Zeitwert bewerten, müssen Sie die ständigen Marktwertänderungen komplett in Ihrem Ergebnis abbilden – positive wie negative.

Falls Sie sich nun für die Anwendung von Hedge Accounting entscheiden und die hierfür notwendigen Voraussetzungen erfüllen, dürfen Sie die Wertänderungen des Swaps erfolgsneutral im Eigenkapital erfassen. Damit belasten Sie nicht Ihr Jahresergebnis, wohl aber Ihr sonstiges Ergebnis. Bei dem oben beschriebenen Fall handelt es sich um einen *Cash Flow Hedge*.

Mit einem *Cash Flow Hedge* sichern Sie sich gegen das Risiko von schwankenden Zahlungsströmen ab. Dies ist die bei Nichtfinanzdienstleistern wohl üblichste Form des Hedge Accountings.

Nehmen wir nun an, dass der Marktwert des Zinsswaps um TEUR 1.000 gestiegen ist. In Tabelle 7.16 sehen Sie die Buchung zur Abbildung der Änderung des Cash Flow Hedge:

Soll		Haben	
Derivate	1.000	Neubewertungsrücklage	1.000

Tabelle 7.16: Wertänderungen CF-Hedge-Derivat

Fair Value Hedge

Die andere bedeutende Form einer Absicherung ist der *Fair Value Hedge*.

Mit einem *Fair Value Hedge* sichern Sie sich gegen das Risiko von schwankenden Marktwerten ab.

Hierfür stellen Sie sich einfach wieder folgende Situation vor: Sie stellen Kaninchenkäfige her und haben für das folgende Jahr im Voraus Stahl für die Gitter eingekauft. Da der Stahlpreis stark schwankt, wollen Sie den Wert Ihres Lagerbestands gegen diese Preisschwankungen sichern und schließen Forward-Verträge auf Stahl ab. Als Derivat sind diese nun erfolgswirksam zum Marktwert zu bilanzieren. Und dies bedeutet wieder, dass jede Änderung Ihr Jahresergebnis verändert, und Sie können das nicht mal planen. Falls Sie nun den Fair Value Hedge anwenden, würden Sie den Marktwert Ihres Lagerbestands sichern und dürften die Marktwertänderungen Ihres Lagerbestands ebenfalls erfolgswirksam erfassen. Dadurch, dass Sie nun sowohl die Wertänderungen des Derivats als auch die des Lagerbestands erfolgswirksam erfassen, erhalten Sie wieder ein ausgeglichenes Ergebnis und im Gegensatz zum Cash Flow Hedge entstehen auch keine Eigenkapitalschwankungen.

Angenommen, der Marktwert Ihres Lagers und des Derivats steigen um TEUR 1.000. In Tabelle 7.17 finden Sie die zugehörige Buchung.

Soll		Haben	
Lager	1.000	Hedge-Ergebnis	1.000

Tabelle 7.17: Wertänderungen FV-Hedge-Lagerbestand

Die letzte Hürde – Anwendungsvoraussetzungen

Unabhängig davon, welche der beiden beschriebenen Hedge-Arten Sie anwenden wollen oder können: Sie dürfen dies erst, wenn Sie die folgenden Voraussetzungen erfüllen:

- ✔ Hedge Accounting darf niemals rückwirkend vorgenommen beziehungsweise beendet werden.

- ✔ Sie müssen bei Anwendungsbeginn eine formale Dokumentation anfertigen, in der Sie festlegen, welches Derivat welches Grundgeschäft sichert, wie das gesicherte Risiko aussieht und wie Ihre allgemeine Risikomanagementstrategie aussieht. Gerade den Dokumentationsaufwand sollten Sie nicht unterschätzen.

- ✔ Sie müssen zu jedem Berichtsstichtag nachweisen, dass die Sicherungsbeziehung hoch effektiv war. Dazu müssen Sie nachweisen, dass sich die Wertänderungen vom Lagerbestand und Stahl-Forward in einer Spanne von 80 Prozent und 125 Prozent ausgeglichen haben und sich in der Zukunft voraussichtlich auch in diesem Rahmen ausgleichen werden. Auch dies erfordert einiges an Rechenaufwand.

Wir haben hier nur die simplen Hedge-Beziehungen beschrieben. Es geht noch viel schlimmer. Daher kommen in der Praxis immer mehr Spezialisten zum Einsatz, die das Hedge Accounting in Unternehmen abbilden.

Temporäre Werte: Vorratsvermögen

In diesem Kapitel
▸ Vorräte bei Zugang erstmalig bewerten
▸ Vorräte nach Zugang weiter bewerten
▸ Vorräte bei sehr lange dauernder Fertigung bewerten

In diesem Kapitel werfen wir einen Blick in die Vorratskammer des Unternehmens. Wie jeder Haushalt unterschiedlich ist, so sind Vorräte auch in jedem Unternehmen unterschiedlicher Natur. Ein Handelsunternehmen kauft Waren ein und versucht, diese Produkte zu einem höheren Preis an den Kunden zu bringen – daher finden Sie in einem Handelsunternehmen meistens nur die Position Handelsware. Da jemand die Produkte natürlich auch herstellen sollte, gibt es die Produktionsunternehmen. Entsprechend dem Verarbeitungsgrad der Vorräte finden Sie hier üblicherweise die folgenden Positionen:

✔ Roh-, Hilfs- und Betriebsstoffe

✔ unfertige Erzeugnisse

✔ fertige Erzeugnisse

Diese Vielfalt der Positionen führt leider auch zu unterschiedlichen Bewertungsvorschriften. Aber keine Angst, alle diese Vorschriften lassen sich auf ein paar Grundgedanken reduzieren. Diese stellen wir Ihnen in diesem Kapitel vor. Danach sind Begriffe wie Niederstwerttest, Nettoveräußerungswert und verlustfreie Bewertung keine böhmischen Dörfer mehr für Sie.

Der Wissbegierige kann von Zeit zu Zeit auch mal in den IAS 2 reinschnuppern – dieser beschäftigt sich einzig und allein mit Vorräten.

Vorräte sind Vermögenswerte, die zum Verkauf im normalen Geschäftsgang gehalten werden; sich in der Herstellung für einen solchen Verkauf befinden; oder die als Roh-, Hilfs- und Betriebsstoffe dazu bestimmt sind, bei der Herstellung oder der Erbringung von Dienstleistungen verbraucht zu werden.

Anschaffungskosten und Herstellungskosten

Wenn Ihnen die Einkaufsabteilung wieder einmal eine große Ladung Vorräte auf den Hof gestellt hat, stellt sich zunächst einmal die Frage, mit welchen Werten die gesamten Posten Einzug in Ihre Bilanz finden sollen. Da dies auch Ihre erste Frage sein sollte, schauen wir uns zuerst die Erst- beziehungsweise Zugangsbewertung an.

Grundsätzlich gilt, dass Sie in die erstmalige Bewertung der Vorräte alle Kosten des Erwerbs einbeziehen müssen. Das klingt zunächst recht einleuchtend. Darüber hinaus müssen Sie jedoch noch alle sonstigen Kosten einbeziehen, die angefallen sind, um die Vorräte an ihren aktuellen Ort und in ihre aktuelle Beschaffenheit zu versetzen. Denken Sie einfach mal an die Spedition, die Ihnen die Vorräte in den Hof gebracht hat, die Kollegen, die diese Vorräte dann angenommen und im Lager verteilt haben, die Qualitätssicherungsabteilung, die die neu angeschafften Vorräte auf die für Ihr Unternehmen bekannte Güte überprüft. Sicher fallen Ihnen noch Tausende Tätigkeiten ein, die an Ihren Vorräten vorgenommen wurden. Hier wird es dann mit der Aufstellung der Kosten schon komplizierter. Ein Anruf bei Ihrem obersten Kostenrechner führt sicherlich dazu, dass Sie eine Unmenge an Kostenpositionen vorgelegt bekommen. Nun sollen Sie also entscheiden, welche davon als Anschaffungs- oder Herstellungskosten in die Vorratsbewertung Einzug halten. Die Übersicht in Tabelle 8.1 hilft Ihnen dabei.

Kosten	Ansatzpflicht	Ansatzverbot
Materialeinzelkosten	×	
Fertigungseinzelkosten	×	
Sondereinzelkosten der Fertigung	×	
Materialgemeinkosten	×	
Fertigungsgemeinkosten	×	
Werteverzehr des Anlagevermögens	×	
Allgemeine Verwaltungskosten		×
Produktionsbezogene Verwaltungskosten	×	
Der Produktion zurechenbare Aufwendungen für soziale Einrichtungen des Betriebs, freiwillige soziale Leistungen, betriebliche Altersversorgung	×	
Vertriebskosten		×
Fremdkapitalkosten	×	

Tabelle 8.1: Bestandteile der Anschaffungs- oder Herstellungskosten

Am besten, Sie setzen sich einmal mit den Kollegen aus dem Einkauf und der Logistik zusammen und lassen sich erläutern, was mit den Vorräten denn so alles passiert, bis sie im Lager ankommen, und welche Kosten in den einzelnen Abteilungen dafür Schritt für Schritt anfallen. Danach fällt es Ihnen sicherlich leichter, die gesammelten Werke der Kostenrechnung für die Vorratsbewertung zu verwenden.

Die grundsätzliche Frage lässt sich jedoch darauf reduzieren, ob die diversen Kosten angefallen sind, um der Vorratsposition das aktuelle Aussehen (der Fachmann spricht hier von *Beschaffenheit*) zu verpassen und die Vorräte dahin gebracht haben, wo sie aktuell ihr Lager gefunden haben.

Wie immer ist die Theorie schön und gut, aber erst ein paar Beispiele bringen das Verständnis. Los geht's.

Ihre Einkaufsabteilung umfasst fünf Personen. Drei sind für den Produktionsbereich zuständig, einer für die kaufmännischen Belange und einer leitet die Abteilung.

8 ➤ Temporäre Werte: Vorratsvermögen

Die Buchhaltung wird durch fünf Mitarbeiter erledigt. Einer davon verbringt ca. 75 Prozent seiner Zeit damit, die Vorratsbuchhaltung nachzuhalten.

- ✔ In Ihrem Unternehmen beschäftigen sich drei Personen den ganzen Tag mit der Entwicklung neuer Produkte.
- ✔ Weil Ihr Einkauf ein tolles Geschäft machen wollte, wurde der gesamte Bedarf an Metall für die Produktion von Metalleimern für ein Jahr mit einem Schlag erworben – zur Lagerung mussten Sie eine extra Halle anmieten.
- ✔ Als Hersteller eines 15-jährigen Whiskeys mieten Sie drei Lagerhallen an.

Werden nun alle genannten Kosten als Bestandteil Ihrer Vorräte aktiviert?

Zur Lösung ist ein Blick in IAS 2.16 sehr hilfreich. Sie müssen nun nicht gleich den Standard aufschlagen. Das haben wir für Sie schon getan:

Beispiele für Kosten, die aus den Anschaffungs- oder Herstellungskosten von Vorräten ausgeschlossen sind und in der Periode ihres Anfalls als Aufwand behandelt werden, sind:

- ✔ anormale Beträge für Materialabfälle, Fertigungslöhne oder andere Produktionskosten,
- ✔ Lagerkosten, es sei denn, dass diese im Produktionsprozess vor einer weiteren Produktionsstufe erforderlich sind,
- ✔ Verwaltungsgemeinkosten, die nicht dazu beitragen, die Vorräte an ihren derzeitigen Ort und in ihren derzeitigen Zustand zu versetzen, und
- ✔ Vertriebskosten.

Anhand der Beschreibung aus dem Standard können Sie nun die obigen Beispiele locker lösen. Natürlich haben wir für Sie die Lösung auch schon herausgearbeitet. Schauen wir uns nun die Beispiele noch einmal im Einzelnen an:

- ✔ Die drei Kollegen im Einkauf, die sich einzig und allein um den Einkauf für die Produktion kümmern, ordnen Sie definitiv dem Erwerb von Vorräten zu. Das Gehalt inklusive sozialer und sonstiger Leistungen aktivieren Sie zu den Vorräten. Die anderen beiden übernehmen im Einkauf alle möglichen Aufgaben und sind daher nicht direkt zuzurechnen.
- ✔ Wenn der Buchhalter sich schon 75 Prozent seiner wertvollen Zeit mit den Vorräten beschäftigt, sollten Sie die durch ihn verursachten anteiligen Kosten auch den Vorräten zurechnen.
- ✔ Die Kosten der Entwickler für neue Produkte werden Sie sicherlich nicht direkt mit dem Erwerb und der Verarbeitung von Rohstoffen in Verbindung bringen. Die Kosten aktivieren Sie daher auch nicht in den Vorräten.
- ✔ Auch wenn sich der Einkaufsleiter noch so freut, die Lagerung der Metalle verändert deren Beschaffenheit nicht. Die Miete können Sie daher nicht als Bestandteil der Anschaffungs- oder Herstellungskosten zu den Vorräten aktivieren.

✔ Anders sieht dies für die Miete der Whiskey-Lagerhallen aus. Da es das Qualitätsmerkmal Ihres Whiskeys ist, 15 Jahre gereift zu sein, ändert die Lagerung dessen Beschaffenheit und Güte. Hier dürfen Sie die anteilige Miete zu den Vorräten selbstverständlich hinzurechnen.

Die letzten beiden Beispiele zeigen Ihnen auch ganz gut, dass es in der Vorratsbewertung keine allgemeingültigen Aussagen gibt. Wie so oft kommt es immer auf die Besonderheit und Auslegung des Sachverhalts an.

Eine Aussage hinsichtlich der Zugangsbewertung von Vorräten lässt sich jedoch kaum widerlegen: Vertriebskosten werden niemals als Bestandteil der Anschaffungs- und Herstellungskosten von Vorräten angesetzt!

Unter bestimmten Umständen sind Sie sogar verpflichtet, mit der Herstellung von Vorräten in direktem Zusammenhang stehende Zinsen zu den Anschaffungs- und Herstellungskosten von Vorräten hinzuzurechnen. Dies ist jedoch nur unter ganz genau definierten Gegebenheiten verpflichtend und außerdem auch relativ selten in der Praxis anzutreffen. Falls Sie es dennoch ganz genau wissen wollen, erfahren Sie in Kapitel 12, wann genau Sie Fremdkapitalzinsen nicht als Aufwand erfassen dürfen, sondern aktivieren müssen.

Nun haben Sie also die Vorräte erst einmal mit einem Wert in Ihre Buchhaltung übernommen. Der erste Schritt wäre demnach geschafft. Nebenbei konnten Sie sich auch einmal mit den Untiefen der Kostenrechnung auseinandersetzen. Herzlichen Glückwunsch!

Als wenn das nicht schon aufwendig genug wäre, naht das Geschäftsjahresende und Ihr Chef fragt Sie, wie hoch denn die Vorräte in der diesjährigen Bilanz sein werden. Ihnen ist sicherlich klar, dass Sie die erstmalig erfassten Werte nicht einfach unverändert in der Bilanz stehen lassen können. Damit kommen wir direkt zu der Folgebewertung der Vorräte.

Vorher aber noch etwas zur speziellen Vertiefung, für die Anhänger der Standardkostenmethode.

IAS 2.21 erlaubt es Ihnen auch, die Anschaffungs- und Herstellungskosten Ihrer Vorräte unter Verwendung von Standardkosten zu ermittelten. Gerade in Unternehmen mit einer erheblichen Fertigungstiefe ist diese Methode anzutreffen. Bei der Ermittlung der Standardkosten sollten Sie jedoch eine normale Leistungsfähigkeit und Kapazitätsauslastung unterstellen. Die festgelegten Standardkosten sollten Sie weiterhin regelmäßig überprüfen. Falls sich dabei eine größere Abweichung gegenüber den Standardkosten ergibt, müssen Sie die Kosten an die tatsächlichen Gegebenheiten anpassen.

Bewertungsvereinfachungen

Wie bei jedem anderen Vermögenswert gilt auch für die Vorräte das Prinzip der Einzelbewertung. Leichter gesagt als getan, wenn die Position ca. 10.000 Gummibärchen oder kleine Schrauben umfasst. Auch die internationale Rechnungslegung mutet Ihnen jedoch nicht zu, dass Sie jeden Posten einzeln bewerten und auch noch dokumentieren müssen. Die Verbrauchsfolgeverfahren haben ebenfalls Einzug in die internationale Rechnungslegung gehalten – aber leider in deutlich reduziertem Umfang gegenüber den in der Praxis anzutreffenden Methoden. Aber der Reihe nach.

IAS 2.25 erlaubt die Verwendung von Verbrauchsfolge- oder auch Sammelbewertungsverfahren für solche Vorräte, die ähnlicher Beschaffenheit und gleicher Verwendung für ein Unternehmen sind.

Von der Vielzahl in der Praxis üblichen und in den verschiedenen Bilanzierungsregeln anzutreffenden Vereinfachungsverfahren erlauben die IFRS lediglich

✔ die Durchschnittskostenmethode und

✔ die »First-in-First-out«-Methode.

Auch wenn wir gerne auf den Anglizismus verzichten würden – der deutsche Begriff »Zuerst-rein-Zuerst-raus«-Methode hat sich in der Praxis verständlicherweise nicht durchgesetzt.

Die ab und an in der Praxis der Rechnungslegung anzutreffenden Methoden »Last-in-First-out« und »Highest-in-Highest-out« dürfen nach IFRS nicht zur Bewertung der Vorräte verwendet werden.

Durchschnittskostenmethode

Wie der Name schon sagt, erfolgt die Bewertung mit der Durchschnittskostenmethode am Jahresende mit dem durchschnittlichen Einkaufspreis, der sich über die zurückliegende Periode ergeben hat. Dies bedeutet zunächst einmal, dass Sie am Jahresende Ihren Bestand an Vorräten ermitteln müssen. Den ermittelten Bestand multiplizieren Sie mit den durchschnittlichen Einkaufskosten des Jahres. Ein Beispiel wird Ihnen die Systematik verdeutlichen.

Weil es so schön ist, kommen wir zurück auf unseren Whiskey-Hersteller. Die Inventur ergab, dass zum Bilanzstichtag insgesamt noch 250 Kilogramm Gerste eingelagert sind. Zum Anfang des Geschäftsjahres waren die Lager leer. Im Geschäftsjahr kam es zu folgenden Lieferungen:

✔ Januar: 200 Kilogramm à 50 Cent. Rechnung über EUR 100.

✔ Juni: 400 Kilogramm à 40 Cent. Rechnung über EUR 160.

✔ Oktober: 300 Kilogramm à 45 Cent. Rechnung über EUR 135.

Nach der Durchschnittskostenmethode ermittelt sich der Preis einfach als durchschnittlicher Preis über die Periode wie folgt:

✔ 100 + 160 + 135 = EUR 395

✔ EUR 395 / 900 Kilogramm (200 + 400 + 300) = Cent 43,88 durchschnittlicher Einkaufspreis pro Kilogramm

Die am Jahresende auf Lager liegende Gerste wird mit Cent 43,88 pro Kilogramm bewertet. Es ergibt sich somit 250 Kilogramm × 43,88 Cent = EUR 109,70.

Dies ist leider noch nicht ganz der letzte Schritt der Vorratsbewertung zum Geschäftsjahresende. Bevor wir uns an den letzten Schritt heranwagen, stellen wir Ihnen zunächst noch das zweite Bewertungsvereinfachungsverfahren vor.

»First-in-First-Out«-Methode

Wir bleiben hier einfach mal bei dem englischen Begriff. In der Übersetzung bedeutet dies nichts anderes, als dass das, was zuerst reingekommen ist, auch zuerst wieder herausgeht. Mancher mag sich wünschen, dass es eine solche Methode auch für ungeladene Gäste gibt – diese sind aber nicht Teil der Vorratsbewertung. Demnach kommen wir zum bilanziellen Teil zurück.

Wie der Name und die obige Erläuterung schon angeben, wird bei dieser Methode davon ausgegangen, dass die Vorräte, die zuerst in der zu betrachtenden Periode angeschafft wurden, auch zuerst verbraucht wurden. Folglich sind zum Abschluss einer Periode die Artikel auf Lager, die zuletzt angeschafft wurden. Diese bilden dann auch die Grundlage für die Bewertung am Abschlussstichtag.

Am besten stellen Sie sich die Thematik wieder an dem bereits bekannten Whiskey-Beispiel vor. Alle Lieferungen sind so erfolgt, wie im letzten Beispiel dargestellt. Zunächst muss ermittelt werden, aus welcher Lieferung der Bestand am Jahresende resultierte. Dies erfolgt durch eine Rückwärtsrechnung ausgehend vom aktuellen Bestand.

- ✔ Über die Periode verteilt wurden insgesamt 900 Kilogramm Gerste erworben.
- ✔ Am Stichtag sind noch 250 Kilogramm eingelagert. Demzufolge reifen 650 Kilogramm Gerste gerade zu einem Whiskey heran.
- ✔ Unter der Annahme, dass nun die zuerst erworbenen Posten auch zuerst verbraucht wurden, ist die erste Lieferung in Höhe von 200 Kilogramm und die zweite Lieferung in Höhe von 400 Kilogramm verbraucht. Die restlichen 50 Kilogramm wurden von der letzten Lieferung bereits verbraucht.
- ✔ Der auf Lager befindliche Bestand muss demnach lediglich mit der letzten Lieferung eingetroffen sein.

Für die Bewertung zum Jahresende ziehen Sie nun lediglich den Preis der letzten Lieferung heran.

- ✔ 250 Kilogramm à 45 Cent = EUR 112,50

Die am Jahresende auf Lager liegende Gerste wird mit Cent 45,00 pro Kilogramm bewertet. Es ergibt sich somit ein Vorratsbestand von EUR 112,50.

An den beiden letzten Beispielen ist gut zu erkennen, dass die Wertansätze der Vorräte entsprechend der unterschiedlichen Methodik unterschiedlich sein können. Falls Ihr Chef sich nun nach Vorstellung der beiden Methoden freut, dass er sich immer den für ihn besseren Wert aussuchen kann, müssen Sie ihn aber leider enttäuschen. Auch für die internationale Rechnungslegung gilt der Grundsatz der Methodenstetigkeit. Die Anwendung ständig wechselnder Methoden für ein und den gleichen Sachverhalt ist daher nicht angebracht. Mehr über die Grundsätze der internationalen Rechnungslegung und woran Sie bei einem Wechsel der Bewertungsmethoden noch denken sollten, lesen Sie in Kapitel 4.

Sie haben nun Ihr Vorratsvermögen zum Jahresende nach der Durchschnittskostenmethode und nach der »First-in-First-Out«-Methode bewertet. Diese beiden Ergebnisse liegen vor und sollen nun Ihrem Chef präsentiert werden. Ein Kollege, der gerade von einem IFRS-Seminar

8 ➤ Temporäre Werte: Vorratsvermögen

zurückgekommen ist, fragt Sie noch im Vorbeigehen, ob Sie denn die Werthaltigkeit der Vorräte überprüft hätten. Damit Sie auch hierauf eine elegante Antwort parat haben, steigen wir nun in den letzten Schritt der Vorratsbewertung zum Bilanzstichtag ein.

Der Niederstwerttest

Das weitere Vorgehen am Jahresende ist auf einen bestimmten Satz zurückzuführen. Daher ist dieser hier gleich einmal am Anfang aufgeführt:

> Vorräte sind mit dem niedrigeren Wert aus Anschaffungs- oder Herstellungskosten und Nettoveräußerungswert zu bewerten.

Dieser aus IAS 2.9 übernommene Satz ist zwar kurz und knapp, hat es aber ganz schön in sich. Er führt leider dazu, dass am Jahresende noch einige weitere Überlegungen notwendig sind.

Die genaue Analyse des Satzes bringt ans Tageslicht, dass es hier also um zwei Wertansätze geht, die miteinander verglichen werden sollen. Der niedrigere Wert von beiden hat am Ende gewonnen und wird in der Bilanz ausgewiesen. Also tasten wir uns nun Schritt für Schritt an die beiden Werte heran.

Gleich zu Anfang können Sie sich zunächst einmal glücklich schätzen. Den ersten der beiden Werte haben Sie bereits kennengelernt. Die Anschaffungs- und Herstellungskosten wurden im letzten Abschnitt vorgestellt. Erinnern Sie sich noch? Somit liegt der eine der beiden Werte schon vor. Dies ist in aller Regel der Wert, der bereits jetzt in Ihren Büchern zu finden ist.

Den zweiten Wert kennen Sie noch nicht. Hierbei handelt es sich wieder um einen brillanten Begriff der internationalen Rechnungslegung: *Nettoveräußerungswert*. Bevor Sie jetzt vom Namen verschreckt das Buch zuschlagen: Keine Angst – die Ermittlung ist halb so schlimm, wie der Name vielleicht erahnen lässt.

> Der *Nettoveräußerungswert* ist der geschätzte, im normalen Geschäftsgang erzielbare Verkaufserlös abzüglich der geschätzten Kosten bis zur Fertigstellung und der geschätzten notwendigen Vertriebskosten

Was sich in der Definition wieder einmal so anhört wie ein Auszug aus den deutschen Steuergesetzen, bedeutet nichts anderes, als dass Sie sich einmal überlegen müssen, wie viel Geld Ihrem Unternehmen durch den Verkauf der Vorräte noch zufließen wird. Das ist der *erzielbare Verkaufserlös*. Da aber nicht alle Vorräte sofort fertig für den Verkauf sind, fallen beispielsweise für unfertige Erzeugnisse noch weitere Kosten an, um diesen Posten zu einem verkaufsfähigen Produkt zu gestalten – das sind die *Kosten bis zur Fertigstellung*. Schlussendlich verkaufen sich Ihre Produkte ja nicht gerade von selbst. Ihr Vertrieb leistet schließlich harte Arbeit, um die fertige Ware an den Mann oder die Frau zu bringen. Diese noch anfallenden Ausgaben für die Vertriebsleute, aber auch die Verpackung und die Fracht sind die *geschätzten notwendigen Vertriebskosten*. Folgende Formel verdeutlicht noch einmal die Zusammensetzung des Nettoveräußerungswertes:

Bestimmung des Nettoveräußerungswertes
möglicher zu erzielender Verkaufspreis
− noch anfallende Kosten der Fertigstellung
− noch anfallende Kosten für den Vertrieb
= Nettoveräußerungswert

Das Ganze klingt nun zunächst recht einleuchtend und auch nicht schwierig. Nun gehen wir aber mal ins Detail und betrachten, wie Sie an die Ermittlung des Nettoveräußerungswertes für die einzelnen Positionen des Vorratsvermögens herangehen können.

Nettoveräußerungswert von fertigen Erzeugnissen

Wie Sie sicher schon erkannt haben, ist der Absatzmarkt die alles entscheidende Seite für die Bewertung von Vorräten. Im Falle eines Handelsunternehmens ist die Ermittlung des Nettoveräußerungswertes noch einfach. Da es hier lediglich für den Verkauf bestimmte fertige Waren gibt, ist der zu erzielende Verkaufserlös recht gut bestimmbar. Grundlage hierfür ist der aktuell erzielbare Verkaufspreis für die Handelswaren. Das Gleiche gilt übrigens auch für ein Produktionsunternehmen hinsichtlich der Bewertung der Fertigen Erzeugnisse.

Auch hier empfiehlt es sich, dass Sie eine andere Abteilung Ihres Unternehmens mit in die Datenermittlung einbeziehen. Lassen Sie sich von der Vertriebsabteilung für sämtliche fertige Erzeugnisse, die zum Jahresende noch auf Lager sind, die aktuellen Verkaufspreise geben. Am besten geeignet sind natürlich Kundenverträge, in denen die Preise fixiert sind. Sind Sie nicht in dieser komfortablen Situation, sollte Ihr Vertrieb aber die aktuell zu erzielenden Verkaufspreise wissen (ist ja schließlich seine ureigenste Aufgabe).

Auch für die Ermittlung der noch anfallenden Vertriebskosten sollten Sie erneut Ihre Kollegen in der Kostenrechnung befragen.

Noch anfallende Kosten der Fertigstellung sollten bei fertigen Erzeugnissen und Handelsware nicht anfallen − ansonsten liefe bei der Zuordnung der Position innerhalb der Vorräte etwas falsch.

Wie Sie in diesem Kapitel wieder einmal erkennen können, bindet die internationale Rechnungslegung weitaus mehr Unternehmensbereiche in die Wertermittlung ein als nur die Buchhaltung.

»Nomen est omen«: Der Verkaufspreis sollte sich am Verkaufsmarkt orientieren. Nicht immer ist aber der aktuelle Marktpreis auch der Preis, den Sie zur Ermittlung Ihres Nettoveräußerungswertes heranziehen. Falls Sie nun ein wenig verwundert sind, was denn hier der Unterschied sein soll, wird das folgende Beispiel sicherlich Licht ins Dunkel bringen. Zur besseren Orientierung bleiben wir bei dem bereits bekannten Whiskey-Hersteller.

Da der gemeine Schotte nicht 15 Jahre auf seine nächste Flasche Whiskey warten möchte, hat der Whiskey-Produzent natürlich auch bereits abgefüllte Flaschen auf Vorrat, die zum Verkauf bestimmt sind. Insgesamt hat der Produzent 300 Liter des edlen Getränks auf Lager. Leider gab es einen Preisverfall auf dem Whiskey-Markt.

✔ Der Vertrieb ermittelt einen aktuell zu erzielenden Preis pro Liter in Höhe von EUR 15.

✔ Da ein Schotte jedoch in Sachen Geld immer vorausdenkt, hat er einen festen Abnahmevertrag mit einer deutschen Hotelkette geschlossen. Demnach werden im kommenden Monat 50 Liter zu einem Preis von EUR 20 pro Liter abgenommen.

Hier liegen zwei mögliche Verkaufspreise vor. Da der Abnahmevertrag fix ist, werden 50 Liter mit einem Verkaufspreis à EUR 20 bewertet; 250 Liter müssen dann leider nur mit EUR 15 pro Liter bewertet werden. Insgesamt wird ein Verkaufspreis von EUR 4.750 ermittelt.

Auch wenn Sie sich nun sicher schwer von dem Gedanken an einen edlen rauchigen Whiskey trennen können, steigen wir eine Stufe im Herstellungsprozess zurück. Die Ermittlung des Nettoveräußerungswertes der fertigen Erzeugnisse ist ja nicht ganz so kompliziert – die Position *noch anfallende Kosten der Fertigstellung* spielt hier logischerweise keine Rolle. Das Produkt ist komplett fertig und es muss nichts mehr daran herumgebastelt werden. Ein wenig aufwendiger wird die Sache aber bei der Ermittlung des Nettoveräußerungswertes bei unfertigen Erzeugnissen. Steigen wir also ein.

Nettoveräußerungswert von unfertigen Erzeugnissen

Zu den *unfertigen Erzeugnissen* gehören all die Dinge aus Ihrer Produktionshalle, die sich momentan noch im Erstellungsprozess befinden. Es liegen zwar keine Rohstoffe mehr vor, aber von einer Fertigstellung für den Kundengebrauch kann noch keine Rede sein.

Unfertige Erzeugnisse sind in der Stufe zwischen Rohstoffen und Fertigprodukten.

Wurden beispielsweise alle Bestandteile eines Whiskeys im Holzfass gemixt, liegen keine Rohstoffe mehr vor, aber auch kein fertiger Whiskey. Während der Lagerung spricht man von einem unfertigen Erzeugnis.

Wenn der Hersteller eines Autos in der Endmontage nur noch die einzelnen Komponenten des Autos zusammenbaut, handelt es sich während der Dauer der Montage um ein unfertiges Erzeugnis.

Es war für Sie sicherlich schon ein organisatorisches Meisterstück, die gesamten Posten zum Stichtag zu identifizieren, die als unfertige Erzeugnisse einzuordnen sind. Nun müssen Sie sich auch noch Gedanken machen, welcher mögliche Veräußerungspreis hinter den Posten steht und wie viel Kosten noch anfallen, um aus dem halb fertigen Stück ein fertiges Erzeugnis zu machen.

Wird aus dem *unfertigen Erzeugnis* nur ein mögliches *fertiges Erzeugnis* hergestellt, ist die Ermittlung noch recht einfach möglich. Gehen Sie hier einfach rückwärts vor und kämpfen Sie sich vom fertigen Produkt zu dem in der Halle liegenden unfertigen Erzeugnis vor. Den Verkaufspreis für das Endprodukt bekommen Sie wiederum vom Vertrieb. Jemand aus der Produktion sollte in der Lage sein, Ihnen zu sagen, wie viele Stunden Arbeitszeit noch nötig sind und wie viel andere Roh-, Hilfs- oder Betriebsstoffe noch gebraucht werden, bis aus dem Rohdiamanten ein Diamantring wird. Liegen Ihnen diese Daten vor, können Sie diesen Kosten zuordnen und haben auf diese Weise die *noch anfallenden Kosten der Fertigstellung* ermittelt.

Was ist nun, wenn in Ihrer Fertigung ein unfertiges Erzeugnis in mehrere fertige Erzeugnisse einfließen kann? Im schlimmsten Fall haben diese fertigen Erzeugnisse auch noch unterschiedliche Verkaufspreise. In diesem Fall ist nun Ihre Kreativität gefragt. Leider gibt es hier kein Patentrezept, da jedes Unternehmen unterschiedliche Produktionsprozesse hat. Es empfiehlt sich, zusammen mit der Produktionsleitung einen sinnvollen Prozess zu gestalten. Stellen Sie sich folgende Fragen:

- Wie viele Endprodukte können aus dem unfertigen Erzeugnis gefertigt werden?
- Gibt es ein stabiles Verhältnis, welcher Anteil des unfertigen Erzeugnisses A in das Endprodukt C, D und E eingehen?
- Sind die bis dahin nötigen Fertigungsschritte die gleichen?

Aus der Beantwortung dieser Fragen sollte es Ihnen möglich sein, ein unfertiges Erzeugnis einer gewissen Anzahl von Endprodukten zuzuordnen. Danach können Sie die Preise der Endprodukte ermitteln und die Schritte und Kosten der Fertigstellung zuordnen. Seien Sie sich aber gewiss: Es gibt hier nicht die eine ideale, genaue und exakte Methode. Wichtig ist, dass Ihr Vorgehen den Fertigungsprozessen Ihres Unternehmens entspricht und Sie nicht einfach einen zu pauschalen Ansatz gewählt haben. Wenn dies auch zugegebenermaßen der einfachste Ansatz wäre.

Die ganzen Berechnungen können Sie sich sparen, wenn Sie in der letzten Zeit all Ihre Produkte mit Gewinn veräußert haben und am Markt kein Preisverfall zu verzeichnen ist. Dann ist ja nicht davon auszugehen, dass der Nettoveräußerungswert unter den Herstellungskosten liegt.

Nachdem Sie sich nun durch die Ermittlung eines Nettoveräußerungswertes für die unfertigen Erzeugnisse gekämpft und bestimmt einige Haare verloren haben, bleibt Ihnen noch die letzte Position in den Vorräten – die Roh-, Hilfs- und Betriebsstoffe.

Nettoveräußerungswert von Roh-, Hilfs- und Betriebsstoffen

Seien Sie uns bitte nicht böse, wenn wir den elend langen Begriff Roh-, Hilfs- und Betriebsstoffe in den folgenden Zeilen auch kurz als RHB bezeichnen. Es erleichtert Ihnen sicherlich das Lesen! Vielen Dank!

RHB finden vielerlei Verwendung im Produktionsprozess. Roh- und Hilfsstoffe werden Bestandteil der fertigen Erzeugnisse. Betriebsstoffe werden hingegen bei der Fertigung verbraucht. Es ist natürlich schwer und zum Teil auch unmöglich, für diese RHB einen Nettoveräußerungserlös nach obigem Schema zu ermitteln.

Auch wenn Sie es nicht glauben werden, aber hier raten sogar die internationalen Rechnungslegungsvorschriften zu einer pragmatischen Vorgehensweise. Die Lösung dazu liegt zwar nicht auf der Straße, aber im IAS 2.32:

Roh-, Hilfs- und Betriebsstoffe, die für die Herstellung von Vorräten bestimmt sind, werden nicht auf einen unter ihren Anschaffungs- oder Herstellungskosten liegenden Wert abgewertet, wenn die Fertigerzeugnisse, in die sie eingehen, voraussichtlich zu den Herstellungskosten oder darüber verkauft werden können.

Wenn jedoch ein Preisrückgang für diese Stoffe darauf hindeutet, dass die Herstellungskosten der Fertigerzeugnisse über dem Nettoveräußerungswert liegen, werden die Stoffe auf den Nettoveräußerungswert abgewertet. Unter diesen Umständen können die Wiederbeschaffungskosten der Stoffe die beste verfügbare Bewertungsgrundlage für den Nettoveräußerungswert sein.

Alles klar? Am besten, Sie versetzen sich zum Verständnis wieder in die Lage unseres bereits bekannten Whiskey-Herstellers.

Die zur Herstellung benötigte Gerste zählt zu den Rohstoffen. Zum Jahresende hatten Sie bereits Anschaffungskosten in Höhe von EUR 112,50 ermittelt. Dies ergab sich aus dem letzten Einkaufspreis der Oktoberlieferung von 45 Cent pro Kilogramm. Es gibt hier nun keine Ermittlung des Nettoveräußerungserlöses. Solange Sie den Whiskey mit Gewinn verkaufen, liegen keine Anzeichen vor, dass die Gerste nicht weiter werthaltig sein sollte. Dies gilt auch im Falle gesunkener Einkaufspreise für die Gerste. Solange dies nicht zu einem Preisverfall des Whiskeys führt, liegt der Nettoveräußerungswert weiter über den Anschaffungskosten.

Im Beispiel ergibt sich also kein Wertverlust, da die Betrachtung des Absatzmarktes zeigt, dass Sie hier weiterhin mit Gewinn verkaufen. Liegt zu dem Preisverfall am Einkaufsmarkt gleichzeitig ein Preisverfall am Absatzmarkt vor, so ist dies natürlich ein Indiz dafür, dass eventuell der Nettoveräußerungserlös Ihrer RHB gesunken ist. Wenn Sie Ihre Produkte dann durch die gesunkenen Verkaufspreise jedoch nur noch mit Verlusten veräußern können, sollten Sie die RHB auch auf den gesunkenen Einkaufspreis abwerten.

Jetzt können Sie aber erst einmal ganz tief durchatmen. Die schwierigsten Bewertungen im Vorratsvermögen haben Sie nun hinter sich gebracht. Damit das Ganze nicht nur für das Papier gut war, schauen wir uns nun noch gemeinsam an, was wir mit den Ergebnissen der ganzen Wertermittlungen eigentlich anfangen können.

Runter und wieder hoch? Abwerten und Zuschreiben

Sie haben nun beide Werte für den Niederstwerttest mühsam ermittelt:

✔ die Anschaffungs- und Herstellungskosten

✔ den Nettoveräußerungswert

Legen Sie nun beide Werte wie in Abbildung 8.1 nebeneinander.

Der niedrigere der beiden Werte sollte zum Bilanzstichtag auch in Ihrer Bilanz auftauchen. Gewinnen die Anschaffungs- und Herstellungskosten den Wettkampf, können Sie sich entspannt zurücklehnen. Da dieser Wert ja ohnehin bereits in Ihren Büchern steht, ist das Thema damit abgeschlossen. Das ist natürlich das beste Ergebnis für die Wirtschaftlichkeit Ihres Unternehmens – Sie verkaufen also mit Gewinn.

Anders sieht es hingegen aus, wenn der Nettoveräußerungserlös unter dem bisher bilanzierten Wert liegt. Nun wird Ihr Chef sich sicherlich nicht mehr freuen. Versuchen Sie ihm vorsichtig zu erläutern, dass die Vorräte Ihres Unternehmens nicht mehr mit Gewinn veräußert werden können und Sie diese daher bereits zum aktuellen Bilanzstichtag abwerten müssen – auf den von Ihnen ermittelten Nettoveräußerungswert. Leider gibt es hier kein Wahlrecht. Ihr Chef wird Ihnen bestimmt entgegenhalten, dass der Verlust ja erst bei dem tatsächlichen Verkauf entsteht und bis dahin kann ja noch viel passieren. Damit Sie schlagfertig antworten können – das Spielchen nennt man *verlustfreie Bewertung*.

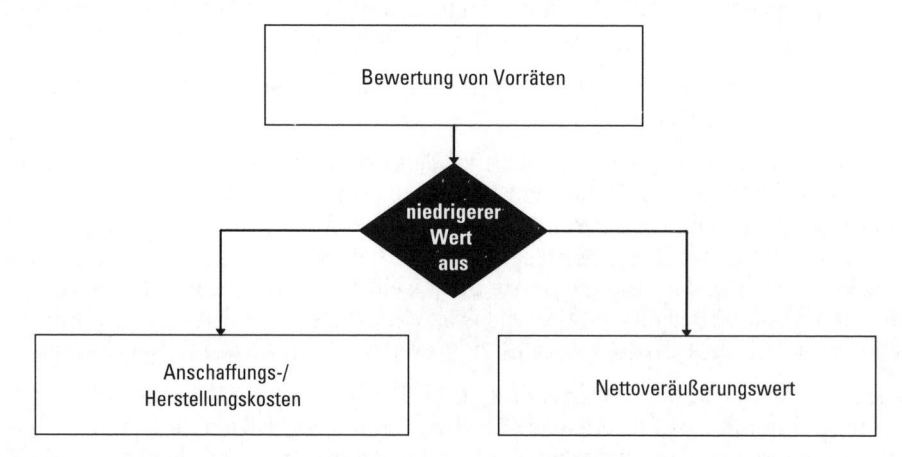

Abbildung 8.1: Niederstwerttest – der niedrigere Wert gewinnt!

Verlustfreie Bewertung bedeutet, den Verlust bereits in der aktuellen Periode zu realisieren. Erfolgt dann der Verkauf zu einem späteren Zeitpunkt, werden die Vorräte »verlustfrei« veräußert.

Entstanden ist der Verlust durch den Preisverfall oder höhere Kosten in Ihrem Unternehmen in der aktuellen Periode. Damit ist der Verlust in der Entstehungsperiode realisiert.

Aber was nach unten geht, kann natürlich auch wieder nach oben gehen. Wie in einer Fieberkurve kann es sein, dass nach dem Preisverfall die Preise eine gewisse Zeit später wieder ansteigen. Sie müssen nun nicht gleich tagtäglich den Niederstwerttest machen. Wenn Sie aber nach einer Abwertung der Vorräte feststellen, dass die Absatzpreise wieder »durch die Decke« schießen, wäre eine erneute Ermittlung des Nettoveräußerungserlöses empfehlenswert. Sie können in der internationalen Rechnungslegung eigentlich die meisten Abwertungen wieder rückgängig machen, wenn dies der Markt hergibt.

Legen Sie also wieder beide Werte nebeneinander. Die Anschaffungs-/Herstellungskosten auf der einen Seite und den Nettoveräußerungserlös auf der anderen Seite. Der höhere der beiden Werte sollte sich dann in der Bilanz wiederfinden lassen.

Zeigt die erneute Berechnung einen Anstieg des Nettoveräußerungserlöses, schreiben Sie wieder auf den gestiegenen Wert zu. Die Wertminderung wird rückgängig gemacht. Begrenzt ist diese Zuschreibung allerdings durch die Höhe der Anschaffungs-/Herstellungskosten. Diese stellen die maximale Höhe des Bilanzansatzes dar.

8 ▶ Temporäre Werte: Vorratsvermögen

Angaben zu Vorräten

Zum Schluss zeigen wir Ihnen noch schnell auf, welche Angaben Sie im Anhang nicht vergessen sollten, wenn Sie über Ihre Vorräte berichten.

IAS 2.36 liefert Ihnen eine schöne Aufstellung über die geforderten Angaben. Diese haben wir hier einmal für Sie zusammengestellt; da auch diese Formulierungen nicht immer ganz eindeutig sind, weisen wir Sie auf Stolperfallen hin:

✔ die für die Bewertung von Vorräten angewandten Rechnungslegungsmethoden einschließlich der Kostenzuordnungsverfahren

✔ der Gesamtbuchwert der Vorräte und die Buchwerte in einer unternehmensspezifischen Untergliederung

✔ der Buchwert der zum beizulegenden Zeitwert abzüglich Veräußerungskosten angesetzten Vorräte

> Vorsicht Stolperfalle: Hier ist tatsächlich nur der Buchwert der einzelnen Positionen gemeint, die Sie aufgrund gesunkener Marktpreise wertmindern mussten. Das bedeutet, Sie geben hier lediglich den Buchwert der Posten nach Wertminderung an.

✔ der Betrag der Vorräte, die als Aufwand in der Berichtsperiode erfasst worden sind

✔ der Betrag von Wertminderungen von Vorräten durch einen gesunkenen Nettoveräußerungswert, die in der Berichtsperiode als Aufwand erfasst worden sind

✔ der Betrag von vorgenommenen Wertaufholungen durch einen wieder gestiegenen Nettoveräußerungswert, die als Verminderung des Materialaufwands in der Berichtsperiode erfasst worden sind

✔ die Umstände oder Ereignisse, die zu der Wertaufholung der Vorräte auf den Nettoveräußerungswert geführt haben

✔ der Buchwert der Vorräte, die als Sicherheit für Verbindlichkeiten verpfändet sind

Individuell und mehr als temporär: Langfristfertigungsaufträge

Es gibt Unternehmen, die weisen sehr hohe Summen über einen langen Zeitraum unter den unfertigen Leistungen innerhalb der Vorräte aus. Der Grund dafür muss nicht immer eine sehr langsam arbeitende Belegschaft sein. Es gibt tatsächlich Unternehmen, die zur Herstellung ihrer Produkte einen langen Zeitraum benötigen. Denken Sie nur einmal an Schiffsbauer, Pipelinebauer, Tunnelbauer und andere Großanlagenbauer. Die Bilanzierung solcher langfristigen Projekte wirft immer wieder Fragen auf. Die IFRS-Standardsetter haben demzufolge einen eigenen Standard geschaffen (IAS 11), der sich ausschließlich mit der Bilanzierung von *Fertigungsaufträgen* beschäftigt.

Ein *Fertigungsauftrag* ist ein Vertrag über die kundenspezifische Fertigung einzelner Vermögenswerte oder einer Anzahl von Vermögenswerten, die hinsichtlich Design, Technologie und Funktion oder hinsichtlich ihrer endgültigen Verwendung aufeinander abgestimmt oder voneinander abhängig sind.

Dieser – zugegebenermaßen sehr umständliche – Satz aus IAS 11 heißt nichts anderes, als dass ein Fertigungsauftrag nicht nur ein einziges Erzeugnis hervorbringen muss, sondern kombinierte Ergebnisse haben kann.

Baut Ihr Unternehmen eine Straße über einen Abschnitt von 10 Kilometern, so liegt hier ein Fertigungsauftrag zur Erstellung eines Vermögenswertes vor.

Es gibt aber auch Unternehmen, die mehrere Vermögenswerte zusammen verkaufen, die aber am Ende ein Endprodukt darstellen. Die einzelnen Posten sind dann aufeinander abgestimmt. Dies kann der Verkauf einer hochempfindlichen und genauen Messmaschine sein. Damit die Maschine die gewünschte Messleistung erzielt, ist es notwendig, die komplette Umgebung gemäß den Herstellerangaben einzurichten. Dazu gehört dann der Einbau einer bestimmten Bodendämpfung, einer Klimaanlage, einer Schallschutzeinrichtung und bestimmter Beförderungswege. Alles zusammen ist ein Fertigungsauftrag, obwohl hier mehrere Vermögenswerte verkauft werden.

IAS 11 beschäftigt sich mit der Frage, wann bei solchen Mammutprojekten ein Ertrag realisiert werden darf oder sogar muss. Darüber hinaus wird die Frage geklärt, was bei einem drohenden Verlust aus einem Fertigungsauftrag zu tun ist. Zur Veranschaulichung der Thematik soll Ihnen ein kurzer Ausflug in die deutsche handelsrechtliche Bilanzierung helfen.

Ihr Unternehmen ist im Tunnelbau tätig. Ein neues Projekt ist über drei Jahre angelegt und Sie kalkulieren mit Kosten von EUR 10 Mio. Mit dem Auftraggeber konnten Sie einen Abnahmepreis von EUR 12 Mio. aushandeln, der am Ende des Projekts fällig ist. Nach deutschem Handelsrecht werden Sie immer nur die angefallenen Kosten als unfertiges Erzeugnis aktivieren und in gleicher Höhe eine Bestandsveränderung erfassen. Bis zur Rechnungsstellung am Ende des Projekts kommt es nicht zu einer Ertragsrealisierung. Dieses Vorgehen wird auch als *Completed-Contract-Methode* bezeichnet.

Genau an diesem Punkt setzen die internationalen Rechnungslegungsvorschriften an. In diesem Abschnitt erfahren Sie, dass für Fertigungsaufträge unter bestimmten Umständen eine Ertragsrealisierung nach dem Fertigstellungsgrad bereits während des Projektverlaufs verpflichtend sein kann.

Wie sich die handelsrechtliche Methode von derjenigen in der internationalen Rechnungslegung unterscheidet, zeigt Ihnen Abbildung 8.2.

Der Unterschied stellt sich in dem hellgrau markierten Bereich dar, der den Umsatz widerspiegeln soll. Im oberen Bild wird ein ständig und kontinuierlich ansteigender Umsatz gezeigt. Im unteren Bild hingegen erscheint der Umsatz erst am Ende des Projekts.

8 ➤ Temporäre Werte: Vorratsvermögen

| Percentage of Completion (PoC) Methode | Umsatzlegung monatlich gemäß Projektfortschritt |

| Completed Contract (CC) Methode | Umsatzlegung nach vollständiger Vertragserfüllung |

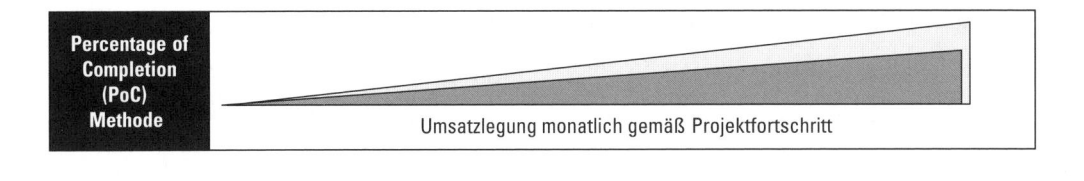

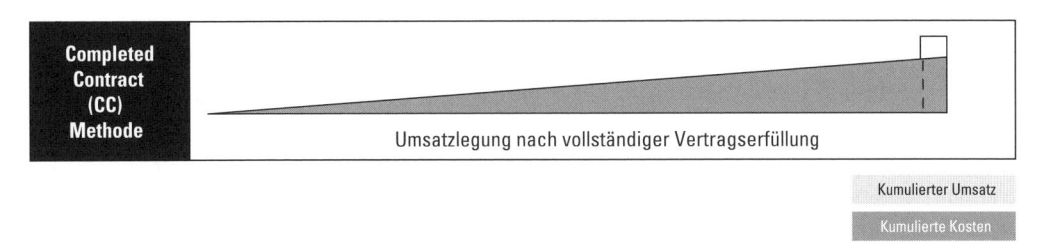

Kumulierter Umsatz
Kumulierte Kosten

Abbildung 8.2: Percentage of Completion und Completed Contract im Vergleich

Bei einem Fertigungsauftrag sind individuell gestaltete Verträge erforderlich. Daher sollten Sie zunächst einmal in Erfahrung bringen, ob Fertigungsaufträge von Ihrem Unternehmen angeboten werden. Ist dies nicht der Fall, können Sie den Rest des Kapitels nun getrost überspringen. In diesem Fall haben Sie mit der Anwendung von IAS 11 nichts am Hut. Natürlich wird es in Ihrem Fall Fertigungsaufträge geben – sonst würden Sie ja nichts fertigen. Aber gefragt ist hier nach ganz individuell auf die Bedürfnisse eines Kunden zugeschnittenen Verträgen. Diese Verträge müssen nicht immer die Herstellung eines Produkts beinhalten. Es kann sich auch um Dienstleistungsverträge handeln wie zum Beispiel im Projektmanagement von Großprojekten – ein Unternehmen baut und stellt her und ein Unternehmen übernimmt die Überwachung und Steuerung des Projekts. Auch der Dienstleister kann einen Fertigungsauftrag nach IFRS abgeschlossen haben.

> Auch wenn Sie eine große Anzahl von Gummibärchen direkt nach den Vorgaben eines Kunden produziert haben, werden Sie nicht in den Anwendungsbereich von IAS 11 gelangen. Bei einem Fertigungsauftrag nach IAS 11 fallen in der Regel das Datum der Auftragserteilung und das Fertigstellungsdatum weit auseinander und können sich teilweise über mehrere Bilanzstichtage hinziehen. Bei der Produktion von Gummibärchen benötigen Sie lediglich durch die große Anzahl einzelner Produkte einen längeren Zeitraum. Das einzelne Produkt herzustellen, dauert jedoch nicht so lang.

Liegt ein Fertigungsauftrag vor, so fordert IAS 11 unter bestimmten Umständen die Realisierung von Umsätzen und Kosten nach dem ermittelten Fertigstellungsgrad des Produkts oder Projekts. Wie das funktioniert und welche Bedingungen dazu erfüllt sein müssen, erfahren Sie auf den nächsten Seiten. Häufig wird Ihnen in diesem Zusammenhang der Begriff *Percentage-of-Completion-Methode* (oder auch *PoC*) über den Weg laufen. Hinter diesem Begriff verbirgt sich nichts anderes als die Erfassung der Erlöse und Kosten nach dem Fertigstellungsgrad von Fertigungsaufträgen.

Ertragsrealisierung bei langfristiger Auftragsfertigung

Zunächst einmal ist ein wenig Theorie notwendig, um bei den späteren Ausführungen nicht ganz im Dunkeln zu stehen. Grundsätzlich werden zwei mögliche Arten von Fertigungsaufträgen unterschieden: *Festpreisverträge* und *Kostenzuschlagsverträge*.

Ein *Festpreisvertrag* ist ein Fertigungsauftrag, für den der Auftragnehmer einen festen Preis beziehungsweise einen festgelegten Preis pro Outputeinheit vereinbart, wobei diese an eine Preisgleitklausel gekoppelt sein können.

Ein *Kostenzuschlagsvertrag* ist ein Fertigungsauftrag, bei dem der Auftragnehmer abrechenbare oder anderweitig festgelegte Kosten zuzüglich eines vereinbarten Prozentsatzes dieser Kosten oder ein festes Entgelt vergütet bekommt.

Für die weitere Bilanzierung ist es wichtig, dass Sie klären, welche der beiden Vertragsarten konkret vorliegt. Leider kann nicht immer eindeutig zwischen den beiden Arten unterschieden werden. Manche Verträge enthalten Klauseln, nach denen gleichzeitig Komponenten beider Vertragsarten vorliegen können. Stecken Sie in diesem Fall bitte nicht zu viel Energie in eine messerscharfe Trennung.

Enthält ein Vertrag Merkmale, die eine Zuordnung zu beiden Vertragsarten erlauben, so gelten für die Realisierung der Aufwendungen und Erträge nach dem Projektfortschritt höhere Anforderungen. Welche das sind, erfahren Sie durch Lektüre des IAS 11.6.

Da eine Kombination beider Vertragsarten in der Praxis nicht so häufig vorkommt, gehen wir mit Ihnen nur die normalen Fälle durch – aber was ist schon »normal« in der Bilanzierung?

Sie müssen die Auftragserlöse und die Auftragskosten immer dann entsprechend dem Leistungsfortschritt bereits zum Bilanzstichtag in Ihrer Gewinn-und-Verlust-Rechnung realisieren, wenn Sie das Ergebnis des Fertigungsauftrags verlässlich schätzen können! Sicher werden Sie jetzt sagen: »Kein Problem. Logisch kann ich das Ergebnis vernünftig abschätzen – wenn nicht ich, dann mein Controller!« Ganz so einfach ist es leider nicht. An die Zuverlässigkeit der Ergebnisabschätzung haben die Damen und Herren Erfinder der IFRS eine Reihe von Bedingungen geknüpft. Aber besser harte Bedingungen zur Ertragsrealisierung als irgendwelche Luftbuchungen ohne Hintergrund – erinnern Sie sich noch an unsere Ausführungen zur Internetblase?

Die zu erfüllenden Bedingungen sind unterschiedlich – je nachdem, ob es sich um einen Festpreisvertrag oder um einen Kostenzuschlagsvertrag handelt.

Das Ergebnis eines Festpreisvertrags kann verlässlich geschätzt werden, wenn alle vier folgenden Kriterien zusammen erfüllt sind:

✔ Die gesamten Auftragserlöse können verlässlich bewertet werden.

✔ Es ist wahrscheinlich, dass der wirtschaftliche Nutzen aus dem Vertrag Ihrem Unternehmen zufließt.

✔ Die bis zur Fertigstellung noch anfallenden Auftragskosten und der Grad der Fertigstellung können verlässlich bewertet werden.

8 ➤ Temporäre Werte: Vorratsvermögen

✔ Die Auftragskosten können eindeutig bestimmt und verlässlich bewertet werden, sodass die bislang entstandenen Auftragskosten mit früheren Schätzungen verglichen werden können.

Das Ergebnis eines Kostenzuschlagsvertrags kann hingegen dann verlässlich bewertet werden, wenn lediglich die folgenden zwei Voraussetzungen zusammen erfüllt sind:

✔ Es ist wahrscheinlich, dass der wirtschaftliche Nutzen aus dem Vertrag Ihrem Unternehmen zufließt.

✔ Die Auftragskosten können eindeutig bestimmt und verlässlich bewertet werden und das unabhängig davon, ob die Kosten gesondert abrechenbar sind.

Es ist unschwer zu erkennen, dass die Bedingungen an einen Kostenzuschlagsvertrag geringer sind. Im Grunde genommen geht es bei beiden Verträgen einfach um eine ordentliche Dokumentation der geplanten und bereits angefallenen Kosten.

> Das A und O in der Bilanzierung von Fertigungsaufträgen nach dem Fertigstellungsgrad ist ein sehr genaues Projektcontrolling. Am besten beginnen Sie damit schon bei der Angebotsabgabe. Es sollte hier detailliert festgehalten sein, mit welchen Kosten welche Tätigkeit bemessen wird. Wenn die Kosten dann entstehen, sollten diese immer auch dem Projekt beziehungsweise dem Auftrag zugeordnet werden. Wenn Sie nicht wissen, wie viel Kosten für den entsprechenden Auftrag bereits angefallen sind, dürfen Sie leider keine Gewinnrealisierung vor Fertigstellung vornehmen.

Bevor wir endlich in die Berechnung und Beispiele einsteigen können, erläutern wir in Tabelle 8.2 noch schnell die oben genannten Bedingungen.

Bedingung	Erläuterung
Verlässliche Schätzbarkeit der Auftragserlöse	Hierzu gehören der ursprünglich vereinbarte Erlös und sämtliche Abweichungen im späteren Verlauf. Diese können aus Nachverhandlungen, Vertragsstrafen wegen Verzug (Erlös mindernd) oder Boni bei schneller Fertigstellung resultieren. Zu Anfang des Projekts sind es in der Regel die vertraglich vereinbarten Erlöse.
Wahrscheinlicher Nutzenzufluss	Wenn Sie davon ausgehen, dass Sie die prognostizierten Erlöse abrechnen können und der Kunde auch zahlen wird und kann, sollte hier alles klar sein.
Auftragskosten und Fertigstellungsgrad sind verlässlich ermittelbar	Das ist das Wesentlichste überhaupt – das erfahren Sie direkt unter der Tabelle!
Eindeutige Bestimmbarkeit der Auftragskosten	Hier ist Ihr Projektcontrolling gefragt. Die im Budget kalkulierten Kosten sollten Sie nun auch jeder Tätigkeit des Projekts zuordnen und dokumentieren.

Tabelle 8.2: Bedingungen für die vorzeitige Gewinnrealisierung

Auftragskosten und Fertigstellungsgrad

Aber was gehört denn alles in die Auftragskosten? Zunächst einmal alle Kosten, die direkt nur durch den bestimmten Vertrag entstehen. Außerdem gehören alle allgemein dem Vertrag zurechenbaren Kosten dazu und sonstige Kosten, die Sie dem Kunden laut Vertrag in Rechnung stellen können.

Generell beginnt die Kostenzählung am Tag der Auftragserteilung und endet am Tag der Fertigstellung. Fraglich ist sicherlich, ob die Kosten für die vielen Champagner-Flaschen nach dem Erhalt des Auftrags auch zu den Projektkosten zählen. Abbildung 8.3 stellt ziemlich viele Kosten dar, an die Sie denken sollten.

Direkte Auftragskosten

- Fertigungslöhne einschließlich der Löhne bzw. Gehälter für die Auftragsüberwachung
- Kosten für Fertigungsmaterial
- planmäßige Abschreibungen der für die Vertragsleistung eingesetzten Maschinen und Anlagen
- Kosten für den Transport von Maschinen, Anlagen und Material zum und vom Erfüllungsort Kosten aus der Anmietung von Maschinen und Anlagen
- Kosten für die Ausgestaltung und die technische Unterstützung, die mit dem Projekt direkt zusammenhängen
- die geschätzten Kosten für Nachbesserung und Garantieleistungen einschließlich erwartet Gewährleistungskosten
- Ansprüche Dritter

Allgemeine und sonstige Auftragskosten

- Versicherungen
- Kosten für die Ausgestaltung und die technische Unterstützung, die nicht direkt in Zusammenhang mit dem Auftrag stehen
- Fertigungsgemeinkosten
- Entwicklungskosten, wenn diese laut Vertrag abzurechnen sind

Abbildung 8.3: Zu berücksichtigende Auftragskosten

Die Auftragskosten haben Sie nun also genauestens zuordnen können. Nun fehlt eigentlich nur noch die Klärung der Frage, wie denn der Fertigstellungsgrad ermittelt werden soll. Diese Frage klären wir jetzt.

Grundsätzlich schlägt IAS 11 drei Möglichkeiten der Ermittlung des Fertigstellungsgrads vor:

✔ durch das Verhältnis der bisher angefallenen Auftragskosten zu den geschätzten gesamten Kosten des Projektes bis zur Beendigung,

✔ durch die Feststellung der erbrachten Arbeitsleistung oder

✔ durch die Vollendung eines physischen Teils des Auftragswerks.

8 ► Temporäre Werte: Vorratsvermögen

Vorsicht! Gestellte Abschlagsrechnungen stellen den Grad der Fertigstellung nicht dar. Egal wann Sie Ihrem Kunden einzelne Teilbeträge in Rechnung stellen. Dies ist kein Gradmesser für die Fertigstellung Ihres Projekts!

Die zweite und dritte Möglichkeit ist relativ simpel. Manchmal wissen Sie genau, dass Sie 100 Stunden für die Fertigstellung benötigen. Sind bereits 30 Stunden angefallen, beträgt der Fertigstellungsgrad 30 Prozent. Teilweise gibt es bei den Megaprojekten auch gewisse vereinbarte *Meilensteine* (gerne auch *Milestones*). Diese sollten dann aber einen gewissen Projektfortschritt darstellen und nicht willkürlich gewählt sein. In der Praxis relevant ist eigentlich nur die erste Methode. Hierbei werden die bereits angefallenen Kosten für die Leistungserbringung den gesamten geplanten Kosten für die Fertigstellung gegenübergestellt. Diese Methode wird auch als *Cost-to-Cost-Methode* bezeichnet. Wissen Sie nun, warum Sie einführend so viel über die Auftragskosten lesen mussten?

BEISPIEL
Die scharf kalkulierende Buddel AG hat den Auftrag bekommen, einen Tunnel durch einen Berg zu graben. Der Tunnel soll in drei Jahren fertig sein und es ist mit Gesamtkosten von 40 Mio. zu rechnen. Da die Buddel AG ein eins a Projektcontrolling hat, ist der Aufstellung zum Ende der Periode 1 zu entnehmen, dass bereits 10 Mio. Kosten angefallen sind. Der Bauleiter kontrolliert die Kosten und merkt an, dass in den 10 Mio. auch 2 Mio. Kosten für auf der Baustelle liegende Ersatzbohrköpfe enthalten sind. Diese hat er jedoch noch nicht eingesetzt.

Der Projektfortschritt beträgt zum Stichtag 20 Prozent (8 Mio. zu 40 Mio.). Die 2 Mio. für die Ersatzbohrköpfe dürfen erst berücksichtigt werden, wenn diese auch zum Einsatz kommen und damit zurechenbar sind.

Das Ganze hört sich ja alles ziemlich einfach an. Was in der Praxis aber wohl nie funktionieren wird, ist eine Punktladung der tatsächlichen Kosten auf dem Betrag der geplanten Kosten. Lange Fertigungen oder Projekte sind ja genau dadurch gekennzeichnet, dass es immer wieder neue Sachverhalte gibt, die zu einer Veränderung der Kosten führen. Eventuell musste sich die Buddel AG während des Projekts gerade der Tief-und-Hoch-Gewerkschaft geschlagen geben und muss den Kollegen auf der Baustelle nun 5 Prozent mehr Lohn pro Stunde zahlen. Vielleicht ist auch ein Bohrkopf eher in die Brüche gegangen, als kalkuliert war. Wie Sie sehen, können zahlreiche ungeplante Vorkommnisse die geplanten Kosten verändern. Es wäre daher nicht sachgerecht, immer stur mit den ursprünglich geplanten Kosten weiterzurechnen. Dann würde man einen recht schnellen Projektfortschritt erhalten.

Wenn sich während der Fertigstellung herausstellt, dass die Gesamtkosten höher als die ursprünglich geplanten Gesamtkosten sein werden, so ist dies in der Berechnung der Fertigstellung zu berücksichtigen.

Werfen wir wieder einmal einen Blick auf unser Buddel-AG-Beispiel:

Während der Tunnelbohrungen in Periode 2 muss die Buddel AG nun eine Lohnerhöhung akzeptieren und die Leistung der Bohrköpfe war auch anders geplant. Der Bauleiter kommt zu dem Schluss, dass die Gesamtkosten nun 45 Mio. betragen werden. Zum Ende der Periode 2 ergibt die Aufstellung des Controllers bereits angefallene Kosten von 22,5 Mio. Die beiden Ersatzbohrköpfe sind auch schon verbraucht.

Bei der Berechnung des Fertigstellungsgrads sind nun die bereits angefallenen Kosten von 22,5 Mio. den geänderten Gesamtkosten von 45 Mio. gegenüberzustellen. Es ergibt sich ein Fertigstellungsgrad von 50 Prozent.

Den Fertigstellungsgrad haben Sie nun in jeder Periode ermitteln können. Nun zeigen wir Ihnen noch, wie Sie das gesamte Projekt in Ihrer Bilanz abbilden können – wieder exemplarisch anhand der Buddel AG.

Bilanzielle Abbildung eines Fertigungsauftrags

Als Bilanzierer der Buddel AG sind Sie nun gefragt, am Ende der Periode 1 und Periode 2 die entsprechenden Buchungen für den Tunnelauftrag zu erledigen. Der Projektcontroller übergibt Ihnen die gesamten Werke und teilt Ihnen noch mit, dass der vereinbarte Festpreis für den Auftrag bei 50 Mio. liegt. Nachverhandlungen sind ausgeschlossen. Der Auftraggeber ist aber der deutsche Staat, sodass Sie nicht an einer Einbringlichkeit der Zahlungen zweifeln. Bevor Sie nun die Berechnungen starten, haben Sie in IAS 11.42 noch einmal nachgeschaut und eine neue Bilanzposition kennengelernt.

Die Bilanzierung eines Fertigungsauftrags kann zu einem Saldo auf der Aktivseite der Bilanz oder aber auf der Passivseite der Bilanz führen.

- ✔ Liegt der Saldo auf der Aktivseite, müssen Sie folgenden Posten ausweisen:

    Fertigungsaufträge mit aktivischem Saldo gegenüber Kunden oder besser: *Forderungen aus Fertigungsaufträgen*

- ✔ Liegt der Saldo auf der Passivseite, ist folgender Posten auszuweisen:

    Fertigungsaufträge mit passivischem Saldo, oder besser: *Verpflichtungen aus Fertigungsaufträgen*.

Nun legen Sie los:

Periode 1

Es wurden noch keine Abschlagsrechnungen gestellt. Der Fertigstellungsgrad liegt bei 20 Prozent. Demzufolge müssen Sie 20 Prozent der Kosten und 20 Prozent des Umsatzes bereits verbuchen.

- ✔ Umsatz: 20 % von 50 Mio. = 10 Mio.
- ✔ Kosten: 20 % von 40 Mio. = 8 Mio.
- ✔ Gewinn: 10 Mio. – 8 Mio. = 2 Mio.

Wie Sie das Ganze in der Buchhaltung erfassen, zeigt der Buchungssatz in Tabelle 8.3.

Soll		Haben	
Forderungen aus Fertigungsaufträgen	10	Umsatzerlöse aus Fertigungsaufträgen	10
Aufwand (je nach Position)	8	Unfertige Leistungen	8

Tabelle 8.3: Buchung Periode 1

Periode 2

Es wurden immer noch keine Abschlagsrechnungen gestellt. Der Fertigstellungsgrad liegt nun bei 50 Prozent. Sie verbuchen also 50 Prozent der Gesamtkosten und 50 Prozent des Umsatzes bereits jetzt. Da sich die Gesamtkosten erhöht haben, berechnen Sie 50 Prozent der Kosten nun auf die 45 Mio.

- ✔ Umsatz: 50 % von 50 Mio. = 25 Mio.

Die bereits in Periode 1 realisierten Umsätze von 10 Mio. ziehen Sie ab. In Periode 2 zeigen Sie 15 Mio. Umsätze.

- ✔ Kosten: 50 % von 45 Mio. = 22,5 Mio.

Die bereits in Periode 1 realisierten Kosten von 8 Mio. ziehen Sie wiederum ab. In Periode 2 realisieren Sie daher Kosten von 14,5 Mio.

- ✔ Gewinn: 25 Mio. − 22,5 Mio. = 2,5 Mio.

Davon sind in Periode 1 bereits 2 Mio. realisiert. In Periode 2 verbleiben Ihnen lediglich 0,5 Mio.

Die Buchung für Periode 2 sehen Sie in Tabelle 8.4.

Soll		Haben	
Forderungen aus Fertigungsaufträgen	15	Umsatzerlöse aus Fertigungsaufträgen	15
Aufwand (je nach Position)	14,5	Unfertige Leistungen	14,5

Tabelle 8.4: Buchung Periode 2

Berücksichtigung von Anzahlungen

Da die Buddel AG die gesamten Kosten nicht über drei Jahre finanzieren kann, wurde in Periode 2 mit dem Staat eine Abschlagszahlung verhandelt.

Variante 1

Sie haben eine Abschlagszahlung von 20 Mio. verhandelt. Am Ende der Periode 2 hat der Staat bereits 20 Mio. bezahlt. Bei Rechnungsstellung buchen Sie die Forderung auf normale Forderungen aus Lieferungen und Leistungen um und reduzieren diese bei Zahlungseingang (siehe Tabelle 8.5).

Soll	Haben	
Forderungen aus Lieferungen und Leistungen 20	Forderungen aus Fertigungsaufträgen	20

Tabelle 8.5: Buchung Anzahlung I

Variante 2

Sie haben eine Abschlagszahlung von 30 Mio. verhandelt. Am Ende der Periode 2 hat der Staat bereits 30 Mio. bezahlt. Bei Rechnungsstellung buchen Sie die Forderung auf normale Forderungen aus Lieferungen und Leistungen um und reduzieren diese bei Zahlungseingang.

Da die Abschlagsrechnung nun aber höher ist als Ihre (fiktive) Forderung aus dem Auftrag, hilft Ihnen nur noch die Verbuchung einer Verpflichtung aus Fertigungsaufträgen auf der Passivseite (siehe Tabelle 8.6).

Soll	Haben
Forderungen aus Lieferungen und Leistungen 30	Forderungen aus Fertigungsaufträgen 25
	Verpflichtungen aus Fertigungsaufträgen 5

Tabelle 8.6: Buchung Anzahlung II

Ein Verlust droht

Wie das Leben eines längeren Auftrags manchmal so spielt, kann es natürlich auch sein, dass die tatsächlichen Kosten des Auftrags komplett aus dem Ruder laufen. Wenn die Nachverhandlungen ergebnislos verlaufen, führt dies im allerschlimmsten Falle dazu, dass das gesamte Projekt in einem Verlust zu enden droht. Nun gilt es, wieder das *Prinzip der verlustfreien Bewertung* herauszukramen, das wir in diesem Kapitel schon einmal hatten. Sie erinnern sich?! Ihr Chef würde sicher gerne erst einmal abwarten. Aber auch hier gilt: Einen Verlust müssen Sie bereits in der Periode realisieren, in der er entsteht (beziehungsweise erstmalig bekannt wird).

Daher verlangt auch die Bilanzierung von Fertigungsaufträgen nach einer verlustfreien Bewertung ab dem Zeitpunkt, an dem Sie feststellen, dass das Projekt ein großes Desaster ist und in einem Verlust enden wird. In dieser Periode müssen Sie den kompletten erwarteten Verlust aus dem Auftrag in der Gewinn-und-Verlust-Rechnung realisieren.

Gehen wir noch einmal zurück zur Buddel AG. In Periode 2 ändert sich das Beispiel nun so, dass die gesamten erwarteten Kosten EUR 55 Mio. betragen werden. Die Auftragserlöse bleiben unverändert bei EUR 50 Mio. Das heißt also, die Buddel AG wird das Projekt mit einem Totalverlust von EUR 5 Mio. beenden. Ob der Bauleiter auch in Periode 3 noch auf der Baustelle buddeln darf?

Das Verhältnis tatsächliche Kosten zu Gesamtkosten beläuft sich nun auf EUR 22,5 Mio. tatsächliche Kosten zu EUR 55 Mio. Gesamtkosten. Der Fertigstellungsgrad ist nun geschrumpft auf 41 Prozent.

✔ Umsatz: 41 % von 50 Mio. = 20,5 Mio.

Die in Periode 1 gezeigten Umsätze sind wieder abzuziehen. Macht EUR 10,5 Mio. Umsatz in Periode 2.

✔ Kosten: 41 % von 55 Mio. = 22,55 Mio.

Auch hier sind die bereits in Periode 1 gezeigten Kosten abzuziehen. Es sind EUR 14,55 Mio. Aufwand zu zeigen in Periode 2.

✔ Verlust: 20,5 Mio. – 22,55 Mio. = 2,05 Mio. Verlust

Im laufenden Jahr werden demnach EUR 4,05 Mio. Verlust erfasst (10,5 – 14,55). Die verlustfreie Bewertung fordert aber, dass der komplette erwartete Verlust aus dem Projekt in Höhe von EUR 5 Mio. in dieser Periode realisiert wird. In Periode 1 wurde aber noch ein Gewinn von EUR 2 Mio. realisiert. Dieser muss nun zusätzlich noch eliminiert werden. Dadurch wird ein Verlust über die gesamte Laufzeit des Projekts von EUR 5 Mio. gezeigt. In Ihrer Buchung tauchen daher in Periode 2 insgesamt EUR 7 Mio. Verlust auf (siehe Tabelle 8.7).

Soll		Haben	
Forderungen aus Fertigungsaufträgen	10,5	Umsatzerlöse aus Fertigungsaufträgen	10,5
Aufwand (je nach Position)	14,55	Unfertige Leistungen	14,55
Zuführung Drohverlustrückstellung	2,95	Drohverlustrückstellung	2,95

Tabelle 8.7: Buchung Projektverlust

Die gebildete Drohverlustrückstellung verrechnen Sie nun mit den auftretenden Kosten in Periode 3. Dadurch erreichen Sie, dass der Auftrag in Periode 3 *verlustfrei* beendet wird – aber leider nur verlustfrei in Periode 3.

Keine Schätzung, kein Gewinn

Wenn Ihr Projektcontrolling nun aber nicht so super aufgesetzt ist, wie das der Buddel AG, haben Sie vielleicht Probleme damit, die gesamten Bedingungen zu erfüllen.

Ist das Ergebnis eines Fertigungsauftrags nicht verlässlich ermittelbar, dürfen Sie leider keinen Teilgewinn gemäß dem Fertigstellungsgrad realisieren. In diesem Fall dürfen Sie lediglich die tatsächlich angefallenen Kosten als Aufwand verbuchen. In gleicher Höhe wie Sie die Kosten erfasst haben, dürfen Sie nun auch Erlöse zeigen. Als Ergebnis zeigen Sie für den Auftrag während seiner Laufzeit lediglich Kosten und Umsatz in gleicher Höhe und somit keinen Gewinn. Daher wird die Methode auch gern *Zero-Profit-Methode* genannt. Falls das Projekt in einem Gewinn endet, wird dieser mit den tatsächlichen Erlösen erst in der Periode der Fertigstellung realisiert.

Angaben zu Fertigungsaufträgen

Zum Schluss zeigen wir Ihnen auch hier noch schnell auf, welche Angaben Sie im Anhang nicht vergessen sollten, wenn Sie Ihre Umsätze nach dem Grad der Fertigstellung realisieren:

✔ die in der Periode erfassten Auftragserlöse

✔ die Methoden zur Ermittlung der in der Periode erfassten Auftragserlöse

✔ die Methoden zur Ermittlung des Fertigstellungsgrads laufender Projekte

Für alle am Abschlussstichtag laufenden Projekte sollten Sie Folgendes angeben:

✔ die Summe der angefallenen Kosten und ausgewiesenen Gewinne (abzüglich etwaiger ausgewiesener Verluste)

✔ den Betrag erhaltener Anzahlungen

✔ den Betrag von Einbehalten

Außerdem sollten Sie im Anhang noch die folgenden Posten aufzeigen:

✔ Fertigungsaufträge mit aktivischem Saldo gegenüber Kunden als Vermögenswert

✔ Fertigungsaufträge mit passivischem Saldo gegenüber Kunden als Schulden

Teil III

Am rechten Fleck: Kapital und Schulden in der IFRS-Bilanz

The 5th Wave — By Rich Tennant

»Es tut mir leid, Tom, aber der König hat mein Budget für weitere Narren gekürzt. Es sind schon zu viele an diesem IFRS-Umstellungsprojekt beteiligt.«

In diesem Teil ...

Logischerweise hat auch die IFRS-Bilanz eine Passivseite. Was Sie da so alles antreffen können, wenn Sie sich die rechte Seite der Bilanz anschauen, zeigen wir Ihnen in diesem Teil.

Die IFRS machen hier nicht viel rum – auch auf der Passivseite finden Sie das Eigenkapital und die Schulden. Deshalb beginnen wir zunächst mit dem Eigenkapital und stellen fest, dass die Abgrenzung zu den Schulden gar nicht so einfach ist. Sie werden sehen, dass so manches »Eigenkapital« bei den IFRS häufig als eine Verbindlichkeit angesehen wird.

Und da sind wir schon bei den Verbindlichkeiten. Diese unterscheiden wir erst einmal in Rückstellungen und andere Verbindlichkeiten. Diesen Teilen haben wir mit Kapitel 10 und 11 jeweils ein eigenes Kapitel gewidmet. Zum Schluss erfahren Sie, was sich bei den finanziellen Verbindlichkeiten vielleicht bald ändert.

Jetzt ist aber erst mal Schluss mit Änderungen – steigen Sie ein in die Passivseite.

Hoffentlich genug: Eigenkapital

In diesem Kapitel

▷ Zwischen Eigenkapital und Fremdkapital unterscheiden
▷ Die Komponenten des Eigenkapitals kennenlernen
▷ Erfolgsneutrale Posten bestimmen
▷ Eigene Anteile korrekt ausweisen

*Ü*ber eine Sache freuen sich die meisten Unternehmen: möglichst viel Eigenkapital! Nun ja, genauer betrachtet freuen sich natürlich in erster Linie die Gesellschafter. Denn das Eigenkapital gehört nun mal ihnen. Alles andere im Unternehmen gehört im Regelfall dem Unternehmen selbst, aber das Eigenkapital nicht. Doch natürlich ist eine gehörige Portion Eigenkapital wie eine gehörige Portion Selbstvertrauen und Sicherheit für das Unternehmen nicht schlecht – Selbstvertrauen bei einem Gespräch mit den Banken und Sicherheit als Vorsorge für schlechte Zeiten. In diesem Kapitel lernen Sie, was Eigenkapital überhaupt ist und wie Sie es von anderen Posten unterscheiden können, und dann in einem nächsten Schritt, wie Sie die einzelnen Bestandteile des Eigenkapitals ermitteln und darstellen können. In anderen Kapiteln ist Ihnen schon einmal der Begriff »erfolgsneutrale Erfassung« begegnet. In diesem Kapitel lernen Sie, wo diese Posten in der Bilanz landen. Als einen schönen Spezialfall schauen wir uns zum Schluss noch an, was Sie beachten sollten, wenn Ihr Unternehmen seine eigenen Anteile erwirbt. Viel Spaß bei der Lektüre dieses Kapitels!

Eigenkapital oder Fremdkapital, das ist hier die Frage

Eigentlich ist die Bestimmung des Eigenkapitals ja nicht so dramatisch. Kurz gesagt: Eigenkapital ist das, was am Ende übrig bleibt. Oder genauer und IFRS-gemäß formuliert:

> *Eigenkapital* ist der nach Abzug aller Verbindlichkeiten verbleibende Restbetrag der Vermögenswerte des Unternehmens. Eigenkapital wird daher auch oft als *Residualgröße* bezeichnet. Es ist also das Überbleibsel, wenn Sie von der Aktivseite einfach alle Schulden der Passivseite abziehen.

Diese Definition stammt aus dem Rahmenkonzept der IFRS und lässt zunächst keine Zweifel offen. Ist doch simple Mathematik: Die Vermögenswerte haben Sie bestimmt, die lästigen Schulden auch und wenn Sie nun die Schulden von den Vermögenswerten abziehen, bleibt das Eigenkapital übrig.

> Was das *Rahmenkonzept* nun wieder ist, erfahren Sie in Kapitel 3.

Demzufolge sollte die Höhe des Eigenkapitals nur davon abhängen, welchen Wert Sie Ihren Vermögenswerten und Ihren Schulden beigemessen haben. Die große Frage ist allerdings, was genau die anderen Posten sind. Wenn Sie diese Frage verwirrt, lesen Sie schnell weiter.

Wirklich mein »Eigen«? Unterscheidung zwischen Fremd- und Eigenkapital

Einen Konflikt mit den Vermögenswerten gibt es eigentlich nicht. Es ist meistens klar, was Eigenkapital ist und was Ihre Vermögenswerte sind. Problematischer kann jedoch die Abgrenzung zwischen Eigenkapital und Fremdkapital sein. Wer jetzt denkt, dass dies ja kompletter Irrsinn ist, der sollte interessiert weiterlesen.

IAS 32 »Finanzinstrumente: Darstellung« beschäftigt sich intensiv mit der Thematik, wann etwas als Eigenkapital oder als Fremdkapital gilt.

Über den Unterschied zwischen Eigenkapital und Fremdkapital haben sich schon Heerscharen von IFRS-Experten gestritten und so ganz klar ist die Abgrenzung auch heute immer noch nicht. Dazu kommt, dass die Formulierungen im gerade vorgestellten IAS 32 nicht wirklich einfach gestaltet sind und viel Diskussionsraum zulassen.

In aller Regel zeichnet sich *Eigenkapital* dadurch aus, dass es keine Verpflichtung der Gesellschaft gibt, das Eigenkapital an die Gesellschafter zurückzuzahlen. Dies ist eine der wesentlichsten Abgrenzungen zum *Fremdkapital*.

Fremdkapital muss von einem Unternehmen zu einem bestimmten Zeitpunkt zurückgezahlt werden. Eigenkapital enthält eine solche Verpflichtung in aller Regel nicht.

Sie können es sich bestimmt schon denken: Immer wenn »in aller Regel« verwendet wird, gibt es eine Ausnahme. Genau. Am einfachsten steigen wir dafür mit einem Beispiel in das Problem ein:

Zwei befreundete Unternehmen beschließen die Gründung einer neuen Gesellschaft und nennen diese die Rückzahl KG. Beide Gesellschafter zahlen je EUR 100.000 in die Gesellschaft ein und bezeichnen dies im Gesellschaftsvertrag wie üblich als Eigenkapital. Auch im Handelsregister wird die Gesellschaft mit einem Eigenkapital von EUR 100.000 eingetragen. Für eine solche Gesellschaftsform gilt ein *Kündigungsrecht*, sodass einer der Gesellschafter seine Anteile jederzeit kündigen kann. Im Kündigungsfall müssen die Anteile von der Gesellschaft erworben werden, nicht aber von dem anderen Gesellschafter. Haben wir jetzt nicht doch eine Verpflichtung aufseiten der Gesellschaft? Ja! Und genau darin sehen die IFRS auch ein Problem.

In Deutschland besteht diese Problematik bei *Personenhandelsgesellschaften* wie einer KG oder einer OHG. Hier räumt das Bürgerliche Gesetzbuch dem Gesellschafter immer ein solches Kündigungsrecht ein. Leider darf dies auch durch den Gesellschaftsvertrag nicht ausgeschlossen werden. Das Ausscheiden durch

9 ➤ Hoffentlich genug: Eigenkapital

Kündigung führt zu einem Abfindungsanspruch des bisherigen Gesellschafters gegenüber der Gesellschaft. Die Abfindung eines ausscheidenden Gesellschafters erfolgt zum Verkehrswert des Nettovermögens, sofern im Gesellschaftsvertrag keine gesonderten Vereinbarungen getroffen sind.

Die Gesellschaft ist demnach dem Gesellschafter gegenüber zum Rückkauf der Anteile verpflichtet, wenn er dies so möchte. Und wenn im Gesellschaftsvertrag nichts anderes geschrieben steht, so erfolgt der Rückkauf nach deutschem Recht zum anteiligen Marktwert des Unternehmens. Wenn wir auf die obige Definition von Eigenkapital zurückkommen, würde das nun zur Folge haben, dass die Gesellschaft das eingezahlte Eigenkapital als Fremdkapital ausweisen muss.

Da das Eigenkapital als Residualgröße definiert wurde und Fremdkapital als rückzahlbares Kapital, wäre in unserem Fall das »rechtliche Eigenkapital« dann nach IFRS Fremdkapital, da es einen Rückzahlungsanspruch gibt.

Als aufmerksamer Leser werden Sie nun einwenden, dass die Gesellschaft dann gar kein Eigenkapital mehr ausweisen würde. Leider ist dies in vielen Fällen tatsächlich die Folge dieser Regelung. Es gibt aber eine Möglichkeit, das Kapital dennoch als Eigenkapital auszuweisen:

Enthält das *Kündigungsrecht* keine weiteren Ausführungen und erfolgt der Rückkauf der Anteile zum anteiligen Marktwert der Gesellschaftsanteile, kann das Kapital auch nach IFRS weiterhin als Eigenkapital erfolgen. Enthält der Gesellschaftsvertrag jedoch die Anmerkung, dass die Anteile zu einem anderen als dem Marktwert gekauft werden müssen, erfolgt der Ausweis als Fremdkapital.

Da in unserem Beispiel der Gesellschaftsvertrag keine weiteren Angaben enthält, erfolgt nach deutschem Recht der Rückkauf zum Marktwert der Anteile und die Rückkauf KG darf das Eigenkapital auch tatsächlich als Eigenkapital ausweisen. Noch mal Glück gehabt.

Es ist hier wirklich Vorsicht geboten! Viele Gesellschaftsverträge sind sehr kompliziert, was diesen Punkt angeht. Wenn Ihr Unternehmen eine Personenhandelsgesellschaft ist oder Sie nebenbei auch noch ein paar stille Gesellschafter in Ihrer Gesellschaft haben, sollten Sie die Verträge am besten mit Experten durchleuchten, bevor Sie das Eigenkapital tatsächlich als solches ausweisen.

Ist schon verrückt, was alles so infolge der IFRS-Rechnungslegung geschehen kann, oder?!

Wenn Sie in einer deutschen Kapitalgesellschaft wie einer GmbH oder einer AG arbeiten, haben Sie kein Problem mit dieser Regelung. Hier gibt es nämlich keine Kündigungsrechte, die die Gesellschaft zum Rückkauf verpflichten. Wenn hier ein Gesellschafter die Anteile nicht mehr haben will, verkauft er diese einfach an einen anderen Gesellschafter oder an neue Gesellschafter.

Nachdem Sie nun wissen, was Ihr Eigenkapital ist und was nicht, erfahren Sie im Folgenden, wo und wie Sie Ihr Eigenkapital ausweisen.

Ausweis: Die Bestandteile des Eigenkapitals

Gehört Ihr Unternehmen zu den Glücklichen, die trotz der obigen Regelungen noch Eigenkapital ausweisen dürfen? Dann sind Sie sicherlich daran interessiert, welche Ausweisvorschriften sich die IFRS für Sie überlegt haben.

In der Welt der internationalen Rechnungslegung existieren für das Eigenkapital nicht viele Ausweisvorschriften. Dies ist verständlich, wenn man bedenkt, wie unterschiedlich in den einzelnen Ländern der Welt die rechtlichen Ausführungen und Anforderungen an das Eigenkapital sind. Quasi der kleinste gemeinsame Nenner, um ein wenig Ordnung ins System zu bringen, sind die *Mindestangaben*, die eine IFRS-Bilanz enthalten sollte. Das Eigenkapital gehört dazu. Wenn Sie nach den obigen Regelungen kein Eigenkapital mehr haben, werden Sie jetzt sicher ein wenig schmunzeln.

Mehr über die Mindestangaben und sogar ein Beispiel einer IFRS-Bilanz finden Sie in Kapitel 4.

Mit einer Position »Eigenkapital« in Ihrer Bilanz, in die Sie alles reinpacken, was bei Ihnen zum Eigenkapital gehört, ist es aber leider nicht getan. Ein wenig mehr Untergliederung darf es ruhig sein. Dies sieht auch das Rahmenkonzept der IFRS vor und rät Ihnen zu einer sinnvollen Untergliederung.

Laut IFRS sollten Sie eine sinnvolle Gliederung wählen, durch die die jeweiligen gesetzlichen Bestandteile des Eigenkapitals dargestellt werden. Das Rahmenkonzept empfiehlt eine Untergliederung in mindestens die folgenden Posten:

- ✔ eingezahltes Kapital der Gesellschafter
- ✔ Rücklagen aus Gesellschaftermitteln
- ✔ Rücklagen, die aus Gewinnen erwirtschaftet wurden
- ✔ Gewinnvortrag

Wenn Sie sich jetzt fragen, warum wir Ihnen an dieser Stelle nicht einfach die deutschen Fachbegriffe des HGB dafür geben, haben Sie natürlich recht. Aber da die IFRS für alle da sind, gibt es natürlich in den verschiedensten Rechtssystemen unserer schönen (IFRS-)Welt die unterschiedlichsten Begriffe und Bestandteile des Eigenkapitals. Deshalb bleiben die IFRS – wie so oft – allgemein.

IAS 1 wird da auch nicht wesentlich konkreter, wenn dort die folgende Mindestunterteilung gefordert wird:

- ✔ Eingezahltes Kapital
- ✔ Agio
- ✔ Rücklagen

Überlegen Sie sich einfach, welche Gliederung für Ihr Unternehmen Sinn macht und wodurch Sie dem Leser ein Verständnis für die einzelnen Bestandteile Ihres so wertvollen Postens geben können. In Tabelle 9.1 sehen Sie eine beispielhafte Eigenkapitalgliederung für zwei bedeutende deutsche Rechtsformen.

Eigenkapital einer GmbH	Eigenkapital einer AG
Stammkapital/Gezeichnetes Kapital	Grundkapital/Gezeichnetes Kapital
Kapitalrücklage	Kapitalrücklage
Satzungsmäßige Rücklage	Gesetzliche Rücklage
Bilanzgewinn	Kumulierte einbehaltene Gewinne
Kumuliertes erfolgsneutrales Eigenkapital	Kumuliertes übriges Kapital

Tabelle 9.1: Posten des Eigenkapitals

Gezeichnetes Kapital

Was gezeichnetes Kapital ist, wissen Sie vielleicht schon, weil Sie es bereits in Ihrer Bilanz nach HGB ausweisen. Daran ändern Sie auch besser nichts.

Gezeichnetes Kapital ist das nach dem Gesellschaftsvertrag eingezahlte oder einzuzahlende Geld der Gesellschafter. Diesen Posten sollten Sie in Ihrer Bilanz in einer extra Position ausweisen, denn der Leser Ihrer Bilanz sollte sehen können, wie hoch Ihr gezeichnetes Kapital ist. Die Information ist deshalb wichtig, weil es eben kein von der Gesellschaft »erwirtschaftetes« Kapital darstellt, sondern von den Eigentümern bereitgestellt wurde.

Kapitalrücklage

Genau wie das gezeichnete Kapital wurde die Kapitalrücklage auch nicht vom Unternehmen »erwirtschaftet«, sondern auch durch die Eigentümer über das gezeichnete Kapital hinaus zur Verfügung gestellt.

Ihr Arbeitgeber, die Wohlstands AG, hat gerade eine Kapitalerhöhung durchgeführt. Die ausgegebenen 1.000.000 Aktien haben einen Nennwert von EUR 10 pro Stück. Da aufgrund Ihrer hervorragenden IFRS-Zahlenwelt alle Ihre Aktien kaufen wollten, konnten Sie pro Aktie EUR 15 erzielen und so bereits EUR 15.000.000 in Ihre Kassen spülen.

✔ EUR 10.000.000 gehen in das gezeichnete Kapital (Nennwert laut Vertrag).

✔ EUR 5.000.000 gehen in die Kapitalrücklage, da dies den Mehrerlös über dem gezeichneten Kapital darstellt.

Es ist durchaus sinnvoll, auch die Kapitalrücklage als eine extra Position auszuweisen. Ist doch schön, etwas mehr zu haben – also können Sie es auch zeigen.

Satzungsmäßige oder gesetzliche Rücklage

In vielen Ländern gibt es gesetzliche Bestimmungen, die verlangen, dass man einen bestimmten Teil des jährlichen Gewinns in eine Rücklage einstellen muss.

In Deutschland fordert beispielsweise das Aktiengesetz die Bildung einer Rücklage aus dem Jahresüberschuss, bis diese 10 Prozent des Grundkapitals erreicht hat. Ähnliches gilt auch in anderen Ländern. Dies ist die sogenannte *gesetzliche Rücklage*.

Häufig kommen Forderungen nach Rücklagen auch in Gesellschaftsverträgen oder Satzungen vor, um eine gewisse Sicherheit zu gewährleisten. Dies sind dann *satzungsmäßige Rücklagen*.

Im Unterschied zur Kapitalrücklage werden diese Rücklagen durch das Unternehmen selbst erwirtschaftet und nicht von außen zugeführt. Wenn die Rücklage hoch ist, könnte die Kenntnis darüber für Ihre Bilanzleser durchaus interessant sein.

Bilanzgewinn

Über diesen Posten sollten Sie wirklich nicht lange diskutieren, gerade wenn er ein positives Vorzeichen hat. Der Bilanzgewinn umfasst sämtliche vom Unternehmen über die Jahre erwirtschafteten Gewinne, die nicht an die Anteilseigner ausgeschüttet wurden. Dieser Posten ist natürlich sehr interessant und daher schenken Sie ihm doch bitte eine extra Position in Ihrer Bilanz. Der Leser wird es Ihnen danken. Na ja, zumindest dann, wenn der Betrag positiv ist. Denn in diesem Posten sammeln Sie natürlich auch alle bisher er(miss)wirtschafteten Verluste.

Wie Sie in Tabelle 9.1 sehen, gibt es hierfür keinen einheitlichen Begriff. Hier einige Bezeichnungen, die Ihnen über den Weg laufen könnten und die alles das Gleiche bedeuten:

✔ Bilanzgewinn

✔ Kumulierte einbehaltene Gewinne

✔ Retained Earnings

✔ Nicht an die Anteilseigner ausgeschüttete Gewinne

Erfolgsneutrales Eigenkapital

Das erfolgsneutrale Eigenkapital ist ein ziemlich interessanter Posten. Kapitel 12 dieses Buches beschäftigt sich mit der Gewinn-und-Verlust-Rechnung. Sie lernen dort aber auch, dass es in der IFRS-Rechnungslegung mittlerweile noch eine Schattenwelt gibt, die neben der Gewinn-und-Verlust-Rechnung existiert. Um Missverständnissen vorzubeugen: Wir meinen nicht die Bilanzregeln für »Al Capone« oder die »Sopranos«. Gemeint sind die Transaktionen, die nicht direkt als Aufwand oder Ertrag in der Gewinn-und-Verlust-Rechnung erfasst werden, sondern für die eine »erfolgsneutrale« Abbildung erfolgt.

9 ➤ Hoffentlich genug: Eigenkapital

In der IFRS-Rechnungslegung existieren mittlerweile etliche Vorschriften, die für bestimmte Sachverhalte eine erfolgsneutrale Erfassung verlangen. Diese Sachverhalte werden nicht als Aufwand oder Ertrag in der Gewinn-und-Verlust-Rechnung erfasst, sondern direkt im Eigenkapital erfasst. Innerhalb des Eigenkapitals ist dies der Posten *erfolgsneutrales Eigenkapital*. In der aktuellen Sprachregelung hat sich auch der englische Begriff *other comprehensive income* (OCI) durchgesetzt.

Wenn Sie sich ein wenig in die Materie hineindenken, verstehen Sie sicherlich auch, warum eingangs von »Schattenwelt« oder »Schattenbuchhaltung« gesprochen wurde. Ein Beispiel soll Ihnen dabei helfen:

Die Wohlstands AG hat für verdiente Mitarbeiter einen Pensionsplan aufgelegt und erfasst diesen natürlich auch bilanziell. In einer Periode zeigt das Pensionsgutachten einen Posten »versicherungsmathematische Verluste« in Höhe von EUR 500.000.

In Kapitel 10 können Sie nachlesen, was *versicherungsmathematische Verluste* sind. Für das Verständnis des Beispiels müssen Sie dies aber nicht wissen.

Weil es sich die Wohlstands AG leisten kann, hat sie sich für die sofortige erfolgswirksame Erfassung aller versicherungsmathematischen Veränderungen entschieden. Damit werden in diesem Jahr EUR 500.000 als Aufwand direkt in der Gewinn-und-Verlust-Rechnung erfasst und mindern den Jahresüberschuss.

In der gleichen Situation befindet sich die Pleitegeier GmbH. Da bei denen der Name Programm ist, hat sich das Management für die erfolgsneutrale Erfassung aller versicherungsmathematischen Veränderungen entschieden. Damit sehen die EUR 500.000 niemals die Gewinn-und-Verlust-Rechnung, sondern ziehen direkt an dieser vorbei in das Eigenkapital. Das Ergebnis bleibt unberührt.

Wie Sie sehen, gibt es für ein und denselben Sachverhalt zwei Möglichkeiten der buchhalterischen Abbildung. Ohne Berücksichtigung latenter Steuern sinkt bei dem einen der Jahresüberschuss um EUR 500.000, bei dem anderen bleibt er gleich. Da die Gewinn-und-Verlust-Rechnung über das Eigenkapital aufgelöst wird, bleibt natürlich der Betrag gleich, der letzten Endes im Eigenkapital landet – nur eben über zwei Wege. Da dies natürlich ein wenig »Trickserei« am Jahresergebnis ist, spricht man auch von »Schattenbuchhaltung« oder »Schattenwelt«.

Über solche »Tricksereien« möchten die Anteilseigner oder andere interessierte Personen natürlich informiert sein. Daher werden diese Posten in der Position »Erfolgsneutrales Eigenkapital« oder »Erfolgsneutrale Rücklagen« erfasst. Dadurch sieht man immer, was ein Unternehmen denn so alles an der Gewinn-und-Verlust-Rechnung vorbeischleust. Übrigens ganz legal.

In Tabelle 9.2 sind alle Möglichkeiten aufgezeigt, die aktuell erfolgsneutral erfasst werden können. Als besonderen Service sehen Sie auch gleich das Kapitel daneben, in dem Sie das nachschlagen können.

Sachverhalt	Kapitel in diesem Buch
Differenzen aus der Fremdwährungsbewertung im Konzernabschluss	15
Ergebnis aus zur Veräußerung verfügbaren Finanzinstrumenten	7
Neubewertung von Sachanlagen	5
Versicherungsmathematische Veränderungen aus leistungsorientierten Pensionsplänen	10
Anteil am Gesamtergebnis assoziierter Unternehmen	17
Latente Steuern auf erfolgsneutrale Posten	12

Tabelle 9.2: Erfolgsneutrale Sachverhalte

Schauen Sie sich in einer ruhigen Minute mal den einen oder anderen Konzernabschluss von DAX-Unternehmen an und rechnen Sie zusammen, wie der Gewinn oder Verlust ausgesehen hätte, wenn die erfolgsneutralen Posten auch noch in der Gewinn-und-Verlust-Rechnung gelandet wären. Ist ganz interessant.

Sie wissen nun, wie Sie Ihr Eigenkapital untergliedern sollten. Dann sind Sie sicherlich noch für zwei Besonderheiten der internationalen Rechnungslegung bereit:

✔ Kosten der Eigenkapitalbeschaffung

✔ eigene Anteile

Steigen Sie ein, diese beiden Sachverhalte sind gar nicht so selten und daher von Bedeutung.

Das kostet – Kosten der Eigenkapitalbeschaffung

Haben Sie in Ihrem Unternehmen jemals eine Kapitalerhöhung begleitet? Wenn ja, wissen Sie, dass die Besprechungsräume Ihres Büros dann immer mit vielen Leuten besetzt sind, die sonst nicht bei Ihnen anzutreffen sind. Gerade wenn Ihr Arbeitgeber eine Kapitalerhöhung über eine Börse anstrebt, wimmelt es nur so von externen Ratgebern und anderen schlauen Leuten bei Ihnen. Genau, das »Einsammeln« von frischem Kapital erfordert in vielen Fällen zunächst das Ausgeben von Geldern. Die Kosten einer Eigenkapitalbeschaffung über den Kapitalmarkt können hoch sein. Es gibt recht viele Vorschriften, die beachtet werden wollen, die Sie aber so allein gar nicht alle kennen können. Aber dafür gibt es ja Experten.

Zu den Kosten der Eigenkapitalbeschaffung gehören alle Kosten, die Ihnen nur durch die Eigenkapitalbeschaffung entstehen. Oder anders herum: Alle Kosten, die ohne diese Transaktion nicht angefallen wären, können Sie direkt der Eigenkapitalbeschaffung zuordnen.

Die anfallenden Kosten können vielfältig sein. Wichtig ist, dass Sie diese nach der obigen Definition direkt der Transaktion zuordnen können.

9 ➤ Hoffentlich genug: Eigenkapital

Beispiele für Kosten einer Eigenkapitalbeschaffung können sein:

- ✔ Rechtsanwälte, die den Börsenprospekt vorbereiten und die Zulassung bei einer Börse beantragen
- ✔ Kosten der IFRS-Umstellung, wenn Sie wirklich nur aufgrund der Eigenkapitaltransaktion Ihren Abschluss nach IFRS benötigen und dies sonst nicht geplant war
- ✔ Steuerberater, die Ihnen eine steuerlich optimierte Vorgehensweise darstellen
- ✔ Wirtschaftsprüfer, die die Zahlen im Börsenprospekt abhaken
- ✔ Finanzvermittler, die Ihnen den Zugang zu den potenziellen Investoren eröffnen und dann eine hohe Vermittlungsgebühr dafür verlangen
- ✔ Sonstige Kosten und Gebühren, die für die Anmeldung nötig sind: Zulassungsgebühren, Druckkosten für den Börsenprospekt, Registerkosten

Wenn Sie bei einer solchen Transaktion einmal die entstandenen Kosten zusammenrechnen, werden Sie feststellen, dass dabei ein ganz schönes Sümmchen entstehen kann. Nachdem Sie dann die Kapitalerhöhung durchgeführt haben und die »gesammelten Taler« zählen, stellen Sie sicher fest, dass Sie effektiv gar nicht so viel bekommen haben, wie Sie wollten, da Sie vorher so viel ausgeben mussten. Diese Sichtweise verfolgt auch die IFRS-Rechnungslegung und hat sich deshalb in IAS 32 »Finanzinstrumente: Darstellung« etwas dazu überlegt.

Alle Kosten der Eigenkapitalbeschaffung werden nicht als Aufwand in der Gewinn- und-Verlust-Rechnung erfasst, sondern direkt im Eigenkapital erfolgsneutral dargestellt.

Durch die Erfassung im Eigenkapital erreichen Sie, dass Sie tatsächlich nur den Betrag im Eigenkapital darstellen, der Ihnen nach Abzug sämtlicher Gebühren tatsächlich zugeflossen ist. Ein Beispiel wirkt hier sicherlich fördernd auf Ihre Vorstellungskraft.

Schauen Sie noch einmal auf die Kapitalerhöhung der Wohlstands AG weiter oben in diesem Kapitel zurück.

- ✔ Die Kapitalerhöhung der Wohlstands AG brachte EUR 15.000.000 in die Kassen. EUR 10.000.000 erhöhten das gezeichnete Kapital und EUR 5.000.000 erhöhten die Kapitalrücklage
- ✔ Die Wohlstands AG musste aber vorher EUR 1.500.000 an externe Berater ausgeben, die bei der Kapitalerhöhung geholfen haben.

Effektiv sind der Wohlstands AG dann nur EUR 13.500.000 zugeflossen. Die EUR 1.500.000 werden direkt erfolgsneutral mit dem Eigenkapital verrechnet.

Die IFRS geben Ihnen für die Erfassung der Kosten keine bestimmte Position des Eigenkapitals vor. In der Praxis hat sich aber die direkte Erfassung in der Kapitalrücklage durchgesetzt.

Im Falle der Wohlstands AG führt dies dann zu folgendem Ergebnis:

✔ Das gezeichnete Kapital erhöht sich unverändert um EUR 10.000.000

✔ Die Kapitalrücklage erhöht sich zunächst um EUR 5.000.000. Danach werden die Kosten der Eigenkapitalbeschaffung in Höhe von EUR 1.500.000 erfasst, sodass unterm Strich in der Kapitalrücklage lediglich eine Erhöhung um EUR 3.500.000 erzielt wird.

In Tabelle 9.3 sehen Sie die Buchungssätze, die für die Erfassung der Kapitalrücklage notwendig sind. Dabei gehen wir davon aus, dass die Kosten zunächst im Aufwand erfasst wurden und nach der Kapitalerhöhung umgebucht werden:

Soll		Haben	
Bank	5.000.000	Kapitalrücklage	5.000.000
Kapitalrücklage	1.500.000	Beratungskosten	1.500.000

Tabelle 9.3: Verbuchung Kosten der Kapitalerhöhung

Wenn die Kosten der Kapitalerhöhung nach den steuerlichen Vorschriften Ihr steuerliches Ergebnis mindern, müssen Sie die Kosten, die direkt im Eigenkapital erfasst werden, um den steuerlichen Vorteil kürzen. Bei einem Steuersatz von 30 Prozent dürften Sie im obigen Beispiel dann nur EUR 1.050.000 im Eigenkapital verbuchen, da Ihnen ein Steuervorteil in Höhe von EUR 450.000 (30 % × 1.500.000) entsteht.

Die bilanzielle Behandlung von Eigenkapitalbeschaffungskosten nach IFRS ist ein deutlicher Unterschied zu den Regelungen im deutschen Handelsrecht. Nach HGB müssen Sie die gesamten Kosten im Aufwand erfassen und einen höheren Betrag in der Kapitalrücklage ausweisen.

Das setzen wir ab – eigene Anteile

Ein weiterer Sonderfall in der internationalen Rechnungslegung ist die bilanzielle Behandlung *eigener Anteile*. Es ergibt sich hier eine komplett unterschiedliche Abbildung als im deutschen HGB.

Eigene Anteile sind Geschäftsanteile, die eine Gesellschaft an sich selber hält.

Wenn Ihr Unternehmen sich zum Kauf der eigenen Geschäftsanteile entschließt, kann dies unterschiedliche Gründe haben:

✔ Sie haben ein Programm aufgelegt, mit dem Sie verdienten Mitarbeitern einen Anteil am Unternehmen gewähren möchten, und kaufen dazu »auf Vorrat« eigene Aktien (solche Mitarbeiterbeteiligungsprogramme stellen wir in Kapitel 12 vor).

✔ Der Kurs Ihrer Aktie entwickelt sich nicht gut und Sie tätigen sogenannte »Stützungskäufe« zur Kursstabilisierung.

9 ➤ Hoffentlich genug: Eigenkapital

✔ Sie haben einfach zu viel Geld und sehen aktuell kein alternatives Investment am Markt mit einer ähnlichen Rendite.

Was auch immer der Grund in Ihrem Unternehmen war, Sie sollten einen wichtigen Punkt beachten:

Eigene Anteile am Kapital der Gesellschaft werden direkt vom Eigenkapital der Gesellschaft abgezogen. Ein Kauf oder Verkauf eigener Anteile darf nicht im Gewinn oder Verlust eines Unternehmens abgebildet werden.

Sie dürfen die Anteile also gerade nicht unter Ihren Finanzanlagen ausweisen, wie dies bei Anteilen an anderen Firmen der Fall wäre. Anteile an Drittfirmen werden anders bilanziert als Anteile an der eigenen Firma. Die Bilanzierung von Anteilen an anderen Firmen können Sie in Kapitel 6 und 14 nachlesen.

Der Erwerb eigener Anteile führt also zu einer Verminderung Ihres Eigenkapitals. Das ist aber auch das Einzige, was der IAS 32 dazu schreibt. Eine Anleitung für die bilanzielle Darstellung und Erfassung wird dort nicht gegeben. Zum Glück haben Sie sich für dieses Buch entschieden, wir helfen Ihnen natürlich. Für die Abbildung einer solchen Transaktion haben sich in der Praxis zwei Methoden durchgesetzt:

✔ die Nennwertmethode
✔ die Anschaffungskostenmethode

Nennwertmethode

Die Nennwertmethode erfordert eine große Genauigkeit und ein wenig Rechnerei.

Die Nennwertmethode können Sie in der Praxis auch als *Par-Value-Methode* antreffen. Einen Unterschied zwischen beiden gibt es jedoch nicht. Wer auf die englischen Begriffe steht, kann gern diesen Begriff verwenden.

Die Nennwertmethode sieht eine genaue Aufteilung der Anschaffungskosten für die eigenen Anteile auf die einzelnen Posten des Eigenkapitals vor. Hierdurch soll erreicht werden, dass genau die Posten des Eigenkapitals verringert werden, die dadurch betroffen sind. Am besten stellen Sie sich wieder ein Beispiel vor:

Die bereits bekannte Kapitalaufnahme der Wohlstands AG führte zu dem in Tabelle 9.4 abgebildeten Eigenkapital.

Kapital		Berechnung
Gezeichnetes Kapital	10.000.000	1 Mio. Aktien × 10 EUR pro Stück
Kapitalrücklage	5.000.000	1 Mio. Aktien × 5 EUR pro Stück

Tabelle 9.4: Ausgangssituation nach Kapitalmaßnahme

Die Wohlstands AG entschließt sich zum Rückkauf von insgesamt 10.000 Aktien. Der Kurs der Aktie bei Rückkauf liegt bei EUR 17 in Variante 1 und EUR 13 in Variante 2. In Variante

1 ist der Aktienkurs über den Ausgabebetrag gestiegen und in Variante 2 liegt er darunter. Ansonsten bleiben alle anderen Ausgangsgrößen unverändert.

Variante 1 – Rückkauf zum Kurs von EUR 17

Insgesamt gibt die Wohlstands AG EUR 170.000 für den Rückkauf aus. Diese dürfen nicht in der Gewinn-und-Verlust-Rechnung landen, sondern müssen im Eigenkapital erfasst werden. Dabei sollen die ursprünglichen Positionen des Eigenkapitals vermindert werden. Die Auswirkungen auf das Eigenkapital stellt Tabelle 9.5 dar.

Verringerung des Eigenkapitals		Berechnung
Gezeichnetes Kapital	100.000	10.000 Aktien × 10 EUR pro Stück
Kapitalrücklage	50.000	10.000 Aktien × 5 EUR pro Stück
Gewinnrücklagen	20.000	10.000 Aktien × 2 EUR pro Stück

Tabelle 9.5: Rückkauf der Aktien über Ausgabekurs

Der Rückkauf erfolgt zu einem höheren Kurs als bei Ausgabe der Anteile. Das gezeichnete Kapital und die Kapitalrücklage dürfen nur um die ursprünglichen Beträge gekürzt werden. Der verbleibende Betrag in Höhe von EUR 20.000 darf nicht in der Gewinn-und-Verlust-Rechnung erfasst werden und wird daher mit den anderen Gewinnrücklagen verrechnet. Der Rückkauf der Aktien wird über den in Tabelle 9.6 dargestellten Buchungssatz abgebildet.

Soll		Haben	
Gezeichnetes Kapital	100.000	Bank	170.000
Kapitalrücklage	50.000		
Gewinnrücklage	20.000		

Tabelle 9.6: Verbuchung des Aktienrückkaufs über Ausgabekurs

Variante 2 – Rückkauf zum Kurs von EUR 13

Insgesamt gibt die Wohlstands AG EUR 130.000 für den Rückkauf aus. Die Auswirkungen auf das Eigenkapital stellt Tabelle 9.7 dar.

Verringerung des Eigenkapitals		Berechnung
Gezeichnetes Kapital	100.000	10.000 Aktien × 10 EUR pro Stück
Kapitalrücklage	30.000	10.000 Aktien × 3 EUR pro Stück

Tabelle 9.7: Rückkauf der Aktien unter Ausgabekurs

Der Rückkauf erfolgt zu einem niedrigeren Kurs als bei Ausgabe der Anteile. Das gezeichnete Kapital und die Kapitalrücklage dürfen nur um die ursprünglichen Beträge gekürzt werden, aber auch nicht über den Kaufpreis hinaus. Der Rückkauf der Aktien wird über den in Tabelle 9.8 dargestellten Buchungssatz abgebildet.

9 ➤ Hoffentlich genug: Eigenkapital

Soll		Haben	
Gezeichnetes Kapital	100.000	Bank	130.000
Kapitalrücklage	30.000		

Tabelle 9.8: Verbuchung des Aktienrückkaufs unter Ausgabekurs

Anschaffungskostenmethode

Die Anschaffungskostenmethode wird Ihnen Freude bereiten, da hier wesentlich pauschaler vorgegangen wird. Die ganze Rechnerei, die bei der Nennwertmethode notwendig ist, können Sie sich hier getrost sparen.

> Auch die Anschaffungskostenmethode lässt sich »cooler« durch den Begriff *Cost Method* ausdrücken. Aber wiederum gibt es keinen Unterschied in der Abbildung. Und über das »cooler« können Sie natürlich selber entscheiden.

Bei der Anschaffungskostenmethode verrechnen Sie einfach den gezahlten Kaufpreis für die eigenen Anteile mit dem kompletten Eigenkapital. Eine detaillierte Aufteilung ist nicht nötig. Zu guter Letzt dürfen Sie sich dann auch noch die Eigenkapitalposition aussuchen, in der Sie die Kürzung vornehmen.

Für die beiden Varianten des Aktienrückkaufs aus der Nennwertmethode würde das Ergebnis wie folgt aussehen:

✔ Variante 1: Verminderung des Eigenkapitals pauschal um EUR 170.000

✔ Variante 2: Verminderung des Eigenkapitals pauschal um EUR 130.000

Ob Sie sich nun für die Anschaffungskostenmethode oder die Nennwertmethode entscheiden, bleibt völlig Ihnen überlassen. Die Anschaffungskostenmethode ist zwar einfacher, aber durch die genaue Aufteilung in der Nennwertmethode können Sie eine detaillierte Entwicklung der einzelnen Posten Ihres Eigenkapitals darstellen.

Wo wir gerade beim Thema Darstellung sind: Wie für alle Posten der Bilanz gibt es auch für Ihr Eigenkapital noch einige Angaben, die zusätzlich im Anhang gefordert sind. Was Sie da so alles angeben sollten, lesen Sie im letzten Abschnitt dieses Kapitels.

Angaben im Anhang zum Eigenkapital

IAS 1 fordert diverse Angaben zum Eigenkapital von Ihnen. Zunächst einmal müssen Sie eine Eigenkapitalveränderungsrechnung aufstellen.

> Die *Eigenkapitalveränderungsrechnung* gehört zu den verpflichtenden Bestandteilen eines vollständigen IFRS-Abschlusses. Den Aufbau und die Darstellung einer Eigenkapitalveränderungsrechnung stellen wir detailliert in Kapitel 13 vor. Alle weiteren Pflichtbestandteile können Sie in Kapitel 3 in Erfahrung bringen.

Darüber hinaus sollten Sie für jede Klasse von Anteilen Folgendes angeben:

- die Zahl der genehmigten Anteile
- die Zahl der ausgegebenen und voll eingezahlten Anteile und die Anzahl der ausgegebenen und nicht voll eingezahlten Anteile
- den Nennwert der Anteile oder die Aussage, dass die Anteile keinen Nennwert haben
- eine Überleitungsrechnung der Zahl der im Umlauf befindlichen Anteile am Anfang und am Bilanzstichtag
- die Rechte, Vorzugsrechte und Beschränkungen für die jeweilige Kategorie von Anteilen einschließlich Beschränkungen bei der Ausschüttung von Dividenden und der Rückzahlung des Kapitals
- eigene Anteile an dem Unternehmen, die durch das Unternehmen selbst, seine Tochterunternehmen oder assoziierte Unternehmen gehalten werden
- Anteile, die für die Ausgabe aufgrund von Optionen und Verkaufsverträgen zurückgehalten werden, unter Angabe der Modalitäten und Beträge

Wenn Sie Rücklagen in Ihrem Eigenkapital ausweisen, sollten Sie Art und Zweck der einzelnen Rücklagen beschreiben.

Haben Sie eine Gewinnausschüttung an Ihre Eigentümer gezahlt, so müssen Sie den Betrag im Anhang angeben.

Unsichere Schulden: Rückstellungen

In diesem Kapitel

▶ Unterschied zwischen Rückstellungen und anderen Schulden

▶ Rückstellungen berechnen und bilanzieren

▶ Besonderheiten bei Pensionen und ähnlichen Verpflichtungen gegenüber Mitarbeitern kennenlernen

▶ Alle Angaben zu Rückstellungen im IFRS-Abschluss

▶ Eventualschulden bestimmen

Sie kennen das sicher. Je nach Erfolg oder Misserfolg des Geschäftsjahres kommt Ihr Chef kurz vor Jahresende zu Ihnen und fragt: »Was können wir denn noch alles zurückstellen?« oder »Was haben wir denn als Reserve zurückgestellt, die wir jetzt auflösen können?« Die erste Frage kommt nach einem guten, die letzte nach einem weniger guten Geschäftsjahr. Sie sollen nun also das Ergebnis noch ein wenig »gestalten«. Hierzu dienen sehr häufig die Rückstellungen – die es natürlich auch in der internationalen Rechnungslegung gibt. In diesem Kapitel erfahren Sie, was nach IFRS als Rückstellung gilt und wie Sie diese berechnen. Sie werden auch erfahren, dass es in der internationalen Rechnungslegung verschiedene Arten von Schulden gibt und wie Sie diese voneinander unterscheiden. Gegen Ende des Kapitels zeigen wir Ihnen, dass es im Rahmen der Bilanzierung und Bewertung von unsicheren Schulden zu gewissen Auslegungsspielräumen kommen kann, die Sie eventuell für Ihr Unternehmen positiv nutzen können. Außerdem erhalten Sie ganz zum Schluss noch einen Ausblick über mögliche demnächst anstehende Änderungen in der Rückstellungsbilanzierung. Wie wär's? Legen wir also los.

Rückstellungsausweis: Das Wer-Wie-Wo-Was

In Kapitel 9 haben Sie im Abschnitt »Eigenkapital oder Fremdkapital, das ist hier die Frage« den Unterschied zwischen Eigenkapital und Fremdkapital kennengelernt. Nichts Neues für Sie ist sicherlich, dass auch in der internationalen Rechnungslegung Fremdkapital als Schulden (englisch *liabilities*) bezeichnet wird. Glücklicherweise werden Schulden auch hier auf der Passivseite der Bilanz ausgewiesen. So weit also nichts Ungewöhnliches.

Rückstellungen werden hauptsächlich in IAS 37 »Rückstellungen, Eventualverbindlichkeiten und Eventualforderungen« geregelt. Allerdings gibt es noch einige andere Standards, die ebenfalls bestimmte Arten von Rückstellungen behandeln:

✔ Rückstellungen für drohende Verluste aus Fertigungsaufträgen verbergen sich im IAS 11. Diese kennen Sie unter Umständen schon aus Kapitel 8.

✔ Informationen zu den Steuerrückstellungen finden Sie im IAS 12. Diese werden Sie, sofern noch nicht geschehen, in Kapitel 12 wiederentdecken.

✔ Rückstellungen im Zusammenhang mit Arbeitnehmervergütungen werden in IAS 19 behandelt. Hierzu finden Sie mehr in diesem Kapitel im Abschnitt »Sonderfall Mitarbeiter: Pensionen und ähnliche Verpflichtungen«.

✔ Finanzinstrumente (einschließlich Finanzgarantien) fallen in den Anwendungsbereich des IAS 39. Sofern es sich um finanzielle Schulden handelt, werden diese in Kapitel 11 erläutert.

Schulden ist der Oberbegriff für alles, was Ihr Unternehmen Dritten schuldet. Schulden werden in den IFRS unterteilt in sichere und unsichere Verpflichtungen gegenüber einer anderen Partei (auch gern *Unternehmensexterne* genannt). Der Grad der (Un)Sicherheit bezieht sich auf die Höhe der Verpflichtung (Wie viel?), den Zeitpunkt der Erfüllung (Wann?) und die Person des Gläubigers (Wem?). Jetzt fragen Sie sich natürlich zu Recht, was heutzutage denn schon sicher ist. Was für den einen sicher ist, ist für den anderen noch längst nicht sicher. Daher stellen wir die Abgrenzungen der »Sicherheit« weiter hinten in diesem Kapitel im Abschnitt »Vielfältiges Qualifikationsverfahren: Bilanzansatz« ganz ausführlich dar. Ganz zu Anfang sollen Sie aber erst einmal noch nicht damit erschlagen werden.

Je nachdem, wie sicher eine Verpflichtung ist, unterscheiden Sie folgende Arten von Schulden, wobei der Sicherheitsgrad von oben nach unten abnimmt:

✔ Schulden im engeren Sinn (*liabilities*)

✔ Abgegrenzte Schulden (*accruals*)

✔ Rückstellungen (*provisions*)

✔ Eventualschulden (*contingent liabilities*)

✔ Keine angabepflichtigen Schulden nach IFRS

So viel zu den Begrifflichkeiten. Da das noch nicht wirklich aussagekräftig ist, stellen wir Ihnen hier zu jeder Art erst einmal ein Beispiel vor. Danach haben Sie bestimmt schon eine Vorstellung, was hier gemeint ist.

Beispiele für Arten von Schulden sind:

✔ **Schulden im engeren Sinn:** erhaltene Rechnungen

✔ **Abgegrenzte Schulden:** Verpflichtungen aufgrund von nicht genommenem Mitarbeiterurlaub

✔ **Rückstellungen:** wahrscheinliche Verpflichtungen aufgrund von gewährten Produktgarantien

✔ **Eventualschulden:** mögliche Verpflichtungen aus nicht offenbarten Patentverletzungen

✔ **Keine angabepflichtigen Schulden nach IFRS:** Verpflichtungen, die sich aus Naturkatastrophen ergeben könnten

10 ➤ Unsichere Schulden: Rückstellungen

Wenn Sie jetzt schon Panik vor einer aufgeblähten Bilanz bekommen, so können wir Sie beruhigen – ein separater Ausweis der einzelnen Kategorien ist nicht erforderlich. Zum Ausweis kommen wir aber später noch – zunächst sollen Sie ja erfahren, wann und in welcher Höhe die Posten in der Bilanz auftauchen.

Eine kleine Grafik hilft Ihnen sicher dabei, das geschriebene Wort besser zu verstehen. Abbildung 10.1 stellt die Arten von Schulden anschaulich dar und zeigt Ihnen auch den von links nach rechts abnehmenden Grad der Sicherheit deutlich auf.

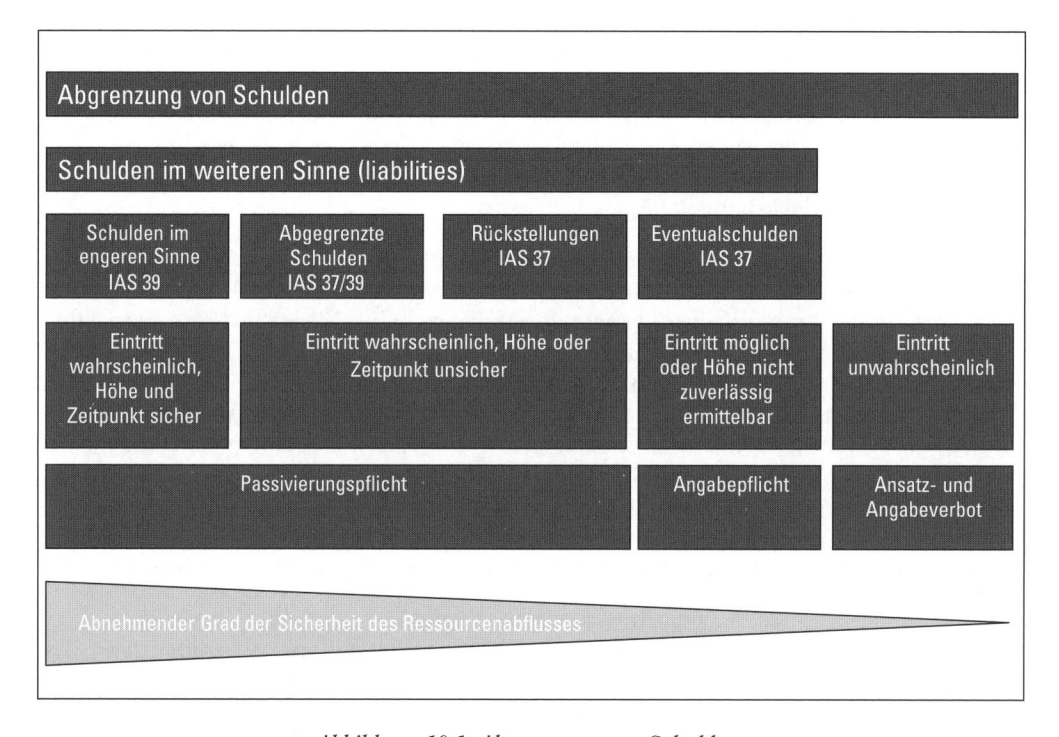

Abgrenzung von Schulden			
Schulden im weiteren Sinne (liabilities)			
Schulden im engeren Sinne IAS 39	Abgegrenzte Schulden IAS 37/39	Rückstellungen IAS 37	Eventualschulden IAS 37
Eintritt wahrscheinlich, Höhe und Zeitpunkt sicher	Eintritt wahrscheinlich, Höhe oder Zeitpunkt unsicher	Eintritt möglich oder Höhe nicht zuverlässig ermittelbar	Eintritt unwahrscheinlich
Passivierungspflicht		Angabepflicht	Ansatz- und Angabeverbot
Abnehmender Grad der Sicherheit des Ressourcenabflusses			

Abbildung 10.1: Abgrenzung von Schulden

Was hat es denn nun mit dem *Sicherheitsgrad* auf sich?

Der *Sicherheitsgrad einer Schuld* ist das wesentliche Element für die Abgrenzung der verschiedenen Arten von Schulden in der Rechnungslegung nach IFRS. Er entscheidet, ob und wo eine Schuld in der Bilanz auftaucht. Der Sicherheitsgrad bezieht sich auf die Möglichkeit der Inanspruchnahme aus einer Verpflichtung und/oder die Höhe einer künftigen Verpflichtung.

Lassen Sie uns diese Definition einmal auf die einzelnen Arten von Schulden anwenden.

✔ **Schulden im engeren Sinn** liegen vor, wenn der Zeitpunkt der Erfüllung und die Höhe der Verpflichtung recht sicher bestimmt werden können. Hierbei sollten Sie beispielsweise an Verbindlichkeiten aus Lieferungen und Leistungen, Bankverbindlichkeiten, Anleihen und Darlehen von Nichtbanken denken.

✔ **Abgegrenzte Schulden** sind Schulden, bei denen der Zeitpunkt der Inanspruchnahme und/oder deren Höhe nicht sicher, jedoch mit einem hohen Grad an Sicherheit bestimmbar sind. Hierunter fallen regelmäßig ausstehende Rechnungen für bereits erbrachte Leistungen, Weihnachtsgeld, Urlaubsverpflichtungen, Beiträge zur Berufsgenossenschaft, Bonusverpflichtungen und Kosten der Abschlussprüfung.

Wenn Sie bisher ein Spezialist der deutschen handelsrechtlichen Rechnungslegung sind, wartet gerade im Bereich der abgegrenzten Schulden ein Stolperstein auf Sie. Alle unter den abgegrenzten Schulden genannten Posten werden Sie dann als Rückstellungen kennen. Dies ist aber hier gerade nicht der Fall, da die Unsicherheit nicht so hoch ist. Denken Sie nur mal an den Posten Urlaubsverpflichtung: So unsicher sind die Inanspruchnahme durch den Arbeitnehmer und die Berechnung ja dann eigentlich nicht, oder? Daher sprechen wir hier nicht von Rückstellungen. Im deutschen Handelsrecht bleiben diese Posten natürlich weiterhin Rückstellungen.

✔ **Rückstellungen** sind unsichere Schulden, die bezüglich ihrer Fälligkeit oder ihrer Höhe ungewiss sind. Die Fälligkeit einer Schuld ist ungewiss, sofern die Erfüllung nicht sicher ist, sondern nur mit einer überwiegenden Wahrscheinlichkeit zum Ressourcenabfluss führt. Es müssen daher mehr Gründe für den Mittelabfluss als dagegen sprechen (hier hat sich die Floskel »more likely than not« weitestgehend durchgesetzt). Die Höhe der Schuld ist ungewiss, sofern der Betrag des Ressourcenabflusses unsicher ist. Aufgrund ihrer Ungewissheit können sowohl Ansatz als auch Bewertung der Rückstellungen in erheblichem Umfang von Erwartungen und Schätzungen abhängen. Die gängigsten Beispiele für die Rückstellungen sind Kulanzrückstellungen, Garantierückstellungen und Rückstellungen für Restrukturierung. Das soll zunächst einmal reichen. Sie erfahren hierzu mehr im Detail in den nächsten Abschnitten. Wie immer haben wir für Sie natürlich auch ausführlichere Beispiele zusammengestellt.

✔ **Eventualschulden** unterscheiden sich gegenüber den Rückstellungen vor allem darin, dass der Ressourcenabfluss nicht wahrscheinlich, sondern nur »möglich« ist. Wenn wir bei der oberen Floskel bleiben, so ist der Ressourcenabfluss hier dann also gerade nicht »more likely than not«. Falls Sie sich fragen, was denn der Unterschied zwischen wahrscheinlich und möglich ist, so haben Sie bitte noch etwas Geduld, im nächsten Abschnitt werden alle diese Feinheiten geklärt. Außerdem erhalten Sie im Abschnitt »Keine bösen Überraschungen: Eventualschulden« ausführliche Erläuterungen zu den Eventualschulden. An dieser Stelle denken Sie bitte nur einmal an potenzielle Umweltschäden und noch nicht offenbarte Patentverletzungen. Außerdem gehören Verpflichtungen, die Sie nicht zuverlässig schätzen können, ebenfalls zu den Eventualschulden.

✔ **Keine angabepflichtigen Schulden nach IFRS:** In diese Kategorie fallen nur Ereignisse, bei denen der Ressourcenabfluss unwahrscheinlich ist. In diesem Zusammenhang dürfen Sie an so unerfreuliche Dinge wie zum Beispiel an das Risiko aus einer Naturkatastrophe denken.

10 ➤ Unsichere Schulden: Rückstellungen

Vielfältiges Qualifikationsverfahren: Bilanzansatz

Sie wissen nun also, was Schulden sind und welche Arten von Schulden es gibt. Dann können wir uns nun ausführlich mit den Rückstellungen beschäftigen. Wagen wir uns also in den Rückstellungsdschungel.

Steigen wir mit der Definition einer *Rückstellung* nach IFRS ein:

Sie werden Rückstellungen in Ihrem Unternehmen passivieren, wenn die folgenden Kriterien alle zusammen erfüllt sind:

✔ Aus einem **Ereignis der Vergangenheit** besteht eine gegenwärtige rechtliche oder faktische Verpflichtung gegenüber einem Dritten (Außenverpflichtung),

✔ **wahrscheinlich** führt die Erfüllung dieser Verpflichtung zu einem Abfluss von Ressourcen mit wirtschaftlichem Nutzen *und*

✔ eine **zuverlässige Schätzung** der Höhe der Verpflichtung ist möglich.

So viel zur Definition. Der nachfolgende Entscheidungsbaum in Abbildung 10.2 wird Ihnen eine große Hilfe bei der Identifizierung von Rückstellungen sowie deren Abgrenzung zu anderen Positionen sein. Es handelt sich hierbei quasi um eine Karte, mit der Sie sicher durch den Dschungel kommen.

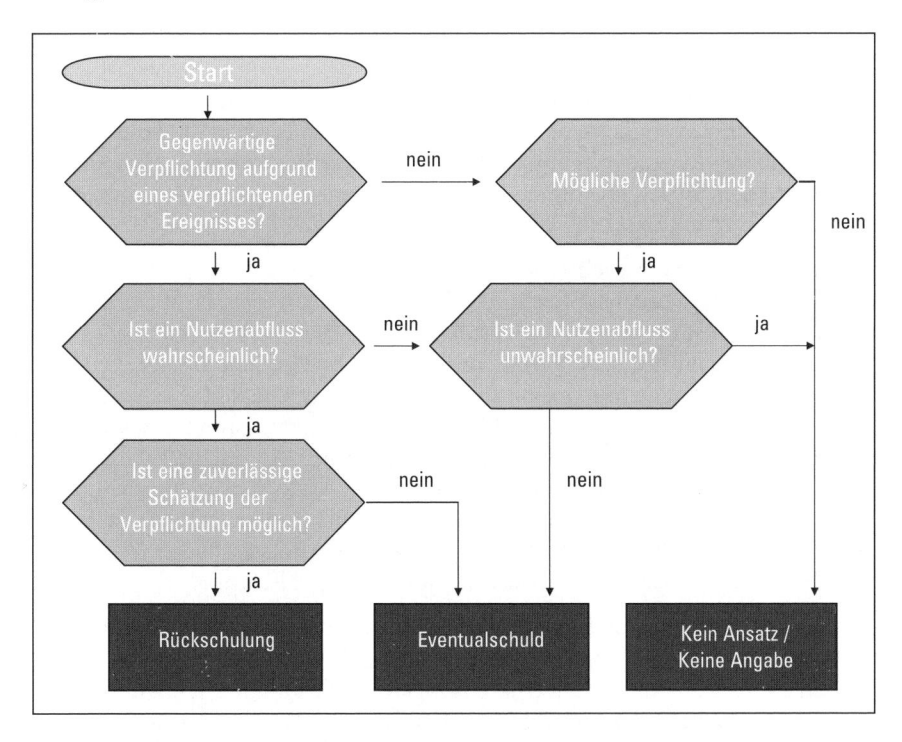

Abbildung 10.2: Prüfungsschema zum Ansatz von Rückstellungen

Das Schema in Abbildung 10.2 hat sich in der Praxis tatsächlich als große Hilfe erwiesen. Wenn Ihnen tatsächlich mal ein kniffliger Fall auf dem Schreibtisch vorliegt, gehen Sie ruhig einmal dieses Schema durch – es hilft tatsächlich in der Entscheidungsfindung. Kleben Sie also am besten ein Post-It auf diese Seite.

Die Definition einer Rückstellung ist schön und gut, aber was bedeuten denn die drei Definitionsmerkmale im Einzelnen. Wir hangeln uns einfach mal an den drei Punkten einzeln entlang.

Ereignis der Vergangenheit und Außenverpflichtung

Beachten Sie, dass eine gegenwärtige Verpflichtung aus einem *vergangenen Ereignis* resultieren muss. Dadurch vermeiden Sie, dass Sie für in Zukunft erwartete oder geplante Ereignisse bereits in der Berichtsperiode eine Rückstellung bilden. In der Bilanz setzen Sie somit ausschließlich diejenigen Verpflichtungen an, die zum Bilanzstichtag bereits bestehen. Packen wir das Ganze in zwei Beispiele:

Die öffentlich-rechtliche Auflage zum künftigen Einbau einer Filteranlage können Sie erst dann passivieren, wenn Sie den entsprechenden Auftrag (*Außenverpflichtung*) erteilt haben, da Sie als Unternehmen bis zu diesem Zeitpunkt die Möglichkeit besitzen, entsprechende Maßnahmen zu ergreifen (Veränderung der Produktionsverfahren oder Stilllegung des Produktionszweigs), um diesen Tatbestand zu umgehen.

Sie können Gewährleistungen für Produktfehler, die Sie zur Reparatur oder Ersatzleistung verpflichten, nur bilanzieren, wenn Sie bereits die entsprechenden Produkte verkauft haben. Gewährleistungsverpflichtungen für nach dem Bilanzstichtag realisierte Umsätze dürfen daher im aktuellen Abschluss noch nicht berücksichtigt werden.

Eine *Außenverpflichtung* (Verpflichtung gegenüber einem Dritten) kann auf einer rechtlichen oder faktischen Grundlage beruhen. Rechtliche Verpflichtungen basieren auf Verträgen, Gesetzen oder anderen Rechtsgrundlagen. Die Verpflichtung ist hier nicht von der Hand zu weisen. Im Gegensatz dazu liegen faktische Verpflichtungen ohne rechtliche Bindung vor, wenn aus den Aktivitäten eines Unternehmens eine Quasiverpflichtung entsteht. Diese Quasiverpflichtungen entstehen durch das übliche Geschäftsgebaren (Kulanzleistungen ohne vertragliche Verpflichtung), öffentliche Ankündigungen (freiwillige Umweltschutzmaßnahme) oder verpflichtenden Aussagen gegenüber Dritten (Tiefstpreisgarantie). Sie als Unternehmen können sich zwar der rechtlichen Erfüllung einer faktischen Verpflichtung entziehen, es ist aber meist nicht wirtschaftlich sinnvoll, weil der entstehende Schaden (Imageschaden, Verlust von Kundenbeziehungen) größer wäre als die Nichterfüllung der Verpflichtung.

Es ist verboten, Aufwandsrückstellungen anzusetzen. Bisher unterlassene, aber geplante Reparaturen, Inspektionen und Instandhaltungen stellen für Sie daher in der Regel keine Außenverpflichtungen dar. Es gibt hier schlicht und ergreifend keine Verpflichtung gegenüber der »Außenwelt«. Auch wenn die Geschäftsleitung am 30.12. eines Jahres die Komplettsanierung des Lagerhauses beschließt, besteht noch lange keine Verpflichtung gegenüber einem Dritten.

Wahrscheinliche Erfüllung

Damit Sie Rückstellungen ansetzen können, muss die Inanspruchnahme aus der gegenwärtigen Verpflichtung wahrscheinlich sein. Bei einer Eintrittswahrscheinlichkeit von mehr als 50 Prozent (oder »more likely than not«) müssen Sie eine Rückstellung bilden. Ist der Ressourcenabfluss nicht wahrscheinlich, sondern nur möglich, liegt eine *Eventualschuld* vor. In diesem Fall müssen Sie diese »nur« im Anhang erläutern. Eventualschulden dürfen Sie nicht bilanzieren. Ausführliche Informationen zu den Eventualverbindlichkeiten erhalten Sie im Abschnitt »Keine bösen Überraschungen: Eventualschulden«.

Ist der Ressourcenabfluss unwahrscheinlich, ist weder eine Passivierung noch eine Anhangangabe nötig. Unwahrscheinlich könnte zum Beispiel für Sie eine Wahrscheinlichkeit von 10 Prozent oder weniger bedeuten. Tabelle 10.1 zeigt Ihnen die Einordnung der unterschiedlichen Wahrscheinlichkeiten.

Wahrscheinlicher Ressourcenabfluss (probable)	Möglicher Ressourcenabfluss (possible)	Unwahrscheinlicher Ressourcenabfluss (remote)
Wahrscheinlichkeit > 50 %	10 % < Wahrscheinlichkeit < 50 %	Wahrscheinlichkeit < 10 %
Rückstellung	**Eventualverbindlichkeit**	–
Ansatz einer Rückstellung und Anhangangaben	Kein Ansatz einer Rückstellung aber Anhangangaben	Kein Ansatz einer Rückstellung und keine Anhangangaben

Tabelle 10.1: Abgrenzung Wahrscheinlichkeiten

Aber keine Angst, Sie müssen nun nicht erst in die Tiefen der Statistiklehrbücher eintauchen. Letztlich geht es darum, dass Sie oder auf den Sachverhalt spezialisierte Fachleute eine belegbare Einschätzung über die Möglichkeit der Inanspruchnahme aus einer Verpflichtung abgeben können.

Problematisch ist natürlich, dass Sie Wahrscheinlichkeiten oft nicht oder nur kaum quantifizieren können. Konkrete Wahrscheinlichkeitsangaben suggerieren häufig eine Scheingenauigkeit. Objektive Wahrscheinlichkeiten können Sie nur bei einer Vielzahl ähnlicher Verpflichtungen (zum Beispiel Produktgarantien, Pensionen) mittels statistischer Methoden ermitteln. Dafür sollten Sie dann wohl nicht selbst in den alten Statistikschulbüchern kramen, sondern besser jemanden fragen, der sich damit auskennt.

Machen Sie sich frühzeitig Gedanken darüber, wie Sie den Ansatz von Rückstellungen gegenüber Ihrem Wirtschaftsprüfer rechtfertigen können. Dokumentieren Sie Ihre Argumente, damit Sie Qualität und die Nachvollziehbarkeit der Begründung gewährleisten können. Dies ist besonders bei Einzelsachverhalten wichtig, bei denen Sie keine statistischen Verfahren heranziehen können. Verwenden Sie, sobald eine genügend große Grundgesamtheit vorliegt, betriebliche Statistiken, die Ihre Argumentation unterstützen. Ihr Wirtschaftsprüfer ist in den meisten Fällen auch nicht schlauer als Sie – er möchte nur belastbare Begründungen sehen.

Zuverlässige Schätzung

Außerdem ist für den Ansatz einer Rückstellung eine *zuverlässige Schätzung* der Höhe der Verpflichtung notwendig. Getreu dem Motto »Alles ist bewertbar« wird in der internationalen Rechnungslegung davon ausgegangen, dass Sie in fast allen Situationen in der Lage sein dürften, ein Spektrum möglicher Ergebnisse zu bestimmen. Daher nehmen Sie eine Abschätzung über die Höhe der Verpflichtung vor, die für den Ansatz einer Rückstellung ausreichend verlässlich ist. Ist für Sie eine Schätzung des Rückstellungsbetrags nicht möglich, was in der Praxis äußerst selten der Fall sein sollte, können Sie die Schuld nur als Eventualschuld offenlegen.

> Voraussetzung für eine verlässliche Schätzung sind begründbare und nachvollziehbare Annahmen. Verwenden Sie deshalb unternehmensinterne oder –externe Erfahrungswerte, Vergleichsstudien, sowie Gutachten von Sachverständigen. Wie so oft kommt es auch hier auf eine ausreichende Dokumentation und Begründung Ihrer Einschätzung an.

Hierzu erfahren Sie mehr im nächsten Abschnitt.

Unsichere Sache: Wertfindung bei Rückstellungen

Herzlichen Glückwunsch, Sie wissen nun, wann Sie eine Rückstellung bilanzieren müssen und wann nicht. Der erste Schritt zur Rückstellungsbilanzierung ist getan. Blöd nur, dass ein Bilanzposten auch immer einen Wert haben sollte. Damit Sie vollständig auf die Arbeit mit Rückstellungen vorbereitet sind, stellen wir Ihnen in diesem Teil die Ermittlung der Höhe der Rückstellungen vor.

> Der als Rückstellung angesetzte Betrag stellt die bestmögliche Schätzung der Ausgabe dar, die zur Erfüllung der gegenwärtigen Verpflichtung zum Bilanzstichtag erforderlich ist.

Und schon wieder wird geschätzt. Die bestmögliche Schätzung ist der Betrag, den Sie bei vernünftiger (kaufmännischer) Betrachtung zur Erfüllung der Verpflichtung (Erfüllungsbetrag) zum Bilanzstichtag zahlen müssten. Alternativ können Sie auch den Ablösebetrag ansetzen, den Sie zur Übertragung der Verpflichtung auf einen Dritten zum jeweiligen Termin zahlen müssten.

> Wenn Sie Probleme mit der Bewertung einer Rückstellung haben sollten, überlegen Sie doch einmal, was Sie heute jemandem zahlen müssten, damit dieser Ihnen die bestimmte Verpflichtung abnimmt. Bei ganz komplizierten Sachverhalten empfiehlt es sich, eventuell einmal den Markt zu sondieren, ob es vielleicht einen Abnehmer für diese Verpflichtung gibt.

Vernachlässigen Sie aber steuerliche Konsequenzen im Rahmen der Schätzung – das würde das Ganze nur komplizierter machen, als es auch so schon ist. Bedenken Sie, dass Sie oder Ihr Chef Ermessensspielräume im Rahmen der Schätzung besitzen, obwohl Sie auch auf Erfahrungswerte oder unabhängige Gutachter zurückgreifen können.

Ihre Ermessensspielräume werden jedoch durch die folgenden Bewertungsvorschriften eingeschränkt:

- ✔ **Risiken und Unsicherheiten** sollten Sie immer unter Beachtung des Vorsichtsgedanken berücksichtigen.
- ✔ **Künftige Ereignisse und Entwicklungen** sollten Sie in Ihre Überlegung einbeziehen. Sie beachten nicht nur das »Hier und Jetzt«.
- ✔ Beachten Sie die **Zeitkomponente** – die wirtschaftliche Belastung muss mit dem heutigen Wert angesetzt werden. Setzen Sie daher den Barwert der Verpflichtung an.
- ✔ **Erträge aus dem Abgang** von Vermögenswerten dürfen Sie in der Bewertung nicht berücksichtigen.
- ✔ **Erstattungsansprüche** müssen Sie berücksichtigen, aber diese dürfen den Betrag der Rückstellung nicht mindern.
- ✔ Die **allgemeinen Bewertungsvorschriften** gelten auch weiterhin: Unternehmensfortführung, Periodenabgrenzung, Einzelbewertung, Wertaufhellung nach dem Bilanzstichtag und Stetigkeit.

Risiken und Unsicherheiten

Bei der Bewertung von Rückstellungen ergeben sich immer wieder Schwierigkeiten, wenn Ihnen die Höhe der Verpflichtung nicht genau bekannt ist. Rückstellungen müssen Sie daher aufgrund von Risiken und Unsicherheiten unter der Beachtung des gemilderten Vorsichtsprinzips nach IFRS bewerten.

Das *Vorsichtsprinzip*, das heißt, eine vorsichtige Bewertung im Sinne der IFRS bedeutet für Sie, dass Sie als Management die notwendige Sorgfalt bei der Bewertung einhalten, damit Sie einen objektiven Wert ermitteln können.

Wenn Sie mehr über die Ausprägung des Vorsichtsprinzips innerhalb der internationalen Rechnungslegung wissen möchten, schauen Sie doch einmal in Kapitel 4 vorbei.

Hinsichtlich der Wirkung von Risiken und Unsicherheiten auf die Bewertung unterscheiden Sie zwischen Einzelverpflichtungen und einer Vielzahl von Verpflichtungen. Wird eine einzelne Verpflichtung bewertet und ergeben sich für jeden möglichen Betrag der Verpflichtung unterschiedliche Wahrscheinlichkeiten, sollten Sie grundsätzlich den Wert mit der höchsten Eintrittswahrscheinlichkeit (»most likely outcome«) angeben. Alternativ können Sie auch ein Wahrscheinlichkeitsniveau bestimmen, über dem der Rückstellungsbetrag liegen muss, damit Sie eine ausreichende Sicherheit erhalten.

Schauen wir uns das Ganze einmal in einem Beispiel an: Die von Ihnen produzierte Fertigungsanlage hat immer mal wieder ein paar technische Aussetzer. Da Sie Ihre Kunden gut betreuen, übernehmen Sie natürlich die Aufwendungen für die Reparatur. Erfahrungsgemäß gibt es eine gewisse Verteilung der Eintrittswahrscheinlichkeiten für bestimmte Kosten der Reparaturen (siehe Tabelle 10.2).

	Alternative 1	Alternative 2	Alternative 3	Alternative 4
Wahrscheinlichkeit	16 %	27 %	27 %	30 %
Erwartete Aufwendungen in TEUR	3.000	5.000	6.000	8.000

Tabelle 10.2: Eintrittswahrscheinlichkeiten Teil 1

Würden Sie hier den Betrag mit der höchsten Einzelwahrscheinlichkeit (30 Prozent) als Rückstellung bilanzieren, besteht eine Wahrscheinlichkeit von 70 Prozent, dass ein niedriger Wert anfallen wird.

Sollten Sie vorher ein Wahrscheinlichkeitsniveau von mehr als 50 Prozent festgelegt haben, würden Sie in diesem Fall eine Rückstellung von EUR 6 Mio. bilden, was dem Grundsatz der bestmöglichen Schätzung wohl eher entspricht. Durch den Ansatz von EUR 6 Mio. decken Sie ein Wahrscheinlichkeitsniveau von 70 Prozent (16+27+27) ab. Der Betrag reicht somit aus, um die möglichen Reparaturaufwendungen der Alternativen 1, 2 oder 3 zu decken.

Gleichzeitig rechnen Sie mit einer Wahrscheinlichkeit von nur 30 Prozent, dass ein noch höherer Schaden eintritt. Ein Ansatz von EUR 8 Mio. würde somit nicht dem Gedanken einer bestmöglichen Schätzung entsprechen, da Sie in diesem Fall tendenziell eine zu hohe Rückstellung bilden würden.

In der Praxis können Sie Eintrittswahrscheinlichkeiten nur in seltenen Fällen genau bestimmen. Die Ermittlung von Eintrittswahrscheinlichkeiten kann Ihnen daher Ermessensspielräume eröffnen. Dies insbesondere immer dann, wenn Ihnen keine historisch abgesicherten Werte der Vergangenheit vorliegen. Bei Rückstellungen, die eine große Anzahl ähnlicher Positionen umfassen, wie zum Beispiel bei Garantieverpflichtungen für zigfach verkaufte Digitalkameras, können Sie den Erwartungswert mithilfe der Gewichtung der möglichen Ereignisse mit der Wahrscheinlichkeit ermitteln (*Erwartungswertmethode*). Aber auch bei diesem Verfahren ist die Wahrscheinlichkeitsverteilung mit Risiken und Unsicherheiten behaftet, sodass Ihnen dieses Verfahren eine Genauigkeit suggeriert, die es so nicht geben kann.

Tabelle 10.3 können Sie die Verteilung von Wahrscheinlichkeiten für anfallende Reparaturaufwendungen für Kameras im Rahmen von Garantieverpflichtungen entnehmen. Aufgrund eines Materialfehlers gehen Sie davon aus, dass alle verkauften Kameras repariert werden müssen.

	Alternative 1	Alternative 2	Alternative 3	Alternative 4
Wahrscheinlichkeit	16 %	27 %	27 %	30 %
Aufwendungen in EUR pro Stück	10	50	80	150

Tabelle 10.3: Eintrittswahrscheinlichkeiten Teil 2

10 ➤ Unsichere Schulden: Rückstellungen

Der Erwartungswert der Garantierückstellung pro Stück beträgt:

$16\% \times 10 + 27\% \times 50 + 27\% \times 80 + 30\% \times 150 = 81{,}70$

Bisher haben wir nur die Vergangenheit in unser Kalkül einbezogen, aber was ist denn mit der Zukunft?

Der Blick in die Zukunft: Künftige Ereignisse

Künftige Ereignisse müssen Sie bei Ihrer Schätzung berücksichtigen, wenn Sie objektiv mit ausreichender Sicherheit mit dem Eintreffen des jeweiligen künftigen Ereignisses rechnen können. Sie sollten hierbei zum Beispiel an vorhersehbare Preissteigerungen, technische Weiterentwicklungen oder Gesetzesänderungen denken. Beachten Sie, dass ein Ereignis, das in der Vergangenheit nicht zu einem Ansatz von Rückstellungen geführt hat, in diesem Zusammenhang zu einem erstmaligen Ansatz führen kann. Zum Beispiel kann Sie ein neues Gesetz zur Beseitigung von Umweltschäden verpflichten, die Sie bisher einfach links liegen lassen konnten – Sie erinnern sich bestimmt, dass es für den Ansatz von Bedeutung ist, dass eine rechtliche oder faktische Verpflichtung vorliegt. Als Voraussetzung für den Ansatz sollte das Gesetz bereits zum Abschlussstichtag verabschiedet oder aber die Verabschiedung quasi sicher sein.

Für künftige betriebliche Verluste dürfen Sie keine Rückstellungen ansetzen.

Die Chaos GmbH rechnet für das folgende Jahr mit einem Verlust von EUR 1 Mio. Im aktuellen Jahr erzielt die GmbH noch einen Gewinn in Höhe von EUR 5 Mio. Trotz schlechter Aussichten darf die GmbH im aktuellen Jahr keine Rückstellung für den künftig zu erwartenden Verlust bilden. Wenn Sie die einzelnen Rückstellungskriterien durchgehen, erkennen Sie schnell, warum.

Barwert: Das Geld von heute ist weniger wert als das Geld von morgen

Wenn Sie nun einen Wert ermittelt haben, kommt noch eine letzte Hürde, bevor Sie die Rückstellung verbuchen können. Es kann durchaus sein, dass Sie eine Verpflichtung haben, die auch zu einem Ressourcenabfluss führen wird, aber eine Zahlung erst in zwei oder drei Jahren wahrscheinlich ist. Rückstellungen müssen Sie generell zum *Barwert* ansetzen, sobald die Auswirkungen einer Abzinsung wesentlich sind. Hierdurch erreichen Sie, dass die Bewertung der Schulden zu dem Betrag erfolgt, die ein potenzieller Erwerber am Bilanzstichtag als Belastung hinnehmen würde. Aufgrund des Zinseffekts sind Rückstellungen für kurz nach dem Bilanzstichtag erwartete Mittelabflüsse finanziell belastender als diejenigen für Mittelabflüsse in derselben Höhe zu einem späteren Zeitpunkt.

In der Praxis werden Sie oftmals die aktuelle Marktrendite einer erstklassigen Industrie- oder Staatsanleihe als laufzeit- und kaufkraftäquivalenter Diskontierungszinssatz verwenden. Neuerdings können Sie auch auf der Website der Deutschen Bundesbank kapitalmarktabgeleitete Zinssätze für die Abzinsung von Rückstellungen nach HGB abrufen, die Sie auch für die Berechnung der Rückstellungen nach IFRS verwenden können. Dabei müssen Sie allerdings den Kalkulationszinssatz an jedem Bilanzstichtag überprüfen.

Schauen wir uns das zur Verdeutlichung mal an einem Beispiel an:

Aufgrund einer Schadensersatzklage werden Sie auf Zahlungen über mehrere Jahre verklagt. Tabelle 10.4 zeigt die Zahlungsreihe, mit der Sie rechnen. Als Abzinsungssatz haben Sie 5 % festgelegt.

Periode	1	2	3	4	5	Summe
Betrag nominal in TEUR	400	200	200	200	100	1.100
Betrag abgezinst in TEUR	380,95	181,41	172,77	164,54	78,35	987,02

Tabelle 10.4: Abzinsungseffekt

Sie müssen zum Bilanzstichtag eine Rückstellung zum Barwert in Höhe von TEUR 978,02 ansetzen. Den Barwert dieser Zahlungsreihe erhalten Sie entsprechend der Barwertformel, wenn Sie Folgendes in den Taschenrechner eingeben:

$$400 \times 1{,}05^{-1} + 200 \times 1{,}05^{-2} + 200 \times 1{,}05^{-3} + 200 \times 1{,}05^{-4} + 100 \times 1{,}05^{-5}$$

Erwarteter Abgang von Vermögenswerten

Der erwartete Gewinn aus der **Veräußerung von Vermögenswerten** darf den Rückstellungsbetrag grundsätzlich nicht mindern. Dies gilt selbst dann, wenn Ihre geplante Veräußerung mit dem Rückstellungsanlass in einem engen Zusammenhang steht.

Eine Ausnahme von dieser Regel gibt es unter Umständen bei der Bildung von Rückstellungen für Rücknahmeverpflichtungen in der Automobilindustrie (Stichwort: Altfahrzeugverordnung). Hier können Sie die Erlöse aus dem Verkauf des Schrotts unter Umständen berücksichtigen.

Ich will mein Geld zurück! Erstattungen

Oftmals stehen Ihren künftigen Verpflichtungen auch *Erstattungen* gegenüber (beispielsweise aufgrund von Versicherungsverträgen, Entschädigungsklauseln oder Gewährleistungen von Lieferanten). Solche »nahezu sicheren« Erwartungen mindern nicht Ihren Rückstellungsbetrag. Sie bilanzieren diese als separate Vermögenswerte bis maximal zu der Höhe der gebildeten Rückstellungen. Grund dafür ist das sogenannte Saldierungsverbot.

Das *Saldierungsverbot* besagt, dass Sie Aufwendungen und Erträge sowie Vermögenswerte und Schulden grundsätzlich nicht miteinander aufrechnen (saldieren) dürfen.

Im Gegensatz dazu können Sie in der Gesamtergebnisrechnung den Aufwand zur Bildung einer Rückstellung nach Abzug der Erstattung netto erfassen.

Bei der Berechnung von Rückstellungen dürfen Sie nur aufwandsgleiche Kosten berücksichtigen. Nicht ansetzen dürfen Sie kalkulatorische Kosten wie zum Beispiel:

- ✔ kalkulatorische Abschreibungen
- ✔ Zinsen

Sie müssen die Bewertung zum Vollkostenansatz vornehmen, der einen angemessen Teil der Gemeinkosten beinhaltet.

Sie haben nun den Dschungel des Rückstellungsansatzes und der Rückstellungsbewertung durchquert und sind mit dem Wissen ausgestattet, Rückstellungen zu bilanzieren. Im nächsten Abschnitt stellen wir Ihnen die häufigsten Rückstellungen vor.

Zur Klarstellung: Typische Rückstellungsfälle

Nun schauen wir uns zusammen die typischsten Rückstellungsfälle an und erläutern dabei auch gleich die Bewertung anhand von Beispielen.

Abbruch-, Entsorgungs-, Rekultivierungs- und Rückbauverpflichtungen

Abbruch-, Entsorgungs-, Rekultivierungs- und Rückbauverpflichtungen entstehen, wenn Sie für das Betreiben Ihrer Produktionsstätte eine behördliche Genehmigung benötigen, die die Auflage enthält, dass Sie nach Beendigung des Produktionsprozesses oder nach Ablauf der Genehmigung das Areal wieder in seinen ursprünglichen Zustand zurückversetzen müssen.

Diese Art der Verpflichtung hat zum Beispiel Bedeutung für Versorgungsunternehmen bei der Stilllegung von Kernkraftwerken, für Erdöl produzierende Unternehmen bei der Demontage von Ölplattformen oder Erdgasförderanlagen sowie für Deponiebetreiber bei der Schließung von Mülldeponien. Unter Umständen müssen Sie aber auch so vergleichsweise banale Sachen wie Mieterein- und -umbauten in Ihren gemieteten Büroräumen wieder abbauen, wenn Sie das Büro verlassen. Bei den gerade erwähnten Rückstellungsarten müssen Sie allerdings noch eine Besonderheit beachten:

Rückbauverpflichtungen werden nicht wie andere Rückstellungen erfolgswirksam verbucht, sondern anfangs erfolgsneutral über eine Erhöhung der Anschaffungs- oder Herstellungskosten gebildet.

Voraussetzung für diese bilanzielle Behandlung ist, dass die Kosten überwiegend vor dem Zeitpunkt der Inbetriebnahme entstehen und nicht durch die fortlaufende Nutzung. Es sollen also zum Zeitpunkt der Entstehung alle Vermögenswerte und Schulden gezeigt werden. Außerdem muss Ihr Unternehmen alle später anfallenden Kosten im Sinne einer Lebenszykluskostenrechnung in seiner Kalkulationen berücksichtigen.

Man beachte das Wörtchen »anfangs«! Das Ganze bleibt nämlich nicht erfolgsneutral. Die erhöhten historischen Anschaffungs- und Herstellungskosten verteilen Sie in den Folgeperioden durch die höheren Abschreibungsbeträge. Dadurch werden die Aufwendungen für die gebildeten Rückstellungen periodenwirksam über die Nutzungsdauer des jeweiligen Vermögenswertes erfasst. Die periodische Erhöhung der langfristigen Rückstellungen aufgrund des Zeit- und Zinseffekts bei einem konstanten Kalkulationszinssatz erfassen Sie als Zinsaufwand. Beachten Sie, dass sich im Zeitablauf der Erfüllungsbetrag (also die Kosten der Räumung) und der Kalkulationszinssatz ändern können. Eine daraus entstehende Erhöhung oder Verminderung des Barwerts der Verpflichtung erfassen Sie durch eine Anpassung des Buchwerts der Sachanlagen. Veränderungen der Schätzung erfassen Sie somit erst in der jeweiligen Folgeperiode im Rahmen einer veränderten Abschreibung ergebniswirksam.

Wer mehr wissen möchte, kann sich den IFRIC 1 »Änderung bestehender Rückstellungen für Entsorgungs-, Wiederherstellungs- und ähnlichen Verpflichtungen« ansehen.

Schauen wir uns nun ein Beispiel dazu an:

Ihr Unternehmen hat eine Maschine im Wert von EUR 10 Mio. zum 31.12.2010 gekauft. Die geplante Nutzungsdauer der Maschine ist vier Jahre. Die Abschreibung erfolgt linear. Zum Erwerbszeitpunkt gehen Sie davon aus, dass Sie am Ende der Nutzungsdauer EUR 750.000 für die Entsorgung der Maschine aufwenden müssen. Außerdem hat Ihre Recherche einen Diskontierungssatz von 8 % ergeben. Die Rückstellung zum Erwerbszeitpunkt setzen Sie nun mit dem Barwert der Entsorgungsverpflichtung an. Die Maschine bilanzieren Sie mit den Anschaffungskosten in Höhe von ca. EUR 10,6 Mio. Die Anschaffungskosten beinhalten neben dem Nettorechnungsbetrag (EUR 10 Mio.) auch den Barwert der Rückstellung in Höhe von EUR 551.272 ($750.000 \times 1,08^{-4}$). Das Periodenergebnis wird hierdurch nicht belastet.

Tabelle 10.5 zeigt Ihnen den Buchungssatz dazu.

Soll		Haben	
Maschine	10.000.000	Bank	11.900.000
Vorsteuer (19 %)	1.900.000		
Maschine	551.272	Rückstellung	551.272

Tabelle 10.5: Erfassung einer Rückbauverpflichtung

Die Abschreibung in Höhe von EUR 2.637.818 für die Folgejahre ermitteln Sie, indem Sie die Anschaffungskosten durch die Nutzungsdauer dividieren (10.551.272 / 4). Außerdem zinsen Sie die Rückstellung in den Folgeperioden um EUR 44.102 ($551.272 \times 0,08$ auf). Den dazugehörigen Buchungssatz sehen Sie in Tabelle 10.6.

Soll		Haben	
Abschreibung	2.637.818	Maschine	2.637.818
Zinsaufwand Aufzinsung RST	44.102	Rückstellung	44.102

Tabelle 10.6: Folgebuchung einer Rückbauverpflichtung

10 ➤ Unsichere Schulden: Rückstellungen

Im Rahmen der jährlichen Überprüfung der geschätzten Kosten für die Entsorgung der Maschine stellen Sie am 31.12.2012 fest, dass Sie nun mit Entsorgungsverpflichtungen in Höhe von EUR 1 Mio. rechnen müssen. Aufgrund der geänderten Verpflichtung diskontieren Sie die zusätzlich anfallenden Kosten in Höhe von EUR 250.000 über zwei Jahre mit 8 % ab. Sie schreiben den so errechneten Betrag von EUR 214.335 ($250.000 \times 1,08^{-2}$) den Rückstellungen und der Maschine zu. Tabelle 10.7 zeigt den erforderlichen Buchungssatz.

Soll		Haben	
Maschine	214.335	Rückstellung	214.335

Tabelle 10.7: Erfassung einer Wertänderung der Rückbauverpflichtung

Außerdem dürfen Sie 2012 nicht die Buchung der Abschreibung und der Aufzinsung der Rückstellung vergessen. Bei der Berechnung der Aufzinsung der Rückstellung gehen Sie vom Vorjahreswert aus ($595.374 \times 0,08$). Tabelle 10.8 gibt den Buchungssatz dazu an.

Soll		Haben	
Abschreibung	2.637.818	Maschine	2.637.818
Zinsaufwand Aufzinsung RST	47.630	Rückstellung	47.630

Tabelle 10.8: Folgeentwicklung der Rückbauverpflichtung

Die Höhe der Abschreibung ändert sich 2013 (Buchwert Maschine zum 01.01.2013 dividiert durch die Restnutzungsdauer von zwei Jahren). Aufgrund der geänderten gesamtwirtschaftlichen Situation müssen Sie ab dem 31.12.2013 mit einem Diskontierungssatz von 5 % rechnen. Der Barwert der Rückstellung beträgt daher zum 31.12.2013 EUR 952.381 ($750.000 \times 1,05^{-1}$). Neben der Aufzinsung in Höhe von EUR 68.587 ($857.339 \times 0,08$) müssen Sie daher noch EUR 26.455 ($952.381 - 857.339 - 68.587$) erfolgsneutral zuführen. Die zugehörigen Buchungssätze sehen Sie in Tabelle 10.9.

Soll		Haben	
Abschreibung	2.774.985	Maschine	2.774.985
Zinsaufwand Aufzinsung RST	68.587	Rückstellung	68.587
Maschine	26.455	Rückstellung	26.455

Tabelle 10.9: Entwicklung der Rückbauverpflichtung Periode 3

2014 müssen Sie noch die Aufzinsung ($952.381 \times 1,05$) der Rückstellung und die Abschreibungen berücksichtigen. Die nun fällige Buchung zeigt Tabelle 10.10.

Soll		Haben	
Abschreibung	2.774.985	Maschine	2.774.985
Zinsaufwand Aufzinsung RST	47.619	Rückstellung	47.619

Tabelle 10.10: Entwicklung Rückbauverpflichtung Periode 4

Das gesamte Zahlenwerk haben wir für Sie in Tabelle 10.11 übersichtlich dargestellt. Nehmen Sie sich etwas Zeit und rechnen Sie das Ganze einmal nach. Nur so werden Sie sämtliche Unsicherheiten überwinden.

Periode (Werte in EUR)	2010	2011	2012	2013	2014
Sachanlagen					
01.01.	0	10.551.272	7.913.454	5.489.971	2.771.441
Zugang	10.551.272	0	0	0	0
Zuschreibung	0	0	214.335	26.455	0
Abschreibung	0	2.637.818	2.637.818	2.74.985	2.771.441
31.12.	10.551.272	7.913.454	5.489.971	2.771.441	0
Rückstellungen					
01.01.	0	551.272	595.374	857.339	952.381
Zuführung	551.272	0	214.335	26.455	0
Aufzinsung	0	44.102	47.630	68.587	47.619
31.12.	551.272	595.374	857.339	952.381	1.000.000
Gewinn-und-Verlust-Rechnung					
Abschreibungen	0	2.637.818	2.637.818	2.744.985	2.771.441
Zinsaufwand	0	44.102	47.630	68.587	47.619

Tabelle 10.11: Entwicklung einer Rückbauverpflichtung

Drohverlustrückstellungen

Drohverlustrückstellungen bilden Sie aufgrund von möglichen Verlusten aus *belastenden Verträgen* beziehungsweise aufgrund schwebender Geschäfte, sofern die allgemeinen Ansatzvoraussetzungen für eine Rückstellung erfüllt sind.

> Ein belastender Vertrag liegt dann vor, wenn die unvermeidbaren Kosten zur Erfüllung des Vertrags, beziehungsweise die anfallenden Kosten für den Ausstieg aus dem Vertrag, höher sind als der erwartete wirtschaftliche Nutzen.

Belastende Verträge können sich aus Beschaffungs- und Absatzgeschäften ergeben. Bevor Sie eine Rückstellung für eine gegenwärtige Verpflichtung aus einem belasteten Vertrag bilden dürfen, überprüfen Sie die mit dem Vertrag verbundenen Vermögenswerte auf ihre Werthaltigkeit. Zum Beispiel sollten Sie die Vorräte, die Sie über einen belastenden Vertrag verkaufen werden, zunächst auf den Marktwert abwerten. Wie dies im Anlagevermögen geschieht, erfahren Sie in Kapitel 5 bei den Erläuterungen zum Anlagevermögen. Eine Rückstellung für entgangene Gewinne dürfen Sie hingegen nicht bilden.

Garantien / Gewährleistungen

Garantien und Gewährleistungen sind Außenverpflichtungen, die auf einer rechtlichen Grundlage beruhen. Rechtliche Verpflichtungen basieren auf Verträgen, Gesetzen oder anderen Rechtsgrundlagen.

Bei Kosten aus Garantien und Gewährleistungen ist es wie bei allen anderen Rückstellungen auch: Wenn Sie auf alle Fragen in Abbildung 10.2 mit »Ja« antworten können, können Sie eine Rückstellung erfassen. Der Unterschied zwischen Gewährleistungsverpflichtungen und Garantieverpflichtungen ist ganz einfach: Gewährleistungsverpflichtungen sind durch Gesetze gefordert, Garantieverpflichtungen nicht. Gewährleistungen umfassen sowohl Haftung für Sachmängel (zum Beispiel müssen Lebensmittel immer frisch und unter einem bestimmten Alter sein) als auch für Rechtsmängel (der Verkäufer eines Grundstücks sollte auch der Eigentümer des Grundstücks sein). Garantieverpflichtungen entstehen durch (freiwillig) abgeschlossene Verträge zwischen Käufer und Verkäufer, die dem Käufer vereinbarte Rechte zusichern. Wenn Sie zum Beispiel eine Kaffeemaschine kaufen und diese bereits nach einem halben Jahr nur noch kalten Kaffee »kocht«, haben Sie einen Garantieanspruch. Da die Haltbarkeitsdauer von Kaffeemaschinen nicht im Gesetz geregelt ist, handelt es sich nun nicht um eine Gewährleitungsverpflichtung, sondern um eine Garantieverpflichtung.

Kulanzrückstellungen

Kulanzrückstellungen liegen recht nah an den Garantierückstellungen. Daher kann auch hier das Schema aus Abbildung 10.2 zu einer Ansatzpflicht führen.

Kulanzrückstellungen resultieren aus Verpflichtungen, die durch das übliche Geschäftsgebaren Ihres Unternehmens entstehen. Sie können sich diesen Verpflichtungen rechtlich, aber nicht ökonomisch (faktisch) entziehen.

Wenn es bei Ihrer Firma Usus ist, Ihren Kunden aus Kulanz zum Beispiel Gutschriften oder Nachlässe zu gewähren, entstehen Verpflichtungen, für die Sie Rückstellungen ansetzen müssen, auch wenn Sie nicht gesetzlich dazu verpflichtet sind. Es sind eben Gepflogenheiten in Ihrer Firma. Allerdings gilt dies nur dann, wenn es zum allgemeinen Geschäftsgebaren Ihres Unternehmens geworden ist. Wenn Sie Ihr Unternehmen gerade gegründet haben, wird es schwierig sein, eine faktische Verpflichtung für Kulanzen abzuleiten.

Personalrückstellungen

Hierzu finden Sie mehr weiter hinten in diesem Kapitel im Abschnitt »Sonderfall Mitarbeiter: Pensionen und ähnliche Verpflichtungen«.

Prozessrisiken und Gerichtsverfahren

Sie bekommen mit der täglichen Post eine Klageerhebung einer anderen Partei auf den Tisch. Bisher ist Ihnen keine Pflichtverletzung in Ihrem Unternehmen bekannt. Daher war es auch nie ein Thema für eine Rückstellungsbildung. Nun müssen Sie sich aber doch mit dem Thema beschäftigen. Wie gehabt. Am besten verwenden Sie wieder die »Dschungelkarte« aus Abbildung 10.2. Nur wenn nach intensiven Analysen keine ausreichende Wahrscheinlichkeit für eine Inanspruchnahme vorliegt, dürfen Sie von einer Rückstellungsbildung absehen. In diesem Fall müssen Sie diese allerdings als Eventualschuld im Anhang angeben. Näheres hierzu finden Sie weiter hinten in diesem Kapitel im Abschnitt »Keine bösen Überraschungen: Eventualschulden«. Zu den rückstellungspflichtigen Kosten zählen die erwarteten Sanktionen und die angefallenen Kosten. Erwarten Sie, dass ein Kläger durch alle Instanzen gehen wird, müssen Sie sämtliche Kosten aller Instanzen ansetzen.

Restrukturierung

Natürlich müssen auch die Restrukturierungskosten die allgemeinen Ansatzkriterien erfüllen, damit sie angesetzt werden können. Werfen Sie also bitte zunächst einen Blick in Abbildung 10.2, ob diese erfüllt sind, bevor Sie weiterlesen.

Restrukturierungskosten entstehen, wenn Sie

- ✔ einen Geschäftszweig verkaufen oder aufgeben,
- ✔ einen Standort still legen oder verlegen,
- ✔ die Managementstruktur ändern (zum Beispiel Auflösung einer Managementebene),
- ✔ etwas grundsätzlich umorganisieren.

Aufgrund der inhaltlichen Nähe zur unzulässigen Aufwandsrückstellung müssen Sie jedoch besondere Anforderungen für den Ansatz und die Bewertung von Restrukturierungsrückstellungen beachten:

- ✔ Sie benötigen einen detaillierten und formalen Restrukturierungsplan.
- ✔ Sie müssen die Restrukturierung den Betroffenen bereits zum Bilanzstichtag bekannt gegeben haben, sodass bei diesen eine gerechtfertigte Erwartung geweckt wird, dass die Restrukturierungsmaßnahmen auch durchgeführt werden.

Der Restrukturierungsplan muss folgende Punkte enthalten:

- ✔ die betroffenen Geschäftsbereiche oder Teile davon
- ✔ die wichtigsten betroffenen Standorte
- ✔ die ungefähre Anzahl und Funktionen der Arbeitnehmer, die für die Beendigung des Beschäftigungsverhältnisses einen Abfindungsanspruch besitzen
- ✔ die entstehenden Ausgaben und den Umsetzungszeitpunkt

10 ➤ Unsichere Schulden: Rückstellungen

Eine gerechtfertigte Erwartung wecken Sie, wenn Sie zum Beispiel mit Abbruchmaßnahmen oder Teilverkäufen begonnen haben. Sie erfüllen diese Bedingung auch, wenn Sie eine ausreichend detaillierte Bekanntgabe an die Öffentlichkeit richten (das heißt unter Angaben der Hauptpunkte im Plan), die berechtigtes Interesse bei Lieferanten, Kunden und Mitarbeitern auslöst.

Die Umsetzung des Restrukturierungsplans sollte möglichst zeitnah erfolgen, damit wesentliche Planänderungen unwahrscheinlich sind. Ein Managementbeschluss allein reicht allerdings nicht aus, außer Sie haben mit der Umstrukturierung bereits vor dem Bilanzstichtag begonnen oder Sie haben Verhandlungen mit Arbeitnehmervertretern bereits geführt. Wenn die Umsetzung Ihres Restrukturierungsplans erst nach dem Bilanzstichtag beginnt oder Sie den Betroffenen die Hauptpunkte erst nach dem Bilanzstichtag mitteilen, ist ein Ansatz in Ihrer Bilanz zum aktuellen Stichtag nicht möglich. In diesem Fall müssen Sie eine Angabe im Anhang unter den Ereignissen nach dem Bilanzstichtag machen. Sie können bei einem geplanten Verkauf von Unternehmensbereichen erst eine Rückstellung bilden, nachdem Sie einen bindenden Verkaufsvertrag geschlossen haben.

Eine Restrukturierungsrückstellung umfasst nur direkt im Zusammenhang mit der Restrukturierung entstehende Ausgaben, die nicht aus der laufenden Geschäftstätigkeit entstehen. Rückstellungspflichtig sind Kosten für Abfindungszahlungen an Mitarbeiter, Abbruchkosten, Kosten der Vertragsbeendigung oder Vertragsübernahme (zum Beispiel Leasing- und Kreditverträge) oder Kosten für unkündbare Verträge (zum Beispiel länger laufende Leasingverträge). Nicht rückstellungsfähig sind Umschulungskosten oder Versetzungskosten, Marketingkosten, Investitionen in neue Systeme oder Vertriebsnetze, künftige betriebliche Verluste und Beratungskosten für strategische Beratung.

Konkretisieren wir das in einem kurzen Beispiel. Ihr Unternehmen plant die Schließung einer verlustbringenden Tochtergesellschaft im kommenden Jahr. Hierzu haben Sie mit dem Betriebsrat vor dem Bilanzstichtag einen Restrukturierungsplan ausgearbeitet. Tabelle 10.12 zeigt die Kosten, die Sie in der Rückstellung berücksichtigen.

Kosten der Restrukturierung	Ja	Nein
Schließung des gesamten Vertriebsbereichs der Tochtergesellschaft und Abfindung der entsprechenden Mitarbeiter mittels drei Monatsgehälter	×	
Verlegung der Entwicklungsabteilung zu ihrem Mutterunternehmen nach Indien, da bereits mit der Verlagerung des Rechnungswesens nach Indien gute Erfahrungen gemacht wurden. Entlassungen sind in diesem Zusammenhang nicht geplant.		×
Unternehmensberater sollen die Integration des Entwicklungsteam in die Struktur des Mutterunternehmens unterstützen.		×
Bis zur endgültigen Stilllegung werden noch allgemeine betriebliche Verluste erwartet.		×
Die Miete eines für noch zwei Jahre gemieteten Gebäudes	×	

Tabelle 10.12: Kosten einer Restrukturierung

Steuerschulden

In der Praxis erfassen Sie Steuerschulden zunächst als Rückstellungen. Schließlich haben Sie diese nur selber berechnet, das heißt, der genaue Betrag hängt noch ein wenig vom Wohlwollen des zuständigen Finanzbeamten ab. Sobald Sie den Steuerbescheid vom Finanzamt erhalten haben, wissen Sie genau, was Sie dem Fiskus schulden. Sie wandeln also die Rückstellung in eine Verbindlichkeit um. Der Sicherheitsgrad ist nun angestiegen und es liegt eine Verbindlichkeit vor.

Umweltschutzmaßnahmen

»The same procedure as every year, James.« Auch Rückstellungen für Umweltschutzmaßnahmen müssen die Ansatzkriterien für Rückstellungen erfüllen. Existiert eine gesetzliche Regelung zur Beseitigung der Umweltschäden, besteht für Sie eine rechtliche Verpflichtung. Verlautbaren Sie als Unternehmen eine gewissenhafte Umweltpolitik, entsteht hierdurch unter Umständen auch eine faktische Verpflichtung, ohne dass ein Gesetz Sie zur Beseitigung der Schäden zwingt.

Sonderfall Mitarbeiter: Pensionen und ähnliche Verpflichtungen

»Die Rente ist sicher«, diesen oder ähnliche Sprüche haben Sie bestimmt schon von so manchem Politiker im Wahlkampf gehört. Doch genauso wie als Wähler müssen Sie sich auch als IFRS-Anwender mit der Tatsache abfinden, dass dies keineswegs der Fall ist und Renten und Pensionen mit großer Unsicherheit behaftet sind. Auch Unternehmen, die Altersvorsorgeprogramme für ihre Mitarbeiter eingeführt haben, müssen daher den Blick in die Glaskugel wagen, wenn es darum geht, diese unsichere Schuld gegenüber den Mitarbeitern zu bewerten. Damit Sie sich nicht nur auf die Glaskugel verlassen müssen, widmen sich die IFRS in einem eigenen Standard, dem IAS 19 »Leistungen an Arbeitnehmer«, ausführlich dem Thema *Leistungen an Arbeitnehmer*.

Leistungen an Arbeitnehmer sind alle Formen von Entgelt, die ein Unternehmen im Austausch für die von Arbeitnehmern erbrachte Arbeitsleistung gewährt.

Der IAS 19 beschränkt sich dabei nicht nur auf die Bilanzierung von Pensionsverpflichtungen, sondern bietet Richtlinien für verschiedenste Arten von Leistungen an Arbeitnehmer. Tabelle 10.13 zeigt Ihnen die vier unterschiedlichen Kategorien.

Kategorie	Beispiel
Kurzfristig fällige Leistungen an Arbeitnehmer	Löhne, Gehälter, Sozialversicherungsbeiträge, Urlaubs- und Krankengeld, Gewinn- und Erfolgsbeteiligungen sowie geldwerte Leistungen (medizinische Versorgung, Unterbringung und Dienstwagen, kostenlose Waren etc.)
Leistungen nach Beendigung des Arbeitsverhältnisses	Renten, sonstige Altersversorgungsleistungen, Lebensversicherungen und medizinische Versorgung
Andere langfristig fällige Leistungen an Arbeitnehmer	Sonderurlaub nach langjähriger Dienstzeit, vergütete Dienstfreistellungen, Jubiläumsgelder, Versorgungsleistungen im Falle der Erwerbsunfähigkeit, Gewinn- und Erfolgsbeteiligungen sowie später fällige Vergütungsbestandteile
Leistungen aus Anlass der Beendigung des Arbeitsverhältnisses	Abfindungszahlungen

Tabelle 10.13: Kategorien der Leistungen an Arbeitnehmer gemäß IAS 19.4

Lassen Sie uns diese Kategorien nun einmal näher beleuchten.

Kurzfristig fällige Leistungen an Arbeitnehmer

Als Arbeitnehmer möchten Sie für Ihre erbrachte Arbeitsleistung natürlich eine angemessene Bezahlung erhalten. Wenn Sie regelmäßig Ihr Gehalt oder Ihren Lohn auf Ihr Konto überwiesen bekommen, kommen Sie bereits in den Genuss von dem, was der IAS 19 als »kurzfristig fällige Leistungen an Arbeitnehmer« bezeichnet. Das muss aber nicht immer Geld sein. Ihr Arbeitgeber kann Ihnen auch medizinische Zusatzversorgung anbieten oder einen Dienstwagen zur Verfügung stellen. Kurz gesagt: Alles, was Ihnen Ihr Arbeitgeber als Gegenleistung für Ihre Arbeit gibt und was innerhalb von zwölf Monaten nach dem Ende der Berichtsperiode fällig wird, ist eine solche kurzfristige Leistung.

Da diese Leistungen kurzfristig fällig werden, so wie der Lohn oder das Gehalt häufig am Monatsende, ist die damit verbundene Unsicherheit nicht so groß. Daher ist die Bewertung für den IFRS-Anwender relativ unproblematisch. In der Bilanz wird daher lediglich der Betrag, der erwartungsgemäß für diese Arbeitsleistung gezahlt wird, als Schuld erfasst. Davon werden natürlich solche Zahlungen abgezogen, die das Unternehmen bereits geleistet hat. Die Gegenbuchung erfolgt in gleicher Höhe im Personalaufwand. Das ist so einfach, dazu brauchen Sie die Glaskugel gar nicht! Wenn Sie sich nun einmal an die einführend erläuterten Arten von Schulden erinnern, sollten Sie feststellen, dass es sich bei diesen Sachverhalten um *abgegrenzte Schulden* handelt – die Unsicherheit ist ja nicht wirklich groß.

Besondere Regelungen ergeben sich für Abwesenheitsvergütungen (zum Beispiel Urlaub, Krankheit) sowie Gewinn- und Erfolgsbeteiligungen. Bei Abwesenheitsvergütungen müssen Sie zwischen ansammelbaren und nicht ansammelbaren Ansprüchen unterscheiden.

- ✔ **Ansammelbare Ansprüche** verfallen nicht, wenn sie nicht in Anspruch genommen werden, sondern können in eine andere Periode mitgenommen werden. Die erwarteten Kosten werden daher erfasst, sobald die Arbeitsleistung erbracht wurde.

- ✔ **Nicht ansammelbare Ansprüche** beziehungsweise deren Kosten werden hingegen erst dann erfasst, wenn die Abwesenheit tatsächlich eintritt.

> In Ihrem Unternehmen arbeiten 1.000 Mitarbeiter, die alle Anspruch auf zehn bezahlte Krankheitstage im Jahr haben. Krankheitstage, die vom Mitarbeiter nicht in Anspruch genommen werden, können in das folgende Jahr übertragen werden. Zum Ende des Geschäftsjahres belaufen sich die durchschnittlich ungenutzten Ansprüche auf fünf Krankheitstage pro Mitarbeiter. Erfahrungsgemäß geht das Management davon aus, dass im folgenden Geschäftsjahr 900 Mitarbeiter nicht mehr als zehn bezahlte Krankheitstage in Anspruch nehmen werden und 100 Mitarbeiter durchschnittlich zwölf Krankheitstage in Anspruch nehmen werden. Ihr Unternehmen erwartet daher, dass es aufgrund der angesammelten Ansprüche für 200 Krankheitstage (das entspricht zwei Krankheitstagen für diese 100 Mitarbeiter) zahlen muss und bilanziert dementsprechend eine Rückstellung in Höhe von EUR 20.000, da es von einem Aufwand von EUR 100 pro Krankheitstag ausgeht.

Für die Bilanzierung von Gewinn- und Erfolgsbeteiligungen wird vorausgesetzt, dass das Unternehmen aufgrund eines Ereignisses der Vergangenheit gegenwärtig eine rechtliche oder faktische Verpflichtung zur Gewährung solcher Leistungen hat und die Höhe der Verpflichtung verlässlich geschätzt werden kann. Eine faktische Verpflichtung liegt zum Beispiel dann vor, wenn das Unternehmen regelmäßig Erfolgsbeteiligungen gewährt und daher eine gewisse Erwartungshaltung bei den Mitarbeitern besteht. Schauen wir uns das noch einmal anhand eines Beispiels an:

> Ihr Unternehmen hat zehn Mitarbeitern eine Beteiligung am Gewinn der Gesellschaft des Geschäftsjahres in Höhe von 0,5 % je Mitarbeiter zugesagt, vorausgesetzt die Mitarbeiter sind während des gesamten Jahres in einem Anstellungsverhältnis mit Ihrem Unternehmen. Das Unternehmen geht von einem Gewinn in Höhe von EUR 1.000.000 aus und schätzt, dass zwei Mitarbeiter aus dem Unternehmen ausscheiden werden. Ihr Unternehmen erfasst daher eine Schuld und einen entsprechenden Aufwand in Höhe von EUR 40.000 für acht Mitarbeiter (EUR 1.000.000 × 4 %).

Leistungen nach Beendigung des Arbeitsverhältnisses

Falls Sie noch keine Glaskugel haben, sollten Sie sich mal schnell eine besorgen! Jetzt wird es nämlich knifflig, denn die Kategorie »Leistungen nach Beendigung des Arbeitsverhältnisses« beschäftigt sich mit Leistungen der betrieblichen Altersversorgung – wie der Betriebsrente oder auch Lebensversicherungen. Falls Sie auch zu den Menschen gehören, die erst mit 67 Jahren oder später in Rente gehen werden, können Sie sich vorstellen, dass man für eine einigermaßen zuverlässige Bewertung hier oft ganz schön weit in die Zukunft blicken muss. Entsprechend kompliziert kann auch die Bewertung von Pensions- oder ähnlichen Zusagen werden. IAS 19 unterscheidet für die Bilanzierung die folgenden beiden Arten von Pensionsplänen:

1. Beitragsorientierte Pläne
2. Leistungsorientierte Pläne

Beitragsorientierte Pläne sind auch mit Unsicherheit behaftet, aber nicht für den Arbeitgeber, da dieser nur zur Zahlung von fest definierten Beiträgen verpflichtet ist und nicht zur

10 ➤ Unsichere Schulden: Rückstellungen

Leistung darüber hinausgehender Beträge. Folglich liegt das Risiko einer möglichen negativen Entwicklung des im Plan gebundenen Kapitals allein beim Arbeitnehmer. Ein typisches Beispiel für beitragsorientierte Pläne in Deutschland ist das gesetzliche Rentensystem der BfA. In diesem Fall hat der Arbeitgeber mit der Abführung der Beiträge seine Schuldigkeit getan, unabhängig davon, wie hoch die sich hieraus ergebende Rentenzahlung in Zukunft einmal sein wird. Die Bilanzierung solcher Pläne ist dementsprechend für das Unternehmen unproblematisch, weil die Verpflichtung des Unternehmens durch die Beiträge der jeweiligen Periode problemlos bestimmt werden kann. Ihr Unternehmen erfasst lediglich die periodisch aufgewendeten Beiträge als Aufwand. Die Bildung einer Rückstellung ist nicht erforderlich.

Auch wenn keine Rückstellung angesetzt wird, bedeutet das nicht, dass es hier keine Schulderfassung gibt. Wenn Sie die Beiträge an die BfA zum Monatsende noch nicht abgeführt haben, müssen Sie natürlich eine Verbindlichkeit in Höhe des Zahlbetrags ansetzen.

Bei *leistungsorientierten Plänen* kommt die Glaskugel nun erstmals richtig zum Einsatz. Bei solchen Plänen ist das Unternehmen zur Zahlung der zugesagten Leistungen an seine Arbeitnehmer in der Zukunft verpflichtet. Wie diese Leistung dann am Ende aussieht, steht allerdings größtenteils in den Sternen. Das Risiko, dass die zugesagten Leistungen höhere Kosten als erwartet verursachen, sowie das Risiko der ungünstigen Kapitalentwicklung werden bei solchen Plänen vom Unternehmen getragen. Das macht die Bewertung leistungsorientierter Pläne aufgrund der vielen erforderlichen Annahmen und Unsicherheiten sehr komplex. In der Praxis wird die Bewertung solcher Pläne daher in der Regel von spezialisierten Versicherungsmathematikern durchgeführt.

In der Bilanz wird für die unsichere Verpflichtung des Unternehmens gegenüber seinen Mitarbeitern eine Pensionsrückstellung gebildet. Tabelle 10.14 stellt die Zusammensetzung dieser Rückstellung dar.

	Barwert der leistungsorientierten Verpflichtung zum Abschlussstichtag
+/−	Versicherungsmathematische Gewinne beziehungsweise Verluste, die nicht ergebniswirksam erfasst wurden
−	bisher noch nicht erfasster, auf vergangene Perioden entfallender Dienstzeitaufwand
−	beizulegender Zeitwert von Planvermögen (falls vorhanden), mit dem die Verpflichtungen unmittelbar abzugelten sind
=	**Pensionsrückstellung am Abschlussstichtag**

Tabelle 10.14: Ermittlung der Pensionsrückstellung

Auch wenn hier die Gutachter alle notwendigen Werte liefern, sollten Sie dennoch einen kleinen Blick in die Bilanzierung der Pensionsrückstellungen werfen. Wenn Ihr Chef Sie kurz vor dem jährlichen Jahresabschlussmeeting fragt, was das denn für komische Begriffe in dem IFRS-Abschluss sind, sollten Sie doch etwas antworten können.

Bevor Sie jetzt frustriert Ihre Glaskugel schütteln oder sie gegen die Wand schmeißen, wollen wir auf die einzelnen Bestandteile genauer eingehen:

- **Barwert der leistungsorientierten Verpflichtung:** Für dessen Ermittlung kommt nach IAS 19 die sogenannte *Methode der laufenden Einmalprämien* (auch *Anwartschaftsbarwertverfahren*) zum Einsatz. Diese Methode sorgt dafür, dass am Bilanzstichtag nicht die gesamte erwartete Verpflichtung gegenüber dem Mitarbeiter in der Bilanz ausgewiesen wird, sondern nur der Teil der Verpflichtung, die sich der Mitarbeiter bis zum Bilanzstichtag durch seine Arbeitsleistung bereits anteilig erarbeitet hat. Für die Ermittlung des Barwerts dieser anteiligen Verpflichtung wird ein Zinssatz verwendet, der zum Bewertungsstichtag von erstrangigen festverzinslichen Industrieanleihen abgeleitet wird. Bei Industrieanleihen handelt es sich um verzinsliche Wertpapiere, die von Industrieunternehmen zur Sicherung zusätzlicher Finanzierungsquellen ausgegeben werden. Industrieanleihen werden öffentlich am Kapitalmarkt gehandelt, weshalb Sie die Zinssätze aus Marktdaten ableiten können.

- **Versicherungsmathematische Annahmen:** Aufgrund der langen Laufzeit von Pensionsplänen und der damit verbundenen Unsicherheit sind zahlreiche Annahmen über die zukünftige Entwicklung erforderlich. Diese werden vom IAS 19 als *versicherungsmathematische Annahmen* bezeichnet und umfassen zum Beispiel die Schätzung über zukünftige demografische Entwicklungen. Dies sind:

  - die Sterbewahrscheinlichkeit der Mitarbeiter
  - die Mitarbeiterfluktuation
  - Lohn-, Gehalts- und Rentenentwicklungen
  - der Diskontierungszinssatz

- **Versicherungsmathematischer Gewinn oder Verlust:** Selbst durch Kartenlegen oder Kaffeesatzlesen werden Sie Unterschiede zwischen den getroffenen Annahmen und der tatsächlichen Entwicklung nicht ganz beseitigen können. Das führt dazu, dass der ermittelte Barwert der Pensionsverpflichtung an jedem Bilanzstichtag angepasst werden muss. Die Differenz zwischen zwei Bilanzstichtagen, die lediglich aus Abweichungen in diesen Annahmen resultiert, wird als *versicherungsmathematischer Gewinn oder Verlust* bezeichnet.

Ein versicherungsmathematischer Gewinn entsteht zum Beispiel, wenn die Sterbewahrscheinlichkeit am aktuellen Bilanzstichtag höher eingeschätzt wird als zum vorangegangenen Stichtag. Auch die Zinsentwicklung hat einen Einfluss auf die Höhe der versicherungsmathematischen Gewinne und Verluste. Wenn der Diskontierungszinssatz steigt, vermindert sich die Pensionsverpflichtung.

Da es aufgrund dieser großen Unsicherheit über die zukünftige Entwicklung auch in der Gewinn-und-Verlust-Rechnung zu starken Schwankungen kommen kann, haben sich die schlauen Köpfe vom IASB eine besondere Regelung einfallen lassen, die als *Korridormethode* bekannt ist. Diese Methode zielt darauf ab, die Schwankungen im Ergebnis durch einen 10-Prozent-Korridor zu reduzieren. Daher muss natürlich zunächst der 10-Prozent-Korridor ermittelt werden. Die Basis für die 10-Prozent-Rechnung ist der höhere Wert aus dem Zeitwert des Planvermögens und dem Barwert der Pensionsverpflichtung. Liegen die zum Bilanzstichtag bisher aufgelaufenen versicherungsmathematischen Gewinne und Verluste innerhalb dieses Korridors, werden die versicherungsmathematischen Gewinne und Verluste weiterhin nicht in der Gewinn-und-Verlust-Rechnung erfasst. Praktisch, nicht wahr?

10 ➤ Unsichere Schulden: Rückstellungen

Anstelle der Korridormethode erlaubt der IAS 19 auch die Anwendung jedes anderen systematischen Verfahrens, das zu einer schnelleren Erfassung der versicherungsmathematischen Gewinne beziehungsweise Verluste führt. Theoretisch ist es also auch möglich, dass Sie die versicherungsmathematischen Gewinne oder Verluste sofort vereinnahmen. Nach einer alternativ zulässigen Methode können die versicherungsmathematischen Gewinne oder Verluste auch in dem Jahr, in dem sie entstehen, erfolgsneutral im Eigenkapital erfasst werden. In diesem Fall werden sie zwar auch sofort erfasst, jedoch ohne Einfluss auf die Gewinn-und-Verlust-Rechnung.

In Kapitel 4 und 12 können Sie nachlesen, was es bedeutet, wenn Sie bestimmte Sachverhalte nicht in der GuV, sondern im Eigenkapital direkt erfassen. Die Aufnahme der Gesamtergebnisrechnung in den IFRS-Abschluss führt dazu, dass Sie die versicherungsmathematischen Effekte im Gesamtergebnis zeigen – nicht aber im Jahresergebnis.

Für die Berechnung der Pensionsrückstellung sind zusätzlich auch der noch nicht erfasste, auf vergangene Perioden entfallende *Dienstzeitaufwand* (siehe weiter unten) sowie der beizulegende Zeitwert von eventuell vorhandenem *Planvermögen* relevant.

Beim *Planvermögen* handelt es sich um das Vermögen eines langfristig angelegten und vom Unternehmen unabhängigen Fonds oder um qualifizierte Versicherungspolicen von unternehmensunabhängigen Versicherungsunternehmen, die einzig und allein der Erfüllung der Pensionsverpflichtung gegenüber den Mitarbeitern dienen. Das Planvermögen mindert daher die Höhe der Pensionsrückstellung.

Weiter vorn in diesem Kapitel bei den Rückstellungen haben Sie erfahren, dass diese aufgrund des Saldierungsverbots nicht durch entsprechende Ansprüche gemindert werden dürfen. Für die Pensionsrückstellungen gilt dies im Falle von Planvermögen nicht. Daher sind aber an die Definition von Planvermögen auch recht hohe Anforderungen gestellt.

Sie müssen kein Hellseher sein, um zur Erkenntnis zu gelangen, dass die Entwicklung der Pensionsrückstellung in der Bilanz auch einen Aufwand in der Gewinn-und-Verlust-Rechnung nach sich zieht. Schließlich ist ja nicht alles nur durch versicherungstechnische Effekte verursacht. Dieser Aufwand setzt sich aus verschiedenen Komponenten zusammen, die wir Ihnen nun kurz vorstellen:

✔ **Dienstzeitaufwand:** Der Dienstzeitaufwand entspricht dem Barwert, der in der Periode (v)erdienten Pensionsansprüche des Mitarbeiters, der über die Methode der laufenden Einmalprämien ermittelt wird und als Personalaufwand erfasst wird.

✔ **Zinsaufwand:** Der Zinsaufwand ergibt sich aus der Multiplikation des Diskontierungszinssatzes zu Beginn der Periode mit dem über die Periode vorliegenden Barwert der Pensionsverpflichtung.

✔ **Erwarteter Ertrag aus Planvermögen:** Hierbei handelt es sich um die erwartete Rendite, die dem Unternehmen aus dem als Planvermögen in einem Fonds oder einer Versicherungspolice gebundenen Kapital zufließt.

✔ **Versicherungsmathematische Gewinne und Verluste:** Wie oben beschrieben, handelt es sich um den Gewinn oder Verlust, der im laufenden Periodenergebnis aufgrund der

Veränderung von versicherungsmathematischen Annahmen erfasst wird (also der Teil, der in der GuV erfasst wird).

✔ **Nachzuverrechnender Dienstzeitaufwand:** Dieser Aufwand entsteht dann, wenn ein Pensionsplan zugunsten des Mitarbeiters rückwirkend für vorangegangene Perioden angepasst wird.

✔ **Auswirkungen etwaiger Plankürzungen oder Abgeltungen**: Es wird zum Beispiel ein Aufwand für Mitarbeiter erfasst, die aus dem Unternehmen ausscheiden und in diesem Zusammenhang eine Abfindung im Rahmen des Pensionsplans erhalten.

Der Zinsaufwand kann nach IFRS wahlweise im Personalaufwand als auch im Finanzergebnis erfasst werden. Somit hat das Unternehmen Gestaltungsspielräume hinsichtlich der Höhe des operativen Ergebnisses.

In Tabelle 10.15 zeigen wir Ihnen in übersichtlicher Form noch einmal die Zusammensetzung des gesamten Pensionsaufwands in der GuV.

	Position
+	Laufender Dienstzeitaufwand
+	Zinsaufwand
−	erwarteter Ertrag aus etwaigem Planvermögen
+/−	erfasste versicherungsmathematische Verluste/Gewinne
+	nachzuverrechnender Dienstzeitaufwand
−	Auswirkungen von Plankürzungen oder Abgeltungen
=	**Pensionsaufwand der Periode**

Tabelle 10.15: Übersicht Pensionsaufwand

Nach diesem Ausflug in die Welt der Leistungen nach Beendigung des Arbeitsverhältnisses sind Sie vermutlich selbst reif für die Rente oder zumindest die Insel. Aber machen Sie es sich gemütlich, die nächste Kategorie ist vergleichsweise ein Spaziergang.

Andere langfristig fällige Leistungen an Arbeitnehmer

Der Blick in die Zukunft bleibt Ihnen auch bei anderen langfristig fälligen Leistungen wie Abwesenheitszeiten, Jubiläumsgeldern oder Gewinn- und Erfolgsbeteiligungen nicht ganz erspart. Die gute Nachricht ist aber, dass die Unsicherheit für gewöhnlich deutlich geringer ist als bei Leistungen nach Beendigung des Arbeitsverhältnisses. Das vereinfacht auch die Bilanzierung merklich. Für solche Verpflichtungen schreibt IAS 19 vor, dass Sie die versicherungsmathematischen Gewinne und Verluste und den nachzuverrechnenden Dienstzeitaufwand sofort und in voller Höhe erfassen. Die Korridormethode findet keine Anwendung. Abgesehen davon gelten für die Bewertung der Schuld und möglicher Erstattungsansprüche sowie der Zusammensetzung des in der Gewinn-und-Verlust-Rechnung erfassten Aufwands

Leistungen aus Anlass der Beendigung des Arbeitsverhältnisses

Sie kennen es bestimmt aus den Nachrichten: Schon wieder hat ein Unternehmen Mitarbeiter entlassen und musste dafür eine saftige Abfindung zahlen. Was für den betroffenen Mitarbeiter zumindest ein kleiner Trost ist, kann sich im Jahresabschluss des Unternehmens ganz schön heftig niederschlagen. Wie sollte es auch anders sein, hat der IAS 19 auch hierfür eine Regelung parat.

Eine Schuld wird für eine Abfindung oder ähnliche Zahlung dann angesetzt, wenn das Unternehmen entweder dazu verpflichtet ist

- ✔ das Arbeitsverhältnis vor dem Zeitpunkt der regulären Pensionierung zu beenden oder
- ✔ Leistungen bei Beendigung des Arbeitsverhältnisses aufgrund eines Angebots zur Förderung eines freiwilligen vorzeitigen Ausscheidens zu erbringen.

In beiden Fällen ist Ihr Unternehmen nur dann zur Zahlung einer Abfindung (und Bildung einer Rückstellung) verpflichtet, wenn es für die Beendigung des Arbeitsverhältnisses einen detaillierten, formalen Plan gibt und Sie sich der Durchsetzung des Planes realistisch nicht mehr entziehen können. Wenn das der Fall ist, schlägt sich diese Verpflichtung sofort im Unternehmensergebnis nieder. Mit Leistungen aus Anlass der Beendigung des Arbeitsverhältnisses ist kein künftiger wirtschaftlicher Nutzen für das Unternehmen verbunden, weshalb diese sofort als Aufwand erfasst werden. Des einen Freud ist des anderen Leid! Sind die Leistungen erst mehr als zwölf Monate nach dem Bilanzstichtag fällig, müssen Sie diese, wie alle anderen Rückstellungen auch, unter Verwendung eines geeigneten Zinssatzes diskontieren. Zur Ermittlung des Zinssatzes blättern Sie ein paar Seiten zurück.

Sonderfall: Anteilsbasierte Vergütung

Wenn ein Manager wieder mal ein paar Millionen mit Aktienoptionen verdient, stellt sich für viele Menschen die Frage, ob er das auch tatsächlich »verdient« hat. Aber nicht nur in Managementkreisen erfreuen sich derartige anteilsbasierte Vergütungsformen großer Beliebtheit. Viele Unternehmen bieten diesen zusätzlichen Anreiz (neuerdings auch immer gern als »Incentive« bezeichnet) Mitarbeitern aller Ebenen an, um die Bindung an das Unternehmen und die Aktienkursentwicklung zu stärken. Aufgrund der mittlerweile weiten Verbreitung dieser Vergütungsform wurde im Jahr 2004 mit dem IFRS 2 »Anteilsbasierte Vergütung« ein eigener Standard verabschiedet, der sich ausschließlich mit dieser Thematik beschäftigt. Und eines steht fest: Der Standard hat es in sich und hat aufgrund der Komplexität der Bewertungserfordernisse schon so manchem IFRS-Anwender stärkere Kopfschmerzen bereitet als die trübe Aussicht auf die Rente. Sie sehen schon – für die normalen Themen in der IFRS-Welt gibt es nur einen Standard. Für die Leistungen an Arbeitnehmer sind es schon zwei und diese gehören dann auch gleich zu den komplizierteren. Aber keine Sorge, wir gehen bei unseren Erklärungen behutsam vor, sodass Sie zumindest die Bilanzierung und vor allem deren Auswirkungen verstehen.

Doch was fällt eigentlich alles unter den Begriff anteilsbasierte Vergütung? Der IFRS 2 unterscheidet drei Kategorien, die in Tabelle 10.16 dargestellt werden.

Kategorie	Beispiel
Anteilsbasierte Vergütungen mit Ausgleich durch Eigenkapitalinstrumente	Aktien, Aktienoptionen, sonstige Mitarbeiterbeteiligungen die durch Aktien erfüllt werden
Anteilsbasierte Vergütungen mit Barausgleich	Virtuelle Aktienoptionen, Phantom Stock, Share Appreciation Rights (SAR), sonstige an den Unternehmenswert gekoppelte Mitarbeiterbeteiligungen, die durch eine Geldzahlung erfüllt werden
Anteilsbasierte Vergütungen mit wahlweise Barausgleich oder Ausgleich durch Eigenkapitalinstrumente	Kombination aus den ersten beiden Varianten

Tabelle 10.16: Kategorien anteilsbasierter Vergütung

Doch was heißt das konkret?

- ✔ **Anteilsbasierte Vergütung mit Ausgleich durch Eigenkapitalinstrumente**: Wie der Name schon sagt, liegt eine *anteilsbasierte Vergütung mit Ausgleich durch Eigenkapitalinstrumente* immer dann vor, wenn der Arbeitnehmer zusätzlich zu seinem regulären Lohn und Gehalt Aktien oder Aktienoptionen seines Unternehmens erhält (Eigenkapitalinstrumente halt). Diese Form der Vergütung ist deshalb so beliebt, weil der Mitarbeiter im Idealfall gar kein Eigeninvestment tätigen muss und das Unternehmen keinen Geldabfluss hat. Stattdessen wird der Mitarbeiter am Eigenkapital des Unternehmens beteiligt. Hört sich nach einem super Deal an, oder?

- ✔ **Anteilsbasierter Vergütung mit Barausgleich:** Bei *anteilsbasierter Vergütung mit Barausgleich* handelt es sich hingegen um sogenannte virtuelle Aktienoptionen, die häufig auch als *Phantom Stocks* oder *Share Appreciation Rights* bezeichnet werden. Der Begriff »virtuell« wird deshalb verwendet, weil dem Arbeitnehmer keine echten Anteile am Unternehmen und somit auch keine Stimmrechte gegeben werden. Anstelle der Aktien erhält der Mitarbeiter eine Barzahlung in Höhe der (positiven) Entwicklung des Aktienkurses oder der Unternehmenswertentwicklung. Da würden Sie auch nicht Nein sagen, oder?

- ✔ **Ausgleich entweder durch Aktien oder Aktienoptionen oder in bar:** Als letzte Möglichkeit kann die vertragliche Ausgestaltung auch derart sein, dass der *Ausgleich entweder durch Aktien oder Aktienoptionen oder in bar* erfolgt. Dabei kann das Wahlrecht beim Unternehmen liegen oder aber auch beim Empfänger der Leistung.

So groß die Freude für den Arbeitnehmer auch sein mag, wie alles im Leben hat auch diese Vergütungsform im wahrsten Sinne des Wortes ihren Preis. Die Ermittlung eben dieses Preises stellt für viele IFRS-Anwender eine große Herausforderung dar. Das fängt schon damit an, dass die oben beschriebenen Arten von anteilsbasierter Vergütung ganz unterschiedlich bewertet werden:

- ✔ Erfolgt die Bezahlung in Aktien oder Aktienoptionen (also bei der anteilsbasierten Vergütung mit Ausgleich durch Eigenkapitalinstrumente), werden diese Aktien oder Aktienoptionen nur einmal – am Tag der Gewährung – mit dem aktuellen Marktwert oder

✔ dem aus einem Optionspreismodell abgeleiteten beizulegenden Zeitwert bewertet. Dieser Wert bleibt in den folgenden Perioden unverändert.

✔ Virtuelle Aktien oder andere anteilsbasierte Vergütungsinstrumente mit Barausgleich werden bis zur Auszahlung mit dem aktuellen Marktwert oder mittels Optionspreismodell an jedem Bilanzstichtag neu bewertet und am Ende mit dem tatsächlichen Auszahlungsbetrag angesetzt.

✔ Anteilsbasierte Vergütungen, die entweder dem Unternehmen oder dem Begünstigten vertraglich ein Wahlrecht einräumen, ob der Ausgleich in bar oder durch Ausgabe von Eigenkapitalinstrumenten erfolgt, müssen Sie als anteilsbasierte Vergütung mit Barausgleich bilanzieren, wenn Ihr Unternehmen zum Barausgleich verpflichtet ist. Ist es nicht dazu verpflichtet, erfolgt die Bilanzierung als anteilsbasierte Vergütung mit Ausgleich durch Eigenkapitalinstrumente.

Der Standard schreibt nicht explizit vor, welches Optionspreismodell im Rahmen der Bewertung einer anteilsbasierten Vergütung verwendet werden soll. Vielmehr beschreibt der Standard, dass ein Unternehmen bei der Auswahl eines geeigneten Optionspreismodells Faktoren berücksichtigen muss, die sachverständige und vertragswillige Marktteilnehmer in Betracht ziehen würden. Es wird daher auch kein Hinweis auf ein bevorzugtes Modell gegeben.

In der Bewertungspraxis werden am häufigsten die folgenden drei Modelle im Rahmen der Optionsbewertung herangezogen:

✔ **Black-Scholes-Merton-Formel:** Die Black-Scholes-Merton Formel wurde in den 70er-Jahren von Fischer Black, Myron Scholes und Robert Merton für die Bewertung von Finanzoptionen entwickelt und galt als Durchbruch für die Bewertung von Optionen. Der Vorteil des Modells liegt darin, dass es sich um eine geschlossene Formel handelt, die schnell implementiert werden kann. Da das Modell aber in seiner Grundform nur für die Bewertung von Europäischen Optionen geeignet ist, das heißt Optionen, die nur einmal am Ende ihrer Laufzeit ausgeübt werden können, ist es für Mitarbeiteroptionen, die meist an mehreren Zeitpunkten während ihrer Laufzeit ausgeübt werden können, oft ungeeignet. Außerdem lassen sich Marktbedingungen wie Kurs- oder Indexziele im Modell nicht abbilden.

✔ **Binomialmodell:** Das Binomialmodell wurde 1979 von John Cox, Stephen Ross und Mark Rubinstein veröffentlicht. Aufgrund seiner Baumstruktur, die den Aktienkurs auf Basis von risikoneutralen Wahrscheinlichkeiten über die Laufzeit der Option simuliert, gilt es als sehr flexibles Modell, das sowohl eine frühzeitige Ausübung von Aktienoptionen als auch Marktbedingungen abbilden kann. Nachteil ist jedoch der erhöhte Programmieraufwand im Rahmen der Implementierung.

✔ **Monte-Carlo-Simulation:** Die Monte-Carlo-Simulation ist eine mathematische Methode aus dem Bereich der Wahrscheinlichkeitstheorie, die in den 70er-Jahren erstmals für die Bewertung von Optionen eingesetzt wurde. Mit dem Modell werden auf Basis von Zufallszahlen beliebig viele Preispfade für die der Option zugrunde liegenden Aktie simuliert. Das Modell zeichnet sich insbesondere durch die hohe Flexibilität hinsichtlich der Abbildung von Options- und Ausübungsbedingungen selbst für sehr exotische Optionen aus. Der Nachteil liegt jedoch wiederum im erhöhten Programmieraufwand im Rahmen der

Implementierung, aber auch in der Berechnungsdauer, die mit zunehmender Anzahl von Simulationen steigt.

Die Auswahl eines geeigneten Optionspreismodells hängt insbesondere von der Komplexität der Vertragsbestimmungen ab. Mit zunehmender Komplexität kommen eigentlich oft nur das Binomialmodell, die Monte-Carlo-Simulation oder ein ähnliches Modell infrage. Dies trifft insbesondere dann zu, wenn in den Optionsbedingungen eine frühzeitige Ausübung der Option möglich ist oder Marktbedingungen definiert sind. Marktbedingungen können beispielsweise die Ausübung der Optionen von der Erreichung eines bestimmten Aktienkurses abhängig machen.

Auch der Ausweis in der Bilanz erfolgt unterschiedlich. Während eine Vergütung mit Ausgleich durch Eigenkapitalinstrumente im Eigenkapital erfasst wird (meist Kapitalrücklage) wird bei einem Barausgleich eine Rückstellung angesetzt, da das Unternehmen eine tatsächliche Zahlungsverpflichtung eingegangen ist. Gemeinsam haben beide Varianten nur, dass in der Gewinn-und-Verlust-Rechnung ein Personalaufwand erfasst wird. Mehr zu der Erfassung im Personalaufwand lesen Sie in Kapitel 12 bei den Erläuterungen zur Gesamtergebnisrechnung. Noch komplizierter kann es werden, wenn die Vergütungsvereinbarung wahlweise einen Ausgleich durch Eigenkapitalinstrumente oder in bar zulässt. Je nachdem, ob das Unternehmen oder der Mitarbeiter die Wahl hat, kann der Ausweis entweder im Eigenkapital und/oder als Rückstellung erfolgen.

Nach diesem kleinen Exkurs in die Welt der anteilsbasierten Vergütung können Sie die Glaskugel endgültig wegpacken, die Chance, dass Ihr Wirtschaftsprüfer diese als Bilanzierungshilfe zulässt, ist ohnehin mit großer Unsicherheit behaftet.

An dieser Stelle wollen wir Sie aber noch beruhigen. Es gibt heutzutage kaum noch Unternehmen, in denen der Bilanzierende auch gleichzeitig die Ansätze der Pensionsrückstellungen und den Aufwand aus der aktienbasierten Vergütung selber ermittelt. Große Unternehmen unterhalten dafür mittlerweile eigene Abteilungen, die mit eben solchen Experten besetzt sind. Kleinere Unternehmen vergeben die Bewertung an darauf spezialisierte Beratungsunternehmen. Also keine Angst: Wenn Sie gerade nicht alles auf Anhieb verstanden haben, sind Sie damit nicht allein und Hilfe ist verfügbar.

Angaben zu Rückstellungen

Wenn Sie eine Rückstellung in der Bilanz angesetzt haben, müssen Sie im Anhang eine ganze Reihe von detaillierten Angaben machen:

✔ Beschreiben Sie kurz die von Ihnen gebildeten wesentlichen Rückstellungsarten und deren Fälligkeiten.

✔ Nennen Sie Unsicherheiten hinsichtlich des Betrags oder der Fälligkeiten und skizzieren Sie die wesentlichen Annahmen über die künftige Entwicklung.

✔ Informieren Sie über mögliche Erstattungsansprüche Dritter. Geben Sie dabei insbesondere auch die Höhe der erwarteten Erstattungen an sowie die Höhe der Vermögenswerte, die für die jeweiligen Erstattungen angesetzt wurden.

10 ➤ Unsichere Schulden: Rückstellungen

Neben diesen qualitativen Angaben müssen Sie im Anhang auch eine Reihe von quantitativen Angaben für jede Gruppe von Rückstellungen vornehmen:

- ✔ Nennen Sie den Buchwert zu Beginn und am Ende einer Berichtsperiode.
- ✔ Zeigen Sie die zusätzlich gebildeten Rückstellungen in der Periode, einschließlich der Erhöhung von bereits bestehenden Rückstellungen.
- ✔ Erwähnen Sie die betragsmäßige Erhöhung, die aufgrund der Abzinsung langfristiger Rückstellungen von Ihnen berechnet wurde, und geben Sie die Auswirkungen von Änderungen des Abzinsungssatzes an.
- ✔ Geben Sie die in der Periode verbrauchten (das heißt in Vorperioden entstandene und gegen die Rückstellung verrechnete) Beträge an.
- ✔ Nennen Sie die in der Periode aufgelösten Beträge. Es handelt sich hierbei um Beträge, die weder verbraucht wurden noch mit einem zukünftigen Verbrauch gerechnet werden muss.
- ✔ Geben Sie die Effekte aus der Währungsumrechnung wieder.

Die angabepflichtigen Informationen werden sinnvollerweise in einem Rückstellungsspiegel, vergleichbar einem Anlagespiegel, tabellarisch aufbereitet.

Tabelle 10.17 zeigt Ihnen den möglichen Aufbau eines Rückstellungsspiegels gemäß den oben genannten Anforderungen.

Art der Rückstellung	Stand 01.01.	Zuführung	Aufzinsung	Inanspruchnahme	Auflösung	Währungsanpassung	Stand 31.12.
Langfristige Rückstellungen							
Sonstige Rückstellungen							
• Personalkosten							
• Garantien							
• Prozesse							
Zwischensumme (langfristig)							
Kurzfristige Rückstellungen							
Steuerrückstellungen							
Sonstige Rückstellungen							
• Personalkosten							
• Garantien							
• Prozesse							
Zwischensumme (kurzfristig)							
Gesamtsumme Rückstellungen							

Tabelle 10.17: Rückstellungsspiegel

Zusätzlich zum Rückstellungsspiegel müssen Sie Angaben zur Fristigkeit der Zahlungsverpflichtungen machen. Üblicherweise verwenden Sie in der deutschen IFRS-Rechnungslegungspraxis die folgende Aufteilung:

✔ bis zu einem Jahr

✔ ein bis fünf Jahre

✔ über fünf Jahre

Je nach Fälligkeit in der Bilanz müssen Sie die Rückstellungen jeweils als separate Position unter den langfristigen (größer als ein Jahr) oder den kurzfristigen Schulden ausweisen.

In äußerst seltenen Fällen können Sie teilweise auf die oben aufgeführten Angaben verzichten. Dies ist der Fall, wenn durch diese Angaben die Lage Ihres Unternehmens in einem Rechtsstreit ernsthaft beeinträchtigt werden würde. Allerdings müssen Sie trotzdem den allgemeinen Charakter des Rechtsstreits darlegen sowie die Tatsache, dass Sie gewisse Angaben nicht gemacht haben und die Gründe dafür. In der Praxis kommt das sehr selten zur Anwendung, sollte aber immer beachtet werden.

Erinnern Sie sich noch an die Kategorien im Abschnitt »Rückstellungsausweis: Das Wer-Wie-Wo-Was«? Die Kategorie »abgegrenzte Schulden« weisen Sie meistens zusammen mit den Verbindlichkeiten aus Lieferungen und Leistungen oder den sonstigen Verbindlichkeiten aus, da sie ihrem Charakter nach eher »Schulden« als »Rückstellungen« sind.

Während »Eventualschulden« keinen Platz in der Bilanz finden und Sie diese somit nur im Anhang erläutern, sind für die Kategorie »Keine angabepflichtigen Schulden nach IFRS« auch im Anhang keinerlei Erläuterungen Ihrerseits erforderlich. Ihre Erwähnung im Risiko- oder Prognoseteil des Lageberichts würde diesem allerdings sicherlich gut zu Gesicht stehen.

Keine bösen Überraschungen: Eventualschulden

Damit Ihr Unternehmen in der Zukunft keine bösen Überraschungen erleben muss, wenden wir uns zu guter Letzt noch den Eventualschulden zu. Aufgrund der Problematik wird es sich für Sie lohnen, wenn Sie einige Minuten in diesen Abschnitt investieren. Hinter dem Begriff *Eventualschulden* verbergen sich mögliche zukünftige Gefahren, die vielfältiger Natur sein können und die Sie im Anhang rechtzeitig veröffentlichen müssen.

Da es ein allgemeines Interesse hinsichtlich unsicherer Schulden gibt, behandelt IAS 37 auch *Eventualschulden*.

Eventualschulden sind wie folgt definiert:

✔ Eine mögliche Verpflichtung, die auf einem vergangenen Ereignis beruht oder deren Existenz durch das Eintreten oder Nichteintreten eines oder mehrerer unsicherer künftiger Ereignisse erst noch bestätigt wird, die nicht vollständig unter der Kontrolle des Unternehmens stehen; oder

✔ eine gegenwärtige Verpflichtung, die auf vergangenen Ereignissen beruht, bei der eine Zahlung nicht wahrscheinlich ist oder die Höhe der Verpflichtung nicht ausreichend verlässlich geschätzt werden kann.

Es ist nicht erlaubt, Eventualschulden in der Bilanz aufzuführen. Leider können Sie sich aber jetzt noch nicht entspannt zurücklehnen, denn Sie müssen die Eventualschulden trotzdem im Anhang angeben, wenn die Möglichkeit einer Inanspruchnahme nicht unwahrscheinlich (also ausgeschlossen) ist (IAS 37.86).

Eventualschulden werden überwiegend in IAS 37 dargelegt. Allerdings sollten Sie noch einige andere Standards berücksichtigen:

✔ bei der Beendigung von Arbeitsverhältnissen IAS 19.125 und 19.141; bei Fertigungsaufträgen für Gewährleistungen, Nachforderungen, Vertragsstrafen oder mögliche Verluste IAS 11.45; bei steuerlichen Eventualschulden IAS 12.88.

✔ Nehmen Sie bedingte Verpflichtungen als Eventualschulden im Anhang auf. Vielleicht erinnern Sie sich an Ihre ersten Erfahrungen im deutschen Recht? Bei bedingten Verpflichtungen handelt es sich um Verpflichtungen, deren Entstehung von einem zukünftigen Ereignis abhängt, das nicht vollständig unter Ihrer Kontrolle steht.

✔ Erwähnen Sie auch die Eventualschulden, die aus einer gesamtschuldnerischen Haftung entstehen, die voraussichtlich von einem anderen Gesamtschuldner beglichen werden.

✔ Geben Sie die Verpflichtungen als Eventualschulden im Anhang an, für die Sie keine Rückstellung bilden, weil eine Inanspruchnahme nur möglich, aber nicht wahrscheinlich ist.

✔ Außerdem stellen Sie die Verpflichtungen als Eventualschulden dar, wenn Sie eine verlässliche Schätzung derselben nicht vornehmen können.

Haftungsverhältnisse nach § 251 HGB (Verbindlichkeiten aus der Begebung von Wechseln; Verbindlichkeiten aus Bürgschaften; Verbindlichkeiten aus Gewährleistungsverträgen und Haftungsverhältnisse aus der Bestellung von Sicherheiten für fremde Verbindlichkeiten) können Sie grundsätzlich auch nach IFRS als Eventualschulden qualifizieren, wenn sie wahrscheinlich nicht zu einer Vermögensminderung führen und Sie diese deshalb als Rückstellungen passivieren müssen.

Eventualschulden dürfen Sie nicht in der Bilanz ansetzen (das wissen Sie ja nun bereits), aber um eine kurze Beschreibung der Eventualschuld kommen Sie trotzdem nicht herum. Hier ein paar Tipps, wie Sie das am besten tun:

✔ Fassen Sie Eventualschulden zu Gruppen zusammenfassen.

✔ Sofern es für Sie praktikabel ist, machen Sie je Gruppe folgende Angaben:

- Angaben zur Schätzung der finanziellen Wirkungen bei einer unterstellten fiktiven Passivierung
- Angaben zur Unsicherheit hinsichtlich Betrag oder Fälligkeit
- Möglichkeiten von Erstattungen

✔ Hierdurch informieren Sie Adressaten auch über Risiken, die aufgrund mangelnder Wahrscheinlichkeit der Inanspruchnahme nicht von Ihnen bilanziert werden dürfen.

✔ Sollten Sie auf Angaben aus Gründen der Praktikabilität verzichten, müssen Sie dies ebenfalls angeben.

✔ Erwähnen Sie eventuelle Zusammenhänge zwischen einer Eventualschuld und einer Rückstellung.

Ist der Nutzen der Angabe zu gering, lassen Sie sie einfach weg. Auch Eventualschulden können sich im Zeitablauf entwickeln. Wie sollte es anders sein, dürfen Sie diese zu jedem Abschlussstichtag neu beurteilen. Vielleicht wird aus dem »eventuell« ja im nächsten Jahr ein »wahrscheinlich« und dann müssen Sie eh alles in der Bilanz berücksichtigen.

Schauen Sie sich doch einmal die Eventualschulden im IFRS-Konzernabschluss eines oder mehrere DAX-Unternehmen an. Danach wird Ihnen vieles leichter fallen.

Jetzt haben wir schon eine ganze Weile über Eventualschulden gesprochen, aber was verbirgt sich eigentlich dahinter?

Prozessrisiken

Wenn Sie das Schema der Rückstellungsbildung in Abbildung 10.2 in Ruhe durchgehen, wissen Sie, dass Sie für Prozessrisiken Rückstellungen bilden müssen, sofern eine Inanspruchnahme wahrscheinlich ist. Ist dies aber eher unwahrscheinlich, machen Sie eine Angabe zur Eventualschuld im Anhang. Sie kennen sicher den Spruch von Anwälten oder Prozessierenden: »Da wir uns in einem laufenden Verfahren befinden, können wir generell keine detaillierten Auskünfte geben!« Wenn Ihre Firma damit rechnen muss, bei Rechtsstreitigkeiten oder ähnlichen Auseinandersetzungen größere Beträge zahlen zu müssen, sollten Sie dies im IFRS-Anhang erwähnen. Anstelle der konkreten Anhangangaben sollten Sie allerdings den allgemeinen Charakter des Rechtsstreits und die Gründe für die Inanspruchnahme der Schutzklausel erläutern.

Teil einer gesamtschuldnerischen Haftung

Falls Sie einer gesamtschuldnerischen Haftung zugestimmt haben, müssen Sie diese aufteilen:

✔ **Rückstellungen:** Es kann eine Verpflichtung sein, die wahrscheinlich von Ihnen beglichen wird – dann kann die Bildung einer Rückstellung angebracht sein.

✔ **Erwähnung im Anhang:** Wenn Sie die Verpflichtung zur Begleichung der Schuld nur haben, wenn ein anderer ausfällt, haben Sie zunächst keinen Einfluss auf die Zahlungsfähigkeit des anderen und erläutern daher eine Eventualschuld und geben die zusätzlichen Anhangangaben dazu ab.

Bürgschaften und finanzielle Garantien

Über eingegangene Bürgschaften und finanzielle Garantien berichten Sie im Anhang, wenn Sie aufgrund vergangener Erfahrungen nur mit einer geringen Wahrscheinlichkeit der Inanspruchnahme rechnen.

Die Gutglauben AG übernimmt im Jahr 01 eine Bankbürgschaft für die Sorglos GmbH. Im Jahr 01 bestehen nur geringe Zweifel, dass die Gutglauben AG jemals als Bürge eintreten muss. Im Jahr 01 erfolgte daher nur eine kurze Beschreibung des Bürgschaftsverhältnisses im Anhang der Gutglauben AG. Überraschenderweise muss Ende 02 die Sorglos GmbH Insolvenz anmelden. Infolgedessen muss die Gutglauben AG ab sofort für diesen Sachverhalt Rückstellungen bilanzieren.

Eventualverbindlichkeiten bei assoziierten Unternehmen und Gemeinschaftsunternehmen

Im Anhang müssen Sie auch die Eventualschulden angeben, die im Zusammenhang mit einem assoziierten Unternehmen oder einem Gemeinschaftsunternehmen anfallen. Es handelt sich hierbei um Eventualschulden und Kapitalverpflichtungen des Unternehmens, für die Sie gegebenenfalls anteilig oder insgesamt haften.

Eventualschulden bei Unternehmenszusammenschlüssen

Hier kommt noch ein kleiner Exkurs zu den Unternehmenszusammenschlüssen; mehr dazu erfahren Sie in Kapitel 16. Bei Unternehmenszusammenschlüssen ist alles anders: Sie müssen übernommene Eventualschulden passivieren, sofern Sie deren beizulegende Zeitwerte (Marktwerte) verlässlich schätzen können. Insofern weicht die Regelung vom allgemeinen Ansatzverbot für Eventualschulden ab, da es in diesem Fall die Ansatzhürde mit der 50-prozentigen Wahrscheinlichkeit der Inanspruchnahme nicht gibt. Auch wenn Sie nur mit 10 Prozent wahrscheinlicher Inanspruchnahme rechnen, muss die Eventualschuld passiviert werden. Wie Sie sehen, eine komplette Abkehr vom bisher Erlernten.

Die Regeln des IAS 37 werden bei Unternehmenszusammenschlüssen durch die Regelungen des IFRS 3 »Unternehmenszusammenschlüsse« ersetzt. Den Bilanzansatz der Eventualschuld ermitteln Sie mittels zukünftig erwarteter Cashflows. Im Rahmen eines Zusammenschlusses müssen Sie daher auch Eventualschulden bilanzieren, bei denen das Bestehen einer Verpflichtung vom Eintritt oder Nichteintritt eines künftigen Ereignisses abhängt, das nicht unter Ihrer vollständigen Kontrolle steht. Hierbei kommt es dann zu einer Abschätzung der Wahrscheinlichkeiten. Der Erwartungswert der Inanspruchnahme wird dann bilanziert. Wie Sie den Erwartungswert einer Schuld ermitteln, haben wir Ihnen bei der Erläuterung der Wertfindung von Rückstellungen gezeigt – wenn Sie es nicht mehr wissen, blättern Sie schnell noch mal ein paar Seiten zurück. Dass hier ein recht großer Gestaltungsspielraum vorliegt, haben Sie sicher auch schon erkannt. Wieder kommt es dann darauf an, dass Sie für Ihren Wirtschaftsprüfer alles schön lupenrein dokumentieren.

Unverhofft kommt oft: Mögliche Änderungen des IAS 37

Die Zeit bleibt nicht stehen, deshalb möchten wir Sie schon auf demnächst anstehende Veränderungen vorbereiten. Bereits im Jahre 2005 legte das International Accounting Standards Board einen Entwurf für eine umfassende Überarbeitung des IAS 37 vor. Im Februar 2010 veröffentlichte das IASB dann einen überarbeiteten Entwurf eines Standards, der IAS 37 noch 2010 ersetzen soll. Ob und wann Sie die neuen Regelungen tatsächlich anwenden müssen, stand bei Drucklegung dieses Buches leider noch nicht fest.

Die wesentlichen Änderungen betreffen die folgenden Punkte:

- ✔ Passivierung von »allen« Schulden, sofern eine zuverlässige Schätzung des Wertes möglich ist. Falls eine verlässliche Bewertung nicht möglich ist, müssen Sie Angaben im Anhang machen. Zu diesen Angaben gehören:
  - eine Beschreibung des Sachverhalts
  - eine Beschreibung, warum eine verlässliche Bewertbarkeit nicht möglich ist

- ✔ Der Begriff »Eventualschulden« wird aufgegeben. Ein bilanzieller Ansatz dieser Position ist zukünftig erforderlich, sofern die Kriterien einer Schuld erfüllt sind. Das heißt, was derzeit nur für Unternehmenszusammenschlüsse gilt, gilt demnächst für alle.

- ✔ Schulden sollen zu dem Betrag angesetzt werden, den ein Unternehmen zur Befreiung der Schuld zum Zeitpunkt der Bewertung vernünftigerweise zahlen würde.

Die Neuregelung wird das Passivierungsverbot für Eventualschulden abschaffen und stellt klar, dass Sie die Unsicherheit über Eintritt und/oder Höhe derartiger Verpflichtungen künftig im Rahmen der Bewertung berücksichtigen müssen, sofern die Ansatzkriterien einer Schuld des IASB-Rahmenkonzepts erfüllt sind und Sie eine verlässliche Bewertbarkeit sicherstellen können.

Mit anderen Worten: Das Wahrscheinlichkeitskriterium aus der Definition von Rückstellungen wird aus dem Abschnitt »Vielfältiges Qualifikationsverfahren: Bilanzansatz« gestrichen. Unsicherheiten bezüglich des Zeitpunkts und der Höhe des Ressourcenabflusses werden Sie daher zukünftig erst im Rahmen der Bewertung berücksichtigen. Grundsätzlich setzen Sie den Betrag an, der zur Erfüllung beziehungsweise Übertragung der Verpflichtung auf einen Dritten notwendig ist. Allerdings dürfte für Sie die genaue Bestimmung aufgrund fehlender Marktwerte häufig nicht möglich sein, sodass Sie stattdessen eine Schätzung vornehmen müssen. Diese Schätzung werden Sie regelmäßig auf der Basis von erwarteten Zahlungsströmen vornehmen. Sie werden den erwarteten Zahlungsströmen Wahrscheinlichkeiten in Bezug auf Eintritt, Zahlungszeitpunkt und Höhe der Verpflichtung zuordnen. Insofern werden Sie künftig konsequent die Erwartungswertmethode anwenden, unabhängig davon, ob eine Gruppe von Schulden oder eine Einzelverpflichtung vorliegt. Wie Sie sich sicherlich erinnern, haben Sie bisher eher auf das wahrscheinlichste Ergebnis (»most likely outcome«) bei Einzelverpflichtungen abgestellt.

Schauen wir uns das Ganze am besten einmal an einem Beispiel an, das die bisherige und die zukünftige Regelung gegenüberstellt.

10 ▶ Unsichere Schulden: Rückstellungen

Sie rechnen in diesem Jahr mit einer Wahrscheinlichkeit von 25 Prozent, dass Sie auf Schadensersatz in Höhe von EUR 10 Mio. verklagt werden. Falls es tatsächlich zu einem Prozess kommt, ist die Wahrscheinlichkeit, dass Sie EUR 5 Mio. zahlen müssen, bei 40 Prozent, dass Sie EUR 3,0 Mio. oder EUR 7,5 Mio. zahlen müssen, jeweils bei 30 Prozent. Wie Sie auf die konkrete Wahrscheinlichkeitsverteilung kamen, ist in diesem Beispiel nebensächlich und sollte Ihnen daher keine Kopfschmerzen bereiten.

✔ Da der Eintritt der Schadensersatzklage nur möglich ist (Wahrscheinlichkeit kleiner 50 Prozent), haben Sie in der bisherigen Regelung lediglich eine Angabe bezüglich einer Eventualschuld im Anhang gemacht

✔ Nach der neuen Rechnungslegung setzen Sie allerdings eine Rückstellung in Höhe des Erwartungswertes von EUR 1,2875 Mio. in der Bilanz an ($0 \times 75\% + 5 \times 10\% + 3 \times 7,5\% + 7,5 \times 7,5\%$). Alternativ können Sie natürlich auch nach einem Marktwert suchen und diesen bilanzieren.

Sie erinnern sich doch auch noch an das folgende Beispiel aus dem Abschnitt »Unsichere Sache: Wertfindung bei Rückstellungen«:

Die von Ihnen produzierte Fertigungsanlage hat immer mal wieder ein paar technische Aussetzer. Da Sie Ihre Kunden gut betreuen, übernehmen Sie natürlich die Aufwendungen für die Reparatur. Die Erfahrung der Vergangenheit zeigt Ihnen eine gewisse Verteilung der Eintrittswahrscheinlichkeiten für bestimmte Kosten der Reparaturen. Diese haben Sie wie in Tabelle 10.18 dargestellt ermittelt.

	Alternative 1	Alternative 2	Alternative 3	Alternative 4
Wahrscheinlichkeit	16 %	27 %	27 %	30 %
Erwartete Aufwendungen in TEUR	3.000	5.000	6.000	8.000

Tabelle 10.18: Eintrittswahrscheinlichkeiten Teil 3

Sie kamen unter der bisherigen Regelung bereits zu dem Entschluss, dass das wahrscheinlichste Ergebnis in Höhe von EUR 8 Mio. nicht der bestmöglichen Schätzung entspricht und haben daher ein Wahrscheinlichkeitsniveau von mindestens 50 Prozent festgelegt. So kamen Sie zu einem Rückstellungsbetrag in Höhe von EUR 6 Mio.

Zukünftig werden Sie den Rückstellungsbetrag bei Einzelverpflichtungen ebenfalls mittels der Erwartungswertmethode berechnen. Aus diesem Grund werden Sie künftig EUR 5,850 Mio. ($16\% \times 3 + 27\% \times 5 + 27\% \times 6 + 30\% \times 8$) ansetzen.

Aktuell bleibt abzuwarten, wie denn die finale Regelung im neuen IAS 37 aussehen wird. Für den Bilanzierenden werden sich sehr viele Gestaltungsmöglichkeiten eröffnen. Für den Wirtschaftsprüfer wird die Beurteilung der angemessenen Höhe der Rückstellung schwieriger. Der Wirtschaftsprüfer kennt sich sicherlich mit den Vorschriften der Rechnungslegung aus, aber wenn es um einen spezifischen Sachverhalt geht, der tiefe Kenntnis über Ihr Unternehmen und Ihre Branche voraussetzt, kann es schon sehr schwierig werden.

Sichere Schulden: Verbindlichkeiten

In diesem Kapitel
▷ Verbindlichkeiten als besondere Schulden
▷ Die Formen von Verbindlichkeiten
▷ Kriterien für den Ansatz von Verbindlichkeiten
▷ Wo Sie Ihre Verbindlichkeiten in der Bilanz zeigen
▷ Bewertung finanzieller Verbindlichkeiten: beim Zugang und danach
▷ Besonderheiten bei Fremdwährungsverbindlichkeiten

*I*n den beiden vorherigen Kapiteln 9 und 10 haben Sie mit dem Eigenkapital und den Rückstellungen schon wichtige Bestandteile der Passivseite Ihrer Bilanz nach IFRS kennengelernt. Dass dies natürlich noch nicht alles ist, ist Ihnen klar. Daher beschäftigen wir uns nun mit den (sicheren) Verbindlichkeiten.

Die Bilanzierung von Verbindlichkeiten kann recht einfach sein, wird aber schnell zu einem Puzzlespiel, bei dem es manchmal schwierig ist, die passenden Teile im scheinbaren Wirrwarr der Bilanzierungsvorschriften zusammenzufinden.

Sie müssen sicher nicht gleich zum Puzzleliebhaber mutieren. Damit Sie sich mit den einzelnen Teilen aber zurechtfinden und schließlich das fertige Bild in Ihrem IFRS-Abschluss genießen können, werden wir Ihnen in diesem Kapitel schrittweise das dafür notwendige Wissen präsentieren. Nach Klärung der Begrifflichkeiten und Identifizierung von Spezialfällen, die bereits in den vorherigen Kapiteln behandelt wurden, werden wir uns der grundsätzlichen Frage zum Ausweis in der Bilanz widmen. Dabei spielt die Bewertung der einzelnen Posten natürlich eine wichtige Rolle, weshalb diesem Thema ein kompletter Abschnitt in diesem Kapitel gewidmet ist.

Die Vorschriften zu den zusätzlichen Angaben zu Finanzinstrumenten im Anhang haben es in sich. Daher haben wir diesem Thema einen extra Abschnitt in Kapitel 13 gewidmet. Kapitel 13 beschäftigt sich ohnehin nur mit speziellen Angaben im Anhang. Aber eins nach dem anderen.

Die Schuld(en)frage bei Verbindlichkeiten: Sein oder Nichtsein?

In Kapitel 4 haben Sie den Begriff der *Schulden* als wichtigen Bestandteil der IFRS-Bilanz kennengelernt. Diesen Begriff kannten Sie bisher vielleicht unter der Bezeichnung *Fremdkapital*, das zusammen mit dem *Eigenkapital* die Passivseite jeder Bilanz bildet. Wie Sie wissen, ist auf dieser Bilanzseite die Herkunft der Mittel dargestellt, mit der Ihr Unternehmen die auf der Aktivseite dargestellten Werte geschaffen oder erworben hat.

Im Rahmenkonzept der IFRS sind *Schulden* definiert als gegenwärtige Verpflichtungen des Unternehmens aus Ereignissen der Vergangenheit, bei deren Erfüllung voraussichtlich Ressourcen aus dem Unternehmen abfließen, die einen wirtschaftlichen Nutzen verkörpern.

So, das war die Definition. Dann zerlegen wir diese mal in ihre Einzelteile.

Schulden sind folgendermaßen charakterisiert:

1. **Ihnen entsteht aus den Schulden eine Pflicht oder Verantwortung für eine bestimmte Handlung oder Erbringung einer Leistung.** Ein Beispiel ist eine Verpflichtung aufgrund einer vertraglichen Vereinbarung mit Ihrem Lieferanten oder einer gesetzlichen Vorschrift – Sie haben sicherlich auch schon bedauert, dass Sie sich um Ihre Steuerpflicht nicht drücken können! Ein formaler Vertrag ist dafür aber nicht zwingend erforderlich. So genügt zum Beispiel auch Ihre Unternehmenspolitik: Wenn Sie für Ihre Kunden Fehler an bereits ausgelieferten Produkten beheben wollen, selbst wenn diese erst nach Ablauf der Garantiezeit auftreten, sind die Beträge, die erwartungsgemäß für bereits verkaufte Waren anfallen, ebenfalls Schulden.

2. **Diese Verpflichtung besteht für Sie zum Stichtag aktuell.** Der geplante Kauf einer Maschine ist erst dann eine bestehende Verpflichtung, wenn Ihr Lieferant die Maschine bereits geliefert hat. Selbst der Abschluss des Kaufvertrags reicht noch nicht aus, da Sie oder Ihr Lieferant ja vielleicht noch ohne Vertragsstrafe von der Vereinbarung zurücktreten könnten.

3. **Die Verpflichtung ist durch ein Ereignis oder ein Geschäft in der Vergangenheit entstanden.** So haben Sie also mit Ihrem Lieferanten den Vertrag zum Kauf der Maschine bereits unwiderruflich abgeschlossen. Nur weil Sie eine Maschine kaufen möchten, haben Sie noch lange keine Verpflichtung.

4. **Ihnen »tut« die Verpflichtung auch »weh«:** Sie werden die Verpflichtung nur dadurch los, dass Sie etwas aufgeben, das Ihnen wichtig ist. Aber bitte keinen aus der Familie. Plündern Sie also Ihr Bankkonto für die Bezahlung der bestellten Maschine oder übertragen Sie wertvolle Waren aus Ihrem Lager an Ihren Lieferanten oder verpflichten Sie sich zur Erstellung des IFRS- Abschlusses für Ihren Lieferanten und opfern Sie dadurch Ihre Arbeitszeit.

Ihnen ist sicher aufgefallen, dass die Ausführungen zu den Rückstellungen in Kapitel 10 kleine Lücken offen gelassen haben. Dort sind ebenfalls die verschiedenen Formen von Schulden vorgestellt, davon aber nur die *unsicheren Schulden* im Detail beleuchtet – das waren die Rückstellungen und die Eventualschulden. Die *sicheren Schulden* lernen Sie nun unter der Bezeichnung *Verbindlichkeiten* in diesem Kapitel näher kennen. Im folgenden Abschnitt werden Sie feststellen, in welch unterschiedlichen Formen und Farben diese in Ihrem Bilanzierungsalltag auftreten können.

11 ➤ Sichere Schulden: Verbindlichkeiten

Verbindlichkeiten in unterschiedlichen Formen und Farben

Die IFRS unterscheiden generell zwei Arten von Verbindlichkeiten:

✔ Schulden im engeren Sinne

✔ Abgegrenzte Schulden

Als Erstes sollten Sie sich einen groben Überblick über diese Verbindlichkeiten verschaffen. Genau dabei wird Ihnen Abbildung 11.1 helfen und den Zusammenhang zu den Rückstellungsbegriffen aus Kapitel 9 verdeutlichen.

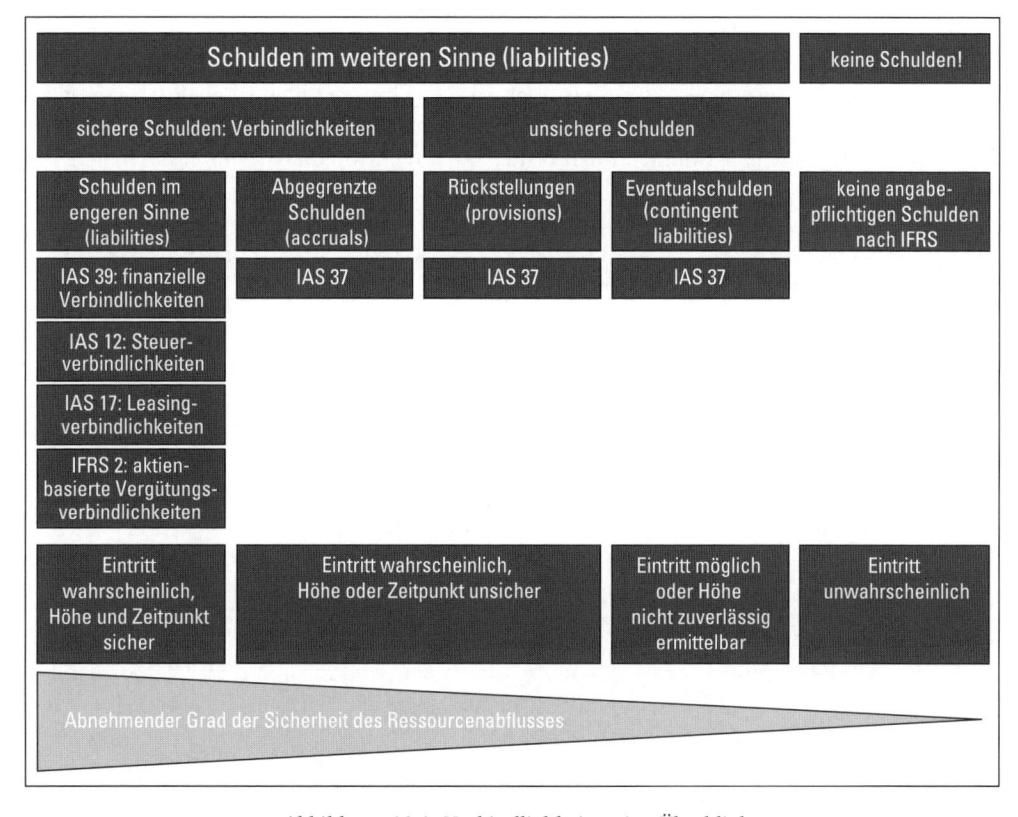

Abbildung 11.1: Verbindlichkeiten im Überblick

Eine ähnliche Abbildung kennen Sie vielleicht schon aus Kapitel 10. Dort haben wir uns auch mit den *Schulden im weiteren Sinne* beschäftigt, aber sind nur auf die rechte Seite der Einteilung eingegangen – die *unsicheren Schulden*. Hier wird es etwas sicherer – Verbindlichkeiten werden als *sichere Schulden* angesehen. Diese schauen wir uns nun an.

In der Abbildung sind unter den Verbindlichkeiten viele verschiedene Typen genannt, für die obendrein auch noch verschiedene IFRS-Standards relevant sind. Falls Sie das ein wenig abgeschreckt hat, wollen wir Ihnen gleich den Schrecken nehmen, indem wir die Verbindlichkeiten näher beleuchten.

Das wird eng gesehen: Schulden im engeren Sinne

Die Bilanzierungsvorschriften der IFRS für Verbindlichkeiten verteilen sich tatsächlich je nach Sachverhalt auf unterschiedliche Standards. Demnach lassen sich die *sicheren Schulden* also weiter untergliedern in:

✔ **finanzielle Verbindlichkeiten,** deren Bilanzierung und Bewertung in IAS 39 geregelt ist

✔ **bestehende Steuerschulden**, für die die Vorschriften in IAS 12 enthalten sind

✔ **Leasingverbindlichkeiten** des IAS 17

✔ **Verbindlichkeiten aus aktienbasierten Vergütungen** sind ein Spezialthema, das im IFRS 2 geregelt ist

Genau dieser Aufteilung folgend sind wir auch in dem Ihnen vorliegenden Buch vorgegangen. Wir haben alle speziellen Verbindlichkeiten in separaten Kapiteln behandelt. In diesem Kapitel beschäftigen wir uns nun mit den bisher noch nicht thematisierten *finanziellen Verbindlichkeiten*.

Neuregelung der Bilanzierungsvorschriften für Finanzinstrumente – die bevorstehende Ablösung des IAS 39 durch den IFRS 9

Zurzeit erarbeitet das IASB den *IFRS 9*, den neuen Standard zu Bilanzierungs- und Ausweisregelungen für Finanzinstrumente. Der erste Teil zur *Kategorisierung und Bewertung finanzieller Vermögenswerte* wurde am 12.11.2009 veröffentlicht. Bis zum 31.03.2011 sollen laut Plan weitere themenbezogene Teilveröffentlichungen folgen:

✔ *Kategorisierung und Bewertung finanzieller Verbindlichkeiten*

✔ *Fortgeführte Anschaffungskosten und Wertminderung (Impairment)*

✔ *Hedge Accounting*

✔ *Ausbuchung (Derecognition)*

Demnach ist die verpflichtende Anwendung dieses neuen Standards und die somit vollständige Ablösung des IAS 39 ab dem 01.01.2013 vorgesehen. Bis dahin ist noch lange Zeit meinen Sie? Weit gefehlt, sagen wir:

Die kommenden Änderungen lassen sich bislang erst für finanzielle Vermögenswerte vollständig erkennen (und auch dafür steht die Übernahme durch die EU zum Zeitpunkt der Drucklegung dieses Buches noch aus). Auch für finanzielle Verbindlichkeiten zeichnen sich jedoch bereits jetzt wesentliche Änderungen ab. Daher sollten Sie auf die weiteren Entwicklungen immer ein wachsames Auge werfen – finanzielle Verbindlichkeiten sind immerhin in jeder Bilanz in irgendeiner Ausgestaltung vorhanden; deren geänderte Bewertung oder Bilanzierung hat meist wesentliche Auswirkungen auf den Jahresabschluss.

Zunächst müssen wir aber mit einer Definition anfangen, die ein wenig über den finanziellen Verbindlichkeiten angesiedelt ist.

11 ➤ Sichere Schulden: Verbindlichkeiten

Gemäß IAS 32 sind *Finanzinstrumente* Verträge zwischen zwei Parteien, die Ansprüche und entsprechende Verpflichtungen zum (gegebenenfalls zukünftigen) Austausch von Zahlungsmitteln zwischen beiden begründen und dadurch – direkt oder indirekt – in Geldeinheiten bewertbar sind. Sie lassen sich unterteilen in:

- ✔ finanzielle Vermögenswerte
- ✔ finanzielle Verbindlichkeiten

Die Vorschriften zur Bilanzierung und Bewertung für Finanzinstrumente sind in IAS 39 geregelt – wohlgemerkt für alle Finanzinstrumente, also nicht nur für finanzielle Verbindlichkeiten (als Teil der Passiva), sondern auch für finanzielle Vermögenswerte (als Teil der Aktiva). Die finanziellen Vermögenswerte interessieren uns in diesem Kapitel aber nicht. Damit beschäftigen wir uns in Kapitel 7.

Beinahe grenzenlos: Abgegrenzte Schulden

Der wesentliche Unterschied zwischen *Schulden im engeren Sinne* und *abgegrenzten Schulden* besteht darin, dass bei den Abgrenzungen die Verpflichtung der Schuld eigentlich noch gar nicht eingetreten ist.

Typisches Beispiel ist eine Ladenmiete. Sie haben einen neuen Mieter in einem Ihrer Gebäude. Leider finden Sie über den Mieter, die »Hin und weg Verkaufs GmbH« keinerlei Informationen. Da sind Sie nun doch ein wenig skeptisch und verlangen bereits im Dezember EUR 10.000 für das komplette Folgejahr im Voraus von Ihrem Mieter. Man weiß ja nie, wie schnell die wieder »hin und weg« sind. Das Geld haben Sie somit bereits dieses Jahr in der Kasse und somit auf der Aktivseite der Bilanz erfasst. Nach dem Prinzip der *periodengerechten Erfolgsermittlung* gehört der Mietertrag für die erhaltene Zahlung ja aber erst in Ihre Gewinn- und-Verlust-Rechnung des Folgejahres. Was machen Sie nun bloß, damit Ihre Bilanz wieder aufgeht? Ganz einfach: Sie erfassen im aktuellen Jahr unter den sonstigen Verbindlichkeiten eine Verbindlichkeit an Ihren Mieter in Höhe von EUR 10.000 und schon passt wieder alles. Der Buchungssatz in Tabelle 11.1 verdeutlicht die Abbildung.

Soll		Haben	
Kasse	10.000	Verbindlichkeit gegenüber Mieter	10.000

Tabelle 11.1: Erfassung abgegrenzter Mietverbindlichkeit

Da Ihr Mieter beim Quartalsabschluss zum 31.03. des Folgejahres nicht gekündigt hat und Sie weiterhin davon ausgehen, dass das auch nicht geschieht, buchen Sie EUR 2.500 der Verbindlichkeit aus und erfassen den Betrag als Mietertrag. Dadurch haben Sie nur noch eine Verbindlichkeit von EUR 7.500 gegenüber Ihrem Mieter in der Bilanz dokumentiert und bereits EUR 2.500 in der Gewinn-und-Verlust-Rechnung vereinnahmt.

Die Verringerung der Verbindlichkeit erfassen Sie über den Buchungssatz in Tabelle 11.2.

Soll		Haben	
Verbindlichkeit gegenüber Mieter	2.500	Mietertrag	2.500

Tabelle 11.2: Auflösung abgegrenzter Mietverbindlichkeit

Ausweisfragen bei finanziellen Verbindlichkeiten

Natürlich können sich Verbindlichkeiten nicht selber ausweisen. Das müssen Sie als Bilanzersteller schon erledigen. Damit Sie dies auch problemlos übernehmen können, sollten Sie die wichtigsten Ausweis- und Gliederungsfragen beantworten können.

Besitzfrage: Eigenkapital oder Fremdkapital?

Besonders kritisch werden Bilanzierungsfragen immer dann, wenn es um das Eigenkapital geht. Davon hängen nun mal das Selbstvertrauen und die Sicherheit des Unternehmens und dessen Gesellschafter maßgeblich ab. Es ist also nicht verwunderlich, dass die Frage nach der Unterscheidung zwischen Eigen- und Fremdkapital eine wichtige Rolle spielt. Die Beantwortung dieser Frage ist oft nicht ganz einfach. Dies haben wir bereits in Kapitel 9 ausführlich gemacht. Wir wollen hier eine doppelte Ausführung vermeiden. Schauen Sie daher bitte einfach in Kapitel 9 unter »Wirklich mein ›Eigen‹? Unterscheidung zwischen Fremd- und Eigenkapital« nach.

Gliederungsfrage: Wo stecken wir sie denn hin?

Finanzielle Verbindlichkeiten werden in der IFRS-Bilanz am sinnvollsten nach ihrem inhaltlichen Hintergrund gegliedert dargestellt. Typische Posten sind:

- Verbindlichkeiten gegenüber Gesellschaftern
- Verbindlichkeiten gegenüber Kreditinstituten
- Sonstige Darlehensverbindlichkeiten
- Verbindlichkeiten aus Lieferungen und Leistungen
- Verbindlichkeiten gegenüber verbundenen Unternehmen
- Sonstige finanzielle Verbindlichkeiten

Je nach Umfang und Zusammensetzung bietet sich eine weitere Aufteilung nach der Art des Vertrags an, beispielsweise:

- Nachrangige Mezzanine-Darlehen
- Vorrangige Finanzierungskredite/Darlehen
- Begebene (Wandel-)Anleihen
- Schuldverschreibungen
- Verbindlichkeiten aus der Annahme gezogener Wechsel und der Ausstellung eigener Wechsel

11 ➤ Sichere Schulden: Verbindlichkeiten

Wundern Sie sich nicht, dass wir die Verbindlichkeiten aus Finanzierungsleasing an dieser Stelle vernachlässigen. Die gehören auch zu den finanziellen Verbindlichkeiten, sind aber an komplett anderer Stelle geregelt. Dafür sind IAS 17 oder aber Kapitel 6 zuständig.

Schon wenn Sie die einzelnen Posten für Ihre Bilanz festlegen, sollten Sie die Kategorien, Klassen und Schubladen für die Anhangangaben zu Finanzinstrumenten im Hinterkopf behalten und am besten gleich berücksichtigen. Kapitel 13 hilft Ihnen dabei.

Erfassungsfrage: Wollen wir sie überhaupt reinlassen?

Die Frage, wann Sie eine finanzielle Verbindlichkeit in Ihre Bilanz aufnehmen müssen, lässt sich leicht beantworten:

Sie erfassen eine finanzielle Verbindlichkeit, sobald Ihrerseits die vertragliche Verpflichtung zur Zahlung der vereinbarten Summe besteht.

Für den abgeschlossenen Kaufvertrag für Ihre Fertigungsmaschine bedeutet das konkret, dass Sie die Verbindlichkeit des Kaufpreises erst dann erfassen, wenn Sie die Maschine geliefert bekommen haben. Vorher würde es ja keinen Sinn machen. Keine Ware, keine Verpflichtung!

Wenn Sie den Kaufvertrag abgeschlossen haben, besteht zunächst nämlich nur eine sogenannte *feste Verpflichtung*. Dieses *schwebende Geschäft* dürfen Sie vorerst noch nicht bilanzieren. Das Ansatzkriterium aus IAS 39 ist erst erfüllt, wenn die vertraglich vereinbarte Leistung (in unserem Beispiel die Lieferung der Maschine) erbracht wurde (dann spricht man von einer *unbedingten Verpflichtung*). Daraufhin müssen Sie die Verbindlichkeit einbuchen.

Ausnahme sind handelbare Termingeschäfte, also Vereinbarungen über einen zukünftigen Austausch von Gütern, Waren oder Finanzmitteln, die durch eine Ausgleichszahlung oder Übertragung eines Finanzinstruments beglichen werden können. Diese müssen Sie nämlich bereits bei Vertragsabschluss und nicht erst bei der Abwicklung in die Bilanz aufnehmen.

Das Gleiche gilt für alle Finanzderivate, wie beispielsweise Zinsswapgeschäfte, Devisentermingeschäfte, Zins-, Devisen- und sonstige Optionen, die in der Regel Vereinbarungen über zukünftige Transaktionen darstellen. Diese Verträge würden Sie nach der aktuellen Regelung des deutschen Handelsrechts gar nicht erst in Ihre Bilanz aufnehmen. Erst wenn Sie von Ihrer Bank einen negativen Marktwert für ein Finanzderivat bestätigt bekommen, würden Sie aufgrund des im HGB vorherrschenden Vorsichtsprinzips dafür eine Drohverlustrückstellung (tolles Wort, oder?) bilden. In den IFRS herrscht dieses Prinzip jedoch nicht vor. Vielmehr orientieren sich die IFRS-Bilanzierungsvorschriften am Prinzip der *true and fair view*. Demnach müssen Sie ein Finanzderivat grundsätzlich in Ihrer IFRS-Bilanz ausweisen.

Finanzderivate werden in der Regel zu aktuellen Marktkonditionen abgeschlossen. Das bedeutet, dass Ihre Bank Ihnen, wenn Sie ein Devisentermingeschäft EUR gegen USD abschließen wollen, ein Angebot auf Basis des aktuellen USD-

Terminkurses machen wird. Die von jeder Bank zusätzlich einkalkulierte übliche Marge lassen wir hierbei außen vor. Da bei Abschluss das Geschäft zwischen Ihnen und Ihrer Bank daher fair ist, ist der Marktwert dieser Finanzderivate zu diesem Zeitpunkt in der Regel null. Erst danach »entwickelt« sich der Wert der Position in die eine oder andere Richtung.

Finanzderivate sind aber nicht unser Thema hier. Lesen Sie bitte Kapitel 7, wenn Sie dazu mehr erfahren wollen.

(Auf-)Rechnungsfrage: Mehr Brutto als Netto?

Stellen Sie sich mal wieder Ihren neuen Mieter »Hin und weg Verkaufs GmbH« vor, an die Sie bereits im aktuellen Jahr eine Lagerfläche für EUR 12.000 vermietet hatten. Zur Rechnungsabgrenzung für die Ladenmiete im Folgejahr haben Sie im oberen Beispiel ja bereits eine Verbindlichkeit von EUR 10.000 erfasst, da das Geld dafür bereits auf Ihrem Konto eingegangen ist. Allerdings hat Ihnen der Mieter zum aktuellen Jahresende die vertraglich ebenfalls fällige Lagerflächenmiete von EUR 12.000 noch immer nicht überwiesen. Deshalb erfassen Sie für den Jahresabschluss auch eine entsprechende Forderung, wie in Tabelle 11.3 dargestellt.

Soll		Haben	
Kasse	10.000	Verbindlichkeit gegenüber Mieter	10.000
Forderung gegenüber Mieter	12.000	Mietertrag	12.000

Tabelle 11.3: Mietverbindlichkeit und -forderung

Sie sehen sofort, dass Ihr Mieter Ihnen unterm Strich heute eigentlich EUR 2.000 schuldet. Dürfen Sie die beiden Posten nun miteinander verrechnen und nur die verbleibende Restschuld von EUR 2.000 als Saldo in der Bilanz zeigen? Mit der daraus resultierenden Minderung der Fremdkapitalquote und der damit verbundenen Senkung des Verschuldungsgrades würden Sie bei Ihrem Finanzvorstand sicher punkten.

Die *Fremdkapitalquote* ist eine gebräuchliche Bilanzkennzahl. Sie gibt den Anteil des Fremdkapitals an der gesamten Bilanzsumme Ihres Unternehmens an.

Der *Verschuldungsgrad* ist ebenfalls eine verbreitete Bilanzkennzahl, die besonders bei der Prüfung und Festlegung der Kreditwürdigkeit verwendet wird. Der Verschuldungsgrad gibt das Verhältnis von bilanziellem Fremdkapital zum Eigenkapital an.

Die Saldierungsregelungen sind in IAS 32 enthalten. Demnach erfolgt ein saldierter Ausweis nur dann, wenn

1. ein aktueller Rechtsanspruch für die Verrechnung besteht und

2. Sie die Verrechnung auch tatsächlich vorhaben. In Ihrem Fall würde das bedeuten, dass das Mietverhältnis für die Lagerfläche bereits aufgekündigt wurde und Sie die bereits erhaltenen EUR 10.000 für die Ladenfläche nicht wieder zurücküberweisen, sondern mit den ausstehenden EUR 12.000 verrechnen wollen.

11 ➤ Sichere Schulden: Verbindlichkeiten

Solange diese Voraussetzungen nicht erfüllt sind, müssen Sie sowohl die Forderung als auch die Verbindlichkeit in Ihrer Bilanz ausweisen.

> Generell gilt in der IFRS-Rechnungslegung ein recht strenges *Saldierungsverbot*. Dieses wird lediglich durch ein paar wenige einzelne Vorschriften aufgehoben. Also: Wenn Sie nichts von einer Saldierung finden können, dann saldieren Sie lieber nicht!

Abgangsfrage: Wollen wir sie wieder rauslassen?

Wie schon die Regelungen zur bilanziellen Erfassung finanzieller Verbindlichkeiten, sind auch die Vorschriften zur Ausbuchung zunächst gut nachvollziehbar: Sie dürfen die Verbindlichkeit nämlich nur dann ausbuchen, wenn Ihrerseits die Verpflichtung nicht mehr besteht, also

- ✔ **wenn Sie die Verpflichtung erfüllt haben.** Beispielsweise durch planmäßige Tilgung oder vorläufige Zurückzahlung Ihres Darlehens, indem Sie Ihrer Bank die Aktien aus Ihrem Depot übertragen oder wenn Sie Ihrem Lieferanten zum Ausgleich der ausstehenden Rechnungen ein paar von Ihren produzierten Waschmaschinen übergeben; oder

- ✔ **wenn die Verpflichtung aufgehoben wurde oder ausgelaufen ist.** Also wenn Ihr Lieferant Ihnen die ausstehenden Rechnungen erlassen hat oder die Gültigkeit eines Kundengutscheins abgelaufen ist.

> **BEISPIEL:** Die Vorschriften zur Ausbuchung werden regelmäßig bei einer Umschuldung oder Schuldumwandlung sehr interessant, also wenn Sie beispielsweise zwei bestehende Finanzierungsdarlehen über EUR 50.000 und EUR 25.000 durch ein einzelnes großes Darlehen über EUR 70.000 ersetzen und damit EUR 5.000 der Gesamtschuld gleich tilgen wollen. In diesem Fall müssen Sie untersuchen, inwiefern die Vertragsbedingungen der alten und neuen Verträge übereinstimmen. Bei wesentlichen Unterschieden müssen Sie nämlich die alten Darlehen ausbuchen und das neue gesondert einbuchen.

Falls sich im Rahmen der Ausbuchung einer finanziellen Verbindlichkeit Bewertungsunterschiede ergeben, müssen Sie diese im Ergebnis erfassen. Eine direkte Erfassung im Eigenkapital kommt also nicht infrage.

> Die Untersuchung der Vertragsbedingungen und inwiefern wesentliche Unterschiede bestehen ist oft gar nicht so einfach. Ein Vergleich der Nominalbeträge, der Laufzeiten, der Tilgungsbeträge und -termine sowie der Zinssätze und -termine kann Ihnen einen ersten Anhaltspunkt geben. Nach IAS 39.AG62 müssen Sie zur endgültigen Beantwortung der Frage jedoch rechnen:
>
> Die Unterschiede zwischen den alten und neuen Vertragsbedingungen sind dann wesentlich, wenn der Barwert der verbleibenden Cashflows der alten Darlehen um mehr als 10 Prozent vom Kapitalwert des neuen Darlehens bei Diskontierung mit dem ursprünglichen Effektivzinssatz abweicht. Dann müssen Sie also die alten Darlehen ausbuchen und das neue einbuchen.
>
> Falls Sie die gerade verwendeten Begriffe *Barwert* und *Effektivzinssatz* verwirren, können Sie die Erläuterungen dazu im folgenden Abschnitt nachlesen. Dort

erklären wir auch alle anderen wichtigen *Begriffe* sowie die Vorgehensweise zur Bewertung.

Bilanzierung und Bewertung finanzieller Verbindlichkeiten

Nun wissen Sie bereits, was die finanziellen Verbindlichkeiten sind und wo Sie diese erfassen sollen. Zur Bilanzierung gehört natürlich auch die Bewertung. Und die schauen wir uns jetzt an. Sie werden sehen, dass Sie die Floskel »Denken Sie in Kategorien« hier leider nicht von der Hand weisen können.

Einteilung: Kategorien finanzieller Verbindlichkeiten

In Kapitel 7 konnten Sie erfahren, dass die Bilanzierung und Bewertung finanzieller Vermögenswerte von der Kategorisierung der einzelnen Posten abhängt. Auch die Passivseite der Finanzinstrumente verschont Sie nicht von einer solchen Prozedur – nur dass die Kategorien auf der Passivseite der Bilanz etwas überschaubarer sind. In Abbildung 11.2 sind die Kategorien finanzieller Verbindlichkeiten dargestellt.

Finanzielle Verbindlichkeiten	
erfolgswirksam zum beizulegenden Zeitwert bewertet (at fair value through profit or loss)	zu fortgeführten Anschaffungskosten bewertet (at amortised cost)
zu Handelszwecken gehalten eingestuft (held for trading) / Fair Value Option	Sonstige finanzielle Verbindlichkeiten (other liabilities)

Abbildung 11.2: Kategorien finanzieller Verbindlichkeiten

Beginnen wir zunächst mit der Abgrenzung der in der Abbildung 11.2 enthaltenen Kategorien. Im Anschluss werden Sie erfahren, welche Unterschiede sich aus diesen Kategorien für die Bewertung der darin enthaltenen finanziellen Verbindlichkeiten ergeben. Nach diesen Erläuterungen wird Ihnen wohl auch die Namensgebung für die Kategorien einleuchten.

Als »Zu Handelszwecken gehalten« eingestufte finanzielle Verbindlichkeiten (»held for trading«)

Vor allem die aktuellen Entwicklungen zur Neuregelung der IFRS-Bilanzierungsvorschriften für Finanzinstrumente in IFRS 9 verdeutlichen, dass die Halteabsicht einer Position großen Einfluss auf deren Bilanzierung hat. Konkret ist damit der Zweck gemeint, zu dem Sie die finanzielle Verbindlichkeit eingegangen sind. Wenn Sie die Position kurzfristig wieder zurückkaufen wollen, haben Sie eine Handelsabsicht und müssen die finanzielle Verbindlichkeit entsprechend einstufen als *zu Handelszwecken gehalten*.

Wenn Sie finanzielle Verbindlichkeiten zum kurzfristigen Rückkauf halten, nennt man die Summe dieser Positionen auch Ihren *Handelsbestand*.

Eindeutig zu Ihrem Handelsbestand gehören beispielsweise Lieferverpflichtungen aus Leerverkäufen, bei denen Sie Aktien, die noch nicht in Ihrem Besitz sind, bereits verkauft haben: Sie haben eine Verpflichtung zur Aushändigung der verkauften Aktien an Ihren Vertragspartner.

Ebenfalls in diese Kategorie fallen grundsätzlich alle Finanzderivate, die leider gerade einen negativen Marktwert haben, für die Sie zur Vertragsaufhebung also einen Ausgleichsbetrag an Ihre Bank zahlen müssten. Befremdlich mag für Sie dabei sein, dass diese Kategorisierung gänzlich unabhängig davon ist, ob Sie mit Ihrem Zinsswap nun tatsächlich auf steigende Zinsen zocken wollen oder ob Sie damit das Risiko des nicht vorhersehbaren Zinsaufwands aus Ihrem variabel verzinslichen Darlehen absichern wollen.

Eine Ausnahme bilden hingegen diejenigen Finanzderivate, für die Sie die Bilanzierungsvorschriften des Hedge Accounting anwenden. Diese sind nämlich nicht in der Kategorie zu Handelszwecken gehalten enthalten. Lesen Sie in Kapitel 7 nach, wie Sie die Derivate in Sicherungsbeziehungen behandeln müssen.

Fair Value Option (FVO)

Der IAS 39 gewährt Ihnen ein Wahlrecht, gewisse Positionen freiwillig zum Marktwert (Fair Value) zu bilanzieren. Dafür müssen jedoch bestimmte Kriterien erfüllt sein.

Da die Verwendung der Fair Value Option einen Sonderfall bei der Bilanzierung von Finanzinstrumenten darstellt, der in der Regel von untergeordneter Bedeutung ist, werden wir darauf in diesem Buch nicht weiter eingehen. Falls Sie sich doch näher mit diesem Spezialthema auseinandersetzen wollen, möchten wir Ihnen die Lektüre der einschlägigen Fachliteratur empfehlen.

Sonstige finanzielle Verbindlichkeiten (other liabilities)

Vermittelt Ihnen das Wörtchen »sonstige« auch immer so einen unscheinbaren, gar nebensächlichen Eindruck? Für die finanziellen Verbindlichkeiten trügt dieser Eindruck jedoch, der auf den ersten Blick durch die Vorschriften nicht einmal widerlegt wird: Genau genommen werden *sonstige finanzielle Verbindlichkeiten* im IAS 39.9 nämlich nicht einmal explizit definiert. Die Bewertungskategorie ergibt sich vielmehr im restlichen Standard nur als Restmenge; sozusagen als Sammelbecken für alle finanziellen Verbindlichkeiten, auf die die Kriterien der anderen Bewertungskategorien nicht zutreffen.

In IAS 39.9 sind die Bewertungskategorien des IAS 39 definiert. Auf diesem Fundament steht das gesamte Vorschriftenkonstrukt zur Bilanzierung von Finanzinstrumenten.

Sie fragen sich: Was aber bleibt denn überhaupt noch über, wenn wir

1. Verbindlichkeiten aus Finanzierungsleasing, Steuerverbindlichkeiten und aktienbasierte Vergütung als Spezialfälle ausklammern und
2. nicht von Handelsgeschäften oder Finanzderivaten sprechen?

Sicher haben Sie Ihre Bilanz nicht lange im Detail durchforsten müssen für die Erkenntnis, dass da sogar eine ganz wichtige Position übrig bleibt!

Die bei Ihrer Hausbank aufgenommenen langfristigen Darlehen stellen normalerweise den zweitwichtigsten Finanzierungsbaustein Ihres Unternehmens dar – gleich nach dem Eigenkapital. Da Sie ja keine Bank sind, wollen Sie sich auf die Produktion Ihrer Waschmaschinen konzentrieren und sich nicht regelmäßig auf die Suche nach neuen Geldgebern machen.

Auch Ihre Lieferantenverbindlichkeiten fallen typischerweise in die Kategorie der sonstigen finanziellen Verbindlichkeiten.

Zugangsbewertung: Behandlung beim Zugang

Wann Sie finanzielle Verbindlichkeiten in Ihre Bilanz aufnehmen müssen, haben Sie bereits im Einstieg dieses Kapitels gelesen. Eine Frage ist dabei offengeblieben, nämlich die nach dem Wertansatz. Zugegebenermaßen eine doch recht wesentliche Fragestellung der Bilanzerstellung.

Trotz der komplexen Kategoriendenkweise des IAS 39 klingen die Vorgaben zur Zugangsbewertung von Finanzinstrumenten und im Speziellen für finanzielle Verbindlichkeiten zunächst recht simpel:

Finanzielle Verbindlichkeiten sind bei Zugang immer zum jeweiligen *beizulegenden Zeitwert* (englisch *fair value*) einbuchen.

Den »Fair Value« haben Sie bereits als wichtigen Begriff der internationalen Rechnungslegung in vielen anderen Kapiteln kennengelernt. Für finanzielle Verbindlichkeiten ist dieser Bewertungsbegriff identisch definiert.

Nach der Definition des IAS 39 versteht man den *beizulegenden Zeitwert* oder *Fair Value* als den üblichen Marktpreis, der bei einer Übertragung der Position mit dem Empfänger auszutauschen wäre. Hier ist das also der Betrag, den Sie zahlen müssten, um die Verpflichtung aus der finanziellen Verbindlichkeit loszuwerden.

Wie ermitteln Sie nun aber den *Fair Value* für eine finanzielle Verbindlichkeit bei Zugang? In der Regel ist das gar nicht so schwer: Sie nehmen einfach den *Transaktionspreis*.

11 ➤ Sichere Schulden: Verbindlichkeiten

Der *Transaktionspreis* ist im Allgemeinen der Rechnungs- oder Vertragspreis, auch *Anschaffungskosten* genannt. Bei Darlehen ist das oft der Geldbetrag, den Sie übertragen bekommen haben und später wieder zurückzahlen müssen, daher auch *Rückzahlungsbetrag* genannt.

Bei einem Darlehen über EUR 100.000 mit einer Laufzeit von zehn Jahren würden Sie also die von der Bank erhaltenen EUR 100.000 auf dem Bankkonto und genauso als Verbindlichkeit wie in Tabelle 11.4 einbuchen.

Soll		Haben	
Bank	100.000	Verbindlichkeit ggü. Kreditinstituten	100.000

Tabelle 11.4: Einbuchung Darlehen 1

Sie sehen also: Das funktioniert in diesem Fall zunächst genau wie die Bilanzierung nach deutschem Handelsrecht und nahezu völlig unkompliziert! Unterschiede und Schwierigkeiten ergeben sich erst bei genauerer Betrachtung und bei kleinen Abwandlungen des Beispiels. Diese Spezialitäten wollen wir Ihnen nicht vorenthalten und werden auf diese nun schrittweise gesondert eingehen.

Spezialität 1: Kein Transaktionspreis vorhanden

Falls für eine Verbindlichkeit kein Transaktionspreis vorliegt, können Sie als Fair Value den *Marktpreis der erhaltenen Gegenleistung* heranziehen.

Als Waschmaschinenproduzent erscheint Ihnen der Begriff »Transaktionspreis« im Zusammenhang mit einem Darlehen etwas befremdlich. Aus Ihrer Sicht haben Sie im obigen Beispiel EUR 100.000 erhalten (die erhaltene Gegenleistung!), die Sie in zehn Jahren an Ihre Bank zurückzahlen wollen. Dabei sind wir von einer marktgerechten Verzinsung des Darlehens ausgegangen, also dass Sie mit Ihrer Hausbank einen für die Laufzeit marktüblichen Zinssatz vereinbart haben.

»Marktüblich« bedeutet in diesem Zusammenhang, dass ein anderes Unternehmen mit vergleichbarer Bonität (Kreditwürdigkeit) bei einer anderen Bank ein identisches Darlehen (mit gleichem Nennwert und gleicher Laufzeit) zum selben Zinssatz aufnehmen könnte. Diesen Zinssatz nennt man daher auch *Marktzinssatz*.

Dieser Marktzinssatz bildet die wesentliche Komponente für eine gängige Methode zur Ermittlung des Marktpreises eines Finanzinstruments: die *Kapitalwertmethode* – auch bekannt als *Barwert*-, *Net Present Value*- (kurz *NPV*) oder *Discounted Cash Flow-Methode* (kurz *DCF*).

Kapitalwertmethode

Im Rahmen der Kapitalwertmethode wird ein Vertrag mit den darin vereinbarten Zahlungen bewertet, indem die Barwerte (Gegenwartswerte) der zukünftigen Zahlungen aufsummiert werden. Für das Darlehen, das Sie bereits kennengelernt haben, bedeutet das für den Auszahlungszeitpunkt also:

Kapitalwert des Darlehens bei Auszahlung

t_0 = Auszahlungszeitpunkt des Darlehens

t_i = i Jahre nach Auszahlung des Darlehens

$i = 1, \ldots, 10$ Jahre

$$\text{Kapitalwert}(t_0) = \sum_{i=1}^{10} \text{Barwert}(\text{Zahlung }(t_i))$$

$$= \sum_{i=1}^{10} \text{Zahlung }(t_i) \times (1 + \text{Marktzinssatz})^{-t_i}$$

$$= \sum_{i=1}^{10} \text{Nominalvolumen} \times (1 + \text{Zinssatz}) \times (1 + \text{Marktzinssatz})^{-t_i}$$

Mit einer *marktüblichen Verzinsung von 10 Prozent* (somit beträgt der Marktzinssatz ebenfalls 10 Prozent) können Sie mit der Kapitalwertmethode nun also den Marktpreis des erhaltenen Darlehens berechnen. Tabelle 11.5 stellt das an einem Beispiel dar.

Jahr	Einzahlung	Auszahlung	Zinszahlung = 100.000×0,1	Gesamtzahlung = Einzahlung +Auszahlung +Zinszahlung	Barwert = Gesamtzahlung × (1+0,1)$^{(-\text{Jahr})}$
0	100.000,00			100.000,00	100.000,00
1			−10.000,00	−10.000,00	−9.090,91
2			−10.000,00	−10.000,00	−8.264,46
3			−10.000,00	−10.000,00	−7.513,15
4			−10.000,00	−10.000,00	−6.830,13
5			−10.000,00	−10.000,00	−6.209,21
6			−10.000,00	−10.000,00	−5.644,74
7			−10.000,00	−10.000,00	−5.131,58
8			−10.000,00	−10.000,00	−4.665,07
9			−10.000,00	−10.000,00	−4.240,98
10		−100.000,00	−10.000,00	−110.000,00	−42.409,76
Kapitalwert (Summe der Barwerte für Jahr 1 bis Jahr 10):					**−100.000,00**

Tabelle 11.5: Kapitalwert Darlehen

Mit diesem Wert hatten Sie ja die Darlehensverbindlichkeit bereits im vorherigen Abschnitt eingebucht!

> Streng genommen müssten Sie also alle Ihre Verbindlichkeiten aus Lieferungen und Leistungen fleißig diskontieren. Nur dann würden Sie immer den richtigen Fair Value einbuchen. Dies ist aber in der Regel nicht erforderlich. Für kurzfristige finanzielle Verbindlichkeiten, also bei Laufzeiten von unter einem Jahr, ist der Diskontierungseffekt in der Regel vernachlässigbar, weshalb gemäß IAS 39.AG79 dafür auch keine Abzinsung erforderlich ist.

Spezialität 2: Vom Transaktionspreis abweichender Marktpreis

Nun könnte es passieren, dass am Markt ein von Ihrem Transaktionspreis abweichender Marktpreis beobachtbar ist. Das würde bedeuten, dass Sie den Vertrag (wie jeder andere auch) eigentlich hätten günstiger bekommen können oder teurer bezahlen müssen. Da dies dem Fair-Value-Prinzip widersprechen würde, müssen Sie eben diesen beobachteten »fairen« Marktpreis einbuchen. Die Differenz zu Ihrem tatsächlichen Transaktionspreis würden Sie dann im Ergebnis als Aufwand oder Ertrag erfassen. Die Frage bleibt aber: Wer hat da wen über den Tisch gezogen?

Betrachten wir doch die Glückspilz AG – ein Unternehmen mit einer vergleichbaren Kreditwürdigkeit wie die Ihres Unternehmens – die beim örtlichen Vertreter der Zocker Bank ein identisches Darlehen abgeschlossen hat. Die Zocker Bank verkauft dieses Darlehen sofort weiter an Ihre Hausbank und erhält dafür EUR 105.000. Die Zocker bekommen nun mehr, als Ihre Hausbank Ihnen ausbezahlt hat. Wir müssen nun davon ausgehen, dass die beiden Banken ziemlich gut über die Marktverhältnisse Bescheid wissen. Daher stellt dieser Betrag für das Darlehen, die aktuelle Zinslage und Ihre Kreditwürdigkeit den angemessenen Marktwert dar. Sie haben Ihr Darlehen also leider schlecht mit Ihrer Bank verhandelt. Folglich müssen Sie den höheren Betrag als Verbindlichkeit einbuchen und die Differenz zu Ihrem Auszahlungsbetrag als Aufwand erfassen. Sie müssen das Darlehen über die Buchung in Tabelle 11.6 erfassen.

Soll		Haben	
Bank	100.000	Verbindlichkeit gegenüber Kreditinstituten	105.000
Zinsaufwand	5.000		

Tabelle 11.6: Einbuchung Darlehen 2

Spezialität 3: Agio oder Disagio
Schlechter Scherz in der BWL-Prüfung

Professor: »Was ist ein Agio?«

Prüfling: »Weiß ich nicht.«

Professor: »Durchgefallen!«

Prüfling: »Ich habe aber Anspruch auf drei Fragen!«

Professor: »Nun denn: was ist ein Disagio?«

Prüfling: »...?!?«

Professor: »Was ist der Unterschied zwischen Agio und Disagio?«

Prüfling: »...?!?«

Professor: »Also doch: durchgefallen!«

Falls Sie in dieser Situation auch durchgefallen wären, können wir Sie beruhigen: Nachdem Sie diesen Abschnitt gelesen haben, würden Sie die Prüfung problemlos meistern!

Ein *Agio (Aufgeld)* ist die Differenz zwischen dem Auszahlungsbetrag und dem *niedrigeren* Rückzahlungsbetrag.

Umgekehrt ist ein *Disagio (Abgeld)* die Differenz zwischen dem Auszahlungsbetrag und dem *höheren* Rückzahlungsbetrag.

In der bilanziellen Behandlung dieser Unterschiedsbeträge liegt nämlich ein wesentlicher Unterschied der IFRS-Bilanzierung zum deutschen Handelsrecht. Im HGB erfassen Sie bei der Einbuchung der Darlehensverbindlichkeit nämlich tatsächlich immer den Rückzahlungsbetrag. Die Differenz zum Auszahlungsbetrag können Sie nach den handelsrechtlichen Vorschriften jedoch als Rechnungsabgrenzungsposten auf der Aktivseite einbuchen.

Nach den Vorschriften des IAS 39 müssen Sie hingegen für die Verbindlichkeit den Auszahlungsbetrag erfassen. Die Rechnungsabgrenzung dürfen Sie daher nicht als separaten Posten in Ihre Bilanz aufnehmen.

Wenn nun also Ihr Darlehen mit einem Disagio von EUR 5.000 ausgestaltet ist, bekommen Sie anstelle des Nennwertes von EUR 100.000 nur EUR 95.000 von der Bank ausbezahlt. Am Ende der Laufzeit werden Sie jedoch den vollen Nennbetrag von EUR 100.000 zurückzahlen müssen. Trotzdem dürfen Sie zunächst nur den Auszahlungsbetrag einbuchen. Tabelle 11.7 zeigt Ihnen die Verbuchung auf.

Soll		Haben	
Bank	95.000	Verbindlichkeit gegenüber Kreditinstituten	95.000

Tabelle 11.7: Einbuchung Darlehen 3

Für das Disagio haben Sie mit Ihrer Bank einen vergünstigten Nominalzins für das Darlehen vereinbart. Daher ergibt sich bei der Diskontierung der Kapitalwertmethode ein Effekt aus der Differenz zwischen diesem Nominalzins und Marktzins. Dieser Effekt bewirkt im Beispiel einen Kapitalwert von EUR 95.000 – also identisch zum Auszahlungsbetrag.

Auch nach den Vorschriften des IAS 39 müssen Sie bei Laufzeitende des Darlehens jedoch wieder den Buchwert in Höhe des Rückzahlungsbetrags von EUR 100.000 in Ihrer Bilanz ausweisen. Das erreichen Sie dadurch, dass Sie Unterschiedsbeträge in Form eines Agios oder Disagios gemäß ihres Zinscharakters über die Laufzeit im Ergebnis erfassen. Die dafür erforderliche *Ab- oder Aufzinsung* wird Sie also während der Darlehenslaufzeit beschäftigen – wie genau, werden Sie gleich im Abschnitt zur Folgebewertung erfahren.

Spezialität 4: Emissions- und Transaktionskosten

Aus Erfahrung wissen Sie vielleicht, dass bei Abschluss eines Darlehensvertrags immer auch Kosten entstehen. Zu einem wichtigen Thema für die IFRS-Bilanzierung werden diese Trans-

11 ➤ Sichere Schulden: Verbindlichkeiten

aktionskosten besonders dann, wenn eine neue Finanzierung ansteht oder eine Umschuldung erfolgt, zum Beispiel im Rahmen einer Restrukturierung des Unternehmens.

Für die korrekte Ermittlung der *Transaktionskosten* einer finanziellen Verbindlichkeit gibt IAS 39 im Detail vor, was Sie alles berücksichtigen müssen.

Transaktionskosten für finanzielle Verbindlichkeiten sind nur die Kosten, die sich dem Vertragsabschluss direkt zuordnen lassen und die sonst nicht angefallen wären.

Die folgenden Beispiele für Transaktionskosten summieren sich dann schnell zu einem stattlichen Betrag:

✔ Bankgebühren, insbesondere Gebühren an Investmentbanken

✔ Gebühren für die Bestellung und Eintragung von Grundschulden

✔ Provisionen

✔ Händler-, Makler- oder Vermittlergebühren

✔ Anwaltshonorare

✔ Beraterkosten

✔ Kosten für interne und externe Erstellung von Gutachten

Dass Sie Agien und Disagien gesondert behandeln müssen, haben Sie ja bereits verstanden. Aber auch Schuldzinsen und interne Verwaltungs- oder Haltekosten stellen keine Transaktionskosten dar.

Wenn Sie die Transaktionskosten ermittelt haben, müssen Sie diese je nach *Bewertungskategorie* der finanziellen Verbindlichkeit unterschiedlich erfassen:

✔ Die *erfolgswirksam zum beizulegenden Zeitwert bewerteten finanziellen Verbindlichkeiten* müssen Sie mit dem Fair Value einbuchen – also dem Marktwert, den Sie aufbringen müssten, um die Verpflichtung loszuwerden. Die Transaktionskosten erfassen Sie daher sofort vollständig als Aufwand in der Gewinn-und-Verlust-Rechnung.

✔ Für die *sonstigen finanziellen Verbindlichkeiten* müssen Sie hingegen die Transaktionskosten bereits bei der Einbuchung mit dem Fair Value des Darlehens verrechnen. Bei Transaktionskosten von EUR 10.000 buchen Sie also für das Darlehen über EUR 100.000 nur den Betrag ein, der Ihnen nach Abzug der entstandenen Kosten tatsächlichen zur Verfügung steht. Tabelle 11.8 liefert Ihnen wieder den erforderlichen Buchungssatz dazu. Wie Sie die Transaktionskosten während der Darlehenslaufzeit erfassen, werden Sie gleich im Abschnitt zur Folgebewertung erfahren.

Soll		Haben	
Bank	90.000	Verbindlichkeit gegenüber Kreditinstituten	90.000

Tabelle 11.8: Einbuchung Darlehen 4

Spezialität 5: Un- oder unterverzinsliche Darlehen

Da Ihnen IAS 39 vorschreibt, dass Sie finanzielle Verbindlichkeiten zu ihrem Fair Value einbuchen müssen, erwartet Sie etwas Arbeit, sobald die Vertragsbedingungen mal nicht »fair« sind. Das kann passieren, wenn Sie ein besonders günstiges Darlehen aufgenommen haben, für das Sie keine oder vergleichsweise wenig Zinsen zahlen müssen. Die Annahme ist dabei, dass Ihnen niemand Geld zur Verfügung stellen würde, ohne dass Ihr Geldgeber dafür eine angemessene Gegenleistung von Ihnen erhält.

Wenn Sie von einem Gesellschafter also ein Darlehen über EUR 50.000 erhalten, für das über die gesamte Laufzeit von fünf Jahren keine Zinszahlungen vereinbart wurden, wird daher unterstellt, dass der Gesellschafter für diese Fremdfinanzierung eine andere Gegenleistung erhält. Hier gilt der Grundsatz: »Niemand ist so dumm und verschenkt Geld!« Nach den Vorschriften des IAS 39 müssen Sie diese beiden Sachverhalte getrennt bilanzieren: einerseits ein marktübliches Darlehen, andererseits die Gegenleistung – in unserem Fall eine versteckte Einlage.

Da der marktübliche Zinssatz 10 Prozent beträgt, müssen Sie das Darlehen somit vermindert um den erhaltenen Zinsvorteil einbuchen und den Zinsvorteil separat als Kapitaleinlage erfassen.

Mit der Kapitalwertmethode können Sie den Betrag des Zinsvorteils, wie in Tabelle 11.9 dargestellt, ganz einfach ermitteln.

Jahr	marktübliche Zinszahlung = 50.000 × 0,1	Barwert = (marktübliche Zinszahlung) × $(1+0,1)^{(-Jahr)}$
0	0,00	0,00
1	–5.000,00	–4.545,45
2	–5.000,00	–4.132,23
3	–5.000,00	–3.756,57
4	–5.000,00	–3.415,07
5	–5.000,00	–3.104,61
Kapitalwert:		**–18.953,93**

Tabelle 11.9: Zinsvorteil unverzinsliches Darlehen

Ihr Zinsvorteil für das zinslose Gesellschafterdarlehen beträgt im Beispiel also EUR 18.954, weshalb der Fair Value des Darlehens lediglich EUR 31.046 beträgt. Ihr Buchungssatz lautet demnach wie in Tabelle 11.10 dargestellt:

Soll		Haben	
Bank	50.000	Verbindlichkeit gegenüber Kreditinstituten	31.046
		Eigenkapital	18.954

Tabelle 11.10: Einbuchung Darlehen 5a

11 ➤ Sichere Schulden: Verbindlichkeiten

Ähnlich könnte der Gesellschafter von Ihnen für das unverzinsliche Darlehen die Zusage bekommen haben, dass er in den kommenden drei Jahren produzierte Waschmaschinen unter Einstandspreis von Ihrem Unternehmen erwerben kann.

In diesem Fall würden Sie den Zinsvorteil als Leistungsverbindlichkeit in einem passiven Rechnungsabgrenzungsposten erfassen, den Sie dann anteilig mit den getätigten Käufen des Gesellschafters während der nächsten drei Jahre wieder auflösen. Tabelle 11.11 zeigt Ihnen, wie Sie diesen Sachverhalt erfassen würden.

Soll		Haben	
Bank	50.000	Verbindlichkeit gegenüber Kreditinstituten	31.046
		Passive Rechnungsabgrenzung	18.954

Tabelle 11.11: Einbuchung Darlehen 5b

Folgebewertung: Behandlung an Folgestichtagen

Über die komplizierte Benennung der Kategorien für finanzielle Verbindlichkeiten haben Sie sich vielleicht schon beschwert. Da sich die Kategorien auf die unterschiedliche Bilanzierung und Bewertung beziehen, werden Ihnen die Bezeichnungen in diesem Abschnitt sicherlich verständlicher werden.

Erfolgswirksam zum beizulegenden Zeitwert bewertete finanzielle Verbindlichkeiten

Mit den finanziellen Verbindlichkeiten des Handelsbestands (also die Kategorie der *zu Handelszwecken gehalten eingestuften finanziellen Verbindlichkeiten*) wollen Sie ja grundsätzlich kurzfristig Gewinne erzielen. Gewinne erzielen Sie dabei ja immer nur, wenn sich der Marktpreis der Positionen zu Ihren Gunsten verändert. Da der verständige Bilanzleser weiß, dass Sie dies vorhaben, ist es sinnvoll, wenn Sie diese Positionen auch in der Folge immer mit dem Marktwert ansetzen. Dann sieht man gleich, ob Ihre Taktik aufgeht und Sie ein zweiter »Gordon Gekko« sind – hoffentlich aber mit einem etwas rühmlicheren Ende.

Die Marktpreise dieser Posten sollten locker beobachtbar sein, sonst wird es mit der Zockerei schwer. Unternehmen, die solche Positionen halten, wissen auch, wo sie den Marktpreis auftreiben können.

Auch Derivate müssen Sie jederzeit zum Fair Value bewerten – selbst wenn Sie Derivate nicht mit Handelsabsicht, sondern nur zur Absicherung möglicher Wertschwankungen anderer Positionen abschließen. Diese Vorschrift ergibt sich daraus, dass Derivate (im Gegensatz zu Darlehen) in der Regel grundsätzlich jederzeit handelbar sind und sich der Marktwert schneller ändert. So müssten Sie nur bei Ihrer Bank anrufen, um einen Zinsswap oder ein Devisentermingeschäft von einem auf den anderen Tag loszuwerden – bei Ihrem Darlehen wäre das schon eindeutig schwieriger.

Die Marktwerte der Derivate sollte Ihnen Ihre Bank zur Verfügung stellen können. Ob deren Berechnungen dann absolut korrekt sind oder nicht – Ihr Prüfer ist sehr erfreut, wenn Sie eine offizielle Berechnung einer Bank vorliegen haben.

Die Wertänderung zwischen zwei Stichtagen von *zu Handelszwecken gehalten eingestuften finanziellen Verbindlichkeiten* müssen Sie entsprechend in der Gewinn-und-Verlust-Rechnung erfassen.

Angenommen, Sie haben im Vorjahr einen Zinsswap mit einem negativen Fair Value von EUR -10.000 bilanziert. Zwischenzeitlich haben sich die Marktzinsen so entwickelt, dass der aktuelle Fair Value nur noch EUR -3.000 beträgt. Die Wertentwicklung verbuchen Sie dann als Finanzertrag wie in Tabelle 11.12 dargestellt:

Soll		Haben	
Sonst. finanzielle Verb. (Zinsswap)	7.000	Finanzergebnis	7.000

Tabelle 11.12: Wertänderung Zinsswap 1

Wenn dann im Folgejahr der Fair Value des Zinsswaps sogar weiter auf EUR +5.000 steigt, buchen Sie die finanzielle Verbindlichkeit aus und einen finanziellen Vermögenswert ein. Ist doch toll, oder? Das Ganze wickeln Sie über den Buchungssatz aus Tabelle 11.13 ab.

Soll		Haben	
Sonst. finanzielle Verb. (Zinsswap)	3.000	Finanzergebnis	8.000
Sonst. finanzielle VW (Zinsswap)	5.000		

Tabelle 11.13: Wertänderung Zinsswap 1

Zu fortgeführten Anschaffungskosten bewertete finanzielle Verbindlichkeiten

Für sonstige finanzielle Verbindlichkeiten besteht in der Regel eben keine Absicht zu einer kurzfristigen vorzeitigen Kündigung oder Rückzahlung.

Sonstige finanzielle Verbindlichkeiten müssen Sie nach Einbuchung bis zum Laufzeitende zu deren *fortgeführten Anschaffungskosten* unter Verwendung der *Effektivzinsmethode* in Ihrer Bilanz abbilden.

Und schon wieder so ein Begriff aus der Welt der Finanzmathematik – die *Effektivzinsmethode*. Zum Verständnis zerlegen wir die obige Definition mal in die zwei wesentlichen Teile:

✔ Fortgeführte Anschaffungskosten

✔ Amortisation mit der Effektivzinsmethode

11 ➤ Sichere Schulden: Verbindlichkeiten

Fortgeführte Anschaffungskosten

Die fortgeführten Anschaffungskosten ergeben sich für finanzielle Verbindlichkeiten zunächst aus den historischen Anschaffungskosten, also dem bei Zugang eingebuchten Fair Value. Bestimmte Wertänderungen der finanziellen Verbindlichkeiten müssen Sie dann während der Laufzeit (also nur für die Folgebewertung) berücksichtigen:

- ✔ **Tilgungen oder weitere Auszahlungen** sorgen dafür, dass sich der ursprüngliche Auszahlungsbetrag vom Rückzahlungsbetrag unterscheidet. Diese Entwicklung muss also bei der Bewertung der finanziellen Verbindlichkeit berücksichtigt werden.

- ✔ **Agio oder Disagio** sorgt dafür, dass bereits bei Einbuchung der finanziellen Verbindlichkeit der Auszahlungsbetrag vom Rückzahlungsbetrag abweicht. Diese Differenz muss nach IAS 39 über die Laufzeit verteilt werden.

- ✔ **Transaktionskosten**, die Sie bei der Erstbewertung erfasst haben, müssen Sie ebenfalls über die Vertragslaufzeit verteilen.

Nach IAS 39 müssen Sie diese Beträge also während der Vertragslaufzeit der finanziellen Verbindlichkeit im Buchwert berücksichtigen und die Wertänderungen in der Gewinn-und-Verlust-Rechnung erfassen.

Diese Verrechnung der Unterschiedsbeträge oder der Transaktionskosten nennt man auch *Amortisation*.

Und natürlich enthält IAS 39 auch Vorschriften, wie Sie diese Amortisationsbeträge konkret ermitteln müssen – nämlich mit der *Effektivzinsmethode*.

Das Beispiel in Tabelle 11.14 stellt noch einmal systematisch die Ermittlung der fortgeführten Anschaffungskosten dar.

	Allgemein		Beispiel
	Betrag der Erstbewertung = Fair Value = historische Anschaffungskosten		90.000
−	Tilgungen	−	20.000
+	Zusätzliche Auszahlungen	+	10.000
−	Bereits erfolgte Amortisation eines Agios	+	0
+	Bereits erfolgte Amortisation eines Disagios	−	9.000
+	Bereits erfolgte Amortisation von Transaktionskosten	−	4.500
=	**Fortgeführte Anschaffungskosten (aktueller Buchwert)**	=	66.500

Tabelle 11.14: Fortgeführte Anschaffungskosten

Amortisation mit der Effektivzinsmethode

Die einfachste Methode zur Verteilung von Transaktionskosten oder Unterschiedsbeträgen in Form von (Dis-)Agien auf die Vertragslaufzeit einer finanziellen Verbindlichkeit ist die *lineare Amortisation*.

Nur wenn der Amortisationsbetrag nicht wesentlich ist, können Sie die vereinfachte Methode der linearen Amortisation verwenden, bei der Sie lediglich eine zeitanteilig gleichmäßige Aufteilung vornehmen. Diese Methode ist nämlich nicht kompliziert genug!

Bei einem Darlehen mit Transaktionskosten von EUR 10.000 und einer Laufzeit von zehn Jahren würden Sie die Verbindlichkeit also jährlich um EUR 1.000 (= EUR 10.000 / 10 Jahre) erhöhen und diesen Betrag im entsprechenden Jahr als Zinsaufwand erfassen. Die einfache Buchung zeigt Ihnen Tabelle 11.15.

Soll		Haben	
Zinsaufwand	1.000	Darlehensverbindlichkeit	1.000

Tabelle 11.15: Lineare Amortisation von Transaktionskosten

So simpel die lineare Amortisation auch ist: Leider dürfen Sie diese Methode nur in Ausnahmefällen verwenden. Nur wenn sich kein wesentlicher Unterschied zu der in IAS 39 eigentlich vorgeschriebenen Effektivzinsmethode ergibt, dürfen Sie nämlich auf diese Vereinfachung zurückgreifen.

Bei der *Effektivzinsmethode* erfolgt die Amortisation auf Basis eines kalkulatorischen Zinssatzes, dem sogenannten Effektivzins. Dadurch wird bei der Buchwertveränderung der finanziellen Verbindlichkeit auch der Zinseszinseffekt berücksichtigt – bei einem hohen Amortisationsbetrag oder einer langen Vertragslaufzeit kann dieser Effekt schnell zu wesentlichen Abweichungen von der linearen Amortisation führen.

Der *Effektivzins* ist derjenige Zinssatz, mit dem die zukünftigen Zahlungsmittelzuflüsse oder -abflüsse während der Laufzeit auf den aktuellen Nettobuchwert der finanziellen Verbindlichkeit abgezinst werden. Es ist also der Zinssatz, mit dem eine Zahlungsreihe von Ein- und Auszahlungen abgezinst werden muss, damit diese in Summe null ergibt. Ein Nullsummenspiel also!

Durchatmen! Ein Beispiel sagt mehr als tausend Definitionen. Aber eigentlich müsste ja jeder die Effektivzinsberechnung kennen, da doch die Werbung für Autohäuser, Baufinanzierer und Elektronikmärkte nur so mit dem Begriff »effektiver Jahreszins« um sich schmeißt.

Betrachten wir erneut Ihr Bankdarlehen über EUR 100.000, das Sie nur zu 97 Prozent ausbezahlt bekommen. Wegen dieses Disagios von EUR 3.000 konnten Sie trotz des aktuellen Marktzinssatzes von 10 Prozent einen Nominalzins von 9 Prozent mit Ihrer Bank vereinbaren. Darüber hinaus sind Ihnen für den Abschluss des Darlehens Transaktionskosten in Höhe von EUR 5.000 angefallen.

Mit der *Kapitalwertmethode* können Sie also wieder die Zahlungsreihe für Ihr Darlehen aufstellen. Zur Barwertermittlung bei Einbuchung des Darlehens verwenden Sie nun jedoch

11 ➤ Sichere Schulden: Verbindlichkeiten

nicht den Marktzinssatz, sondern den (im ersten Schritt noch unbekannten) Effektivzins für das Darlehen. Nach der Definition ist das derjenige Zinssatz, für den Sie als Kapitalwert den Erstbuchwert (also den Auszahlungsbetrag) erhalten. Dann ergibt nämlich die Summe der diskontierten Ein- und Auszahlungen null – davon können Sie sich in Tabelle 11.16 selbst überzeugen!

> Damit Sie bei der Effektivzinsermittlung nicht durch *wiederholtes Ausprobieren* verzweifeln, lassen Sie sich am besten von Bill Gates unter die Arme greifen. Dazu übertragen Sie die in Tabelle 11.16 dargestellte Zahlungsreihe in eine Excel-Datei. Wenn Sie die Spalte mit der Barwertberechnung auf eine Zelle mit dem Effektivzins verformeln, können Sie ganz einfach die in Excel angebotene Funktion der *Zielwertsuche* nutzen, um auf die Lösung für den Effektivzinssatz zu kommen. Im Beispiel hat die Zielwertsuche den Wert von 10,32 Prozent geliefert.

Jahr	Einzahlung = Nominal − Disagio − Transaktionskosten	Auszahlung = Nominal = Rückzahlungsbetrag	Zinszahlung = 100.000 × 0,1	Gesamtzahlung = Einzahlung + Auszahlung + Zinszahlung	Barwert mit $r[eff]$ = Gesamtzahlung $\times (1+r[eff])^{(-Jahr)}$
0	100.000 −3.000 −5.000 = 92.000,00			92.000,00	92.000,00
1			−9.000,00	−9.000,00	−8.158,09
2			−9.000,00	−9.000,00	−7.394,94
3			−9.000,00	−9.000,00	−6.703,18
4			−9.000,00	−9.000,00	−6.076,13
5			−9.000,00	−9.000,00	−5.507,73
6			−9.000,00	−9.000,00	−4.992,51
7			−9.000,00	−9.000,00	−4.525,49
8			−9.000,00	−9.000,00	−4.102,15
9			−9.000,00	−9.000,00	−3.718,41
10		−100.000,00	−9.000,00	−109.000,00	−40.821,37
Kapitalwert (ergibt sich mit Effektivzins = $r[eff]$ = 0,1032):					**−92.000,00**

Tabelle 11.16: Effektivzinsermittlung Darlehen

Nun haben Sie also mit dem Effektivzinssatz einen speziellen Zinssatz für Ihr Darlehen ermittelt, der die theoretische oder effektive Verzinsung unter Berücksichtigung des Disagios und der Transaktionskosten angibt. Der Zinssatz (im Beispiel 10,32 Prozent) gibt Ihnen nun darüber Auskunft, was Sie tatsächlich an Zinsen zahlen. Vergleichen Sie das mal mit dem von der Bank in den Vertrag geschriebenen Zinssatz (im Beispiel 9 Prozent) und Sie sehen, was Ihnen die Bank da noch so nebenbei an »versteckten Zinsen« aufgedrückt hat.

Wenden Sie diesen Effektivzinssatz nun ganz einfach auf den Auszahlungsbetrag des Darlehens an – als ob Sie mit Ihrer Bank direkt schon 10,32 Prozent Zinsen vereinbart hätten. Damit erhalten Sie dann den rechnerischen Zinsaufwand und als Differenz zur tatsächlichen Zinszahlung die Buchwertentwicklung, wie in Tabelle 11.17 schön übersichtlich dargestellt.

Jahr	Buchwert Jahresbeginn = Buchwert Vorjahresende	Rechnerischer Zinsaufwand = Buchwert Jahresbeginn ×0,1032	Tatsächliche Zinszahlung = 100.000×0,1	Buchwertveränderung = rechnerischer Zinsaufwand –tatsächliche Zinszahlung	Buchwert Jahresende = Buchwert Jahresbeginn +Buchwertveränderung
0	0				-92.000,00
1	-92.000,00	-9.494,32	-9.000,00	-494,32	-92.494,32
2	-92.494,32	-9.545,33	-9.000,00	-545,33	-93.039,65
3	-93.039,65	-9.601,61	-9.000,00	-601,61	-93.641,25
4	-93.641,25	-9.663,69	-9.000,00	-663,69	-94.304,95
5	-94.304,95	-9.732,18	-9.000,00	-732,18	-95.037,13
6	-95.037,13	-9.807,75	-9.000,00	-807,75	-95.844,88
7	-95.844,88	-9.891,10	-9.000,00	-891,10	-96.735,98
8	-96.735,98	-9.983,07	-9.000,00	-983,07	-97.719,05
9	-97.719,05	-10.084,52	-9.000,00	-1.084,52	-98.803,56
10	-98.803,56	-10.196,44	-9.000,00	-1.196,44	-100.000,00

Tabelle 11.17: Buchwertentwicklung mit Effektivzinsmethode

In der letzten Spalte in Tabelle 11.17 sehen Sie die Buchwertentwicklung des Darlehens:

✔ Bei Einbuchung beträgt der Buchwert nur EUR 92.000, weil Sie aufgrund des Disagios und der Transaktionskosten unterm Strich nur diesen Betrag zur Verfügung haben. Deshalb ist der in Tabelle 11.18 aufgeführte Buchungssatz angebracht.

Soll		Haben	
Bank	92.000	Darlehensverbindlichkeit	92,000

Tabelle 11.18: Effektivzinsmethode – Einbuchung in Jahr 0

✔ Während der Laufzeit erhöht sich der Buchwert von EUR 92.000 auf EUR 100.000. In der Spalte Buchwertveränderung können Sie sehen, dass diese Zunahme jedoch nicht linear erfolgt, sondern ansteigt. So *amortisieren* Sie in Jahr 1 noch EUR 494, in Jahr 5 bereits EUR 732 und in Jahr 10 sogar EUR 1.196.

Da Sie jährlich EUR 9.000 Zinsen bezahlen, die Berechnung mit dem Effektivzins aber einen höheren Zinsaufwand ergibt, wandert die Differenz in den Buchwert und wird dort in den Folgejahren wieder verzinst – das ist der Zinseszinseffekt!

Abgebildet wird der Zinsaufwand über die Laufzeit durch die Buchungssätze in Tabelle 11.19 bis Tabelle 11.21.

11 ➤ Sichere Schulden: Verbindlichkeiten

Soll		Haben	
Zinsaufwand aus Amortisation	494,32	Darlehensverbindlichkeit	494,32

Tabelle 11.19: Effektivzinsmethode – Amortisation in Jahr 1

Soll		Haben	
Zinsaufwand aus Amortisation	732,18	Darlehensverbindlichkeit	732,18

Tabelle 11.20: Effektivzinsmethode – Amortisation in Jahr 5

Soll		Haben	
Zinsaufwand aus Amortisation	1.196,44	Darlehensverbindlichkeit	1.196,44

Tabelle 11.21: Effektivzinsmethode – Amortisation in Jahr 10

✔ Zum Ende der Vertragslaufzeit beträgt der Buchwert dann EUR 100.000. Na klar, das ist schließlich genau der Betrag, den Sie in zehn Jahren an Ihre Bank zurückzahlen müssen. Die Rückzahlung erfassen Sie über eine Buchung, wie in Tabelle 11.22 dargestellt.

Soll		Haben	
Darlehensverbindlichkeit	100.000	Bank	100.000

Tabelle 11.22: Effektivzinsmethode – Ausbuchung in Jahr 10

Für festverzinsliche Darlehen können Sie mit der Effektivzinsmethode nun also bereits bei Vertragsabschluss die Buchwertentwicklung über die Vertragslaufzeit genau ausrechnen.

Bei variabel verzinslichen Darlehen funktioniert das alles genauso wie eben beschrieben. Weil die von Ihnen zu zahlenden Zinssätze bei diesen Darlehen bei Vertragsabschluss noch nicht für die gesamte Vertragslaufzeit feststehen, können Sie nur mit Annahmen auf Basis der aktuellen Zinsinformationen rechnen. Da auch Sie die zukünftige Zinsentwicklung jedoch leider nicht voraussagen können, werden die tatsächlichen Zinssätze aber von Ihren Annahmen abweichen. Da sich dadurch auch der Effektivzinssatz ändert, müssen Sie diesen für die variabel verzinslichen Darlehen nach IAS 39 zu jedem Stichtag erneut berechnen. Wie aufwendig!

Je nach Zinsentwicklung können sich für variabel verzinsliche Darlehen aus der Effektivzinsmethode bilanzielle Effekte ergeben, die bei Einbuchung genauso wenig vorhersehbar sind, wie die zukünftige Zinsentwicklung selbst.

Da die Zinsentwicklung nicht vorhersehbar ist, bietet sich auch für variabel verzinsliche finanzielle Verbindlichkeiten die Absicherung zukünftiger Zinszahlungen durch den Abschluss eines Zinsswaps an.

Bei getrennter Bilanzierung des Darlehens und des entsprechenden Swaps können jedoch unerwünschte bilanzielle Effekte entstehen. Zur Vermeidung dieser Effekte können Sie die Vorschriften zum Hedge Accounting anwenden, die Sie in Kapitel 7 nachlesen können.

Internationales Geschäft: Fremdwährungsverbindlichkeiten

Insbesondere wenn Ihr Unternehmen Geschäftsbeziehungen in Länder mit einer anderen Währung unterhält, hat Sie das Stichwort »Fremdwährung« sicherlich schon oft beschäftigt. In Ihrem IFRS-Abschluss müssen Sie nämlich sämtliche Sachverhalte einheitlich in einer einzigen Währung – Ihrer Berichtswährung – darstellen. Ein Darlehen in USD müssen Sie also für die Bilanzierung zunächst in EUR umrechnen, wenn EUR Ihre Berichtswährung darstellt.

Zugangsbewertung

Für die Einbuchung verlangt IAS 21 die Umrechnung von finanziellen Verbindlichkeiten mit dem Kassakurs bei Vertragsabschluss, also dem an diesem Tag gültigen Währungskurs.

USD-Darlehen: Einbuchung am 01.01.

Als Beispiel betrachten wir Ihr Darlehen über USD 100.000, das Sie zum 01.01. bei Ihrer Bank aufnehmen, für das Sie zum Marktzins von 10 Prozent pro Jahr vierteljährlich Zinsen zahlen und für das keinerlei Transaktionskosten angefallen sind. Dieses Darlehen rechnen Sie also mit dem am 01.01. (Datum des Vertragsabschlusses) gültigen Wechselkurs von 1,25 USD/EUR um und buchen es in EUR wie in Tabelle 11.23 folgt ein.

Soll		Haben	
Bank	80.000	USD-Darlehensverbindlichkeit	80.000

Tabelle 11.23: Einbuchung Fremdwährungsdarlehen am 01.01.

Folgebewertung

Nachdem Sie eine Fremdwährungsverbindlichkeit eingebucht haben, fordert IAS 21 für die Folgebewertung die Umrechnung mit dem am jeweiligen Stichtag gültigen Wechselkurs. Ebenfalls müssen Sie die Aufwendungen aus finanziellen Verbindlichkeiten jeweils mit dem Wechselkurs des Tages umrechnen, an dem die Aufwendung angefallen ist.

Die Bewertungseffekte, die auf die Änderung der Wechselkurse zurückzuführen sind, müssen Sie in der Gewinn-und-Verlust-Rechnung erfassen.

IAS 21 fordert außerdem, dass Sie alle in der Gewinn-und-Verlust-Rechnung erfassten Währungsumrechnungsdifferenzen im Anhang angeben. Schon dafür müssen Sie die Währungseffekte also auch separiert vom Zinsaufwand aus der Amortisation ermitteln. Es bleibt Ihnen also keine Arbeit erspart.

USD-Darlehen: Folgebewertung am 31.03.

Für das USD-Darlehen notiert der USD-Kurs am 31.03. bei 1,30 USD/EUR. Da Sie keine Unterschiedsbeträge oder Transaktionskosten amortisieren müssen, beträgt der Buchwert des USD-Darlehens noch immer USD 100.000. Auch diesen Betrag rechnen Sie am 31.03. mit dem Stichtagskurs von 1,30 USD/EUR um, erhalten somit EUR 76.923 und müssen die Wertänderung (also die Differenz zu den bisher erfassten EUR 80.000) als Ertrag aus Wechselkursdifferenzen ebenfalls in der Gewinn-und-Verlust-Rechnung erfassen. Tabelle 11.24 zeigt Ihnen, wie Sie den Effekt erfassen.

Soll		Haben	
USD-Darlehensverbindlichkeit	3.077	Sonstiger finanzieller Ertrag	3.077

Tabelle 11.24: Folgebewertung Fremdwährungsdarlehen am 31.03.

Da am 31.03. die Zinszahlung von USD 2.500 (= USD 100.000 × 0,1 / 4) fällig ist, erfassen Sie bei dem Kurs von 1,30 USD/EUR außerdem einen Zinsaufwand von EUR 1.923. Der zugehörige Buchungssatz ergibt sich aus Tabelle 11.25.

Soll		Haben	
Zinsaufwand	1.923	Bank	1.923

Tabelle 11.25: Zinsaufwand Fremdwährungsdarlehen am 31.03.

USD-Darlehen: Folgebewertung am 30.06.

Zum Halbjahresstichtag am 30.06. sinkt der USD-Kurs wieder auf 1,28 USD/EUR. Die Wertänderung von den bisher erfassten EUR 76.923 müssen Sie daher als Aufwand aus Wechselkursdifferenzen durch den in Tabelle 11.26 abgebildeten Buchungssatz in die Gewinn-und-Verlust-Rechnung buchen.

Soll		Haben	
Sonstiger finanzieller Aufwand	1.202	USD-Darlehensverbindlichkeit	1.202

Tabelle 11.26: Folgebewertung Fremdwährungsdarlehen am 30.06.

Die am 30.06. fällige Zinszahlung erfassen Sie als Zinsaufwand in Höhe von EUR 1.953 durch die Buchung in Tabelle 11.27.

Soll		Haben	
Zinsaufwand	1.953	Bank	1.953

Tabelle 11.27: Zinsaufwand Fremdwährungsdarlehen am 31.06.

USD-Darlehen: Folgebewertung am 30.09.

Wenn zum 30.09. der USD-Kurs weiter auf 1,22 USD/EUR sinkt, steigt der EUR-Buchwert des Darlehens sogar auf EUR 81.967 und Sie erfassen die Wertänderung dann als Aufwand aus Wechselkursdifferenzen durch die Buchung in Tabelle 11.28.

Soll		Haben	
Sonstiger finanzieller Aufwand	3.842	USD-Darlehensverbindlichkeit	3.842

Tabelle 11.28: Folgebewertung Fremdwährungsdarlehen am 30.09.

Für die am 30.09. fällige Zinszahlung erfassen Sie außerdem einen Zinsaufwand von EUR 2.049. Auch diesen Effekt können Sie durch eine Buchung wie in Tabelle 11.29 abbilden.

Soll		Haben	
Zinsaufwand	2.049	Bank	2.049

Tabelle 11.29: Zinsaufwand Fremdwährungsdarlehen am 30.09.

Teil IV

Weder links noch rechts: Weitere Abschlussbestandteile

In diesem Teil ...

Die meisten interessiert erst einmal das Jahresergebnis in einem Jahresabschluss. Dazu sollten Sie aber wissen, wie sich dieses nach IFRS zusammensetzt. Also schauen wir uns die einzelnen Vorschriften zur Gewinn-und-Verlust-Rechnung gleich zu Anfang dieses Teils an.

Bilanz und Gewinn-und-Verlust-Rechnung machen einen IFRS-Abschluss aber noch nicht komplett. Ein (zum Teil sehr arbeitsintensiver und daher oft lästiger) Anhang gehört auch hinein. Und der hat es in sich und kann Ihren Drucker heiß laufen lassen. Sie lesen in einem Kapitel, was Sie unbedingt in Ihrem Anhang zeigen sollten. Die Kapitalflussrechnung und die Entwicklung des Eigenkapitals sind dabei nur zwei von vielen wichtigen Bestandteilen, die wir Ihnen eingehend erläutern.

Zum Schluss setzen wir noch einen drauf! Für börsennotierte Gesellschaften kommen mit der Segmentberichterstattung und dem Ergebnis pro Aktie noch zwei extra »Goodies« dazu. Letzteres ist nicht nur einfache Mathematik.

Aber rechnen Sie nicht mit dem Schlimmsten. Wir stellen Ihnen die Tricks und Kniffe vor, die Ihnen bei der Komplettierung Ihres IFRS-Abschlusses helfen.

Top oder Flop: Die Gewinn-und-Verlust-Rechnung

In diesem Kapitel

▶ Die Gesamtergebnisrechnung kennenlernen

▶ Machen wir schon Umsatz? Umsatzrealisierung nach IFRS

▶ Außerordentliche Aufwendungen nach IFRS

▶ Das erfolgsneutrale Ergebnis

▶ Die Bilanzierung latenter Steuern verstehen

*I*n den bisherigen Kapiteln haben Sie viel über die einzelnen Bilanzposten gelernt. Da Sie aber ganz genau wissen, dass nicht jede Buchung nur auf Bilanzposten erfolgt, schauen wir uns in diesem Kapitel an, was sich denn in der Gewinn-und-Verlust-Rechnung so alles abspielt. Wir gehen dabei Schritt für Schritt so ziemlich alle wesentlichen Sachverhalte durch, die die GuV bietet.

Im Gegensatz zur Bilanz, die die Vermögenswerte, Schulden und das Eigenkapital zu einem bestimmten Zeitpunkt darstellt, zeigt die GuV die Aufwendungen und Erträge Ihres Unternehmens während einer bestimmten Periode. Die Gewinn-und-Verlust-Rechnung ist daher immer dann nützlich, wenn ein Leser Ihres Abschlusses wissen möchte, wie erfolgreich oder nicht erfolgreich Ihr Unternehmen in einem gewissen Zeitraum war.

Eine Frage der Darstellung: GuV-Struktur

Zunächst wollen wir Ihnen zeigen, wie Sie Ihre Aufwendungen und Erträge nach IFRS darstellen. Kommen wir daher auf den Ausweis des (Perioden-)Erfolgs (oder leider in manchen Fällen auch Misserfolgs) nach IFRS zu sprechen. Als Erstes klären wir, was Sie alles in einer GuV darstellen müssen und dann zeigen wir Ihnen die verschiedenen Möglichkeiten, die Ihnen die IFRS für die Darstellung der GuV bieten.

Grundsätzliches: Was wird dargestellt

Was müssen Sie eigentlich alles in der Gewinn-und-Verlust-Rechnung darstellen? Wie Sie aus dem Kapitel 4 bereits wissen, gibt es in der IFRS-Welt keine bestimmte Gliederungsvorschrift, die Sie unbedingt einhalten müssen.

Die GuV nach IFRS hat keine fest definierte Gliederung. Es gibt lediglich ein paar Mindestgliederungspunkte, die in einer GuV abgebildet werden sollten. Dies natürlich immer nur, wenn die einzelnen Sachverhalte auch für Sie zutreffen.

In IAS 1 finden sich die folgenden Posten, die Sie in Ihrer Gewinn-und-Verlust-Rechnung nach IFRS »mindestens« darstellen müssen:

- ✔ Umsatzerlöse
- ✔ Finanzierungsaufwendungen
- ✔ Gewinne und Verluste aus Unternehmen, die nach der Equity-Methode bilanziert werden
- ✔ Steueraufwendungen
- ✔ Ergebnis nach Steuern aus aufgegebenen Geschäftsbereichen
- ✔ Gewinn oder Verluste der Periode

Auf den ersten Blick erscheinen die Mindestanforderungen gar nicht so hoch. Bei einem Blick in IAS 1.85 fällt Ihnen dann aber sicher auf, dass Sie zusätzliche Posten, Überschriften und Zwischensummen einfügen sollen, wenn diese für das Verständnis der Ertragslage eines Unternehmens relevant sind. Dies wird in den allermeisten Unternehmen der Fall sein. In Kapitel 4 haben wir einen Vorschlag für eine nach IFRS ordentlich gegliederte GuV zusammengestellt. Schauen Sie doch bei Interesse kurz vorbei.

Sie werden sehen, dass die GuV (wie auch die Bilanz) nach IFRS keine festgelegten Begriffe kennt. Bei einem Vergleich von verschiedenen Abschlüssen eines Unternehmens, werden Sie jedoch häufig einen ähnlichen Aufbau sowie ähnliche Begriffe wiederfinden. Sollte Ihnen daher einmal die Entscheidung schwerfallen, wie Sie etwas nach IFRS benennen sollen, hilft neben einem Blick in die Standards oftmals auch ein Blick in die Abschlüsse anderer Unternehmen.

Eine Frage des Geschmacks: Gesamtkostenverfahren oder Umsatzkostenverfahren

Nachdem Sie jetzt wissen, was Sie alles darstellen müssen, stellt sich Ihnen nun die Frage, wie Sie es darstellen sollten. Hier bieten uns die IFRS (übrigens genauso wie die Regelungen des HGB) zwei grundsätzlich verschiedene Darstellungsformen. Der Unterschied der Darstellung bezieht sich lediglich darauf, ob Sie Ihre Aufwendungen getrennt nach deren Art oder getrennt nach deren Funktion angeben wollen.

- ✔ **Das Gesamtkostenverfahren (oder kurz GKV)** ist eine Aufstellung nach der Art der Aufwendungen.
- ✔ **Das Umsatzkostenverfahren (oder kurz UKV)** ist eine Aufstellung nach den Funktionsbereichen des Unternehmens.

Das Endergebnis, also der Gewinn oder Verlust der Periode, bleibt natürlich das gleiche, egal für welche Darstellungsform Sie sich entscheiden.

International werden Sie häufiger das Umsatzkostenverfahren antreffen, während in der HGB-Welt immer noch das Gesamtkostenverfahren vorherrschend ist. Eine Umstellung auf die Rechnungslegung nach IFRS bedeutet daher häufig auch eine

Umstellung der Darstellungsform der Gewinn-und-Verlust-Rechnung. Diese sollten Sie gleich zu Beginn Ihrer Umstellungsüberlegungen für Ihr Unternehmen festlegen.

Wir schauen uns die beiden Verfahren zur Aufstellung einer GuV nach IFRS nun einmal genauer an.

Die Gewinn-und-Verlust-Rechnung nach dem Gesamtkostenverfahren

Wenden Sie das Gesamtkostenverfahren an, so werden Sie alle Aufwendungen nach ihrer Art zusammenfassen. Beispiele für Kostenarten sind Abschreibungen, Materialeinkauf, Transportkosten, Leistungen an Arbeitnehmer, Werbekosten.

Das Gesamtkostenverfahren ist einfach anzuwenden, da Sie die betrieblichen Aufwendungen nicht den einzelnen Funktionsbereichen Ihres Unternehmens zuordnen müssen.

Tabelle 12.1 zeigt ein Beispiel für eine Gewinn-und-Verlust-Rechnung nach dem Gesamtkostenverfahren.

Gewinn-und-Verlust-Rechnung nach dem Gesamtkostenverfahren
Umsatzerlöse
Bestandsveränderung Erzeugnisse
Andere aktivierte Eigenleistungen
Sonstige betriebliche Erträge
Materialaufwand
Personalaufwand
Sonstige betriebliche Aufwendungen
Ergebnis vor Zinsen, Ertragsteuern und Abschreibungen (EBITDA)
Abschreibungen
Ergebnis aus »at equity« bewerteten Beteiligungen
Sonstige Finanzerträge
Sonstige Finanzaufwendungen
Ergebnis vor Ertragsteuern (EBT)
Ertragsteuern
Periodenergebnis
Ergebnisanteil Minderheitsgesellschafter
Ergebnisanteil Eigenkapitalgeber der Muttergesellschaft

Tabelle 12.1: Beispiel für eine Gewinn-und-Verlust-Rechnung nach dem Gesamtkostenverfahren

Die Gewinn-und-Verlust-Rechnung nach dem Umsatzkostenverfahren

Während das Gesamtkostenverfahren die Aufwendungen nach den einzelnen Kostenarten aufgliedert, werden die Aufwendungen beim Umsatzkostenverfahren nach den Funktionsbereichen des Unternehmens aufgegliedert.

Interessant ist ein Blick in IAS 1.103, der sich mit dem Umsatzkostenverfahren beschäftigt:

»Diese Methode liefert den Adressaten oft relevantere Informationen als die Aufteilung nach Aufwandsarten, aber die Zuordnung von Aufwendungen zu Funktionen kann willkürlich sein und beruht auf erheblichen Ermessensentscheidungen.«

Wie Sie sehen, wird das Umsatzkostenverfahren erst einmal gelobt, um es dann aber gleich mit dem Hinweis abzustempeln, dass die Zuordnung von Aufwendungen zu den Funktionen willkürlich ist und damit Einschätzungen und Ungenauigkeiten unterworfen ist. Was denn nun? Lassen Sie sich davon nicht beeindrucken. Immer wenn die IFRS mehrere Möglichkeiten zulassen, steht es Ihnen völlig frei, sich für die eine oder andere Variante zu entscheiden. Sie sollten nur nicht jedes Jahr von einer Darstellungsform zur nächsten hüpfen. Das hat mit der Darstellungsstetigkeit zu tun, die in Kapitel 4 als ein wesentlicher Grundpfeiler der IFRS-Rechnungslegung genannt wird.

In der so gern englisch unterwanderten Welt der IFRS-Rechnungslegung nennt man das Umsatzkostenverfahren übrigens auch *Cost-of-Sales-Methode* (oder kurz *CoS-Methode*).

In Tabelle 12.2 zeigen wir Ihnen ein Beispiel für eine Gewinn-und-Verlust-Rechnung nach dem Umsatzkostenverfahren.

Die »sonstigen betrieblichen Aufwendungen«, die Sie bei Anwendung des Umsatzkostenverfahrens ausweisen, unterscheiden sich von denen, die Sie bei Anwendung des Gesamtkostenverfahren ausweisen! Im Umsatzkostenverfahren sind die »sonstigen betrieblichen Aufwendungen« nämlich nur die Aufwendungen, die Sie nicht sinnvollerweise einer der anderen Kostenpositionen zuschlüsseln können.

Bei Anwendung des Umsatzkostenverfahrens müssen Sie im Anhang zusätzliche Informationen über die Art der Aufwendungen geben. Als Mindestangabe verlangen die IFRS hier von Ihnen, dass Sie dem Leser Ihres Abschlusses.

✔ die planmäßigen Abschreibungen für Sachanlagen beziehungsweise die planmäßigen Amortisationen der immateriellen Vermögenswerte (beides sind **Abschreibungen**, heißt bei immateriellen leider nur anders) und

✔ die Leistungen an Arbeitnehmer (also den **Personalaufwand**)

angeben. Sie können hierbei die Beträge der Abschreibungen und der Amortisationen auch als Summe angeben, um die verwirrende Trennung zu vermeiden.

Gewinn-und-Verlust-Rechnung nach dem Umsatzkostenverfahren
Umsatzerlöse
Herstellungskosten der zur Erzielung der Umsatzerlöse erbrachten Leistungen (die sogenannten »Cost of Sales«)
Bruttoergebnis vom Umsatz
Vertriebskosten
Verwaltungskosten
Sonstige betriebliche Erträge
Sonstige betriebliche Aufwendungen
Betriebliches Ergebnis
Ergebnis aus at equity bewerteten Beteiligungen
Sonstige Finanzerträge
Sonstige Finanzaufwendungen
Ergebnis vor Ertragsteuern (EBT)
Ertragsteuern
Periodenergebnis
Ergebnisanteil Minderheitsgesellschafter
Ergebnisanteil Eigenkapitalgeber der Muttergesellschaft

Tabelle 12.2: Beispiel für eine Gewinn-und-Verlust-Rechnung nach dem Umsatzkostenverfahren

Die Gesamtergebnisrechnung

Die Gesamtergebnisrechnung nach IFRS ist geradezu ein Wunderwerk der modernen Buchführung und könnte vom IASB auch unter dem Namen Gewinn-und-Verlust-Rechnung 2.0 vermarktet werden.

Wenn Sie Kapitel 4 schon gelesen haben, ist das ein alter Hut für Sie. Falls nicht und Sie sich jetzt fragen, was das soll und wieso das alles so kompliziert sein muss: Ist es gar nicht. Die Gesamtergebnisrechnung setzt sich aus zwei Teilen zusammen:

- ✔ **die »klassische« GuV**, wie Sie sie auch beispielsweise vom HGB kennen (oder in diesem Kapitel kennengelernt haben), und

- ✔ **das sonstige Ergebnis**. Es setzt sich aus allen Aufwendungen und Erträgen zusammen, die erfolgsneutral gebucht werden. Dies bedeutet, dass diese Aufwendungen und Erträge statt über die GuV direkt im Eigenkapital gebucht werden und nicht Ihr Periodenergebnis berühren.

Abbildung 12.1 zeigt das Zusammenwirken der beiden Rechenwerke zu der Gesamtergebnisrechnung.

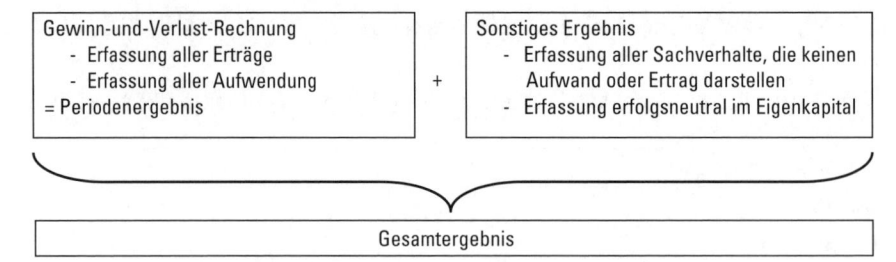

```
┌─────────────────────────────────────┐     ┌─────────────────────────────────────────┐
│ Gewinn-und-Verlust-Rechnung         │     │ Sonstiges Ergebnis                      │
│  - Erfassung aller Erträge          │     │  - Erfassung aller Sachverhalte, die keinen │
│  - Erfassung aller Aufwendung       │  +  │    Aufwand oder Ertrag darstellen       │
│  = Periodenergebnis                 │     │  - Erfassung erfolgsneutral im Eigenkapital │
└─────────────────────────────────────┘     └─────────────────────────────────────────┘
                    ╲_____╱
                                    │
                         ┌──────────────────────┐
                         │    Gesamtergebnis    │
                         └──────────────────────┘
```

Abbildung 12.1: Die Gesamtergebnisrechnung

Im folgenden Abschnitt lernen Sie typische Sachverhalte kennen, die im sonstigen Ergebnis erfasst werden. Sie werden sehen: Es ist alles viel einfacher, als es sich zunächst anhört.

Darf es sonst noch was sein? Das sonstige Ergebnis

Wir befinden uns buchhaltungstechnisch gesehen auf einem Ausflug in die Schweiz der internationalen Rechnungslegung. Der Name Schweiz daher, da die Erträge und Aufwendungen, die Sie im sonstigen Ergebnis erfassen, in Ihrer eigentlichen Gewinn-und-Verlust-Rechnung nicht auftauchen. Sie sind also ergebnisneutral erfasst.

Das sonstige Ergebnis wird auf Englisch auch *OCI* genannt. Die Abkürzung steht hierbei für *other comprehensive income*.

Im sonstigen Ergebnis werden unter anderem die folgenden Sachverhalte erfasst (in Klammern jeweils die Standards, in denen wir die Regelungen für die einzelnen Sachverhalte finden können):

✔ **die sogenannte Neubewertungsrücklage** bei Anwendung der Neubewertungsmethode für Sachanlagen (IAS 16)

✔ **der effektive Teil** des Ergebnisses aus der Anwendung von Hedge Accounting (Cash Flow Hedges, IAS 39)

✔ **Wertänderungen von Wertpapieren** von Available-for-Sale-Wertpapieren (IAS 39)

✔ **das Ergebnis aus der Bewertung von bestimmten Aktienoptionsplänen und Mitarbeiterbeteiligungen** (IFRS 2)

✔ **Ergebnisbestandteile aus der Bewertung von Pensionen**, die sogenannten versicherungsmathematischen Gewinne und Verluste (IAS 19)

✔ **latente und/oder tatsächliche Steuern** auf die vorgenannten Punkte (IAS 12)

✔ **Währungsumrechnungsdifferenzen** im Konzern (IAS 21)

Die IFRS geben Ihnen zwei Möglichkeiten zum Ausweis des sonstigen Ergebnisses: entweder *brutto* oder *netto*.

12 ➤ Top oder Flop: Die Gewinn-und-Verlust-Rechnung

Der Unterschied zwischen beiden Darstellungsarten ist hier schnell geklärt. Er besteht ganz einfach im Ausweis der Steuereffekte auf das sonstige Ergebnis. Während beim Bruttoausweis alle Steuereffekte auf alle Sachverhalte zusammengefasst und in einer separaten Linie gezeigt werden, weisen Sie beim Nettoausweis alle Steuereffekte saldiert mit dem jeweiligen Sachverhalt des sonstigen Ergebnisses aus.

Zur Veranschaulichung soll Abbildung 12.2 dienen.

Abbildung 12.2: Ausweismöglichkeiten für das sonstige Ergebnis

Egal für welche Form des Ausweises Sie sich entscheiden, die absolute Höhe des sonstigen Ergebnisses ändert sich natürlich auch hier nicht.

Nimm 2: Die zwei Arten der Gesamtergebnisrechnung

Die IFRS schenken uns zwei Möglichkeiten, die Gesamtergebnisrechnung darzustellen. Sie werden aber gleich merken, dass die Unterschiede hier marginal sind.

Sie können die Gesamtergebnisrechnung entweder in einer oder in zwei Tabellen darstellen. Der anglophile Buchhalter spricht hier übrigens im ersten Fall vom *One-Statement Approach* und im zweiten Fall vom *Two-Statement Approach*.

Um Ihnen das Ganze einmal vor Augen zu führen, haben wir Abbildung 12.3 für Sie erstellt.

In Kapitel 4 können Sie sich einen Gliederungsvorschlag für beide Darstellungsformen anschauen.

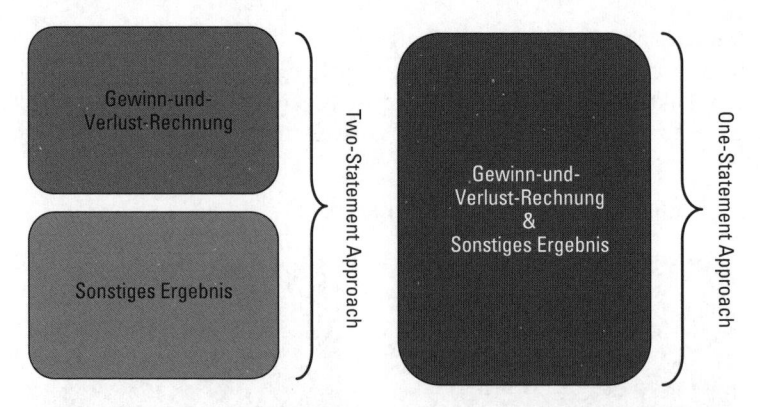

Abbildung 12.3: Darstellungsvarianten der Gesamtergebnisrechnung

Auf das Timing kommt es an: Umsatzrealisierung

Beschäftigen wir uns doch mal mit etwas Schönem – den Umsätzen. Davon können Sie sicherlich nicht genug bekommen und auch Ihr Chef geht morgens sicherlich gut gelaunt wieder aus Ihrem Büro raus, wenn Sie ihm sehr gute Umsatzzahlen des letzten Tages präsentieren konnten. Bevor Sie den Umsätzen aber in Ihr Zahlenwerk Einzug gewähren, sollten Sie sich mit den Eigenarten der Umsatzdefinition und vor allem der Umsatzrealisierung nach IFRS vertraut machen. Also dann!

Grundsätzliches über Umsätze

Das A und O ist die Bestimmung des Zeitpunktes, ab dem Ihre Umsätze auch in Ihrer GuV auftauchen dürfen. Darum kümmern wir uns auch ein wenig um den Zeitpunkt. Beginnen wir aber erst einmal mit etwas Grundsatzarbeit.

Umsatzerlöse sind sehr wichtig – daher haben die IFRS ihnen wieder einen kompletten Standard gewidmet. IAS 18 trägt den inhaltlich nichts verheimlichenden Namen »Umsatzerlöse«.

Aber Vorsicht: IAS 18 regelt nicht alle denkbaren Umsatzerlöse. Den IAS 18 wenden Sie an für Umsatzerlöse

✔ aus dem Verkauf von Gütern,

✔ dem Erbringen von Dienstleistungen sowie für

✔ Zinsen, Nutzungsentgelte (wie Lizenzgebühren, Patente und Urheberrechte) und Dividenden.

Den IAS 18 wenden Sie jedoch nicht für die folgenden Umsatzerlöse an:

✔ Umsatzerlöse aus Leasingverträgen werden in IAS 17 »Leasingverhältnisse« geregelt und in diesem Buch in Kapitel 6 in aller Breite erläutert.

12 ➤ Top oder Flop: Die Gewinn-und-Verlust-Rechnung

✔ Wie Sie Dividenden für Anteile aus nach der Equity-Methode bilanzierten assoziierten Unternehmen erfassen, steht in IAS 28 »Anteile an assoziierten Unternehmen«. Natürlich können Sie dies auch in Kapitel 17 in diesem Buch nachlesen.

✔ Falls Sie bei einem Versicherer arbeiten und die Umsatzerlöse von Versicherungsverträgen bilanzieren möchten, können wir Ihnen einen Blick in den IFRS 4 empfehlen. Aufgrund der sehr speziellen Rechnungslegung für Versicherungsunternehmen haben wir diese Regelungen nicht in dieses Buch aufgenommen.

✔ Manchmal sind Dienstleistungen mit langfristigen Fertigungsaufträgen verbunden. Rom wurde nicht an einem Tag erbaut oder auch beim Bau eines Fußballstadions sind Architekten und Projektmanager für längere Zeit für den Auftraggeber im Einsatz. In einem solchen Fall wenden Sie die Regelungen des IAS 11 »Fertigungsaufträge« an, die in Kapitel 8 erläutert werden.

Die größte Herausforderung ist die Festlegung des richtigen Zeitpunktes, zu dem Sie Ihren Umsatz verbuchen dürfen. Also: Nicht einfach Rechnung schreiben und Umsatz buchen. Lieber erst mal ein Stück weiterlesen! Der Zeitpunkt kann nämlich sehr unterschiedlich sein. Verkaufen Sie Güter oder Dienstleistungen? Das ist entscheidend.

Gut, Güter, am besten – der Verkauf von Gütern

Wollen Sie einen Verkauf von Waren und Gütern als Umsatz erfassen, so müssen Sie sich vor allem auf den Zeitpunkt der Übertragung von bestimmten Rechten (sogenannten Verfügungsrechten) konzentrieren.

> Wenn im Folgenden immer wieder von einer Realisierung der Umsätze gesprochen wird, meinen wir nicht den Zeitpunkt, an dem das Geld auf Ihrem Konto landet, sondern den Zeitpunkt, an dem Sie die Umsätze in Ihrer Gewinn-und-Verlust-Rechnung erfassen müssen (dürfen).

IAS 18 fordert von Ihnen, dass die folgenden Kriterien erfüllt sein müssen, damit Sie Umsätze durch den Verkauf von Gütern und Dienstleistungen realisieren dürfen:

✔ Sie haben die maßgeblichen Risiken und Chancen der verkauften Waren auf den Käufer übertragen.

✔ Ihnen verbleibt kein Verfügungsrecht über die verkauften Waren.

✔ Sie können die Höhe der Umsatzerlöse verlässlich bestimmen.

✔ Es ist wahrscheinlich, dass der wirtschaftliche Nutzen aus dem Geschäft Ihnen zufließt (das heißt, der Käufer zahlt seine Rechnung).

✔ Die im Zusammenhang mit dem Verkauf angefallenen oder noch anfallenden Kosten können von Ihnen verlässlich bestimmt werden.

Sie fragen sich nun sicher, wann Sie die maßgeblichen Chancen und Risiken auf den Käufer übertragen haben. Sie können in den meisten Fällen damit rechnen, dass die Übertragung der Risiken und Chancen mit der rechtlichen Eigentumsübertragung oder dem Besitzübergang auf den Käufer zusammenfällt.

Die *Chancen und Risiken* verstehen Sie am besten so:

- ✔ *Chancen* kommen aus der Nutzung der Güter oder aus deren Weiterverkauf.
- ✔ *Risiken* bedeuten Beschädigung, Verlust oder Diebstahl der Güter.

Schauen wir uns die Kriterien an einem Beispiel an: Sie stehen an der Kasse eines Elektronikmarktes und haben soeben einen dieser ultramodernen Flachbildfernseher mithilfe Ihrer Kreditkarte bezahlt. Der Preis für den neuen Fernseher beträgt EUR 500 (wir sehen hier einmal von der Existenz von Umsatzsteuern ab). Anhand dieses banalen Verkaufsvorgangs können Sie nun ganz locker die Kriterien für die Umsatzrealisierung überprüfen:

- ✔ Die maßgeblichen Risiken und Chancen aus dem Kauf des Fernsehers sind bei der Bezahlung auf Sie übergegangen. Sollte der Fernseher auf dem Weg zum Parkplatz auf den Boden fallen, wird Ihnen der Elektronikmarkt zwar gerne einen weiteren Fernseher verkaufen, die Kosten des Schadens tragen aber ab dem Zeitpunkt der Bezahlung einzig und allein Sie (Ihr Risiko).
- ✔ Sollte unerwartet jedoch genau dieses Modell im Preis steigen, können Sie den Fernseher beispielsweise über eine Internetauktion verkaufen und den Gewinn einstreichen. Der Elektronikmarkt kann den Verkauf in diesem Fall nicht rückgängig machen (Ihre Chance).
- ✔ Durch die Bezahlung an der Kasse hat der Elektronikmarkt keine Verfügungsgewalt mehr über Ihren Fernseher.
- ✔ Der Elektronikmarkt kann die Umsätze verlässlich bestimmen. Es sind genau EUR 500.
- ✔ Es ist anzunehmen, dass die Kreditkartenfirma dem Elektronikmarkt das Geld für Ihren Fernseher überweisen wird. Damit ist dem Elektronikmarkt auch der Zufluss des wirtschaftlichen Nutzens sicher.
- ✔ Die im Zusammenhang mit dem Verkauf angefallenen Kosten (zum Beispiel der Einkaufspreis oder die Provision für die Kreditkartenfirma) können vom Elektronikmarkt verlässlich geschätzt werden.

Sie kommen sicherlich auch zu dem Ergebnis, dass der Elektronikmarkt den Umsatz realisieren darf, oder?!

Dieses Beispiel gilt für die meisten Verkäufe im Einzelhandel. In anderen Fällen ist die Überprüfung der Kriterien aber nicht so einfach. Hier sollten Sie genau untersuchen, wann die einzelnen Kriterien erfüllt sind. Hangeln Sie sich einfach immer an den Kriterien entlang und hinterfragen Sie die Chancen und Risiken.

Wenn Sie nun kein Einzelhändler sind und jede Menge Warenlieferungen haben, die auch einen beträchtlichen Zeitraum dauern können, sollten Sie sich einmal die zugrunde liegenden *Incoterms* anschauen.

Die *Incoterms* geben zwar keine Auskunft darüber, wann und wo das Eigentum an der Ware übergeht, aber sie legen fest, wer ab welchem Zeitpunkt das finanzielle Risiko eines Verlustes der Ware trägt.

12 ➤ Top oder Flop: Die Gewinn-und-Verlust-Rechnung

Die Incoterms können Ihnen einen guten Anhaltspunkt liefern, wenn Sie die Chancen und Risiken beurteilen.

Wirklich kein Risiko mehr? Beurteilung von Eigentumsrisiken

Wenn maßgebliche Eigentumsrisiken bei Ihnen verbleiben, dürfen Sie den Geschäftsvorfall nicht als Verkauf ansehen und deshalb auch keine Umsatzerlöse verbuchen.

Sachverhalte, in denen Sie maßgebliche Eigentumsrisiken zurückbehalten, sind zum Beispiel:

- ✔ Sie übernehmen im Garantiefall Verpflichtungen, die über übliche Garantien hinausgehen.
- ✔ Sie bekommen Ihr Geld erst dann, wenn Ihr Abnehmer die Ware weiterverkaufen konnte, und daran bemisst sich auch die Höhe Ihres Umsatzes.
- ✔ Sie liefern Waren und müssen diese auch aufstellen oder montieren. Das Aufstellen oder Montieren ist ein wesentlicher Bestandteil Ihrer Leistung, den Sie aber noch nicht erfüllt haben.
- ✔ Ihr Käufer hat unter bestimmten, im Kaufvertrag vereinbarten Umständen, ein Rücktrittsrecht und Sie können die Wahrscheinlichkeit eines Rücktritts nicht einschätzen.

Soweit jedoch nur unwesentliche Eigentumsrisiken bei Ihnen verbleiben, bilanzieren Sie auch den Umsatzerlös. Beispielsweise könnte sich der Elektronikmarkt zur Absicherung der EUR-500-Forderung aus dem Verkauf das rechtliche Eigentum an den verkauften Gegenständen vorbehalten. Da der Elektronikmarkt die maßgeblichen Eigentumsrisiken und -chancen übertragen hat, kann er den Umsatzerlös erfassen. Sogar dann, wenn der Elektronikmarkt Ihnen die Rückgabe des Fernsehers anbietet, sollte er Ihnen nicht gefallen. In diesem Fall sollte der Elektronikmarkt die künftigen Rücknahmen verlässlich schätzen können und auf Basis früherer Erfahrungen eine entsprechende Schuld in der Bilanz passivieren.

Alles gleichzeitig – Schätzung der Aufwendungen

Sie erfassen die Umsatzerlöse und den Aufwand aus demselben Geschäftsvorfall zum selben Zeitpunkt; dieser Vorgang wird allgemein als Zuordnung von Aufwendungen zu Umsatzerlösen bezeichnet. Diese Zuordnung stellt ein sehr wichtiges Grundprinzip der Bilanzierung nach IFRS dar. So wichtig, dass wir Ihnen sogar den englischen Namen verraten wollen: *Matching Principle*.

Matching Principle ist die Erfassung von Erlösen und Aufwendungen aus demselben Geschäft zum selben Zeitpunkt und das wichtigste Grundprinzip der internationalen Rechnungslegung. In Kapitel 4 erfahren Sie alles Wichtige darüber.

Normalerweise können Sie die Aufwendungen (einschließlich Aufwendungen für Gewährleistungen oder anderer erst nach der Lieferung der Waren entstehender Kosten) dann verlässlich bestimmen, wenn sie die oben beschriebenen Bedingungen für die Erfassung eines Umsatzes erfüllen. Sollten Sie die Aufwendungen nicht verlässlich bestimmen können, dürfen Sie leider auch keinen Umsatz bilanzieren. Falls Sie dies nicht können, aber schon Geld von Ihrem Kunden bekommen haben, müssen Sie eine Schuld in Ihrer Bilanz gegenüber dem Kunden ausweisen.

Hier wird Service noch großgeschrieben – die Umsatzerfassung bei Dienstleistungen

Sollten Sie keine Waren oder Güter verkaufen, sondern Dienstleistungen anbieten, wird es jetzt für Sie interessant.

Umsatzerlöse aus Dienstleistungsgeschäften erfassen Sie mithilfe des Fertigstellungsgrads des Geschäfts am Bilanzstichtag. Sie müssen dazu allerdings das Ergebnis aus der Dienstleistung verlässlich schätzen können.

Auch an die Realisierung von Umsatzerlösen aus Dienstleistung werden einige Bedingungen gestellt, die alle erfüllt sein müssen:

✔ Sie können die Höhe der Umsatzerlöse verlässlich bestimmen.

✔ Es ist wahrscheinlich, dass der wirtschaftliche Nutzen aus dem Geschäft Ihnen zufließt (der Käufer zahlt also auch seine Rechnung).

✔ Sie können den Fertigstellungsgrad des Geschäftes am Bilanzstichtag verlässlich bestimmen.

✔ Sie können auch die für das Geschäft angefallenen Kosten und die bis zu seiner Beendigung zu erwartenden Kosten verlässlich bestimmen.

Die Methode, Umsatzerlöse nach Maßgabe des Fertigstellungsgrads zu erfassen, wird als *Methode der Gewinnrealisierung nach dem Fertigstellungsgrad* bezeichnet. Wenden Sie diese Methode an, erfassen Sie Umsatzerlöse in der Periode, in der die jeweiligen Dienstleistungen erbracht werden.

Der für die Bilanzierung von kundenspezifischen Fertigungsaufträgen zuständige IAS 11 fordert von Ihnen ebenfalls die Erfassung von Umsätzen mithilfe dieser Methode. Sie können die Regelungen des IAS 11 im Allgemeinen auch auf die Erfassung von Umsätzen und der zugehörigen Aufwendungen aus Dienstleistungsgeschäften anwenden. Sie müssen aber nicht gleich den Standard aufschlagen. Sehen Sie mal in Kapitel 8 nach, das sollte schon genügen.

Alles schon fertig – die Bestimmung des Fertigstellungsgrades

Sie können den Fertigstellungsgrad auf verschiedene Art und Weise bestimmen. Je nach der Art der Dienstleistung kann die Methode, die Sie zur Messung des Fertigstellungsgrads heranziehen, Folgendes beinhalten:

✔ die Feststellung der erbrachten Arbeitsleistungen

✔ die zum Stichtag erbrachten Leistungen im Verhältnis zur Gesamtleistung

✔ das Verhältnis der zum Stichtag bereits angefallenen Kosten zu den geschätzten Gesamtkosten

Sollten Sie Ihre Umsatzerlöse nach Methode 3 bemessen, dürfen Sie bei den zum Stichtag angefallenen Kosten nur die Kosten berücksichtigen, die sich auch auf die zum Stichtag erbrachten Leistungen beziehen. Bei den geschätzten Gesamtkosten beachten Sie nur Kosten, die sich auf erbrachte oder noch zu erbringende Leistungen beziehen.

Wenn die Erbringung Ihrer Dienstleistung nicht gerade ewig dauert, fällt der Zeitpunkt der Umsatzrealisierung im Allgemeinen auf den Zeitpunkt der Erbringung der Dienstleistung.

Treuepunkte, Meilen & Co. – Kundenbindungsprogramme

Haben Sie auch eine oder mehrere dieser Plastikkarten von Fluglinien, Hotels, Drogeriemärkten in Ihrer Geldbörse? Werden Sie beim Einkaufen auch ständig gefragt, ob Sie Punkte, Herzen oder Meilen sammeln? Wollten Sie schon immer wissen, wie man diese nach IFRS bilanziert? Super, dann lesen Sie weiter!

Allein der Umstand, dass es eine eigene Interpretation zu Kundenbindungsprogrammen gibt, zeigt die Bedeutung derartiger Programme in der heutigen Wirtschaftswelt. Zur Klarstellung der Bilanzierung von Kundenbindungsprogrammen wurde IFRIC 13 herausgegeben.

Wenn Sie Produkte oder Dienstleistungen verkaufen, durch die Ihre Kunden einen Prämienanspruch erwerben, gilt allgemein erst einmal, dass Sie zwei Produkte verkaufen:

- ✔ **die Dienstleistung beziehungsweise das Produkt**
- ✔ **die Prämie**

Sie dürfen daher den Teil, der auf die zukünftige Prämie entfällt, nicht schon beim Verkauf des zugrunde liegenden Verkaufsgeschäfts als Umsatzerlöse erfassen, sondern müssen diesen Anteil auf einen späteren Zeitpunkt verschieben. Sie buchen daher einen passiven Abgrenzungsposten ein, den Sie später wieder auflösen und zwar erst dann, wenn der Kunde die Prämie eingelöst hat oder die Prämien verfallen und Sie damit Ihre Verpflichtung erfüllt haben.

Im Prinzip ist das ein wenig so wie mit Mieterträgen. Ihr Mieter zahlt bereits für drei Jahre im Voraus die Miete. Diese stellen Sie dann auch als Abgrenzungsposten auf der Passivseite zurück und zeigen den Mietertrag immer erst in dem Monat, in dem die Miete tatsächlich »abgewohnt wird«.

Folgende Punkte sind bei der Bilanzierung von Kundenbindungsprogrammen interessant:

1. **Welchen Anteil** der Umsatzerlöse rechnen Sie der Prämie zu und welchen Teil dem eigentlichen Produkt?
2. **Wann** erfassen Sie die Umsatzerlöse für den Teil, der auf die Prämie entfällt?
3. **Wie** bewerten Sie Umsatzerlöse, wenn die Prämie nicht von Ihnen selbst bereitgestellt wird, sondern von einem Dritten, der diese Aufgabe für Sie übernimmt?

Höhe der Umsatzerlöse

Bei Frage Nummer eins erfassen Sie die Umsatzerlöse, die von Ihnen der Prämie zugerechnet werden, mit dem sogenannten *beizulegenden Zeitwert* der Prämie. Das ist einfach der Betrag, für den Sie die Prämien einzeln verkaufen könnten. Wenn Sie diesen Betrag nicht direkt ermitteln können, müssen Sie ihn irgendwie aus vergleichbaren Transaktionen abschätzen. Vielleicht verkaufen ja andere Unternehmen solche Produkte, die Sie als Prämien »verschenken«.

Zeitpunkt der Umsatzrealisierung für die Prämie

Frage Nummer zwei ist etwas schwieriger zu beantworten. Die Antwort hängt davon ab, ob Sie die Prämie selber bereitstellen oder ob sie von einem anderen Unternehmen bereitgestellt wird.

Stellen Sie die Prämie selbst bereit, zum Beispiel indem Sie dem Kunden auf Ihre Produkte beim Einlösen einer bestimmten Anzahl von Treuepunkten einen Rabatt gewähren, erfassen Sie die Umsatzerlöse für die Treuepunkte erst dann, wenn diese vom Kunden auch tatsächlich eingelöst werden. Die Höhe der Umsatzerlöse bestimmen Sie dabei nach der Zahl der Prämiengutschriften im Verhältnis zur Gesamtzahl der Prämiengutschriften, die voraussichtlich eingelöst werden.

Stellen Sie die Treuepunkte nicht selbst bereit, sondern werden die Prämien durch ein anderes Unternehmen bereitgestellt, wird es sogar noch ein wenig komplizierter. Ihr Unternehmen agiert ja dann quasi nur noch als *Kommissionär*.

Ein *Kommissionär* darf immer nur seine Provision als Umsatz zeigen und nicht den Umsatz, den er nach außen macht. Die Provision ist in der Regel die Spanne zwischen Einkaufspreis und Verkaufspreis.

Ein Umsatz aus den Boni entsteht dann nur in Höhe der Differenz zwischen dem Zeitwert des Bonus und dem für den Bonus an den Dritten zu zahlenden Betrag. Sofern Anspruch des Kunden und Zahlungsverpflichtung des Unternehmens gegenüber dem Dritten dem Grunde nach sofort entstehen, ist auch der kommissionsähnliche Umsatz sofort zu vereinnahmen.

Das ist belastend – die Gegenleistung wird höher als der Umsatz

Das Ganze kann aber auch nach hinten losgehen. Stellen Sie sich mal vor, Sie haben einem Kunden eine bestimmte Prämie versprochen, die er irgendwann einlösen kann. Für diese Prämie haben Sie einen Wert von EUR 1.000 ermittelt und noch nicht als Umsatz realisiert. Der Posten wartet also noch in Ihren Abgrenzungsposten auf »Erlösung«. Die Wertermittlung war einfach, da Sie die Prämie immer selber einkaufen und dann an den Kunden bei Einlösung weitergeben. Nach einem Jahr hat der Kunde die Prämie immer noch nicht eingelöst. Es gab jedoch einen dramatischen Preisanstieg für diese Prämie. Sie müssen nun für den Erwerb der Prämie EUR 2.000 zahlen. Ihr abgegrenzter Umsatz beträgt aber nur EUR 1.000. Nach den

Vorschriften des IAS 37 liegt hier nun ein »belastender Vertrag« vor. In Kapitel 10 haben Sie gelernt, dass Sie dafür eine Drohverlustrückstellung in Höhe von EUR 1.000 bilden müssen.

> Sind die unvermeidbaren Kosten für die Lieferung der Prämie an Ihren Kunden höher als der bereits abgegrenzte Umsatz, liegt ein belastender Vertrag vor. Für die Unterdeckung müssen Sie eine Drohverlustrückstellung ansetzen.

Solch eine Schuld müssen Sie eventuell auch ansetzen, wenn Sie die Anzahl der künftig einzulösenden Prämiengutschriften zunächst falsch eingeschätzt hatten und nun nach oben korrigieren müssen.

Fremde Gelder: Zuschüsse

Nachdem wir im vorherigen Abschnitt über eine angenehme Seite der unternehmerischen Tätigkeit gesprochen haben, nämlich die Umsätze, wenden wir uns in diesem Abschnitt einer mindestens ebenso angenehmen Seite zu: Geld vom Staat. Und es soll hier nicht nur um den schnöden Mammon gehen und auch nicht nur um den Staat allein. Wir zeigen Ihnen in diesem Abschnitt die Behandlung aller Zuwendungen und Beihilfen der öffentlichen Hand nach IFRS.

> In Kapitel 5 erfahren Sie, wie Sie Zuschüsse für Investitionen in Ihr Anlagevermögen bilanzieren. In diesem Abschnitt geht es nun um sämtliche Arten der Zuwendungen und Beihilfen.

Das Thema scheint weltweit ein heißes Eisen zu sein, denn das IASB hat einen eigenen Standard für Subventionshungrige entwickelt. IAS 20 hat den Titel »Bilanzierung und Darstellung von Zuwendungen der öffentlichen Hand«.

Der Unterschied zwischen Beihilfen und Zuwendungen

Bevor Sie Geld vom Staat einsacken, sollten Sie erst noch ein paar Begrifflichkeiten kennenlernen.

- ✔ **Die öffentliche Hand** umfasst laut IFRS alle Regierungsbehörden, Institutionen mit hoheitlichen Aufgaben und ähnliche Körperschaften. Dabei spielt es keine Rolle, ob diese lokal, national oder international sind.
- ✔ **Beihilfen der öffentlichen Hand** sind Maßnahmen, durch die die öffentliche Hand einem Unternehmen, das gewisse Kriterien erfüllt, einen wirtschaftlichen Vorteil verschafft. Dazu zählen aber keine indirekten Vorteile wie beispielsweise die Bereitstellung von Infrastruktur, Handelsbeschränkungen von Wettbewerbern oder Ähnliches.
- ✔ **Zuwendungen der öffentlichen Hand** sind eine Unterkategorie der gerade erwähnten Beihilfen der öffentlichen Hand. Hierbei erhalten Sie von der öffentlichen Hand Mittel (also Geld) als Gegenleistung für die Erfüllung bestimmter Kriterien, die in Zusammenhang

mit der betrieblichen Tätigkeit Ihres Unternehmens stehen. Die Kriterien können Sie entweder schon in der Vergangenheit erfüllt haben oder Sie werden sie erst in der Zukunft erfüllen.

Wenn Sie erhaltene Zuwendungen nicht zuverlässig bewerten können oder im Rahmen Ihrer normalen Geschäftstätigkeit Beziehungen zur öffentlichen Hand unterhalten, bewerten Sie diese Sachverhalte nicht nach den Regelungen des IAS 20.

Bestimmte Themen werden von IAS 20 ausgeklammert und zählen daher auch nicht zu den Zuwendungen der öffentlichen Hand. Als Beispiel können wir Ihnen Begünstigungen bei der Einkommensbesteuerung oder aber auch Zuwendungen an landwirtschaftliche Betriebe nennen. Sollten Sie interessiert sein an den Themen, die der IAS 20 ausschließt, empfiehlt sich ein Blick in den IAS 20.2.

Manchmal werden Beihilfen der öffentlichen Hand für Unternehmen, die in bestimmten Regionen oder Branchen tätig sind, gewährt. Dabei spielt nicht immer speziell die betriebliche Tätigkeit des Unternehmens eine Rolle. Die Interpretation SIC 10 »Beihilfen der öffentlichen Hand – kein spezifischer Zusammenhang mit betrieblichen Tätigkeiten« hat sich mit der Frage beschäftigt, ob solche Beihilfen der öffentlichen Hand auch nach den Regelungen IAS 20 bewertet werden sollten. Wie uns ein Blick in SIC 10 verrät, werden auch solche Hilfen der öffentlichen Hand wie andere Zuwendungen der öffentlichen Hand bilanziert.

Was es nicht alles gibt – verschiedene Arten von öffentlichen Zuwendungen

Damit Sie nicht gleich in Panik verfallen, wenn Ihr Chef Ihnen verrät, dass er nächste Woche beim Bürgermeister um ein paar Subventionen betteln wird, klären wir erst einmal, zu welchem Zeitpunkt Sie überhaupt etwas bilanzieren müssen. Der Zeitpunkt, zu dem Sie die Zuwendungen erstmals bilanziell erfassen, ist gekommen, wenn die beiden folgenden Punkte zusammen gewährleistet sind:

1. Ihr Unternehmen erfüllt die Voraussetzungen für den Erhalt der Zuwendungen.

2. Die Zuwendungen werden Ihrem Unternehmen auch tatsächlich zufließen.

Sie können die Zuwendungen der öffentlichen Hand generell in drei verschiedene Kategorien einteilen:

✔ Zuwendungen für Vermögenswerte

✔ Erfolgsbezogene Zuwendungen

✔ Erlassbare Darlehen

Sie bilanzieren die Zuwendungen der öffentlichen Hand nun abhängig von der Einteilung in eine der drei Kategorien.

Zuwendungen für Vermögenswerte sind Zuwendungen der öffentlichen Hand, unter der Voraussetzung, dass Sie langfristige Vermögenswerte kaufen, herstellen oder auf andere Weise erwerben. Nach deutschem Recht fallen beispielsweise Investitionszulagen oder Investitionszuschüsse in diese Kategorie. Wobei für die Rechnungslegung nach IFRS eine Unterscheidung zwischen Zulagen und Zuschüssen nicht nötig ist.

> Das Schokoladenimperium Braun & Lecker AG baut eine neue Fabrik in Stuttgart. Für diesen Bau erhält der Konzern vom Staat eine Investitionszulage in Höhe von EUR 1.000.000 sowie zusätzlich vom Land Baden-Württemberg einen Investitionszuschuss in Höhe von EUR 150.000.

Erfolgsbezogene Zuwendungen sind Zuwendungen der öffentlichen Hand, die sich nicht auf Vermögenswerte beziehen. Hier bekommen Sie all das Geld vom Staat, ohne dass Sie langfristiges Vermögen erwerben müssen. Keine schlechte Förderung also.

> Die Braun & Lecker AG erforscht eine neue Schokoladensorte, die nur die Hälfte Zucker einer herkömmlichen Schokolade enthält. Das Gesundheitsministerium unterstützt die Forschung aufgrund der erhofften Verbesserungen für die Volksgesundheit mit einem laufenden Aufwandszuschuss über fünf Jahre in Höhe von EUR 500.000 jährlich.

Unter *erlassbaren Darlehen* sind Darlehen zusammengefasst, die von der öffentlichen Hand gewährt werden und unter bestimmten, im Voraus festgelegten Bedingungen nicht zurückgezahlt werden müssen.

> Die Landeshauptstadt Stuttgart gewährt der Braun & Lecker AG ein Finanzierungsdarlehen in Höhe von EUR 500.000 für den Bau der oben erwähnten Fabrik. Wenn die Braun & Lecker AG 500 neue Arbeitsplätze innerhalb von drei Jahren in Stuttgart schafft, verzichtet die sonst so sparsame deutsche Stadt auf eine Rückzahlung. Das Darlehen wird »erlassen«.

Per Kasse an Staat – die Verbuchung von öffentlichen Zuwendungen

Bei der Bilanzierung von Zuwendungen der öffentlichen Hand erfassen Sie ganz einfach die Zuwendungen als Ertrag. Aber wann dürfen Sie den Ertrag buchen? Und müssen Sie vielleicht sogar Abgrenzungen bilden?

> Abgrenzungsposten müssen immer dann gebildet werden, wenn eine Zahlung nicht in der Periode erfolgt, in der die Zahlung zu Aufwand oder Ertrag wird.

Zuwendungen für Vermögenswerte

Für die Zuwendungen für Vermögenswerte gehen wir einmal davon aus, dass Sie Ihr Anlagevermögen nach dem durchaus gebräuchlicheren Anschaffungskostenmodell (siehe dazu Kapitel 5) bilanzieren.

Sollten Sie nicht monetäre Zuwendungen von der öffentlichen Hand erhalten (zum Beispiel ein Grundstück, das Sie von Ihrer Stadt erhalten), sollten Sie den *Zeitwert* des nicht monetären Vermögenswertes bestimmen (zum Beispiel den Zeitwert des Grundstücks) und den Vermögenswert sowie die dazugehörige Zuwendung bilanzieren. Haben Sie den Vermögenswert mit einem symbolischen Wert angesetzt, bilanzieren Sie auch die Zuwendung zu diesem symbolischen Wert.

In der Bilanz haben Sie für die Erfassung der Zuwendungen genau zwei Möglichkeiten:

✔ **Bruttomethode:** als passiven Abgrenzungsposten unter späterer Auflösung des Postens in der GuV

✔ **Nettomethode:** als Kürzung von den Anschaffungs- und Herstellungskosten des subventionierten Vermögenswertes

Interessant ist, dass in IAS 20 explizit ein passiver Abgrenzungsposten erwähnt wird, obwohl die IFRS keine passiven Abgrenzungsposten kennen.

Sollten Sie einen Vermögenswert erwerben und dafür öffentliche Gelder bekommen, sollten Sie darüber nachdenken, auch die zugehörigen Geldzuflüsse und -abflüsse in der Kapitalflussrechnung zu trennen. Unabhängig davon, ob Sie den Brutto- oder den Nettoausweis in der Bilanz gewählt haben.

Je nachdem, ob Sie sich für einen passiven Abgrenzungsposten oder für eine Kürzung der Anschaffungs- und Herstellungskosten entschieden haben, erfassen Sie entweder Periode für Periode einen sonstigen betrieblichen Ertrag (Bruttomethode durch Auflösung des Abgrenzungspostens) oder Sie behandeln den Zuschuss als eine Kürzung der Abschreibungen (Nettomethode durch Kürzung der Anschaffungskosten).

Am besten steigen wir hier wieder mit einem Beispiel der Braun & Lecker AG ein.

Die Braun & Lecker AG erwirbt am 31. Dezember 2010 eine Schokoeierdrehmaschine. Der Braun & Lecker AG ist ein Zuschuss für den Erwerb in Höhe von EUR 50.000 von der Regierung genehmigt worden. Die Anschaffungskosten der Maschine betragen EUR 200.000. Die Maschine hat eine wirtschaftliche Nutzungsdauer von fünf Jahren und wird über die Nutzungsdauer linear abgeschrieben.

Nach der Bruttomethode stellen sich die erforderlichen Buchungen wie folgt dar:

Tabelle 12.3 zeigt die Buchungen zum 31. Dezember 2010 bei Zugang.

Soll		Haben	
Anlagevermögen	200.000	Bank	200.000
Bank	50.000	Passive Rechnungsabgrenzung	50.000

Tabelle 12.3: Verbuchung Abgrenzungsposten bei Zugang

Tabelle 12.4 zeigt die Buchungen zu jedem darauf folgenden 31. Dezember der Jahre 2011 bis 2015.

Soll		Haben	
Abschreibung	40.000	Anlagevermögen	40.000
Passive Rechnungsabgrenzung	20.000	Sonstiger betrieblicher Ertrag	20.000

Tabelle 12.4: Verbuchung Abgrenzungsposten in Folgeperioden

Wenn Sie sich für die Nettomethode entschieden haben, zeigen Ihnen Tabelle 12.5 und Tabelle 12.6 die erforderlichen Buchungssätze.

31. Dezember 2010:

Soll		Haben	
Anlagevermögen	200.000	Bank	200.000
Bank	50.000	Anlagevermögen	50.000

Tabelle 12.5: Verbuchung Nettomethode bei Zugang

31. Dezember der Jahre 2011 bis 2015:

Soll		Haben	
Abschreibung	30.000	Anlagevermögen	30.000

Tabelle 12.6: Verbuchung Nettomethode in Folgeperioden

Erfolgsbezogene Zuwendungen

Achten Sie bei erfolgsbezogenen Aufwendungen zunächst darauf, ob den Zuwendungen auch zugehörige zukünftige Aufwendungen entgegenstehen. Sollte dies nicht der Fall sein und Ihre Zuwendungen sind entweder

✔ Zuwendungen für bereits entstandene Aufwendungen oder Verluste (ohne zugehörige zukünftige Aufwendungen) oder

✔ unmittelbare finanzielle Hilfen (beispielsweise eine Soforthilfe des Staates bei einer ansonsten drohenden Insolvenz),

müssen Sie die Zuwendungen der öffentlichen Hand sofort ergebniswirksam erfassen.

Sollten den Zuwendungen jedoch zukünftige Aufwendungen entgegenstehen, dann müssen Sie die Zuwendungen periodengerecht den Aufwendungen zuordnen. Eilen die Zuwendungen den Aufwendungen zeitlich voraus, müssen Sie einen passiven Abgrenzungsposten bilden und diesen periodengerecht den Aufwendungen zuordnen.

Diese Regelung ist eine Folge des alles entscheidenden Prinzips der periodengerechten Erfolgsermittlung. In Kapitel 4 stellen wir Ihnen dieses Basisprinzip der IFRS-Rechnungslegung vor.

In der Gewinn-und-Verlust-Rechnung haben Sie für den Ausweis der Zuwendungen die folgenden zwei Möglichkeiten:

✔ **Nettoausweis:** als Kürzung von den zugehörigen Aufwendungen

✔ **Bruttoausweis:** als sonstiger Ertrag

Auch hier soll Ihre Vorstellungskraft mit einem Beispiel unterlegt werden: Die Braun & Lecker AG erhält für die Erforschung einer neuen Schokoladensorte einen Aufwandszuschuss in Höhe von EUR 70.000 über drei Jahre zugesagt. Die Gesamtkosten für die Erforschung der neuen Schokoladensorte innerhalb der nächsten drei Jahre werden auf EUR 140.000 geschätzt und fallen folgendermaßen an:

✔ Jahr 1: EUR 40.000

✔ Jahr 2: EUR 80.000

✔ Jahr 3: EUR 20.000

Pünktlich zum Beginn der Forschungsarbeiten erhält die Braun & Lecker AG die Zusage und Auszahlung des Aufwandzuschusses. Gutes Timing!

Zunächst verbuchen Sie zum Zeitpunkt der Zusage wie in Tabelle 12.7 dargestellt.

Soll		Haben	
Bank	70.000	Passive Rechnungsabgrenzung	70.000

Tabelle 12.7: Verbuchung Aufwandszuschuss bei Zugang

In den folgenden drei Jahren lösen Sie dann den passiven Rechnungsabgrenzungsposten über die folgenden Buchungen (Anwendung der Bruttomethode) der Tabelle 12.8 bis Tabelle 12.10 auf.

Soll		Haben	
Passive Rechnungsabgrenzung	20.000	Sonstiger betrieblicher Ertrag	20.000

Tabelle 12.8: Verbuchung Aufwandszuschuss in Periode 1

Soll		Haben	
Passive Rechnungsabgrenzung	40.000	Sonstiger betrieblicher Ertrag	20.000

Tabelle 12.9: Verbuchung Aufwandszuschuss in Periode 2

Soll		Haben	
Passive Rechnungsabgrenzung	10.000	Sonstiger betrieblicher Ertrag	10.000

Tabelle 12.10: Verbuchung Aufwandszuschuss in Periode 3

Bei Anwendung der Nettomethode würden Sie statt an »Sonstigen betrieblichen Ertrag« dann einfach an die entsprechenden Aufwandslinien buchen.

Erlassbare Darlehen

Bei den erlassbaren Darlehen müssen Sie nur entscheiden, ab wann die erlassbaren Darlehen als Zuwendung der öffentlichen Hand behandelt werden sollen. Die Bilanzierung erfolgt dann analog wie bei den sonstigen Zuwendungen der öffentlichen Hand.

Erlassbare Darlehen behandeln Sie erst ab dem Zeitpunkt als öffentliche Zuwendung, zu dem Ihr Unternehmen die Bedingungen für den Erlass des Darlehens auch angemessen sicher erfüllt.

Die Bedingungen für einen Erlass des Darlehens müssen also noch gar nicht eingetreten sein. Der Zeitpunkt des tatsächlichen Erlasses des Darlehens ist für unsere Zwecke nicht interessant.

Ab diesem Zeitpunkt erfolgt die Umbuchung des Darlehens nach den oben beschriebenen Regelungen.

Rückzahlbarkeit von Zuwendungen der öffentlichen Hand

Nicht immer können Sie die Bedingungen für einen Zuschuss erfüllen oder aber bei einer späteren Prüfung stellt sich heraus, dass Sie die Kriterien nicht richtig erfüllt haben. Das ist natürlich sehr schade. Sollten Sie eine Zuwendung der öffentlichen Hand zurückzahlen müssen, wird dieser Vorfall als eine Schätzungsänderung gemäß den Regeln des IAS 8 behandelt (was das ist, können Sie in Kapitel 4 nachlesen).

- ✔ **Erfolgsbezogene Zuwendungen** verrechnen Sie bei Rückzahlung zunächst mit dem noch nicht aufgelösten Betrag, also dem restlichen passiven Abgrenzungsposten. Falls dieser nicht ausreicht oder nicht mehr vorhanden ist, wird der restliche Betrag als Aufwand erfasst.

- ✔ **Zuwendungen für Vermögenswerte:** Wenn Sie sich vorher für die Kürzung der Anschaffungskosten entschieden hatten, wird die Rückzahlung wieder als Zuschreibung zum Buchwert des Vermögenswertes erfasst. Die kumulierte zusätzliche Abschreibung muss sofort erfolgswirksam als Aufwand erfasst werden. Hatten Sie sich für die Abbildung über einen passiven Abgrenzungsposten entschieden, müssen Sie diesen nun um den Rückzahlungsbetrag verringern.

Angaben im Anhang

Zum Schluss noch schnell die Angaben, die Sie in Ihrem Anhang nicht vergessen sollten, wenn Sie Zuwendungen und Beihilfen der öffentlichen Hand erhalten haben:

- ✔ **die Methode**, die Sie für die Bilanzierungen angewandt haben
- ✔ **eine Beschreibung und die Höhe** der Zuwendungen der öffentlichen Hand
- ✔ **eine Beschreibung von Beihilfen** der öffentlichen Hand, von denen Sie unmittelbar profitiert haben
- ✔ **eine Beschreibung der Tatsachen**, falls Sie die von der öffentlichen Hand auferlegten Bedingungen nicht erfüllt haben oder es andere Unsicherheiten darüber gibt, ob Sie die Zuwendungen erhalten

Fremdfinanzierte Investitionen: Fremdkapitalkosten

Stellen Sie sich folgende Situation vor: Ihr Unternehmen möchte ein neues Produktionsgebäude bauen. Da Sie zurzeit das Vorhaben nicht aus eigener Tasche bezahlen können, wollen Sie ein Darlehen bei der Bank Ihres Vertrauens aufnehmen. Für dieses Darlehen berechnet die Bank Ihnen neben den Zinsen für das eigentliche Darlehen auch noch zusätzlich Gebühren. Sie überlegen nun, ob es vielleicht eine Möglichkeit gibt, die Zinsen und Gebühren (die sogenannten *Fremdkapitalkosten*) nach IFRS als Anschaffungs- oder Herstellungskosten des Produktionsgebäudes zu verbuchen oder ob man diese vielleicht sogar als Anschaffungs- und Herstellungskosten des Produktionsgebäudes aktivieren muss. Anstatt die Aufwendungen für Zinsen und Gebühren im Finanzergebnis zu zeigen, würden Sie in diesem Fall die Fremdkapitalkosten dann über die wirtschaftliche Nutzungsdauer der Produktionsanlage abschreiben. Sie wissen schon – höhere Anschaffungskosten bedeutet höhere Abschreibung.

Bei der Suche nach der Antwort auf diese Frage können wir Ihnen natürlich behilflich sein. Wenn Sie selber erst mal nachschlagen wollen, dann legen Sie sich bitte den IAS 23 »Fremdkapitalkosten« unter das Kopfkissen. Dort erfahren Sie alles zu dem Sachverhalt.

Unsere Antwort auf diese Frage kommt spontan, ohne zu zögern und mehr als eindeutig: **Vielleicht!**

Fremdkapitalkosten sind Zinsen und alle sonstige Kosten, die bei einem Unternehmen im Zusammenhang mit der Aufnahme von Darlehen oder sonstigem Fremdkapital anfallen.

Es kommt darauf an, was Sie herstellen beziehungsweise erwerben. Genau genommen geht es um die Zeit, die Sie benötigen, um den hergestellten oder erworbenen Vermögenswert in den Zustand zu bringen, damit der Vermögenswert entweder für Ihr Unternehmen gebraucht (in unserem Fall wenn die Produktionshalle fertiggestellt und bereit für die Produktion ist) oder verkauft werden kann (beispielsweise wenn Sie Wohnungen »herstellen« und diese später am Immobilienmarkt verkaufen). Benötigen Sie zur Erreichung dieses (gebrauchs- oder verkaufsfertigen) Zustands eine »beträchtliche Menge« Zeit, müssen Sie nach IFRS die Fremdkapitalkosten in Ihrer Bilanz aktivieren. Dann dürfen Sie diese nicht mehr direkt in der Gewinn-und-Verlust-Rechnung der Periode erfassen.

Die schlauen Jungs und Mädels vom IASB gaben den Vermögenswerten, bei denen Sie Fremdkapitalkosten in der Bilanz aktivieren müssen, den Namen *qualifizierter Vermögenswert*.

Ein *qualifizierter Vermögenswert* ist ein Vermögenswert, für den Sie eine beträchtliche Menge an Zeit benötigen, wenn Sie diesen in den beabsichtigten gebrauchs- oder verkaufsfähigen Zustand versetzen.

Neben dem oben bereits erwähnten Produktionsgebäude können Sie sich als Beispiele für qualifizierte Vermögenswerte Folgendes einprägen:

✔ Vorräte

✔ Fabrikationsanlagen

- ✔ Energieversorgungseinrichtungen
- ✔ Immaterielle Vermögenswerte
- ✔ als Finanzinvestition gehaltene Immobilien

Vorsicht bei langfristigen Fertigungsaufträgen, die Sie nach IAS 11 »Fertigungsaufträge« bilanzieren (mehr dazu finden Sie in Kapitel 8). Hier aktivieren Sie keine Herstellkosten, sondern anteilige Umsätze. Damit aktivieren Sie auch keine Fremdkapitalkosten der Herstellphase.

Nicht genauer wird in den Standards die »beträchtliche Menge Zeit« erläutert. Für Ihr Produktionsgebäude benötigen Sie von den ersten Planungen bis zur Schlüsselübergabe an die Produktion insgesamt zwei Jahre (dies sollte eine beträchtliche Menge Zeit sein).

Sie sollten immer dann aufmerksam sein und über eine Aktivierung der Fremdkapitalkosten nachdenken, wenn Sie länger als ein Jahr für die Schaffung des gebrauchs- oder verkaufsbereiten Zustands des Vermögenswertes benötigen.

Auf die Plätze, fertig, los – wann Sie mit der Aktivierung von Fremdkapitalkosten beginnen

Sie wissen nun, dass Sie die Fremdkapitalkosten für die Produktionshalle aktivieren müssen. Aber ab wann aktivieren Sie sie?

Sie beginnen mit der Aktivierung von Fremdkapitalkosten für qualifizierte Vermögenswerte dann, wenn sie diese drei Bedingungen erfüllen:

- ✔ Sie haben bereits Ausgaben für Ihren Vermögenswert.
- ✔ Es fallen schon Fremdkapitalkosten an.
- ✔ Sie führen Arbeiten aus, um den Vermögenswert in den beabsichtigten Zustand zu versetzen.

Für Ihre Produktionshalle wäre das also dann, wenn Sie an dem Gebäude arbeiten, bereits etwas an die Baufirmen gezahlt und die Bank Ihnen auch schon Zinsen abgezogen hat.

Sie veranschlagen die Kosten für das Produktionsgebäude mit EUR 10 Mio. Mit dem beauftragten Projektträger haben Sie zwei Abschlagszahlungen ausgemacht, einmal zu Beginn der Planungsarbeiten mit EUR 7 Mio. und einmal zur Hälfte der Bauzeit (also nach einem Jahr) in Höhe von EUR 3 Mio. Mit Ihrer Bank haben Sie daher ein Darlehen mit den folgenden Konditionen ausgehandelt:

- ✔ Darlehenssumme EUR 10 Mio.
- ✔ Laufzeit 10 Jahre

- ✔ zwei Teilzahlungen: einmal in t = 0 in Höhe von EUR 7 Mio. und einmal t = 1 in Höhe von EUR 3 Mio.
- ✔ Zinsen pro Jahr: 10 % (einmal durchatmen bitte)
- ✔ Tilgung am Ende der Laufzeit

Ob und ab wann Sie nun die anfallenden Fremdkapitalkosten aktivieren, hängt maßgeblich vom Zeitpunkt des Anfallens der Fremdkapitalkosten ab. Fallen die Fremdkapitalkosten zu früh an (also bevor Sie Ausgaben für die Produktionshalle tätigen und Arbeiten an der Produktionshalle ausführen), dürfen Sie die Fremdkapitalkosten noch nicht aktivieren. Im umgekehrten Fall, wenn Sie schon Ausgaben für die Produktionshalle tätigen und Arbeiten an der Produktionshalle ausführen, aber noch kein Darlehen aufgenommen haben, können Sie die Fremdkapitalkosten erst ab dem Zeitpunkt ansetzen, ab dem auch tatsächlich Fremdkapitalkosten anfallen. Für das hier beschriebene Beispiel soll die erste Teilzahlung genau auf den Zeitpunkt fallen, ab dem Sie die ersten Ausgaben tätigen und auch schon mit den Arbeiten für die Produktionshalle begonnen haben (1. Januar 2010).

Nach einem Jahr stellen Sie nun die Bilanz für Ihren Jahresabschluss auf. Sie müssen für die Produktionshalle nur noch die angefallenen Fremdkapitalkosten aktivieren. Bei einer Darlehenssumme von EUR 7 Mio. und einem Zinssatz von 10 % ergeben sich Zinsaufwendungen für 2010 in Höhe von EUR 0,7 Mio. Sie aktivieren die Fremdkapitalkosten über den in Tabelle 12.11 gezeigten Buchungssatz.

Soll		Haben	
Anlagen im Bau	700.000	Zinsaufwendungen	700.000

Tabelle 12.11: Buchung zur Aktivierung von Fremdkapitalkosten

Have a break – Unterbrechung des Herstellungsprozesses

Beim Bau des Produktionsgebäudes werden Sie von einem ungewöhnlich kalten Winter überrascht. Die Bauarbeiten am Produktionsgebäude müssen daher für drei Monate unterbrochen werden. Für solche Unterbrechungen sieht IAS 23 vor, dass Sie auch die Aktivierung der Fremdkapitalkosten unterbrechen. Es sollte sich allerdings um tatsächliche Unterbrechungen des Herstellungsprozesses handeln.

Sollten Sie die Arbeiten an einem qualifizierten Vermögenswert unterbrechen, müssen Sie auch die Aktivierung der Fremdkapitalkosten unterbrechen.

Sollten Sie Ihr Produktionsgebäude nämlich in Sibirien oder einer anderen Gegend der Welt errichten, in der ein kalter Winter keine Besonderheit darstellt, läuft auch die Aktivierung der Fremdkapitalkosten weiter, da es sich bei diesen Unterbrechungen um einen notwendigen Prozessbestandteil handelt. Die Aktivierung würde auch weiterlaufen, falls Sie während der

12 ➤ Top oder Flop: Die Gewinn-und-Verlust-Rechnung

Ruhepause technische oder administrative Leistungen erbringen, die für den Bau der Produktionsanlage notwendig sind.

Beim neuen Produktionsgebäude ruhen aber alle Leistungen. Die Bank hat, wie mit Ihnen vereinbart, die restlichen EUR 3 Mio. am 1. Januar 2011 auf Ihr Konto überwiesen. Sie haben nun also die vollen EUR 10 Mio. Darlehenssumme aufgenommen. Für die ersten drei Monate im Jahr 2011 fallen also insgesamt EUR 0,25 Mio. Zinsen an, die Sie aber leider nicht aktivieren dürfen.

Bis zum (bitteren) Ende – Hier hört die Aktivierung auf!

Die Bauarbeiten an Ihrem Produktionsgebäude neigen sich dem Ende zu. Sie beschäftigen sich nun mit der Frage, wann Sie die Aktivierung der Fremdkapitalkosten beenden.

> Sie aktivieren Fremdkapitalkosten für einen qualifizierten Vermögenswert so lange, bis alle wesentlichen Arbeiten abgeschlossen sind.

Wenn Ihr Produktionsgebäude dann in dem von Ihnen gewünschten und auch nutzungsfähigen Zustand ist, ist auch Schluss mit der Aktivierung. Ab hier heißt es wieder: »Ab in die GuV mit den Zinsaufwendungen«.

Zu viel Geld? – Anlage von Fremdkapital

Sollten Ihnen aus der Aufnahme von Fremdkapital für einen qualifizierten Vermögenswert freie Mittel zur Verfügung stehen, die Sie aber bis zur weiteren Verwendung am Kapitalmarkt anlegen, müssen Sie Ihre Erträge daraus gegen die aktivierbaren Zinsen und Gebühren verrechnen.

> Haben Sie speziell für einen qualifizierten Vermögenswert Fremdkapital aufgenommen und zwischenzeitlich angelegt, müssen Sie von den aktivierbaren Fremdkapitalkosten der Periode die Anlageerträge der Periode abziehen.

Im Zuge der Unterbrechung der Bauarbeiten am neuen Produktionsgebäude haben Sie mit dem Projektträger eine Verschiebung der zweiten Abschlagszahlung vereinbart. Statt zur Hälfte der Bauzeit (zum 1. Januar 2011) sollen Sie nun die zweite Abschlagszahlung am 30. Juni 2011 leisten. Dadurch stehen Ihnen vom 1. Januar 2011 bis zum 30. Juni 2011 zusätzlich EUR 3 Mio. zur Verfügung. Sie legen das Geld nun auf einem Termingeldkonto an und bekommen hierfür 5 % p.a. Zinsen. Für das halbe Jahr also EUR 75.000 (und für die hier relevanten drei Monate vom 1. April 2011 bis 30. Juni 2011 EUR 37.500). Von den aktivierbaren Fremdkapitalkosten müssen Sie nun die erzielten Anlageerträge abziehen. Die Berechnung der aktivierbaren Fremdkapitalkosten für das 2. Quartal 2011 sehen Sie in Tabelle 12.12.

	Aktivierbare Fremdkapitalkosten	
+	Zinsaufwendungen für EUR 10 Mio. bei 10 % p. a. (3 Monate)	250.000
−	Anlageerträge für 3 EUR Mio. bei 5 % p. a. (3 Monate)	−37.500
=	**Aktivierbare Fremdkapitalkosten**	**212.500**

Tabelle 12.12: Aktivierbare Fremdkapitalkosten bei zwischenzeitlicher Anlage von freien Mitteln

Einer für alle – allgemeine Finanzierung statt spezieller Darlehen

Sie möchten das Produktionsgebäude nun nicht über ein extra dafür genehmigtes Darlehen finanzieren, sondern über ihre allgemeine Bankenfinanzierung abdecken. Auch in diesem Fall müssen Sie für Ihre Produktionshalle die Fremdkapitalkosten aktivieren. Es stellt sich für Sie nun die Frage, wie hoch die aktivierungspflichtigen Zinsen und Gebühren sind. Welchen Teil Ihrer allgemeinen Fremdkapitalkosten können Sie dem Bau des Produktionsgebäudes zuordnen?

Haben Sie Fremdkapital nicht speziell für einen qualifizierten Vermögenswert aufgenommen, sondern besitzen eine allgemeine Finanzierungslinie, bestimmen Sie die Fremdkapitalkosten für einen qualifizierten Vermögenswert, indem Sie den gewogenen Durchschnitt aller Fremdkapitalkosten auf die Ausgaben für den qualifizierten Vermögenswert anwenden. Dabei dürfen die aktivierungsfähigen Fremdkapitalkosten aber nicht die in einer Periode angefallenen Fremdkapitalkosten übersteigen.

Am besten, Sie schauen sich gleich dieses Beispiel an. Dann sollte Ihnen bei Ihrem nächsten Projekt die Ermittlung der aktivierungsfähigen Fremdkapitalkosten aus Ihren allgemeinen Finanzierungskosten nicht schwerfallen.

Ihr Unternehmen hat zur Finanzierung drei Bankkredite in Höhe von EUR 50 Mio., EUR 150 Mio. und EUR 230 Mio. aufgenommen. Die Zinsen belaufen sich für diese Kredite auf 7,5 % p. a., 8 % p. a. und 8,5 % p. a. Der gewogene Durchschnitt dieser Finanzierung ergibt sich damit zu 8,21 % p. a. Die Berechnung sehen Sie in Tabelle 12.13.

	50.000.000	×	7,5 %	=	3.750.000
+	150.000.000	×	8,0 %	=	12.000.000
+	230.000.000	×	8,5 %	=	19.550.000
				=	35.300.000
	35.300.000	/	430.000.000	=	8,21 %

Tabelle 12.13: Gewogener Durchschnitt der Fremdkapitalkosten

Für das Produktionsgebäude ergeben sich bei Kosten in Höhe von EUR 10 Mio. und einer Bauzeit von zwei Jahren insgesamt aktivierungsfähige Fremdkapitalkosten in Höhe von EUR 1,642 Mio. über die gesamte Bauzeit, oder EUR 0,821 Mio. pro Jahr.

Zum Abschluss der Ausführungen über die Fremdkapitalkosten noch schnell die Angaben, die Sie in Ihrem Anhang nicht vergessen sollten, wenn Sie Fremdkapitalkosten aktiviert haben:

- ✔ **die Höhe der Fremdkapitalkosten**, die Sie in der Periode aktiviert haben
- ✔ **den Finanzierungskostensatz**, den Sie zur Bestimmung der aktivierbaren Fremdkapitalkosten eingesetzt haben

Was wäre wenn: Latente Steuern

Latente Steuern sind für viele BWL-Studenten, Buchhalter, Steuerberater und Wirtschaftsprüfer das Lieblingsthema schlechthin. Im nächsten Abschnitt erfahren Sie, wie Sie die meist ungeliebten latenten Steuern zu einem Ihrer Lieblingsthemen machen können. Zum besseren Verständnis beschränken wir uns jedoch darauf, Ihnen Grundzüge der Bilanzierung latenter Steuern nach IFRS vorzustellen. Es würde leider den Rahmen dieses Buches sprengen, wenn wir auf alle Details eingehen.

Die Regelungen zu den latenten Steuern nach IFRS finden Sie in IAS 12. Hier finden sich neben den Regelungen zu den latenten Steuern auch die Regelungen zu den tatsächlichen Ertragsteuern. In Deutschland zählen zu den Ertragsteuern die Körperschaftssteuer inklusive Solidaritätszuschlag sowie die Gewerbesteuer.

> Nur die Ertragsteuern sind geregelt in IAS 12. Substanz- oder Verbrauchssteuern (wie zum Beispiel die Umsatz-Steuer) sind von der Anwendung des IAS 12 ausgeschlossen.

In diesem Abschnitt soll es aber nicht um die tatsächlichen Steuern gehen, sondern um die versteckten Steuern – die latenten Steuern.

In der Kürze liegt die Würze – eine kleine Anleitung zur Verbuchung latenter Steuern

Sie möchten nun sicher wissen, wie Sie latente Steuern nach IFRS bilanzieren. Theoretisch bilden Sie latente Steuern nach dem sogenannten *Temporary-Konzept*.

> Latente Steuern werden auf temporäre Unterschiede zwischen dem Bilanzansatz in der IFRS-Bilanz und dem in der Steuerbilanz gebildet. Vereinfacht können Sie sich auch merken: Gibt es keine Unterschiede zwischen der Bilanzierung nach IFRS und derjenigen nach Steuerrecht, haben Sie auch kein Problem mit den latenten Steuern.

Wir möchten uns an dieser Stelle aber gar nicht mit den theoretischen Hintergründen aufhalten, sondern wir wollen Ihnen die Praxis vorstellen.

Damit Sie entscheiden können, ob und wie Sie eine latente Steuer in Ihrer IFRS-Bilanz ansetzen, arbeiten Sie einfach die folgende Checkliste ab:

- ✔ Vergleichen Sie die Werte in der Steuerbilanz mit denen in der IFRS-Bilanz. Stimmen die Werte überein, können Sie hier schon aufhören. Wenn Sie aber unterschiedliche Bilanzansätze erkennen, gehen Sie bitte weiter zum nächsten Schritt.

✔ Entscheiden Sie, ob diese Unterschiede nur vorübergehend (temporär) oder permanent sind. Vorübergehende Unterschiede gleichen sich im Zeitablauf aus und sind irgendwann verschwunden. Auf diese werden latente Steuern gebildet. Permanente gleichen sich nie aus und bleiben immer bestehen. Auf permanente Unterschiede werden keine latenten Steuern gebildet.

✔ Bei temporären Unterschieden bestimmen Sie, ob Sie eine aktive latente Steuer oder eine passive latente Steuer bilden müssen.

Die Entscheidung, ob für eine temporäre Differenz eine aktive oder eine passive latente Steuer zu buchen ist können Sie ganz einfach anhand von Tabelle 12.14 treffen.

	Aktivseite der Bilanz	Passivseite der Bilanz
Aktive latente Steuer	Wertansatz Steuerbilanz > IFRS-Bilanz	Wertansatz Steuerbilanz < IFRS-Bilanz
Passive latente Steuer	Wertansatz Steuerbilanz < IFRS-Bilanz	Wertansatz Steuerbilanz > IFRS-Bilanz

Tabelle 12.14: Aktive oder passive latente Steuer?

✔ Bestimmen Sie, ob die Differenz erfolgswirksam oder erfolgsneutral entstanden ist.

Im folgenden Beispiel verdeutlichen wir die Vorgehensweise.

Sie haben eine neue Maschine für Ihr Unternehmen für EUR 100.000 zum Zeitpunkt 0 erworben. Diese müssen Sie nun natürlich auch abschreiben. In Ihrer Steuerbilanz, die als Basis zur Ermittlung der zu zahlenden Steuerschuld dient, wenden Sie die degressive Methode an, da Sie so die steuerliche Entlastung der Abschreibungen schneller nutzen können. Nach IFRS schreiben Sie die Maschine jedoch über die wirtschaftliche Nutzungsdauer nach dem erwarteten Verlauf des Verbrauchs des künftigen wirtschaftlichen Nutzens ab. Da Sie von einem linearen Nutzungsverbrauch ausgehen, schreiben Sie die Maschine linear ab. Der Wert, mit dem Sie Ihre Maschine bilanzieren, unterscheidet sich also in der Steuerbilanz von dem in der IFRS-Bilanz. Falls Sie Ihre Steuern nach dem IFRS-Ergebnis und nicht nach dem steuerlichen Ergebnis zahlen müssten, würde der Steuerbetrag von dem abweichen, den Sie tatsächlich an den deutschen Fiskus begleichen.

Der Steuersatz mit dem Sie die latenten Steuern hier im Beispiel berechnen, soll 40 Prozent betragen.

Der Steuersatz, mit dem Sie Ihre latenten Steuern berechnen, ist der am Bilanzstichtag gültige beziehungsweise durch eine verbindliche Gesetzesankündigung gültige Ertragsteuersatz für Ihr Unternehmen.

Die Wertentwicklung Ihrer Maschine nach Steuerbilanz und IFRS vom Erwerbszeitpunkt 0 bis zum Ende der Abschreibungsdauer, die Unterschiede zwischen IFRS-Bilanz und Steuerbilanz sowie die zu bildenden latenten Steuern sehen Sie in Tabelle 12.15 zusammengefasst.

Zeitpunkt	Buchwert IFRS 1	Buchwert Steuerbilanz 2	Delta 3 = 1 - 2	Passive latente Steuer 4 = 3 × 40 %
0	100.000	100.000	0	0
1	80.000	65.000	15.000	6.000
2	60.000	42.250	17.750	7.100
3	40.000	28.167	11.833	4.733
4	20.000	14.083	5.917	2.367
5	0	0	0	0

Tabelle 12.15: Berechnung des Wertansatzes der latenten Steuerschuld

Nehmen Sie sich unsere Checkliste noch einmal vor:

✔ Durch die degressive Abschreibung schreiben Sie Ihre Maschine in der Steuerbilanz zunächst schneller ab als nach IFRS. Sie haben damit einen unterschiedlichen Wertansatz in der Steuerbilanz gegenüber der IFRS-Bilanz und Punkt 1 der Checkliste abgehakt.

✔ Punkt 2 lässt sich ebenso schnell beantworten: Es handelt sich hierbei um eine temporäre Differenz, da spätestens ab dem Zeitpunkt, ab dem die Wertansätze beider Maschinen EUR 0 betragen, keine Unterschiede mehr zwischen IFRS-Bilanz und Steuerbilanz bestehen.

✔ Entscheiden Sie, ob Sie eine passive latente Steuer oder eine aktive latente Steuer buchen sollten. Greifen Sie dabei auf Tabelle 12.14 zurück. Wie Sie sehen, ist Ihre Maschine in der Steuerbilanz weniger wert als nach IFRS. Demzufolge zahlen Sie in Zukunft tatsächlich mehr Steuern, als Sie dies nach IFRS müssten, heute aber weniger Steuern. Diese höhere zukünftige Steuerschuld wird in der heutigen IFRS-Bilanz mithilfe einer passiven latenten Steuer abgebildet, wie Ihnen ein Blick in die Tabelle zeigt. Punkt 3 ist erledigt.

Sie können sich den Verlauf der Buchwerte der Maschine in der IFRS-Bilanz und der Steuerbilanz sowie der zu bildenden passiven latenten Steuer wie in Abbildung 12.4 dargestellt vorstellen.

✔ Was ist mit Frage 4 der Checkliste? Beim erstmaligen Entstehen einer temporären Differenz buchen Sie die latenten Steuern erfolgswirksam oder erfolgsneutral, je nachdem, ob die Differenz erfolgswirksam oder erfolgsneutral entstanden ist. Die Abschreibung nach IFRS wird in unserem Beispiel erfolgswirksam in der Gewinn-und-Verlust-Rechnung erfasst, daher bilden Sie auch die latente Steuer erfolgswirksam ab.

In Ihrer Bilanz weisen Sie latente Steuern immer langfristig aus. Glücklicherweise dürfen Sie latente Steuern jedoch nicht abzinsen.

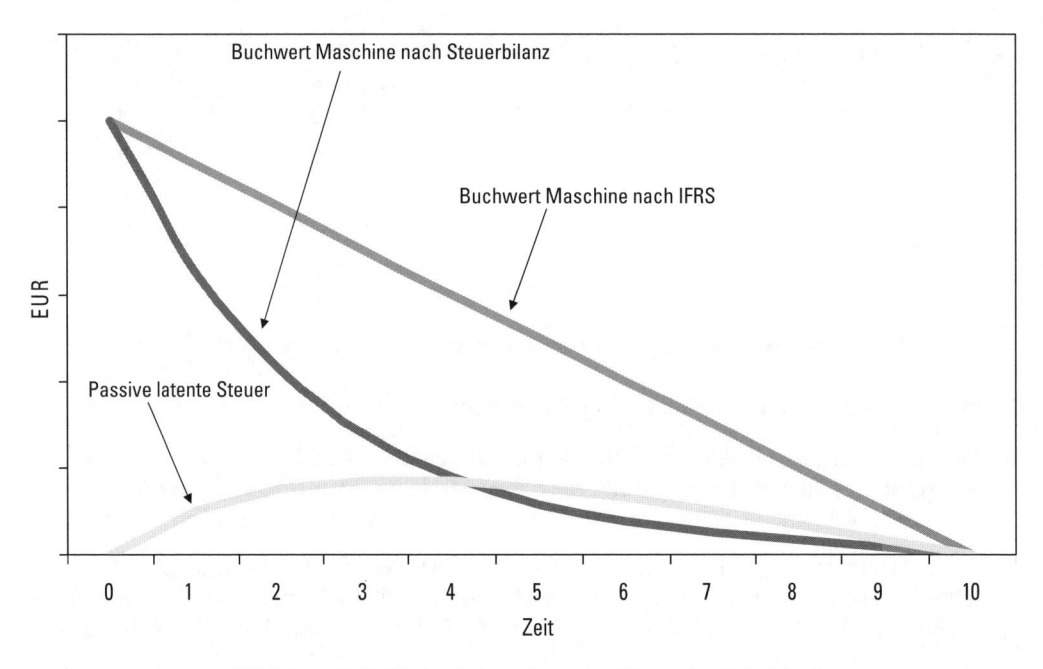

Abbildung 12.4: Verlauf einer latenten Steuer im Zeitablauf

Für Ihre Maschine sollten Sie also zum Zeitpunkt 1 die in Tabelle 12.16 abgebildete Buchung vornehmen.

Soll		Haben	
Latenter Steueraufwand	6.000	Passive latente Steuer	6.000

Tabelle 12.16: Verbuchung latente Steuer zum Zeitpunkt 1

Wenn Sie nun nochmals einen Blick auf Tabelle 12.15 werfen, sehen Sie, dass sich die latenten Steuern zum Zeitpunkt 2 erhöht haben. In Periode 2 erfassen Sie folglich die zusätzlichen EUR 1.100 über den in Tabelle 12.17 aufgeführten Buchungssatz.

Soll		Haben	
Latenter Steueraufwand	1.100	Passive latente Steuer	1.000

Tabelle 12.17: Verbuchung latente Steuer zum Zeitpunkt 2

Wir möchten Sie hier natürlich nicht langweilen, aber den Buchungssatz zum Zeitpunkt 3 sollten Sie sich noch anschauen. Sie haben nämlich mit Ihrer Maschine zwischen den Zeitpunkten 2 und 3 die größte temporäre Differenz gehabt. Zum Zeitpunkt 3 müssen Sie die latente Steuerschuld daher schon wieder reduzieren. Der erforderliche Buchungssatz zum Zeitpunkt 3 ist in Tabelle 12.18 dargestellt.

Soll		Haben	
Passive latente Steuer	2.367	Latenter Steuerertrag	2.367

Tabelle 12.18: Verbuchung latente Steuer zum Zeitpunkt 3

12 ➤ Top oder Flop: Die Gewinn-und-Verlust-Rechnung

Die Buchungen zu den Zeitpunkten 4 und 5 bekommen Sie sicher allein auf die Reihe!

Vermögenswerte aus Verlusten – Besonderheiten bei den aktiven latenten Steuern

Sollten Sie in der Vergangenheit nur suboptimal gewirtschaftet haben, kann es vorkommen, dass Sie in der Vergangenheit steuerliche Verluste angehäuft haben. In vielen Steuersystemen dieser Welt können Sie diese steuerlichen Verluste, die sogenannten Verlustvorträge, in späteren Perioden gegen einen angefallenen Gewinn verrechnen. Manchmal sind die Verrechnungsmöglichkeiten zeitlich begrenzt, manchmal gibt es dennoch eine Mindestbesteuerung und manchmal gibt es wieder ganz andere oder auch gar keine Einschränkung. Wenn das Steuersystem diese Verrechnung zulässt, sinkt in den Folgeperioden natürlich Ihre erwartete Steuerlast – vorausgesetzt, Sie fahren mal wieder einen steuerlichen Gewinn ein. Nach IFRS wird das Ganze wie ein »versteckter Vermögenswert« gesehen, über den Ihre Bilanzleser informiert werden sollten.

Auf zukünftig nutzbare steuerliche Verlustvorträge müssen Sie nach IFRS aktive latente Steuern bilden.

Falls Sie bis heute steuerlich EUR 5.000.000 Verlust erwirtschaftet haben und diesen Verlust gegen steuerliche Gewinne in der Zukunft ansetzen können, sollten Sie auch eine aktive latente Steuer auf steuerliche Verlustvorträge einbuchen. Die Höhe bestimmen Sie ganz einfach durch Multiplikation der Verlustvorträge mit dem Steuersatz (hier soll er 40 Prozent betragen). Sie sollten durch die Buchung in Tabelle 12.19 eine aktive latente Steuer in Höhe von EUR 2.000.000 auf steuerliche Verlustvorträge einbuchen.

Soll		Haben	
Aktive latente Steuern	2.000.000	Latenter Steuerertrag	2.000.000

Tabelle 12.19: Einbuchung einer aktiven latenten Steuer auf steuerliche Verlustvorträge

Unbegrenzt nutzbar? Die Werthaltigkeit aktiver latenter Steuern

Passen Sie auf, ob Sie die angehäuften Verluste auch tatsächlich bis in alle Ewigkeit vortragen können oder ob (wie in einigen Ländern üblich) die Steuergesetzgebung eine Einschränkung der Vortragbarkeit vorsieht. Hier können Sie dann nur auf den Betrag des Verlustvortrags aktive latente Steuern bilden, den Sie voraussichtlich nutzen können.

Ein weiterer wichtiger Punkt ist, ob Ihnen in Zukunft ausreichend steuerlicher Gewinn zur Verfügung stehen wird, um Ihre steuerlichen Verlustvorträge auch nutzen zu können. Ist dies nicht der Fall, können Sie natürlich auch keinen »versteckten Vermögenswert« ansetzen.

Falls Sie in Zukunft nicht genug steuerliche Gewinne erwirtschaften, sollten Sie auch den Ansatz der aktiven latenten Steuern auf die tatsächliche Nutzbarkeit des Verlustvortrags begrenzen.

Dies gilt sogar für alle aktiven latenten Steuern, nicht nur für solche auf steuerliche Verlustvorträge. Sie können den Ansatz einer aktiven latenten Steuer folgendermaßen rechtfertigen:

✔ Sie haben außer den aktiven latenten Steuern bei der gleichen Steuerbehörde auch passive latente Steuern eingebucht.

✔ Sie können zeigen, dass Sie wahrscheinlich auch künftig steuerpflichtige Gewinne erwirtschaften.

Erfüllen Sie den ersten Punkt, können Sie zumindest aktive latente Steuern in Höhe der angesetzten passiven latenten Steuern ansetzen, ohne irgendjemanden die Werthaltigkeit der aktiven latenten Steuern nachweisen zu müssen.

Saldieren Sie aktive und passive latente Steuern immer dann miteinander in der Bilanz, wenn diese aktiven und passiven latenten Steuern gegenüber der gleichen Steuerbehörde bestehen. Natürlich bestehen die nicht gegenüber der gleichen Steuerbehörde – aber den Ansatz in der Steuerbilanz sollten Sie gegenüber der gleichen Steuerbehörde rechtfertigen müssen.

Den zweiten Punkt können Sie mithilfe einer Steuerplanung nachweisen. Hier zeigen Sie Ihrem Prüfer, dass Sie in den kommenden Perioden genug steuerliches Ergebnis erwarten, das den Ansatz der aktiven latenten Steuern rechtfertigt.

Die Steuererklärung(en) – Angaben im Anhang

Die Angaben, die Sie im Anhang zu den Ertragsteuern machen müssen, sind sehr umfangreich; die folgende Auflistung ist daher nicht vollständig:

✔ die Hauptbestandteile des Steueraufwands und Steuerertrags

✔ die latenten Steuern, die Sie erfolgsneutral im Eigenkapital verbucht haben

✔ der Betrag und die Höhe von nicht aktivierten latenten Steuern aus Verlustvorträgen und aus temporären Differenzen

✔ eine Erklärung zur eventuellen Änderung der Steuersätze inklusive einer Darstellung der Ergebnisauswirkungen

Falls Sie nach weiteren Informationen zu den Angaben suchen, können wir Ihnen einen Blick in den IAS 12 empfehlen. Sie sollten sich vor allem die Paragrafen 79 bis 88 anschauen.

Wir haben Ihnen ja zu Beginn dieses Abschnitts bereits angekündigt, dass die latenten Steuern Ihr Lieblingsthema werden.

Das kann teuer werden: Mitarbeiterbeteiligungen

Sie werden heutzutage sicher auf jedem zweiten Mitarbeiterführungsseminar hören, dass Sie die Mitarbeiter mehr motivieren, wenn Sie Ihren Kollegen einen Teil vom Kuchen »Unter-

12 ➤ Top oder Flop: Die Gewinn-und-Verlust-Rechnung

nehmenserfolg« abgeben. Es gibt verschiedene Möglichkeiten, Mitarbeiter am Unternehmen zu beteiligen. Dies kann unter anderem durch Gewinn- und Erfolgsbeteiligungen oder Aktien und Aktienoptionen geschehen. In Kapitel 10 erläutern wir, wie unterschiedlich die bilanzielle Behandlung dieser verschiedenen Beteiligungsformen nach IFRS sein kann. Von der Bewertung an sich ganz zu schweigen. Gemeinsam haben alle Beteiligungsformen jedoch, dass in der Gewinn-und-Verlust-Rechnung ein Personalaufwand für die von den Mitarbeitern erbrachte Arbeitsleistung erfasst wird.

> Jegliche Arten der Beteiligung von Mitarbeitern am Unternehmenserfolg oder an Wertsteigerungen des Unternehmenswertes sind zusätzliche Vergütungsformen und werden daher in der GuV als Personalaufwand erfasst.

Vor allem Mitarbeiterbeteiligungen in Form von Aktien oder Aktienoptionen sind eine attraktive Möglichkeit der zusätzlichen Vergütung. Das Erfreuliche für das Unternehmen ist dabei, dass dazu nicht einmal selbst viel Geld ausgegeben werden muss. Im Idealfall wird sogar noch Geld in die Kassen gespült, wenn die Mitarbeiter für den Erwerb der Aktien oder der Optionen eine Zahlung leisten. Sie fragen sich jetzt bestimmt, wo der Haken bei der Sache ist, klingt doch wie eine Win-Win-Situation oder? Ganz so einfach ist es leider nicht. Insbesondere fordert IFRS 2, dass die ausgegebene Vergütung in Form von Unternehmensanteilen erfolgswirksam zum beizulegenden Zeitwert erfasst wird. Und das bedeutet Aufwand in Ihrer Gewinn-und-Verlust-Rechnung und zerstört damit die Idee der Win-Win-Situation. Aber wie und warum muss man denn dafür eigentlich einen Aufwand erfassen?

Hinter der erfolgswirksamen Erfassung steckt die Idee, dass der Mitarbeiter durch die Beteiligung zusätzlich zu seinem regulären Gehalt eine Vergütung für die Arbeitsleistung erhält, die er für das Unternehmen erbringt. Diese Arbeitsleistung hat einen Wert, der nach IFRS durch den sogenannten beizulegenden Zeitwert der Gegenleistung ausgedrückt wird. Die Gegenleistung ist der erhaltene Anteil am Unternehmen. Wie dieser Wert berechnet wird, erfahren Sie in Kapitel 10. Lassen Sie uns das anhand eines Beispiels verdeutlichen:

> Herr Müller nimmt einen Job als Controlling-Leiter an und bekommt im Rahmen seines Arbeitsvertrags neben seinem regulären Gehalt 10.000 Aktien seines neuen Arbeitgebers für einen Preis von EUR 1 pro Aktie angeboten. Die Aktien haben am Tag der Gewährung einen Marktwert von EUR 16. Gemäß den Regelungen des IFRS 2 handelt es sich um eine anteilsbasierte Vergütung mit Ausgleich durch Eigenkapitalinstrumente. Die Aktien werden am Tag der Gewährung bewertet. Der gesamte Personalaufwand bemisst sich nun auf EUR 150.000, denn nach Adam Riese ergibt sich: 10.000 Aktien × (EUR 16 − EUR 1) = EUR 150.000

Wie Sie sehen, kann sich schon ein Personalaufwand in stattlicher Höhe ergeben, wenn ein Unternehmen mehrere Mitarbeiter beteiligt. Ja, das kann wirklich teuer werden! Dass dieser Aufwand dann aber gar kein zahlungswirksamer Personalaufwand war und damit kein Cash abgeflossen ist, das müssen Sie dann geschickt dem interessierten Leser Ihres Abschlusses rüberbringen. Aufwand ist ja nicht gleich Cash-Abfluss. Doch über welchen Zeitraum wird dieser Personalaufwand eigentlich erfasst?

Der *Zeitpunkt der Aufwandserfassung* hängt für anteilsbasierte Vergütungen davon ab, wann die Aktien oder Optionen ausübbar werden beziehungsweise der Mitarbeiter einen festen Rechtsanspruch an diesen erwirbt.

Der Zeitpunkt der Aufwandserfassung ist der Zeitpunkt, ab dem einem Mitarbeiter, auch wenn dieser aus irgendeinem Grund aus dem Unternehmen ausscheiden sollte, die Vergütungsinstrumente nicht mehr weggenommen werden können und ein Anspruch gegenüber dem Unternehmen geltend gemacht werden kann. Sind die Vergütungsinstrumente sofort zum Zeitpunkt der Ausgabe an den Mitarbeiter ausübbar, wird der Personalaufwand sofort in voller Höhe erfasst, da man davon ausgehen kann, dass der Mitarbeiter die Arbeitsleistung schon in der Vergangenheit erbracht hat. Für das obige Beispiel des Herrn Müller hat dies zur Folge, dass der gesamte Personalaufwand in Höhe von EUR 150.000 sofort am Tag der Gewährung in der Gewinn-und-Verlust-Rechnung erfasst wird.

Manchmal setzen Sie dem Mitarbeiter aber auch Hürden. Dann ist die Ausübung der Vergütungsinstrumente eventuell von einer bestimmten Zugehörigkeit zu dem Unternehmen abhängig oder aber es müssen bestimmte Erfolgsziele erreicht werden. Dann wird der Personalaufwand nicht sofort erfasst, sondern anteilig über den sogenannten *Erdienungszeitraum* erfasst.

Der *Erdienungszeitraum* ist der Zeitraum, in dem alle mit der Ausübung der Vergütungsinstrumente im Zusammenhang stehenden Bedingungen (die Ausübungsbedingungen) erfüllt werden.

Werden Ihnen beispielsweise von Ihrem Unternehmen Aktienoptionen mit der Bedingung angeboten, dass Ihnen die Optionen nur dann zustehen, wenn Sie ab dem Tag der Ausgabe mindestens drei Jahre lang im Unternehmen beschäftigt bleiben (Dienstbedingung) und zusätzlich pro Jahr der Unternehmensgewinn um 10 Prozent steigen muss (Leistungsbedingung), wird der Personalaufwand über einen Zeitraum von drei Jahren erfasst. Wenn Sie während dieser drei Jahre aus dem Unternehmen ausscheiden oder der Gewinn nicht um 10 Prozent steigt, verfallen die Optionen und auch der bis dahin linear erfasste Personalaufwand wird wieder storniert. Im oben dargestellten Beispiel führt das zu folgender Bilanzierung:

Im Arbeitsvertrag von Herrn Müller wird festgehalten, dass dieser die 10.000 zugesagten Aktien wieder zurückgeben muss, wenn er innerhalb der nächsten zwei Jahre aus dem Unternehmen ausscheidet.

Nach IFRS liegt in diesem Fall eine Dienstbedingung vor, das heißt, der Ausübungszeitraum beträgt zwei Jahre und der ermittelte Personalaufwand von EUR 150.000 wird linear über diesen Zeitraum verteilt. Hieraus resultiert für das Unternehmen ein Personalaufwand in Höhe von EUR 75.000 pro Jahr.

Sie denken jetzt bestimmt, dass die Bilanzierung von Mitarbeiterbeteiligungen aufgrund des zusätzlichen Personalaufwands nicht viel Freude bei Unternehmen auslöst. Da haben Sie recht, Freude kommt meist nur bei denjenigen auf, die ihre Beteiligung zu Geld machen können. Aber dafür war dieser Vergütungsbestandteil ja sicher auch gedacht. Also nichts mit Win-Win-Situation.

Ist wirklich alles ordentlich? Außerordentliche Sachverhalte

Sie haben Glück bei einem Unternehmensverkauf und einen guten Preis erzielt oder Sie haben öffentliche Zuschüsse erhalten?

Vielleicht hatten Sie aber auch Pech im vergangenen Jahr und Sie mussten für ein verlorenes Gerichtsverfahren einen Haufen Geld hinblättern, Sie mussten ein Unternehmen zu einem sehr schlechten Preis verkaufen oder Sie mussten nicht geplante, also außerplanmäßige, Abschreibungen buchen?

Sei es Glück oder Pech, Ihnen sind also Dinge widerfahren, die aus Ihrer Sicht mit der normalen Geschäftstätigkeit Ihres Unternehmens nichts zu tun haben?

Wenn Sie Ihre Bücher nach HGB führen, würden diese Sachverhalte (beziehungsweise die Erträge und Aufwendungen daraus) unter Umständen im außerordentlichen Ergebnis entweder als außerordentliche Erträge oder außerordentliche Aufwendungen gezeigt werden.

Außerordentliche Sachverhalte sind Sachverhalte, die mit der normalen Geschäftstätigkeit eines Unternehmens nichts zu tun haben.

Die IFRS sind im Gegensatz zu den Regelungen des HGB wahre Ordnungsfanatiker. Daher hat man in IAS 1 festgelegt, dass Sie weder in der Gewinn-und-Verlust-Rechnung noch in der Gesamtergebnisrechnung und auch nicht im Anhang Erträge oder Aufwendungen als außerordentliche Posten darstellen dürfen. Finden Sie das jetzt eigentlich außerordentlich gemein?

In Kapitel 4 finden Sie ein Beispiel, das beweist, dass nicht einmal das »Unfassbare« in der IFRS-Welt als außerordentlich gilt.

Volle Transparenz: Anhang & Co.

In diesem Kapitel

▶ Ziele des Anhangs und seine Gestaltung

▶ Besondere Offenlegungspflichten für Finanzinstrumente

▶ Identifizierung nahestehender Unternehmen und Personen Ihres Unternehmens

▶ Erstellung einer Kapitalflussrechnung und eines Eigenkapitalspiegels

---

IFRS ist weit mehr als Bilanzierung und Bewertung! Auch wenn Sie nun wissen, wie Sie alle Aktiv- und Passivposten nach IFRS richtig »anpacken« und wie Sie Ihre Gewinn-und-Verlust-Rechnung korrekt zusammenbasteln, kommt mit dem Anhang (englisch *Notes*) eine weitere Hürde auf Sie zu. Denn der glückliche Leser Ihres Abschlusses soll nicht nur mit Zahlenburgen wie Bilanzen und Gewinn-und-Verlust-Rechnungen abgespeist werden, sondern bekommt noch eine Vielzahl an weiterem Zahlenmaterial und Texterläuterungen zu sehen. Und das ist nicht wenig: Ein kompletter Abschluss nach IFRS ist nicht wie ein süßer, kleiner HGB-Anhang auf zehn Seiten abgehandelt.

Aber bevor Sie nun vollends kapitulieren, sei Ihnen gesagt, dass Sie auch diese Hürde auf jeden Fall meistern werden. Es braucht zwar etwas Zeit, bis Sie dieses Kapitel durchgearbeitet haben, aber dafür werden Sie im Anschluss gewappnet sein, um den Kampf mit diesen weiteren Pflichten erfolgreich aufzunehmen.

Umfangreich und zeitintensiv: Der Anhang

Das IASB hat Grundregeln für den Aufbau und Inhalt von Jahresabschlüssen aufgestellt, die Sie bereits in Kapitel 4 im Abschnitt »IAS 1: Wie sieht ein IFRS-Abschluss aus?« kennengelernt haben. So muss der IFRS-Abschluss Ihres Unternehmens neben einer Bilanz und einer Gesamtergebnisrechnung zwingend auch einen Anhang und eine Eigenkapitalveränderungsrechnung sowie eine Kapitalflussrechnung enthalten. Ohne Anhang geht es also nicht.

> Der Anhang nach IFRS ist, anders als Sie es vielleicht vom HGB kennen, unabhängig von der Rechtsform Ihres Unternehmens Pflichtbestandteil eines jeden Jahresabschlusses, denn erst seine Erläuterungen machen den Abschluss für den Leser richtig nutzbar. Erleichterungen für kleine Unternehmen bestehen hierbei generell nicht.

Da wundert es nicht, dass der Anhang manchmal umfangreicher als der ganze Jahresabschluss ist und Sie dafür am meisten Zeit benötigen.

Unterschätzen Sie den Aufwand nicht! Erstellen Sie auch für Ihr »Notes-Projekt« am besten einen Projektplan und klären Sie im Vorfeld die Zuständigkeiten: Der Anhang enthält zahlreiche Informationen, die Sie bei Kollegen aus unterschiedlichen Abteilungen, wie beispielsweise »Personal« oder »Treasury«, einsammeln müssen. Definieren Sie daher besser im Vorfeld, welche Informationen von wem zu welchem Zeitpunkt in welcher Form zur Verfügung gestellt werden müssen, und binden Sie alle Kollegen frühzeitig ein.

Funktionen und Aufbau des Anhangs

Mit Ihrem IFRS-Anhang erläutern Sie das Zahlenmaterial der anderen Abschlussbestandteile hinsichtlich Zustandekommen (Methoden) und Inhalt (Zusammensetzung) und stellen zusätzliche Informationen bereit, die nicht schon irgendwo anders enthalten sind.

Ihre Anteilseigner, Kapitalgeber, Investoren, Ihr Mutterkonzern oder andere Leser Ihres IFRS-Abschlusses sollen ja auch verstehen, was hinter all dem Zahlenwirrwarr steckt!

Mehr als Zahlenburgen: Anmerkungen und Offenlegungen

Der Anhang enthält die zusätzlich geforderten Angaben zu den vier Zahlenburgen

✔ Bilanz

✔ Gesamtergebnisrechnung

✔ Eigenkapitalveränderungsrechnung

✔ Kapitalflussrechnung

also den anderen Abschlussbestandteilen. Liefern Sie Texte oder zusätzliches Zahlenmaterial, um die in diesen vier Teilen enthaltenen Informationen zu vertiefen oder zu erläutern.

Konkret müssen Sie gemäß IAS 1.112 mit Ihren Anhangangaben Folgendes gewährleisten:

✔ **Grundlagen und Annahmen des Jahresabschlusses:** Der Abschlussleser soll erkennen, auf Basis welcher Grundlagen und Annahmen Sie Ihren Abschluss erstellt haben. Er soll nachvollziehen können, wie Sie jeden einzelnen Ihrer Abschlussposten bilanziert und bewertet haben.

✔ **Zusatzinformationen:** Jeder Standard und jede Interpretation fordern zahlreiche Angaben und Zusatzinformationen. All diese Angaben machen Sie in Ihrem Anhang, wenn dies nicht bereits anderswo geschehen ist.

✔ **True and fair view**: Und dann ist da noch die pauschale Forderung, dass Ihr IFRS-Abschluss ein den tatsächlichen Verhältnissen entsprechendes Bild vermitteln muss. Allein um dieser Forderung nachzukommen, müssen Sie meist noch viele zusätzliche Informationen aufnehmen.

13 ➤ Volle Transparenz: Anhang & Co.

Sie finden das ziemlich vage? Richtig! IAS 1 definiert eben nur das »abstrakte« Vorgehen. Die einzelnen Angabepflichten werden in den entsprechenden Standards konkretisiert. Wenn Sie also Ihre Sachanlagen nach IFRS bilanzieren möchten, können Sie direkt im IAS 16 die erforderlichen Anhangangaben zu den Sachanlagen nachschlagen. Dort finden Sie alle Begrifflichkeiten und Bewertungsmethoden im gleichen Dokument. Es ist also gar nicht schwer, dort nachzuschlagen, was denn nun eigentlich von Ihnen verlangt wird.

> Bloß kein mühsames Zusammensuchen! Aus diesem Grund haben wir auch unser Buch analog zum IAS aufgebaut. Schauen Sie einfach in die jeweiligen Kapitel oder Abschnitte, wie zum Beispiel zu den Sachanlagen, zum Leasing oder zur Segmentberichterstattung, und Sie erhalten neben den Bilanzierungs- und Bewertungsmethoden – meist am Endes des jeweiligen Kapitels oder Abschnitts – auch gleich immer die geforderten Angabepflichten.

Da die Offenlegungspflichten quasi über alle Standards verteilt sind, wurden zahlreiche Anhangchecklisten (englisch *disclosure checklists*) erstellt, die als Leitfaden dienen und alle Pflichtangaben gesammelt enthalten.

> Nutzen Sie aktuelle Anhangchecklisten, damit Sie nichts vergessen! Die Big 4 Wirtschaftsprüfungsgesellschaften stellen beispielsweise jährlich aktualisierte Anhangchecklisten im Internet zur Verfügung, die Sie ganz einfach und meist kostenlos herunterladen können.

Die Qual der Wahl: Gliederungsmöglichkeiten

Grundsätzlich schreiben Ihnen die IFRS keine explizite Gliederung des Anhangs vor. IAS 1.113 gibt Ihnen lediglich den Hinweis, dass Sie die Angaben möglichst systematisch darstellen sollen. Damit die Leser Ihres Anhangs nicht den Durchblick verlieren, müssen Sie außerdem praktisch jede Zahl in den Zahlenburgen mit einem Querverweis auf die relevanten Kapitel im Anhang versehen.

Wenn Sie also beispielsweise eine Anhangangabe »16. Ertragsteuern« verfassen, setzen Sie einen entsprechenden Querverweis mit der Ziffer »16« in die Bilanz, sowohl bei den aktiven als auch den passiven latenten Steuern. Natürlich versehen Sie auch in der Gesamtergebnisrechnung oder Gewinn-und-Verlust-Rechnung die Position »Steuern vom Einkommen und Ertrag« mit der Ziffer »16«, ist ja logisch. Der Leser weiß dann auf einen Blick, wo er im Anhang nachschlagen muss, um Erläuterungen zu Ihren Zahlen zu finden. Ganz einfach, oder?

> In vielen Fällen können Sie bereits mithilfe einer bestimmten Gliederung beziehungsweise Erweiterung einen Teil der Angabepflichten ersetzen! Beispielsweise können Sie Ihr Anlage- oder Vorratsvermögen bereits in der Bilanz in einem erweiterten Detaillierungsgrad angeben (das heißt bereits in Gruppen oder Klassen aufgeteilt). Sie sehen: Wo Sie die geforderten Informationen darstellen, bleibt vollkommen Ihnen überlassen!

Auch wenn die IFRS Ihnen relativ freie Hand bei der Strukturierung Ihres Anhangs lassen, so hat sich in der Praxis zumindest ein grober Gliederungsstandard durchgesetzt.

Dieser Gliederungsstandard orientiert sich im Wesentlichen an den von IAS 1.114 vorgegebenen drei Gliederungsblöcken:

✔ **Allgemeine Angaben**

✔ **Ergänzende Informationen**

✔ **Sonstige Angaben**

Und diese drei nehmen wir jetzt einmal genauer unter die Lupe.

Allgemeine Angaben

Unter *Allgemeine Angaben* sollten Sie dem Leser Informationen zum Unternehmen, zum Beispiel mit Angaben zum Unternehmenssitz, der Rechtsform oder zur Art der Geschäftstätigkeit, liefern. Außerdem können Sie in diesem Abschnitt des Anhangs vor allem die folgenden Pflichtangaben einbauen:

✔ Angaben zum Geschäftsjahr (Kalenderjahr oder abweichendes Geschäftsjahr) und der für die Darstellung verwendeten Währungseinheit (zum Beispiel »TEUR«)

✔ Erklärung, dass der Abschluss in Übereinstimmung mit den IFRS erstellt wurde (Konformitätserklärung)

✔ Falls Sie neue Standards beziehungsweise Änderungen bestehender Standards (zulässigerweise) vorzeitig angewendet haben, müssen Sie dies und die Auswirkungen auf Ihren Abschluss erläutern.

✔ Darstellung aller konsolidierten Unternehmen (Konsolidierungskreis) und der Konsolidierungsmethoden, sofern Sie einen Konzernabschluss erstellen

✔ Beschreibung der verwendeten Methoden zur Umrechnung in eine Fremdwährung

✔ Erläuterung der Bilanzierungs- und Bewertungsmethoden, mit Angaben zu den Grundlagen der Aufstellung des Abschlusses und den wesentlichen Bilanzierungs- und Bewertungsmethoden

✔ Angaben, welche Annahmen und Schätzungen Sie bei den Bilanzierungs- und Bewertungsmethoden angesetzt haben

Stimmen Sie sich bei allen Angaben mit Ihrer Unternehmensleitung ab, ob die Beschreibung einer bestimmten Rechnungslegungsmethode zum Verständnis beim Abschlussleser beiträgt. Oft verwirren allzu detaillierte Beschreibungen mehr, als dass sie nutzen!

Ergänzende Informationen

Der Block *Ergänzende Informationen* sollte sinnvollerweise analog zur Struktur Ihres Abschlusses aufgebaut werden, denn er erläutert die restlichen Abschlussbestandteile und enthält Aufgliederungen und Erläuterungen zu den dortigen Abschlussposten. Sie können den gesamten Block im Anhang aber auch entsprechend den Abschlussbestandteilen beispielsweise in »Angaben zur Gesamtergebnisrechnung« und »Angaben zur Bilanz« aufgliedern.

13 ➤ Volle Transparenz: Anhang & Co.

Nach angelsächsischer Praxis wird die Gesamtergebnisrechnung im Abschluss meist vor der Bilanz präsentiert. Sie können aber auch eine andere Reihenfolge wählen. Wichtig ist nur, dass Sie dann auch die ergänzenden Informationen im Anhang in der gleichen Reihenfolge darstellen.

> Vermeiden Sie Wiederholungen zum Block »Allgemeine Angaben«. Weniger ist hier mehr! Ansonsten führt dies nämlich eher zu schlechteren als zu besseren Informationen.

Da auch wir Wiederholungen vermeiden wollen, finden Sie die konkreten Pflichtangaben, die Sie Ihren Abschlusslesern in diesem Block liefern müssen, am Ende eines jeden Kapitels zur Bilanzierung und Bewertung in diesem Buch.

> Fügen Sie für alle ergänzenden Tabellen und zahlenmäßigen Erläuterungen im Text auch jeweils eine Vorjahresangabe mit ein, damit eine Vergleichbarkeit gewährleistet ist!

Sonst noch was? Sonstige Angaben

In den dritten Block *Sonstige Angaben* gehört all das, was sonst nirgendwo hinpasst, also Themen, die weder so recht in den ersten noch in den zweiten Block passen. Dies betrifft häufig die folgenden Angaben:

✔ Sonstige finanzielle Verpflichtungen, Eventualverbindlichkeiten, Haftungsverhältnisse

✔ Besondere Angabepflichten zu Finanzinstrumenten und finanziellen Risiken

✔ Anteilsbasierte Vergütungen

✔ Angaben zu Transaktionen mit nahestehenden Unternehmen und Personen

✔ Angaben zur Segmentberichterstattung

✔ Ereignisse nach dem Bilanzstichtag

Aber auch hier gilt leider: Einheitliche Vorgaben für die Vorgehensweise oder einen grundsätzlichen Aufbau gibt es nicht!

> Sie müssen das Rad nicht neu erfinden! Wenn Sie sich unschlüssig sind, wie Sie etwas gliedern oder neue Sachverhalte darstellen sollen, dann schauen Sie doch einfach mal in anderen Abschlüssen nach. Eine gute Vorlage sind meist Konzernabschlüsse von DAX-Unternehmen oder aber auch Musterkonzernabschlüsse von Wirtschaftsprüfungsgesellschaften. Stöbern Sie einfach mal im Internet – Sie finden bestimmt hilfreiche Anregungen!

Wir lassen Sie nicht allein: Unser Gliederungsvorschlag für Sie

Um Ihnen so gut wie möglich zu helfen, stellen wir Ihnen nachfolgend einen praxiserprobten Gliederungsvorschlag für ein Unternehmen vor, das

- ✔ einen befreienden Konzernabschluss nach IFRS erstellt,
- ✔ seine Gewinn-und-Verlust-Rechnung nach dem Umsatzkostenverfahren gliedert und
- ✔ kapitalmarktorientiert ist.

Unser Vorschlag in Tabelle 13.1 enthält Gliederungspunkte für die wichtigsten Bilanz- und GuV-Positionen, die Sie im Anhang erläutern sollten, und zeigt Ihnen, welche speziellen Vorschriften bei den meisten Positionen dabei zu beachten ist.

Die angegebenen IAS oder IFRS helfen Ihnen dabei, das entsprechende Buchkapitel zu finden, in dem Sie für die konkreten Anhangangaben nachschlagen können. Für die speziellen Angaben, die von kapitalmarktorientierten Unternehmen gefordert sind, müssen Sie noch auf unser Kapitel 14 warten.

Unser Gliederungsvorschlag für Sie!	Standard/Vorschrift	Nur Pflicht am Kapitalmarkt
Allgemeine Angaben		
Darstellung des Konzernabschlusses	IAS 1	
Rechnungslegungsgrundsätze	IAS 1, IAS 8	
Konsolidierungskreis	IAS 27, IAS 28, IAS 31, IFRS 3	
Unternehmenszusammenschlüsse	IFRS 3, IAS 27	
Zusammenfassung der wesentlichen Bilanzierungs- und Bewertungsmethoden		
Konsolidierungsmethoden	IAS27, IAS 28, IAS 31, IFRS 3	
Fremdwährungsumrechnung	IAS 21	
Geschäfts- oder Firmenwert	IAS 38, IAS 36	
Immaterielle Vermögenswerte	IAS 38	
Sachanlagen	IAS 16	
Als Finanzinvestition gehaltene Immobilien	IAS 40	
Wertminderungen nicht finanzieller Vermögenswerte	IAS 36	
Finanzinstrumente	IAS 32, IAS 39, IFRS 7	
Originäre Finanzinstrumente		
Derivative Finanzinstrumente		
Vorräte	IAS 2	
Zahlungsmittel und Zahlungsmitteläquivalente	IAS 7, IAS 32, IAS 39	
Rückstellung für Pensionen	IAS 19	

13 ► Volle Transparenz: Anhang & Co.

Unser Gliederungsvorschlag für Sie!	Standard/Vorschrift	Nur Pflicht am Kapitalmarkt
Allgemeine Angaben		
Sonstige Rückstellungen	IAS 37	
Leasingverhältnisse	IAS 17	
Ertrags- und Aufwandsrealisierung	IAS 18	
Forschungs- und Entwicklungskosten	IAS 38	
Fremdkapitalkosten	IAS 23	
Ertragsteuern und latente Steuern	IAS 12	
Gebrauch von Annahmen und Schätzungen	IAS 8	
Angaben zur Gewinn-und-Verlust-Rechnung[1]		
1) Umsatzerlöse	IAS 18	
2) Umsatzkosten		
3) Vertriebskosten		
4) Forschungs- und Entwicklungskosten	IAS 38	
5) Allgemeine Verwaltungskosten		
6) Sonstige betriebliche Erträge		
7) Sonstige betriebliche Aufwendungen		
8) Finanzergebnis		
9) Steuern vom Einkommen und Ertrag	IAS 12	
10) Ergebnis je Aktie	IAS 33	×
Angaben zur Bilanz		
11) Immaterielle Vermögenswerte	IAS 38	
12) Sachanlagen	IAS 16	
13) Als Finanzinvestition gehaltene Vermögenswerte	IAS 40	
14) Sonstige langfristige Vermögenswerte		
15) Vorräte	IAS 2	
16) Forderungen aus Lieferungen und Leistungen	IAS 32, IAS 39	
17) Sonstige kurzfristige Vermögenswerte		
18) Zahlungsmittel und Zahlungsmitteläquivalente	IAS 7, IAS 32, IAS 39	
19) Eigenkapital	IAS 1, IAS 32, IAS 39	
20) Rückstellungen für Pensionen	IAS 19	
21) Sonstige Rückstellungen	IAS 37	
22) Finanzverbindlichkeiten	IAS 32, IAS 39	
23) Verbindlichkeiten aus Lieferungen und Leistungen	IAS 32, IAS 39	
24) Sonstige Verbindlichkeiten		

[1] In unserem Gliederungsvorschlag ist die Gewinn-und-Verlust-Rechnung nach dem Umsatzkostenverfahren (UKV) gegliedert.

Unser Gliederungsvorschlag für Sie!	Standard/Vorschrift	Nur Pflicht am Kapitalmarkt
Allgemeine Angaben		
25) Sicherungspolitik und Finanzinstrumente	IFRS 7	
26) Zusätzliche Informationen über Finanzinstrumente	IFRS 7	
27) Kapitalmanagement	IAS 1	
28) Erläuterungen zur Kapitalflussrechnung	IAS 7	
29) Segmentberichterstattung	IFRS 8	×
Sonstige Angaben		
Haftungsverhältnisse und Eventualverbindlichkeiten	IAS 37	
Operating-Leasingverhältnisses	IAS 17	
Personalaufwand und Mitarbeiter	§ 285 HGB, § 314 HGB	
Materialaufwand	§ 285 HGB	
Ereignisse nach dem Bilanzstichtag	IAS 10	
Beziehungen zu nahestehenden Unternehmen und Personen	IAS 24, § 285 HGB, § 314 HGB	§ 314 HGB Nr. 6a, Satz 5
Organe der Gesellschaft	IAS 24, § 285 HGB, § 314 HGB	§ 314 HGB Nr. 6a, Satz 5
Vorstand		
Bezüge des Vorstands		
Aufsichtsrat		
Bezüge des Aufsichtsrats		
Honorare der Abschlussprüfer	§ 314 HGB	
Entsprechenserklärung zum Corporate Governance Kodex	§ 161 AktG	×

Tabelle 13.1: Gliederungsbeispiele zum IFRS-Anhang

Angaben zu Finanzinstrumenten und finanziellen Risiken

Unter den »sonstigen Angaben« im dritten Block des Anhangs sind insbesondere die Angaben zu Finanzinstrumenten nicht jedermanns Sache. Da aber auch Industrie- und Handelsunternehmen vermehrt Finanzinstrumente nutzen, um die finanziellen Rahmenbedingungen für das eigentliche operative Geschäft zu optimieren, ist es nur verständlich, dass zu den Finanzinstrumenten sehr umfangreiche Zusatzangaben im Anhang gefordert werden. Die wichtigsten Angabepflichten wollen wir Ihnen in den folgenden Abschnitten näherbringen.

No risk, no fun: Finanzielle Risiken

Mit Ihren Anhangangaben zu Finanzinstrumenten erklären Sie dem Leser Ihres IFRS-Abschlusses, welche Bedeutung Finanzinstrumente für Ihr Unternehmen haben. Sie beschreiben, welche finanziellen Risiken im Abschluss enthalten sind und wie diese Ihre zukünftige

Bilanz beziehungsweise Gesamtergebnisrechnung beeinträchtigen könnten. Es geht dabei vor allem um die folgenden Risikoarten:

- **Kredit-/Ausfallrisiko:** Die Gefahr, dass Sie Ihr Geld nicht bekommen, entsteht Ihnen beispielsweise daraus, dass Ihr Kunde Bäckermeister Müller seine Ratenzahlungen für die bei Ihnen gekaufte Rührmaschine einfach nicht begleicht. Die Maschine ist weg und Sie bekommen Ihr Geld dafür nicht – Schweinerei!

- **Liquiditätsrisiko:** Es besteht natürlich auch die Gefahr, dass Sie selbst Ihre Rechnungen nicht mehr bezahlen können. Die Ratenzahlungen von Bäckermeister Müller haben Sie nämlich bereits fest eingeplant, um wiederum die Rechnungen Ihrer Lieferanten zu bezahlen. Nun kommen Sie auch noch selbst in Zahlungsnot, weil Müller seinen Zahlungen nicht nachkommt!

- **Marktrisiko:** Eine nur zu gerne unterschätzte Gefahr besteht auch darin, dass sich der Wert einer Bilanzposition ändert oder dass zukünftige Zahlungen in ihrer Höhe nicht vorhersehbar sind. Je nach Grund für die Wertänderung gibt es verschiedene Marktrisikotypen:

1. **Zinsrisiko:** Zur Finanzierung Ihres Rührmaschinen-Fertigungsgebäudes haben Sie ein variabel verzinsliches Darlehen abgeschlossen. Da Sie nicht vorhersehen können, wie sich der Marktzins entwickeln wird, wissen Sie natürlich auch nicht, in welcher Höhe die zukünftigen Zinszahlungen für das Darlehen ausfallen werden. Sie haben ein Zinsrisiko!

2. **Wechselkursrisiko:** Wenn Sie das Darlehen womöglich noch in einer Fremdwährung (beispielsweise in japanischen Yen) abgeschlossen haben, können Sie die zukünftigen Abbuchungen in EUR nur mithilfe einer Kristallkugel vorhersehen. Sie haben ein Wechselkursrisiko!

3. **Sonstige Preisrisiken:** Natürlich kann der Wert eines Finanzinstruments auch von anderen Faktoren als den Wechselkursen oder dem Zinsniveau abhängen – beispielsweise von Aktienkursen oder Rohstoffpreisen. Stellen Sie sich vor, Sie haben die Gewinne aus Ihren Rührmaschinenverkäufen in Aktien der Happiness AG investiert. Auch wenn die Versprechungen noch so rosig sind – die Kursentwicklung der Aktien können Sie nicht vorhersehen. Sie haben ein (Aktien-)Preisrisiko!

Bei all diesen finanziellen Risiken fordert IFRS 7, dass Sie beschreiben, wie und in welcher Gestalt Ihr Unternehmen sie erkannt hat und wie Sie damit umgehen. Wenn Sie Glück haben, wurden die *beschreibenden (qualitativen) Angaben* zu Ihrem Risikomanagement bereits im Lagebericht des Jahresabschlusses gemacht. Im Rahmen der Anhangangaben brauchen Sie dann nur noch darauf verweisen. Leider haben es aber gerade die *zahlenmäßigen (quantitativen) Angabepflichten* des IFRS 7 in sich! Mithilfe dieses Buches sind Sie aber auch dafür gewappnet.

Know your enemy: Finanzinstrumente

Damit Sie sich nicht in Detailfragen verlieren, wollen wir Ihnen nun einen Überblick über die relevanten Bilanzpositionen für Finanzinstrumente verschaffen.

Bei Finanzinstrumenten denken Sie vielleicht zunächst nur an komplizierte, vielleicht sogar spekulative Finanzkontrakte, die Ihre Treasury-Abteilung mit der Bank abgeschlossen hat. Falsch! Die Angabepflichten des IFRS 7 beziehen sich auf weit mehr und sind praktisch für jeden IFRS-Bilanzierer relevant!

Gemäß IAS 32.11 sind Finanzinstrumente Verträge zwischen zwei Parteien, die Ansprüche und entsprechende Verpflichtungen zum (gegebenenfalls zukünftigen) Austausch von Zahlungsmitteln zwischen beiden begründen und dadurch – direkt oder indirekt – in Geldeinheiten bewertbar sind. Sie lassen sich unterteilen in

- finanzielle Vermögenswerte und
- finanzielle Verbindlichkeiten.

Aber was sind denn nun schon wieder *finanzielle Vermögenswerte* und *finanzielle Verbindlichkeiten*? Am besten schauen wir uns das anhand der Beispiele in Tabelle 13.2 an.

Finanzielle Vermögenswerte	Finanzielle Verbindlichkeiten

- Finanzanlagen
  - Anteile an nicht konsolidierten Unternehmen / Joint Ventures
  - Beteiligungen
  - Wertpapiere des Anlage- und Umlaufvermögens
	- Verbindlichkeiten gegenüber Gesellschaftern oder Kreditinstituten
	  - Finanzierungskredite/Darlehen
	  - Begebene (Wandel-)Anleihen
	  - Schuldverschreibungen

- Ausleihungen und sonstige Darlehensforderungen	- Sonstige Darlehensverbindlichkeiten
- Forderungen des Leasinggebers aus Finance-Leasing	- Verbindlichkeiten des Leasingnehmers aus Finance-Leasing
- Forderungen aus Lieferungen und Leistungen	- Verbindlichkeiten aus Lieferungen und Leistungen
- Forderungen aus Fertigungsaufträgen	

- sonstige Forderungen / finanzielle Vermögenswerte
  - Forderungen (fällige Zahlungen) aus Operating-Leasing
  - Derivate mit positivem Marktwert
  - Mitarbeiterdarlehen
	- sonstige finanzielle Verbindlichkeiten
	  - Verbindlichkeiten (fällige Zahlungen) aus Operating-Leasing
	  - Derivate mit negativem Marktwert

- Zahlungsmittel und -äquivalente - Kassenbestände	
- Kreditzusagen	- Nicht genutzte Kreditlinien

Tabelle 13.2: Finanzinstrumente im Licht des IFRS 7

Wie Sie sicherlich schnell bemerkt haben, verteilen sich die relevanten Positionen kreuz und quer über die Bilanz. Und Kreditzusagen oder nicht genutzte Kreditlinien sind noch nicht einmal bilanziell erfasst. Weil Bilanzbuchhalter ohne Struktur nicht leben können haben sie sich schon überlegt, wie Sie dem Chaos Herr werden: mit dem Klassenbegriff.

Von Kategorien, Klassen und sonstige Schubladen

Um die Leser Ihres IFRS-Abschlusses über die Risiken zu informieren, die sich aus den einzelnen Bilanzpositionen ergeben, fordert IFRS 7.6, dass Sie die Finanzinstrumente gemäß der Wesensart und Risikocharakteristika der einzelnen Verträge in *Berichtsklassen* einteilen. Berücksichtigen Sie dabei für jedes Finanzinstrument die folgenden Aspekte:

1. **Wie bilanzieren Sie das Finanzinstrument?**

    Die möglichen Auswirkungen aus der Bewertung für die Bilanzierung in Ihrem IFRS-Abschluss ergeben sich aus den unterschiedlichen Bilanzierungsvorschriften. Einen Überblick haben wir für Sie in Tabelle 13.3 zusammengestellt. Die meisten dieser Bewertungskategorien sollten Ihnen bereits als Haltekategorien gemäß IAS 39 aus den Kapiteln 7 und 11 bekannt sein; ergänzt werden sie durch Sonderregelungen zum Hedge Accounting (IAS 39) oder für Finanzinstrumente aus Finance-Lease-Verträgen (IAS 17).

2. **In welchen Bilanzpositionen weisen Sie die Finanzinstrumente aus?**

    Damit Sie Ihre Angaben zu Finanzinstrumenten auch zu den Bilanzpositionen überleiten können, müssen Sie beispielsweise unterscheiden zwischen den Krediten und Forderungen, die Sie als Forderungen aus Lieferungen und Leistungen in der Bilanz zeigen, und denen, die Sie unter den sonstigen finanziellen Vermögenswerten ausweisen. Die Bilanzpositionen sind bekanntlich eine sehr individuelle Sache; als erster Anhaltspunkt kann Ihnen aber Tabelle 13.2 dienen.

3. **Welche vertraglichen Details (Zinsen, Fremdwährungen etc.) beinhalten die Finanzinstrumente?**

    Die vertraglichen Details geben Aufschluss über die Art der finanziellen Risiken oder die spezielle bilanzielle Behandlung. Um diese ausfindig zu machen, müssen Sie sich die einzelnen Verträge genauer anschauen:

    - Enthält der Vertrag Vereinbarungen zu fixierten Zinszahlungen (wie das Darlehen, das Sie zur Finanzierung eines Fertigungsroboters mit einem festen Zinssatz von 5 Prozent aufgenommen haben)?
    - Enthält der Vertrag Vereinbarungen zu variablen Zinszahlungen (wie das Darlehen für das Rührmaschinen-Fertigungsgebäude)?
    - Enthält der Vertrag Vereinbarungen zu Fremdwährungen?
    - Enthält der Vertrag Vereinbarungen zu sonstigen Preisfaktoren wie Aktienkursen oder Rohstoffpreisen?
    - Handelt es sich um ein Derivat (also einen finanziellen Handelskontrakt, wie beispielsweise ein Zinsswap, den Sie zusammen mit dem variabel verzinslichen Darlehen bei Ihrer Bank abgeschlossen haben)?
    - **Bilanzieren Sie den finanziellen Handelskontrakt nach den Regelungen des Hedge Accounting?**

Ordnung ist in der Bilanzierung bekanntlich nicht nur das halbe Leben. Beherzigen Sie daher unseren Vorschlag und klassifizieren Sie alle Ihre Finanzinstrumente gemäß unserer dreistufigen Gliederung:

1. Bewertungskategorie des IFRS 7 für Finanzinstrumente aus Tabelle 13.3
2. Bilanzlinie aus Tabelle 13.2, gegebenenfalls außerbilanzielle Erfassung
3. Vertragliche Details, die sich auf die relevante Art des Marktrisikos oder die bilanzielle Behandlung des Vertrags beziehen

Sie werden sehen: Mit diesen »Käfigen« bändigen Sie dann selbst die Anhangangaben zu den wildesten Finanzinstrumenten.

Bewertungskategorie des IFRS 7	Relevanter Standard
Kredite und Forderungen	IAS 39
Bis zur Endfälligkeit zu haltende Finanzinvestitionen	IAS 39
Zu Handelszwecken gehaltene finanzielle Vermögenswerte	IAS 39
Zur Veräußerung verfügbare finanzielle Vermögenswerte, die zum beizulegenden Zeitwert bewertet werden	IAS 39
Zur Veräußerung verfügbare finanzielle Vermögenswerte, die zu Anschaffungskosten bewertet werden	IAS 39
Zum beizulegenden Zeitwert eingestufte finanzielle Vermögenswerte	IAS 39
Grundgeschäfte in Fair-Value-Hedge-Beziehung mit positivem Marktwert	IAS 39
Sicherungsinstrumente in Fair-Value-Hedge-Beziehung mit positivem Marktwert	IAS 39
Sicherungsinstrumente in Cash-Flow-Hedge-Beziehung mit positivem Marktwert	IAS 39
Forderungen aus Finance Lease	IAS 17
Zu fortgeführten Anschaffungskosten bewertete finanzielle Verbindlichkeiten	IAS 39
Zu Handelszwecken gehaltene finanzielle Verbindlichkeiten	IAS 39
Zum beizulegenden Zeitwert eingestufte finanzielle Verbindlichkeiten	IAS 39
Grundgeschäfte in Fair-Value-Hedge-Beziehung mit negativem Marktwert	IAS 39
Sicherungsinstrumente in Fair-Value-Hedge-Beziehung mit negativem Marktwert	IAS 39
Sicherungsinstrumente in Cash-Flow-Hedge-Beziehung mit negativem Marktwert	IAS 39
Verbindlichkeiten aus Finance Lease	IAS 17

Tabelle 13.4: Bewertungskategorien des IFRS 7

13 ➤ Volle Transparenz: Anhang & Co.

Ja wo isses denn: Angaben zum Kredit-/Ausfallrisiko

Wir hoffen, Sie sind unserem Rat gefolgt und haben sich die Mühe gemacht, Ihre Finanzinstrumente in der von uns vorgeschlagenen Form zu strukturieren. Dadurch tun Sie sich bei den erforderlichen Überlegungen zum Kredit-/Ausfallrisiko nämlich gleich viel leichter:

1. **Maximales Ausfallriskio:** Gehen Sie schrittweise durch die Liste Ihrer Berichtsklassen und überlegen Sie sich das jeweils maximale Ausfallrisiko. Das müssen Sie gemäß IFRS 7.36(a) nämlich im Anhang angeben. Da das maximale Ausfallrisiko in der Regel den Totalverlust der einzelnen Forderung bedeutet, entspricht es meist dem Buchwert. Falls dem so ist, machen Sie diese Angabe am besten in Form eines einzigen Satzes: »Das maximale Ausfallrisiko aus finanziellen Vermögenswerten ist auf den in der Bilanz für diese Instrumente ausgewiesenen Buchwert begrenzt«.

2. **Überfälligkeiten von finanziellen Vermögenswerten:** Etwas umständlicher gestaltet sich die Datenaufbereitung für die geforderten Angaben zu Forderungen, bei denen die vertraglichen Zahlungsfristen von Ihren Vertragspartnern nicht eingehalten wurden. Diese »Überfälligkeiten« analysieren Sie am besten, indem Sie folgende Aufstellung machen:

   ✔ Der Betrag der Forderung, der nicht überfällig ist und den Sie auch nicht wertberichtigt haben, unterteilt in

   - den Betrag der Forderungen, für den der Vertrag nicht angepasst wurde,
   - den Betrag der Forderung, der deshalb nicht überfällig ist, da die Vertragsbedingungen nachträglich angepasst wurden, beispielsweise weil Sie Herrn Müller eine Verlängerung der Zahlungsfrist gewährt haben.

   ✔ Der Betrag der Forderung, der zwar überfällig ist aber den Sie noch nicht wertberichtigt haben. Gemäß IFRS 7.37(a) müssen Sie diesen Betrag weiter unterteilen in sinnvoll gewählte Laufzeitbänder der jeweiligen Überfälligkeit. Eine beispielhafte Unterteilung sehen Sie in Tabelle 13.4.

   ✔ Der Nettobetrag der Forderung, die Sie wertberichtigt haben. Dieser Betrag setzt sich zusammen aus

   - dem Bruttobetrag der wertberichtigten Forderungen und
   - dem Betrag der vorgenommenen Wertberichtigungen.

   ✔ Für die Darstellung dieser Angabepflichten bietet sich eine Gliederung wie in Tabelle 13.4 an.

   In der Regel beschränkt sich die Überfälligkeitenanalyse auf die Forderungen aus Lieferungen und Leistungen. In der heutigen Zeit, in der Liquiditätsengpässe selbst bei Kreditinstituten vorkommen, könnte Ihre Analyse jedoch beispielsweise auch für überfällige Darlehensforderungen notwendig sein.

3. **Wertberichtigungen:** Bilanziell berücksichtigen Sie das Kredit-/Ausfallrisiko bereits in Form von Wertberichtigungen. Falls Sie diese auf einem separaten Konto führen, müssen Sie nach IFRS 7.16 für dieses *Wertberichtigungskonto* eine detaillierte Überleitung erstellen.

Bilanzposition	Buch-wert	Nicht wertberichtigte Forderungen				Wertberichtigte Forderungen (Netto)	
		nicht überfällig		überfällig		Brutto-betrag	Wert-berichti-gungen
		ohne Vertrags-anpassung	mit Vertrags-anpassung	< 3 Monate	> 3 Monate		
Forderungen aus LuL	10.000	7.000	0	1.400	300	1.800	-500
Sonstige Forderungen	2.000	1.000	800	200	0	0	0

Tabelle 13.4: Überfälligkeiten von finanziellen Vermögenswerten

✔ Angenommen Ihr altbekannter Kunde Bäckermeister Müller ist bereits mit der ersten Rate für seine Rührmaschine in Verzug geraten. Sie haben also berechtigte Sorge, dass er nicht die komplette Forderung von EUR 5.000 begleichen kann. Sie buchen daher eine Wertberichtigung von EUR 1.000 ein. Da Herr Müller Ihnen Ende des Jahres unerwarteterweise insgesamt EUR 4.400 überweist, lösen Sie EUR 400 der Wertberichtigung wieder auf. Zusammen mit der Wertberichtigung von EUR 500, die Sie auf eine Forderung bereits im Vorjahr gebildet hatten, stellen Sie die verzwickte Geschichte mit Herrn Müller wie in Tabelle 13.5 gezeigt dar.

	Einzelwertberichtigungen auf Forderungen aus Lieferungen und Leistungen
Stand Geschäftsjahresbeginn	500
Aufwandswirksame Zuführung	1.000
Auflösung	–400
Inanspruchnahme	–600
Stand Geschäftsjahresende	500

Tabelle 13.5: Überleitung des Wertberichtigungskontos

4. **Sicherheiten:** Wenn Sie die Zahlungsfähigkeit von Kunden wie Bäckermeister Müller genau kennen, fordern Sie eventuell vorab Sicherheiten. Das kann beispielsweise eine Forderungsabtretung, ein Grundpfandrecht oder eine Bürgschaft einer dritten Person sein. Weil diese *Sicherheiten* ja Ihr Ausfallrisiko vermindern, müssen Sie nach IFRS 7.38 deren Buchwerte angeben, sofern sie in Ihrer Bilanz enthalten sind. Wenn Sie diese Vermögenswerte im Fall der Fälle allerdings nicht einfach verkaufen können, müssen Sie zusätzlich noch Ihre Möglichkeiten erläutern, damit an Bargeld zu kommen.

Purer Pessimismus: Angaben zum Liquiditätsrisiko

Da die Bilanz nur den *aktuellen* Status der Liquiditätssituation eines Unternehmens zum Bilanzstichtag widerspiegelt und die im Abschnitt »Wie gewonnen, so zerronnen: Die Kapitalflussrechnung« erläuterte Darstellung sich nur auf das *abgelaufene* Geschäftsjahr bezieht, fordert IFRS 7.39 noch eine *zukunftsorientierte* Darstellung der Liquiditätssituation. Sie blicken also nicht nur zurück, sondern auch nach vorn. Dafür müssen Sie eine Tabelle mit zukünftigen Ein- und Auszahlungen für sinnvolle Zeitintervalle (sogenannte Laufzeitbänder) erstellen. Eine beispielhafte Gliederung sehen Sie in Tabelle 13.6.

Klasse	Buchwert	Undiskontierte Einzahlungen (positiv) und Auszahlungen (negativ) in Laufzeitbändern				
		< 3 Monate	3 bis 6 Monate	6 bis 12 Monate	1 bis 5 Jahre	> 5 Jahre
Festverz. Bankdarlehen (Fertigungsroboter)	10.000	−150	−150	−300	−12.400	0
Variabel verz. Bankdarlehen (Gebäude)	100.000	−1.250	−1.250	−2.500	−20.000	−125.000
Langfristige Verbindlichkeiten aus LuL	13.000	0	0	0	−12.000	−2.500
Verbindlichkeiten aus Finance Lease	8.000	−2.200	−2.200	−4.400	0	0
Kurzfristige Verbindlichkeiten aus LuL	27.000	−6.000	−6.000	−15.000	0	0
Nicht-derivative finanzielle Verbindlichkeiten	**148.000**	**−9.600**	**−9.600**	**−22.200**	**−44.400**	**−127.500**
Zinsswaps mit neg. Marktwert	9.000	−250	−250	−500	−4.000	−5.000
Derivative finanzielle Verbindlichkeiten	**9.000**	**−250**	**−250**	**−500**	**−4.000**	**−5.000**
Zinsswaps mit pos. Marktwert	0	0	0	0	0	0
Derivative finanzielle Vermögenswerte	**0**	**0**	**0**	**0**	**0**	**0**

Tabelle 13.6: Liquiditätsanalyse

Für den Anhang müssen Sie undiskontierte Bruttobeträge für Tilgungs-, Zins- und sonstige Zahlungen ermitteln. Für die variablen Zinszahlungen des Darlehens für das Rührmaschinen-Fertigungsgebäude nehmen Sie das aktuelle Zinsniveau von 5 Prozent auch für die Zukunft an. Zahlungen, bei denen noch nicht feststeht, wann sie geleistet werden müssen, müssen Sie dem frühestmöglichen Laufzeitband zuordnen. Dadurch entsteht eine pessimistische Worst-Case-Darstellung.

Diese Zahlungsaufstellung gemäß IFRS 7.39 sollten Sie getrennt erstellen für

✔ **nicht-derivative finanzielle Verbindlichkeiten.** Hierunter fällt beispielsweise das variabel verzinsliche Darlehen für Ihr Fertigungsgebäude, bei dem Sie derzeit 5 Prozent Zinsen an Ihre Bank zahlen. Auch das Darlehen zur Finanzierung des Fertigungsroboters für Ihre Rührmaschinen, für das Sie über die komplette Laufzeit 6 Prozent Zinsen fest vereinbart haben.

✔ **derivative finanzielle Verbindlichkeiten** (also für Derivate mit derzeit negativem Marktwert). Damit Sie die variablen Finanzierungskosten für das Fertigungsgebäude planen können, haben Sie beispielsweise mit Ihrer Bank noch einen sogenannten Zinsswap abgeschlossen. Bei dieser Vereinbarung mit Ihrer Bank werden die variablen Zinszahlungen für das Darlehen so ausgeglichen, dass Sie unterm Strich vierteljährlich einen festen Betrag an die Bank zahlen, zum Beispiel EUR 1.500. Da wir annehmen, dass die Marktzinsen seit dem Abschluss der Finanzierung so stark gefallen sind, dass Sie für das Darlehen jetzt eigentlich weniger als EUR 1.500 zahlen müssten, hat Ihr Swap mittlerweile einen negativen Marktwert.

✔ **derivative finanzielle Vermögenswerte.** Die Aufstellung der Zahlungsströme für Derivate mit aktuell positivem Marktwert ist nicht ausdrücklich vom IFRS 7 verlangt. Aber wer weiß denn schon, ob sich der Finanzmarkt bis zum nächsten Jahresabschluss nicht längst wieder in die andere Richtung entwickelt hat? Also verschaffen Sie sich doch am besten heute schon den Gesamtüberblick.

Ihre Darstellung könnte also zum Beispiel aussehen wie Tabelle 13.6.

Für die Liquiditätsanalyse müssen Sie die *Bruttobeträge der Zahlungen* angeben. Sie dürfen also keine diskontierten Zahlungen angeben oder Abzüge von Finanzierungskosten berücksichtigen. Dadurch weicht die Summe der Zahlungen in der Liquiditätsanalyse in der Regel auch von dem in der Bilanz ausgewiesenen Buchwert ab! In unserer Tabelle 13.6 passt dies beispielsweise noch bei den kurzfristigen Verbindlichkeiten aus Lieferungen und Leistungen, während sich bei langfristigen schon wieder Diskontierungsdifferenzen ergeben.

Niemand ist gerne pleite! Da die Zahlungsunfähigkeit unter allen Umständen vermieden werden soll, unterstellt man zur Analyse des Liquiditätsrisikos typischerweise die *Worst-Case-Betrachtung*. Wenn Zahlungszeitpunkte nicht vertraglich auf einen bestimmten Termin festgelegt sind, müssen Sie für die Liquiditätsanalyse deshalb unterstellen, dass

✔ Auszahlungen zum frühestmöglichen Zeitpunkt und

✔ Einzahlungen zum spätestmöglichen Zeitpunkt stattfinden.

Neben der rein risikoorientierten Darstellung der Zahlungen aus finanziellen Verbindlichkeiten müssen Sie nach IFRS 7.39 auch noch erläutern, wie Ihr Unternehmen das Liquiditätsrisiko steuert:

✔ Dazu können Sie beispielsweise eine zusätzliche Analyse erstellen, in der Sie die Auszahlungen nicht zu den *frühesten* Zeitpunkten, sondern zu den *geplanten* Terminen darstellen.

✔ Sie können auch den *Auszahlungen* die geplanten *Einzahlungen* gegenüberstellen. Diese Einzahlungen können sich aus zukünftigen Finanzierungsmaßnahmen (beispielsweise der Aufnahme eines zusätzlichen Darlehens) ergeben – hoffentlich können Sie aber auch mit Einzahlungen aus weiteren Verkäufen der hergestellten Rührmaschinen rechnen.

Falls eine solche Analyse Ihre Liquiditätssituation nicht passend darstellt oder die Erstellung viel zu aufwendig ist, können Sie Ihr Liquiditätsmanagement aber auch einfach mit ein paar Sätzen beschreiben.

Achterbahn der Gefühle: Szenarien, Sensitivitäten und andere Angaben zum Marktrisiko

Die Untersuchungen, die Sie zum Marktrisiko vornehmen müssen, sind wohl die anspruchsvollsten Anforderungen des IFRS 7, weil am Rande Ihres Weges einerseits die Abgründe der finanzmathematischen Theorie und andererseits die der Bilanzierung nach IAS 39 auf Sie lauern.

Nach IFRS 7.40 und 41 können Sie prinzipiell zwischen zwei Alternativen wählen, in welcher Form Sie die Untersuchungen zum Marktrisiko erstellen und die entsprechenden Anhangangaben dazu präsentieren. Da für die »*übergreifende*« *Sensitivitätsanalyse* umfangreiche finanzmathematische Kenntnisse erforderlich sind, werden wir hier nur auf die »*einfache*« *Sensitivitätsanalyse* eingehen.

Grundsätzlich müssen Sie dabei untersuchen, welche Auswirkungen geänderte Marktparameter (sogenannte *Szenarien*) auf die Bewertung von Finanzinstrumenten haben – Sie ermitteln also die *Sensitivität* der Bewertung. Außerdem untersuchen Sie für jede Art des Marktrisikos (also das Zinsrisiko, das Wechselkursrisiko und die sonstigen Preisrisiken), welche Auswirkung die Änderung der jeweiligen Risikovariablen (Wechselkurse, Zinssätze, sonstige Preisparameter) auf die Gewinn-und-Verlust-Rechnung und das Eigenkapital hat.

Spätestens jetzt zeigt sich die mühsame Klassifizierung Ihrer Finanzinstrumente aus dem Abschnitt »Von Kategorien, Klassen und sonstige Schubladen« als überaus hilfreich. Sie haben damit nämlich alles, was Sie als Ausgangspunkt für Ihre Sensitivitätsanalyse benötigen, bereits vorliegen:

✔ Bei der Einteilung Ihrer Finanzinstrumente haben Sie in der *dritten Gliederungsebene* (vertragliche Details) schon berücksichtigt, welche Art des Marktrisikos für die einzelnen Finanzinstrumente besteht.

✔ Anhand der *zweiten Gliederungsebene* (Bewertungskategorie des IFRS 7) können Sie nun recht einfach beurteilen, welchen bilanziellen Effekt die Alternativbewertung der unterstellten Szenarien hat.

✔ Durch die *erste Gliederungsebene* (Bilanzlinie) lassen sich die ermittelten Effekte dann auch ganz einfach den einzelnen Bilanzpositionen zuordnen.

Na, haben wir Ihnen zu viel versprochen? Eine einfache und effiziente Methode, sich dem Feind zu stellen!

Sensitivitäten aus dem Zinsrisiko

Für die Sensitivitätsanalyse des Zinsrisikos müssen Sie sich zunächst überlegen, welche Szenarien Sie untersuchen wollen. Das ist eine der wenigen Stellen in diesem Buch, an der Sie Ihrer Kreativität etwas Auslauf gewähren dürfen. Da der IFRS 7 aber eine sinnvolle Wahl der Szenarien fordert, sind Sie mit der folgenden Festlegung vorerst ganz gut beraten:

✔ Erhöhung des Marktzinsniveaus um 100 Basispunkte (also einem Prozentpunkt)

✔ Verminderung des Marktzinsniveaus um 100 Basispunkte

Ein geändertes Marktzinsniveau führt für Finanzinstrumente nur in bestimmten Fällen zu einer Änderung im Eigenkapital oder in der Gewinn-und-Verlust-Rechnung:

✔ **Feste Verzinsung:** Bei Finanzinstrumenten, für die eine *feste Verzinsung* vereinbart ist und die Sie zu fortgeführten Anschaffungskosten bilanzieren, ergibt sich durch eine Änderung des Marktzinses keine Änderung. Deshalb brauchen Sie das Darlehen für den Fertigungsroboter an dieser Stelle also nicht weiter zu untersuchen.

✔ **Variable Verzinsung:** Aus *variabel verzinslichen* Finanzinstrumenten, die Sie zu fortgeführten Anschaffungskosten erfassen, ergibt sich ebenfalls kein Bewertungseffekt für die Bilanzierung. Da sich die Verzinsung des Finanzierungsdarlehens für das Fertigungsgebäude aber am Marktzins orientiert, entsteht für den laufenden Zinsaufwand ein Effekt, da Sie in Ihrem Szenario eben 1 Prozent mehr oder weniger Zinsen bezahlen würden.

✔ **Fair Value:** Finanzinstrumente, für die eine Verzinsung vereinbart ist und die Sie zum *Fair Value* bilanzieren, müssen Sie genauer unter die Lupe nehmen. In diesem Zusammenhang fällt Ihnen sicher unser Zinsswap aus dem obigen Beispiel ein, den Sie zusammen mit dem variabel verzinslichen Darlehen abgeschlossen haben. Eine Veränderung der Marktzinsen führt nämlich zu einer Veränderung des Fair Value, die ihre Spuren im Finanzergebnis hinterlässt.

Ihre Anhangangabe zu den Sensitivitätsanalysen des Zinsrisikos könnte vielleicht Tabelle 13.7 enthalten.

Szenarioanalyse gemäß IFRS 7 Veränderung des Marktzinsniveaus	Szenario 1 +100 BP	Szenario 2 −100 BP
Nicht-derivative finanzielle Verbindlichkeiten	−1.300	+1.300
Derivative finanzielle Verbindlichkeiten	+1.000	−1.000
Ergebniseffekt vor Steuern in EUR	**−300**	**+300**

Tabelle 13.7: Sensitivitätsanalyse – Zinsrisiko

Sensitivitäten aus dem Wechselkursrisiko

Die gängigsten Szenarien für die Sensitivitätsanalysen des Wechselkursrisikos in IFRS-Abschlüssen sind:

✔ Aufwertung des EUR gegenüber allen anderen Währungen um 10 Prozent

✔ Abwertung des EUR gegenüber allen anderen Währungen um 10 Prozent

Für das Währungsrisiko müssen Sie zunächst alle Finanzinstrumente analysieren, die auf eine andere als die lokale (sogenannte *funktionale*) Währung der jeweiligen Einzelgesellschaft lauten. Effekte aus der Umrechnung von Einzelabschlüssen für die einheitliche Konzernabschlusserstellung interessieren für die Anhangangaben zu Finanzinstrumenten nämlich nicht.

Auch für das Wechselkursrisiko interessieren nur bestimmte Positionen, für die die Szenarien zu einer Änderung des Eigenkapitals oder der Gewinn-und-Verlust-Rechnung führen:

✔ Einzelgesellschaften, die in EUR in den Konzernabschluss einbezogen werden, müssen alle Finanzinstrumente in fremder Währung untersuchen. Das kann beispielsweise das Darlehen sein, das Sie in USD aufgenommen haben, um eine USD-Verbindlichkeit für Einkäufe in den USA zu begleichen. Oder aber das Devisentermingeschäft, das Sie abgeschlossen haben, um die in CHF vereinbarte Bezahlung aus dem Verkauf einer Rührmaschine an einen Kunden in der Schweiz abzusichern.

✔ Sofern Sie nach EUR bilanzieren, unterstellen Sie in den Szenarien nur die Auf- und Abwertung des EUR gegenüber allen anderen Währungen. Deshalb müssen Einzelgesellschaften, die in Fremdwährung in den Konzernabschluss einbezogen werden, nur die auf EUR lautenden Finanzinstrumente untersuchen.

Sensitivitäten aus den sonstigen Preisrisiken

Zur Analyse der sonstigen Preisrisiken müssen Sie mögliche Veränderungen von allen anderen Preisfaktoren untersuchen, die die Bilanzierung Ihrer Finanzinstrumente beeinflussen. Je nach Preisparameter bieten sich in der Regel folgende Szenarien an:

✔ Erhöhung des Aktien-, Rohstoffpreises oder sonstigen Faktors um 10 Prozent

✔ Verminderung des Aktien-, Rohstoffpreises oder sonstigen Faktors um 10 Prozent

Für die sonstigen Preisrisiken interessieren Sie in der Regel nur sehr spezielle Positionen, für die die Szenarien zu einer Änderung in Eigenkapital oder Gewinn-und-Verlust-Rechnung führen, wie beispielsweise:

✔ Die Aktien der Happiness AG, in die Sie in unserem Beispiel oben investiert haben und deren Fair-Value-Änderungen Sie im Eigenkapital bilanzieren.

✔ Derivative Warenterminkontrakte für Eisen, die Sie zur Sicherung der Herstellkosten für die Beschaffung des Rohmaterials Eisen der Rührmaschinen abgeschlossen haben.

Was ist denn schon »fair«: Angaben zum Fair Value

Buchwert und *Fair Value* – zwei Begriffe, von denen Sie bereits in den Kapiteln 7 und 11 erfahren haben, dass sie gerade bei Finanzinstrumenten so nah und doch so fern voneinander liegen können. Genau das ist auch der Grund, warum Sie nach IFRS 7.8 und IFRS 7.25/26 für alle Klassen von Finanzinstrumenten im Anhang beide Beträge einander gegenüberstellen müssen. Das machen Sie am besten in einer *Buchwert-Fair Value-Bilanz*. Übersichtlich dargestellt könnte das dann in etwa so wie in Tabelle 13.8 aussehen.

Zunächst mag das nach sehr viel Arbeit aussehen, zumal Sie auch noch die jeweiligen Ermittlungsmethoden und Annahmen für Bewertungstechniken in Worten erläutern müssen. Durch Ihre fleißige Klassifizierung aus dem Abschnitt »Von Kategorien, Klassen und sonstige Schubladen« (Sie sehen: wir lassen nicht locker!) lassen sich die meisten Positionen aber im Nu abhaken:

- ✔ **Finanzinstrumente, die bereits zum Fair Value bilanziert werden:** Hier entsprechen sich die beiden Werte und Sie müssen dafür nur den Buchwert aus der Bilanz für die Tabelle abschreiben.

- ✔ **Kurzfristige Finanzinstrumente (also mit Fälligkeit < 1 Jahr):** Hier entspricht der Buchwert in der Regel näherungsweise dem Fair Value.

- ✔ **Verzinsliche Finanzinstrumente, bei denen der Zinssatz kurzfristig immer wieder an den aktuell gültigen Marktzins angepasst wird:** In diesem Fall entspricht der Buchwert ebenfalls im Wesentlichen dem Fair Value.

- ✔ **Beteiligungen, die Sie zu Anschaffungskosten bilanzieren, da der Fair Value nicht verlässlich bestimmbar ist:** Dafür gibt es ja gerade keinen Fair Value!

Somit bleiben im Grunde nur langfristige und fest verzinsliche Finanzinstrumente sowie Finance-Lease-Forderungen oder Finance-Lease-Verbindlichkeiten übrig, für die Sie den Fair Value für die Anhangangaben gesondert bestimmen müssen.

Nur für Fortgeschrittene: Angaben zu Derivaten, Sicherungsmaßnahmen und Hedge Accounting

In Kapitel 7 zeigen wir Ihnen, wie Sie die Regelungen des Hedge Accounting zur Minderung bilanzieller Risiken aus nicht steuerbaren Ergebnis- und/oder Eigenkapitalschwankungen anwenden können. Nur zu diesem Zweck haben Sie ja die Sicherungsinstrumente in Form von Derivaten abgeschlossen. Somit ist schon die gemäß IFRS 7.22 geforderte Beschreibung der Sicherungsgeschäfte Ihres Unternehmens ein wichtiger Bestandteil der Erläuterungen zur Steuerung der finanziellen Risiken. Diese ergänzen Sie mit der Beschreibung der eingesetzten Sicherungsinstrumente und des abgesicherten Risikos.

Sie beschreiben also beispielsweise das variabel verzinsliche Finanzierungsdarlehen für Ihren Fertigungsroboter. Um sich gegen das Zinsänderungsrisiko abzusichern, haben Sie bei Ihrer Bank außerdem noch einen Zinsswap abgeschlossen. Damit haben Sie unterm Strich nämlich einen konstanten Zinsaufwand, mit dem Sie Ihre finanzielle Situation viel leichter planen können. Auch interessiert den Abschlussleser, dass das Darlehen und der Swap exakt

13 ▸ Volle Transparenz: Anhang & Co.

aufeinander abgestimmt sind und Sie die beiden deshalb als Grund- und Sicherungsgeschäft einer Cashflow-Sicherungsbeziehung bilanzieren.

Klasse	Buchwert	Bilanzierung nach IAS 39				Bil. nach IAS 17	Fair Value
		Fortgef. Ansch.-kosten	Ansch.-kosten	Fair Value (ergebnisneutral)	Fair Value (ergebniswirksam)		
Beteiligungen	10.000		10.000				n.r.
Wertpapiere	7.000			7.000			7.000
Ausleihungen	25.000	25.000					25.200
Langfristige Forderungen aus LuL	38.000	38.000					32.800
Kurzfristige Forderungen aus LuL	22.000	22.000					22.000
Zahlungsmittel	6.000	6.000					6.000
Finanzielle Vermögenswerte	**108.000**	**91.000**	**10.000**	**7.000**	**0**	**0**	**93.000**
Festverz. Bankdarlehen (Roboter)	10.000	10.000					9.500
Variabel verz. Bankdarlehen (Gebäude)	100.000	100.000					100.000
Langfristige Verbindlichkeiten aus LuL	27.000	27.000					25.000
Kurzfristige Verbindlichkeiten aus LuL	13.000	13.000					13.000
Verbindlichkeiten aus Finance Lease	8.000					8.000	8.500
Zinsswaps mit neg. Marktwert	9.000				9.000		9.000
Finanzielle Verbindlichkeiten	**167.000**	**150.000**	**0**	**0**	**9.000**	**8.000**	**165.000**

Tabelle 13.8: Buchwert-Fair-Value-Bilanz für Finanzinstrumente

Die Angabepflichten zu verschiedenen Beträgen, die Sie als quantitative Informationen zu Ihren Sicherungsbeziehungen angeben müssen, finden Sie in IFRS 7.23 beziehungsweise IFRS 7.24.

Wichtiger Rest: Sonstige Angaben

Nachdem Sie die aufwendigsten Angabepflichten zu Ihren Finanzinstrumenten kennengelernt haben, kommen nun noch ein paar abschließende, aber nicht weniger wichtige Zusatzangaben. Die wichtigsten wollen wir uns noch gemeinsam anschauen.

What goes around, comes around: Gewinne, Verluste, Erträge und Aufwendungen

Die meisten der bisher erläuterten Angabepflichten für Finanzinstrumente beziehen sich auf Bestandsgrößen in Ihrem Jahresabschluss; sie betreffen also die Beträge, die Sie zum Stichtag in der Bilanz erfasst haben. Natürlich hinterlässt die Bilanzierung von Finanzinstrumenten aber bereits unterjährig ihre Spuren in der Gewinn-und-Verlust-Rechnung und im Eigenkapital. Für IFRS 7.20 müssen Sie diese Spuren verfolgen und folgende Informationen in Ihre Anhangangaben aufnehmen:

- ✔ Gewinne und Verluste aus den einzelnen Bewertungskategorien des IAS 39. Dabei müssen Sie unterscheiden zwischen den Beträgen, die Sie erfolgswirksam in der GuV, und denen, die Sie erfolgsneutral in der Eigenkapitalrücklage erfasst haben.

- ✔ Zinserträge und -aufwendungen aus Finanzierungskosten (wie Agien, Disagien oder Transaktionskosten), die Sie mit der Effektivzinsmethode über die Laufzeit von Finanzinstrumente verteilen

- ✔ Zinserträge aus wertberichtigten finanziellen Vermögenswerten

- ✔ Aufwendungen aus Wertminderungen je Klasse von finanziellen Vermögenswerten

Hin und weg: Umkategorisierungen und Übertragungen

Unter bestimmten Bedingungen dürfen Sie einen finanziellen Vermögenswert von einer Haltekategorie des IAS 39.9 in eine andere stecken (sogenannte *Umgliederung*). Wie Sie wissen, bestimmt die Haltekategorie die Bilanzierungsmethode. Somit können sich aus dem bloßen Kategoriewechsel Effekte für Ihre Bilanz und Ihre Gewinn-und-Verlust-Rechnung ergeben. Deshalb fordert IFRS 7.12/12A, dass Sie den Abschlussleser über all diese Wechsel und die Gründe hierfür informieren.

In Kapitel 7 sehen Sie, dass es manchmal gar nicht so einfach ist, einen finanziellen Vermögenswert wieder loszuwerden. Wenn Sie trotz erfolgreichem Verkauf noch ein verbleibendes Ausfallrisiko tragen, heißt es für Sie weiterhin: mit gehangen, mit gefangen! Und genau wegen solcher Risiken müssen Sie solche *Übertragungen* für Ihre Anhangangaben genauer unter die Lupe nehmen. Die genauen Angabepflichten finden Sie in IFRS 7.13.

13 ➤ Volle Transparenz: Anhang & Co.

Sicher ist sicher: Wie sicher sind Ihre Sicherheiten?

Im Abschnitt »Ja wo isses denn: Angaben zum Kredit-/Ausfallrisiko« weiter vorn in diesem Kapitel erfahren Sie von Anhangangaben zu Ihren erhaltenen Sicherheiten im Zusammenhang mit dem Kredit-/Ausfallrisiko. Meist können Sie über solche Sicherheiten erst verfügen, wenn Sie das Geld aus Ihrer Forderung nicht erhalten. Wenn Sie *Sicherheiten* jedoch auch ohne einen Forderungsausfall verkaufen dürfen, müssen Sie

✔ den Fair Value der Sicherheit angeben,

✔ erläutern, ob Sie zur Rückgabe der Sicherheit verpflichtet sind, und

✔ alle Einzelheiten zur Vereinbarung angeben.

Für Sicherheiten, die Sie selbst für Ihre Verbindlichkeiten gestellt haben, müssen Sie den Buchwert angeben sowie die Bedingungen für diese Besicherung.

Vertragsverletzungen: Immer brav gezahlt?

Für IFRS 7.18/19 müssen Sie im Anhang beschreiben, wie treu Ihr Unternehmen seinen finanziellen Verpflichtungen nachgekommen ist. Falls Sie im Verlauf oder zum Ende des Geschäftsjahres nämlich gegen Vertragsbedingungen in Form von geforderten Finanzkennzahlen (*financial covenants*) Ihrer Darlehensverbindlichkeiten verstoßen haben, müssen Sie dies wie folgt erläutern:

✔ Einzelheiten zu ausgesetzten Zins- oder Tilgungszahlungen

✔ Der Buchwert der Darlehensverbindlichkeiten, bei denen Sie mit Ihren Zahlungen in Verzug sind

✔ Ob Sie die ausgesetzten Zahlungen bis zur Veröffentlichung des Jahresabschlusses nachgeholt oder zwischenzeitlich eine Stundung der Zahlungen vereinbart haben

Wie läuft's denn so? Angaben zum Kapitalmanagement

Die Vorschriften für Anhangangaben zum Kapitalmanagement finden Sie nicht in IFRS 7, sondern in IAS 1.134 bis 136. Da sich diese Angaben aber ebenfalls auf den Umgang mit finanziellen Risiken beziehen, werden sie meist gemeinsam dargestellt.

In diesem Zusammenhang müssen Sie zunächst erläutern, was Sie unter Kapital verstehen, und auf Basis welcher Wertgröße Sie Ihr Unternehmen messen und steuern:

✔ Das kann beispielsweise das Eigenkapital nach IFRS sein beziehungsweise die Eigenkapitalquote.

✔ Sie können Ihre Kapitalgröße aber auch völlig unbeeinflusst von Rechnungslegungsvorschriften definieren und vielleicht die Minderheitenanteile nicht berücksichtigen und dafür aber eine besondere Art der Fremdfinanzierung (wie ein Mezzanine-Darlehen) mit einbeziehen.

✔ Vielleicht sind Sie aber auch gezwungen, Ihr Unternehmen so zu steuern, dass Sie die auferlegten Bedingungen für die Fremdfinanzierung (*financial covenants*) erfüllen.

Außer dem Kapitalbegriff an sich müssen Sie aber auch noch die Mittel und Wege beschreiben, wie Sie das Kapital Ihres Unternehmens steuern. Dazu gehört auch, dass Sie die möglichen Konsequenzen beschreiben, wenn die Bedingungen für die Fremdfinanzierung einmal nicht erfüllt sein sollten – beispielsweise eine vorzeitige Rückzahlung an die Bank.

Wie Sie sehen, sind an dieser Stelle teilweise sehr sensible Informationen zu Ihrem Unternehmen gefragt – vielleicht verraten Sie also besser nicht zu viel!

Vitamin B: Nahestehende Unternehmen und Personen

Wenn Sie es nicht bereits kennen und wissen, so ist es für Sie sicher keine Überraschung: Das Geschäftsleben ist geprägt durch enge persönliche und geschäftliche Beziehungen; es regiert das »Vitamin B«.

Dabei muss es sich nicht zwangsläufig gleich um persönliche Bereicherung oder Benachteiligung anderer handeln. Oftmals wickeln Unternehmen Teile ihrer geschäftlichen Aktivitäten beispielsweise einfach nur über Tochtergesellschaften ab, oder man arbeitet gerne mit Menschen oder Unternehmen zusammen, die man kennt und zu denen man eine gute Beziehung hat.

Nicht unbedingt schlecht, aber nicht wie unter fremden Dritten

Da sich solche Beziehungen zu nahestehenden Personen und Unternehmen (englisch *Related Parties*) auf die Vermögens- und Finanzlage und den Gewinn oder Verlust Ihres Unternehmens auswirken können, müssen Sie gemäß IAS 24 hierzu Angaben im Anhang machen.

Begründet wird dies mit den folgenden Überlegungen:

✔ Es besteht die Möglichkeit, dass Related Parties Geschäfte tätigen, die fremde Dritte nicht tätigen würden.

✔ Außerdem kann es vorkommen, dass Geschäfte zwischen nahestehenden Unternehmen und Personen zu anderen Beträgen abgewickelt werden als zwischen fremden Dritten.

✔ Aber auch die bloße Existenz von Beziehungen zu nahestehenden Personen und Unternehmen kann bereits die Geschäfte Ihres Unternehmens mit Dritten beeinflussen.

Aufgrund dieser Überlegungen ist es für den Empfänger Ihres Abschlusses und seine Chancen- und Risikoabwägung durchaus von Interesse, Kenntnis über Ihre Beziehungen zu Related Parties, die entsprechenden Geschäftsvorfälle sowie die zum Bilanzstichtag ausstehenden Salden zu erlangen.

13 ➤ Volle Transparenz: Anhang & Co.

Related Parties: Wem Sie nahestehen

Als nahestehende Personen oder Unternehmen werden nach IAS 24.9 alle Parteien verstanden, die Ihr Unternehmen direkt oder indirekt beherrschen, von Ihrem Unternehmen beherrscht werden oder unter gemeinsamer Beherrschung mit Ihrem Unternehmen stehen. Die hierbei möglichen Konstellationen haben wir in Abbildung 13.1 kurz anschaulich dargestellt.

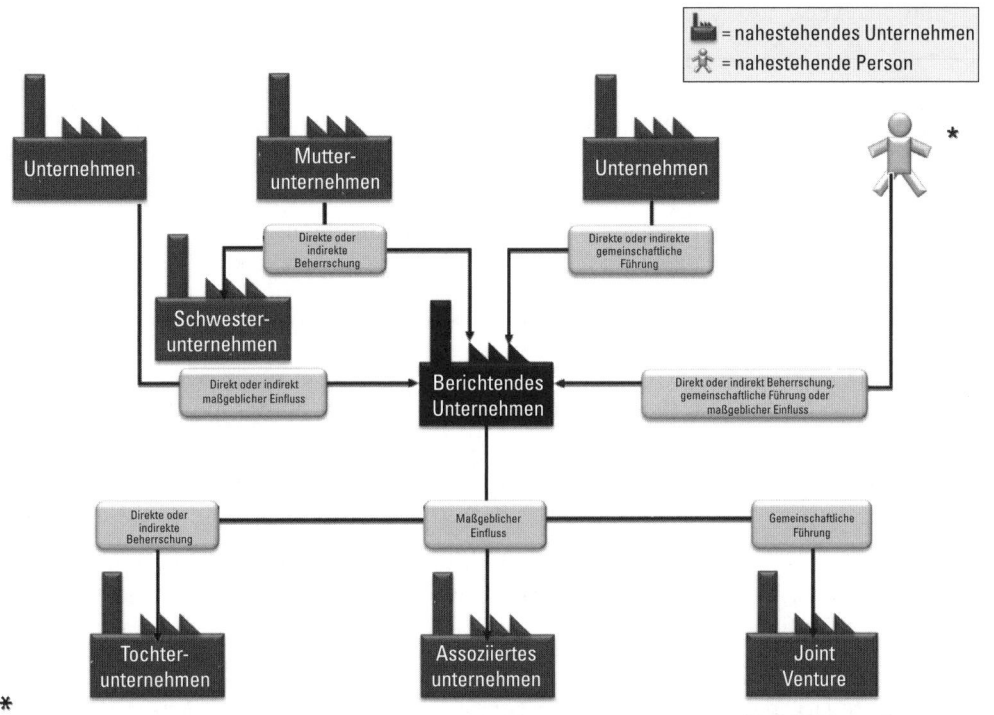

*Bei natürlichen Personen sind auch deren nahe Angehörige und weitere Beteiligungen zu berücksichtigen (siehe Abbildung 13.2)

Abbildung 13.1: Related Parties aufgrund von Beteiligungsverhältnissen

> *Beherrschung* oder *maßgeblicher Einfluss* wird primär über die Stimmrechtsquote definiert. *Beherrschung* kann bei einem Stimmrechtsanteil von über 50 Prozent vermutet werden, während ein *maßgeblicher Einfluss* meist bei Beteiligungsquoten zwischen 20 Prozent und 50 Prozent vorliegt! Auch eine gemeinsame Beherrschung (*gemeinschaftliche Führung*) im Rahmen eines Joint Ventures mit einer 50:50-Beteiligung ist möglich.
>
> Ausschlaggebend ist letztendlich aber die Möglichkeit zur Mitwirkung bei finanz- und geschäftspolitischen Entscheidungen.

Wie man in der Grafik gut sieht, werden ausdrücklich sowohl die von Ihnen abhängigen Unternehmen (aktive Einflussnahme durch Sie) als auch die Ihnen übergeordneten Unternehmen (passiver Einfluss durch andere) berücksichtigt.

Schauen wir uns hierzu kurz zwei Beispiele an:

✔ Ihr Hauptgesellschafter Mr. Big hält 70 Prozent der Anteile an Ihrem Unternehmen; er beherrscht damit Ihr Unternehmen und ist somit eine nahestehende Person.

✔ Umgekehrt hat Ihr Unternehmen maßgeblichen Einfluss auf die Best Friend AG, an der Sie mit 30 Prozent beteiligt sind. Die Best Friend AG ist damit ebenfalls ein nahestehendes Unternehmen.

> Beachten Sie, dass sich alle Ausführungen hier zunächst auf Ihren Einzelabschluss beziehen. Für die im Rahmen des Konzernabschlusses voll konsolidierten Tochterunternehmen und herauskonsolidierten Transaktionen mit diesen, sind keine Angaben notwendig. Für die wirtschaftliche Einheit »Konzern« stellen diese Transaktionen interne Geschäfte dar.

Neben den nahestehenden Personen und Unternehmen, die ihren Einfluss über eine direkte oder indirekte Beteiligung ausüben können, gibt es aber auch noch die Personen oder Unternehmen, die ohne eine Beteiligung einen maßgeblichen Einfluss auf geschäfts- oder finanzpolitische Entscheidungen Ihres Unternehmens nehmen können. Dabei kann es sich beispielsweise um folgende handeln:

✔ Personen in Schlüsselpositionen Ihres Unternehmens oder Mutterunternehmens

✔ nahe Familienangehörige der Personen in Schlüsselfunktionen beziehungsweise der Personen, die Ihr Unternehmen direkt oder indirekt beherrschen oder maßgeblichen Einfluss ausüben

✔ Unternehmen, die von Mitgliedern des Managements oder unmittelbaren Familienangehörigen nahestehender Personen direkt oder indirekt beherrscht oder unter deren maßgeblichem Einfluss stehen

Auch hier haben wir die wichtigsten Konstellationen anschaulich in einer Grafik (siehe Abbildung 13.2) dargestellt.

Schauen wir uns auch hierzu zwei Beispiele an:

✔ Sie sind Buchhalter in der Clean AG. Ihre Frau hat einen Versandhandel für Büroartikel und beliefert die Clean AG. Ihre Frau beziehungsweise der Versandhandel Ihrer Frau ist nicht nahestehend im Sinne des IAS 24, da Sie selbst weder Eigentümer noch eine Person in einer Schlüsselposition der Clean AG sind.

✔ Nach einigen Jahren werden Sie durch eine wundersame Fügung in den Vorstand der Clean AG berufen und verantworten zukünftig den Finanzbereich. Als Vorstand für den Finanzbereich sind Sie eine Person in einer Schlüsselposition der Clean AG. Ihre Frau und deren Versandhandel sind nun Related Parties, das heißt, Sie müssen die Lieferungen an die Clean AG im Anhang offenlegen.

13 ➤ Volle Transparenz: Anhang & Co.

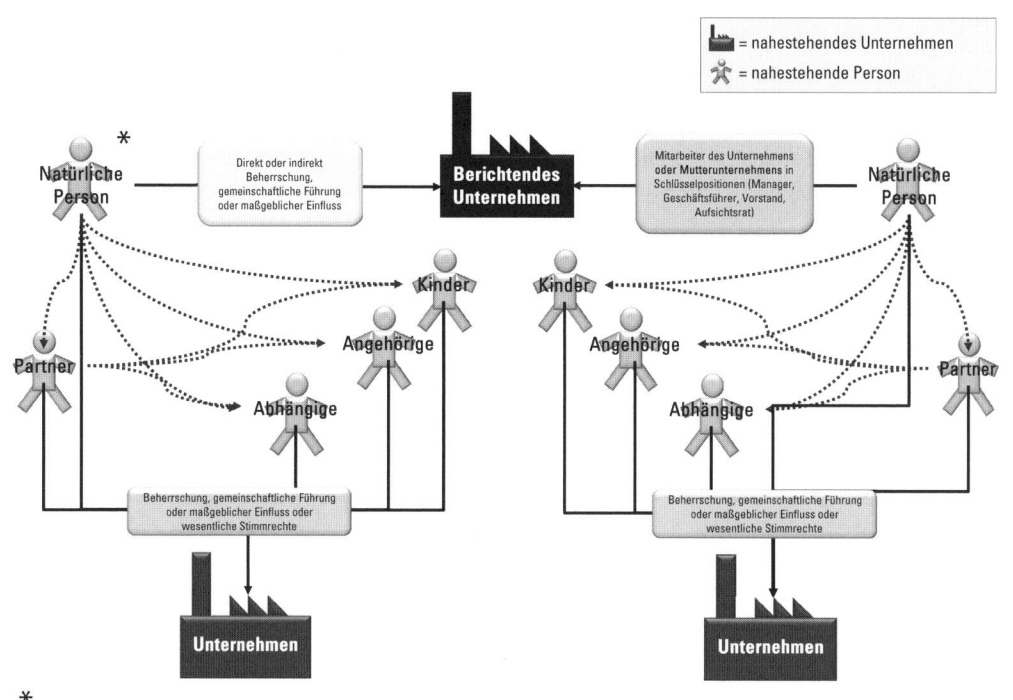

Abbildung 13.2: Related Parties ohne Beteiligungsverhältnisse

* Hier handelt es sich noch um eine nahestehende Person aufgrund eines Beteiligungsverhältnisses (siehe Abbildung 13.1)

Checkliste der wichtigsten nahestehenden Unternehmen und Personen

Damit Sie sich nicht selbst durch die Vorschriften des IAS 24 quälen müssen, zeigen wir Ihnen hier die typischen nahestehenden Unternehmen und Personen:

✔ Mutter-, Tochter- oder Schwestergesellschaften (sofern Sie nicht den Konzernabschluss erstellen und diese »herauskonsolidieren«).

✔ Beteiligungsunternehmen, die »at equity« konsolidiert werden

✔ Joint Ventures (Gemeinschaftsunternehmen)

✔ Natürliche Personen, die Ihr Unternehmen direkt oder indirekt beherrschen oder maßgeblichen Einfluss auf Sie ausüben

✔ Personen in Schlüsselpositionen Ihres Unternehmens wie beispielsweise Ihre Vorstände, Geschäftsführer, Aufsichtsräte oder sonstige Inhaber von Schlüsselfunktionen im Management

✔ Lebenspartner (einschließlich Partner in eheähnlichen Lebensgemeinschaften), Kinder und sonstige Angehörige (sowie jeweils deren Kinder) der Personen in Schlüsselpositionen

> ✔ Unternehmen, bei denen die Personen in Schlüsselpositionen beziehungsweise deren Familienangehörige einen wesentlichen Stimmrechtsanteil beziehungsweise bedeutenden Einfluss haben
>
> ✔ Versorgungskassen zugunsten der Arbeitnehmer Ihres Unternehmens oder eines Ihnen nahestehenden Unternehmens für Leistungen nach Beendigung des Arbeitsverhältnisses

IAS 24 weist ausdrücklich darauf hin, dass Banken, Kunden, Lieferanten oder auch Gewerkschaften im Rahmen ihrer üblichen Geschäftstätigkeiten und Aufgaben nicht zu den Related Parties gehören – auch wenn sie vielleicht häufiger einen maßgeblichen Einfluss auf Ihr Unternehmen haben, als Ihnen lieb ist.

Related-Party-Transaktionen: Alles Vetternwirtschaft?

Damit Sie die Schutzfunktion des IAS 24 erfüllen, müssen Sie neben den Related Parties selbst auch umfassende Angaben zu den Geschäften mit nahestehenden Unternehmen und Personen machen. Im Wesentlichen können die notwendigen Angabepflichten wie folgt auf den Punkt gebracht werden:

✔ **Art der Geschäftsbeziehung**

Zu den Transaktionen, die Sie im Anhang angeben müssen, zählen beispielsweise:

1. Warenverkäufe
2. Materialeinkäufe
3. Immobilientransaktionen
4. bezogene Dienstleistungen
5. Leasingtransaktionen
6. Lizenzgeschäfte
7. Darlehensvergaben oder –aufnahmen einschließlich der Gestellung von Bürgschaften und Sicherheiten
8. Kapitaleinlagen als Bar- oder Sacheinlagen

✔ **Volumen der Geschäftsvorfälle**

Zu den genannten Transaktionen müssen Sie jeweils das Volumen angeben, also beispielsweise den Umsatz, das Darlehensvolumen, die Zinsen sowie die Höhe von Bürgschaften, Sicherheiten oder Kapitalerhöhungen.

Stellen Sie sich vor, Sie haben der Best Friend AG, dessen Leiter Einkauf zufällig auch der Vorsitzende des Aufsichtsrats Ihres Unternehmens ist, Rohstoffe im Gesamtwert von ca. fünf Millionen Euro verkauft. Diese Transaktion und ihr Volumen müssen Sie im Anhang angeben.

Sie müssen die Angaben zu den Transaktionen mit Related Parties gemäß IAS 24.18 übrigens nicht individualisieren – also Ihren Kumpel Karl Klüngel namentlich nennen. Es reicht, wenn Sie Geschäftsvorfälle, Volumen und Salden nach Kategorien (Umsatz mit Mutterunternehmen, Forderungen gegenüber Tochterunternehmen, Zahlungen an Mitglieder des Managements) zusammenfassen.

✔ **Höhe der ausstehenden Salden aus diesen Geschäftsvorfällen**

Sofern aus den oben genannten Transaktionen mit Related Parties zum Bilanzstichtag noch Salden in Ihren Büchern stehen, müssen Sie diese ebenfalls angeben. Dazu gehören:

1. Forderungen
2. Verbindlichkeiten
3. Darlehen
4. Ausleihungen
5. Rückstellungen

Die Rohstoffe, die Sie der Best Friend AG verkauft haben, sind zum Bilanzstichtag noch nicht bezahlt. Im Anhang müssen Sie daher neben dem Gesamtbetrag der Transaktion auch den Betrag der noch ausstehenden Forderung angeben.

Wurden Wertberichtigungen auf Forderungen gegenüber nahestehenden Unternehmen und Personen gebucht, so müssen Sie diese ebenfalls im Anhang angeben.

Angenommen, die Best Friend AG meldet im darauffolgenden Jahr Insolvenz an und Sie gehen davon aus, dass Sie einen wesentlichen Betrag Ihrer Forderung voraussichtlich nicht mehr erhalten. Sie nehmen daher eine Wertberichtigung auf die Forderung vor. Im Anhang müssen Sie nun die Tatsache angeben, dass die Forderung gegenüber einer nahestehenden Person wertberichtigt wurde sowie den Betrag der Wertberichtigung.

✔ **Informationen zu den Konditionen der Geschäftsvorfälle**

Da neben den ausstehenden Salden mit Related Parties auch die jeweiligen Konditionen dazu von Interesse sind, müssen Sie auch diese im Anhang angeben.

Wenn Sie beispielsweise der Best Friend AG bei Vertragsabschluss ein Zahlungsziel von einem Jahr eingeräumt haben, so müssen Sie diese großzügige Zahlungskondition veröffentlichen.

Sachverhalte, die Sie offenlegen müssen, unterliegen wie alle Anhangangaben auch einer Wesentlichkeitsgrenze. Allerdings müssen Sie bei den Angaben zu Transaktionen mit nahestehenden Unternehmen und Personen beachten, dass die Wesentlichkeitsgrenze hierfür eher niedrig ist! Das liegt daran, dass der Bilanzleser selbstverständlich ein großes Interesse an diesen Angaben hat, weil er hieraus sieht, ob nahestehende Unternehmen und Personen bevorzugt behandelt wurden.

Der oft zu lesende Satz »Alle Transaktionen mit nahestehenden Unternehmen und Personen wurden zu marktüblichen Konditionen abgewickelt.« soll dem Abschlussleser auf den ersten Blick zeigen, dass im Unternehmen keine »Vetternwirtschaft« herrscht. Diesen Satz sollten Sie allerdings nur dann aufnehmen, wenn Sie dies auch nachweisen können.

Keine Ausnahme: Managementvergütungen

Bei den Mitgliedern des Managements in Schlüsselpersonen müssen Sie zusätzlich noch Angaben zu deren Bezahlung machen. Die Angaben dazu nehmen Sie bitte insgesamt und für jede der folgenden Vergütungsarten auf:

- ✔ kurzfristig fällige Leistungen, das heißt laufende fixe und variable Bezüge

- ✔ Leistungen nach Beendigung des Arbeitsverhältnisses, das heißt Vorsorgen für (spätere) Ruhestandsbezüge (hierzu zählen zum Beispiel alle Einzahlungen in einen Pensionsfonds oder der Dienstzeitaufwand bei Direktzusagen)

- ✔ andere langfristig fällige Leistungen, wie zum Beispiel Jubiläumszahlungen

- ✔ Leistungen aus Anlass der Beendigung des Arbeitsverhältnisses, das heißt Abfindungszahlungen

- ✔ anteilsbasierte Vergütungen, zum Beispiel Aktienoptionsvereinbarungen

Im Rahmen dieser Angabepflicht müssen Sie alle Arten an Vergütung einbeziehen. Sie dürfen im Gegensatz zu vielen anderen IFRS-Vorschriften den Begriff der »Wesentlichkeit« an dieser Stelle nicht großzügig anwenden. Es gibt also kein Entrinnen aus dieser Angabepflicht!

Wenn neben den Vergütungen weitere Transaktionen mit Ihren Managementmitgliedern stattgefunden haben, müssen Sie diese auch angeben. Hierzu können beispielsweise auch die Nutzung einer Firmenwohnung oder Mitarbeitereinkäufe zählen.

Sofern Sie einen Aufsichtsrat oder ein ähnliches Gremium (zum Beispiel Beirat) haben, müssen Sie auch die Vergütungen für Ihre Aufsichtsratsmitglieder angeben.

Viele Unternehmen tätigen diese Angabe meist in einem separaten Abschnitt »Vergütung des Vorstands und des Aufsichtsrats«!

Wie gewonnen, so zerronnen: Die Kapitalflussrechnung

Die Kapitalflussrechnung ist ein weiterer Pflichtbestandteil eines jeden IFRS-Abschlusses. Mit ihr präsentieren Sie den Lesern Ihres Abschlusses die Liquiditätslage des Unternehmens und das ist mehr als der Betrag an Cash, den Sie als Zahlungsmittel oder Zahlungsmitteläquivalente in der Bilanz ausweisen. Den Bilanzleser interessiert nämlich der Kapitalfluss (englisch *cash flow*), das heißt aus welchen Tätigkeiten Ihrem Unternehmen wie viel Geld zugeflossen ist oder wohin welcher Betrag an Geld abgeflossen ist. Daraus kann man nämlich (mit ein bisschen Übung) die Fähigkeit des Unternehmens, Geld zu erwirtschaften (sogenanntes Innenfinanzierungspotenzial) erkennen und den zukünftigen Liquiditätsbedarf oder -überschuss abschätzen.

13 ➤ Volle Transparenz: Anhang & Co.

> *Liquidität ist wie die Luft zum Atmen*
>
> Die Liquidität ist die Fähigkeit Ihres Unternehmens, fälligen Zahlungsverpflichtungen jederzeit und uneingeschränkt nachkommen zu können, ohne den Geschäftsbetrieb zu beeinträchtigen. Aus den klassischen Jahresabschlussbestandteilen Bilanz und GuV ist diese Information kaum ersichtlich.
>
> Da die Zahlungsunfähigkeit Ihres Unternehmens zur Eröffnung eines Insolvenzverfahrens führen kann, was natürlich auch weitreichende Folgen für Sie und viele Ihrer Bilanzleser hätte, erkennen Sie die Bedeutung der Kapitalflussrechnung.

Mit dem BilMoG wurde in Deutschland die Kapitalflussrechnung als Pflichtbestandteil für Einzel- und Konzernabschlüsse kapitalmarktorientierter Unternehmen auch nach HGB erklärt. Bisher war die Aufstellung einer Kapitalflussrechnung auf den Konzernabschluss solcher Unternehmen beschränkt.

Die drei Flüsse: Operativ, investiv und finanziell

Ihre Kapitalflussrechnung (englisch »Cash Flow Statement«) muss den Zahlungsmittelbestand am Anfang und am Ende des Geschäftsjahres enthalten sowie alle Zahlungsmittelzuflüsse und -abflüsse, das heißt alle Einzahlungen und Auszahlungen während des Geschäftsjahres. Sie müssen diese Zahlungsflüsse in drei Kategorien unterteilen:

- ✔ **Kapitalfluss aus der betrieblichen Tätigkeit (operativ):** Dieser Bereich enthält alle Ihre Einzahlungen und Auszahlungen aus der laufenden Geschäftstätigkeit. Er signalisiert, inwieweit es Ihrem Unternehmen gelingt, aus seiner eigentlichen Geschäftstätigkeit Liquidität zu erwirtschaften.

- ✔ **Kapitalfluss aus der Investitionstätigkeit (investiv):** Er beinhaltet alle Einzahlungen und Auszahlungen aus der Investitionstätigkeit des Unternehmen einschließlich den dazugehörigen Desinvestitionen. Das Volumen hier ist ein Signal dafür, in welchem Umfang Sie Geld einsetzen, um zukünftig Erträge zu erwirtschaften.

- ✔ **Kapitalfluss aus der Finanzierungstätigkeit (finanziell):** Der Kapitalfluss aus der Finanzierungstätigkeit enthält beispielsweise Einzahlungen aus der Ausgabe von Anteilen, Dividendenauszahlungen sowie Ein- und Auszahlungen aus Kreditaufnahmen und -tilgungen. Hieraus ergeben sich wichtige Informationen über Ihre Außenfinanzierungsaktivitäten sowie zukünftige Liquiditätsabflüsse an Kreditgeber.

In Tabelle 13.9 zeigen wir Ihnen einige typische Geschäftsvorfälle, die zu einer Veränderung des Zahlungsmittelbestands führen und in welchen Bereich der Kapitalflussrechnung diese fallen.

Geschäftsvorfall	Bereich
Einzahlung aus dem Verkauf einer hergestellten Maschine	operativ
Auszahlung aus der Bezahlung von Fertigungsmaterial	operativ
Bezahlung der Stromrechnung	operativ
Bezahlung einer gekauften Maschine für Ihre Produktion	investiv
Einzahlung aus dem Verkauf einer nicht mehr genutzten Produktionsanlage	investiv
Einzahlung aus Zinsen auf eine Festgeldanlage	investiv
Einzahlung aus der Aufnahme eines Bankdarlehens	finanziell
Auszahlung aus der Tilgung eines Bankdarlehens	finanziell
Auszahlung aus der Bezahlung von Darlehenszinsen	finanziell
Einzahlung aus einer Kapitalerhöhung	finanziell

Tabelle 13.9: Geschäftsvorfälle mit Auswirkungen auf die Kapitalflussrechnung

Seltsame Typen: Direkt versus indirekt

Bei der Erstellung der Kapitalflussrechnung sind prinzipiell zwei Typen zu unterscheiden:

✔ die direkte Methode

✔ die indirekte Methode

Bei der *direkten Methode* ordnen Sie jeden einzelnen Zahlungsmittelzufluss und -abfluss einem der drei Bereiche zu. Dazu müssen Sie in Ihrer Buchhaltung jeden einzelnen Geschäftsvorfall nicht nur zeitlich und sachlich, sondern auch nach Zahlungswirksamkeit unterscheiden. Da in Ihrem Rechnungswesen die Verbuchung wahrscheinlich weniger nach Zahlungsmittelflüssen als nach Aufwendungen und Erträgen erfolgt, ist die Anwendung der direkten Methode in der Regel mit sehr hohem Aufwand verbunden.

> Die Ermittlung der Kapitalflussrechnung nach der indirekten Methode ist für die meisten Unternehmen einfacher und mit weniger Aufwand verbunden als die Ermittlung nach der direkten Methode!

Die direkte Kapitalflussrechnung können Sie beispielsweise nach dem in Tabelle 13.10 gezeigten Schema gliedern.

Bei der *indirekten Methode* starten Sie mit dem Jahresüberschuss beziehungsweise Jahresfehlbetrag und korrigieren diesen um alle Aufwendungen und Erträge, die im zurückliegenden Geschäftsjahr nicht zahlungswirksam waren. Aufwendungen, die nicht zu Zahlungen geführt haben, werden hinzugerechnet, während zahlungsungleiche Erträge abgezogen werden.

Schauen wir uns kurz zwei Beispiele an:

✔ Abschreibungen führen zwar im Geschäftsjahr zu einem Aufwand, der Zahlungsmittelabfluss hat aber irgendwann zum Zeitpunkt der Investition stattgefunden.

	+/−	Ein-/Auszahlungen von/an Kunden
	+/−	Ein-/Auszahlungen von/an Lieferanten und Mitarbeiter
	+/−	Erstattungen/Zahlungen von Ertragsteuern
	+/−	Sonstige Zahlungen
+	=	**Kapitalfluss aus der betrieblichen Tätigkeit**
	−	Auszahlungen für Investitionen in Anlagevermögen
	+	Einzahlungen aus Abgängen von Anlagevermögen (Desinvestitionen)
	+	Zins-/Dividendeneinnahmen
+	=	**Kapitalfluss aus der Investitionstätigkeit**
	+/−	Aufnahme/Rückzahlung von Darlehen
	−	Zinszahlungen
	+/−	Eigenkapitalerhöhung/-herabsetzung
	−	Dividendenzahlungen
+	=	**Kapitalfluss aus der Finanzierungstätigkeit**

= **Gesamtkapitalfluss (Veränderung der Zahlungsmittel während der Periode)**

Tabelle 13.10: Kapitalflussrechnung nach der direkten Methode

✔ Die Auflösung einer Rückstellung führt im Geschäftsjahr zu einem Ertrag, aber keinem entsprechenden Zahlungsmittelzufluss.

Anschließend müssen Sie noch Sachverhalte vom betrieblichen in die anderen Bereiche umgliedern, um den *Kapitalfluss aus betrieblicher Tätigkeit* zu erhalten. Dabei handelt es sich typischerweise um folgende Umgliederungssachverhalte:

✔ Erhaltene und gezahlte Zinsen und Dividenden müssen Sie konstant einem der drei Bereiche (operativ, investiv oder finanziell) zuordnen. Sofern bei Ihnen keine Zuordnung zum operativen Bereich erfolgt, müssen Sie eine entsprechende Umgliederung vornehmen.

✔ Da im IFRS-Anhang Angaben zu den Steuerzahlungen notwendig sind, können Sie diese hier sehr schön zeigen, sofern mit dem Jahresüberschuss/-fehlbetrag vor Steuern gestartet sind.

Die Erstellung des *Kapitalflusses aus Investitionstätigkeit* sollte sich für Sie eher unproblematisch gestalten. Typischerweise finden sich in Ihrer Anlagenbuchführung alle Zahlungen zu den Zugängen und Abgängen des Anlagevermögens. Zusätzlich sind dann nur noch etwaige Umgliederungen aufgrund von Finanzerträgen aus Zins- oder Dividendenzahlungen zu berücksichtigen.

Der *Kapitalfluss aus Finanzierungstätigkeit* ist aufgrund der meist wenigen, aber hohen Volumina ebenfalls relativ schnell ermittelt. Typische Beispiele sind hier:

✔ Zuflüsse aus der Ausgabe von Aktien

✔ Zuflüsse aus langfristigen Darlehen

✔ Abflüsse aus gezahlten Dividenden

Die indirekte Kapitalflussrechnung können Sie beispielsweise nach dem in Tabelle 13.11 gezeigten Schema erstellen.

	Jahresüberschuss / Jahresfehlbetrag
+/−	Abschreibungen/Zuschreibungen
+/−	Veränderungen der Rückstellungen
+/−	Veränderungen der Forderungen
+/−	Veränderungen der Vorräte
+/−	Veränderungen der Verbindlichkeiten
+/−	Sonstige Veränderungen
+ =	**Kapitalfluss aus der betrieblichen Tätigkeit**
−	Auszahlungen für Investitionen in Anlagevermögen
+	Einzahlungen aus Abgängen von Anlagevermögen (Desinvestitionen)
+	Zins-/Dividendeneinnahmen
+ =	**Kapitalfluss aus der Investitionstätigkeit**
+/−	Aufnahme/Rückzahlung von Darlehen
−	Zinszahlungen
+/−	Eigenkapitalerhöhung/-herabsetzung
−	Dividendenzahlungen
+ =	**Kapitalfluss aus der Finanzierungstätigkeit**
= Gesamtkapitalfluss (Veränderung der Zahlungsmittel während der Periode)	

Tabelle 13.11: Kapitalflussrechnung nach der indirekten Methode

Unabhängig davon, ob Sie Ihre Kapitalflussrechnung nach der direkten oder nach der indirekten Methode erstellen; die Ermittlung des Kapitalfluss aus der Investitionstätigkeit und der Finanzierungstätigkeit ist in beiden Fällen identisch.

Grundsätzlich können Sie die Kapitalflussrechnung nach der indirekten oder der direkten Methode ermitteln. Die beiden Methoden unterscheiden sich formal nur in der Ermittlung des Kapitalflusses aus der betrieblichen Tätigkeit! Allerdings hat die direkte Methode durch die detaillierte Vorgehensweise einen sehr hohen Informationsgehalt.

Zusatzinformationen

Ergänzend zur eigentlichen Kapitalflussrechnung müssen Sie den Lesern Ihres Abschlusses noch einige Zusatzinformationen liefern, auf die wir allerdings nur kurz eingehen wollen:

✔ Investitions- und Finanzierungstransaktionen, die nicht zahlungswirksam waren und damit auch nicht in die Kapitalflussrechnung eingehen, sollten Sie erläutern.

   Stellen Sie sich beispielsweise vor, Sie haben im Geschäftsjahr eine Beteiligung durch Ausgabe von Aktien erworben. Da ein solcher Vorgang nicht zahlungswirksam ist, erscheint er nicht in der Kapitalflussrechnung, ist aber in jedem Fall angabepflichtig.

✔ Sie müssen an geeigneter Stelle im IFRS-Abschluss die Zusammensetzung des Zahlungsmittelbestands erläutern, den Sie mit der Kapitalflussrechnung beschreiben. Falls er sich nicht aus der Bilanz ergibt, ist hierfür eine Überleitungsrechnung zu erstellen.

   Mehraufwand ist überflüssig! Sofern der Bestand an Zahlungsmitteln in der Kapitalflussrechnung exakt den Zahlungsmitteln und Zahlungsmitteläquivalenten entspricht, die Sie auch in der Bilanz zeigen, können Sie im Anhang einen entsprechenden Vermerk machen (zum Beispiel »Die Zahlungsmittel und Zahlungsmitteläquivalente entsprechen dem Zahlungsmittelbestand der Kapitalflussrechnung.«) und sich eine umfassende Überleitungsrechnung sparen!

✔ Sie müssen den Betrag wesentlicher Zahlungsmittel und Zahlungsmitteläquivalente angeben, die von Ihrem Unternehmen gehalten werden, über die Sie aber nicht verfügen können.

Schön gegliedert: Eigenkapitalveränderungsrechnung

Der letzte Pflichtbestandteil Ihres IFRS-Abschlusses ist die Eigenkapitalveränderungsrechnung. Mit deren Hilfe sollen Sie zeigen, wie sich das Eigenkapital Ihres Unternehmens und jede einzelne Komponente davon entwickelt haben. Der Bilanzleser wird so informiert, wodurch das Eigenkapital, also das Reinvermögen Ihres Unternehmens, zu- oder auch abgenommen hat. Auf die Entwicklung des Eigenkapitals wird ebenfalls ein besonderes Augenmerk gelegt, denn das ist es, was Ihr Unternehmen tatsächlich sein »Eigen« nennen kann.

Geldquellen: Veränderungen im Eigenkapital

Das Eigenkapital Ihres Unternehmens kann durch zwei unterschiedliche Arten vermehrt oder vermindert werden:

✔ **Transaktionen mit Anteilseignern:** Solche Transaktionen können zum Beispiel Barkapitalerhöhungen oder Ausschüttungen sein.

✔ **Gesamtergebnis:** Das Gesamtergebnis ist die Summe aus dem Periodenergebnis (= realisierter Gewinn oder Verlust), das Ihr Unternehmen im vergangenen Geschäftsjahr erwirtschaftet hat, und dem sonstigen, nicht in der Gewinn-und-Verlust-Rechnung erfassten Ergebnis (= unrealisierter Gewinn oder Verlust). Unrealisierte, das heißt erfolgsneutrale Gewinne oder Verluste können sich insbesondere aus folgenden Sachverhalten ergeben:

1. Neubewertung von Sachanlagen nach IAS 16
2. Fair-Value-Bewertung von Available-for-Sale-Finanzinstrumenten nach IAS 39
3. effektiver Teil der Fair-Value-Änderungen eines im Rahmen eines Cash Flow Hedges oder eines »Hedge of a Net Investment« eingesetzten Sicherungsinstruments
4. erfolgsneutral erfasste versicherungsmathematische Gewinne beziehungsweise Verluste aus der Bewertung der Pensionsverpflichtung nach IAS 19
5. erfolgsneutral erfasste Währungsumrechnungsgewinne/-verluste aus der Umrechnung von Abschlüssen ausländischer Konzerngesellschaften

Wenn Sie die Entwicklungen, die im Eigenkapital stattgefunden haben, darstellen möchten, müssen Sie sich aufgrund des geänderten IAS 1 (Sie erinnern sich vielleicht noch an unsere Ausführungen dazu in Kapitel 4) seit dem 1. Januar 2009 zweier unterschiedlicher Elemente bedienen:

✔ **Gesamtergebnisrechnung (*statement of comprehensive income*):** Wie in Kapitel 4 beschrieben, haben Sie hier zwei Möglichkeiten zur Darstellung:

Nach dem *One-Statement Approach* schlüsseln Sie in der Gesamtergebnisrechnung zusätzlich zu Ihrem eigentlichen Periodenergebnis auch das nicht in der Gewinn-und-Verlust-Rechnung enthaltene erfolgsneutrale Ergebnis (*other comprehensive income*) auf.

Alternativ können Sie im *Two-Statement Approach* auch wie gewohnt eine Gewinn-und-Verlust-Rechnung erstellen und in einem separaten Rechenwerk Ihre erfolgsneutralen Aufwendungen und Erträge aufgliedern. Sie haben die Qual der Wahl!

✔ **Eigenkapitalveränderungsrechnung (*statement of changes in equity*):** In diesem sogenannten Eigenkapitalspiegel schlüsseln Sie die Transaktionen mit Ihren Eigentümern (Gesellschaftern) auf. Das Gesamtergebnis Ihres Unternehmens übernehmen Sie aus der Gesamtergebnisrechnung und stellen es nur als eine einzige Summe im Eigenkapitalspiegel dar.

Abbildung 13.3 verdeutlicht diese Zusammenhänge.

Immer das Dollarzeichen im Auge: Darstellung der Eigenkapitalveränderungsrechnung

Stellen Sie die Eigenkapitalveränderungsrechnung in einer Tabelle dar, in der die gesamte Veränderung des Eigenkapitals erläutert wird. Dabei müssen Sie gemäß IAS 1.106 auf die folgenden Veränderungen eingehen:

✔ das Gesamtergebnis der Periode (*total comprehensive income*), wobei Sie die auf das Mutterunternehmen und die auf die Minderheitsgesellschafter entfallenden Anteile gesondert ausweisen müssen

✔ für jeden Eigenkapitalbestandteil die Auswirkungen von Änderungen der Bilanzierungs-, Bewertungs- und Ausweismethode und der Fehlerkorrektur gemäß IAS 8

✔ Transaktionen mit Anteilseignern in ihrer Eigenschaft als Anteilseigner, wobei Sie die Einlagen durch und die Dividenden/Entnahmen an Anteilseigner gesondert ausweisen müssen

13 ▶ Volle Transparenz: Anhang & Co.

Summe der Eigenkapitalveränderungen

- Transaktionen mit Eigentümern → Eigenkapitalveränderungsrechnung
- Nicht-Transaktionen mit Eigentümern
  - one-statement approach → Gesamtergebnisrechnung:
    + Erfolgswirksame Erträge und Aufwendungen
    + Erfolgsneutrale Erträge und Aufwendungen
    = Comprehensive Income
  - two-statement approach → Zwei separate Rechnungen:
    1) Gewinn-und-Verlust-Rechnung
    2) Statement of Comprehensive Income
       + Periodenergebnis
       + erfolgsneutrale Erträge und Aufwendungen
       = Comprehensive Income

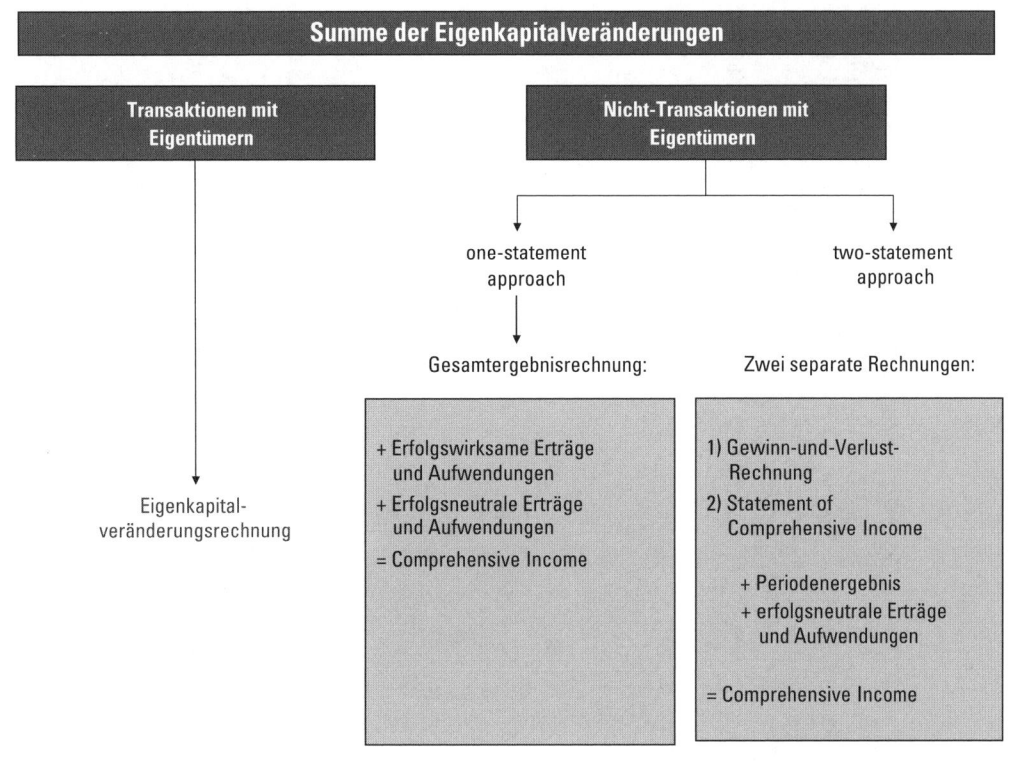

Abbildung 13.3: Arten und Darstellung von Eigenkapitalveränderungen

✔ für jede Kategorie des Eigenkapitals eine Überleitung der Buchwerte zu Beginn und Ende der Periode und Angabe der jeweiligen Veränderungen im Berichtsjahr

Unter Berücksichtigung dieser Anforderungen ergibt sich für Sie die in Tabelle 13.12 aufgelistete Struktur der Überleitungsrechnung.

	Eigenkapital zu Beginn der Berichtsperiode
+/−	Effekte aus retrospektiver Änderung der Bilanzierungsmethode
+/−	Effekte aus retrospektiver Korrektur von Bilanzierungsfehlern
=	**Angepasstes Eigenkapital zu Beginn der Berichtsperiode**
+/−	Gesamtergebnis
+	Einzahlungen von Gesellschaftern (Kapitalerhöhung)
−	Auszahlungen an Gesellschafter (Dividenden, Kapitalherabsetzungen, Erwerb eigener Anteile)
=	**Eigenkapital am Ende der Berichtsperiode**

Tabelle 13.12: Überleitung des Eigenkapitals im Geschäftsjahr

in T EURO	Gezeichnetes Kapital	Kapitalrücklage	Bilanzgewinn	Rücklage für Währungsumrechnung	Rücklage für Fair-Value-Bewertung von AfS-Finanzinstrumenten	Eigenkapital der Gesellschafter des Mutterunternehmens	Anteile Minderheitsgesellschafter am Eigenkapital	Gesamtsumme des Eigenkapitals
Eigenkapital am 01.01.2009	10.000	35.000	6.799	-894	1.299	52.204	8.701	60.905
Effekte aus retrospektiver Änderung der Bilanzierungsmethode	–	–	260	–	–	260	87	347
Angepasstes Eigenkapital zum 01.01.2009	10.000	35.000	7.059	-894	1.299	52.464	8.788	61.252
Gesamtergebnis			2.892	79	455	3.426	1.468	4.894
Kapitalerhöhung gegen Bareinlage	5.000	15.000	–	–	–	20.000	–	20.000
Kosten der Kapitalaufnahme	–	-1.266	–	–	–	-1.266	–	-1.266
Dividenden	–	–	-2.000	–	–	-2.000	–	-2.000
Zuführung aus Aktienoptionsprogramm	–	588	–	–	–	588	–	588
Eigenkapital am 31.12.2010	15.000	49.322	7.951	-815	1.754	73.212	10.256	83.468

Tabelle 13.13: Beispiel Eigenkapitalveränderungsrechnung

Diese Struktur können Sie nun jeder einzelnen Kategorie des Eigenkapitals zugrunde legen. Dabei müssen Sie pro Kategorie eine separate Spalte in Ihrem Eigenkapitalspiegel einbauen. Gehen Sie am besten so vor:

- ✔ Ergänzen Sie die obige Überleitungsstruktur um Spalten für jede Kategorie des Eigenkapitals, also zum Beispiel das gezeichnete Kapital, die Kapitalrücklage, den Bilanzgewinn, die Rücklage für Währungsumrechnung und die Rücklage für Neubewertungen.
- ✔ Als letzte Spalte fügen Sie eine Summenspalte »Summe des Eigenkapitals« ein.
- ✔ In der Konzernbilanz stellt auch der Minderheitenanteil eine Eigenkapitalkomponente dar, die Sie separat ausweisen müssen. Fügen Sie in diesem Fall vor »Summe des Eigenkapitals« noch eine Spalte »Eigenkapital der Gesellschafter des Mutterunternehmens« als Zwischensumme und eine Spalte »Anteile Minderheitsgesellschafter am Eigenkapital« ein.

... und fertig ist Ihr Eigenkapitalspiegel! Er sollte nun wie in Tabelle 13.13 aussehen.

Am Kapitalmarkt: Vorschriften für börsennotierte Unternehmen

In diesem Kapitel

▶ Berichtspflichtige Segmente innerhalb Ihres Unternehmens identifizieren und offenlegen

▶ Ergebnis je Aktie berechnen und ausweisen

▶ Regelmäßige Zwischenberichte erstellen

Bei der IFRS-Umstellung ist es wie im richtigen Leben: Das eine Unternehmen trifft es härter, das andere weniger hart. Kapitalmarktorientierte Unternehmen gehören dabei eher zur leidgeplagten Sorte, denn für Unternehmen, die Eigen- oder Fremdkapitalinstrumente an einem öffentlichen Markt handeln oder sich im Stadium der Börseneinführung (*in the process of issuing*) befinden, gelten zusätzliche IFRS-Vorschriften.

Keine Angst! Der Prozess der Börseneinführung beginnt nicht bereits, wenn Ihr Management mit ersten unternehmensinternen Plänen, Beschlüssen oder vorbereitenden Handlungen beginnt. Entscheidend ist, wann Sie den Antrag auf Zulassung zum öffentlichen Handel stellen. Dies gilt auch dann, wenn Sie Ihren Zulassungsantrag nach dem Bilanzstichtag, aber noch vor der Freigabe des Abschlusses zur Veröffentlichung einreichen.

Ein Thema zieht sich wie ein roter Faden durch die IFRS: *Investorenorientierung*. Sind Sie kapitalmarktorientiert, müssen Sie Ihren Investoren noch mehr Daten und Informationen bereitstellen, als dies für nicht kapitalmarktorientierte Unternehmen der Fall ist. Selbstverständlich können Sie diese zusätzlichen IFRS-Regelungen aber auch freiwillig anwenden.

Wenn Sie aber gar nicht daran denken, Ihre Investoren durch freiwillige Informationen (noch) glücklicher zu machen, dürfen Sie sofort zum nächsten Kapitel »springen«. Für alle anderen, oder falls Sie von IFRS gar nicht genug bekommen und ganz interessiert auf die nächste Ladung warten, haben wir das vorliegende Kapitel erstellt.

Die Sicht des Managements: Segmentberichterstattung

Stellen Sie sich ein innovatives Softwareunternehmen vor, das mit individuellen Softwarelösungen überzeugen möchte. Zwei der entwickelten Softwareprogramme werden bereits vertrieben. Sie sehen sich nun als interessierter Bilanzleser das Periodenergebnis dieses Unternehmens an und stellen fest, dass der Jahresabschluss einen Verlust zeigt. Doch wie ist die Ertragssituation tatsächlich zu bewerten? Auf den ersten Blick werden Sie vielleicht denken, dass die Softwarelösungen doch nicht so erfolgreich sein können. Aber kann man dies anhand des Gesamtergebnisses überhaupt festmachen? Eine tiefer gehende Analyse könnte hier Klarheit verschaffen:

✔ Was hat zum Verlust geführt?

✔ Wie erfolgreich ist das Unternehmen mit seinen Softwarelösungen?

✔ Was sind die Stärken und Schwächen des Unternehmens?

✔ Wie verhält es sich mit den Chancen und Risiken beziehungsweise wie ist das wirtschaftliche Umfeld zu bewerten?

Solche tiefer gehenden Fragen können Sie beispielsweise mithilfe der Segmentberichterstattung klären. So werden Sie nach einem Blick in den Segmentbericht vielleicht feststellen, dass die beiden oben genannten Softwarelösungen durchaus ein positives Ergebnis erwirtschaftet haben. Allerdings sind hohe Forschungs- und Entwicklungskosten für zwei neue Projekte angefallen, deren zukünftiger wirtschaftlicher Nutzen im Moment noch unsicher ist.

Die einschlägigen Vorschriften zur Segmentberichterstattung finden Sie in IFRS 8 »Operative Segmente«.

IFRS 8 »Operative Segmente« wurde am 30. November 2006 vom IASB veröffentlicht. Sie müssen diesen Standard für alle Geschäftsjahre, die am oder nach dem 1. Januar 2009 beginnen, zwingend anwenden. Aber keine Sorge: Der bis zu diesem Zeitpunkt gültige IAS 14 »Segmentberichterstattung« wird damit hinfällig. Denn das wäre ja noch schöner, wenn Sie plötzlich zwei Standards zum gleichen Thema berücksichtigen müssten!

Das IASB und das FASB haben den IFRS 8 im Zuge ihrer Konvergenzbemühungen erarbeitet. Deshalb spiegeln sich nun die Regelungen des US-GAAP Codification Topic 280 »Segment Reporting« weitestgehend im IFRS 8 wider.

Sie müssen die Vorschriften des IFRS 8 auf den gesonderten Abschluss oder Einzelabschluss eines kapitalmarktorientierten Unternehmens sowie auf den konsolidierten Abschluss einer Gruppe mit seinem kapitalmarktorientierten Mutterunternehmen anwenden.

Mehraufwand ist überflüssig! Enthält ein Geschäftsbericht sowohl den konsolidierten Abschluss des Mutterunternehmens, das zur Erstellung eines Segmentberichts nach IFRS 8 verpflichtet ist, als auch den gesonderten Einzelabschluss des Mutterunternehmens, brauchen Sie sich keine doppelte Arbeit zu machen. Sie müssen die Segmentinformationen dann lediglich im Konzernabschluss angeben!

Segmentabgrenzung

Die Segmentabgrenzung nach IFRS richtet sich einzig nach dem sogenannten *Management Approach*. Dies bedeutet, dass Sie für die Segmenteinteilung genau die Organisations- und Managementstruktur zugrunde legen sollen, die auch für das interne Management-Reporting verwendet wird.

14 ➤ Am Kapitalmarkt: Vorschriften für börsennotierte Unternehmen

Lassen Sie sich von Ihrer Controlling-Abteilung über das interne Reporting informieren! Hier erhalten Sie die Daten und Auswertungen, die regelmäßig zur internen Planung und Steuerung an das Management berichtet werden. Alternativ können Sie auch direkt einen Blick in die Vorlagen und Protokolle von Sitzungen der Unternehmensleitung oder des Aufsichtsrats werfen.

Durch diesen Ansatz erhalten Investoren und interessierte Bilanzleser tatsächlich entscheidungsrelevante Informationen, genau genommen die gleichen Informationen, die auch vom Management zur Entscheidungsfindung im operativen Bereich herangezogen werden. Sie setzen sich somit also die »Brille des Managements« auf.

Je nach Unternehmen bietet sich eine Segmentierung nach unterschiedlichen Kriterien an. Vielleicht ist in Ihrem Unternehmen eine Aufteilung nach Regionen erforderlich, während ein vergleichbares Unternehmen, das bei Ihnen »um die Ecke« ansässig ist, eine Segmentierung nach Produktbereichen erstellt.

Sogar »Ein-Segment-Unternehmen« sind nach IFRS 8 in gewissem Umfang zur Offenlegung segmentierter Daten verpflichtet!

Nach IFRS 8 sollten Sie bei der Ermittlung der berichtspflichtigen Segmente im Wesentlichen drei Schritte beachten, die Sie Abbildung 14.1 entnehmen können:

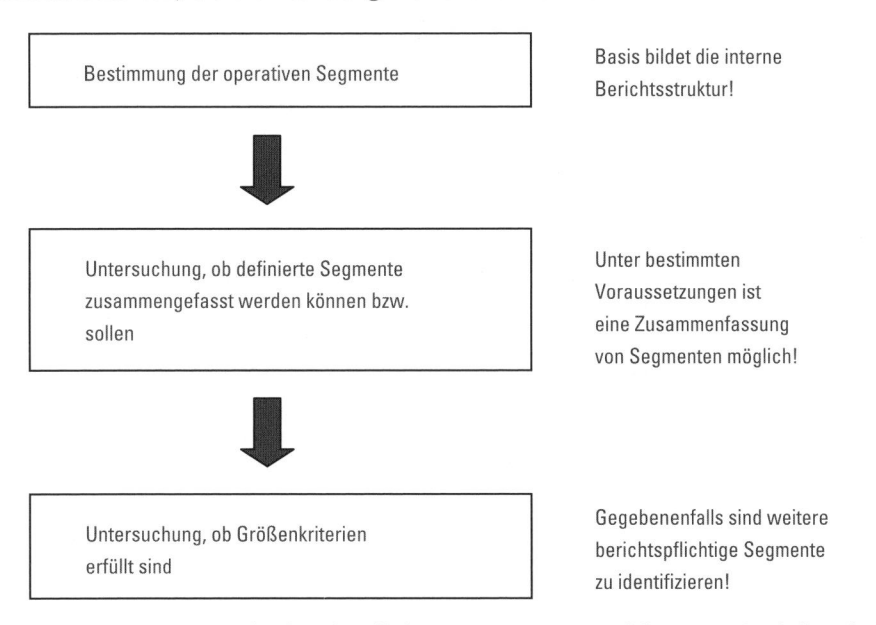

Bestimmung der operativen Segmente	Basis bildet die interne Berichtsstruktur!
Untersuchung, ob definierte Segmente zusammengefasst werden können bzw. sollen	Unter bestimmten Voraussetzungen ist eine Zusammenfassung von Segmenten möglich!
Untersuchung, ob Größenkriterien erfüllt sind	Gegebenenfalls sind weitere berichtspflichtige Segmente zu identifizieren!

Abbildung 14.1: Bestimmung der berichtspflichtigen Segmente: »Welche Segmente habe ich denn überhaupt?«

Lassen Sie uns diese drei Schritte nun etwas genauer betrachten.

Schritt 1: Bestimmung der operativen Segmente

IFRS 8.5 definiert ein operatives Segment als eine Teilaktivität Ihres Unternehmens, die alle nachfolgenden Kriterien erfüllt:

1. Mit dem operativen Geschäft dieser »Teilaktivität« erzielen Sie Erträge oder es fallen Aufwendungen an. Dabei müssen Sie auch diejenigen Erträge und Aufwendungen berücksichtigen, die innerhalb Ihres Konzerns anfallen, also zum Beispiel wenn Ihr Mutterunternehmen Waren an eines der Tochterunternehmen verkauft oder Materialkosten weiterberechnet werden.

2. Der *Hauptentscheidungsträger* Ihres Unternehmens erhält regelmäßig von seinem Controller interne Berichte über das Periodenergebnis. Anhand dieser entscheidet er, wie Ressourcen (zum Beispiel Geld, Personal) verteilt werden und überprüft die langfristige Fähigkeit, mit dieser Teilaktivität Gewinne zu erzielen.

3. Ihnen liegt ein einschlägiges Finanzzahlenmaterial über die Teilaktivität vor, zum Beispiel wiederum aus Auswertungen Ihrer Controlling-Abteilung.

Ein operatives Segment kann auch Geschäftstätigkeiten ausüben, für das es bislang noch keine Erträge erwirtschaftet! Dies kann zum Beispiel der Fall sein, wenn Ihr Unternehmen oder bestimmte Unternehmensbereiche in der Gründungsphase sind.

Nicht jeder Teil eines Unternehmens ist zwingend ein operatives Segment oder Teil eines operativen Segments. Einige zentrale Abteilungen der Konzernzentrale wie zum Beispiel der »Investor Relations«-Bereich, der den Kontakt zu Ihren Aktionären beziehungsweise Investoren, Analysten und Finanzmedien pflegt, erwirtschaften überhaupt keine Erträge oder aber Erträge, die nur gelegentlich für die Tätigkeiten des Unternehmens anfallen. In diesem Fall wären sie keine operativen Segmente.

Mit dem Begriff *Hauptentscheidungsträger* (englisch *chief operating decision maker*) meint der IFRS 8 nicht notwendigerweise einen Manager mit einer bestimmten Bezeichnung. Wichtig ist, wer in Ihrem Unternehmen letztlich entscheidet, wie Geld, Personal etc. eingesetzt werden und wer die Ergebnisse des Segments überprüft und bewertet. Häufig handelt es sich hierbei um den Vorsitzenden des Geschäftsführungsorgans oder um seinen »Chief Operating Officer«. Bei einem börsennotierten Unternehmen wird dies in der Regel der Vorstand beziehungsweise der Vorstandsvorsitzende sein. Allerdings kann es sich dabei zum Beispiel auch um eine Gruppe geschäftsführender Direktoren handeln.

Ganz ohne Schnörkel: Einheitliche Segmentierung

Eine einheitliche Segmentierung liegt dann vor, wenn die Aufteilung auf der gleichen organisatorischen Struktur basiert, das heißt wenn Ihre Berichterstattung einheitlich nach Regionen, einheitlich nach Produktgruppen oder einheitlich nach Kundengruppen erfolgt.

Nehmen wir einmal an, Sie arbeiten bei der IT Expert AG, die Computer und IT-Zubehör vertreibt. Ihre Vorstände, die beiden Herren Müller und Maier, überwachen die Geschäftsentwicklung beziehungsweise treffen Entscheidungen über die Ressourcenverteilung im Un-

14 ▶ Am Kapitalmarkt: Vorschriften für börsennotierte Unternehmen

ternehmen anhand der überwachten Kundengruppen »Private Kunden« und »Gewerbliche Kunden«.

Gemäß IFRS 8 sollen Sie die Segmentabgrenzung basierend auf dem sogenannten *Management Approach* vornehmen. Die interne Berichterstattung der IT Expert AG an Herrn Müller und Herrn Maier zur Unternehmenssteuerung erfolgt auf Basis von Kundengruppen. Daher klassifizieren Sie auch im Rahmen der externen Berichterstattung die zwei operativen Segmente »Privatkunden« und »Gewerbliche Kunden«.

Mixed: Gemischte Segmentierung

Die interne Berichtsstruktur muss nicht zwingend einheitlich ausgestaltet werden. Bei einer *gemischten Segmentierung* sollten Sie trotzdem genau diese Art der Segmentierung für die externe Berichterstattung übernehmen.

Tun wir einmal so, als ob Sie bei der Feinschliff AG angestellt sind. Die Feinschliff AG stellt vier verschiedene Maschinen für die Metallverarbeitung her. Die Produktion der Maschinen »Alpha« und »Beta« erfolgt in Deutschland, während die Maschinen »Gamma« und »Delta« in Italien hergestellt werden. Die interne Steuerung erfolgt für Deutschland auf Basis der Maschinen »Alpha« und »Beta«. Für die Region Italien überwacht und steuert Ihr Vorstand die Geschäfte im Gesamten und unterteilt hierbei nicht mehr in die Maschinen »Gamma« und »Delta«.

Die Feinschliff AG verfügt gemäß den Regelungen der IFRS 8 über drei operative Segmente, wobei zwei Segmente nach Produkten und eines regional abgegrenzt werden. Sie identifizieren somit also die drei operativen Segmente »Maschine Alpha«, »Maschine Beta« sowie »Italien«.

Kreuz und quer: Matrixorganisation

In einem Unternehmen mit einer *Matrixorganisation* können einige Manager für unterschiedliche Produkt- und Dienstleistungslinien verantwortlich sein, während andere Manager für bestimmte geografische Bereiche zuständig sind. Wenn der Hauptentscheidungsträger die Betriebsergebnisse beider »Dimensionen« überprüft und auch für beide entsprechende Finanzinformationen verfügbar sind (die Kriterien für ein Segment wären damit für beide Dimensionen erfüllt), kann das Unternehmen selbst bestimmen, welche Segmentierung für die operativen Segmente gewählt werden sollte.

Weil es so schön war, setzen wir Sie wieder in unser Beispielkarussell und prompt finden Sie sich als Mitarbeiter der Auto AG, einem Hersteller von Pkw, Lkw, Motorrädern und Wohnmobilen, wieder. Die Auto AG ist intern mit der Matrixorganisation in Abbildung 14.2 aufgestellt.

Nehmen Sie an, die Definitionskriterien eines operativen Segments treffen auf beide Dimensionen (Produkte und Länder) zu. Die Segmentierungsrichtungen werden außerdem als gleichrangig eingestuft beziehungsweise von der Unternehmensleitung gleichrangig überprüft. Für alle Dimensionen liegen Finanzdaten vor.

Im Fall der Auto AG ist grundsätzlich sowohl eine Segmentabgrenzung nach Produkten als auch nach Ländern denkbar. Hier empfehlen wir Ihnen, sich mit den Leitern Ihres Unternehmens, Herrn Hinz und Herrn Kunz, abzustimmen. Die Herren Hinz und Kunz sollten festlegen, welche Segmentierung dem Grundsatz des IFRS 8, dem Adressaten entscheidungsrelevante Informationen zur Verfügung zu stellen, am ehesten entspricht.

Sie sehen also: Mit ein bisschen Übung und Anschauungsmaterial klappt es dann auch ganz leicht mit der Identifizierung der operativen Segmente Ihres (nicht bloß fiktiven) Unternehmens.

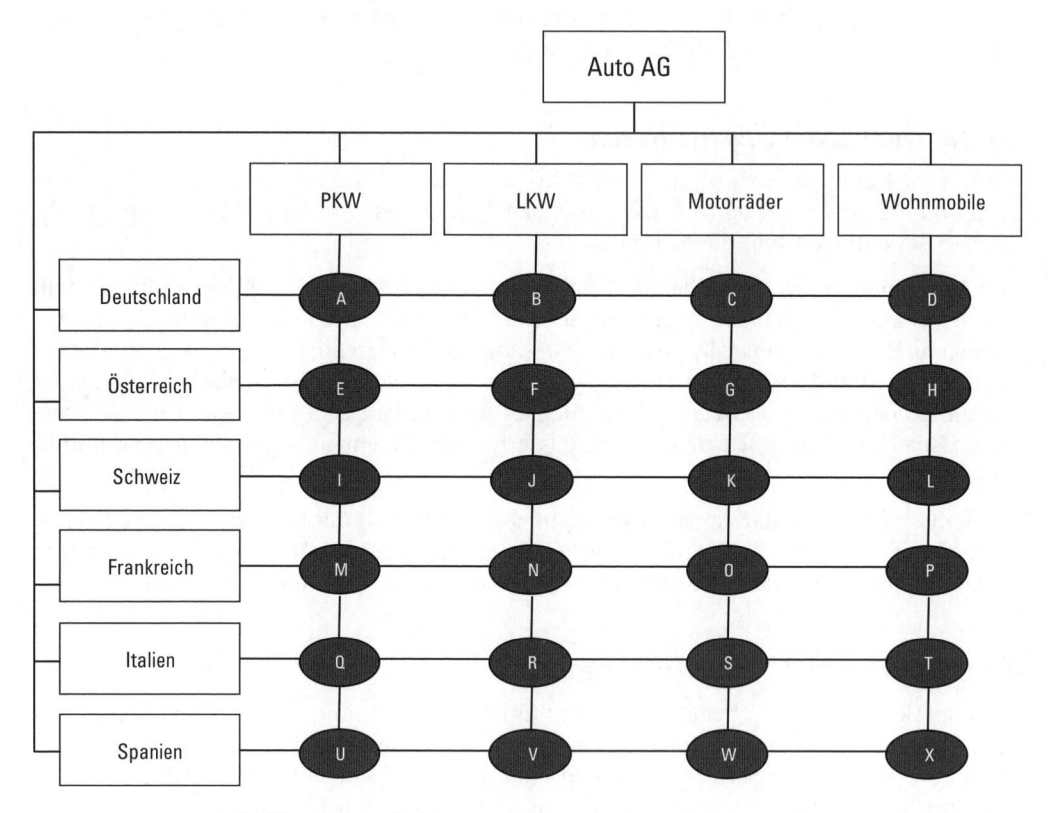

Abbildung 14.2: Matrixorganisation am Beispiel der Auto AG

Schritt 2: Zusammenfassung von operativen Segmenten

Der erste Schritt ist schon getan, also lassen Sie uns gleich den nächsten tun! Wie geht es weiter, nachdem Sie nun in mühsamen Analysen und internen Abstimmungen die Segmente Ihres Unternehmens identifiziert haben?

Gleich oder unterschiedlich: Homogenitätskriterien

Operative Segmente weisen oft ähnliche langfristige Ertragsentwicklungen auf, wenn sie einen ähnlichen wirtschaftlichen Charakter haben. Um das Kriterium der »ähnlichen wirtschaftlichen Charakteristika« bei Ihren operativen Segmenten zu prüfen, können Sie im Wesentlichen wie folgt vorgehen:

14 ▶ Am Kapitalmarkt: Vorschriften für börsennotierte Unternehmen

✔ Stellen Sie eine Kennzahlenanalyse an: Im IFRS 8 wird explizit auf die »langfristige Durchschnittsbruttogewinnspanne« abgestellt. Denkbar sind aber auch andere Kennzahlen wie zum Beispiel Umsatz- oder Renditeverhältnis, Umsatzentwicklungstrend, Eigenkapitalquote oder Cashflow aus operativer Geschäftstätigkeit.

✔ Vergleichen Sie Ihre Kennzahlenanalyse: Wenn sich die genannten Einflussgrößen in einer engen Bandbreite bewegen oder einen ähnlichen (Zukunfts-)Trend ausweisen, spricht dies für ähnliche wirtschaftliche Charaktere Ihrer Segmente. Gleiches gilt auch, wenn die Kennzahlen auf externe Einflüsse ähnlich reagieren.

✔ Bei der Beurteilung der Ähnlichkeit wirtschaftlicher Charakteristika sollten Sie generell eher auf die zukünftige Entwicklung der Faktoren als auf vergangenheitsbezogene Maßgrößen abstellen.

Wenn eine solche wirtschaftliche Vergleichbarkeit vorliegt und die Segmente in **allen** folgenden *Aggregationskriterien* übereinstimmen, können Sie zwei oder mehr intern dargestellte operative Segmente nach IFRS 8.12 zu einem einzigen operativen Segment zusammenfassen.

Aggregationskriterien sind:

✔ Ähnelt sich die Art Ihrer Produkte und Dienstleistungen?
✔ Wenden Sie ähnliche Produktionsprozesse innerhalb Ihres Produktsortiments an?
✔ Verkaufen Sie alle Ihre Produkte und Dienstleistungen an ähnliche Kunden beziehungsweise Kundengruppen?
✔ Vertreiben Sie Ihre Produkte oder Dienstleistungen alle nach ähnlichen Methoden?
✔ Sind Ähnlichkeiten in der Art des *gewöhnlichen Umfeldes* (wie die rechtlichen Rahmenbedingungen) zu erkennen (das ist beispielsweise im Bankwesen, bei Versicherungen oder öffentlichen Versorgungseinrichtungen oft der Fall)?

Es kann also durchaus vorkommen, dass Ihr internes Reporting mehrere Segmente separat ausweist, Sie jedoch in Ihrer externen Berichterstattung viel weniger operative Segmente offenlegen müssen oder sogar als »Ein-Segment-Unternehmen« dastehen.

Wir greifen am besten einfach wieder unser kleines Beispiel der IT Expert AG auf, für das wir bereits gemeinsam die operativen Segmente bestimmt haben. Wir hatten im ersten Schritt die beiden operativen Segmente »Privatkunden« und »Gewerbliche Kunden« identifiziert. Hinsichtlich der Aggregationskriterien sieht es hier wie folgt aus:

✔ **Produkte:** Für beide Kundengruppen werden die gleichen Produkte im Bereich IT Zubehör vertrieben.
✔ **Produktionsprozess:** nicht relevant
✔ **Kunden:** Die IT Expert AG weist unterschiedliche Kundengruppen mit unterschiedlichen Bedürfnissen auf.
✔ **Vertrieb:** Im Fall der gewerblichen Kunden nutzt das Unternehmen vorwiegend Vertriebspartner (indirekter Vertrieb), während das IT Equipment für Privatkunden in der Regel direkt (über Webshops oder Telefon) vertrieben wird.
✔ **Umfeld:** Die rechtlichen Anforderungen und das gewöhnliche Umfeld sind für beide Kundengruppen identisch.

Auch wenn das Management eine starke Ähnlichkeit bei den wirtschaftlichen Merkmalen identifiziert hat, ist eine Zusammenfassung der beiden operativen Segmente für die IT Expert AG nicht möglich. Die Kundengruppen und deren Bedürfnisse und die jeweiligen Vertriebsmethoden unterscheiden sich einfach zu sehr.

Aber bevor Sie sich nun vielleicht in Ihrem Unternehmen hocherfreut ans Zusammenfassen machen, sei Ihnen gesagt, dass Sie *nicht unbegrenzt* Segmente aggregieren dürfen, selbst wenn diese alle Merkmale und Kriterien erfüllen. Vor die Aggregation hat das IASB nämlich noch die Schwellenwerte gesetzt!

Grenzüberschreitend: Schwellenwerte

Auch wenn Sie Ihre wirtschaftlich vergleichbaren Segmente aufgrund der Aggregationskriterien zusammenfassen können, müssen Sie unter Umständen trotzdem gesonderte Informationen über ein operatives Segment vorlegen, wenn dieses mindestens einen von drei quantitativen Schwellenwerten erfüllt. Abbildung 14.3 zeigt Ihnen dieses »Prüfschema«.

Es geht hier inhaltlich darum, die betragsmäßige Wesentlichkeit der einzelnen Segmente für die Geschäftstätigkeit des Unternehmens zu bestimmen.

Bei den Segmenterlösen müssen Sie neben den Erlösen aus Verkäufen an externe Kunden auch Erlöse aus internen Verkäufen einbeziehen. Die nennt man *intersegmentäre Erlöse*.

Bei den intersegmentären Erlösen berücksichtigen Sie diejenigen Leistungsbeziehungen, bei denen der Leistungsempfänger außerhalb des eigenen operativen Segments, aber nicht außerhalb des Gesamtunternehmens/-konzerns angesiedelt ist.

Intersegmentäre Leistungsbeziehungen müssen Sie auch dann berücksichtigen, wenn es sich um Transaktionen mit anderen, nicht berichtspflichtigen operativen Segmenten handelt!

Sofern Sie auf Basis des oben dargestellten Prüfschemas mehrere operative Segmente, die unter die 10-Prozent-Grenze fallen, zusammenfassen, müssen Sie die Erlöse aus den intersegmentären Leistungsbeziehungen wieder eliminieren: Innenerlöse dürfen Sie insbesondere bei Schritt 3, der im nachfolgenden Abschnitt auf Sie wartet, nicht mehr einrechnen!

Die Wesentlichkeitsbestimmung sollten Sie für jede Berichtsperiode neu auf Basis der Daten der aktuellen Periode vornehmen! Denken Sie daran, dass Sie gegebenenfalls Daten der Vorperiode ermitteln müssen, wenn Sie in der aktuellen Berichtsperiode ein neues, berichtspflichtiges operatives Segment identifizieren.

Kommen wir an dieser Stelle wieder auf die Feinschliff AG zurück, für die wir im vorigen Beispiel bereits die drei operativen Segmente »Maschine Alpha«, »Maschine Beta« sowie »Italien« identifiziert hatten. Nehmen wir an, die Homogenitätskriterien zur Zusammenfassung der operativen Segmente sind allesamt erfüllt. Ist eine Zusammenfassung der Segmente tatsächlich möglich?

14 ▶ Am Kapitalmarkt: Vorschriften für börsennotierte Unternehmen

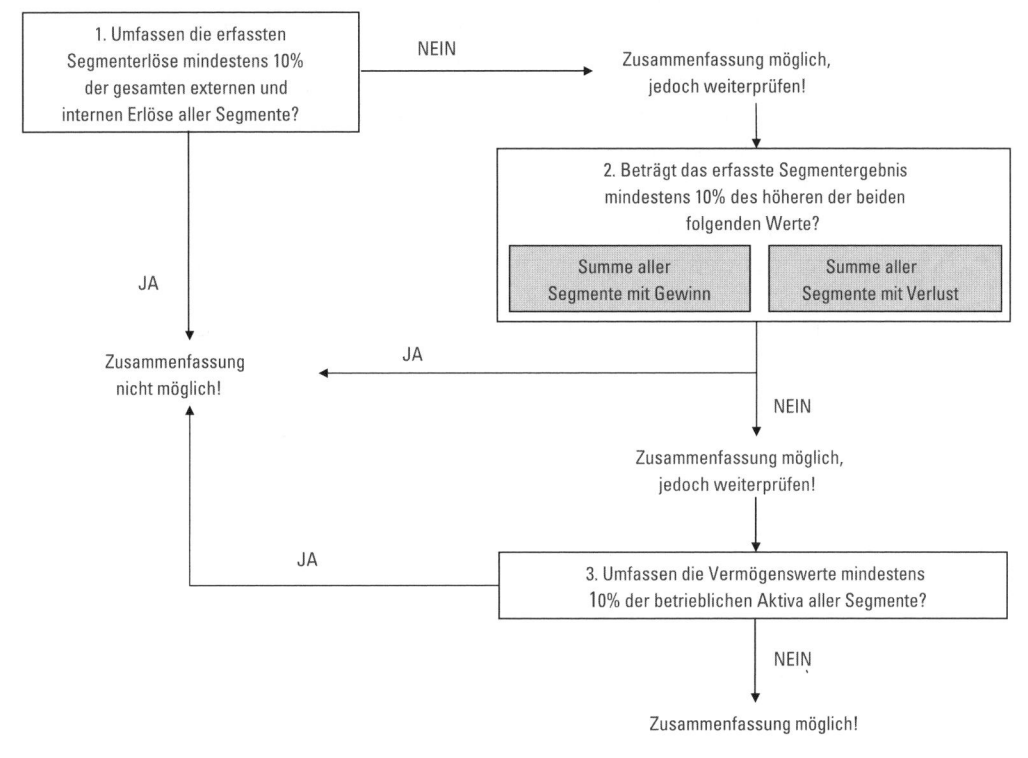

Abbildung 14.3: Prüfschema zur Zusammenfassung der Segmente: »Darf ich aggregieren«?

Für die Feinschliff AG liegen die in Tabelle 14.1 aufgelisteten Segmentdaten vor.

Segment	Umsatz in EUR Mio.	Ergebnis in EUR Mio.	Vermögen in EUR Mio.
Maschine Alpha	200	20	100
Maschine Beta	151	17	97
Italien	36	2	19
Gesamt	**387**	**39**	**216**

Tabelle 14.1: Segmentdaten der Feinschliff AG

Die Prüfung der Schwellenwerte führt zu den in Tabelle 14.2 gezeigten Ergebnissen.

Segment	Umsatz in %	Ergebnis in %	Vermögen in %
Maschine Alpha	52 %	51 %	46 %
Maschine Beta	39 %	44 %	45 %
Italien	9 %	5 %	9 %
Gesamt	**100 %**	**100 %**	**100 %**

Tabelle 14.2: Analyse der Segmentdaten der Feinschliff AG

Wenn Sie die Segmentdaten der Feinschliff AG analysieren, erkennen Sie mit geschultem IFRS-Blick, dass Sie die operativen Segmente »Maschine Alpha« und »Maschine Beta« trotz der Erfüllung der Homogenitätskriterien separat berichten müssen. Warum? Ganz einfach: Die Schwellenwerte werden überschritten! Lediglich das operative Segment »Italien« fällt bei allen Ergebnisgrößen unter die 10-Prozent-Wesentlichkeitsgrenze – dieses dürfen Sie daher dem Ausgleichsposten »sonstige Segmente« zuordnen.

Sie können ein operatives Segment, das unter allen genannten Signifikanzschwellen liegt, trotzdem als berichtspflichtig bezeichnen und separat angeben, wenn Ihre Unternehmensleitung der Meinung ist, dass Informationen über dieses Segment für die Adressaten der Finanzinformationen nützlich sind.

Informationen über weitere Geschäftstätigkeiten und operative Segmente, die nicht berichtspflichtig sind, werden in einer separaten Kategorie »sonstige Segmente« zusammengefasst und angegeben.

Die Zusammensetzung der Erlöse der »sonstigen Segmente« müssen Sie im Anhang erläutern!

Wins and losses: Positive und negative Ergebnisse

Was müssen Sie beachten, wenn Ihre operativen Segmente sowohl positive als auch negative Periodenergebnisse aufweisen? Schauen wir uns dies am Beispiel der Pet AG an, die in der Branche des Tierbedarfs und der Tiernahrung tätig ist.

Auf Basis einer ersten Analyse der Geschäftsfelder konnten Sie die in Tabelle 14.3 aufgelisteten operativen Segmente ermitteln.

Segment	Segmentbeschreibung	Segmentergebnis in TEUR	Ergebnis in % auf Basis Summe der positiven Ergebnisse
»Cat Care«	Produkte für die Katzenpflege	–300	9 %
»Dog Care«	Produkte für die Hundepflege, hauptsächlich Hundeshampoo	–467	14 %
»Pet Lover«	Onlineportal für Tierfreunde	781	24 %
»Medical Care«	Produkte für die Gesundheit der Haustiere	825	25 %
»Pet Food«	Tiernahrung, für alle Hunden und Katzen	1.670	51 %
Gesamt		**2.509**	

Tabelle 14.3: Segmentergebnisse der Pet AG

Tiernahrung und Medical Care sowie das viel besuchte Onlineportal laufen so richtig gut und summieren sich zu einem positiven Ergebnis in Höhe von TEUR 3.276. Die Pflegeprodukte sind anscheinend im Moment nicht gerade der Renner und summieren sich als negative Ergebnisse auf TEUR –767. Als größerer Absolutbetrag ist für Sie der Betrag in Höhe von TEUR 3.276 maßgeblich für die Prüfung der Wesentlichkeitsgrenzen. Im Fall der Pet AG fällt demnach nur das Segment »Cat Care« unter die 10-Prozent-Ergebnisgrenze.

Schritt 3: Überprüfung der Größenkriterien

Noch ein letzter Schritt und Sie haben Ihre berichtspflichtigen Segmente endlich bestimmt – los geht's!

In stark diversifizierten Unternehmen machen die »unwesentlichen« Segmente, also die operativen Segmente, bei denen jeweils die 10-Prozent-Grenze unterschritten ist, insgesamt oftmals einen wesentlichen Teil des Unternehmens aus. Wenn Sie diese Segmente analog zum vorigen Schritt nicht separat berichten, kann dies dazu führen, dass Sie bedeutsame Geschäftsaktivitäten in Ihrer Segmentberichterstattung gar nicht abbilden.

Aus diesem Grund behält sich der IFRS 8 ein weiteres Kriterium vor: Sie müssen beachten, dass die konsolidierten Erlöse aller berichtspflichtigen Segmente in Summe mindestens 75 Prozent des Konzernumsatzes umfassen.

»Sammler« aufgepasst! Sofern Sie aufgrund der Zusammenfassung mehrerer ähnlicher operativer Segmente ein berichtspflichtiges Segment ermittelt haben, können Sie die externen Erlöse dieses »Sammelsegments« bei der Überprüfung der 75-Prozent-Grenze zugrunde legen. So können Sie unter Umständen die 75-Prozent-Grenze wiederum durch Zusammenfassung unwesentlicher Segmente »überspringen«!

Sofern dieses Kriterium nicht erfüllt ist, müssen Sie weitere interne Segmente als berichtspflichtige Segmente identifizieren, auch wenn diese auf Basis der 10-Prozent-Schwellen gar nicht separat berichtspflichtig wären. Der IFRS 8 äußert sich hierzu jedoch nicht weiter. Faktisch liegt es also in Ihrem Ermessen, welche weiteren Segmente Sie auswählen.

Nur wenn alle genannten Kriterien erfüllt sind, dürfen Sie die verbleibenden internen Segmente zu einem berichtspflichtigen Segment mit ähnlichen internen Segmenten zusammenfassen beziehungsweise ist deren Darstellung als Ausgleichsposten für die externe Segmentierung erlaubt.

Sie erinnern sich bestimmt noch an die Auto AG, die Pkw, Lkw, Motorräder sowie Wohnmobile produziert und deren Segmentstruktur wir bereits in einem der vorherigen Beispiele kennengelernt haben.

Sie haben sich inzwischen mit den Herrn Hinz und Kunz, den Managementmitgliedern Ihres Unternehmens, zusammengesetzt und sind zu der Entscheidung gelangt, dass eine Segmentierung nach Regionen innerhalb der externen Berichterstattung am sinnigsten ist. Daraufhin haben Sie die operativen Segmente bereits gemäß Schritt 1 und 2 analysiert und sind zum Ergebnis aus Tabelle 14.4 gekommen.

Segment	Externe Erlöse in EUR Mio.	Prüfung der Schwellenwerte
Deutschland	560	Berichtspflichtiges Segment
Österreich	90	10 %-Grenze nicht erreicht
Schweiz	42	10 %-Grenze nicht erreicht
Frankreich	158	Berichtspflichtiges Segment
Italien	43	10 %-Grenze nicht erreicht
Spanien	82	10 %-Grenze nicht erreicht
Gesamt	**975**	

Tabelle 14.4: Analyse der Segmentdaten der Auto AG

Aus Ihrer Analyse wird deutlich, dass die Segmente »Österreich«, »Schweiz«, »Italien« und »Spanien« auf Basis der Prüfung der Schwellenwerte nicht separat berichtspflichtig sind. Stattdessen könnten Sie diese operativen Segmente als Ausgleichsposten behandeln und dem Segment »sonstige Segmente« zuordnen.

Allerdings stellen Sie nun im letzten Schritt fest, dass die Summe der externen Erlöse der beiden berichtspflichtigen Segmente »Deutschland« und »Frankreich« EUR 718 Mio. beträgt und damit nur 74 Prozent der Konzernerlöse ausmacht.

Dies bedeutet, dass Sie einen Teil der zuvor als »unwesentlich« eingestuften Segmente als berichtspflichtiges Segment ausweisen müssen, um die 75-Prozent-Grenze zu überschreiten.

Die Entscheidung, welche Segmente hierfür zugrunde gelegt werden sollten, obliegt letztendlich wieder den Herren Hinz und Kunz. Sie könnten mit jedem einzelnen der verbleibenden Segmente das Größenkriterium des IFRS 8 erfüllen.

Es kann eine praktische Begrenzung der Zahl berichtspflichtiger Segmente bestehen, die ein Unternehmen gesondert präsentiert, über die hinaus die Segmentinformationen zu detailliert würden. Auch wenn hinsichtlich der Zahl der gemäß IFRS 8 zu meldenden Segmente keine Begrenzung besteht, sollten Sie prüfen, ob bei mehr als zehn Segmenten eine praktische Grenze erreicht ist!

Nicht immer IFRS-konform: Bilanzierungs- und Bewertungsmethoden

Nachdem Ihre berichtspflichtigen Segmente nun feststehen sollten, stellt sich die Frage, wie Sie die Segmentdaten gemäß den IFRS-Regelungen überhaupt berichten müssen. Ein Blick in den IFRS 8.25 hilft Ihnen hier weiter. Sie müssen nun nicht gleich den Standard aufschlagen. Das haben wir schon für Sie getan.

Sie müssen die berichteten Segmentumsätze sowie sonstige Segmentinformationen mit den Bilanzierungs- und Bewertungsmethoden bewerten, die auch für die *interne Berichterstattung* verwendet werden und in dieser Form als Entscheidungsgrundlage dienen.

Folgende Informationen müssen Sie nur dann in Ihrer Segmentberichterstattung berücksichtigen, wenn sie auch zu den Informationen gehören, die der Hauptentscheidungsträger für seine Entscheidungen verwendet:

14 ➤ Am Kapitalmarkt: Vorschriften für börsennotierte Unternehmen

✔ Anpassungen und Eliminierungen, die bei der Erstellung des Jahresabschlusses vorgenommen werden

✔ Zuordnungen von Umsätzen, Aufwendungen, Gewinnen oder Verlusten

✔ Vermögenswerte und Schulden

Wenn Sie Beträge zu den Segmenterlösen, -aufwendungen, -vermögen oder -schulden zuordnen, sollte dies auf einer angemessenen Basis erfolgen. Ob diese Daten IFRS-konform sind oder nicht, spielt dabei keine Rolle! Dies führt allerdings oftmals zu Problemen der Vergleichbarkeit.

Im Anhang müssen Sie die verwendeten Bewertungsmethoden der Segmentinformationen für jedes berichtspflichtige Segment erläutern. Was hierbei die verpflichtenden Mindestangaben sind, werden wir Ihnen im nächsten Abschnitt zeigen.

Da Sie sich mithilfe unseres Buches über die Gefahren des »IFRS-Dschungels« informieren, steht für Ihr Unternehmen möglicherweise der erste IFRS-Abschluss an. Es ergibt sich nun ein Dilemma: Bislang wurde intern beispielsweise nach HGB berichtet und gesteuert. Muss die Segmentberichterstattung im IFRS-Abschluss nun auf Basis des HGB erfolgen? Obwohl dies wörtlich genommen nicht im Einklang mit IFRS 8.25 steht, können Sie unseres Erachtens die Segmentdaten in Ihrem ersten IFRS-Abschluss nach IFRS berichten. Denn um das Grunderfordernis der IFRS nach Transparenz zu erfüllen, ist es in diesem Fall nicht zielführend, dass Sie HGB-Zahlen reporten und diese dann umfangreich auf neue IFRS-Erlöskategorien überleiten.

Mindestangaben

Zum Schluss möchten wir Ihnen mit Tabelle 14.5 einen Überblick darüber geben, welche Segmentinformationen Sie gemäß IFRS 8 mindestens in Ihrer Segmentberichterstattung offenlegen müssen.

Damit sind Sie nun für die Aufstellung Ihrer Segmentberichterstattung bestens gerüstet!

Auf Heller und Cent: Ergebnis je Aktie

Neben der Segmentberichterstattung gibt es noch eine zweite IFRS-Regelung, die kapitalmarktorientierte Unternehmen berücksichtigen müssen. Gönnen Sie sich eine kurze Verschnaufpause, und dann fahren wir am besten gleich damit fort.

Hintergrund

Insbesondere wenn Sie in einem kapitalmarktorientierten Unternehmen arbeiten, wissen Sie, dass Finanzanalysten gerne mit Kennzahlen um sich werfen, um die aktuellen Entwicklungen auf den internationalen Finanzmärkten quantitativ festzuhalten. Eine wichtige Kennzahl, die Aufschluss darüber gibt, in welcher Höhe eine Aktie an der Ertragskraft des Unternehmens

Verweis	Angabe	Angabepflicht?
IFRS 8.23	Segmentergebnis	Ja
IFRS 8.23	Segmenterträge mit fremden Dritten	Nur, wenn intern berichtet
IFRS 8.23	Intersegmentäre Erträge und die zugrunde liegenden Verrechnungspreise	Nur, wenn intern berichtet
IFRS 8.23	Segmentabschreibungen	Nur, wenn intern berichtet
IFRS 8.23	Zinsaufwendungen und -erträge	Nur, wenn intern berichtet
IFRS 8.23	Ergebnisbeiträge von »At Equity«-Beteiligungen	Nur, wenn intern berichtet
IFRS 8.23	Ertragsteuern	Nur, wenn intern berichtet
IFRS 8.23	Wesentliche Aufwendungen und Erträge	Nur, wenn intern berichtet
IFRS 8.23	Sonstige wesentliche zahlungsunwirksame Posten	Nur, wenn intern berichtet
IFRS 8.23	Segmentvermögen	Nur, wenn intern berichtet
IFRS 8.23	Segmentschulden	Nur, wenn intern berichtet
IFRS 8.23	Segmentinvestitionen	Nur, wenn intern berichtet
IFRS 8.22	Bestimmungsfaktoren der Segmentabgrenzung	Sofern relevant
IFRS 8.22	Zusammensetzung berichtspflichtiger Segmente	Sofern relevant
IFRS 8.22	Begründung Segmentbildung	Sofern relevant
IFRS 8.34	Großkunden (Erlöse > 10 % der Gesamterlöse)	Sofern relevant
IFRS 8.28	Überleitungsrechnung der Segmentdaten (Erlöse, Ergebnis, Vermögen) auf Jahresabschluss	Sofern relevant
IFRS 8.27	Änderungen in der Segmentabgrenzung	Sofern relevant
IFRS 8.27	Effekte aus der Änderung der Bilanzierungs- und Bewertungsmethoden	Sofern relevant
IFRS 8.27	Ursprung und Effekt von asymmetrischen Zuordnungen	Sofern relevant

Tabelle 14.5: Mindestangaben zur Segmentberichterstattung

teilnimmt, ist das *Ergebnis je Aktie* (englisch *earnings per share* oder kurz: »EPS«). Das klingt doch zunächst nach einer recht simplen Kennzahl, oder? Sie denken sicher: *Jahresüberschuss* im Zähler und *Anzahl der ausstehenden Aktien* im Nenner – wo ist das Problem? Bruchrechnung sechste Klasse! In der Praxis haben sich aber zahlreiche Detailfragen bei der Ermittlung dieser Kennzahl ergeben. Das IASB hat daher den IAS 33 »Ergebnis je Aktie« verabschiedet, der einheitlich definiert, wie Zähler und Nenner zu ermitteln sind, um die Vergleichbarkeit dieser Performancekennzahl sicherzustellen.

So muss gemäß IAS 33 das Ergebnis je Aktie im IFRS-Abschluss kapitalmarktorientierter Unternehmen gleich zweimal angegeben werden:

✔ **basic earnings per share:** ohne Berücksichtigung verwässernder Effekte

✔ **diluted earnings per share**: unter Berücksichtigung verwässernder Effekte

Verwässerung liegt immer dann vor, wenn sich Ihr Ergebnis je Aktie verbessert oder verschlechtert, sofern Sie potenziell ausstehende Aktien in Ihre Berechnung mit einkalkulieren. Vielleicht haben Sie in Ihrem Unternehmen Vereinbarungen über wandelbare Instrumente (zum Beispiel Wandelanleihen) oder aber Verträge über Optionen, Optionsscheine oder Stammaktien abgeschlossen, die unter bestimmten Voraussetzungen ausgegeben werden. Dadurch kann es passieren, dass Ihr Unternehmensergebnis unter mehr Personen »aufgeteilt« werden muss.

Pur: Unverwässertes Ergebnis je Aktie

Fangen wir zunächst mit dem etwas leichteren Teil der Ermittlung des unverwässerten Ergebnisses je Aktie (englisch *basic earnings per share*) an. Hier müssen Sie grundsätzlich den Gewinn oder Verlust, der den Stammaktionären des Mutterunternehmens zusteht (Zähler), durch die sich in der Berichtsperiode im Umlauf befindlichen Aktien – die sogenannte *Stammaktien* – (Nenner) dividieren.

Gemäß der Definition des IAS 33 ist eine *Stammaktie* ein Eigenkapitalinstrument, das allen anderen Arten von Eigenkapitalinstrumenten nachgeordnet ist.

Stammaktien erhalten erst einen Anteil am Ergebnis, nachdem andere Aktienarten, wie etwa Vorzugsaktien, bedient wurden. Es kann sein, dass Ihr Unternehmen über mehrere Gattungen von Stammaktien verfügt. In diesem Fall sollten Sie in der Gesamtergebnisrechnung für jede Gattung von Stammaktien mit unterschiedlicher Gewinn-/Verlustbeteiligung ein separates Ergebnis je Aktie (dies gilt dann aber auch für das unverwässerte Ergebnis je Aktie!) berechnen.

Sich an fremden Werten bedienen geht nicht! Anteile fremder Gesellschafter (Minderheitenanteile) dürfen Sie bei der Berechnung des Ergebnisses je Aktie nicht mit einbeziehen – dies gilt sowohl für die Anzahl der Aktien als auch für das Periodenergebnis.

Sofern Sie entsprechend unseren Darstellungen in Kapitel 12 nicht fortgeführte Geschäftsbereiche im Sinne des IFRS 5 identifiziert haben, müssen Sie das darauf entfallende Ergebnis je Aktie separat angeben.

Mehr oder weniger: Kapitalerhöhungen, Aktienrückkäufe und sonstige Veränderungen

Die Anzahl der ausstehenden Aktien kann sich innerhalb einer Berichtsperiode ändern, beispielsweise durch Aktienrückkäufe oder durch Kapitalerhöhungen. Sie sollten dann für die EPS-Berechnung die durchschnittliche Aktienanzahl zugrunde legen. Dabei müssen Sie alle Aktien entsprechend den jeweiligen Zeiträumen gewichten.

Damit es nicht ganz so kompliziert wird, sieht man in der Praxis oftmals leichte Vereinfachungen. Sie können beispielsweise pauschale »30-Tage-Monate« bei der Gewichtung unterstellen!

Unser Beispielkarussell beginnt sich wieder zu drehen: Die Win AG hat einige Schwierigkeiten bei der Berechnung des unverwässerten Ergebnisses je Aktie und bittet Sie um Unterstützung. Hilfsbereit wie Sie sind, erklären Sie sich gerne bereit, den kapitalmarktunerfahrenen Kollegen der Win AG etwas unter die Arme zu greifen.

Das Periodenergebnis der Win AG beträgt EUR 200.000. Zum 1. Januar waren 120.000 Aktien ausgegeben. Am 1. April erfolgte eine Kapitalerhöhung um 20.000 Aktien.

Sie berechnen also das unverwässerte Ergebnis je Aktie wie folgt:

$EPS = EUR\ 200.000 / (120.000 \times 3/12 + 140.000 \times 9/12) = EUR\ 200.000 / 135.000 = EUR\ 1{,}48$

Ein Jahr später beträgt das Periodenergebnis der Win AG EUR 100.000. Zum 1. Januar waren 140.000 Aktien ausgegeben. Am 1. September kaufte die Win AG 50.000 Aktien zurück.

Nun berechnen Sie das unverwässerte Ergebnis je Aktie folgendermaßen:

$EPS = EUR\ 100.000 / (140.000 \times 8/12 + 90.000 \times 4/12) = EUR\ 100.000 / 123.333 = EUR\ 0{,}81$

Das Ergebnis pro Aktie sieht leider nicht mehr ganz so schön aus.

Non-cash: Bedingt emissionsfähige Aktien, Gratisaktien oder Aktiensplitts

Normalerweise werden Aktien mit dem Tag ihrer Emission in den gewichteten Durchschnitt aufgenommen.

Wenn Sie in Ihrem Unternehmen allerdings über *bedingt emissionsfähige Aktien* verfügen, beziehen Sie diese erst ab dem Zeitpunkt in die Ermittlung des unverwässerten Ergebnisses je Aktie ein, zu dem alle erforderlichen Voraussetzungen erfüllt (das heißt die Ereignisse eingetreten) sind.

Besonderheiten ergeben sich auch bei:

✔ Gratisaktien

✔ Aktiensplitts

✔ Bezugsrechten

Die Aktienanzahl erhöht sich hierbei, ohne dass sich das Eigenkapital des Unternehmens oder der Wert des Aktienbestands eines einzelnen Aktionärs ändert. Den bestehenden Aktionären wird also eine Dividende, aber eben nicht in Form von Geld, sondern in Form von Aktien ausgeschüttet. Nach IAS 33.28 müssen Sie diese Fälle so behandeln, als wenn diese Aktien schon immer ausgegeben waren.

Bei Berücksichtigung von Gratisaktien, Aktiensplitts und Bezugsrechten müssen Sie aus Gründen der Vergleichbarkeit auch die Vorperioden anpassen!

Zurück zur Win AG: Es ist ein Jahr vergangen und Sie sind mal wieder für die Win AG im Einsatz, die aufgrund neuer Sachverhalte schon wieder Schwierigkeiten mit der EPS-Ermittlung hat.

14 ➤ Am Kapitalmarkt: Vorschriften für börsennotierte Unternehmen

Das Periodenergebnis der Win AG beträgt dieses Jahr EUR 250.000. Zum Jahresanfang waren 90.000 Aktien ausgegeben. Am 1. Juli werden jedem Aktionär pro Aktie zwei Gratisaktien zugeteilt.

Sie berechnen daher das unverwässerte Ergebnis je Aktie wie folgt:

$EPS = EUR\ 300.000 / (90.000 \times 3) = EUR\ 0{,}93$

Verdünnt: Verwässertes Ergebnis je Aktie

Wenn plötzlich mehr Gäste als erwartet vor der Tür stehen, lässt sich eine Suppe gut mit ein wenig Wasser verlängern, sodass sie für potenziell mehr Portionen reicht. Leider schmeckt sie dann nicht mehr ganz so gut. So ähnlich ist es bei den Aktienoptionen: Im Unterschied zur Berechnung des unverwässerten Ergebnisses je Aktie müssen Sie die EPS-Berechnung beim verwässerten Ergebnis je Aktie um alle Verwässerungseffekte potenzieller Stammaktien bereinigen.

Bei der Berechnung des verwässerten Ergebnisses je Aktie steht immer die Frage »Was wäre wenn?« im Vordergrund: Wie würde mein Ergebnis je Aktie aussehen, wenn alle (Aktien-)Vereinbarungen plötzlich ausgeübt würden?

So tun als ob: Optionen und mehr

Beispiele für potenzielle Stammaktien sind:

- ✔ Kaufoptionen, das heißt Optionen zum Kauf von Aktien, die jederzeit ausgeübt werden können, die aber aus wirtschaftlichen Gründen noch nicht umgewandelt wurden
- ✔ Aktienoptionen der Unternehmensleitung oder sonstiger Mitarbeiter, die erst dann ausgeübt werden können, wenn definierte Ziele erreicht wurden

Sie dürfen potenzielle Stammaktien nur dann als verwässernd betrachten, wenn ihre Umwandlung in Stammaktien das Ergebnis je Aktie aus dem fortzuführenden Geschäft verschlechtern würde.

Verbessern gilt nicht! Bei potenziellen Stammaktien liegt ein *Verwässerungsschutz* vor, wenn ihre Umwandlung in Stammaktien den Gewinn je Aktie erhöhen beziehungsweise den Verlust je Aktie reduzieren würde (sogenannter »anti-dilutive effect«).

Wie beim unverwässerten Ergebnis je Aktie müssen Sie potenzielle Stammaktien, die in der Berichtsperiode neu emittiert wurden, verfallen oder ausgeübt wurden, bei Ihrer Berechnung gewichten.

So unterstellen Sie grundsätzlich, dass sämtliche Optionen, Optionsscheine und ihre Äquivalente ausgeübt wurden. Die unterstellten Erlöse aus diesen »Instrumenten« müssen Sie so behandeln, als wenn sie zum durchschnittlichen Börsenkurs Ihrer Stammaktien, den Sie bezogen auf die gesamte Periode errechnen, angefallen wären. Es ergibt sich dann ein Delta zwischen der Zahl der tatsächlich ausgegebenen Stammaktien und der Zahl der Stammaktien, die zum durchschnittlichen Börsenkurs Ihrer Stammaktien während der Periode ausgegeben worden wären: Diese Differenz können Sie als eine Ausgabe von Stammaktien »ohne Entgelt« betrachten, das heißt, weder das Eigenkapital des Unternehmens noch der Wert des Aktienbestands Ihrer einzelnen Aktionäre darf sich hierdurch ändern.

Hat ein Unternehmen einen Vertrag abgeschlossen, bei dem es wählen kann, ob es den Vertrag durch eine Bezahlung in Form von Stammaktien oder schnödem Cash erfüllt, müssen Sie für die EPS-Berechnung davon ausgehen, dass der Vertrag in Stammaktien erfüllt wird. Dabei sollten Sie die daraus resultierenden potenziellen Stammaktien im verwässerten Ergebnis je Aktie berücksichtigen, sofern ein Verwässerungseffekt vorliegt. Darf die andere Vertragspartei wählen, ob der Vertrag in Form von Stammaktien oder Cash erfüllt werden soll, sollten Sie die Option mit dem stärkeren Verwässerungseffekt zugrunde legen.

Als ob diese Kaffeesatzleserei nicht schon genug wäre: Sie müssen das Periodenergebnis darüber hinaus auch noch um weitere Effekte bereinigen, die sich durch diese verwässernden Effekte auf das Ergebnis nach Steuern ergeben können:

- ✔ So kann es passieren, dass Dividenden bei der Berechnung des den Stammaktionären des Mutterunternehmens zurechenbaren Periodenergebnisses abgezogen werden müssen;
- ✔ eventuell sind Zinsen zu berücksichtigen, die im Zusammenhang mit verwässernden potenziellen Stammaktien anfallen, oder
- ✔ andere Änderungen beim Ertrag oder Aufwand.

Sie haben es sicherlich bereits geahnt, dass Ihnen wieder ein Einsatz bei unserer Win AG »droht«. Sie waren eben einfach so gut und zuverlässig bei den bisherigen EPS-Berechnungen, dass Sie da jetzt nicht mehr rauskommen!

Inzwischen ist bei der Win AG aber auch einiges passiert, was Sie für die Ermittlung des verwässerten Ergebnisses je Aktie beachten sollten. Schauen wir uns das gleich einmal an:

Zu Beginn des Jahres standen bei der Win AG 10.000 Optionen auf den Erwerb einer Aktie aus. Das Aktienkapital beträgt seit Periodenbeginn unverändert EUR 200.000. Der Nennbetrag je Aktie ist EUR 1. Der Periodengewinn der Win AG beträgt EUR 500.000. Der durchschnittliche Ausübungspreis der Optionen liegt bei EUR 20, der durchschnittliche Marktpreis bei EUR 25.

Der Verwässerungseffekt durch die Optionen beträgt also 10.000 × (EUR 25 − EUR 20) = EUR 50.000. Um diesen Betrag zu »finanzieren«, müssten 2.000 neue Aktien zum Marktpreis ausgegeben werden (EUR 50.000/EUR 25). Die »neue« Anzahl der Aktien liegt dann bei 202.000.

Sie ermitteln also das folgende verwässerte Ergebnis je Aktie:

EPS verwässert = EUR 500.000 / 202.000 = EUR 2,48

Und jetzt schauen wir mal in die Zukunft und sehen uns die Situation der Win AG noch ein paar Jahre später an. Damit sind Sie dann auch gleich für Ihren nächsten Einsatz als EPS-Spezialist gewappnet.

Die Win AG hat seit Jahresbeginn 20.000 Stück Anleihen im Wert von je EUR 100 ausgegeben, die zu 14 % verzinslich sind. Jede Anleihe ist in zehn Aktien der Gesellschaft umtauschbar. Darüber hinaus waren 1.500.000 Aktien ausgegeben. Der Steuersatz liegt bei 30 %. Der Jahresgewinn beträgt EUR 2.000.000.

Wenn die Anleihen umgetauscht würden, müssten fortan keine Zinsen mehr an die Anleiheinhaber gezahlt werden. Dies wäre für die Win AG eine Zinsersparnis nach Steuern von EUR 196.000 (20.000 × EUR 100 × 0,14 × 0,7), die den Jahresgewinn erhöhen würde. Gleichzeitig wären 200.000 Aktien mehr im Umlauf.

Sie ermitteln also das folgende verwässerte Ergebnis je Aktie:

EPS verwässert = EUR 1.196.000 / 1.700.000 = EUR 0,70

Aber dürfen Sie das unverwässerte Ergebnis je Aktie auch tatsächlich angeben? Im vorliegenden Fall liegt das unverwässerte Ergebnis je Aktie bei EUR 0,67 (= EUR 1.000.000/1.500.000), das heißt, Sie dürfen aufgrund des »anti-dilutive effect« das unverwässerte Ergebnis nicht ausweisen.

> Wenn die Anzahl der in Umlauf befindlichen Stammaktien oder potenziellen Stammaktien durch eine Kapitalisierung, eine Emission von Gratisaktien oder einen Aktiensplitts zunimmt beziehungsweise durch einen umgekehrten Aktiensplit abnimmt, müssen Sie die EPS-Berechnung für alle dargestellten Perioden rückwirkend berichtigen!

Mehr als nur eine Zahl: Angabepflichten zum Ergebnis je Aktie

Die Anhangangaben zum Ergebnis je Aktie finden Sie üblicherweise bei den Erläuterungen zur Gewinn-und-Verlust-Rechnung (beziehungsweise Unternehmensgesamterfolgsrechnung) oder aber im Anhang selbst.

Zum Schluss möchten wir Ihnen einen Überblick über die notwendigen Angaben zum Ergebnis je Aktie, die Sie auch in IAS 33.70 nachschlagen können, verschaffen:

- ✔ **Zählergröße:** Die Beträge, die Sie als Zähler verwendet haben, müssen Sie in Ihrem Anhang angeben. Abweichungen zum Konzernergebnis (solche können sich beispielsweise aus der Korrektur von Dividenden oder Zinsen aus potenziellen Stammaktien ergeben) sollen Sie dabei mithilfe einer Überleitungsrechnung erläutern.

- ✔ **Nennergröße:** Analog zur Zählergröße müssen Sie auch den gewichteten Durchschnitt der ausstehenden Stammaktien darlegen. Wenn Sie für das unverwässerte und das verwässerte Ergebnis je Aktie jeweils unterschiedliche Nennergrößen verwenden, ist hier ebenfalls eine Überleitungsrechnung erforderlich.

> Auch hier gilt: Die oben genannten Angabepflichten müssen Sie jeweils für das unverwässerte und das verwässerte Ergebnis je Aktie erfüllen!

- ✔ **Zukünftige potenzielle Verwässerungseffekte:** Vielleicht verfügen Sie über (Aktien-)Vereinbarungen, die Sie nicht in Ihre Berechnung des verwässerten Ergebnisses je Aktie einbezogen haben, da der Effekt aus diesen »Instrumenten« nicht verwässernd war. Dennoch geben Sie solche Instrumente beziehungsweise Vereinbarungen in Ihrem Anhang an, wenn Sie das unverwässerte Ergebnis je Aktie in Zukunft potenziell verwässern könnten.

✔ **Transaktionen nach dem Bilanzstichtag:** Eventuell müssen Sie auch Transaktionen mit Stammaktien oder potenziellen Stammaktien, die nach dem Bilanzstichtag erfolgt sind, in Ihrem Anhang beschreiben: Dies ist aber nur dann der Fall, wenn diese Transaktionen die Zahl der sich im Umlauf befindlichen Stammaktien oder potenziellen Stammaktien erheblich verändert hätten, sofern sie bereits vor dem Bilanzstichtag eingetreten wären.

Intervallbetrachtung: Der Zwischenbericht

Wie sagt man so schön: Aller guten (und manchmal auch schlechten) Dinge sind drei. Damit wir die Sondervorschriften für börsennotierte Unternehmen abschließen können, sollten wir uns jetzt noch dem dritten relevanten IFRS – nämlich dem IAS 34 »Zwischenberichterstattung« – widmen.

Sie werden im IAS 34 »Zwischenberichterstattung« keine Hinweise darüber finden, ob Ihr Unternehmen Zwischenberichte veröffentlichen muss und wenn ja, wie häufig oder mit welchen Fristen. Wenn Ihr Unternehmen jedoch Schuld- oder Eigenkapital öffentlich handelt, verlangen Regierungen, Aufsichtsbehörden, Börsen oder sonstige Einrichtungen mit ihren jeweiligen Vorschriften und Regelwerken, dass Sie periodische Zwischenberichte veröffentlichen.

Umfang des Zwischenberichts: Das volle Programm auch unterjährig?

Bei der Aufstellung Ihres Zwischenberichts haben Sie hinsichtlich des Umfangs folgende Wahlmöglichkeiten:

✔ Sie erstellen einen Zwischenbericht, der einem *vollständigen Abschluss* im Sinne des IAS 1 entspricht und damit genauso aussieht wie der Jahresabschluss Ihres Unternehmens.

✔ Sie erstellen einen *verkürzten Abschluss*, bei dem Sie nur die Mindestanforderungen des IAS 34 zwingend berücksichtigen müssen.

Sie müssen nicht das gleiche umfangreiche Programm durchlaufen wie bei der Jahresabschlusserstellung! Ersparen Sie sich dieses unterjährige Martyrium sowohl

✔ zugunsten zeitnaher Informationen,

✔ aus Kostengesichtspunkten, aber auch

✔ zur Vermeidung unnötiger Wiederholung bereits veröffentlichter Informationen.

Stattdessen sollten Ihre Zwischenberichte »nur« eine Aktualisierung des letzten Abschlusses Ihres Geschäftsjahres darstellen. In der Praxis finden Sie fast ausschließlich die verkürzte Variante!

In IAS 34.8 finden Sie die Mindestbestandteile, die Sie auf jeden Fall in einem Zwischenbericht veröffentlichen müssen.

> *Mindestbestandteile eines Zwischenberichts*
>
> ✔ verkürzte Bilanz
> ✔ verkürzte Gesamtergebnisrechnung
> ✔ verkürzte Eigenkapitalveränderungsrechnung
> ✔ verkürzte Kapitalflussrechnung
> ✔ ausgewählte erläuternde Anhangangaben

Wenn Sie sich dafür entscheiden, nur die Mindestanforderungen zu erfüllen, sollten Sie darauf achten, dass der verkürzte Zwischenabschluss zur besseren Vergleichbarkeit alle Überschriften und Zwischensummen enthält, die Sie auch im letzten Abschluss des vorangegangenen Geschäftsjahres veröffentlicht haben.

Entspricht Ihr Zwischenbericht den Vorschriften des IAS 34, so müssen Sie dies explizit angeben. Ein Zwischenbericht darf nicht als mit den Standards übereinstimmend bezeichnet werden, solange Sie nicht alle Anforderungen der IFRS berücksichtigen!

Die »abgespeckte« Variante: Mindestanhangangaben

Welchen Angabepflichten Sie für Ihren Zwischenbericht nachkommen müssen, können Sie ganz einfach mit Tabelle 14.6 prüfen.

Welche Perioden muss ich überhaupt darstellen?

Ihre Zwischenberichte müssen die folgenden (verkürzten oder vollständigen) Rechenwerke enthalten:

✔ **Bilanz** zum Ende der Zwischenberichtsperiode und Vergleichsbilanz zum Ende des letzten Geschäftsjahres

✔ **Gesamtergebnisrechnung** für die Zwischenberichtsperiode und eine kumulierte Gesamtergebnisrechnung vom Beginn des aktuellen Geschäftsjahres bis zum Zwischenberichtstermin mit jeweils vergleichenden Gesamtergebnisrechnungen

✔ **Eigenkapitalveränderungsrechnung** vom Beginn des aktuellen Geschäftsjahres bis zum Zwischenberichtstermin mit einer vergleichenden Aufstellung für das Vorjahr

✔ **Kapitalflussrechnung** vom Beginn des aktuellen Geschäftsjahres bis zum Zwischenberichtstermin mit einer vergleichenden Aufstellung für das Vorjahr

Verweis	Angabe
IAS 34.16 a)	Erklärung, dass Sie die gleichen Rechnungslegungs- und Berechnungsmethoden wie im letzten vollständigen Abschluss befolgen oder, wenn Sie Methoden geändert haben, eine Beschreibung der Art und Auswirkung
IAS 34.16 b)	Beschreibung von Saisoneinflüssen oder Konjunktureinflüssen
IAS 34.16 c)	Beschreibung von Sachverhalten, die einen Einfluss auf die Vermögens-, Finanz- und Ertragslage haben und die aufgrund ihrer Art, ihres Ausmaßes oder ihrer Häufigkeit ungewöhnlich sind
IAS 34.16 d)	Änderungen von Schätzungen von Beträgen, sofern diese wesentliche Auswirkung auf die aktuelle Zwischenberichtsperiode haben
IAS 34.16 e)	Emissionen, Rückkäufe und Rückzahlungen von Schuldverschreibungen oder Eigenkapitaltitel
IAS 34.16 f)	Gezahlte Dividenden (zusammengefasst oder je Aktie), gesondert für Stammaktien und sonstige Aktien
IAS 34.16 g)	Folgende Segmentinformationen, sofern Sie IFRS 8 anwenden (müssen) und die Informationen intern berichten: – Umsatzerlöse von externen Kunden – Intersegmentäre Umsatzerlöse – Bewertung des Gewinns oder Verlustes des Segments – Gesamtvermögenswerte, sofern es wesentliche Änderungen im Vergleich zum letzten Abschluss gab – Änderungen in der Segmentierungs- oder Bemessungsgrundlage – Überleitungsrechnung vom Gewinn oder Verlust der Segmente zum Konzernergebnis vor Steueraufwand (Steuerertrag) und Aufgabe von Geschäftsbereichen
IAS 34.16 h)	Wesentliche Ereignisse nach Ende der Zwischenberichtsperiode
IAS 34.16 i)	Änderungen im Konsolidierungskreis (einschließlich Unternehmenszusammenschlüssen), Restrukturierungsmaßnahmen sowie die Aufgabe von Geschäftsbereichen
IAS 34.16 j)	Änderungen der Eventualverbindlichkeiten oder -forderungen seit dem letzten Bilanzstichtag

Tabelle 14.6: Mindestangaben in Zwischenberichten

Wir versetzen Sie mal wieder an einen neuen Ort: Sie arbeiten jetzt bei der Intervall AG, die quartalsweise einen Zwischenbericht erstellen muss. Sie sind für die Erstellung des Zwischenberichts zum 30. September 2010 verantwortlich. Welche Perioden müssen rein?

✔ Sie brauchen einerseits eine Bilanz zum 30. September 2010 mit Vorperiode 31. Dezember 2009.

✔ Bei den Gesamtergebnisrechnungen müssen Sie gleich doppelt liefern:

- Sie müssen eine Gesamtergebnisrechnung vom 1. Juli 2010 bis 30. September 2010 veröffentlichen mit Vorperiode 1. Juli 2009 bis 30. September 2009.

- Zusätzlich müssen Sie auch noch eine Gesamtergebnisrechnung vom 1. Januar 2010 bis 30. September 2010 erstellen mit Vorperiode 1. Januar 2009 bis 30. September 2009.

✔ Ihre Eigenkapitalveränderungsrechnung muss die Periode 1. Januar 2010 bis 30. September 2010 mit der Vorperiode 1. Januar 2009 bis 30. September 2009 enthalten.

✔ Eine Kapitalflussrechnung benötigen Sie für die Periode 1. Januar 2010 bis 30. September 2010 sowie die Vorperiode 1. Januar 2009 bis 30. September 2009.

Teil V

Big Business: Der Konzernabschluss

The 5th Wave   By Rich Tennant

»Guten Tag, Sie sind mit der IFRS-Hotline verbunden. Drücken Sie 1, wenn Sie getrödelt haben und sich noch länger mit der Erstellung der Bilanz quälen wollen. Drücken Sie 2, wenn Sie schlecht in Mathe sind und sich verrechnet haben. Drücken Sie 3, wenn sie gelogen haben und hoffen, wir würden es nicht bemerken.«

In diesem Teil ...

Mal ehrlich? Ist es denn allein wirklich am schönsten? Was für Sie vielleicht die Erfüllung eines erholsamen Wochenendes bedeutet, kommt in der IFRS-Rechnungslegung eher selten vor. Genau wie wir Menschen können auch Unternehmen Kinder haben. Zur sicheren Abgrenzung zwischen natürlichen und juristischen Personen werden die »Kinder« eines Unternehmens »Tochterunternehmen« genannt. Haben Sie sich eigentlich mal gefragt, warum es keine »Sohnunternehmen« gibt? An dieser Stelle müssen wir Sie enttäuschen – hierfür haben die IFRS keine Erklärung und auch wir können es Ihnen nicht erklären.

Bei der Erstellung eines solchen Konzernabschlusses gibt es einige Vorschriften, die Sie beachten müssen. Diese erfahren Sie in den Kapiteln 15 bis 18.

Da kommt was zusammen: Konsolidierung

In diesem Kapitel
▶ Wann ein Konzernabschluss erstellt werden muss
▶ Welche Unternehmen in den Konzernabschluss gehören
▶ Konzern als ein Unternehmen sehen

*W*ie eine Familie entsteht, werden Sie sicher wissen und Sie würden dies auch ganz sicher nicht in diesem Buch nachschlagen. Wenn Sie wissen wollen, wie mehrere Unternehmen, die unter ein und derselben Muttergesellschaft stehen, zu einem einheitlichen Konzernabschluss zusammenkommen, dann haben Sie das richtige Buch und das richtige Kapitel gefunden. Sie können hier nachschlagen, wann die IFRS von Ihnen die Erstellung eines Konzernabschlusses verlangen. Eine zentrale Frage ist natürlich auch die nach den Familienmitgliedern. Nach der Lektüre des Kapitels werden Sie dann wissen, was ein *Konsolidierungskreis* ist. Schlussendlich sollten Sie auch noch ein paar Techniken draufhaben, die für einen Konzernabschluss immens wichtig sind. Welche davon nach den IFRS gefordert werden, lesen Sie auch hier.

Dieses Kapitel ist zu kurz, um Ihnen die grundlegende Systematik eines Konzernabschlusses erläutern zu können. Daher beschränken wir uns lediglich auf die Besonderheiten, die die internationale Rechnungslegung für den Konzernabschluss bereithält.

Plötzlich nicht mehr allein – der Konzern

Was ist eigentlich ein Konzern? Der Begriff hört sich immer nach einem riesigen Kraken an, der sich durch die Welt schlingert. Muss aber gar nicht so sein:

Hat ein Unternehmen die Kontrolle über mindestens eine Tochtergesellschaft, so können Sie schon von einem Konzern reden.

Wie in jeder guten Familie gelten nun aber auch in der Rechnungslegung bestimmte Regeln, wie innerhalb der Familie oder dem Konzern verfahren wird. Dies gilt insbesondere für die internationale Rechnungslegung. Das überrascht nicht vor dem Hintergrund, dass die IFRS ursprünglich vor allem für einen *Konzernabschluss* geschrieben wurden.

Ein *Konzernabschluss* liegt immer dann vor, wenn mindestens zwei Unternehmen zusammengefasst in einem Abschluss – dem Konzernabschluss – dargestellt werden. Daher tut man ein wenig so, als ob dies der Abschluss nur eines Unternehmens ist.

Wie Sie einen Konzernabschluss erstellen und was Sie dabei besonders beachten müssen, hängt in der IFRS-Rechnungslegung zunächst einmal von der Höhe der Beteiligung zwischen den Unternehmen ab. Es kann durchaus unterschiedliche Arten des Zusammenlebens geben. So kann ein Unternehmen ein anderes Unternehmen komplett besitzen oder aber nur zu einem bestimmten Teil zwischen 0,1 Prozent und 99,99 Prozent. Für sämtliche Konstellationen gibt es in der internationalen Rechnungslegung Vorschriften:

✔ Besitzen Sie mindestens 50,01 Prozent an einem Unternehmen, so wenden Sie in der Regel IAS 27 »Konzern- und Einzelabschlüsse« an. Hier gehen Sie davon aus, dass Sie das Tochterunternehmen beherrschen können.

✔ Besitzen Sie mindestens 20 Prozent, aber unter 50 Prozent an einem anderen Unternehmen, müssen Sie sich zur Bilanzierung IAS 28 »Anteile an assoziierten Unternehmen« näher anschauen. In diesem Fall wird davon ausgegangen, dass Sie einen *maßgeblichen Einfluss* auf das Tochterunternehmen ausüben können.

✔ Wenn Sie ein Unternehmen *gemeinschaftlich* mit einem anderen Unternehmen *führen*, sollten Sie IAS 31 »Anteile an Gemeinschaftsunternehmen« mit in die Konzernabschlusstätigkeiten einbeziehen.

✔ Unter gewissen Umständen müssen Sie sogar ein Unternehmen als Tochterunternehmen betrachten, wenn Sie gar keine rechtlichen Anteile an diesem Unternehmen besitzen. In solchen Fällen haben Sie die *wirtschaftliche Kontrolle* über das Unternehmen.

Das ist ganz schön viel und leider ist alles auch recht verschieden in der Bilanzierung. Daher sind die Kapitel zur Konzernrechnungslegung nach IFRS genau nach diesen Beherrschungsmöglichkeiten untergliedert.

Besitzen Sie zwischen 0,1 Prozent und 19,99 Prozent an einem anderen Unternehmen, so gelten hierfür nicht die Vorschriften der Konzernrechnungslegung. Dies hat aber auch den Vorteil, dass Sie dann keinen Konzernabschluss erstellen müssen. Für diese »kleinen Töchter« gelten die Vorschriften des IAS 39 »Finanzinstrumente: Ansatz und Bewertung«. Die Regelungen dazu finden Sie in Kapitel 7.

Im Folgenden lesen Sie zunächst etwas über die grundlegenden Eigenschaften eines Konzernabschlusses und was Sie sonst noch alles beachten müssen, wenn Sie in den Genuss der Konzernrechnungslegung kommen.

Jetzt kommt zusammen, was zusammengehört – Aufstellungspflicht

Eines Tages stürmt Ihr Chef in Ihr Büro und teilt Ihnen mit, dass er gerade ein Unternehmen erworben hat, von dem er sich etwas ganz Großes erwartet. Schön und gut, werden Sie denken,

15 ➤ Da kommt was zusammen: Konsolidierung

was haben die privaten Geschäfte meines Chefs mit mir zu tun? Erst mit einem Nebensatz offenbart er Ihnen, dass der Käufer der Firma Ihr Unternehmen ist. Auweia! Bisher waren Sie recht gut in der IFRS-Welt unterwegs und haben Ihren Jahresabschluss als einzelnes Unternehmen erstellt. Da Sie weiterhin der internationalen Rechnungslegung treu bleiben werden, erahnen Sie sofort die Konzernabschlusspflicht.

> Hat ein *Mutterunternehmen* die Beherrschung über mindestens ein Tochterunternehmen, so muss das Mutterunternehmen einen Konzernabschluss nach den Regelungen des IAS 27 »Konzern- und Einzelabschlüsse« erstellen.

Diese Aussage ist ziemlich eindeutig. Die große Detailfrage in dieser Regelung ist lediglich die nach der Beherrschungsmöglichkeit. Wann und wie Sie die Beherrschung über ein Unternehmen ausüben, klären wir aber erst im nächsten Abschnitt. Da sich der Begriff »Beherrschung« nicht so schön anhört und auch Böses erahnen lässt, reden wir hier lieber von Kontrolle. Ansonsten verliert noch einer die Beherrschung.

Ausnahmen von der Aufstellungspflicht

Glücklicherweise gibt es jedoch Ausnahmen von der Aufstellungspflicht eines Konzernabschlusses. Wenn Sie ein oder mehrere Tochterunternehmen unter Ihrer Kontrolle haben, müssen Sie keinen Konzernabschluss erstellen, wenn die folgenden vier Voraussetzungen *alle* erfüllt sind:

✔ Ihr Unternehmen ist selbst ein hundertprozentiges Tochterunternehmen.

✔ Ihr Unternehmen ist nicht an einer Börse notiert und Sie haben auch keine Anleihen oder ähnliches Fremdkapital an einer Börse eingesammelt.

✔ Sie haben keine Börsenzulassung für Ihre Aktien oder für Fremdkapitaltitel beantragt.

✔ Ihr Mutterunternehmen oder ein Unternehmen darüber erstellt einen Konzernabschluss nach den Vorschriften der IFRS.

Wenn Sie sich diese Befreiungsvorschrift mal genauer anschauen, sehen Sie eigentlich ganz schnell, dass dadurch erreicht werden soll, dass die ganz normalen Tochtergesellschaften in einem Konzern nicht alle auch noch einen Konzernabschluss aufstellen müssen. Stellen Sie sich nur einmal einen Konzern wie in Abbildung 15.1 vor.

Wenn es die obige Ausnahmeregel nicht gäbe, müssten die Unternehmen A, B, C und B1 einen Konzernabschluss erstellen. Was dies allein in der Unterhaltung eines Konzernbilanzierers und an sonstigem Aufwand kostet, ist schnell klar. Und es hätte auch keinen großen Nutzen. Anders wäre es jedoch, wenn Unternehmen B an einer Börse notiert ist. In diesem Fall wollen die Aktionäre von B schon wissen, was sich denn so alles im Konzern abspielt. Ist ja auch ihr gutes Recht. Und wenn Sie Kapitel 4 fleißig gelesen haben, wissen Sie bestimmt noch, dass die Informationsbedürfnisse der Investoren das höchste Gut der IFRS-Rechnungslegung sind. Genau das gleiche Informationsbedürfnis hätten Investoren, wenn Unternehmen C Geld über eine Anleihe an einer Börse eingesammelt hat.

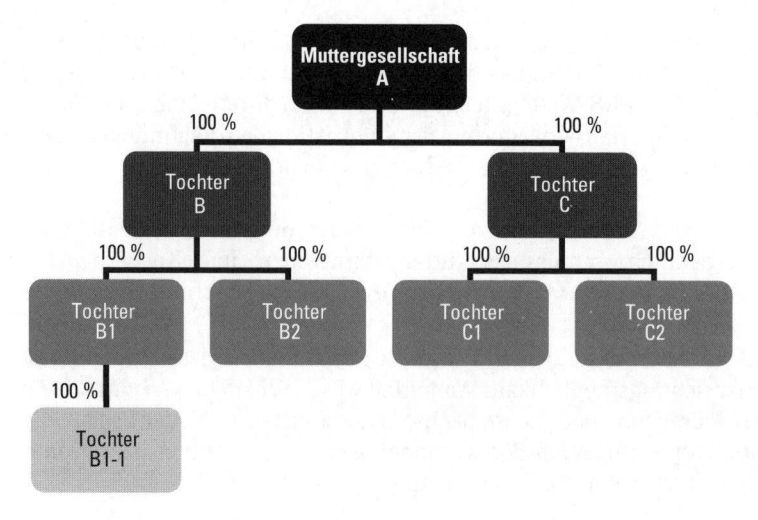

Abbildung 15.1: Konzernstruktur

Die Regelungen der IFRS können nicht die lokalen gesetzlichen Regelungen zur Aufstellung eines Konzernabschlusses eines jeden Landes außer Kraft setzen. Wenn Sie nach lokalem Recht zur Erstellung eines Konzernabschlusses verpflichtet sind, kann Ihnen die Befreiungsmöglichkeit der IFRS auch nicht helfen. Anders herum müssen Sie aber nicht gleich einen Konzernabschluss erstellen, wenn Sie dies nach lokalen Vorschriften nicht müssen, nur weil die IFRS das so wollen. Es sei denn, Sie wenden IFRS an – dann müssen Sie wohl.

Alles klar: Wann Sie in den Genuss der Konzernabschlusserstellung kommen, wissen Sie nun. Sie müssen mindestens ein Unternehmen kontrollieren. Genau hier ist der Haken. Was Sie als Kontrolle betrachten, muss noch lange keine Kontrolle nach IFRS sein. Damit Sie Kontrolle von Kontrolle unterscheiden können, lesen Sie einfach den nächsten Abschnitt.

Eine Frage der Beherrschung – das Kontrollkonzept

Vertrauen ist gut – Kontrolle ist besser. Die Jungs und Mädels vom IASB scheinen dieses schöne Sprichwort auch zu kennen. Daher haben sie vor jede volle Integration eines anderen Unternehmens in Ihren Konzernabschluss die Hürde *Kontrolle* gesetzt. Wie bereits erwähnt, wird die Kontrolle auch in Fachkreisen als *Beherrschung* bezeichnet.

Generell wird von einer Kontrolle ausgegangen, wenn die Muttergesellschaft mehr als 50 Prozent der Anteile an der Gesellschaft besitzt – in Einzelfällen kann aber auch dabei die Kontrolle nicht gegeben sein. Dazu gleich mehr.

Beherrschung (oder Kontrolle) ist die Möglichkeit, die Finanz- und Geschäftspolitik eines Unternehmens zu bestimmen, um aus dessen Tätigkeit Nutzen zu ziehen.

Die Definition der Kontrolle ist aber nicht nur an das rechtliche Eigentum an einem Unternehmen geknüpft. Ist es einem Unternehmen möglich, die Finanz- und Geschäftspolitik eines anderen Unternehmens zu bestimmen, liegt Kontrolle nach den Vorschriften des IAS 27 auch dann vor, wenn keine oder wenige rechtliche Anteile an dem Unternehmen bestehen.

Wann Kontrolle vorliegt

Über die speziellen Bereiche der Finanz- und Geschäftspolitik, die Sie dafür bestimmen sollen, gibt IAS 27 dann leider nicht viele Ausführungen. Allgemein können Sie aber die folgenden Entscheidungen als ein Anzeichen dafür sehen, dass Sie die Finanz- und Geschäftspolitik bestimmen können:

- ✔ Entscheidung über Ausschüttungen und wesentliche Investitionen
- ✔ Genehmigung des Wirtschaftsplans
- ✔ Entscheidung über die strategische Ausrichtung des Unternehmens
- ✔ Genehmigung von Kapitalmaßnahmen und Fremdkapitalaufnahme

Wenn Sie die Finanz- und Geschäftspolitik eines Unternehmens bestimmen können, wird zusätzlich noch gefordert, dass Sie aus der Tätigkeit des kontrollierten Unternehmens *Nutzen ziehen* können.

Nutzen liegt nicht unbedingt in der Möglichkeit, Dividendenerträge zu erzielen, sondern kann auch in anderen wirtschaftlichen Vorteilen liegen. Diese zweite Bedingung ist jedoch grundsätzlich dann erfüllt, wenn das Unternehmen die Finanz- und Geschäftspolitik bestimmen kann. Klingt aber auch logisch, da kein normaler Investor gegen seinen eigenen Nutzen arbeitet.

Wie Sie schon erkannt haben, kommt es tatsächlich nicht immer lediglich auf die rechtlichen Anteile an einem Unternehmen an. Wenn Sie weniger als 50 Prozent an einem Unternehmen besitzen, aber durch irgendwelche Regelungen die oben genannten Fähigkeiten zur Bestimmung der Finanz- und Geschäftspolitik besitzen, gelten Sie dennoch als »Kontrolleur« und dürfen (oder müssen) das Unternehmen in Ihren Konzernabschluss einbeziehen.

Kontrolle bei weniger als 50 Prozent Besitzanteilen

IAS 27 gibt Ihnen dann auch gleich ein paar Situationen an die Hand, in denen Kontrolle vorliegen kann, ohne dass Sie mehr als 50 Prozent der Unternehmensanteile halten. Diese Situationen sehen Sie in Tabelle 15.1.

Wenn Sie potenzielle Stimmrechte besitzen, die Sie für die Kontrolle nur ausüben müssten, berücksichtigen Sie diese schon vor der Ausübung für die Beurteilung der Kontrollmöglichkeit. Dies aber nur dann, wenn Sie die Stimmrechte auch tatsächlich zum Bilanzstichtag ausüben können. Muss erst eine bestimmte Bedingung zur Ausübung erfüllt sein, die aber nicht unter Ihrer Kontrolle liegt, gelten die potenziellen Stimmrechte aktuell noch nicht als Stimmrechte. Klingt ein wenig kompliziert, ist aber eigentlich logisch, oder?

Situation	Was ist gemeint
Mehrheit der Stimmrechte	Durch irgendwelche Vereinbarungen mit anderen Gesellschaftern verfügen Sie bei Eigentümerversammlungen über mehr als die Hälfte der Stimmrechte. Dies gilt auch für potenzielle Stimmrechte, die Sie ausüben können – wenn Sie denn wollen.
Entscheidung über Unternehmenspolitik	Laut Satzung der Gesellschaft oder durch ein Abkommen mit anderen Anteilseignern dürfen Sie über die Finanz- und Geschäftspolitik bestimmen.
Bestimmung der Organe	Sie können die Mehrheit der Geschäftsführungsorgane bestimmen oder aber die Mehrheit der Aufsichtsorgane. Letzteres hilft aber nur dann, wenn diese die Verfügungsgewalt über das Unternehmen haben.
Stimmrechtshoheit	In Sitzungen der Geschäftsführungs- oder Leitungsgremien bestimmen Sie die Mehrheit der Stimmen.

Tabelle 15.1: Möglichkeiten der Kontrolle

Die folgenden Beispiele sind in der Praxis gar nicht so selten:

✔ Sie besitzen ca. 40 Prozent am Unternehmen Reichtum & Söhne. Aufgrund einer Vereinbarung mit einem anderen Gesellschafter könnten Sie diesem jederzeit für »'nen Appel und 'n Ei« seine 15 Prozent Anteile an Reichtum abkaufen. Die Option ist in keiner Weise eingeschränkt. Solche Vereinbarungen gelten als potenzielle Stimmrechte. Nach der Betrachtungsweise der IAS besitzen Sie mehr als 50 Prozent an Reichtum & Söhne und müssen es in Ihren Konzernabschluss einbeziehen.

✔ Zusammen mit einem Wettbewerber haben Sie das Unternehmen Zwietracht & Töchter gegründet. Beide halten Sie 50 Prozent an dem Unternehmen. Einfach durch die Anteilsbrille betrachtet hat nun keiner die Mehrheit. Da dies aber ein Unternehmen auch lähmen kann, haben Sie vereinbart, dass bei ausgeglichenen Abstimmungsergebnissen in der Gesellschafterversammlung Ihnen eine Stimme zusätzlich zusteht. Damit haben Sie die Kontrolle über alles und Zwietracht & Töchter gehört in Ihren Konzernabschluss.

✔ Mit einer anderen Privatperson haben Sie das Unternehmen Strahlemann & Freunde gegründet, an dem Sie und der andere Kollege jeweils ebenfalls 50 Prozent halten. Da der Privatmann zwar viel Geld, aber nicht wirklich viel Ahnung vom operativen Geschäft hat, haben Sie in der Satzung der Gesellschaft vereinbart, dass die wirtschaftliche und finanzielle Führung des gemeinsamen Unternehmens bei Ihnen liegt. Damit können Sie die Finanz- und Geschäftspolitik von Strahlemann & Söhne bestimmen und nehmen eine weitere Gesellschaft in Ihren Konzernabschluss auf. Herzlich willkommen!

✔ Im letzten Geschäftsjahr haben Sie die bisher von Ihnen kontrollierte Steuerteuer & Co. an eine Holdinggesellschaft in einem Steuerparadies veräußert – steuerliche Gründe können wir nur vermuten. Sie haben aber keine Lust, dass Sie die operative Leitung an Steuerteuer & Co. den Gesellschaftern der Holdinggesellschaft überlassen. Daher gibt es eine Vereinbarung, dass die neuen Gesellschafter bei einer Gesellschafterversammlung immer so abstimmen, wie Sie dies angewiesen haben. Rechtlich mögen Sie die Kontrolle verloren haben, aber Sie bestimmen dennoch die Geschicke von Steuerteuer & Co. Also wieder zurück in Ihren Konzernabschluss. Aber steuerlich mag es ein guter Deal gewesen sein.

15 ➤ Da kommt was zusammen: Konsolidierung

Alle Unternehmen, die Sie in Ihren Konzernabschluss einbeziehen, werden auch als *Konsolidierungskreis* bezeichnet. Dies umfasst auch das Mutterunternehmen.

Sie haben es bestimmt geahnt: Wenn Sie nach IFRS ein Unternehmen kontrollieren können, an dem Sie nicht die rechtliche Mehrheit besitzen, geht das bestimmt auch in die andere Richtung. Und Sie haben vollkommen recht!

Die rechtliche Mehrheit an einem anderen Unternehmen muss nicht immer die volle Kontrolle über das Unternehmen bedeuten. Lässt sich eindeutig nachweisen, dass Sie trotzdem keine Kontrolle über das Unternehmen haben, darf das Unternehmen nicht in den Konzernabschluss des rechtlichen Mutterunternehmens einbezogen werden.

Im Prinzip trifft dies immer dann zu, wenn Sie zwar mehr als 50 Prozent der Anteile besitzen, aber die gegenteiligen Vereinbarungen zu den oben genannten Beispielen getroffen haben. Sie überlassen also trotz Mehrheitsbesitz einem anderen die Kontrolle oder vielleicht hat sogar niemand die Kontrolle.

Sie besitzen 80 Prozent der Anteile an der Abstimmungs GmbH. Eine andere Partei hält die restlichen 20 Prozent. Eigentlich eine klare Regelung. Aber: Sie haben sich dazu überreden lassen, dass alle wesentlichen Entscheidungen über die Geschäfts- und Finanzpolitik der Abstimmungs GmbH der Zustimmung des anderen Gesellschafters bedürfen. In diesem Fall haben Sie keine Kontrolle. Die Abstimmungs GmbH hat in Ihrem Konzernabschluss nichts zu suchen. Bei genauer Betrachtung hat die andere Partei aber auch keine Kontrolle.

Wie Sie sehen, ist Kontrolle nicht immer Kontrolle. Gerade bei der Ermittlung des Konsolidierungskreises kommt es sehr stark auf die vielen kleinen Details an. Die komplette Analyse des Vertragswerkes aber auch die Betrachtung der tatsächlichen Führung eines Unternehmens bleibt Ihnen hier meistens nicht erspart.

Was Sie alles beachten müssen, wenn Sie ein Unternehmen als Bestandteil Ihres Konsolidierungskreises identifiziert haben, lesen Sie im nächsten Abschnitt.

Vom Einzelabschluss zum Konzernabschluss

Bevor Sie sich hoch motiviert an die Erstellung des Konzernabschlusses heranwagen, sollten Sie noch ein paar Regeln beachten, die Ihnen die IFRS vorschreiben. Wenn Sie sich bereits mit der Konzernabschlusserstellung im Allgemeinen auskennen, wird Sie in diesem Abschnitt sicherlich nichts so dramatisch überraschen. Die Techniken der Konzernabschlusserstellung sind eigentlich immer gleich.

Von jetzt an und für immer – erstmalige und letztmalige Einbeziehung

Sie beziehen ein Unternehmen ab dem Zeitpunkt in Ihren Konzernabschluss ein, ab dem Sie die Kontrolle über das Unternehmen haben. Wenn Sie nach den gerade erläuterten Kriterien eine Kontrolle festgestellt haben, müssen Sie sich an die Integration in Ihren Konzernabschluss machen.

Wenn es sich nicht um eine Unternehmensgründung handelt, erlangen Sie die Kontrolle zumeist über einen Erwerb von Unternehmen.

Bei einem Unternehmenserwerb müssen Sie das Vertragswerk ganz genau prüfen. Meistens ergibt sich erst durch eine Ansammlung bestimmter Voraussetzungen die Erfüllung aller Bedingungen des Kaufvertrags. Dann liegt beispielsweise bei Unterschrift unter den Kaufvertrag noch keine Kontrolle vor, sondern erst dann, wenn alle Vertragskonditionen erfüllt sind. In der Welt der Unternehmenstransaktionen redet man hier auch oft von *Signing* und *Closing*. Signing ist die Unterzeichnung des Vertrags und Closing ist der Zeitpunkt, an dem alles klargemacht wird, was im Kaufvertrag vereinbart wurde. Der Zeitpunkt der Kontrollerlangung ist damit meistens erst beim Closing.

Von der ersten Minute an, in der Sie die Kontrolle haben, gehören die Vermögenswerte und Schulden und die Ergebnisse des Tochterunternehmens in Ihren Konzernabschluss. Der IFRS-Rechnungslegung ist es dabei egal, ob dies mitten im Monat oder an einem Wochenende geschieht.

In Kapitel 16 lernen Sie, dass Sie zum Zeitpunkt der Kontrollübernahme eine Bilanz aufstellen müssen. Dafür wäre natürlich mitten im Monat der denkbar unpraktikabelste Zeitpunkt. Versuchen Sie daher immer bei anstehenden Unternehmenserwerben darauf hinzuwirken, dass Sie erst am Monatsende oder am Monatsanfang Kontrolle erlangen. Das macht die Aufstellung der gegebenenfalls benötigten Zwischenbilanz wesentlich einfacher!

Der Tag der Kontrollübernahme heißt im Fachjargon übrigens *Erstkonsolidierung*. Die Erstkonsolidierung infolge eines Unternehmenserwerbs nach den Regelungen der IFRS hat es ziemlich in sich. Was Sie dann genau alles zu tun haben, lesen Sie bitte in Kapitel 16 nach.

Im Gegenzug ist es natürlich so, dass Sie ein Unternehmen nicht mehr weiter in Ihren Konzernabschluss einbeziehen, wenn Sie die Kontrolle verloren haben. Dies klingt sicher einleuchtend. Ab dem Tag des Kontrollverlustes dürfen Sie die Vermögenswerte und Schulden nicht weiter in Ihrer Konzernbilanz abbilden und das Ergebnis des verlassenden Tochterunternehmens gehört auch nur bis zu diesem Tag in Ihr Konzernergebnis.

So basteln Sie das alles zusammen – die Einheitstheorie

Am Anfang steht die Idee des Konzernabschlusses als der Abschluss eines einzelnen Unternehmens – dem Konzern.

Der Konzernabschluss stellt die Lage der Unternehmensgruppe so dar, als ob es sich um nur ein einziges einheitliches Unternehmen handelt.

Diese Aussage ist nicht neu und ist in den IFRS auch lediglich aus der ganz normalen Welt der Konzernrechnungslegung übernommen.

15 ➤ Da kommt was zusammen: Konsolidierung

Der erfahrene Konzernabschlussersteller weiß, dass zunächst die Bilanzen und Gesamtergebnisrechnungen aller Konzernunternehmen addiert und dann im nächsten Schritt sämtliche Geschäftsvorfälle eliminiert werden, die zwischen den Unternehmen des Konsolidierungskreises angefallen sind. Das ist dann der Prozess der *Konsolidierung*. Damit erreichen Sie, dass lediglich die Transaktionen in der Bilanz und im Ergebnis abgebildet werden, die zwischen Konzernunternehmen und anderen, also konzernfremden Dritten, angefallen sind. Aber wir wollen Ihnen hier nicht die Konsolidierungstechniken nahebringen, sondern Besonderheiten, die Sie eventuell in der IFRS-Rechnungslegung beachten sollten.

Hier gibt es in der IFRS-Rechnungslegung eigentlich keine großen Unterschiede zur normalen Konzernabschlusserstellung. Die Eliminierung aller konzerninternen Geschäftsvorfälle erfolgt auch hier durch die folgenden Schritte:

- ✔ Die *Kapitalkonsolidierung* sorgt dafür, dass die Beteiligungsbuchwerte im Einzelabschluss des Mutterunternehmens mit dem anteiligen Eigenkapital des Tochterunternehmens verrechnet werden.

- ✔ Die *Schuldenkonsolidierung* erfolgt durch die Verrechnung von Forderungen gegenüber einem Konzernunternehmen mit der entsprechenden Verbindlichkeit, die das andere Unternehmen gegen das Konzernunternehmen ausweist. Dadurch werden die Forderungen und Verbindlichkeiten eliminiert, die lediglich zwischen Konzerngesellschaften existieren. Nach außen dürfen diese Posten nicht auftreten. Sie wissen schon – die Einheitstheorie.

- ✔ Durch die *Aufwands- und Ertragskonsolidierung* werden die konzerninternen Umsätze mit den entsprechenden Kosten auf der Gegenseite verrechnet. Dadurch blähen Sie den Konzernumsatz und die Konzernkosten nicht maßlos auf.

- ✔ Die *Zwischengewinnkonsolidierung* eliminiert Gewinne, die lediglich durch Veräußerungen zwischen zwei Konzernunternehmen entstanden sind. Da diese Gewinne gemäß der Einheitstheorie nicht außerhalb des Unternehmens entstanden sind, müssen sie natürlich wieder gelöscht werden.

Zur Abbildung eines einheitlichen Unternehmens gehören natürlich auch die einheitliche Anwendung von Bilanzierungsregeln und der Wunsch nach einem gemeinsamen Bilanzstichtag.

Einheitliche Bilanzierungsregeln

Alle Konzernunternehmen müssen die gleichen Bilanzierungsvorschriften anwenden. Es kann ja nicht sein, dass ein Unternehmen mal eben seine Bilanz nach kirgisischem Bilanzrecht erstellt und ein anderes vorbildlich die IFRS anwendet. Nein, das geht nicht und widerspricht der Einheitstheorie.

Für die Erstellung eines IFRS-Konzernabschlusses müssen alle Unternehmen des Konzerns die IFRS-Rechnungslegung anwenden. Auch sämtliche Wahlrechte, die Ihnen die IFRS offenbaren, müssen im Konzern einheitlich angewendet werden.

> Damit alle Ihre Konzernunternehmen weltweit die gleichen Bilanzierungsregeln anwenden, ist es sehr empfehlenswert, dass Sie eine Konzernbilanzierungsrichtlinie erstellen (lassen), die dann alle Unternehmen im Konzern einheitlich befolgen müssen. Das macht es um einiges einfacher.

Das Ganze gilt natürlich nur für die Zahlen, die zur Integration in den Konzernabschluss herangezogen werden. Wenn infolge lokaler Vorschriften ein Einzelabschluss nach lokalen Rechnungslegungsvorschriften erstellt werden muss, müssen Sie das natürlich in einem zweiten Rechenwerk tun. Wie Sie das nun wieder in Ihrem Rechnungslegungssystem abbilden können, erfahren Sie in Kapitel 20.

Gemeinsamer Bilanzstichtag

Alle Unternehmen, die in den Konzernabschluss einbezogen werden, sollten den gleichen Bilanzstichtag haben. Stellen Sie sich mal bitte das Chaos vor, wenn das nicht so wäre. Dann erstellt ein Unternehmen seine Bilanz zum 31.03., eines am 30.06., ein anderes wieder am 28.02. und die Konzernmutter erstellt den Konzernabschluss zum 31.12. Das geht natürlich nicht.

Wenn aus irgendwelchen Gründen ein Tochterunternehmen das kleine gallische Dorf darstellt und einen abweichenden Bilanzstichtag hat, so müssen Sie dieses Unternehmen leider zur Aufstellung eines *Zwischenabschlusses* zwingen. Dieser Zwischenabschluss wird zum Bilanzstichtag des Mutterunternehmens aufgestellt und darf qualitativ natürlich einem normalen Abschluss in nichts nachstehen.

Weicht der Bilanzstichtag eines Konzernunternehmens von dem des Mutterunternehmens ab, so darf der Zeitraum zwischen den beiden Stichtagen niemals mehr als drei Monate betragen.

Ein Zwischenabschluss bedeutet natürlich einiges an Mehrarbeit. Daher sollten Sie eventuell darüber nachdenken, das Geschäftsjahr dieses Tochterunternehmens dem des Mutterunternehmens gleichzusetzen.

So, das war nun erst einmal alles, was Sie Allgemeines zur Konzernabschlusserstellung nach IFRS wissen sollten. Nun sind Sie bereit für den Einstieg in eine der Königsdisziplinen der internationalen Rechnungslegung. Im nächsten Kapitel erfahren Sie, was alles auf Sie zukommt, wenn Sie ein Unternehmen gekauft haben und dieses nun erstmalig in Ihren Konzernabschluss einbeziehen dürfen (oder auch müssen).

Volle Kontrolle: Vollkonsolidierung nach der Erwerbsmethode

In diesem Kapitel
▶ Einen Unternehmenskauf abbilden
▶ Positiven oder negativen Goodwill ermitteln
▶ Abbildung nach dem Kauf

*W*illkommen in der Königsdisziplin der internationalen Rechnungslegung! Ein Konzern ist für gewöhnlich kein starres Gebilde, sondern vergleichbar mit einer großen Familie. In regelmäßigen Abständen kommt es zur Vergrößerung beziehungsweise zur Verkleinerung der Konzernfamilie, die fachmännisch auch *Konsolidierungskreis* genannt wird.

Wenn Sie mit dem Begriff *Konsolidierungskreis* nichts anfangen können, schlagen Sie bitte kurz noch einmal in Kapitel 15 nach.

In diesem Kapitel stellen wir Ihnen vor, was Sie bei einer Vergrößerung des Konsolidierungskreises so alles beachten müssen.

Vorweg sei aber eines schon gesagt: Die Abbildung von Unternehmenserwerben kann für den Erwerber ein sehr zeitintensiver und kostenintensiver »Spaß« werden. Wenn in Ihrem Konzern keine Unternehmenskäufe auftreten, können Sie dieses Kapitel ruhig überspringen. Damit Sie aber dennoch immer mitreden können, kommt hier als Einstieg eine Kurzzusammenfassung der Vorgehensweise. Bei einem Unternehmenserwerb stehen zunächst zwei Übungen an:

✔ **Umstellung der Rechnungslegung des erworbenen Unternehmens auf IFRS**, sofern dieses noch keine Abschlüsse nach IFRS erstellt, und zwar auf Basis der für den Erwerber festgelegten einheitlichen Vorgehensweise für seine Abschlüsse

✔ **Neubewertung der erworbenen Vermögenswerte und Schulden** – in der Regel zu ihrem beizulegendem Zeitwert (»Fair Value«)

Als ob das noch nicht schon genug wäre, trifft Sie als Bilanzierender aber auch noch Folgendes:

✔ **Aktivierung bisher noch nicht bilanzierter immaterieller Vermögenswerte**, wie zum Beispiel Kundenlisten oder Marken. Solche Vermögenswerte dürfen in der Regel nicht angesetzt werden, wenn diese im Unternehmen selbst geschaffen werden. Aber im Rahmen von Unternehmenserwerben müssen Sie sie dann doch berücksichtigen – weil sie ja nicht mehr selbst geschaffen, sondern quasi erworben sind.

✔ **Erstellung des Konzernabschlusses des erworbenen Konzerns.** Wenn Sie nicht nur ein Unternehmen erwerben, sondern einen Konzern, dann benötigen Sie für die Erstkonsolidierung natürlich auch einen Konzernabschluss.

Einen Unternehmenserwerb abzubilden, ist also ziemlich aufwendig! Abgesehen davon kann er das Bilanzbild sehr stark beeinflussen und auch Risiken für Folgeperioden bergen. Insbesondere bei sogenannten Geschäfts- oder Firmenwerten (Goodwills) kann es in Folgeperioden bei der Durchführung von Werthaltigkeitsprüfungen zu hohen Abschreibungen kommen, die Ihnen komplett die GuV verhageln können. Wie das im Detail funktioniert, erfahren Sie ebenfalls in diesem Kapitel.

Bei der Erstkonsolidierung greifen mehrere Vorschriften ineinander, die wichtigsten Bestimmungen für die Bilanzierung von Erwerben finden sich in IFRS 3 »Unternehmenszusammenschlüsse«. Die wichtigsten Bestimmungen zur Folgekonsolidierung für Geschäfts- und Firmenwerte finden Sie in IAS 36 »Wertminderungen«.

Erstkonsolidierung – die Mammutaufgabe

Ihre Konzernfamilie hat sich nun also vergrößert. Was in einer menschlichen Familie in den meisten Fällen zu großer Freude führt, muss in der Welt der Bilanzierung aber nicht immer zu solcher Euphorie führen. Ist es eigentlich egal, in welcher Form sich der Konsolidierungskreis erweitert?

Formen der Erweiterung des Konsolidierungskreises

Die Vergrößerung des Konsolidierungskreises kann grundsätzlich über drei verschiedene Wege erfolgen:

✔ Gründung von Gesellschaften

✔ Erwerb von Unternehmen oder ganzen Konzernen

✔ Erwerb von Geschäftsbetrieben ohne eigenständige rechtliche Einheit (Das Ganze wird auch unter coolen Dealmakers »Asset Deal« genannt.)

Die Gründung von Gesellschaften ist aus Konzernsicht unproblematisch, weil der Wert der Beteiligung dem anteiligen Eigenkapital entspricht und daher keine weiteren Anpassungen notwendig sind.

Wird eine GmbH mit einem Eigenkapital von EUR 25.000 gegründet, so liegt hier kein Unternehmenserwerb im Sinne von IFRS 3 vor und daher finden die komplizierten Vorschriften auch keine Anwendung. Für die Erstkonsolidierung setzen Sie sowohl das Eigenkapital der neu gegründeten Gesellschaft als auch den Beteiligungsbuchwert in der Muttergesellschaft mit EUR 25.000 an. Beides wird dann in der Kapitalkonsolidierung miteinander verrechnet und hinterlässt keine Differenzen.

Unternehmenserwerbe liegen grundsätzlich dann vor, wenn ein Unternehmen beziehungsweise Konzern von einem anderen erworben wird. Nach einem Unternehmenserwerb müssen Sie die oben beschriebenen Schritte durchführen. Sie müssen hier also die komplette Neubewertung der Vermögenswerte und Schulden Ihrer Neueroberung durchführen.

Keine Anwendung finden die Vorschriften bei sogenannten *Transaktionen unter gemeinsamer Kontrolle*. Kontrollieren dieselben Gesellschaften beziehungsweise Personen sowohl das erwerbende als auch das erworbene Unternehmen, gelten die Bestimmungen zu Unternehmenserwerben nicht.

Transaktionen unter gemeinsamer Kontrolle treten häufig innerhalb einer Konzerngruppe auf. Hier steht die Konzernmuttergesellschaft immer am oberen Ende der Kontrollkette. Wenn nun ein Unternehmen des Konzerns ein anderes Unternehmen des Konzerns innerhalb der Konzerngruppe verkauft, erfolgt dies unter gemeinsamer Kontrolle. Die Vorschriften des IFRS 3 finden keine Anwendung.

Eine Sonderform des Unternehmenserwerbs ist der sogenannte *Asset Deal*. Hierbei wird nicht eine andere Gesellschaft erworben, sondern deren *Geschäftsbetrieb*.

Ein *Geschäftsbetrieb* ist eine Gruppe von Tätigkeiten und Vermögenswerten, die mit dem Ziel geführt werden, Erträge zu erwirtschaften. Die Erträge können Dividenden, niedrigere Kosten oder sonstiger wirtschaftlicher Nutzen für die Eigentümer sein. Im Prinzip geht es darum, dass der Geschäftsbetrieb eine eigenständige Einheit darstellt, die in der Lage ist, sich selbst zu betreiben.

Bei Asset Deals übernimmt der Erwerber Vermögenswerte und Schulden, Mitarbeiter und in gewissem Umfang auch noch sonstige Vermögenswerte (zum Beispiel Auftragsbestände, Patente oder Lizenzen). Er erwirbt jedoch kein rechtliches Unternehmen. Da es sich wirtschaftlich gesehen aber um einen eigenständigen Geschäftsbetrieb handelt, fallen auch Asset Deals unter die Bestimmung für Erstkonsolidierungen. Daher müssen die Regelungen, die für einen Unternehmenskauf gelten, auch hier angewendet werden. Es folgt dann auch hier die Neubewertung der erworbenen Vermögenswerte und Schulden.

Aufgaben bei der Einbeziehung neuer Unternehmen

Haben Sie einen Geschäftsbetrieb entweder durch Anteilserwerb oder Asset Deal erworben, wird es ernst. Die nachfolgenden Schritte beziehungsweise Fragen müssen Sie für die Bilanzierung eines Unternehmenserwerbs durchführen beziehungsweise beantworten:

✔ Wer ist der Käufer im Sinne der IFRS?

✔ Wann erfolgt der Erwerb?

✔ Wie hoch ist der bilanzielle Kaufpreis?

✔ Welche Vermögenswerte und Schulden werden übernommen?

✔ Wie viel sind die übernommenen Vermögenswerte und Schulden wert?

✔ Gibt es Anteile, die anderen zustehen?

✔ Wie lange habe ich für die Berechnungen Zeit?

✔ Abbildung des Unternehmenserwerbs in Ihren Systemen

✔ Dokumentation der gesamten Sachen

All diese Informationen sind notwendig, damit Sie die erforderlichen Schritte der Erstkonsolidierung, die sogenannte *Kaufpreisallokation* durchführen können. Sie treffen auch oft die Bezeichnung *Purchase Price Allocation* oder kurz *PPA* an. Dies ist einfach nur die englische Bezeichnung beziehungsweise die Kurzform, meint aber nichts anderes.

Wer ist der Käufer im Sinne der IFRS?

Na was für eine Frage – Käufer ist der, der kauft! Oder? Na ja, zumindest in den meisten Fällen ist es so, dass aus einem Kaufvertrag eindeutig hervorgeht, wer der Käufer ist. Es gibt aber auch Ausnahmesituationen, bei denen der Käufer laut Kaufvertrag eigentlich derjenige ist, der gekauft wird – zumindest bilanziell gesehen. Mehr dazu erfahren Sie aber in Kapitel 18 unter dem Begriff *umgekehrter Unternehmenszusammenschluss*. Zunächst gehen Sie einmal davon aus, dass der rechtliche Käufer auch der Käufer nach IFRS ist.

Wann erfolgt der Erwerb?

In Kapitel 15 haben wir Ihnen erklärt, dass Sie ein Unternehmen in Ihren Konzernabschluss einbeziehen müssen, wenn Sie über das Unternehmen die Kontrolle oder die Beherrschung ausüben können. Bei einem Unternehmenserwerb sollten Sie dann also den Zeitpunkt feststellen, an dem Sie das erste Mal diese Beherrschung über das gekaufte Unternehmen haben. In der Regel wird dies durch das sogenannte *Closing* erreicht. Beim Closing sind alle Vertragsbedingungen für den Kauf erfüllt. Aber wie gesagt, halt nur in den meisten Fällen, da dies von Fall zu Fall verschieden sein kann! Genaueste Analyse ist hier gefordert. Führen Sie die Kaufpreisallokation genau zu dem Datum durch, an dem Sie die Beherrschung erlangt haben – dem Akquisitionsstichtag. Das heißt natürlich nicht, dass Sie an dem Tag auch fertig werden müssen – die Durchführung bezieht sich hier lediglich auf die bilanziellen Daten des Unternehmens genau zu dem Akquisitionsstichtag.

Achten Sie beim Termin für den Übergang der Beherrschung darauf, dass dieser möglichst nahe am Monatsende liegt. Wer will schon einen Abschluss in der Mitte des Monats erstellen?

Wie hoch ist der bilanzielle Kaufpreis?

Die nächste komische Frage, die man wieder mit »steht doch im Kaufvertrag« beantworten könnte. Weil sich der Kaufpreis eines Unternehmens aus mehreren Bestandteilen zusammensetzen kann, ist die Antwort aber nicht immer leicht. Theoretisch dafür infrage kommende Gegenleistungen sind:

- ✔ vereinbarter Kaufpreis in bar oder auf Ziel, also erst in ein paar Jahren
- ✔ ausgegebene oder auszugebende Anteile an einem Unternehmen
- ✔ sonstige hingegebene Vermögenswerte
- ✔ bedingte Kaufpreiszahlungen
- ✔ Beratungskosten für den Erwerb (zum Beispiel Rechtsanwälte, Due Diligence Berater etc.)
- ✔ interne Kosten für den Erwerb (zum Beispiel interne M&A-Abteilung)

Von diesen möglichen Kaufpreisbestandteilen dürfen Sie nur die direkt für den Erwerb des Unternehmens oder des Geschäftsbetriebs anfallenden Beträge ansetzen.

Intern angefallene Kosten oder Kosten für Dritte, wie zum Beispiel die Beratungskosten in solch einem Prozess, dürfen Sie im Rahmen eines Unternehmenserwerbs nicht als Kaufpreis ansetzen.

Warum ist die Kaufpreisbestimmung so wichtig? Weil der Kaufpreis die Höhe des Unterschiedsbetrags aus der Kapitalkonsolidierung bestimmt. Was genau darunter zu verstehen ist, dazu kommen wir später. Wichtig ist an dieser Stelle, dass es den Jungs und Mädels vom IASB wohl wichtig war, den Kaufpreis möglichst eng auf die direkten Anschaffungskosten zu beschränken und alle sonstigen Kosten in der Regel aufwandswirksam zu erfassen.

Zum 1.1. des Jahres kauft die Erwerber GmbH mittels Anteilskauf 90 Prozent an der Ziel GmbH. Die folgenden Kosten sind angefallen:

- ✔ Kaufpreis für die Anteile (90 Prozent) in Höhe von EUR 1.000.000
- ✔ Kosten der internen M&A-Abteilung EUR 150.000
- ✔ Finders Fee für Unternehmensberater EUR 100.000
- ✔ Rechts- und Beratungskosten EUR 75.000
- ✔ Beurkundung beim Notar EUR 15.000

Welche der geleisteten Zahlungen gelten als Anschaffungskosten gemäß IFRS? Als Anschaffungskosten gilt nur der Kaufpreis für die Anteile. Die sonstigen geleisteten Zahlungen muss die Erwerber GmbH leider als Aufwand erfassen.

Bedingte Kaufpreiszahlungen

In vielen Transaktionen werden bedingte Kaufpreiszahlungen, in der Fachsprache häufig auch als *earn outs* bezeichnet, vereinbart. In Abhängigkeit von der wirtschaftlichen Entwicklung des Unternehmens können in der Zeit nach dem eigentlichen Vertragsabschluss noch weitere Kaufpreiszahlungen fällig werden. Meist orientieren sich Vertragsklauseln an Ergebnisgrößen wie dem EBITDA oder EBIT.

Eine bedingte Kaufpreiszahlung könnte so aussehen: Wenn in den beiden Geschäftsjahren nach Vertragsabschluss des EBITDA des erworbenen Unternehmens jeweils über 20 Prozent des Umsatzes erreicht, erhält der Verkäufer nach Ablauf des zweiten Geschäftsjahres eine zusätzliche Vergütung in Höhe von EUR 1.000.000.

Bedingte Kaufpreiszahlungen sind Teil des Kaufpreises im Erwerbszeitpunkt und müssen als solcher berücksichtigt werden. Sie sind daher zur Abschätzung einer Eintrittswahrscheinlichkeit für diese bedingte Kaufpreiszahlung gezwungen. Für das obige Beispiel könnte dies die folgenden Auswirkungen haben:

- ✔ Sie rechnen damit, dass das erworbene Unternehmen mit achtzigprozentiger Wahrscheinlichkeit die Schwelle überschreiten wird. → Sie berücksichtigen die bedingte Kaufpreiszahlung mit EUR 800.000 im Kaufpreis (80 % × 1.000.000)

- ✔ Sie rechnen damit, dass das erworbene Unternehmen mit zwanzigprozentiger Wahrscheinlichkeit die Schwelle überschreiten wird. → Sie berücksichtigen die bedingte Kaufpreiszahlung mit EUR 200.000 im Kaufpreis (20 % × 1.000.000)

Zu guter Letzt müssen Sie die bedingte Kaufpreiszahlung noch auf den Erwerbszeitpunkt diskontieren. Sie sehen schon, dass hier erheblicher Spielraum in der Bestimmung des Kaufpreises besteht.

Welche Vermögenswerte und Schulden werden übernommen?

Für die Erstkonsolidierung müssen alle übernommenen Vermögenswerte und Schulden in den Konzernabschluss des Mutterunternehmens einbezogen werden. Ist ja nicht weiter problematisch sagen Sie, die stehen ja ohnehin in der Bilanz. Dieses Argument ist nicht von der Hand zu weisen, aber es gibt auch Vermögenswerte und Schulden, die bisher nicht in der Bilanz des erworbenen Unternehmens auftauchen, zum Beispiel selbst geschaffene immaterielle Vermögenswerte, die nach den geltenden IFRS-Vorschriften nicht bilanziert werden dürfen.

In Kapitel 5 erfahren Sie, welche selbst geschaffenen immateriellen Vermögenswerte Sie in Ihrem Abschluss nicht ansetzen dürfen.

Im Rahmen eines Unternehmenskaufs muss der Erwerber die selbst geschaffenen Vermögenswerte bewerten und ansetzen. Wenn Sie sich jetzt fragen, warum denn hier mit zweierlei Maß gemessen wird – die Erklärung ist eigentlich recht simpel. Wenn Sie ein Unternehmen kaufen, das aufgrund der geltenden IFRS-Vorschriften den selbst geschaffenen Markennamen aktuell nicht bilanzieren durfte, so ist dieser Markenname durch den Unternehmenskauf ja nun »quasi erworben« und nicht mehr selbst geschaffen. Nicht zuletzt sind es ja oft die nicht sichtbaren immateriellen Vermögenswerte, die einen Kauf interessant machen.

Schauen Sie sich das erworbene Unternehmen einmal genau an und überlegen Sie, ob Sie die folgenden immateriellen Posten dort finden können:

✔ **Immaterielle Vermögenswerte mit Bezug zum Marketing** (zum Beispiel Markennamen, Markenzeichen, Warenzeichen, Internet-Domains, Logos, Verpackungsdesign oder vertragliche Wettbewerbsverbote)

✔ **Kundenbezogene immaterielle Vermögenswerte** (zum Beispiel Kundenlisten, Kundenbeziehungen (vertraglich oder nicht vertraglich abgesichert), Kundenverträge oder Auftrags- und Produktionsbestände)

✔ **Immaterielle Vermögensgegenstände bezogen auf künstlerische Leistung** (zum Beispiel Lizenzrechte an Werken von Literatur, Oper, Musik, Film und Funk, bildender Kunst, Fotografie oder Urheberrechte)

✔ **Vertragsbasierte immaterielle Vermögensgegenstände** (zum Beispiel Dienst-, Werk- und Leasing-, Einkaufsverträge in dem Maße, in dem sie gemessen am Markt vorteilhaft sind oder aber Fernseh-, Rundfunk-, oder Telefonlizenzen, an die Sie sonst nicht so einfach gekommen wären)

✔ **Technologiebasierte immaterielle Vermögensgegenstände** (zum Beispiel Patente, urheberrechtlich geschützte Software, rechtlich geschützte Datenbanken oder Rezepte)

Wie Sie sehen, gibt es eine ganze Reihe an möglichen immateriellen Vermögenswerten, allerdings sollten Sie natürlich auch hier die Definition der immateriellen Vermögenswerte nach IFRS beachten.

Die Grundregel ist, dass die infrage kommenden immateriellen Vermögenswerte entweder

✔ separierbar sind (in der Regel dann, wenn diese getrennt verkauft, übertragen, lizenziert, vermietet oder getauscht werden können) oder

✔ aus vertraglichen oder anderen gesetzlichen Rechten entstehen.

Ist dies der Fall, müssen Sie die betreffenden immateriellen Vermögenswerte zum Erwerbszeitpunkt in die Akquisitionsbilanz aufnehmen. Auch wenn Sie vorher nicht bilanziert waren. Sie sind dann sozusagen der »Entdecker« der neuen immateriellen Vermögenswerte.

Natürlich kann es auch in die andere Richtung gehen. Prüfen Sie bei den in der Bilanz bereits ausgewiesenen Vermögenswerten und Schulden des erworbenen Unternehmens auch, ob diese nach den Kriterien der IFRS angesetzt werden dürfen! Wenn nicht, müssen Sie sie eliminieren.

In der Praxis ist es aber eher wahrscheinlicher, dass Sie neue Werte entdecken, als dass Sie welche aus der Bilanz kicken.

Wenn Sie sich nicht sicher sind, ob Sie wirklich alle Vermögenswerte identifiziert haben: Fragen Sie Ihren Chef oder den für den Kauf verantwortlichen Kollegen doch einmal nach dem Hauptgrund für den Unternehmenskauf. Häufig kommen dann Gründe wie Kundenstamm, führende Technologie oder Patente zum Vorschein. An diese Posten sollten Sie sich dann einmal heranmachen und überprüfen, ob Sie diese nicht vielleicht aktivieren sollten.

Wie viel sind die übernommenen Vermögenswerte und Schulden wert?

Wenn Sie nun sicher sind, was Sie erworben haben und vielleicht ein paar bisher nicht bilanzierte Posten entdeckt haben, dann kommt der nächste Spaß. Sie müssen diese ganzen Posten – ob Vermögenswert oder Schuld – nun auch noch bewerten, also ihnen einen Betrag zuordnen. Schließlich müssen die Posten ja irgendwie in Ihren Konzernabschluss.

Leider können Sie nicht einfach die bisher bilanzierten Werte eins zu eins übernehmen. In vielen Fällen müssen neue Beträge her. Alles muss neu bewertet werden. Die Aktivseite und die Passivseite.

Bewerten Sie grundsätzlich alle übernommenen Vermögenswerte und Schulden zu ihrem *beizulegenden Zeitwert*.

Die IFRS definieren den *beizulegenden Zeitwert* als den Betrag, zu dem zwischen sachverständigen, vertragswilligen und voneinander unabhängigen Geschäftspartnern unter marktüblichen Bedingungen ein Vermögenswert getauscht oder eine Schuld beglichen werden könnte.

Man könnte es auch einfacher formulieren und sagen, dass der beizulegende Wert der Marktwert des jeweiligen Postens sein beziehungsweise diesem sehr nahe kommen soll. Aber es soll halt nicht immer einfach sein.

Aber es gibt auch wieder Ausnahmen. Ausgenommen von dem Grundsatz der Marktbewertung sind

- **Ertragsteuern** (diese werden nach IAS 12 bewertet)
- **Leistungen an Arbeitnehmer** (diese werden nach IAS 19 bewertet)
- **Anteilsbasierte Vergütungen** (diese werden nach IFRS 2 bewertet)
- **zur Veräußerung gehaltene Vermögenswerte** (hier findet IFRS 5 Anwendung)
- **Vermögenswerte für Entschädigungsleistungen** (Diese werden vom Verkäufer für bilanziell erfasste oder nicht erfasste Risiken gewährt. Die Abbildung im Abschluss und die Bewertung richtet sich nach dem besicherten Risiko.)
- **zurückerworbene Rechte** (diese sind auf Basis der verbleibenden vertraglichen Bedingungen zu bewerten)

Eine weitere Besonderheit stellen *operative Leasingverträge* dar. Diese müssen zwar nicht bilanziell erfasst werden, aber wenn sie vorteilhaft oder nachteilig sind, müssen diese Vorteile beziehungsweise Nachteile bewertet und erfasst werden, weil sie dann die Kriterien eines Vermögenswertes nach IFRS erfüllen. Umgekehrt heißt das aber auch, dass bei Leasingverträgen, die zu Marktbedingungen geschlossen werden, kein Handlungsbedarf besteht.

16 ➤ Volle Kontrolle: Vollkonsolidierung nach der Erwerbsmethode

Warum Marktpreise oder die Bedeutung der Kaufpreisallokation

Sie konnten weiter oben schon lesen, dass der ganze Prozess der Bilanzierung eines Unternehmenserwerbs auch *Kaufpreisallokation* oder englisch gern *Purchase Price Allocation* genannt wird. Wenn Sie nun gelesen haben, dass so ziemlich alle erworbenen Vermögenswerte und Schulden zu Marktpreisen bilanziert werden sollen, können Sie ganz einfach die Brücke zu der Namensfindung bauen. Die theoretische Überlegung dahinter ist folgendermaßen:

Wenn Sie ein Unternehmen kaufen, sollten Sie dieses vorher gründlich und sauber analysieren. Im besten Fall haben Sie bereits alle wichtigen Vermögenswerte und Schulden identifiziert, die da nach dem Kauf auf Sie zukommen. Nachdem Sie Ihre Kaufentscheidung getroffen haben, legen Sie einen Preis fest, den Sie zahlen möchten. Die Überlegung des IASB ist nun, dass Sie diesen gesamten Preis für das Unternehmen »gedanklich« bereits auf die verschiedenen Posten verteilt haben. Die Vermögenswerte erhöhen den Wert und die Schulden vermindern diesen dann logischerweise wieder. Da Sie für das Unternehmen theoretisch nur einen Marktpreis zahlen wollen, müssen die einzelnen Posten natürlich für Sie auch einen gewissen Marktpreis darstellen. Genau das Gleiche soll dann nach dem Kauf bilanziell auch passieren: Der gesamte Kaufpreis soll dann auf die einzelnen Posten verteilt werden, die Sie dann zu Marktwerten bilanzieren. In einer hübschen, schönen und vollkommenen Welt könnten Sie dann den gesamten Kaufpreis verteilen und es würde kein Rest mehr stehen bleiben. Dies ist aber bei Weitem nicht so. Kaufpreisfindungen erfolgen oft in langen Verhandlungen und wenn dann früh am Morgen keiner mehr Lust hat, gibt es teils aberwitzige Zu- oder Abschläge, die im Nachhinein nicht wirklich bilanziell abbildbar sind. Aber so viel zum theoretischen Hintergrund. Der ist ja so schlecht nicht!

So wird das in der Praxis gemacht – einen Betrag finden

So weit, so gut! Wenn Sie nun Ihren Unternehmenserwerb abbilden, werden Sie bestimmt schnell feststellen, dass es für etliche Vermögenswerte und Schulden nicht gerade Kataloge zur Bestimmung ihrer Marktwerte gibt. Das haben natürlich auch die »IFRS-Macher« erkannt und mehr als nur ein Wertfindungsverfahren zugelassen.

Für die *Ermittlung der beizulegenden Zeitwerte* der Vermögenswerte und Schulden kommen die folgenden Bewertungsverfahren in Betracht:

- ✔ marktpreisorientierte Verfahren
- ✔ kostenorientierte Verfahren
- ✔ kapitalwertorientierte Verfahren

Bei den *marktpreisorientierten Verfahren* leitet man den beizulegenden Zeitwert von einem beobachtbaren Marktpreis oder aber aus vergleichbaren Markttransaktionen ab. In der Praxis ist dieses Verfahren jedoch nur in wenigen Fällen anwendbar, da für einzelne Vermögenswerte und Schulden meist kein aktiver Markt vorhanden ist oder vergleichbare Transaktionen schlichtweg nicht existieren. Es wäre aber der genaueste Wert, den Sie ermitteln können.

Bei den *kostenorientierten Verfahren* ermitteln Sie den beizulegenden Zeitwert auf Basis von Wiederbeschaffungskosten beziehungsweise Reproduktionskosten. Was würde Sie der Aufbau eines solchen Vermögenswertes kosten? Problematisch an diesem Verfahren ist, dass die aufgelaufenen Kosten unter Berücksichtigung des technologischen Fortschritts ermittelt werden müssen. Damit eröffnen sich sowohl beim zu berücksichtigenden Aufwand (zum Beispiel erforderliche Arbeitsstunden) als auch bei den erforderlichen Ressourcen (moderne Werkzeuge/Produktionsmethoden) Bewertungsspielräume. Mittels dieser Methode wird in der Praxis beispielsweise selbst erstellte Software bewertet. Ansonsten kommt auch dieses Verfahren nicht so häufig zur Anwendung.

In der Praxis kommen die *kapitalwertorientierten Verfahren* sehr häufig zur Anwendung. Bei diesen wird auf zukünftige Zahlungsströme (*Cashflows*) aus dem Vermögenswert abgestellt. Diese ergeben dann in Summe nach Diskontierung der einzelnen Cashflows einen beizulegenden Zeitwert. Die Ausgestaltung der Verfahren ist jedoch unterschiedlich. Die angewendeten Methoden stellen hierbei beispielsweise auf direkt erzielbare Zahlungsströme mit dem bewerteten Vermögenswert, Residualwerte, Mehrgewinne oder aber auf mögliche Lizenzpreise für die Bestimmung der Zahlungsströme ab. Ob das nun wirklich einen Marktpreis ergibt, überlassen wir Ihrer Einschätzung. Ihr Wirtschaftsprüfer wird aber meistens einen so ermittelten Wert verlangen. Dieser Weg ist halt anerkannt und kann somit »abgehakt« werden.

Die Bestimmung der Marktwerte anhand kapitalmarktorientierter Verfahren füllt mittlerweile Bücher und unzählige Aufsätze in Fachzeitschriften. Die Erläuterung all dieser Vorgehensweisen würde den Sinn und Zweck dieses Buches sprengen und wir verzichten daher darauf. Sie sollten an dieser Stelle lediglich mitnehmen, welche Verfahren es gibt, damit Sie im Ernstfall in der Lage sind, in entsprechenden Artikeln die Durchführung in Erfahrung zu bringen. Oder Sie ziehen – wie die meisten Unternehmen – einen Experten hinzu.

Die Summe der zukünftigen Cashflows soll diskontiert werden. Also müssen Sie auch einen Zinssatz für die Diskontierung festlegen. Bei der Bestimmung des Diskontierungssatzes für die Zahlungsströme wird meistens das *Capital Asset Pricing Model* herangezogen. Mittels dieses Modells werden die gewichteten Kapitalkosten (*Weighted Average Cost of Capital* oder kurz WACC) ermittelt. Halleluja: Sie sehen schon – nach objektiver Wertfindung hört sich das schon nicht mehr an, oder?

Die Anwendung der Bewertungsverfahren ist je nach Sachverhalt recht komplex und daher wird diese Aufgabe von Unternehmen meist an externe Gutachter vergeben. Dies gilt sowohl für Sachanlagevermögen, das in der Regel durch einen vereidigten Gutachter bewertet wird, als auch für die immateriellen Vermögenswerte, die ebenfalls von darauf spezialisierten Experten bewertet werden.

Haben Sie die Bewertung der einzelnen Vermögenswerte und Schulden abgeschlossen, sollten Sie in einer Gesamtbetrachtung der Ergebnisse nochmals beurteilen, ob die Bewertungen in sich stimmig sind. Wichtig ist also, dass Sie am Ende der Bewertungen ein »rundes« Bild eines Unternehmenskaufs erhalten. Je nach Komplexität der Transaktion und Qualifikation der eigenen Mitarbeiter empfiehlt es sich, hier externe Unterstützung zu holen. Nicht zuletzt deshalb, weil das Thema Kaufpreisallokation ein Dauerbrenner bei den Schwerpunkten der Prüfungshandlungen durch die Deutsche Prüfstelle für Rechnungslegung (»DPR«) ist.

Die Überprüfung der Ergebnisse erfolgt meist über eine zusätzliche Verprobung, bei der die gewichtete geforderte Verzinsung der einzelnen Vermögenswerte (*Weighted Average Return on Assets* oder kurz *WARA*) mit den zugrunde gelegten Kapitalkosten verglichen wird. Dieses Verfahren wird auch gerne *WACC to WARA-Überleitung* genannt. Nun ja, es wird halt von vielen Wirtschaftsprüfern gefordert.

Minderheiten – Steht Ihnen nicht alles zu?

Wenn Sie nicht die vollen 100 Prozent an einem Geschäftsbetrieb erwerben, haben Sie sogenannte *nicht beherrschende Anteile* (diese wurden im alten Standard noch als *Minderheiten* bezeichnet).

Unter *nicht beherrschenden Anteilen* versteht man Teile des Eigenkapitals, die dem Mutterunternehmen weder mittelbar noch unmittelbar zugeordnet werden können. Sie gehören einfach anderen Personen, die nichts mit Ihrem Konzern zu schaffen haben.

In der Praxis erkennen Sie nicht beherrschende Anteile grundsätzlich daran, dass ein anderer Gesellschafter Anteile an einer Gesellschaft besitzt, die Sie komplett in Ihren Konzernabschluss einbeziehen.

Es gibt auch Konstellationen, bei denen trotz einer Beteiligung Dritter keine Minderheiten ausgewiesen werden. Dies ist beispielsweise dann der Fall, wenn die noch ausstehenden Anteile zu einem fest definierten Zeitpunkt in der Zukunft fix auf Sie übergehen (hier dürfen dann keine Unsicherheiten hinsichtlich der Ausübung beziehungsweise Bezahlung mehr bestehen), der Kaufpreis aber eventuell noch nicht ganz feststeht. In diesen Fällen geht man von einer aufgeschobenen Kaufpreiszahlung aus und weist keine Anteile Dritter aus.

Wie sich nicht beherrschende Anteile in der Bilanzierung eines Unternehmenserwerbs auswirken, erfahren Sie im Abschnitt »Ermittlung und Behandlung des Unterschiedsbetrags«.

Wie lange habe ich für die Berechnungen Zeit?

Wie Sie sich nach den bisherigen Erläuterungen sicherlich bereits denken, können die erforderlichen Berechnungen und Bewertungen für Akquisitionen je nach Größe des erworbenen Unternehmens einen längeren Zeitraum in Anspruch nehmen. Das haben auch die Standardsetter erkannt. Deshalb wird Ihnen auch ein wenig Zeit gegönnt. Sie können auch mit einem vorläufigen Stand der Kaufpreisallokation einen vollständigen und testierten IFRS-Konzernabschluss erstellen. Die Idee dahinter ist, dass die Information über den Zwischenstand als wichtiger angesehen wird (zeitnahe Information), als erst zu einem späteren Zeitpunkt die exakte Information zu erhalten. Allerdings ist dieser Zeitraum auf maximal zwölf Monate vom Erwerbszeitpunkt an begrenzt und darüber hinaus müssen auch Erläuterungen von Veränderungen bei den Akquisitionsbilanzen im Vergleich zu Vorperioden aufgenommen werden.

Gehen Sie mit einer vorläufigen Version der Kaufpreisallokation in Ihren Jahresabschluss, so müssen Sie unbedingt im Anhang darauf hinweisen, dass die ganzen Berechnungen zum Unternehmenskauf noch vorläufig sind.

Irgendwie muss das noch rein – Abbildung des Unternehmenserwerbs in Ihren Systemen

Eine große Herausforderung für Unternehmen ist die Abbildung von Kaufpreisallokationen – dies nicht nur einfach hinsichtlich der Zahlen. Zur reibungslosen Abbildung in Ihren Systemen sollten Sie im Erstellungszeitpunkt einige Dinge berücksichtigen.

Achten Sie beim Erstellen der Kaufpreisallokation auf die Gliederung und den Detaillierungsgrad für Ihren Konzernabschluss. Passt dieser nicht zu Ihren Anforderungen, kann das einen erheblichen Mehraufwand für Sie bedeuten! Im Prinzip sollten Sie in der Lage sein, die neu bewertete Bilanz des erworbenen Unternehmens direkt in Ihren Konzernabschluss zu integrieren. Wenn Sie dabei gleich auf die Struktur Ihres Kontenrahmens zurückgreifen, kann dies nur von Vorteil sein.

Neben dem Detaillierungsgrad auf Positionsebene sind im Wesentlichen die Anpassungen und die Fortentwicklung langfristiger Positionen problematisch. Darunter fallen insbesondere

- immaterielle Vermögenswerte,
- Sachanlagen,
- langfristige finanzielle Vermögenswerte und Schulden.

Problematisch an diesen Positionen ist, dass durch die Neubewertung die bislang aufgelaufenen kumulierten Anschaffungs- und Herstellungskosten beziehungsweise Abschreibungen netto als Zugang im Konzern dargestellt werden müssen – also im Anlagespiegel lediglich deren Marktwert als »Zugang zum Konsolidierungskreis« in den Anschaffungskosten erscheint. Historische Abschreibungen hingegen werden hierfür nicht im Anlagespiegel dargestellt. Praktisch heißt dass, dass Sie für die übernommenen langfristigen Vermögenswerte einen neuen Anlagespiegel erstellen und dann ja auch fortführen müssen. Dieser gilt dann allerdings nur für Zwecke der Konzernrechnungslegung, in Ihrem Anlagespiegel für den Einzelabschluss ändert sich gar nichts, er wird einfach so fortgeführt, wie Sie es auch ohne den Unternehmenserwerb getan hätten. Und wenn Sie bedenken, dass das Sachanlagevermögen bei einem größeren Unternehmen gleich mal ein paar Tausend Positionen umfasst, wird Ihnen schnell klar, dass Sie hier ohne IT-Unterstützung nicht auskommen.

Klären Sie frühzeitig die anstehenden Aufgaben mit der IT. Nur so sind Sie sicher, dass Sie für die Umsetzung in den IT-Systemen genügend Zeit haben!

16 ➤ Volle Kontrolle: Vollkonsolidierung nach der Erwerbsmethode

Dokumentation

Das Thema Dokumentation wird von vielen als lästig empfunden. Eine Vielzahl von Dateien und Dokumenten, die ja ohnehin niemand mehr braucht – oder doch? Auf Dokumentation und eine saubere Übergabe sollten Sie insbesondere dann achten, wenn Sie die Kaufpreisallokation extern erstellen lassen. Sonst dürften Sie Probleme haben, sich mit den Anpassungen in Folgeperioden zurechtzufinden. Oder denken Sie beispielsweise an die natürliche Fluktuation in Unternehmen. Was passiert, wenn der Mitarbeiter, der für die Bilanzierung von Unternehmenserwerben zuständig ist, kündigt? Kann jemand anders seine Aufgabe ohne ordentliche Dokumentation übernehmen? Oder aber beispielsweise Prüferwechsel und nicht zuletzt Anfragen der Deutschen Prüfstelle für Rechnungslegung!

Aus diesen Gründen – vor allem aber auch vor dem Hintergrund der Folgebilanzierung, die im nächsten Kapitel beschrieben wird – sollten Sie auf eine ordentliche Dokumentation achten.

Ermittlung und Behandlung des Unterschiedsbetrags

Haben Sie alle Bewertungen vorgenommen, geht es an die Ermittlung des Unterschiedsbetrags aus der Erstkonsolidierung. Hört sich kompliziert an? Ist es aber gar nicht, weil sich der Unterschiedsbetrag nach der in Tabelle 16.1 gezeigten Rechnung ermittelt.

+/-	Position
	Kaufpreis
–	Erworbene anteilige Nettovermögenswerte
=	Unterschiedsbetrag

Tabelle 16.1: Ermittlung des Unterschiedsbetrags

Wie der Kaufpreis ermittelt wird, haben Sie ja ebenfalls bereits gelesen.

Was aber sind die *erworbenen anteiligen Nettovermögenswerte*? Der Begriff ist tatsächlich etwas irreführend, da Sie im Rahmen der Vollkonsolidierung die gesamten Vermögenswerte und Schulden in die Bilanz übernommen haben. Aber die Antwort darauf ist schnell gegeben. Die nicht beherrschenden Anteile, also jener Anteil am erworbenen Nettovermögen, bei denen Sie nicht die gesamten Anteile am erworbenen Unternehmen besitzen, müssen Sie dann noch abziehen vom gesamten Nettovermögen. In Tabelle 16.2 ist die Ermittlung der anteilig erworbenen Vermögenswerte dargestellt.

+/-	Position
	Erworbene Nettovermögenswerte (= Vermögenswerte abzüglich Schulden)
–	Betrag, der nicht beherrschenden Anteilen zuzurechnen ist (Prozentsatz vom Nettovermögen)
=	Erworbene anteilige Nettovermögenswerte

Tabelle 16.2: Ermittlung »anteilig erworbene Vermögenswerte«

Der neutrale Begriff *Unterschiedsbetrag* wird gewählt, da er sowohl positiv als auch negativ sein kann. Im Detail bedeutet das:

✔ Positiver Unterschiedsbetrag = Geschäfts- oder Firmenwert (Goodwill)

✔ Negativer Unterschiedsbetrag = Bargain Purchase beziehungsweise Lucky Buy

Diesen Unterschiedsbetrag müssen Sie nun in Ihrer Konzernbilanz abbilden. Ohne den würde Ihnen ja auch die erstmalige Kapitalkonsolidierung des neu erworbenen Unternehmens nie aufgehen. Die bilanzielle Behandlung der Unterschiedsbeträge ist jedoch komplett unterschiedlich.

Bilanzierung des Geschäfts- oder Firmenwertes (Goodwill)

In der Praxis bezahlen Unternehmen meistens mehr als die anteiligen erworbenen Nettovermögenswerte wert sind. Nach Aufteilung des gesamten Kaufpreises auf die einzelnen Vermögenswerte und Schulden bleibt immer noch ein Restkaufpreis über. Aber warum ist das so? Im Wesentlichen erwarten sich die Unternehmen durch Zukäufe zumeist Synergieeffekte, die in weiterer Folge zu Kosteneinsparungen, Umsatzsteigerungen oder Produktivitätssteigerungen führen sollen. Der Kaufpreis soll durch diese Effekte also in zukünftigen Perioden quasi wieder verdient werden.

Der *Geschäfts- oder Firmenwert* ist ein Vermögenswert, der künftigen wirtschaftlichen Nutzen darstellt, der nicht aus den einzeln identifizierten und separat angesetzten Vermögenswerten in der Akquisitionsbilanz resultiert.

Entsteht bei einem Unternehmenserwerb ein Geschäfts- oder Firmenwert, müssen Sie ihn den auf Ihre *zahlungsmittelgenerierenden Einheiten* verteilen.

Eine *zahlungsmittelgenerierende Einheit* ist die kleinste identifizierbare Gruppe von Vermögenswerten, die Mittelzuflüsse erzeugen, die weitestgehend unabhängig von den Mittelzuflüssen anderer Vermögenswerte oder anderer Gruppen von Vermögenswerten sind.

Die Definition ist weit gefasst und daher kann unter eine zahlungsmittelgenerierende Einheit eine Maschine, eine Produktionslinie, ein Werk, eine rechtliche Einheit oder aber ein gesamter (Teil-)Konzern beziehungsweise Geschäftsbereich fallen. Wichtig ist, dass Sie der Einheit tatsächlich auch Zahlungsströme zuordnen können.

Die Zuweisung auf einzelne zahlungsmittelgenerierende Einheiten wird je nach Transaktion unterschiedlich sein. Es empfiehlt sich in der Praxis aber, diesen Aufteilungsprozess nicht zu exzessiv zu betreiben. Das resultiert schlichtweg aus der Verpflichtung, in Folgeperioden für jeden Geschäfts- oder Firmenwert einen Werthaltigkeitstest durchführen zu müssen.

Die Details zum Werthaltigkeitstest werden im Abschnitt »Werthaltigkeitstest / Impairment Test« besprochen. Vorwegnehmen möchten wir aber, dass sich die Werthaltigkeit eines Geschäfts- oder Firmenwertes an der Ertragskraft der zahlungsmittelgenerierenden Einheit, der dieser zugewiesen ist, bemisst. Bedenken Sie also bei der Wahl der Zuteilung, in welchen

16 ➤ Volle Kontrolle: Vollkonsolidierung nach der Erwerbsmethode

Bereichen und vor allem auf welcher Ebene im Konzern Sie die höchsten Synergieeffekte erwarten. Die IFRS schreiben als Obergrenze für die Zuweisung eines Geschäfts- oder Firmenwertes ein operatives Segment nach IFRS 8 vor. Wie diese Segmente definiert werden, erfahren Sie in Kapitel 14.

Bilanzierung des Bargain Purchase beziehungsweise Lucky Buy

Bezahlt ein Unternehmen weniger, als es an anteiligen Nettovermögenswerten erwirbt, ergibt sich ein negativer Unterschiedsbetrag, der in der Fachsprache auch gern *Bargain Purchase* oder *Lucky Buy* genannt wird. Der Name spricht hier sicherlich für sich. Im Gegensatz zu einem positiven Unterschiedsbetrag findet der negative Unterschiedsbetrag keinen Platz in der Konzernbilanz.

Ein negativer Unterschiedsbetrag aus der Erstkonsolidierung eines Unternehmenserwerbs wird nicht in der Konzernbilanz angesetzt. Er wird sofort erfolgswirksam in der Gewinn-und-Verlust-Rechnung als Ertrag erfasst.

Bevor Sie den Ertrag verbuchen dürfen, sollten Sie die Kaufpreisallokation noch einmal kritisch würdigen. Darauf weist Sie der IFRS 3 extra noch einmal hin. Aber wenn Sie beim ersten Versuch alles richtig gemacht haben, sollte auch jetzt kein anderes Resultat herauskommen. Aber sagen und dokumentieren Sie immer, dass Sie natürlich das Ganze noch einmal kritisch hinterfragt haben!

Einige stellen sich jetzt sicherlich die Frage, warum jemand einem Dritten ein Unternehmen zu einem Preis verkauft, der geringer ist als der Wert der Nettovermögenswerte (im Wesentlichen bewertet zum beizulegenden Zeitwert). Neben der Möglichkeit, dass man den Verkäufer übers Ohr gehauen hat, trifft das im Allgemeinen auf Unternehmen zu, die zwar Vermögenswerte besitzen, jedoch im operativen Geschäft – zum Beispiel durch zu hohe Kosten – Geld »verbrennen«. In diesen Fällen möchte der bisherige Eigentümer das verlustbringende Unternehmen nur noch loswerden.

Da es keine Möglichkeit zur Rückstellungsbildung für operative Verluste im Erwerbszeitpunkt gibt und auch die Bildung von Restrukturierungsrückstellungen im Erwerbszeitpunkt sehr eingeschränkt ist, gibt es diesen Fall in der Praxis durchaus. Dem Ertrag aus der Erstkonsolidierung stehen also in den Folgeperioden erhöhte Aufwendungen aus der Restrukturierung oder operative Verluste entgegen. Nur mit dem Unterschied, dass der »Ertrag« rein durch Buchungstechnik der Kapitalkonsolidierung entsteht und die Verluste danach wirklich operativ im erworbenen Unternehmen anfallen.

Die Theorie haben wir also. Dann stellen wir das Prozedere doch einmal an einem Beispiel anschaulich dar:

Zum 1.1. des Jahres kauft die Erwerber GmbH mittels Anteilskauf 90 Prozent an der Ziel GmbH. Die Erwerber GmbH erstellt auf den Zeitpunkt des Kontrollübergangs (annahmegemäß der 1.1.) einen Konzernabschluss nach IFRS. Der Konsolidierungskreis umfasst die Erwerber GmbH und die Ziel GmbH.

Die anfallenden Kosten, die ebenfalls alle am 1.1. anfallen, für die erworbenen Anteile setzen sich wie folgt zusammen:

- ✔ Kaufpreis für die Anteile (90 Prozent) in Höhe von EUR 1.000
- ✔ Finders Fee für Unternehmensberater EUR 75
- ✔ Kosten der internen M&A-Abteilung EUR 40
- ✔ Rechts- und Beratungskosten EUR 20
- ✔ Beurkundungskosten Notar 15

In Tabelle 16.3 finden Sie den Einzelabschluss gemäß IFRS vor dem Kauf der Anteile an der Erwerber GmbH.

Aktiva		Passiva	
Finanzielle Vermögenswerte	0	Eigenkapital	650
Zahlungsmittel	1.150	Langfristige Schulden	500
Summe Aktiva	1.150	Summe Passiva	1.150

Tabelle 16.3: Erwerber GmbH (Einzelabschluss IFRS vor Kauf)

In Tabelle 16.4 sehen Sie den Einzelabschluss der Ziel GmbH nach IFRS vor Durchführung der Kaufpreisallokation (kurz *PPA*).

Aktiva		Passiva	
Immaterielle Vermögenswerte	100	Eigenkapital	120
Sachanlagen	1.050		
Finanzielle Vermögenswerte	50	Langfristige Schulden	850
		Langfristige Rückstellungen	200
		Latente Steuerschulden	50
Vorratsvermögen	50		
Forderungen LuL	150	Kurzfristige Schulden	100
Zahlungsmittel	80	Kurzfristige Rückstellungen	30
		Verbindlichkeiten LuL	130
Summe Aktiva	1.480	Summe Passiva	1.480

Tabelle 16.4: Ziel GmbH (Einzelabschluss IFRS vor PPA)

Im Rahmen der Kaufpreisallokation identifiziert die Erwerber GmbH folgende Sachverhalte:

- ✔ Die Ziel GmbH verfügt über bislang nicht bilanzierte Patente, deren Wert von einem Gutachter mit EUR 350 ermittelt wurde.
- ✔ Die Ziel GmbH verfügt über bislang nicht bilanzierte Kundenlisten, deren Wert von einem Gutachter mit EUR 150 ermittelt wurde.

16 ➤ Volle Kontrolle: Vollkonsolidierung nach der Erwerbsmethode

✔ Der beizulegende Zeitwert der Sachanlagen der Ziel GmbH beträgt laut Gutachten eines vereidigten Sachverständigen EUR 1.130.

✔ Das zu Verkaufspreisen bewertete Vorratsvermögen entspricht einem Wert von EUR 60.

✔ Die nachteilige Finanzierung der Ziel GmbH führt im Rahmen der Bewertung zu einem beizulegenden Zeitwert von EUR 1.110 für die langfristigen Schulden.

✔ Aus den in der Kaufpreisallokation vorgenommenen Anpassungen resultieren latente Steuerschulden in Höhe von EUR 100.

Welcher Unterschiedsbetrag aus der Erstkonsolidierung ergibt sich und wie stellt sich der Konzernabschluss der Erwerber GmbH nach IFRS zum 1.1. auf Basis der erhaltenen Zusatzinformationen dar?

Die Anschaffungskosten betragen für 90 Prozent an der Ziel GmbH EUR 1.000, da die anderen Positionen unmittelbar als Aufwand erfasst werden.

Den Einzelabschluss nach IFRS der Erwerber GmbH nach dem Kauf finden Sie in Tabelle 16.5.

Aktiva		Passiva	
Finanzielle Vermögenswerte	1.000	Eigenkapital	650
		Gewinnvortrag (laufendes Ergebnis)	-150
Zahlungsmittel	0	Langfristige Schulden	500
Summe Aktiva	1.000	Summe Passiva	1.000

Tabelle 16.5: Erwerber GmbH (Einzelabschluss IFRS nach Kauf)

Die Erwerber GmbH ordnet die Anschaffungskosten dem Beteiligungsbuchwert zu und erfasst die sonstigen Kosten über die Gewinn-und-Verlust-Rechnung (Position »Gewinnvortrag (laufendes Ergebnis)«).

Sie setzt die erworbenen Vermögenswerte und Schulden der Ziel GmbH zu ihrem beizulegenden Zeitwert an. Die Differenzen zu den bisherigen Wertansätzen in der Bilanz vor der Durchführung der Neubewertung erfasst sie im Eigenkapital der Ziel GmbH. Nach den entsprechenden Anpassungen ergibt sich die in Tabelle 16.6 dargestellte Akquisitionsbilanz der Ziel GmbH.

Nun kennen Sie den Kaufpreis und die erworbenen Nettovermögenswerte und können nun ganz einfach den Unterschiedsbetrag aus der Erstkonsolidierung ermitteln. Da lediglich 90 Prozent der Ziel GmbH erworben wurden, müssen Sie auch die nicht beherrschenden Anteile berücksichtigen. Diese ergeben sich durch Multiplikation der Nettovermögenswerte mit dem Anteil (10 Prozent) der konzernfremden Gesellschafter an diesen. Der Kaufpreis übersteigt die erworbenen Nettovermögenswerte und somit ergibt sich aus dem Erwerb der Ziel GmbH ein Geschäfts- oder Firmenwert.

Aktiva		Passiva	
Immaterielle Vermögenswerte	600	Eigenkapital	120
Sachanlagen	1.130	Gewinnvortrag (aus Neubewertung; kein laufendes Ergebnis in der Ziel GmbH)	230
Finanzielle Vermögenswerte	50		
		Langfristige Schulden	1.110
		Langfristige Rückstellungen	200
		Latente Steuerschulden	150
Vorratsvermögen	60		
Forderungen LuL	150	Kurzfristige Schulden	100
Zahlungsmittel	80	Kurzfristige Rückstellungen	30
		Verbindlichkeiten LuL	130
Summe Aktiva	2.070	Summe Passiva	2.070

Tabelle 16.6: Ziel GmbH (Einzelabschluss IFRS nach PPA)

In Tabelle 16.7 sehen Sie die Ermittlung des Firmenwertes.

+/–	Position	Betrag
	Kaufpreis	1.000
–	Erworbene anteilige Nettovermögenswerte	
	Erworbene Nettovermögenswerte (= Vermögenswerte abzüglich Schulden)	–350
+	Betrag, der nicht beherrschenden Anteilen zuzurechnen ist	35
=	Geschäfts- oder Firmenwert	685

Tabelle 16.7: Ermittlung des Geschäfts- oder Firmenwertes

In ihren Konzernabschluss bezieht die Erwerber GmbH die erworbenen Nettovermögenswerte voll ein und weist den Anspruch nicht beherrschender Anteile separat im Eigenkapital aus. Nach Durchführung der Kaufpreisallokation ergibt sich der in Tabelle 16.8 gezeigte Konzernabschluss der Erwerber GmbH.

Angaben zu Unternehmenserwerben

Der Kauf eines Unternehmens ist für die meisten Konzerne ein wesentliches Ereignis. Daher sind auch entsprechende Angaben im Anhang erforderlich – und zwar für jeden wesentlichen Unternehmenserwerb gesondert! Die wichtigsten Angaben, die Sie im Anhang offenlegen, sind:

- ✔ Informationen über den Erwerbszeitpunkt und den Anteil am erworbenen Unternehmen
- ✔ die nicht beherrschenden Anteile und die Grundlage für deren Bewertung
- ✔ Erläuterung der erbrachten Gegenleistung. Dazu gehört auch die Erklärung bedingter Kaufpreiszahlungen. Angaben zu bedingten Kaufpreiszahlungen müssen Sie auch in Folgeperioden bis zu deren Fälligkeit machen!
- ✔ die erworbenen Vermögenswerte und Schulden gegliedert nach Hauptpositionen Ihrer Bilanzgliederung

16 ➤ Volle Kontrolle: Vollkonsolidierung nach der Erwerbsmethode

✔ Gesonderte Offenlegungspflichten gelten für erworbene Forderungen (Offenlegung des Bruttobetrags sowie der angesetzte Betrag mit Begründungen für die erfassten Wertminderungen) sowie bilanzierte und nicht bilanzierte Eventualverbindlichkeiten.

✔ bei vorläufigen Kaufpreisallokationen die Begründung, warum diese noch nicht abgeschlossen sind, sowie Angaben in nachfolgenden Abschlüssen über in der Zwischenzeit erfolgte Änderungen

✔ die Höhe des Geschäfts- oder Firmenwerts oder Bargain Purchase und eine Begründung für den ermittelten Betrag. Für den Geschäfts- oder Firmenwert sind auch Angaben zur Entwicklung in Folgeperioden erforderlich.

✔ die Höhe der Umsätze und des Ergebnisses des erworbenen Unternehmens seit Konzernzugehörigkeit und, sofern nicht undurchführbar, auch die Umsätze und Ergebnisse seit 1.1. des Jahres, in dem der Erwerb stattfand

Aktiva		Passiva	
		Eigenkapital	650
Geschäfts- oder Firmenwert	685	Gewinnvortrag (laufendes Ergebnis)	–150
		Nicht beherrschende Anteile	35
Immaterielle Vermögenswerte	600		
Sachanlagen	1.130	Langfristige Schulden	1.610
Finanzielle Vermögenswerte	50	Langfristige Rückstellungen	200
		Latente Steuerschulden	150
Vorratsvermögen	60		
Forderungen LuL	150	Kurzfristige Schulden	100
Zahlungsmittel	80	Kurzfristige Rückstellungen	30
		Verbindlichkeiten LuL	130
Summe Aktiva	2.755	Summe Passiva	2.755

Tabelle 16.8: IFRS-Konzernabschluss nach PPA der Erwerber GmbH

Eine kleine Erleichterung gibt es: Für kleinere unwesentliche Unternehmenserwerbe dürfen Sie die erforderlichen Angaben zusammenfassen.

Auch wenn ein Unternehmen nach dem Bilanzstichtag, aber vor der Genehmigung des Konzernabschlusses gekauft wird, gelten die Angabepflichten. Ist die Kaufpreisallokation nicht vollständig, machen Sie natürlich nur die Angaben, die Ihnen bereits vorliegen. Für die restlichen Angaben erklären Sie einfach kurz, warum Sie diese noch nicht machen können. Sie dürfen hier ruhig schreiben, dass die Zeit noch zu kurz war.

Die Herausforderung der Folgebilanzierung

Verstehen Sie nun, warum Ihnen die IFRS zwölf Monate für die Durchführung der Erstkonsolidierung Zeit geben? Ist schon ein ganz schön umfangreicher Prozess, der da auf Sie zukommt. Eventuell beruhigt Sie der Hinweis, dass die meisten Unternehmen die Durchführung der Erstkonsolidierung mittlerweile an Experten vergeben und sich dann nur noch um die Folgebilanzierung kümmern. Bei dieser sind wir somit angekommen.

Folgebilanzierung neu bewerteter Vermögenswerte und Schulden

Die gute Nachricht ist, dass sich die Folgebewertung grundsätzlich nach den allgemeinen Bestimmungen für die jeweiligen Vermögenswerte und Schulden richtet. Wenn Sie mit der gewöhnlichen Folgebilanzierung Ihrer Posten nach IFRS vertraut sind, sollten sich für Sie keine großen Schwierigkeiten ergeben.

Beachten Sie bitte, dass die aufgedeckten Reserven und Lasten aus der Kaufpreisallokation das Ergebnis nachhaltig beeinflussen. In der Regel sind die meisten Sondereffekte innerhalb der ersten Jahre wieder verpufft (zum Beispiel Anpassungen in den kurzfristigen Vermögenswerten innerhalb des ersten Jahres und die meisten neu identifizierten immateriellen Vermögenswerte innerhalb einer kurzen Nutzungsdauer). Was allerdings das Ergebnis nachhaltig beeinflusst, sind die erhöhten Abschreibungen aus der Hebung stiller Reserven für die langfristigen Vermögenswerte, also Ihr Anlagevermögen. Daher sollten Sie sich bereits bei der Durchführung der Kaufpreisallokation Gedanken über das zukünftige Bilanzbild und die Ergebnissituation des Unternehmens machen. Eine kleine Diskussion und Analyse kann hier schnell zu einem größeren Effekt führen oder diesen vermeiden.

Eine Sonderstellung nimmt allerdings die Folgebilanzierung des Geschäfts- oder Firmenwertes ein. Der ist mal wieder nicht ganz so simpel wie alles andere.

Folgebilanzierung Geschäfts- oder Firmenwert (Goodwill)

In Kapitel 5 konnten Sie bereits erfahren, dass die Folgebilanzierung immaterieller Vermögenswerte davon abhängt, ob Sie eine bestimmte oder eine unbestimmte Nutzungsdauer ermitteln konnten. Nun ja, der Geschäfts- oder Firmenwert gehört zu denen mit einer unbestimmten Nutzungsdauer.

Ein Geschäfts- oder Firmenwert wird nicht planmäßig abgeschrieben. Er hat eine unbestimmte Nutzungsdauer und muss daher mindestens einmal pro Jahr einem Wertminderungstest unterzogen werden.

Erst wenn der Wertminderungstest zu einer Minderung des Buchwertes führt, erfassen Sie in der laufenden Periode eine außerplanmäßige Abschreibung.

Eine Zuschreibung des Geschäfts- oder Firmenwertes in Folgeperioden ist hingegen nicht möglich.

Das Zuschreibungsverbot gilt auch, wenn eine Wertberichtigung bereits in einem Quartalsabschluss erfasst wurde, am Geschäftsjahresende eine solche jedoch nicht mehr erforderlich wäre! Einmal gebucht, bleibt der Geschäfts- oder Firmenwert (Goodwill) immer gemindert.

Werthaltigkeitstest / Impairment Test

Für den Geschäfts- oder Firmenwert (Goodwill) muss in Folgeperioden ein Werthaltigkeitstest durchgeführt werden und zwar mindestens einmal jährlich. Eventuell auch öfter, wenn etwas auf eine Wertminderung hindeutet, wie zum Beispiel

- ✔ nachteilige Veränderungen im wirtschaftlichen Umfeld (zum Beispiel Absatz oder Marge bricht ein oder Großkunde wechselt zur Konkurrenz),
- ✔ nachteilige Veränderungen im technischen Umfeld (zum Beispiel neue Technologie macht Konkurrenzprodukte deutlich billiger) oder
- ✔ nachteilige Entwicklungen bei rechtlichen Rahmenbedingungen (zum Beispiel Verbot bestimmter Produkte).

In Kapitel 5 erklären wir Ihnen die Durchführung des Wertminderungstests für Vermögenswerte des Anlagevermögens. Dieser gilt grundsätzlich auch für den Goodwill. Sie müssen jedoch noch ein paar Feinheiten beachten – deswegen ist die Lektüre dieses Abschnitts auch dann wichtig, wenn Sie den Wertminderungstest in Kapitel 5 bereits erarbeitet haben!

Unabhängig vom Grund für den Werthaltigkeitstest, wird dieser in folgenden Schritten durchgeführt:

- ✔ Bestimmung der zahlungsmittelgenerierenden Einheit (zgE), der Sie den Goodwill zugeordnet haben
- ✔ Bestimmung der relevanten Vermögenswerte und Schulden
- ✔ Bestimmung erzielbarer Betrag
- ✔ Ermittlung des Wertminderungsbedarfs

Die Ermittlung einer eventuellen Wertminderung erfolgt durch den Vergleich des *erzielbaren Betrags* mit den relevanten Vermögenswerten und Schulden. Übersteigen die Buchwerte der relevanten Vermögenswerte und Schulden den erzielbaren Betrag, erfassen Sie eine Wertminderung. Die Vorgehensweise ist in Tabelle 16.9 dargestellt.

+/-	Position
	Erzielbarer Betrag
−	Buchwert der relevanten zu testenden Vermögenswerte
+	Buchwert der relevanten zu testenden Schulden
=	Erforderlicher Wertminderungsbedarf (sofern negativer Wert)

Tabelle 16.9: Ermittlung des Unterschiedsbetrags

Die Vorgehensweise ist prinzipiell nicht schwierig, aber wie kommt man zu den relevanten Größen? Das erfahren Sie, wenn Sie weiterlesen.

Bestimmung zu testende zahlungsmittelgenerierende Einheit

Hinter dem schwer aussprechbaren Begriff *zahlungsmittelgenerierende Einheit* verbirgt sich eine recht vage Definition.

Eine *zahlungsmittelgenerierende Einheit* ist die kleinste Einheit in Ihrem Unternehmen, die selbstständig Umsatz einbringen kann. Dazu gehört natürlich, dass diese Einheit auch sinnvoll abgrenzbar von anderen ist und weitestgehend allein funktionieren kann.

Da diese Definition sehr weit gehalten ist, liegt es in Ihrem Ermessen, die zahlungsmittelgenerierende Einheit (zgE) für den Wertminderungstest zu bestimmen. Sie können sie für eine Gruppe von Vermögenswerten wie zum Beispiel eine Produktionslinie oder eine eigenständig Gesellschaft oder aber auch für einen ganzen Teilkonzern vornehmen. Kommt halt immer darauf an, wie selbstständig diese Bereiche agieren und ob sie tatsächlich allein Umsätze einfahren können. Eine einzelne Maschine kann das meistens nicht. Aber schauen wir uns an einem Beispiel erst mal an, warum diese zahlungsmittelgenerierenden Einheit überhaupt ermittelt werden muss:

Die Erwerber GmbH ist weiter auf großer Einkaufstour. Diesmal ist der Automobilzulieferer Fahr&Häng das Ziel der Begierde. Fahr&Häng stellt Achsen für Kfz und auch Anhängerkupplungen für Lkw her. Nach Durchführung der Kaufpreisallokation ergibt sich ein Goodwill in Höhe von EUR 1.000.000. Dieser darf leider nicht so stehen bleiben, sondern muss auf die einzelnen zahlungsmittelgenerierenden Einheiten aufgeteilt werden. Hier ist es ganz eindeutig. Die Bereiche »Achsen« und »Kupplungen« arbeiten völlig losgelöst voneinander und können einzeln für sich betrachtet Umsätze erzielen. Sie arbeiten zwar in ein paar Bereichen zusammen, aber aufgrund einer Profitcenter-Rechnung können die Erträge pro Bereich ermittelt werden. Beide Bereiche tragen einen fast gleich hohen Betrag zum gesamten Unternehmensergebnis bei und das soll auch in Zukunft so bleiben. Daher wird der Goodwill fünfzig, fünfzig aufgeteilt. »Achsen« bekommt EUR 500.000 und »Kupplungen« ebenfalls. Damit erhöht sich die Summe der Buchwerte in jedem Bereich um EUR 500.000. Und der Goodwill muss dann für beide Bereiche einzeln »getestet« werden. Das kann dann dazu führen, dass einer abgeschrieben wird und einer nicht.

Die Wahl der zahlungsmittelgenerierenden Einheit (zgE) müssen Sie bereits bei der Zuteilung des Geschäfts- oder Firmenwertes vornehmen. Berücksichtigen Sie deshalb bereits bei der Wahl der zgE mögliche Auswirkungen von Wertminderungstests!

Unternehmen tendieren dazu, die zgE möglichst weit zu fassen, um das Risiko einer Wertminderung zu reduzieren. Teilt man den Geschäfts- oder Firmenwert beispielsweise einem Unternehmen des Konzerns zu, können wirtschaftliche Probleme dieses einen Unternehmens zu einer Wertminderung führen. Teilt man dagegen den Geschäfts- oder Firmenwert einer Gruppe von Unternehmen zu, dann können andere Unternehmen eventuelle Schwankungen ausgleichen und so die Erfassung einer Wertminderung verhindert werden.

Aber Vorsicht: Die Wahl der zgE muss nachvollziehbar sein und auch dokumentiert werden. Völlig frei sind Sie in der Zuordnung nicht, aber im Rahmen des Möglichen empfiehlt es sich die möglichst weit gefasste Definition der zgE.

16 ➤ Volle Kontrolle: Vollkonsolidierung nach der Erwerbsmethode

Dieser Logik folgend wäre also die Zuordnung des Geschäfts- oder Firmenwertes auf den Gesamtkonzern am sinnvollsten. Aber das ist auch dem Standardsetter bewusst und daher hat dieser als Obergrenze für die Zuordnung von Geschäfts- oder Firmenwerten ein operatives Segment gemäß den Vorschriften für die Segmentberichterstattung nach IFRS 8 gezogen. Eine Ebene höher dürfen Sie schon nicht mehr gehen. In diesem Buch erfahren Sie mehr über die Segmentberichterstattung in Kapitel 14.

Bestimmung der relevanten Vermögenswerte und Schulden

Ist die zgE erst einmal bestimmt, müssen Sie die in den Wertminderungstest einzubeziehenden Vermögenswerte und Schulden bestimmen. Wenn Sie jetzt denken, dass das unproblematisch ist, weil man einfach die Bilanzwerte nehmen kann, ist das leider nur bedingt richtig.

IAS 36 sagt Ihnen, dass folgende Vermögenswerte und Schulden für den Wertminderungstest nicht relevant sind:

- ✔ Ertragsteuerpositionen
- ✔ aktive und passive latente Steuern
- ✔ zinstragende Vermögenswerte und Schulden
- ✔ überschüssige Zahlungsmittel

Warum das so ist? Die Bewertungslogik von IAS 36 sieht eine Bewertung ohne die Berücksichtigung der tatsächlichen Finanzierungssituation vor.

Bestimmung erzielbarer Betrag

Als zweite relevante Vergleichsgröße bestimmen Sie den *erzielbaren Betrag* der zgE.

> Der *erzielbare Betrag* eines Vermögenswertes oder einer zahlungsmittelgenerierenden Einheit ist der höhere der beiden Beträge aus beizulegendem Zeitwert abzüglich Verkaufskosten und Nutzungswert.

Also verbirgt sich hinter dem Begriff des erzielbaren Betrags wiederum eine Unterdefinition von möglichen Vergleichsgrößen.

> Der *Nutzungswert* ist der Barwert der künftigen Cashflows, der voraussichtlich aus einem Vermögenswert oder einer zahlungsmittelgenerierenden Einheit abgeleitet werden kann.

Beim Nutzungswert handelt es sich also um einen durch das Unternehmen individuell ermittelten Wert. Ziehen Sie als Grundlage für die Ermittlung des Barwertes der Cashflows unternehmensspezifische Parameter heran.

Konkret heißt das, dass die ermittelten Cashflows aus der internen Unternehmensplanung stammen. Allerdings mit der Besonderheit, dass keine Cashflows aus künftigen Erweiterungsinvestitionen beziehungsweise künftigen Restrukturierungsmaßnahmen berücksichtigt werden dürfen. Auch bei der Ermittlung des Diskontierungssatzes ziehen Sie unternehmensspezifische Parameter heran. Und im Rahmen von Werthaltigkeitstests berücksichtigen Sie die jeweilige Verschuldungsquote für die zgE, die Refinanzierungskosten für die zgE und die spezifischen Eigenkapitalkosten. Für die Ermittlung des relevanten Diskontierungssatzes bedienen Sie sich am besten der Methode der gewichteten Kapitalkosten (*Weighted Average Cost of Capital* oder kurz *WACC*) basierend auf dem *Capital Asset Pricing Model* oder kurz *CAPM*. Dieses Modell hat sich mittlerweile auch in der buchhaltungsgetriebenen Bewertungspraxis durchgesetzt.

Der *beizulegende Zeitwert abzüglich der Verkaufskosten* ist der Betrag, der durch den Verkauf eines Vermögenswertes oder einer zahlungsmittelgenerierenden Einheit in einer Transaktion zu Marktbedingungen zwischen sachverständigen, vertragswilligen Parteien nach Abzug der Veräußerungskosten erzielt werden könnte.

Die Definition des beizulegenden Zeitwertes abzüglich Verkaufskosten lässt in erster Linie auf beobachtbare Marktpreise schließen. In der Praxis sind beobachtbare Markpreise für Ihre zgE wohl doch eher die Ausnahme und in der Regel nicht verfügbar. Trotzdem wird diese Größe oftmals herangezogen. Es dürfte Sie überraschen, dass es sich in der Regel aber nicht um Marktpreise handelt, sondern ebenfalls um Unternehmenswerte, die aus Planungsmodellen abgeleitet werden.

Der beizulegende Zeitwert kann auch über die zukünftigen Cashflows aus der internen Unternehmensplanung abgeleitet werden. Allerdings mit der Besonderheit, dass Cashflows aus künftigen Erweiterungsinvestitionen beziehungsweise künftigen Restrukturierungsmaßnahmen in der Planung mit berücksichtigt werden dürfen.

Wenn Sie die zur Berechnung der beiden Werte verwendeten Planungen einmal nebeneinanderlegen, fällt Ihnen Folgendes auf:

- ✔ Ermitteln Sie den Nutzungswert einer zgE, darf die zugrunde liegende Planung keine Erweiterungsinvestitionen oder Sanierungsmaßnahmen enthalten.
- ✔ Ermitteln Sie den beizulegenden Zeitwert durch diskontierte Cashflows, darf die zugrunde liegende Planung sehr wohl Erweiterungsinvestitionen und Sanierungsmaßnahmen enthalten.

Die Gründe dafür sind in den theoretischen Tiefen der Bewertungsmodelle zu finden. Das sollte Sie aber an dieser Stelle hier nicht interessieren. In der Praxis ist es jedoch für ein Unternehmen sehr schwer, eine Planung ohne Erweiterungsinvestitionen oder Sanierungsmaßnahmen zu erstellen. Warum auch? Legen Sie Ihrem Chef eine Planung ohne Erweiterungsinvestitionen vor, so fragt er Sie sicher, ob Sie Stillstand mögen. Legen Sie Ihrer Bank in Krisenzeiten eine Planung ohne Sanierungsmaßnahmen vor, war das vielleicht Ihr letzter Kontakt mit der Bank.

Ein ziemlicher Knackpunkt ist auch immer die Ermittlung des Zinssatzes. Den benötigen Sie zur Diskontierung der Cashflows. Und wenn Sie einen langen Zeitraum planen, kann der Zinssatz schon zu einem wesentlichen Werttreiber werden. Daher sollte dieser Zinssatz einigermaßen »manipulationsfrei« sein. Die folgenden Schritte helfen Ihnen dabei:

16 ► Volle Kontrolle: Vollkonsolidierung nach der Erwerbsmethode

1. Versuchen Sie, die Zinssätze über den Kapitalmarkt abzuleiten. In den seltensten Fällen ist Ihre zgE aber am Kapitalmarkt unterwegs und daher finden Sie meistens auch keine verfügbaren Daten.

2. Konzentrieren Sie sich auf andere vergleichbare Unternehmen. Der Experte spricht auch von einer *Peer Group*. Die Peer Group enthält börsennotierte Unternehmen, die mit Ihrer zgE vergleichbar sind. Dazu zählen: gleiche Branche, gleiches Risiko, ähnliche Produkte, ähnliche Größe und so weiter – vergleichbar halt. Börsennotiert müssen die Unternehmen deshalb sein, damit Sie auch an die Kapitalmarktdaten der Unternehmen herankommen.

Je kleiner aber Ihre zgE, desto schwieriger wird die Suche nach einer passenden Peer Group. Wenn Sie keine Vergleichsunternehmen finden, müssen Sie Ihre Suchkriterien erweitern: größere Unternehmen, weiter gefasste Branche, größere Produktpalette oder Ähnliches. Aber vergleichen Sie keinen Automobilzulieferer mit einer Ölgesellschaft. So weit sollten Sie die Branche dann auch nicht fassen.

Haben Sie passende Vergleichsunternehmen gefunden, ziehen Sie die relevanten Marktdaten für die Verschuldungsquote, die Refinanzierungskosten und die Eigenkapitalkosten heran.

Diese Daten stehen leider auch nicht in der Zeitung. Meistens bedient man sich hier Börseninformationsdiensten wie »Bloomberg« und Kollegen.

Diese Kapitalmarktdaten lassen Sie dann wieder in die Methode der gewichteten Kapitalkosten (»Weighted Average Cost of Capital« – oder »WACC«) einfließen und kommen somit auf Ihren Zinssatz.

Ermittlung und Erfassung des Wertminderungsbedarfs

Haben Sie alle relevanten Größen ermittelt, können Sie den Wertminderungsbedarf durch Gegenüberstellung von erzielbarem Betrag und den relevanten Nettovermögenswerten wie in Tabelle 16.9 dargestellt ermitteln.

Ist der so ermittelte erzielbare Betrag niedriger als die Summe der Buchwerte der relevanten Nettovermögenswerte inklusive des Buchwertes des Goodwills, müssen Sie leider eine Wertminderung für den Geschäfts- oder Firmenwert erfassen. Sie schreiben den Goodwill dann so lange ab, bis Sie den erzielbaren Betrag erreicht haben.

Es kann auch vorkommen, dass die ermittelte Wertminderung den ausgewiesenen Geschäfts- oder Firmenwert sogar übersteigt. Dann gehen Sie mit der Abschreibung wie folgt vor:

✔ Schreiben Sie den Geschäfts- oder Firmenwert voll ab.

✔ Verteilen Sie den noch verbleibenden Betrag auf die restlichen Vermögenswerte, die in die Bestimmung des Buchwertes der zgE einbezogen wurden.

Bei der Verteilung auf die restlichen Vermögenswerte wird die Wertminderung

✔ zuerst auf die langfristigen Vermögenswerte verteilt und

✔ dann der danach verbleibende Betrag auf die kurzfristigen Vermögenswerte (aber nicht auf Zahlungsmittel) verteilt.

Die Verteilung erfolgt in beiden Fällen auf Basis der bestehenden Buchwerte. Es werden also alle Positionen anteilig im Wert gemindert, allerdings nur bis zu dem ihnen eigenen jeweiligen erzielbaren Betrag!

Auch hier wird Ihnen ein Beispiel sicherlich weiterhelfen und Licht ins Dunkel bringen.

Im Rahmen des Erwerbs einer Gesellschaft weist die Erwerber GmbH in ihrem IFRS-Konzernabschluss einen Geschäfts- oder Firmenwert in Höhe von EUR 685 aus. Die zahlungsmittelgenerierende Einheit (zgE) ist der Gesamtkonzern, da es keine Segmente gibt und der Konzern die kleinste identifizierbare zgE darstellt.

Die durchgeführten Berechnungen zur Ermittlung des erzielbaren Betrags aufgrund der Unternehmensplanung führten zu folgenden Werten:

✔ Beizulegender Zeitwert abzüglich Veräußerungskosten EUR 1.950

✔ Nutzungswert auf Basis einer Discounted-Cash-Flow-Berechnung EUR 2.000

Ergibt sich auf Basis der in Tabelle 16.10 dargestellten Konzernbilanz und der Zusatzinformationen zum erzielbaren Betrag ein Wertminderungsaufwand?

Erwerber GmbH (IFRS-Konzernabschluss nach PPA)			
Aktiva		Passiva	
		Eigenkapital	650
Geschäfts- oder Firmenwert	685	Gewinnvortrag (laufendes Ergebnis)	-150
		Nicht beherrschende Anteile	35
Immaterielle Vermögenswerte	600		
Sachanlagen	1.130	Langfristige Schulden	1.610
Finanzielle Vermögenswerte	50	Langfristige Rückstellungen	200
		Latente Steuerschulden	150
Vorratsvermögen	60		
Forderungen LuL	150	Kurzfristige Schulden	100
Zahlungsmittel	80	Kurzfristige Rückstellungen	30
		Verbindlichkeiten LuL	130
Summe Aktiva	2.755	Summe Passiva	2.755

Tabelle 16.10: IFRS-Konzernabschluss nach PPA der Erwerber GmbH

Die Ermittlung der Nettovermögenswerte führt zu dem in Tabelle 16.11 dargestellten Ergebnis.

16 ➤ Volle Kontrolle: Vollkonsolidierung nach der Erwerbsmethode

Position	Betrag
Ermittlung Nettovermögenswerte	
Geschäfts- oder Firmenwert	685
Immaterielle Vermögenswerte	600
Sachanlagen	1.130
Vorratsvermögen	60
Forderungen LuL	150
Zahlungsmittel	80
Langfristige Rückstellungen	–200
Kurzfristige Rückstellungen	–30
Verbindlichkeiten LuL	–130
Summe	2.345

Tabelle 16.11: Ermittlung der Nettovermögenswerte

Wie oben erläutert, dürfen Sie bei der Ermittlung der Nettovermögenswerte die verzinslichen Vermögenswerte und Schulden sowie die latenten Steuern nicht mit einbeziehen. Die müssen draußen bleiben.

Der erzielbare Betrag ist der höhere Wert aus beizulegendem Zeitwert abzüglich Veräußerungskosten und dem Nutzungswert. Daher beträgt der erzielbare Betrag hier EUR 2.000. Dies entspricht in unserem Fall dem Nutzungswert.

Vergleichen Sie nun den erzielbaren Betrag mit den Nettovermögenswerten, ergibt sich ein Wertminderungsbedarf von EUR 345. Sie erfassen also ergebniswirksam für den Geschäfts- oder Firmenwert eine Wertminderung in dieser Höhe, sodass nur noch ein Geschäfts- oder Firmenwert in Höhe von EUR 340 verbleibt. Aber Achtung: Diese vorgenommenen Wertminderung dürfen Sie in Folgeperioden nicht wieder rückgängig machen!

Wie Sie sehen, ist für die Ermittlung der Werthaltigkeit eines Geschäfts- oder Firmenwertes immer eine quasi Unternehmensbewertung erforderlich, die auf den Plandaten Ihres Unternehmens beruht. Dies wissen auch Ihre Bilanzleser. Eine außerplanmäßige Abschreibung bedeutet demzufolge immer, dass Sie Ihre Unternehmensplanung gegenüber dem Vorjahr nach unten korrigiert haben. Dies kann durchaus ein negatives Signal in den Markt werfen. Seien Sie sich deshalb bereits im Voraus der Schwere und Tragweite einer außerplanmäßigen Abschreibung bewusst und streben Sie hier eine sinnvolle Steuerung an.

Eine Erstkonsolidierung ist ganz schön harter Stoff, oder? Hier können wir Sie aber beruhigen. Wer die IFRS verstanden hat, muss noch lange keine Kaufpreisallokation durchführen können. Umgekehrt gilt im Übrigen das Gleiche. Bei den Praktikern hat sich hier eine starke Orientierung auf das eine oder das andere durchgesetzt.

Nur anteilig: Equity-Methode

In diesem Kapitel
- Konsolidierung von Beteiligungen mit wesentlicher Beteiligung
- Erstkonsolidierung und Folgekonsolidierung dieser Beteiligungen
- Besonderheiten bei der Bilanzierung von Gemeinschaftsunternehmen (Joint Ventures)

In diesem Kapitel geht es um »Einfluss« auf ein anderes Unternehmen. Über manche Ihrer Beteiligungen haben Sie sicher die volle Kontrolle und können tun und lassen, was Sie wollen. Bei anderen wiederum ist das nicht ganz so einfach. Hier haben Sie vielleicht nur einen maßgeblichen Einfluss. Auf genau diese Unterscheidung kommt es in diesem Kapitel an. Nachdem das entschieden ist, lesen Sie hier, wie Sie solche Unternehmen in Ihrem Konzernabschluss bilanzieren, auf die Sie nur maßgeblich einwirken können.

Für Wissbegierige finden sich die detaillierten Regelungen hierzu in IAS 28 »Anteile an assoziierten Unternehmen«.

Maßgeblicher Einfluss: Assoziierte Unternehmen

Haben Sie das volle Sagen über die Geschicke eines anderen Unternehmens, sollten Sie in der Regel eine Beteiligung von mehr als 50 Prozent an diesem Unternehmen haben. Was Sie dann beachten müssen, können Sie ein paar Seiten vorher in Kapitel 16 nachlesen. Da Ihr Chef nicht immer gleich die volle Kontrolle will und ab und an auch noch Zeit auf dem Golfplatz verbringen möchte, investieren Sie auch in Unternehmen, ohne dass Sie dabei gleich die volle Kontrolle erwerben. Die IFRS sehen besondere Regelungen bei einem *maßgeblichen Einfluss* vor. Was aber bedeutet maßgeblicher Einfluss?

Maßgeblicher Einfluss ist die Möglichkeit, an den finanz- und geschäftspolitischen Entscheidungen des Beteiligungsunternehmens mitzuwirken. Sie haben aber nicht die komplette Beherrschung über das Unternehmen oder die gemeinschaftliche Führung der Entscheidungsprozesse.

Haben Sie eine Beherrschung über ein Unternehmen, so bestimmen Sie ganz allein über die Finanz- und Geschäftspolitik und ziehen den Nutzen daraus. Da müssen Sie niemanden weiter fragen. Im Gegensatz dazu können Sie durch einen maßgeblichen Einfluss diese Entscheidungen nur beeinflussen oder daran mitwirken. Na ja, zumindest haben Sie aber so viel Einfluss, dass Sie gefragt werden.

Da dies eine sehr vage Definition ist, behilft man sich in der Praxis der folgenden Daumenregel: Bei einem Beteiligungsverhältnis zwischen 20 Prozent und 50 Prozent können Sie in der Regel von einem maßgeblichen Einfluss ausgehen. Zur vollständigen Kontrolle haben Sie zu wenig, zur kompletten Nichtbeachtung haben Sie aber zu viel.

Unternehmen, auf die Sie einen maßgeblichen Einfluss ausüben können, werden als assoziierte Unternehmen bezeichnet. Ausgenommen davon sind Gemeinschaftsunternehmen. Für diese gelten wiederum ergänzende Vorschriften, auf die wir im nächsten Abschnitt eingehen.

Die Einbeziehung von assoziierten Unternehmen erfolgt mittels der *Equity-Methode*. Mithilfe dieser Methode soll im Rahmen des Konzernabschlusses der wertmäßige Anteil an dem Unternehmen möglichst gut dargestellt werden. Es soll zumindest versucht werden.

Bei Anwendung der *Equity-Methode* setzen Sie die Anteile an einem Unternehmen zunächst mit den Anschaffungskosten an. In Folgeperioden erhöhen oder vermindern Sie diesen Wertansatz um die Veränderungen in Ihrem Anteil am Nettovermögen. Der Ihnen als Anteilseigner zuzurechnende Gewinn beziehungsweise Verlust wird in der Gewinn-und-Verlust-Rechnung in einer eigenen Position erfasst.

Was bedeutet das aber jetzt für den Konzernabschluss? Im Gegensatz zur Vollkonsolidierung werden bei Unternehmen, auf die »nur« ein maßgeblicher Einfluss ausgeübt wird, die Vermögenswerte und Schulden der Beteiligung nicht mit in den Konzernabschluss des Mutterunternehmens aufgenommen. Was bei einer solchen Vollkonsolidierung geschieht, erläutern wir in Kapitel 15 und 16.

Hier ist alles etwas einfacher. Die Erfassung der Änderungen erfolgt im sogenannten *One-Line-Item-Ansatz*. Dies bedeutet ganz einfach, dass sich der Wert der Beteiligung an einem assoziierten Unternehmen in nur einer einzigen Position in Ihrem Konzernabschluss widerspiegeln soll. Was bedeutet das nun konkret?

Im Einzelabschluss des Anteilseigners wird die Beteiligung an einem assoziierten Unternehmen in der Regel als finanzieller Vermögenswert zu seinen fortgeführten Anschaffungskosten geführt. Große Änderungen gibt es da nicht, soweit das Unternehmen keinen Grund für eine außerplanmäßige Wertminderung liefert. Im Konzernabschluss soll sich jedoch der tatsächliche Wert der Beteiligung widerspiegeln. Das möchte man durch die Darstellung der dem Anteilseigner *zustehenden Nettovermögenswerte* erreichen.

Die zustehenden Nettovermögenswerte ergeben sich vereinfacht betrachtet aus dem Saldo von Vermögenswerten und Schulden des Unternehmens multipliziert mit dem Besitzanteil, den Sie am Unternehmen halten. Die Formel ist einfach: (Schulden − Vermögenswerte) × % Anteil am Unternehmen = anteiliges Nettovermögen

Die Vorgehensweise zur Ermittlung des Ansatzes für die bilanzierte Beteiligung nach der Equity-Methode finden Sie in Tabelle 17.1.

17 ➤ Nur anteilig: Equity-Methode

+/−	Position
	Wert der Beteiligung nach der Equity-Methode zu Beginn der Periode (Anschaffungskosten bei erstmaliger Erfassung)
+/−	Anteiliges Jahresergebnis des Beteiligungsunternehmens
+/−	Anteilige Zwischenergebnisse aus Transaktionen mit dem assoziierten Unternehmen
−	Abschreibung von stillen Reserven
+	Fortschreibung stiller Lasten
−/+	Wertminderung/Zuschreibung der Beteiligung (im Rahmen von Werthaltigkeitsprüfungen)
−	vereinnahmte Dividenden
+/−	Sonstige Eigenkapitalveränderungen des Beteiligungsunternehmens (zum Beispiel Währungsumrechnungseffekte im Eigenkapital)
+	Kapitaleinzahlungen
−	Kapitalrückzahlungen
=	Wert der Beteiligung nach der Equity-Methode am Ende der Periode

Tabelle 17.1: Entwicklung Equity-Ansatz im Konzern

Aller Anfang ist nicht schwer – die Erstkonsolidierung

Die Beteiligung fällt bekanntlich nicht vom Himmel. Grundsätzlich kann ein assoziiertes Unternehmen über zwei Möglichkeiten bei Ihnen aufschlagen:

✔ Gründung zusammen mit anderen Partnern

✔ Erwerb von Anteilen zu einem späteren Zeitpunkt

Bei der *Erstkonsolidierung* wird der Wert der Beteiligung nach der Equity-Methode mit den Anschaffungskosten angesetzt. In Ihrem Konzernabschluss wird dieser Posten als »Anteil an assoziierten Unternehmen« ausgewiesen.

Im Rahmen einer Gründung ist die Erstbewertung in der Regel unspektakulär. Ihr anteiliges Nettovermögen – der Saldo aus Vermögenswerten und Schulden des Unternehmens multipliziert mit Ihrem Anteil – entspricht dem Ansatz der Beteiligung und damit regelmäßig dem Betrag, den Sie bei der Gründung in das Gesellschaftskapital einzahlen mussten. Eine Neubewertung des zuzurechnenden Eigenkapitals muss nicht erfolgen, da dies dem Beteiligungsansatz entspricht. Es gibt ja auch noch nicht viel mehr zum Zeitpunkt der Gründung. Somit ergeben sich im Rahmen der Konsolidierung keine Unterschiedsbeträge aus der Verrechnung des Beteiligungsansatzes mit dem anteilig erworbenen Vermögen. Im Rahmen einer Gründung entsteht grundsätzlich kein Geschäfts- oder Firmenwert (Goodwill) oder Bargain Purchase / Lucky Buy.

> Wenn Sie die Begriffe *Bargain Purchase / Lucky Buy* verwirren, schlagen Sie doch einfach mal in Kapitel 16 nach. Dort werden sie erläutert.

Wenn Sie den Anteil erst später erwerben, müssen Sie eine Kaufpreisallokation durchführen und eventuelle stille Reserven und Lasten aufdecken. Das heißt, Sie müssten theoretisch dieselbe Vorgehensweise wie bei der Vollkonsolidierung aus Kapitel 16 wählen:

1. Sie ermitteln das neu bewertete Eigenkapital nach IFRS im Rahmen einer Kaufpreisallokation.
2. Sie vergleichen die Anschaffungskosten mit dem so ermittelten und neu bewerteten anteilig erworbenen Eigenkapital.

Aus diesem Vergleich entsteht in den meisten Fällen ein Unterschiedsbetrag. Somit entsteht im Rahmen eines Erwerbsvorgangs grundsätzlich ein Geschäfts- oder Firmenwert (Goodwill) oder Bargain Purchase/Lucky Buy.

- ✔ Bezahlen Sie mehr, als Ihnen anteilig am Eigenkapital zusteht, ergibt sich ein Geschäfts- oder Firmenwert.
- ✔ Bezahlen Sie weniger, ergibt sich ein Bargain Purchase/Lucky Buy.

Eine vollständige Neubewertung ist sehr aufwendig und kostenintensiv und wird daher in der Praxis selten durchgeführt. Manchmal muss man auch die Kirche im Dorf lassen und sich auf die Wesentlichkeit konzentrieren. Bei einer für Ihr Unternehmen kleinen, also nicht wirklich wesentlichen, Beteiligung kann in der Praxis auch mal auf die ganze Neubewertungsgeschichte verzichtet werden. Dann nehmen Sie einfach den Abschluss des erworbenen Unternehmens zum Stichtag als Grundlage für die Ermittlung des Nettovermögens – aber zumindest sollte dieser Abschluss die IFRS-Vorschriften befolgt haben. Es gilt dann: Das bisher bilanzierte Eigenkapital des erworbenen Unternehmens entspricht auch dem Marktwert des Eigenkapitals – ohne irgendwelche Auf- oder Abwertungen. Dieses Vorgehen sollten Sie aber rechtzeitig mit Ihrem Wirtschaftsprüfer abstimmen. Manchmal hat dieser eine andere Vorstellung von »wesentlich«.

Die große Besonderheit bei der Bilanzierung nach der Equity-Methode ist, dass Sie eigentlich gezwungen sind, eine »Schattenbuchführung« oder besser ein »Nebenbuch« zu führen. Keine Angst, wir verleiten Sie hier nicht zu mafiösen Methoden. Die Umsetzung der oben genannten Vorgehensweise stellt viele Praktiker anfangs vor ein großes Verständnisproblem: »Welche Elemente schlagen sich in meiner Gewinn-und-Verlust-Rechnung und Bilanz nieder und bei welchen Elementen erfolgt die Fortführung der Werte lediglich in einer Nebenrechnung?« Dies zeigen wir Ihnen bei der Folgekonsolidierung.

Was kommt danach? Die Folgekonsolidierung

Bei der Folgekonsolidierung wird es etwas komplizierter. Das liegt aber nicht an der Anzahl der involvierten Positionen, sondern an deren Inhalt. Die Anzahl der Positionen ist schnell geklärt (One-Line-Item-Ansatz):

17 ➤ Nur anteilig: Equity-Methode

✔ **eine** Position in der Bilanz (»Anteil an assoziierten Unternehmen«)

✔ **eine** Position in der Gewinn-und-Verlust-Rechnung (»Ergebnis aus Finanzanlagen, bewertet nach der Equity-Methode«) innerhalb des Finanzergebnisses

Etwas schwieriger ist es dann schon mit der Zusammensetzung der einzelnen Positionen. Und wieder einmal soll Ihnen ein Beispiel helfen, Licht ins Dunkel zu bringen: Die Besitz AG ist mit 30 Prozent an der Teilweise GmbH beteiligt. Folgende Geschäftsvorfälle sind des Weiteren bekannt:

✔ Die Teilweise GmbH wurde am 2. Januar für EUR 1.000 erworben. Die Besitz AG übt maßgeblichen Einfluss auf die Teilweise GmbH aus und bilanziert diese im Konzernabschluss folglich nach der Equity-Methode. Das Nettovermögen der Teilweise GmbH belief sich zum Erwerbszeitpunkt auf EUR 3.000.

✔ Zum Erwerbszeitpunkt konnten Marktwerte der Vermögenswerte ermittelt werden. Es bestehen durch konservative Bilanzierung stille Reserven in Maschinen in Höhe von EUR 700 und in Vorräten in Höhe von EUR 50. Die Maschinen haben eine Restnutzungsdauer von zehn Jahren. Die Vorräte werden innerhalb von einem Jahr veräußert.

✔ Im laufenden Jahr erzielt die Teilweise GmbH einen Jahresüberschuss von EUR 1.000.

Die Bewertung des assoziierten Unternehmens im Konzernabschluss der Besitz AG zum 31. Dezember nach der Equity-Methode finden Sie in Tabelle 17.2.

+/–	Erläuterung	Betrag in EUR
	Buchwert/Equity-Wert zu Beginn der Periode (01.01.) Anschaffungskosten	1.000
+	Anteiliges Jahresergebnis	300
–	Abschreibungen aus der Neubewertung Maschinen ((700/10) × 30 %)	–21
	Vorräte (50×30 %)	–15
	Buchwert/Equity-Wert am Ende der Periode (31.12.)	1.264

Tabelle 17.2: Beispiel zur Entwicklung Equity-Ansatz im Konzern

Tabelle 17.3 zeigt Ihnen den Buchungssatz für den Konzernabschluss per 2. Januar zum Zeitpunkt des Erwerbs.

Soll		Haben	
Finanzanlagen, bewertet nach der Equity-Methode	1.000	Bank	1.000

Tabelle 17.3: Verbuchung Erstkonsolidierung

Der Buchungssatz zur Darstellung der Folgekonsolidierung für den Konzernabschluss per 31. Dezember ist in Tabelle 17.4 abgebildet.

Soll		Haben	
Finanzanlagen, bewertet nach der Equity-Methode	264	Ergebnis aus Finanzanlagen, bewertet nach der Equity-Methode	264

Tabelle 17.4: Verbuchung Folgekonsolidierung

Somit ergibt sich zum 31. Dezember nach der Equity-Methode ein Bilanzansatz für das assoziierte Unternehmen, die Teilweise GmbH, von EUR 1.264 und für das laufende Jahr ein positives Ergebnis aus der Bewertung nach der Equity-Methode in Höhe von EUR 264 – dieses wird auch richtig im Finanzergebnis ausgewiesen. Aus dem Erwerb entsteht ein Geschäfts- oder Firmenwert (Goodwill) in Höhe von EUR 100 (Anschaffungskosten EUR 1.000 abzüglich Anteil am Nettovermögen in Höhe von EUR 3.000 × 30 % = EUR 900), der in einer Nebenrechnung fortgeführt wird.

Eine Besonderheit der Equity-Methode ist, dass von den in Kapitel 15 vorgestellten Konsolidierungsschritten nur eine Konsolidierungsmaßnahme relevant ist: die Zwischengewinnkonsolidierung.

Die Schulden- beziehungsweise Aufwands- und Ertragskonsolidierung kommt nicht infrage, weil die erforderlichen Positionen ja gar nicht in den Abschluss eingehen – Sie erinnern sich: One-Line-Item-Ansatz! Was Sie aber berücksichtigen müssen, sind Zwischengewinne beziehungsweise -verluste aus Geschäftsbeziehungen mit dem assoziierten Unternehmen.

Sind bei Lieferungen zwischen Ihnen und einem assoziierten Unternehmen Zwischengewinne angefallen, so dürfen Sie diese im Konzernabschluss aber nicht in voller Höhe eliminieren. Sie eliminieren lediglich einen Anteil am Zwischengewinn. Welcher Anteil ist das nun? Nun ja, es kann eigentlich nur der Anteil sein, mit dem Sie an dem Unternehmen beteiligt sind. Alles andere würde irgendwie keinen Sinn machen, oder?

Sie halten 40 Prozent an einem assoziierten Unternehmen. Aus einem Warenverkauf an dieses Unternehmen haben Sie einen Gewinn von EUR 100 erzielt. Für Ihren Konzernabschluss wenden Sie die Equity-Methode zur Abbildung des assoziierten Unternehmens an. Daher müssen Sie einen Betrag von EUR 40 bei der Erstellung des Konzernabschlusses als Zwischengewinn eliminieren.

Wer an wen verkauft, ist dabei unerheblich – in jedem Fall eliminieren Sie sowohl Zwischenergebnisse aus Transaktionen von »oben nach unten« (von Mutter an Beteiligung) als auch von »unten nach oben« (von Beteiligung an Mutter). Aber immer anteilig und nicht in voller Höhe wie Sie dies bei einer Vollkonsolidierung tun würden.

Alles offenlegen – die Angaben im Anhang

Da Sie bei Anwendung der Equity-Methode keine Schulden- oder Aufwands- und Ertragskonsolidierung durchführen müssen, bestehen in Ihrem Konzernabschluss noch sämtliche Beziehungen zu einem assoziierten Unternehmen. Daher müssen Sie im Anhang zusätzliche Informationen über die Geschäftsbeziehungen zu diesen Unternehmen offenlegen. Darunter fallen die folgenden Angaben:

- ✔ gesonderter Ausweis der Forderungen und Verbindlichkeiten gegenüber assoziierten Unternehmen
- ✔ gesonderter Ausweis von Erträgen und Aufwendungen mit assoziierten Unternehmen

✔ Informationen zu Vermögenswerten, Schulden sowie Umsatzerlösen und Ergebnissen von assoziierten Unternehmen

Bei Anwendung der Equity-Methode darf der Abschlussstichtag der Beteiligung maximal drei Monate vor oder nach dem Abschlussstichtag des haltenden Unternehmens liegen. Wenn also der 31.12. der Abschlussstichtag ist, darf der Abschlussstichtag des assoziierten Unternehmens nicht vor dem 30.09. des aktuellen Jahres beziehungsweise dem 31.03. des folgenden Jahres liegen.

Gemeinsames Risiko: Joint Ventures

Bei Joint Ventures stehen Unternehmen unter der gemeinschaftlichen Führung von zwei oder mehreren Parteien. Das Verhältnis der Parteien ist vertraglich vereinbart, sodass es hinsichtlich der Kontrolle und der wirtschaftlichen Geschäftstätigkeit ein möglichst klares Bild gibt.

Joint Venture bedeutet nicht zwangsläufig eine Beteiligung von zwei Parteien zu jeweils 50 Prozent! Es können durchaus auch mehrere Parteien sein, die ein Joint Venture bilden.

Zum Beispiel gibt es auch Joint Ventures, bei denen zwei Partner jeweils 40 Prozent an dem Unternehmen besitzen und ein weiterer Partner die restlichen 20 Prozent hält. Die Gründe hierfür können vielfältig sein, sollten uns an dieser Stelle aber auch egal sein.

Bei einem Joint Venture teilen sich zwei oder mehr Vertragspartner die Chancen und Risiken an einem Unternehmen und das Verhältnis der Parteien untereinander ist dabei vertraglich genauestens vereinbart!

Sie können aber nur dann von gemeinschaftlicher Führung sprechen, wenn die strategischen, finanziellen und betrieblichen Entscheidungen für die Geschäftsführung die einstimmige Zustimmung der an der gemeinschaftlichen Führung beteiligten Unternehmen oder Personen erfordert. Sprich: Ohne Konsens geht hier gar nichts. Dann und wirklich nur dann, wenn ein Unternehmen unter gemeinschaftlicher Kontrolle steht, besteht ein Wahlrecht für die bilanzielle Abbildung im Konzernabschluss. Die zwei Möglichkeiten sind:

✔ die Equity-Methode oder

✔ die beteiligungsproportionale Konsolidierung.

Besteht keine gemeinsame Kontrolle, ist die Anwendung der Equity-Methode verpflichtend vorgeschrieben! Diese haben Sie in diesem Kapitel schon kennengelernt.

Die Vorgehensweise bei der beteiligungsproportionalen Konsolidierung stellen wir Ihnen nun in Kapitel 18 vor.

Da gibt's noch mehr: Besonderheiten und Sonderformen

In diesem Kapitel
- Die beteiligungsproportionale Konsolidierung
- Umgekehrte Unternehmenserwerbe
- Zweckgesellschaften identifizieren

*W*as ist schon normal und alltäglich? In Ihrer beruflichen Praxis treffen Sie immer wieder auf Sonderformen und spezielle Sachverhalte. Das kann Ihnen auch in der Konzernrechnungslegung nach IFRS passieren. In diesem Kapitel stellen wir Ihnen Konsolidierungsformen vor, die nicht alltäglich sind, aber dennoch für die Abbildung von Konzernabschlüssen erforderlich sind. Und schließlich wollen Sie ja auch bei den Spezialitäten mitreden können, wenn sich ein paar Experten unterhalten!

Sonderformen der »Konsolidierung«

In den vorangegangenen Kapiteln haben Sie schon viel über den Konzernabschluss erfahren. In Kapitel 15 konnten Sie die allgemeinen Grundlagen und Abschlussarbeiten eines IFRS-Konzernabschlusses erfahren. Kapitel 16 hat Ihnen die Königsdisziplin nähergebracht – die erstmalige Abbildung eines »normalen Unternehmenserwerbs« mit voller Kontrolle über das erworbene Unternehmen. Obwohl Sie dennoch nicht die Kontrolle verloren haben, ging es in Kapitel 17 um Unternehmen, über die Sie nicht die komplette Kontrolle haben, sondern nur maßgeblichen Einfluss. Wir müssen zugeben, dass wir Ihnen in Kapitel 16 und 17 nicht die ganze Wahrheit erzählt haben. In jedem Kapitel haben wir eine Besonderheit weggelassen, die wir Ihnen in diesem Kapitel zeigen.

Umgekehrte Unternehmenserwerbe

Der Name lässt es erkennen – hier stimmt was nicht. Den »normalen Unternehmenserwerb« kennen Sie aus Kapitel 16, aber was ist denn nun ein umgekehrter?

Der *umgekehrte Unternehmenserwerb* (oder *Reverse Acquisition*) ist die Sonderform eines Erwerbs, bei dem der rechtliche Käufer wirtschaftlich gesehen eigentlich das gekaufte Objekt darstellt.

Nun ja, das hört sich erst mal verrückt an. Der rechtliche Käufer kann doch niemals das erworbene Unternehmen sein. Wäre ja so, als ob die Butter Sie kauft und nicht Sie die Butter.

Aber wenn Sie sich noch einmal einen der Grundgedanken der internationalen Rechnungslegung aus Kapitel 4 vor Augen führen, kann das Ganze schon wieder ein wenig sinnvoller klingen. In der internationalen Rechnungslegung kommt es immer sehr stark auf die wirtschaftliche Betrachtungsweise an und nicht auf die rechtliche Gestaltung einer Transaktion. Dieser Grundsatz wird auch *Substance over form* genannt.

Substance over form ist eine Ausprägung der »Verlässlichkeit«, die eine Grundanforderung an einen IFRS-Abschluss ist. Das Prinzip fordert, dass für eine korrekte Abbildung der Realität bilanzielle Ereignisse oft gemäß ihrem tatsächlichen wirtschaftlichen Gehalt und nicht allein gemäß der rechtlichen Gestaltung bilanziert und dargestellt werden müssen.

Und so kommt auch ein umgekehrter Unternehmenserwerb erst durch Betrachtung der gesamten wirtschaftlichen Verhältnisse zustande. So ein Konstrukt tritt regelmäßig bei sogenannten *Cold IPOs* auf. Dies ist der Fall, wenn ein Unternehmen an die Börse möchte, aber dafür einen bereits bestehenden Börsenmantel nutzen will. Das ist meist durch den enormen Aufwand eines Börsengangs begründet. Den kann man nämlich so umgehen.

Als *Börsenmantel* werden börsennotierte Unternehmen bezeichnet, die keinerlei oder nur eine geringe operative Tätigkeit ausüben und einfach so vor sich hin schmoren und darauf warten, dass ihnen jemand Leben einhaucht.

Stellen Sie sich nun vor, dass der leere Börsenmantel eine operative Gesellschaft kauft. Logischerweise tritt die bereits börsennotierte Gesellschaft rechtlich gesehen als Käufer auf. Wenn aber die Eigentümer der operativen Gesellschaft vor dem Verkauf dann auch gleichzeitig die Mehrheitseigentümer des Börsenmantels (inklusive des erworbenen Unternehmens) nach dem Kauf sind, handelt es sich hierbei um einen umgekehrten Unternehmenserwerb.

Dabei besteht der Kaufpreis für die operative Gesellschaft meist aus Anteilen an dem Börsenmantel, die an die Gesellschafter der operativen Gesellschaft als Gegenleistung für den Anteilsverkauf ausgegeben werden – also der Kaufpreis wird nicht in Cash, sondern in Aktien bezahlt. Somit sind die Verkäufer der operativen Gesellschaft nach der Transaktion die Mehrheitseigentümer des Börsenmantels (inklusive des erworbenen Unternehmens).

Weil die Kaufpreisallokation, wie in Kapitel 16 beschrieben, auf das erworbene Unternehmen angewendet wird, hat das bilanziell enorme Auswirkungen. Der Börsenmantel gilt dann aber als erworbenes Unternehmen. Somit muss die Kaufpreisallokation für den Börsenmantel und nicht das operative Unternehmen durchgeführt werden – sofern der Börsenmantel die Voraussetzungen eines Geschäftsbetriebs erfüllt. Das verringert den Aufwand deutlich und die Darstellung des operativen Geschäfts erfolgt auf Basis der fortgeführten Werte des in den Börsenmantel eingebrachten Objekts.

Allerdings tritt als Konzernabschlussersteller der rechtliche Erwerber (Börsenmantel) auf. Dargestellt wird aber tatsächlich der fortgeführte Geschäftsbetrieb des erworbenen Unternehmens. Daher muss im Anhang erläutert werden, dass es sich um einen umgekehrten Unternehmenserwerb gehandelt hat.

Dazu kommt noch, dass im Konzernabschluss das Eigenkapital des rechtlichen Erwerbers (also des Börsenmantels) dargestellt werden muss. Das zieht wiederum Anpassungen im Eigenkapital (erfolgsneutral) nach sich, da ja die erwerbende Gesellschaft nach IFRS als Erwerber gilt. Die Anpassungen im Eigenkapital müssen im Anhang erläutert werden. Also hier geben wir offen zu: Wenn Sie dieses Konstrukt und seine bilanzielle Abbildung nicht sofort verstanden haben, gehören Sie zu einem Großteil der IFRS-Anwender. Aber glücklicherweise sind solche Deals ja nicht an der Tagesordnung.

Beteiligungsproportionale Konsolidierung

Bei Joint Ventures stehen Unternehmen unter der gemeinschaftlichen Führung von zwei oder mehr Parteien. Das Verhältnis der Parteien ist vertraglich vereinbart, sodass es hinsichtlich der Kontrolle und der wirtschaftlichen Geschäftstätigkeit ein möglichst klares Bild gibt.

Von gemeinschaftlicher Führung nach IFRS spricht man nur dann, wenn die strategischen, finanziellen und betrieblichen Entscheidungen für die Geschäftsführung die einstimmige Zustimmung der an der gemeinschaftlichen Führung Beteiligten erfordern.

Dann und nur dann, wenn ein Unternehmen unter gemeinsamer Kontrolle steht, gibt es das Wahlrecht für die Einbeziehung in den Konzernabschluss nach der beteiligungsproportionalen Konsolidierung. Ansonsten ist immer die in Kapitel 17 beschriebene *Equity-Methode* vorgeschrieben.

Die *beteiligungsproportionale Konsolidierung* oder auch *Quotenkonsolidierung* genannt, ist ein Verfahren in der Konzernbilanzierung, bei dem der prozentuale Anteil des Partnerunternehmens an allen Vermögenswerten, Schulden, Erträgen und Aufwendungen eines gemeinschaftlich geführten Unternehmens mit den entsprechenden Posten des Abschlusses des Partnerunternehmens zusammengefasst ausgewiesen wird.

Dies bedeutet, dass die anteiligen Werte des Partnerunternehmens in die Konsolidierung mit einbezogen werden. Alternativ ist es aber auch zulässig, dass Sie die Posten aus der Quotenkonsolidierung gesondert im Abschluss des haltenden Unternehmens ausweisen.

Nachdem Sie die Posten des Unternehmens gemäß Ihrem Anteil daran in Ihren Konzernabschluss eingefügt haben, sind noch ein paar Konsolidierungsschritte notwendig. Im Rahmen der beteiligungsproportionalen Konsolidierung sind dies die folgenden Konsolidierungsschritte:

✔ Kapitalkonsolidierung

✔ Schuldenkonsolidierung

✔ Aufwands- und Ertragskonsolidierung

✔ Zwischenergebniskonsolidierung

Der einzige Unterschied zur Vollkonsolidierung besteht darin, dass die Konsolidierungsschritte auf die zustehenden (»quotalen«) Positionen angewendet werden.

Da lediglich die dem Unternehmen zustehenden Vermögenswerte und Schulden einbezogen werden, gibt es keinen »Ausgleichsposten für nicht beherrschende Anteile am Beteiligungsunternehmen«.

Für Wissbegierige finden sich die detaillierten Regelungen hierzu in IAS 31 »Anteile an Gemeinschaftsunternehmen«.

Auf den Zweck kommt es an: Zweckgesellschaften

Die grundlegende Konzeption für die Bestimmung des Konsolidierungskreises nach IFRS zielt auf die Beherrschung eines Tochterunternehmens ab. Diese wird meistens durch die »50 %+x«-Regel erfüllt. Also wenn Sie mehr als 50 Prozent der Anteile besitzen, können Sie zunächst einmal von der Beherrschung ausgehen. Es gibt aber auch Fälle, in denen ein Unternehmen wirtschaftlich gesehen beherrscht wird, aber keine oder eine sehr geringe rechtliche Beteiligung an dem Unternehmen besteht. Schon wieder so ein Resultat aus *Substance over form*.

Solche Unternehmen werden in der Praxis oft unterschiedlich bezeichnet: als Zweckgesellschaften, Objektgesellschaften, Special Purpose Vehicles (SPV), Special Purpose Entities (SPE), Special Purpose Companies (SPC) etc.

Wie die Bezeichnung auch immer lautet oder welche Rechtsform die Gesellschaft auch haben mag, ist für die Bestimmung einer Zweckgesellschaft nicht wichtig. Entscheidend ist nur, was wirtschaftlich tatsächlich dahintersteckt.

Eventuell kann sich Ihr Konsolidierungskreis um solche Gesellschaften erweitern. Also schauen Sie nicht immer nur nach der Beteiligungsquote, sondern auch auf ein paar wesentliche Merkmale solcher Zweckgesellschaften.

Die folgenden Umstände können zum Beispiel auf das Vorhandensein einer Zweckgesellschaft hindeuten:

- ✔ Die Gesellschaft hat einen eng abgegrenzten und genau definierten Zweck (zum Beispiel Durchführung eines Leasinggeschäfts).
- ✔ Die Entscheidungsmacht des Leitungsorgans (zum Beispiel Geschäftsführung) ist beschränkt beziehungsweise die wesentlichen geschäftspolitischen Entscheidungen wurden im Voraus bereits festgelegt (in Anlehnung an ein nicht direkt durch einen Menschen gesteuertes Flugzeug treffen Sie auch häufig auf den Begriff »Autopilot«).
- ✔ Vermögenswerte werden an eine Gesellschaft übertragen, wobei bestimmte Rechte und Verpflichtungen im Zusammenhang mit diesen Vermögenswerten zurückbehalten werden.

Wichtig ist aber immer die Gesamtbetrachtung aller Umstände und die Beurteilung auf Basis einer wirtschaftlichen Betrachtungsweise. Ist zum Beispiel die Geschäftstätigkeit eines Unternehmens komplett auf die wirtschaftlichen Bedürfnisse eines anderen Unternehmens abgestimmt, so könnte hier eine Zweckgesellschaft vorliegen. Fragen Sie sich immer, warum eine Gesellschaft sich so aufstellen sollte, dass ein anderes Unternehmen den Nutzen aus der Geschäftstätigkeit dieses Unternehmens ziehen sollte. Rational handelnde Wirtschaftsteilnehmer machen so etwas nicht! Beachten Sie außerdem, bei wem die tatsächliche Entscheidungsmacht über das Unternehmen liegt. Und wenn die Mehrheit der Chancen und Risiken aus dem

18 ▶ Da gibt's noch mehr: Besonderheiten und Sonderformen

Geschäftsleben einer Gesellschaft bei einem anderen Unternehmen liegen, so könnte es sein, dass eine Zweckgesellschaft vorliegt.

Die Identifizierung von Zweckgesellschaften ist keine einfache Angelegenheit. Wenn eines oder mehrere der oben genannten Indizien vorliegen, müssen Sie diese im Detail prüfen. Wichtig ist, dass Sie sich immer ein Bild der Gesamtlage machen und nicht nur anhand eines Umstands entscheiden. Nur wenn Ihnen der größte Teil der Chancen und Risiken aus der Zweckgesellschaft zusteht, beherrschen Sie diese und konsolidieren diese dann auch.

Doch Hilfe ist nah! Ergänzende Bestimmungen zur Konsolidierung nach IAS 27 finden Sie in SIC 12 »Konsolidierung – Zweckgesellschaften«.

Haben Sie eine Zweckgesellschaft identifiziert und beherrschen Sie diese auch, müssen Sie diese im Wege der Vollkonsolidierung in Ihren Konzernabschluss einbeziehen, auch wenn keine rechtliche Beteiligung besteht! Folglich wenden Sie auf die Gesellschaft alle in Kapitel 15 genannten Konsolidierungsschritte an.

Ein klassisches Beispiel für Zweckgesellschaften sind Leasingobjektgesellschaften für die Finanzierung des Baus von Niederlassungen oder Filialen. Ein expandierendes Unternehmen sucht einen Finanzpartner für den Bau einer Immobilie. Der Finanzpartner gründet daraufhin eine Objektgesellschaft, die nur einen einzigen Zweck hat. Die Gesellschaft baut die Immobilie und vermietet diese dann an das expandierende Unternehmen, den Initiator der ganzen Sache. Gleichzeitig gewährt der Mieter aber der Objektgesellschaft ein Darlehen für die Finanzierung des Objekts und schließt einen Mietvertrag mit einer Laufzeit über 25 Jahre ab. Der Mietvertrag enthält unter anderem eine Sonderregelung, dass der Mieter Instandhaltungs- und Wartungskosten tragen muss, die sonst üblicherweise der Eigentümer übernimmt. Wirtschaftlich betrachtet hat das expandierende Unternehmen also einen Immobilienfinanzierer involviert, der eine Immobilie für die Eigennutzung errichtet. Warum finanziert und baut er nicht einfach selbst?

Ein Grund könnte sein, dass das Unternehmen sowohl die Immobilie als auch die Finanzschulden nicht in der Bilanz zeigen möchte oder aber schlichtweg die eigene Bilanzsumme verringern möchte (zum Beispiel für eine höhere Eigenkapitalquote oder -rendite).

Aber bitte Vorsicht! Eine solche Konstruktion kann zu einer Zweckgesellschaft führen, muss aber nicht. Erst mal haben Sie aber durch dieses Beispiel eine Vorstellung, was möglich ist. Der Teufel liegt auch hier im Detail und eine genaue Vertragsanalyse ist definitiv notwendig.

Zwar spricht die Finanzierung des Objekts und die lange Mietlaufzeit oder auch die Sonderbestimmung zu den Instandhaltungs- und Wartungsmaßnahmen dafür, aber unklar sind Umstände wie:

✔ das Restwertrisiko: Wer trägt es?

✔ die mögliche Nutzungsdauer der Immobilien: evtl. deutlich länger als 25 Jahre

✔ die Höhe der geleisteten Zahlungen: Verbleibt eine Restschuld am Ende der Mietlaufzeit in der Objektgesellschaft?

Und schon dieses Fallbeispiel zeigt, dass die Bestimmung von Zweckgesellschaften ein heikles Unterfangen ist.

Es hängt immer vom Einzelfall und den genauen Umständen der jeweiligen Transaktion beziehungsweise Konstellation ab, ob es sich um eine Zweckgesellschaft handelt.

Teil VI

So klappt die Umstellung

The 5th Wave — By Rich Tennant

»Ich vermute Folgendes ist passiert: Paragraph 1 und 2 haben ihn nur verletzt. Dann wurde er von Paragraph 3 getroffen, so dass er in die Knie ging. Und als er versuchte, seinen Tachenrechner zu erreichen, hat ihn Paragraph 4 umgehauen.«

In diesem Teil ...

Irgendwann wollen Sie das Erlernte sicherlich auch anwenden. In diesem Teil geht es nun um praktische Anwenderthemen.

Wenn Sie zum ersten Mal einen Abschluss nach IFRS aufstellen wollen, sollten Sie auch ein wenig mit der Vorgehensweise in so einem Mammutprojekt vertraut sein. Was da auf Sie zukommt und wie Sie die größten Probleme meistern, zeigen wir Ihnen gleich in Kapitel 19.

Wenn die Umstellung durch ist, hören die Themen aber nicht auf. Wie Sie das Zusammenspiel zwischen EDV, Controlling und Bilanzierung in der IFRS-Welt treffen kann, stellen wir Ihnen im mittleren Kapitel dieses Teils vor.

Für einen erstmaligen IFRS-Abschluss gibt es einige Ausnahmen, die Ihnen das Leben leichter machen. Ob diese für Sie anwendbar und welche das sind, erfahren Sie im letzten Kapitel.

Also dann – am Ende warten Vereinfachungen. Dann arbeiten Sie sich mal schnell dahin durch.

Das IFRS-Umstellungsprojekt: In fünf Schritten durch den Dschungel

In diesem Kapitel

▸ Phasen eines IFRS-Umstellungsprojekts
▸ Voraussetzungen für eine reibungslose Umstellung auf IFRS
▸ Erforderliche Umstellungsmaßnahmen für Ihr Unternehmen

Nicht ganz unbewusst haben wir in den zurückliegenden Kapiteln von Schlaglöchern, Gefahren, Fallen und Schluchten bei der IFRS-Umstellung gesprochen. In der Umstellungspraxis hat man nämlich oft das Gefühl, dass man sich bei einer IFRS-Umstellung durch einen spannenden, aber auch gefahrvollen Dschungel kämpfen muss. Am Ende einer solchen Expedition steht dann ein schmaler Pfad oder eine gut befahrbare Straße durch den Dschungel, der/die anschließend von anderen mehr oder weniger komfortabel, aber meist gefahrlos genutzt werden kann.

Wir wollen Ihnen in diesem Kapitel zeigen, wie man eine solche Expedition plant, sinnvoll strukturiert und etappenweise durchführt, um zu diesem Ziel zu kommen. In Abhängigkeit von der Komplexität Ihres Unternehmens kann ein solches Vorhaben im Mittelstand zwischen einigen Wochen und mehreren Monaten in Anspruch nehmen. Das Ihnen dabei zur Verfügung stehende Projektbudget bestimmt, ob diese Expedition für Sie als Mitarbeiter eher den Charakter einer Pauschalreise hat oder aber harte, schweißtreibende Arbeit wird.

Fernweh oder unbekannte Regionen

Sicher haben Sie in Ihrem Berufsleben schon verschiedene Projekte erlebt, selbst mitgemacht oder man hat Ihnen zumindest Horrorgeschichten davon erzählt. Sie wissen daher, dass ein neues Projekt – in unserem Dschungelbeispiel eine Expedition in unbekannte Regionen – nicht zu unterschätzen ist.

Eine Umstellung der Rechnungslegung ist kein Heimwerkerprojekt, sondern ein betriebswirtschaftliches Projekt, das in einem professionellen Umfeld angegangen werden muss.

In der Praxis hat sich bewährt, ein solches Unterfangen in den in Abbildung 19.1 gezeigten fünf Schritten anzugehen.

> Allerdings müssen wir Sie gleich hier darauf hinweisen, dass wir Ihnen für Ihre eigene »Expedition« keine Packliste in Form einer standardisierten Checkliste an die Hand geben können. Die verschiedenen Phasen und ihre Inhalte sollten individuell auf Ihr Unternehmen abgestimmt sein. Mit den kommenden Hilfestellungen sollten Sie aber Ihre eigene Projektcheckliste erstellen können.

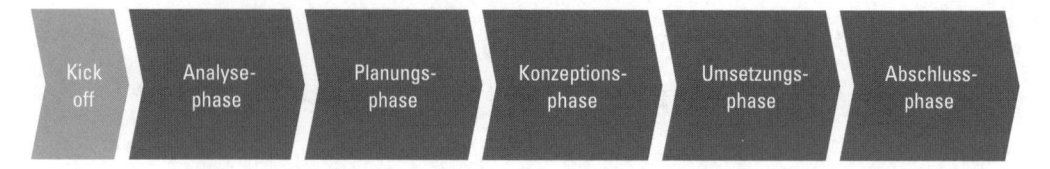

Kick off → Analysephase → Planungsphase → Konzeptionsphase → Umsetzungsphase → Abschlussphase

Abbildung 19.1: Der optimale Umstellungsprozess

Wie bei einer Expedition sollten Sie sich bei Ihrem Projekt früh im Klaren darüber sein, wohin die Reise geht und was die zeitlichen und finanziellen Rahmenbedingungen sind.

1. **Projektziel:** Das Ziel Ihrer Reise bestimmt, was Sie für Ihre Reise alles benötigen. Für einen Trip in die unbekannte nahe Umgebung reicht leichtes Gepäck, während Sie bei einer längeren Reise in ferne Länder lieber auf alle Eventualitäten vorbereitet sein sollten.

Checkliste: Projektziel

- ✔ Welches Ziel wird mit dem Projekt verfolgt?
- ✔ Welchen Stellenwert hat das Projekt?
- ✔ Verfolgen alle Beteiligten ein einheitliches Ziel?
- ✔ Ist das Ziel realistisch?

Bereits in dieser Phase kann die Einbeziehung von Beratern und Ihres Wirtschaftsprüfers sinnvoll sein. Wenn Sie sich beispielsweise freiwillig in den IFRS-Dschungel begeben wollen, erhalten Sie von beiden in aller Regel schnell eine Meinung darüber, ob eine IFRS-Umstellung in Ihrem Fall überhaupt sinnvoll ist.

2. **Projektlaufzeit:** Bereits bei der Auswahl Ihres Reiseziels müssen Sie meist zeitliche Restriktionen berücksichtigen. Oft haben Sie aufgrund günstiger oder ungünstiger Reisezeiten nur einen bestimmten Zeitrahmen, um Ihr Reiseziel optimal zu erkunden, oder es gibt andere Vorgaben, die Ihre Expedition zeitlich beeinflussen.

Checkliste: Projektlaufzeit

- ✔ Welche Zeitvorgaben existieren?
- ✔ Sind die zeitlichen Ziele realistisch?
- ✔ Gibt es zeitliche Puffer oder Alternativen?
- ✔ Wo sind die Engpässe?

3. **Projektteam:** Natürlich hat das Reiseziel auch Einfluss darauf, ob Sie sich allein und in einer kleinen Gruppe auf den Weg machen oder sich eventuell einen erfahrenen Führer

suchen. In Abhängigkeit von der Größe und Komplexität Ihres Unternehmens sollten Sie vielleicht sogar ein ganzes Team, bestehend aus ortskundigen Führern und kräftigen Trägern, in Erwägung ziehen.

> *Checkliste: Projektteam*
>
> ✔ Wer ist durch das Projekt betroffen?
> ✔ Stehen genügend interne Mitarbeiter zur Verfügung?
> ✔ Werden externe Berater benötigt?
> ✔ Sind interne und externe Mitarbeiter qualifiziert?
> ✔ Ergänzen sich die Teammitglieder gegenseitig?
> ✔ Wer leitet das Team?

4. **Projektbudget:** Auch wenn Sie sich ein noch so spannendes und weit entferntes Land ausgesucht und den besten Führer mit den stärksten und sorgfältigsten Trägern ausgesucht haben: Am Ende muss die Reise auch finanzierbar sein!

> *Checkliste: Projektbudget*
>
> ✔ Wer ist der Auftraggeber und Sponsor des Projekts?
> ✔ Wie hoch ist das zur Verfügung stehende Projektbudget?
> ✔ Stehen Kosten und Nutzen in einem sinnvollen Verhältnis?

Bevor es losgeht, sollten Sie sich bei Freunden und Bekannten oder anderen Reisenden erkundigen, ob jemand Ihr Reiseziel bereits kennt, was Sie dort erwartet und vielleicht kann Ihnen jemand sogar einen lokalen Führer empfehlen.

Kick-Off: Das erste Treffen

Bevor es mit dem Projekt losgeht, sollten Sie mit einem sogenannten Kick-Off-Meeting starten. Für Ihre Expedition hat dies den Vorteil, dass sich alle kennenlernen und beschnuppern können. Ein solches Treffen hilft Ihnen übrigens auch bei der Erkenntnis, auf wen Sie sich verlassen können – leider auch, auf wen nicht.

Sie sollten von Anfang an alle beteiligten Parteien einbeziehen. Dazu gehören sowohl externe Berater – erfahrene, ortskundige Führer, die Ihnen helfen, Ihr Reiseziel sicher und ohne größere Schäden zu erreichen – als auch Ihr Wirtschaftsprüfer. Idealerweise lernen sich diese Parteien alle gleich einmal kennen.

In diesem Rahmen sollten Sie Ihrem Team das Reiseziel, Ihre geplante Reiseroute und die zeitlichen Vorgaben zumindest grob vorstellen. Vermeiden Sie allerdings Detaildiskussionen darüber, wie welcher Fels umgangen werden soll oder ob es besser ist, einen Bachlauf zu überbrücken oder zu durchwaten. Sie sollten die Gelegenheit aber gleich dazu nutzen, eventuell abweichende oder entgegenlaufende Vorstellungen über Reiseziel und Reiseroute bei den Teilnehmern zu identifizieren.

> Gerade bei Ihrem Wirtschaftsprüfer ist es ja besonders wichtig, dass er mit Ihrem Reiseziel und der geplanten Route einverstanden ist. Setzen Sie hier von Anfang an auf Kooperation! Damit lassen sich oft unnötige Umwege oder Strafrunden vermeiden.

Für die Motivation Ihres Teams und die Akzeptanz des Projektziels wäre es zudem ideal, wenn Sie Ihren Chef, also den »Big Spender«, für eine Teilnahme am Kick-Off begeistern können.

Analyse: Was haben wir denn da?

Den Auftakt der eigentlichen Projektarbeit und damit Schritt 1 in den IFRS-Dschungel bildet die Analysephase. Ziel dieser Phase ist das persönliche Kennenlernen Ihres Expeditionsgebiets für die Errichtung einer dauerhaften Infrastruktur. Mit der Identifikation der wesentlichen Aufgabenbereiche legen Sie die entscheidende Basis für Ihren Projekterfolg. Hier machen Sie sich ein genaues Bild des Dschungels: Schauen Sie, wo kleinere Hindernisse lauern, an denen Sie sich vielleicht schmutzig machen, aber ansonsten leicht durchkommen, und wo Sie auf größere Hindernisse wie etwa reißende Flüsse stoßen, die Sie am besten nicht ohne fremde Hilfe durchqueren sollten.

Rechnen Sie damit, dass die Analysephase etwa ein Zehntel Ihrer veranschlagten Reisezeit in Anspruch nehmen wird. Die Analyse ist erfahrungsgemäß die Basis für den Erfolg eines Projekts. Sie sollten sich diese Zeit nehmen. Ansonsten laufen Sie Gefahr, dass Sie sich am Ende Ihren Weg am Dschungel vorbei geschlagen oder aber den halben Dschungel abgeholzt und trotzdem keinen sicher befahrbaren Weg haben.

Gehen Sie im Rahmen der Analysephase möglichst wie folgt vor:

- ✔ Identifizieren Sie alle auftauchenden Abweichungen zwischen HGB und IFRS (nachdem Sie dieses Buch gelesen haben, ist das sicher kein Problem mehr für Sie).
- ✔ Bei Umstellungen im Konzern: Klären Sie, welche Tochtergesellschaften überhaupt für den IFRS-Konzernabschluss zu berücksichtigen sind.
- ✔ Bei Umstellungen im Konzern: Ordnen Sie die Abweichungen den verschiedenen Tochtergesellschaften zu. Berücksichtigen Sie dabei, welche Relevanz die jeweilige Tochtergesellschaft im Konzern besitzt.
- ✔ Identifizieren Sie (im Konzern: je Tochtergesellschaft), welche Daten und Informationen Sie für die Umstellung auf IFRS benötigen und was davon eventuell bereits schon vorliegt.
- ✔ Analysieren Sie, welche Anforderungen sich aufgrund des Konsolidierungskreises, der Abweichungssachverhalte und der Datenlage für die Abbildung der parallelen Bewertung in Ihrer Systemwelt ergeben.

✔ Bereiten Sie aussagekräftige Entscheidungsvorlagen hinsichtlich der Ausübung von IFRS-Wahlrechten oder Gestaltungsmöglichkeiten vor.

Auf Basis dieser Ergebnisse steigen Sie anschließend in die Planungsphase ein. Abbildung 19.2 fasst die Vorgehensweise in der Analysephase nochmals zusammen.

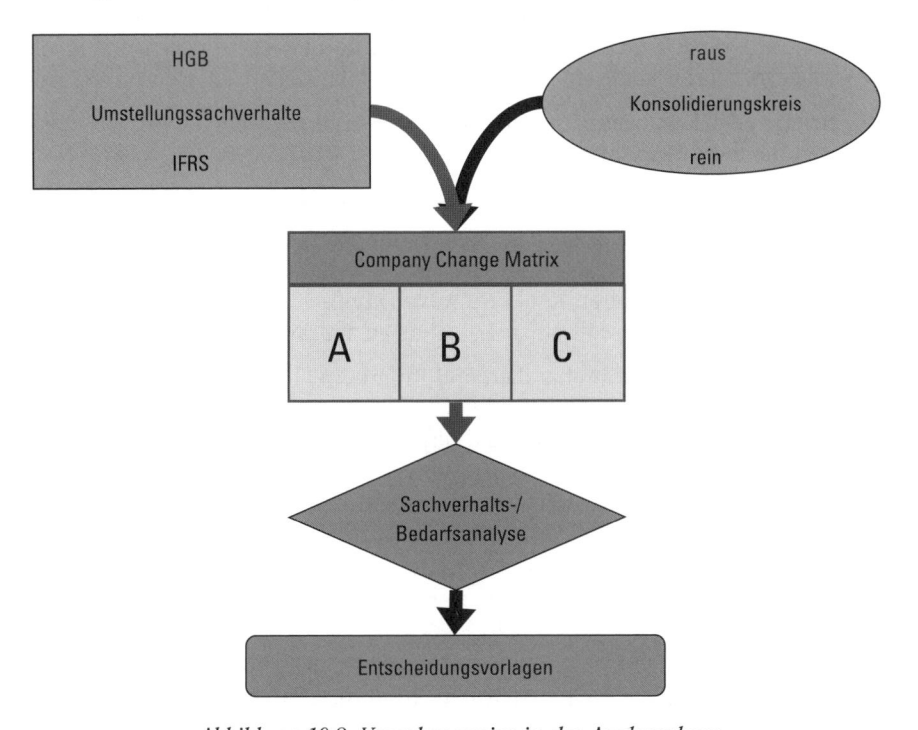

Abbildung 19.2: Vorgehensweise in der Analysephase

Verbindliche Vorgaben zur Marschrichtung

Da eine Umstellung auf IFRS zum Teil erhebliche Auswirkungen auf die Bilanzstruktur und die Kennzahlen Ihres Unternehmens haben kann, sollten Sie vor der Detailkonzeption und deren Umsetzung die Marschrichtung oder Strategie für ihren zukünftigen IFRS-Abschluss festlegen.

Hierbei sollten Sie insbesondere die folgenden Punkte berücksichtigen:

✔ Die IFRS enthalten an einigen Stellen doch noch gewisse Wahlrechte und Gestaltungsspielräume. Dies gilt insbesondere für die IFRS-Erstanwendung. Meist geht es dabei um die Entscheidung, ob eventuell vorhandene, stille (= gut versteckte) Reserven aufgedeckt werden sollen und welche Auswirkungen sich dadurch zukünftig für die Ergebnisdarstellung ergeben.

✔ Auf der anderen Seite kann man im Unternehmen auf eine Annäherung zwischen HGB- und IFRS-Bilanzierung hin arbeiten. Eine solche Annäherung hat einen reduzierten (einmaligen und laufenden) Überleitungsaufwand zur Folge, kann aber (einmalige) negative steuerliche Konsequenzen mit sich bringen.

Bei Wahlrechten handelt es sich um ausdrücklich vorgegebene Entscheidungsalternativen in den IFRS. Diese kommen nach IFRS allerdings nur noch selten vor. Gestaltungsmöglichkeiten gibt es dagegen nach IFRS deutlich mehr. Dabei handelt es sich nicht um ausdrückliche Alternativen, sondern um Spielräume, die Sie bei der konkreten Umsetzung der bilanziellen Anforderungen haben.

Setzen Sie sich möglichst frühzeitig mit Ihrem Chef oder Auftraggeber des Projekts zusammen und erarbeiten Sie diese Marschroute.

Eine frühe Festlegung der Marschroute, kann die Arbeiten während der Analysephase lenken und eventuell sogar reduzieren. Alternativ sollten Sie dem Entscheidungsgremium am Ende der Analysephase die verschiedenen Handlungsalternativen und deren konkrete Auswirkungen vorstellen. Allerdings wird dies während der Analysephase zu entsprechendem Zusatzaufwand führen.

Sie sollten hier nicht eigenmächtig handeln und Ihrem Chef oder Auftraggeber in jedem Fall am Ende der Analysephase entsprechende Entscheidungsvorlagen unterjubeln. Sie erinnern sich? Er ist verantwortlich für den Abschluss! Zudem kann eine lebhafte Diskussion manchmal helfen, in andere mögliche Richtungen vorzustoßen, an die man selber nicht gedacht hat. Wenn alle Teilnehmer den gleichen Informationsstand haben, haben alle eine gemeinsame verbindliche Marschrichtung. Damit verhindern Sie auch, dass jeder Teilnehmer eigene Wege sucht, um Hindernisse zu umgehen.

Verortung des Zielgebiets

Nachdem alle Expeditionsteilnehmer auf die Marschrichtung eingeschworen sind, geht es nun darum, das Zielgebiet zu untersuchen, Gefahren zu identifizieren, alternative Wege zu suchen und alles auf einer Karte zu verorten.

Für Ihr Projekt bedeutet dies, dass alle relevanten Bilanzierungs- und Bewertungsunterschiede zwischen IFRS und der bisher angewandten Rechnungslegung identifiziert werden müssen. Sofern es sich bei Ihnen um die Umstellung eines ganzen Konzerns handelt, sollten Sie zudem festhalten, bei welchen Tochtergesellschaften welche Unterschiede vorliegen.

Als Grundlage für die Analyse dienen Ihnen folgende Informationen, die Sie sich erfahrungsgemäß bei den verschiedensten Kollegen zusammensuchen müssen oder im Rahmen von Analyseworkshops anfordern:

- ✔ Jahresabschlussunterlagen aller Konzernunternehmen für die relevanten Zeiträume (Vergleichs- und Berichtsperiode) sowie die Prüfungsberichte Ihrer Wirtschaftsprüfer,
- ✔ Saldenlisten und Anlagenverzeichnisse,
- ✔ Handbücher, Arbeitsanweisungen oder Prozessbeschreibungen zum aktuellen Jahresabschluss,
- ✔ Beschreibung des Geschäftsmodells der einzelnen Gesellschaften,

✔ Verträge, die Rechtsverhältnisse begründen (Gesellschaftsverträge, Kundenverträge, Lieferantenverträge, Verträge über Unternehmenskäufe etc.),

✔ Daten aus dem Controlling (zum Beispiel über laufende Forschungs- und Entwicklungsprojekte, langfristige Kundenprojekte, Vorratsbestände),

✔ sonstige Information, beispielsweise die Anzahl der Mitarbeiter in den einzelnen Bereichen, die Inanspruchnahme von externen Beratern oder die Art und Funktionsweise der IT-Systeme im Rechnungswesen.

Nutzen Sie hierfür Checklisten – zum Beispiel aus dem Internet oder von Ihren Beratern –, um zu überprüfen, welche Daten Sie brauchen!

Achten Sie bei der Erstellung Ihrer Landkarte insbesondere auf die folgenden Orte oder fragen Sie hier detailliert nach; erfahrungsgemäß werden Sie dort meistens fündig:

Typische Fachthemen

- ✔ Auftragsbezogene Fertigung (IAS 11)
- ✔ Eigenkapital (IAS 32)
- ✔ Forderungen (IAS 32/IAS 39)
- ✔ Leasing (IAS 17)
- ✔ Pensionsrückstellungen (IAS 19)
- ✔ Rückstellungen (IAS 37)
- ✔ Sachanlagevermögen (IAS 16)
- ✔ Verbindlichkeiten (IAS 39)
- ✔ Vorräte (IAS 2)
- ✔ Wertpapiere (IAS 39)

Ergebnis dieser Maßnahme ist eine Art Landkarte oder Matrix, die die grundsätzlichen Bilanzierungs- und Bewertungsunterschiede zwischen IFRS und den bisher angewandten Rechnungslegungsgrundsätzen (gegebenenfalls für die verschiedenen Tochtergesellschaften) enthält.

Muss man alles gesehen haben?

Anschließend sollten Sie sich gemeinsam mit Ihrem Wirtschaftsprüfer vor die aktuelle Landkarte Ihres Zielgebiets setzen und den IFRS-Konsolidierungskreis besprechen. Welche Kriterien hier anzulegen sind und welche Informationen Sie dazu möglichst vorbereiten sollten, können Sie in Kapitel 15 erfahren. Uns interessiert hier nur die Tatsache, dass sich der Konsolidierungskreis nach IFRS vom bisherigen Konsolidierungskreis unterscheiden kann.

Dies hat natürlich Einfluss auf die Art und Weise, wie Sie die verschiedenen Regionen Ihrer Landkarte analysieren und anschließend erkunden.

> Den Konsolidierungskreis bilden alle Unternehmen, die Sie in den Konzernabschluss einbeziehen müssen. Die Konsolidierung kann entweder als Vollkonsolidierung, Quotenkonsolidierung oder at equity erfolgen.

Prioritäten setzen!

Nachdem Sie das Zielgebiet erfolgreich verortet haben, Ihre Karte in Regionen unterteilt haben und die spannenden Orte mit all ihren Gefahren und Hindernissen eingetragen haben, ist ein wichtiger Teil der Analyse geschafft. Sie erkennen nun beispielsweise sehr leicht,

- ✔ welche Umstellungssachverhalte auf Sie zukommen und welche Effekte diese mit sich bringen,
- ✔ in welchen Tochtergesellschaften (nur im Konzern!) die Musik spielt und welche Sie aufgrund ihrer geringen Größe oder fehlender Sachverhalte kaum beachten müssen,
- ✔ welche Abteilungen und Mitarbeiter Sie benötigen, mit welchen IT-Systemen und Prüfern Sie eventuell kämpfen müssen und welche Daten wo benötigt werden.

ABC-Analyse

Kategorisieren Sie bei einer IFRS-Umstellung im Konzern alle Gesellschaften in A-, B- oder C-Gesellschaften:

- ✔ C-Gesellschaften (beispielsweise kleinere Vertriebsgesellschaften ohne Umstellungssachverhalte) müssen aus Wesentlichkeitsgesichtspunkten nicht weiter untersucht werden.

- ✔ B-Gesellschaften (beispielsweise größere Vertriebsgesellschaften mit wenigen Umstellungssachverhalten) müssen nur in wenigen Bereichen weiter untersucht werden. Hier können Sie sich meist auf eine Abfrage in Form von Fragebögen beschränken.

- ✔ A-Gesellschaften sind wesentliche Gesellschaften mit einer umfangreichen und möglicherweise diversifizierten Geschäftstätigkeit. Hier sind auf jeden Fall weitere Untersuchungen im Rahmen einer detaillierten Vor-Ort-Analyse durchzuführen.

Wir nennen das Ergebnis dieser Kategorisierung und dieses äußerst sinnvolle Instrument in Umstellungsprojekten »Company Change Matrix«.

Ihre Erkunder ziehen los!

Bei einer Umstellung im Konzern werden Sie nun eine bunte Landkarte erstellt und einige Regionen rot und gelb markiert haben (sie stehen für die A- und B-Gesellschaften in unserer obigen Kategorisierung).

> Wenn Sie als Tochtergesellschaft eines Konzerns von der IFRS-Umstellung betroffen sind, können Sie ja einmal nachfragen, zu welcher Kategorie Sie gehören beziehungsweise von welcher Relevanz Sie sind. Merken werden Sie es früher oder später daran, ob Horden von Projektmitarbeitern bei Ihnen einfallen oder ob nur einzelne Nachfragen kommen.

In allen betroffenen Gesellschaften müssen Sie nun detaillierte Daten erheben oder eventuell auch erste Erkunder für eine detaillierte Vor-Ort-Analyse entsenden. Erhoben wird insbesondere,

- ✔ welche Daten für eine korrekte Bilanzierung und Bewertung nach IFRS notwendig sind,
- ✔ ob diese Daten aktuell oder zukünftig vorliegen und
- ✔ ob eine nachträgliche Ermittlung notwendiger Daten überhaupt möglich ist oder ob Sonderlösungen erforderlich sind.

Neben den reinen Daten für die Umstellung der Bilanzierung und Bewertung liegt eine besondere Bedeutung auf der Ermittlung der Daten für den IFRS-Anhang (Notes).

> Da bei einer Umstellung auf IFRS die Einzelgesellschaften zukünftig meist parallel lokale Werte zum Beispiel für die steuerliche Bilanzierung als auch IFRS-Werte für die Konzernbilanzierung führen müssen, sollte im Rahmen der Analysephase auch eine grundsätzliche Aufnahme der IT-Systeme erfolgen.

Wenn Sie zu guter Letzt also die technischen Anforderungen an die EDV-Welt zur Abbildung der parallelen Bewertung von HGB und IFRS definiert haben, können Sie sorgenfrei in die Planungsphase übergehen.

Planung: Was gibt es zu tun?

Sind Ihre Erkunder mit den Detailinformationen aus dem Expeditionsgebiet zurück? Haben Sie mit den neuen Erkenntnissen Ihre Landkarte aktualisiert? Gut! Dann sollten Sie nun auch die weitere Umsetzung des Projekts nicht dem Zufall überlassen und in die Detailplanung einsteigen!

> Sollte sich im Laufe der Analysephase herausstellen, dass die auf der Analysephase aufbauende Planung sinnvoll und effizient gleich im Rahmen der Analyse abgearbeitet werden kann, können Sie das natürlich machen.

Ziel der Planungsphase ist die Erarbeitung eines detaillierten Etappen- und Zeitplans für Ihre Expedition. Dazu sollten Sie wie folgt vorgehen:

✔ Brechen Sie die anstehenden Phasen der Konzeption, der Umsetzung und des Projektabschlusses weiter herunter in kleinere Aufgabenpakete und deren Ergebnisse.

✔ Identifizieren Sie logische Abhängigkeiten zwischen den einzelnen Aufgabenpaketen und bringen Sie diese in einen zeitlichen Ablaufplan. Es bringt Ihnen erfahrungsgemäß nichts, wenn Sie bei unserer Expedition zuerst die Straße durch den IFRS-Dschungel bauen, diese dann aber wieder aufreißen müssen, um Leitungen zu verlegen, und sie anschließend erneut teeren.

Berücksichtigen Sie Abhängigkeiten zwischen Aktivitäten von Anfang an! Nur so verhindern Sie, dass Sie Arbeiten doppelt angehen. Schließlich sollen Sie noch genug Zeit für die tägliche Arbeit außerhalb des IFRS-Dschungels haben.

✔ Bestimmen Sie die voraussichtlich in den einzelnen Projektphasen und Aufgabenpaketen erforderlichen internen Mitarbeiter und deren Kapazitäten.

Team = (T)oll (e)in (a)nderer (m)achts

Bitte vergessen Sie nicht, dass die internen Mitarbeiter nicht nur aus dem Bereich der Finanzbuchhaltung kommen sollten. Sie haben während der Analysephase wahrscheinlich schon erkannt, dass Sie Mitarbeiter aus den unterschiedlichsten Bereichen einbinden müssen:

✔ **Unternehmensleitung**: muss bei wichtigen Entscheidungen eingebunden sein und öffnet viele Türen

✔ **Kaufmännische Leitung:** kennt alle Zahlen

✔ **Finanzbuchhaltung**: kennt sich mit Zahlen aus und muss die Arbeit erledigen, hat aber gewöhnlich wenig Zeit

✔ **Controlling**: muss wissen, was es in Zukunft zu kontrollieren gibt und hat meist einen strukturierten Überblick über das Geschäft. Außerdem haben die Kollegen meistens die Zahlen, die die Finanzbuchhaltung aufgrund fehlender Anforderungen nicht ermittelt.

✔ **EDV-Abteilung:** weiß, welche technische Ausstattung vorhanden und was technisch möglich ist

✔ **Rechtsabteilung**: kennt die Verträge und Risiken und kann diese beurteilen

✔ **Vertrieb und Marketing**: Geschäftspraktiken müssen an die neuen Regeln angepasst werden, damit Umsatz auch Umsatz ist

Gehen Sie bei der Planung der internen Kapazitäten realistisch vor und berücksichtigen Sie, dass die Kollegen meist nicht von einem Tag auf den anderen aus ihrer täglichen Arbeit herausgerissen werden können.

19 ▶ Das IFRS-Umstellungsprojekt

✔ Aus der Gegenüberstellung der benötigten Ressourcen für die verschiedenen Aufgabenpakete und den verfügbaren internen Ressourcen ergibt sich oft eine Lücke, die durch entsprechend qualifizierte externe Unterstützung zu schließen sein kann.

Fragen Sie sich, was Sie wirklich benötigen!

Externe Unterstützung bei einer solchen Expedition ist meist ein großer Kostenblock. Schließen Sie Ressourcenlücken daher genau mit den externen Kräften, die Sie tatsächlich benötigen.

- ✔ **Projekt- oder Teilprojektleiter:** Erfahrene externe Mitarbeiter bewirken hier oft Wunder, wenn sie mehrere unerfahrene interne Mitarbeiter führen und für gute Arbeitsergebnisse sorgen.
- ✔ **Fachspezialisten:** Einige Aufgabenstellungen lassen sich oft nur von Spezialisten lösen. Versuchen Sie, von ihnen zu lernen, und bauen Sie regelmäßig benötigtes Know-how intern auf.
- ✔ **Gutachter:** Wenn Sie beispielsweise komplexe Bewertungen von Immobilien oder Pensionen benötigen, sollten Sie auch die Beauftragung von externen Gutachtern in Erwägung ziehen. Sie arbeiten meist effizient, schnell und zum Fixpreis.
- ✔ **Wirtschaftsprüfer:** Stimmen Sie wichtige Arbeitsergebnisse frühzeitig mit Ihrem Wirtschaftsprüfer ab! Denken Sie dabei aber auch immer an seine Unabhängigkeit und muten Sie ihm nicht zu viel zu. Es gilt hier das Verbot der Selbstprüfung. Kurz gesagt: Wer am Bau der Straße beteiligt ist, sollte konsequenterweise nicht anschließend über deren Qualität urteilen.

Für Wirtschaftsprüfer besteht ein sogenanntes Selbstprüfungsverbot! Gemäß § 319 HGB ist ein Wirtschaftsprüfer von der Abschlussprüfung ausgeschlossen, wenn er bei der Führung der Bücher oder bei der Erstellung des Abschlusses mitgewirkt hat.

✔ Vergessen Sie nicht, dass Sie für die Durchführung Ihrer Expedition eventuell auch noch zusätzliche Ausrüstung sowie Unterkunft, Verpflegung und Transport benötigen. In einem größeren Umstellungsprojekt können die Kosten für Hilfsmittel wie IT, Kommunikation, Reisekosten und Spesen leicht ein Fünftel der Gesamtkosten ausmachen.

✔ Berechnen Sie zum Schluss die voraussichtlichen Gesamtkosten für das Projekt »IFRS-Umstellung«.

Geben Sie Ihrem Projekt möglichst bald eine klare und verbindliche Struktur (oder Hackordnung): Dies schafft Transparenz und Verantwortlichkeit (siehe Beispiel in Abbildung 19.3).

Ganz oben steht der Auftrag- und Geldgeber, darunter kommt der Expeditionsleiter, der seine Spezialteams führt. Als Expeditionsleiter muss er aufpassen, dass er nie den Überblick über das Projekt verliert und das magische Dreieck im Gleichgewicht hält.

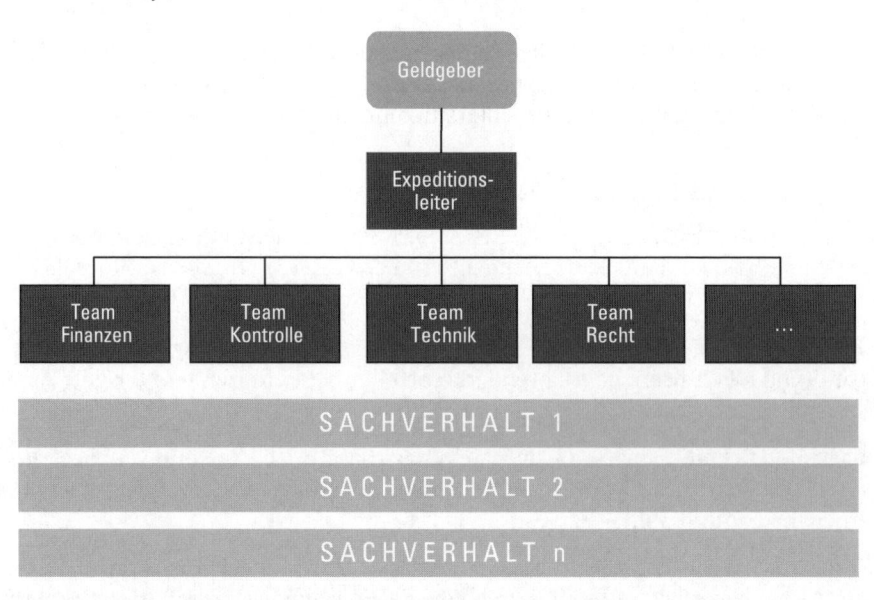

Abbildung 19.3: Projektteam, Rollen und Verantwortlichkeiten

Das magische Dreieck

Der erfolgreiche Abschluss eines Projekts stellt sich oft als Geschicklichkeitsspiel dar, das vom Projektleiter viel Können und Erfahrung erfordert. Der Auftraggeber wird den Erfolg eines Projekts daran messen, dass seine Zielvorgaben hinsichtlich Qualität, Zeit und Kosten eingehalten werden. Das magische Dreieck! Sie finden es in Abbildung 19.4.

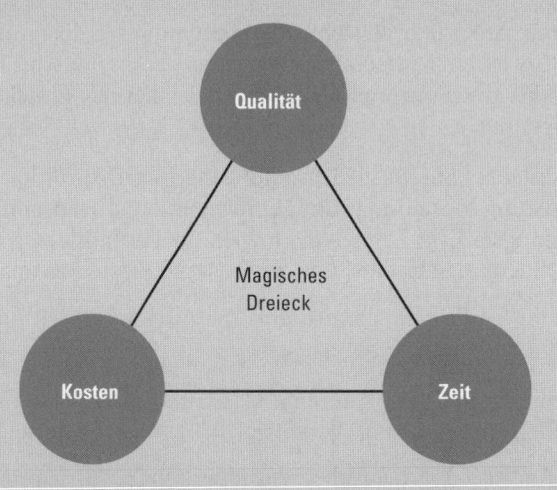

Abbildung 19.4: Magisches Dreieck des Projektmanagements

Dummerweise sind diese drei Ziele untrennbar miteinander verbunden: Kippt eines der Ziele, so sind die anderen beiden Ziele auch betroffen.

19 ➤ Das IFRS-Umstellungsprojekt

Jedes der fachlichen Teams sollte auch einen Teamleiter haben, der das Team führt und für die Arbeitsergebnisse gegenüber dem Expeditionsleiter verantwortlich ist. Nur wenn Sie alle Verantwortlichkeiten klar regeln, können Sie vermeiden, dass sich für eine bestimmte Aufgabe niemand zuständig fühlt und dadurch das Projekt ins Stocken gerät.

Konzeption: Wie wollen wir es anpacken?

Nachdem Sie sich nun einen guten Überblick über »Ihren« IFRS-Dschungel verschafft und ein Team für die Umsetzung Ihres Plans zusammengestellt haben, geht es folglich an die konkrete Lösung der anstehenden Aufgaben.

Ziel der Konzeptphase ist es, die Voraussetzungen dafür zu schaffen, dass Sie sich mit Ihrem Team im Rahmen der Umsetzung einen Weg durch den Dschungel bahnen, den Ihre Kollegen zukünftig gefahrlos allein gehen können.

Task-Forces

Mit den fachlichen Kapiteln dieses Buches sollten Sie einen Großteil der nun anstehenden Arbeiten mit Leichtigkeit erledigen können. Es geht darum, die im Rahmen der Analysephase identifizierten Bilanzierungs- und Bewertungsunterschiede im konkreten Fall fachlich aufzuarbeiten und allen beteiligten Teammitgliedern transparent zu machen. Setzen Sie dazu Ihre fachlichen Task-Forces ein!

> Es ist nicht ungewöhnlich, dass im Rahmen der Konzeptionsphase plötzlich weitere Sachverhalte auftauchen, die Sie im Rahmen von Analyse und Planung nicht berücksichtigt hatten. Geraten Sie nicht gleich in Panik, sondern warten Sie zunächst ab, ob sich solche Themen nicht ganz einfach lösen lassen. Sie sollten Ihren Auftraggeber erst dann informieren, wenn Sachverhalte auftauchen, die Ihrer Marschrichtung entgegenlaufen oder das magische Dreieck Ihres Projekts ernsthaft gefährden.

Führen Sie ein Logbuch

Halten Sie alle Ihre Teams an, ihre Arbeitsergebnisse zu den verschiedenen Sachverhalten und die erzielten Lösungen bei fachlichen Sonderfragen zu dokumentieren. Diese Logbücher Ihrer Expedition dienen anschließend als Grundlage für die Erstellung der benötigten IFRS-Bilanzierungsrichtlinie.

Eine solche Bilanzierungsrichtlinie soll Ihrem Unternehmen und allen Konzerngesellschaften zukünftig die eigenständige Erstellung des IFRS-Abschlusses ermöglichen.

> Achten Sie darauf, dass eine solche Bilanzierungsrichtlinie nicht lediglich eine Wiedergabe der IFRS-Standards beziehungsweise von Lehrbuchinhalten ist, sondern explizit auf die spezifischen Bilanzierungs- und Bewertungsthemen Ihres Unternehmens eingeht. Sehr hilfreich sind dabei auch konkrete Sachverhalte und Beispiele mit Buchungssätzen.

Eine Bilanzierungsrichtlinie muss sauber und gewissenhaft geschrieben sein. Sie bildet die Basis für die einheitliche Umsetzung der IFRS in Ihrem Unternehmen oder Konzern.

> Sie sollten die Bilanzierungsrichtlinie nach Abschluss der Analysephase dringend mit Ihrem Prüfer abstimmen und um Freigabe vor der Umsetzungsphase bitten. Denken Sie aber anschließend bei der Umsetzung daran, dass Ihr Prüfer die Einhaltung der Bilanzierungsrichtlinie eventuell testen wird.

Die Bilanzierungsrichtlinie sollte mindestens die folgenden Punkte enthalten:

- grundlegende Prinzipien der IFRS,
- Übersicht der anzuwendenden Bilanzierungs- und Bewertungsmethoden,
- einheitliche Ausübungen von Bilanzierungswahlrechten und Gestaltungsspielräumen,
- Zuordnung der Positionen in der Gewinn-und-Verlust-Rechnung,
- klare Regeln, wie die Abschlussinformationen im Konzern zu berichten sind (Reporting),
- Regeln der Kapital-, Schulden- sowie Aufwands- und Ertragskonsolidierung,
- Wesentlichkeitsgrenzen,
- klare Regeln, wie bei Unklarheiten oder im Falle von Alternativverfahren vorzugehen ist,
- Nennung von zentralen Ansprechpartnern bei Unklarheiten oder neuen Themen.

> Erstellen Sie das Bilanzierungshandbuch in elektronischer Form und stellen Sie es im eventuell vorhandenen Intranet zur Verfügung! So können Sie es trotz regelmäßiger Änderungen innerhalb des IFRS-Dschungels leicht auf dem aktuellsten Stand halten.

Standardisierte Meldungen

Neben der standardisierten Vorgehensweise hinsichtlich der Bilanzierung und Bewertung ist es in Konzernen mit mehreren Tochtergesellschaften dringend notwendig, die für den IFRS-Abschluss erstellten Daten und Informationen auch standardisiert gemeldet zu bekommen.

Sie sollten sich daher bereits in der Konzeptionsphase die Zeit nehmen, ein solches, individuell auf Ihren Konzern zugeschnittenes Berichtswesen zu entwerfen. Sie ersparen sich so bei der Umsetzung und einer eventuellen IFRS-Konsolidierung eine zeitaufwendige Suche und den Ärger einer unvollständigen Anlieferung der benötigten Daten.

Beachten Sie bei der Erstellung des sogenannten *Reporting Packages* die umfangreichen Anforderungen an die Anhangangaben. Da die für die Anhangangaben erforderlichen Daten oftmals nicht direkt aus Bilanz oder Gewinn-und-Verlust-Rechnung ersichtlich sind, müssen Sie hier besonderen Wert auf klare Berichtsformate legen.

> Das Reporting Package sollte die folgenden Angaben enthalten: Gewinn-und-Verlust-Rechnung, Bilanz, Kapitalflussrechnung, Eigenkapitalentwicklung sowie sonstige Angaben zu allen für die Anhangerstellung relevanten Informationen.

Welche Angaben das genau sind, können Sie in Kapitel 13 nachschlagen. Eine Anleitung zum Befüllen des Reporting Packages stellen Sie am besten im Rahmen des Bilanzierungshandbuchs bereit.

Entscheidend für das Reporting Package ist Aktualität! Sorgen Sie dafür, dass es jedem Tochterunternehmen rechtzeitig in elektronischer Form – am besten in einer mit Ihrer Konsolidierungssoftware abgestimmten Version und über das Intranet – in der aktuellsten Version vorliegt. Erfahrungsgemäß spart es viel Arbeit, wenn Sie bei der Bekanntgabe der Termine für die Rücksendung des Reporting Packages die aktuell zu benutzende Version zur Verfügung stellen. So vermeiden Sie, dass Sie alte Versionen des Reporting Packages erhalten, weil eine Ihrer Tochtergesellschaften vergessen hat, die neueste Version zu benutzen. Setzen Sie auch den Rückgabetermin früh genug an, damit Ihnen noch genug Zeit für Rückfragen und die Anforderung von Ergänzungen bleibt.

Wenn Sie mehrere Tochterunternehmen haben, die nur at equity in den Konzernabschluss einbezogen werden, können Sie diesen zur Zeitersparnis ein reduziertes Reporting Package zur Verfügung stellen!

Außerdem sollten Sie bei der Erstellung des Reporting Packages auch darauf achten, dass es an die Bilanz- und GuV-Struktur Ihres Unternehmens anknüpft. So müssen Sie später keine neuen Zuordnungen der einzelnen Positionen vornehmen. Bitte stellen Sie die Struktur nicht zu kompakt auf, damit Sie auch in Zukunft die gleiche Struktur ohne wesentliche Veränderungen verwenden können.

Das Gleiche gilt für die *Segmentberichterstattung*. Wenn Sie heute schon sehen, dass eines Ihrer eventuell noch nicht berichtspflichtigen Segmente so stark wächst, ist es sinnvoll, dass Sie sich dieses Segment von Anfang an getrennt anliefern lassen. Es ist dann davon auszugehen, dass es voraussichtlich in den nächsten Jahren berichtspflichtig wird. In diesem Fall lehnen Sie sich entspannt zurück, da Sie vorgesorgt haben. Wann und wie Sie eine Segmentberichterstattung aufzustellen haben, erfahren Sie in Kapitel 14.

Training ist alles

Machen Sie sich frühzeitig Gedanken darüber, wie Sie die Kollegen außerhalb Ihres Teams über die Erfahrungen und Ergebnisse Ihrer Expedition informieren wollen, damit diese zukünftig allein auf diese Reise gehen können.

Im Rahmen eines Schulungskonzepts sollten Sie die folgenden Punkte klären:

✔ Welche Mitarbeiter dürfen sich zukünftig mit dem IFRS-Abschluss herumschlagen?

✔ Sollen die Schulungen im Konzern zentral stattfinden (was massenhaft Reisekosten verursacht!) oder bei den einzelnen Tochtergesellschaften durchgeführt werden (hier muss der Trainer viel reisen!). Der Vorteil der zentralen Schulung ist, dass sich die zukünftigen Leidensgenossen im Konzern kennenlernen.

✔ Sind ausschließlich fachliche Schulungen durchzuführen oder werden auch IT-Schulungen für die parallele Rechnungslegung benötigt?

✔ Reichen im Konzern Schulungen in deutscher Sprache oder müssen eventuell auch Schulungen in anderen Sprachen durchgeführt werden?

✔ Wann ist der geeignete Zeitpunkt im Projekt für die Durchführung der Schulungen? Der Vorteil einer späten Schulung ist die Effizienz in der Schulung: Sie wissen dann bereits, welche Themen relevant sind und wie Sie in Ihrem Unternehmen umgesetzt werden. Auf der anderen Seite kann es sinnvoll sein, die betroffenen Mitarbeiter frühzeitig fachlich einzubinden. Das schafft Akzeptanz und sensibilisiert die Mitarbeiter, was Ihnen schon während der Konzeptionsphase von Nutzen sein kann.

Material und Technik

Wir hatten bereits an verschiedenen Stellen davon gesprochen, dass wir uns bei der Expedition durch den IFRS-Dschungel einen Weg oder eine Straße bahnen, den/die nachfolgende Mitarbeiter gefahrlos benutzen können. Der einfache Weg steht hierbei für eine eher hemdsärmelige IFRS-Überleitung mithilfe von Tools auf Basis von Microsoft Excel (dem Handwerkszeug aller Buchhalter und Controller). Die Straße steht für dauerhafte und stabile Buchungslösungen zur Abbildung der parallelen Rechnungslegung.

Die grundlegende Entscheidung, ob

✔ die operativen IT-Systeme angepasst werden,

✔ eine neue Software implementiert werden soll oder

✔ ob man sich übergangsweise mit Microsoft Excel behelfen möchte,

sollte bereits während der Planungsphase getroffen worden sein. Während der Konzeptionsphase müssen Sie sich allerdings für die Art und Weise der IFRS-Abbildung in den bestehenden oder neuen IT-Systemen entscheiden. Grundsätzlich stehen Ihnen die folgenden Methoden zur Verfügung:

✔ Kontenplanbasierte Lösung: Die Bewertungsunterschiede werden auf verschiedenen Konten abgebildet.

✔ Parallele Ledger-Lösung: Es wird ein zusätzliches Ledger (Buch) eingerichtet, in dem sämtliche Buchungen zusätzlich zum weiterhin bestehenden Hauptbuch einzelpostengenau fortgeschrieben werden.

✔ Buchungskreislösung: Die getrennte Wertfortschreibung wird über das Einrichten eines zusätzlichen Buchungskreises realisiert.

Wenn bei Ihnen im Unternehmen das IT-System eines großen Softwarehauses aus Walldorf im Einsatz ist, gibt es sogar noch eine vierte Methode. Wir werden alle Methoden in Kapitel 20 dieses Buches im Detail vorstellen, damit Sie auch an dieser Stelle für die Konzeptionsphase bestens gerüstet sind.

Für eine Entscheidung zugunsten einer dieser Alternativen sind die Vor- und Nachteile der jeweiligen Lösungen, die Ergebnisse der Analysephase sowie die folgenden Kriterien zu berücksichtigen:

- ✔ **Timing:** In welcher zeitlichen Frequenz werden die verschiedenen Bewertungen für Reporting, Controlling, Jahresabschlüsse und Steuern benötigt?
- ✔ **Führende Bewertung:** In der führenden Bewertung werden zwingend alle Jahresabschlüsse und das laufende externe Berichtswesen erzeugt. Abschlüsse in den parallelen Bewertungen werden nur zu einzelnen Berichtszeitpunkten erstellt.
- ✔ **Zeitlicher Ausweis:** Laufende parallele Wertfortschreibung bei der Buchungsgenerierung oder Überleitung zum Periodenende.
- ✔ **Betragsmäßiger Ausweis:** Sollen jeweils volle Werte (Bruttomethode) oder nur die Differenzen den beiden Bewertungen (Nettomethode) gebucht werden?

Im Rahmen eines EDV-Konzepts sollten Sie diese Fragen klären und die getroffenen Entscheidungen dokumentieren. Das Konzept dient anschließend als Grundlage für die Umsetzung der notwendigen EDV-Anpassungen oder einer Softwareneueinführung im Rahmen der Umsetzungsphase.

Kleine Checkliste für die fachlichen Anforderungen an IT-Systeme

Für die IT-Umsetzung müssen insbesondere die folgenden fachlichen Themenblöcke geklärt sein:

- ✔ Abbildung einer zusätzlichen Bilanzstruktur nach IFRS,
- ✔ Anpassung des Kontenplans an IFRS (nur bei kontenplanbasierter Methode),
- ✔ Abbildung der parallelen Bewertung im Anlagevermögen,
- ✔ Abbildung der parallelen Bewertung von Leasingverträgen,
- ✔ Abbildung der Segmentberichterstattung,
- ✔ Anpassung der vorhandenen Konsolidierungssoftware

sowie gegebenenfalls weitere Bereiche auf Basis des Ergebnisses der Analysephase.

Kontrollinstanzen

Wie Sie sicher schon hier und an anderen Stellen dieses Buches bemerkt haben, sollten Sie sich schon im Rahmen der Konzeptionsphase darauf einstellen, dass Sie zukünftig noch viel enger mit Ihren Kollegen aus dem Controlling zusammenarbeiten müssen:

- ✔ **Planung**: Bei einer konsequenten IFRS-Umstellung, bei der IFRS zur führenden Bewertung wird, müssen noch vor der IFRS-Umstellung des externen Rechnungswesens auch die IFRS-Planzahlen ermittelt werden.
- ✔ **Steuerung**: Neben der Umstellung der Planung sollten Sie frühzeitig auch die Auswirkungen einer Neudefinition von Steuerungsgrößen sowie Plan- und Zielvorgaben berücksichtigen. In einigen Fällen werden Sie auch an einer Neuverhandlung von Zielgrößen für Mitarbeiteranreizsysteme nicht vorbeikommen.

✔ **Konvergenzbereiche**: Hinzu kommt, dass das externe Rechnungswesen der Buchhaltung und das interne Rechnungswesen des Controllings unter IFRS immer stärker zusammenwachsen. Sie haben bereits in den fachlichen Kapiteln zu den immateriellen Werten (*Forschung und Entwicklung*), zu den Vorräten (*langfristige Auftragsfertigung*) und bei der *Segmentberichterstattung* gesehen, dass beide Rechenwelten hier innig miteinander verbunden sind.

Um diese Sachverhalte unter IFRS auch korrekt abzubilden, müssen Sie im Controlling die von den IFRS geforderten Kriterien genau überprüfen und sollten hierzu ein entsprechendes Controllingkonzept vorsehen. Mehr zum Thema Controlling finden Sie in Kapitel 20.

Umsetzung: Es gibt viel zu tun!

Nachdem Sie nun Ihr Zielgebiet mit allen Hindernissen in- und auswendig kennen und für alles eine Lösung parat haben sollten, können Sie den Großteil Ihres Teams nun in den IFRS-Dschungel schicken.

Keine Illusionen! Sie werden auch während der Umsetzungsphase noch den einen oder anderen Schritt zurück in die Konzeptionsphase machen. Es wird immer wieder vorkommen, dass ein noch so schlüssiges Konzept aufgrund verschiedener unerwarteter Hindernisse nicht so umzusetzen ist, wie es geplant war. Daher ist es kein Problem, wenn die Umsetzungs- und die Konzeptionsphase auch teilweise parallel laufen.

Dort angekommen können Ihre Mitarbeiter nun gemäß den konzeptionellen Vorgaben neue IFRS-Konten anlegen, Bilanzpositionen versetzen, Anhangsinformationen einsammeln und alle relevanten Werte neu vermessen.

Ein kleiner Umsetzungsleitfaden für Ihr Zahlenwerk

Eigentlich sind Ihre Zahlen relativ einfach umgestellt, wenn Sie die Basisarbeiten vollständig und sauber erledigt haben:

✔ **strukturelle Anpassung:** Überleitung der Zahlen aus der Handelsbilanz in der bisherigen Struktur auf die neue IFRS-Struktur

✔ **Bewertungsunterschiede und Umgliederungen:** Erfassung der ergebniswirksamen IFRS-Anpassungen (Bewertungsunterschiede) sowie der erfolgsneutralen IFRS-Umgliederungen (reine Positionsverschiebungen)

✔ **Zusammenfassung:** Zusammenführen der bisherigen Handelsbilanz in der neuen IFRS-Struktur mit den Bewertungsunterschieden und den Positionsverschiebungen

✔ **latente Steuern:** Ermittlung der latenten Steuern auf die Differenzen zwischen (1) Steuer- und Handelsbilanz sowie (2) Handelsbilanz und IFRS-Wertansätzen

✔ **Verbuchung latente Steuern:** Erfassung der latenten Steuern in der IFRS-Struktur

Fertig!

Den Rest Ihrer Mannschaft sollten Sie losschicken, damit Sie die nachfolgenden Mitarbeiter auf den eigenständigen Weg durch den IFRS-Dschungel vorbereiten können.

Bei der erstmaligen Erstellung Ihres IFRS-Abschlusses ohne externe Unterstützung werden Sie feststellen, dass Ihnen noch die Routine fehlt. Vielleicht kennen Sie auch noch nicht alle Gesetze des Dschungels oder wissen noch nicht so recht, wie Sie mit Schlaglöchern oder umgestürzten Bäumen umgehen sollen. Es ist deshalb sinnvoll, wenn Sie vor der Erstellung des Konzernabschlusses damit beginnen, im kleineren Rahmen – beispielsweise bei ausgewählten Tochterunternehmen – Probeabschlüsse aufzustellen. So können Sie leichter erkennen, wo die Fallstricke liegen oder auch in welchen Bereichen sich die größten Umstellungseffekte ergeben.

> Wenn Sie Ihre Umstellung ausschließlich für zukünftige Perioden vorbereiten oder genug Zeit für die Umstellung haben, können Sie auch die Eröffnungsbilanz beziehungsweise den Abschluss der Vergleichsperiode als Probeabschluss nutzen!

Auf die verschiedenen fachlichen Umstellungssachverhalte wollen wir an dieser Stelle nicht mehr eingehen, da wir Sie damit in den fachlichen Kapiteln genug gequält haben und die meisten Fachthemen in der Umstellungsphase bereits konzeptionell aufgearbeitet sein sollten.

Wenn Sie in der Konzeptionsphase alle notwendigen Anforderungen an die detaillierten IFRS-Anhangangaben berücksichtigt haben, sollten an dieser Stelle (hoffentlich) keine unangenehmen Überraschungen mehr auftreten. Ansonsten können Sie sich in Kapitel 13 noch mal über die Erstellung des Anhangs informieren.

Als Expeditionsleiter unseres Dschungelabenteuers sollten Sie den Prozess der IFRS-Abschlusserstellung während der Umsetzungsphase laufend überwachen. Nur so können Sie von Anfang an sicherstellen, dass alle Maßnahmen und Prozesse, die Sie in den vorhergehenden Phasen entwickelt haben, auch tatsächlich umgesetzt werden und irgendwann zu Standardprozessen werden. Das Ergebnis sollten stabile Prozesse sein, auf deren Basis Ihre Kollegen zukünftig einen IFRS-Abschluss erstellen, als hätten sie noch nie etwas anderes gemacht.

> Auch wenn Ihnen unser Abschnitt zur Umsetzungsphase überraschend kurz vorkommt, sollten Sie für Konzeption und Umsetzung etwa 50 bis 70 Prozent des Projektaufwands einplanen. Die Umsetzungsphase wird davon definitiv den größten Teil Ihrer wertvollen Zeit in Anspruch nehmen.

Abschluss: Das war's! Und nun?

Sie haben es geschafft. Sie haben sich mit Ihrem Team einen Weg durch den Dschungel gebahnt! Zukünftig sollten Sie und Ihre Kollegen also in der Lage sein, einen IFRS-Abschluss selbstständig zu erstellen. Dazu ist es jedoch unbedingt notwendig, dass Sie abschließend eine Dokumentation der erstmaligen Überleitungsmaßnahmen – Ihren Reisebericht – erstellen.

> ### Gute Gründe für einen detaillierten Reisebericht
>
> Auch wenn Sie mit Reiseberichten und Dia-Abenden Ihrer privaten Expeditionen bei Freunden keine guten Erfahrungen gemacht haben, werde Sie diese Argumente überzeugen:
>
> - Bei der nächsten Haupt- oder Gesellschafterversammlung oder im Prüfungsausschuss könnte es durchaus Nachfragen geben, woher die Umstellungseffekte kommen.
>
> - Sie sollten für Ermittlungen von Aufsichtsbehörden (siehe auch Kapitel 2, Abschnitt über die DPR) vorbereitet sein und natürlich Ihrem Wirtschaftsprüfer Rede und Antwort stehen können.
>
> - Spätestens bei der Erstellung der Planzahlen für das kommende Geschäftsjahr werden Sie froh sein, wenn Sie Ihren Kollegen aus dem Controlling einfach den Umstellungsbericht in die Hand drücken können.
>
> - Sofern die Umstellung im Zuge eines Börsengangs oder für eine Due Diligence (die sorgfältige Analyse, Prüfung und Bewertung eines Objekts – siehe auch Kapitel 23) veranlasst wurde, werden detaillierte Fragen auf Sie zukommen.
>
> - Schlussendlich werden aber auch Sie selbst im nächsten Jahr froh sein, wenn Sie noch einmal nachblättern können, wie der Bilanzansatz im Anlagevermögen denn eigentlich zustande kam.

Ordnen Sie die Dokumentation in drei Bereiche: Dokumentation des Umstellungsprojekts, Darstellung der vorgenommenen Umgliederungs- und Überleitungsmaßnahmen sowie eine detaillierte fachliche Begründung!

Sie tun sich und Ihren Kollegen sicherlich einen großen Gefallen, wenn Sie Überleitungsbuchungen, die sich auch in den Folgejahren unverändert wiederholen, schon im Rahmen der Umstellung vorbereiten.

Bevor Sie Ihre Berater nun nach Hause schicken, sollten Sie sich abschließend alle Unterlagen und Daten Ihrer Umstellung in strukturierter Form geben lassen. Sicherlich erhalten Sie dabei auch noch den einen oder anderen Tipp, wie Sie sich und Ihre Kollegen zukünftig über die aktuellen Entwicklungen bei den IFRS informieren können. Denn Sie haben selbst gesehen: Die IFRS sind im ständigen Fluss. Man lernt hier nie aus!

Parallele Welten: Rechnungswesen, EDV-Systeme, Planung und Controlling

In diesem Kapitel
- Methoden der IFRS-Bilanzierung im Rechnungswesen
- Abbildung der parallelen Rechnungslegung in der EDV
- Planung nach IFRS nicht vergessen!
- Konvergenz zwischen Rechnungswesen und Controlling

Nach 19 Kapiteln IFRS-Rechnungslegung sind Sie nun bereit, gemeinsam mit uns einen kleinen Ausflug durch das gesamte IFRS-Universum zu unternehmen. Wir zeigen Ihnen dort nicht allzu ferne parallele Welten, in denen Sie sich als IFRS-Bilanzierer ein bisschen auskennen sollten.

Unsere Reise beginnt mit der Erkenntnis, dass Sie im Rechnungswesen nun nicht mehr allein sind. Damit Sie diese Situation in den Griff bekommen, zeigen wir Ihnen die Welt der EDV-Systeme und bringen Ihnen die ungewohnte Sprache der EDVler bei. Anschließend machen wir einen kurzen Abstecher in die Welt der IFRS-Planung und beobachten dann aus sicherer Entfernung, wie sich IFRS- und Controlling-Welt langsam, aber sicher aufeinander zu bewegen.

Schnallen Sie sich an, wir heben ab!

Wir sind nicht allein: Parallelität im Rechnungswesen

Damit, dass in der Welt des Rechnungswesens vieles doppelt erscheint, haben Sie sich sicher schon lange abgefunden. Wir denken dabei vor allem an Soll- und Haben-Buchungen oder die Aktiv- und die Passivseite der Bilanz.

Dass nach einer Umstellung auf IFRS nun auch noch alles parallel abgebildet werden soll, ist sicher eine neue Erfahrung für Sie. Aber ganz ehrlich – eigentlich hätten Sie es sich bereits denken können! Oder haben Sie jemals etwas von einer international einheitlichen IFRS-Steuer gehört, die an ein internationales IFRS-Finanzamt zu zahlen wäre? Nein, denn dieses Recht lässt sich bislang keine Regierung nehmen. Na also! Da haben wir schon einen Grund, warum Sie (zumindest aktuell) auf jeden Fall neben Ihrer IFRS-Bilanz noch eine parallele Steuerbilanz benötigen.

Erst doppelt und nun noch parallel: Vier gewinnt?

Egal aus welchem Grund Sie sich für eine moderne Bilanzierung nach internationalen Vorschriften entschieden haben, die Geister der nationalen Rechnungslegung und Besteuerung werden Sie nicht so schnell los!

In fast allen Fällen müssen Sie daher auch *nach* einer Umstellung auf IFRS *weiterhin* Abschlüsse nach nationalen Rechnungslegungsgrundsätzen und/oder Steuergesetzen erstellen. Aber auch noch aus anderen Gründen könnten zukünftig parallele Abschlüsse auf Ihrer Pflichtenliste stehen.

Denkbar ist beispielsweise die in Tabelle 20.1 gezeigte Horrorkonstellation, die noch bis vor Kurzem bei einigen deutschen Großunternehmen alltägliche Realität war.

Standard	Anforderung
IFRS	Konzernabschluss, Quartalsabschlüsse und monatliches internes Berichtswesen
US-GAAP	Konzernanschluss sowie Quartalsabschlüsse aufgrund eines Listings an der New Yorker Börse
HGB	Jährlicher Jahresabschluss
Steuerrecht	Jährliche Steuerbilanz

Tabelle 20.1: Multiple Bilanzierungswelten

Für eine *duale* oder hier sogar *multiple Bilanzierung* benötigt man ein Rechnungswesen, das verschiedene Welten der Rechnungslegung nebeneinander abbilden kann. Man spricht deshalb auch von der *parallelen Rechnungslegung*.

Führende Bewertung: Auf den Rhythmus kommt es an!

Die Notwendigkeit zur parallelen Rechnungslegung bedeutet allerdings nicht, dass die verschiedenen Rechnungslegungen gleichberechtigt nebeneinander stehen oder die jeweiligen Buchhaltungen in Ihrem Unternehmen mit gleichem Aufwand betrieben werden müssen.

Vielmehr sollten Sie sich frühzeitig für eine »führende Bewertung« (*Primärbewertung*) in Ihrer Finanzbuchhaltung entscheiden. Diese Primärbewertung sollte möglichst die Basis aller regelmäßig zu erstellenden Finanzberichte sein, da Sie dann diese Wertansätze ohne irgendwelche Anpassungen direkt aus der laufenden Buchhaltung entnehmen können.

Die Entscheidung über die »führende« Ihrer parallelen Welten sollten Sie also vom Rhythmus abhängig machen, in dem Sie Finanzberichte nach den verschiedenen Standards vorzulegen haben. Beachten Sie dabei folgende Aspekte:

- ✔ **Einzelabschlüsse:** Ein lokaler Jahresabschluss nach HGB ist, genauso wie ein IFRS-Einzelabschluss, in der Regel nur einmal zum Geschäftsjahresende zwingend erforderlich.
- ✔ **Zwischenberichte:** Je nachdem, wofür Sie Ihren IFRS-Abschluss benötigen, werden häufig Halbjahres- oder Quartalsberichte gefordert.
- ✔ **Internes Berichtswesen:** Auch Ihr Management will regelmäßig informiert werden und auch dieses Berichtswesen kann entweder auf IFRS oder lokalen Vorschriften basieren.

✔ **Konzernberichtswesen:** Ist Ihr Unternehmen Teil eines Konzerns, ist möglicherweise sogar eine monatliche Berichterstattung nach IFRS oder auch HGB notwendig.

✔ **Hoheitliche Pflichten:** Die Steuerbilanz müssen Sie lediglich einmal jährlich erstellen.

Betrachten wir kurz als Beispiel die deutsche Tochtergesellschaft eines kapitalmarktorientierten, europäischen Konzerns, der, wie Sie wissen, auf jeden Fall nach IFRS bilanzieren muss. Je nach der gewählten Primärbewertung im Tochterunternehmen ergeben sich die in Tabelle 20.2 abgebildeten Umbewertungen für die parallelen Bilanzierungswelten.

Berichterstattung	Basis	Rhythmus	Fall 1: Führende Bewertung = IFRS	Fall 2: Führende Bewertung = HGB
Internes Berichtswesen	IFRS	monatlich	Keine Umbewertung erforderlich	Umbewertung erforderlich → 12-mal pro Jahr
Konzernberichtswesen	IFRS	quartalsweise	Keine Umbewertung erforderlich	Umbewertung erforderlich → 4-mal pro Jahr
Jahresabschluss	HGB	jährlich	Umbewertung erforderlich → 1-mal pro Jahr	Keine Umbewertung erforderlich
Steuerbilanz	Steuerrecht	jährlich	Umbewertung erforderlich → 1-mal pro Jahr	Umbewertung erforderlich → 1-mal pro Jahr

Tabelle 20.2: Welche Auswirkung hat die Wahl der führenden Bewertung

Abschlüsse für die abgeleiteten Bilanzierungswelten (Sekundärbewertungen) werden üblicherweise nur zu den relevanten Berichtszeitpunkten (Quartalsabschluss oder Jahresabschluss) erstellt.

Dazu müssen Sie, in Abhängigkeit von der gewählten Technik zur Abbildung der parallelen Rechnungslegung (wir stellen Ihnen einige davon im Abschnitt »IT-Systeme: Beamen wäre einfacher!« vor), eine Anpassung der führenden Bewertung vornehmen. Buchhalterisch erfolgt dies durch zwei verschiedene Typen von Anpassungsbuchungen:

✔ **Wertmäßige Anpassungsbuchungen** (englisch *adjusting journal entries*): Sie müssen beispielsweise die lokale Abschreibung einer Maschine an die Abschreibung nach IFRS anpassen.

✔ **Strukturelle Anpassungsbuchungen** (englisch *reclassification journal entries*): So etwas wird notwendig, wenn Sie beispielsweise die HGB-Rückstellungen nach IFRS zu den Verbindlichkeiten umbuchen.

Die Abbildung der parallelen Rechnungslegung in den IT-Systemen ergibt sich in Abhängigkeit von der führenden Bewertung, über die folgenden Gleichungen:

IFRS führend: IFRS + Anpassungsbuchungen = HGB

HGB führend: HGB + Anpassungsbuchungen = IFRS

Bei einer Umstellung auf IFRS sollen Sie möglichst bereits zu Beginn der Konzeptionsphase die Entscheidung über Ihre führende Bewertung treffen. Die Entscheidung hat nämlich enormen Einfluss auf die Ausgestaltung der IT-Systeme, die Prozesse sowie den laufenden Arbeitsaufwand im Rechnungswesen.

IT-Systeme: Beamen wäre einfacher!

Die Abbildung einer parallelen Rechnungslegung in den betrieblichen IT-Systemen stellt bei einer Umstellung auf internationale Rechnungslegung meist eine der zentralen Aufgaben dar. Es sind zwar auch manuelle Lösungen zur reinen Überleitung von der bisherigen Rechnungslegung auf IFRS (oft mithilfe von Microsoft Excel) denkbar; allerdings ist dabei die Fehleranfälligkeit recht hoch.

Bei einer Umstellung auf IFRS sollten Sie im Rahmen der Konzeptionsphase neben der Entscheidung über die führende Bewertung auch die Entscheidung über das zukünftige Buchhaltungssystem und die Methode zur Abbildung der parallelen Rechnungslegung treffen.

Augen auf beim Softwarekauf!

Sofern Sie sich für eine Abbildung der parallelen Rechnungslegung in bestehenden oder neuen Buchhaltungssystemen entscheiden, sollten Sie sich ganz genau mit den zur Verfügung stehenden Möglichkeiten auseinandersetzen! Achten Sie insbesondere auf die folgenden Mindestanforderungen:

- ✓ **Abbildung der Bewertung von Bilanz- und GuV-Positionen nach unterschiedlichen Rechnungslegungsstandards**

    Achten Sie darauf, dass es auf die eine oder andere Weise (die verschiedenen Methoden zeigen wir Ihnen anschließend noch) möglich ist, unterschiedlich gegliederte und bewertete Bilanz- und GuV-Positionen abzubilden. Vergessen Sie dabei nicht, dass bei einigen Positionen auch die dahinter stehende Nebenbuchhaltung angepasst werden muss.

- ✓ **Möglichkeiten zur Anpassung des Kontenplans**

    Insbesondere dann, wenn Sie die parallele Rechnungslegung über eine kontenplanbasierte Lösung (kommt noch!) abbilden wollen, müssen Sie auf eine möglichst flexible Anpassungsmöglichkeit des Kontenplans sowie der zur Verfügung stehenden Merkmale zur Kontenstrukturierung (Kontierungsmerkmale) achten.

- ✓ **Abbildung von parallelen Bilanz- und GuV-Strukturen nach den verschiedenen Rechnungslegungsstandards**

    Stellen Sie sicher, dass Sie anschließend für jede Ihrer parallelen Rechnungslegungswelten separate, vollständige und in sich konsistente Zahlenburgen darstellen können.

- ✓ **Abbildung einer Überleitungsrechnung**

    Im Idealfall bietet die Softwarelösung Ihrer Wahl eine Funktion zur möglichst einfachen Abbildung einer Überleitungsrechnung zwischen den verschiedenen Welten der Rechnungslegung.

✔ **Abbildung des Umsatzkostenverfahrens**

Falls Sie in der IFRS-Welt Ihre Gewinn-und-Verlust-Rechnung nach dem Umsatzkostenverfahren darstellen wollen oder müssen, sollten Sie darauf achten, dass dies möglich ist und die Buchhaltung mit der Kostenrechnung weitgehend integriert ist.

✔ **Abbildung einer Segmentberichterstattung**

Zur einfachen Abbildung der in der IFRS-Welt oft benötigten Segmentberichterstattung, sollten Sie auf eine möglichst weitgehende Integration von Buchhaltung und Kostenrechnung und eine Anbindung an das Managementinformationssystem achten.

In einem Konzern wäre es darüber hinaus wunderbar, wenn bei Mutter- und Tochterunternehmen eine einheitliche und integrierte Buchhaltungs- und Konsolidierungslösung im Einsatz wäre. Nur so können die Jahresabschlussdaten aller Konzerngesellschaften ohne die Programmierung besonderer Schnittstellen in den Konzernabschluss der Mama fließen.

Für eine IFRS-Umstellung im Konzern wäre die Erfüllung dieser Wunschliste eine paradiesische Ausgangsvoraussetzung. Leider sieht die IT-Landschaft bei vielen Konzernen wie ein alter Flickenteppich aus.

Durch eine passende und integrierte IT-Lösung können Sie in Ihrem Unternehmen meist beträchtliche Synergien realisieren. Nur so können interne Datenflüsse und Prozesse automatisiert und Fehlerrisiken auf ein Minimum reduziert werden.

Mit historischen Strukturelementen der Buchhaltung durch parallele Welten

Für den einfachen Wechsel zwischen Ihren parallelen Welten der Rechnungslegung werden Sie sich zukünftig sicher mehr als einmal einen Transporterraum wie auf der »USS Enterprise« wünschen.

Wenn Sie sich für eine IT-seitige Abbildung der parallelen Rechnungslegung entscheiden, wird schnell die Frage auf Sie zukommen, wie dies im System abgebildet werden soll. Sie müssen dann ganz tief in Ihrem Buchhalterwissen kramen, denn plötzlich kommt einigen, zum Teil vollkommen veralteten Strukturelementen der doppelten Buchführung eine zentrale Rolle zu. Denn genau damit werden Ihnen Ihre ITler vorschlagen, sich zwischen den parallelen Welten zu bewegen. Oje: Scotty beam me up!

Wesentliche Strukturelemente in Buchhaltungssystemen

✔ **Konto**: Die Konten sind die zentralen Strukturelemente Ihrer Buchführung. Sie dienen der strukturierten und wertmäßigen Erfassung Ihrer Geschäftsvorfälle über Buchungssätze.

✔ **Kontenplan**: Der Kontenplan ist eine sachlich strukturierte Liste aller Ihrer (Hauptbuch-)Konten.

✔ **Buch**: Der Begriff stammt aus der Zeit, als die »Buchführung« noch handschriftlich in verschiedenen gebundenen Büchern erfolgte und die Salden dazwischen manuell übertragen und abgestimmt wurden. Auch in modernen Buchhaltungssystemen wird noch heute jede Buchung in mindestens zwei verschiedenen Büchern geführt:

(1) Im **Grundbuch** (oft auch: Journal) wird jede Buchung chronologisch geordnet mit fortlaufender Nummer, Belegnummer, Datum, Betrag, Konten (Kontierung) und Buchungstext erfasst.

(2) Das **Hauptbuch** stellt die Sammlung aller Buchhaltungskonten (-blätter) mit seiner sachlichen Untergliederung gemäß Kontenplan dar.

(3) Mithilfe von **Nebenbüchern** werden Hauptbuchkonten, bei denen eine noch detailliertere Aufzeichnung notwendig ist, konkretisiert. Ihre wichtigsten Nebenbücher dürften Sie in Tabelle 20.3 finden.

✔ **Buchungskreis**: Ein Buchungskreis stellt eine in sich geschlossene Organisationseinheit des Rechnungswesens dar, die ein vollständiges externes Rechnungswesen mit einem Kontenplan enthält. In der Regel entspricht ein Buchungskreis einem rechtlich selbstständig bilanzierenden Unternehmen.

Nebenbuch	Nebenbuchhaltung	Erläuterung
Kontokorrentbuch	Offene Posten Buchhaltung	Für jeden Kunden (Debitor) und jeden Lieferanten (Kreditor) wird ein gesondertes Konto geführt. Die Salden gehen als Forderungen und Verbindlichkeiten aus Lieferungen und Leistungen in das Hauptbuch ein. Die Offene-Posten-Buchhaltung ist meist die Grundlage Ihres Mahnwesens.
Lagerbuch	Material- beziehungsweise Warenbuchhaltung	Mithilfe des Lagerbuchs und einzelner Konten für jeden Artikel wird über den Lagerbestand Buch geführt. Nur so können Sie schnell auf Kundenbedarf reagieren.
Lohn- und Gehaltsbuch	Lohn- und Gehaltsbuchhaltung	Auch für Ihre Mitarbeiter, die alle individuelle Gehälter, Steuern und Sozialversicherungsabgaben haben, müssen Sie Buch führen.
Anlagenbuch	Anlagenbuchhaltung	Hier wird für alle Gegenstände Ihres Anlagevermögens ein gesondertes Konto geführt. Es enthält neben Anschaffungsdaten, Kosten und Abschreibungsplan oft auch Daten zu Hersteller/Verkäufer und Garantieleistungen.

Tabelle 20.3: Die wichtigsten Nebenbücher Ihrer Buchhaltung

Die wichtigsten Lösungsansätze zur Weltentrennung werden wir Ihnen nun vorstellen:

✔ **Kontenplanbasierte Lösung:** Trennung über separate *Konten* im *Kontenplan*

✔ **Buchungskreisbasierte Lösung**: Einrichtung verschiedener *Buchungskreise*

✔ **Ledger-Lösung:** Einrichtung eines zusätzlichen Ledgers (*Buch*)

20 ➤ Parallele Welten

Gehen Sie bitte in den kommenden Beispielen immer von folgender Ausgangssituation aus:

Ihr Unternehmen, die Korrekt & Sauber GmbH, ist bereits seit einigen Jahren Tochterunternehmen eines internationalen Konzerns, der nach IFRS bilanziert. Bei Ihrer damaligen Umstellung auf IFRS waren Sie gut beraten und haben die laufende unterjährige Buchführung sofort auf IFRS umgestellt.

Im aktuellen Geschäftsjahr ist für die Überleitung auf Ihren handelsrechtlichen Jahresabschluss zum 31.12. als einzige Differenz eine unterschiedliche handelsrechtliche Abschreibung (HGB: EUR 100, IFRS: EUR 50) auf eine Putzmaschine im Anlagevermögen (Buchwert IFRS/HGB: EUR 1.000) zu berücksichtigen.

Kontenplanbasierte Lösung

Bei dieser Lösung wird Ihnen die IT vorschlagen, die unterschiedlichen Wertansätze für einen Sachverhalt einfach auf unterschiedlichen Konten zu verbuchen. Für Sie heißt das lediglich, dass direkt im Hauptbuch Ihres bestehenden Buchungskreises in einem gemeinschaftlichen Kontenplan neue Konten anzulegen sind.

Ihre Hauptarbeit beschränkt sich in diesem Fall auf die Definition des zukünftigen operativen Kontenplans. Hierfür müssen Sie die folgenden Konten berücksichtigen:

- ✔ **Lokale Konten:** Konten, die ausschließlich in die lokale Rechnungslegung einfließen
- ✔ **IFRS-Konten:** Konten, die ausschließlich in den IFRS-Abschluss einfließen
- ✔ **Gemeinsame Konten:** Konten, die gemeinsam für beide Rechnungslegungsstandards relevant sind

Im Kontenplan müssen Sie sich das schematisch wie in Tabelle 20.4 dargestellt vorstellen.

Kontenplan	
Kontengruppe 1 – Immaterielle Vermögenswerte	
XXXXXXXX	Gemeinsames Konto
XXXXXXXX	Gemeinsames Konto
XXXXXXXX	**IFRS-Konto**
Kontengruppe 2 – Sachanlagevermögen	
XXXXXXXX	Gemeinsames Konto
XXXXXXXX	*Lokales Konto*
XXXXXXXX	**IFRS-Konto**

Tabelle 20.4: Aufbau des Kontenplans bei der kontenplanbasierten Lösung

Die möglichen Fallkonstellationen für die Verbuchung eines Geschäftsvorfalls auf den drei Kontentypen sehen Sie in Tabelle 20.5.

Die Herausforderung für Ihre Buchhalter wird nun sein, dass sie bei jedem Buchungsbeleg das richtige Konto erwischen müssen. Es bietet sich daher an, in der Nummernsystematik Ihres Kontenplans nicht nur die reine Sachlogik (wie beispielsweise Umsatz-, Abschreibungs- und

Zinskonten), sondern auch die parallelen Welten (lokal, IFRS, gemeinsam) zu berücksichtigen. Für eine solche Strukturierung der Kontonummern können Sie entweder standardisierte Buchstaben oder Zahlen als Präfixe (vorangestellte Merkmale) oder Suffixe (angehängte Merkmale) verwenden.

Sachverhalt	Gemeinsame Konten	Lokale Konten	IFRS- Konten
Unterschiedlicher Wertansatz lokal und IFRS (beispielsweise Abschreibungen)	–	Einmal hier verbuchen ...	... und einmal da verbuchen
Lokal erfolgt kein Wertansatz, jedoch nach IFRS (beispielsweise Finance Lease)	–	–	nur hier verbuchen
Nach IFRS erfolgt kein Wertansatz, jedoch nach lokalem Recht (beispielsweise Aufwandsrückstellung)	–	nur hier verbuchen	–
Identischer Wertansatz lokal und nach IFRS (beispielsweise Bankbuchungen)	nur hier verbuchen	–	–

Tabelle 20.5: Buchungssystematik bei der kontenplanbasierten Lösung

In Tabelle 20.6 sind wir von einer achtstelligen Kontonummer ausgegangen, wobei eine Stelle (Präfix oder Suffix) ausschließlich zur Unterscheidung der verschiedenen Kontentypen gilt. So wäre bei Verwendung eines Suffixes beispielsweise das Konto 1250000**9** (IFRS-Konto) in Ihrem Anlagevermögen ein Vermögenswert, den Sie unter IFRS abweichend bilanzieren.

Präfix		Konto		Suffix
Alphanumerisch	*numerisch*	*Basisnummer*	*Bezeichnung*	*numerisch*
G	0	XXXXXXX	Gemeinsame Konten	0
L	7	XXXXXXX	Lokale Konten	7
I	9	XXXXXXX	IFRS-Konten	9

Tabelle 20.6: Präfixe oder Suffixe für den Kontenplan

Wie Sie sehen, benötigen Sie für diese Lösung ausreichend Platz im derzeitigen Kontenplan. Zusätzlich sollten Sie Ihren Buchhaltern ein Kontierungshandbuch mitgeben, damit diese zukünftig nach beiden Rechnungslegungsstandards auch die richtigen Konten finden.

Da sich Ihre Bilanz- und GuV-Struktur nach IFRS von der Bilanz- und GuV-Struktur nach lokalem Recht unterscheidet, müssen Sie in Ihrem Buchhaltungssystem eine neue Bilanz- und GuV-Struktur für den IFRS-Abschluss definieren. Anschließend müssen Sie die Konten des erweiterten Kontenplans den Bilanz- und GuV-Positionen in beiden Strukturen zuordnen.

Durch die Zusammenfassung von reinen *IFRS-Konten* und *gemeinsamen Konten* in der neuen Bilanz- und GuV-Struktur nach IFRS erhalten Sie Ihren IFRS-Abschluss. Gleiches gilt umgekehrt für die Bilanz- und GuV-Struktur nach lokalem Recht (beispielsweise HGB). Wenn Sie diesen Zusammenhang schematisch aufzeichnen, entdecken Sie altbekannte Freunde und wis-

20 ▶ Parallele Welten

sen nun, warum die kontenplanbasierte Lösung auch als »Mickey-Mouse-Lösung« bezeichnet wird (siehe Abbildung 20.1).

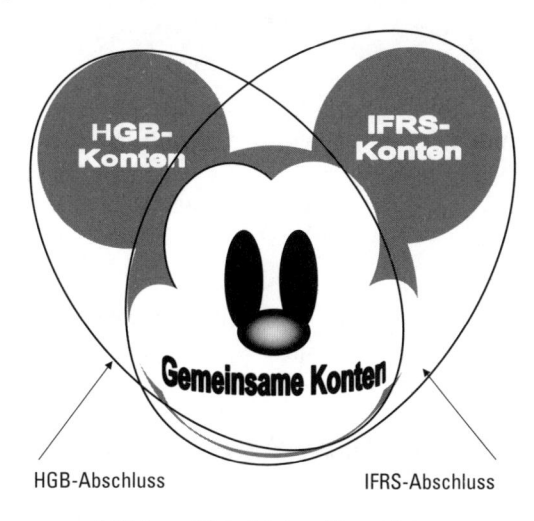

Abbildung 20.1: Mickey-Mouse-Lösung

Schauen wir uns die kontenplanbasierte Lösung nun anhand eines Beispiels an:

Bei der Korrekt & Sauber GmbH wurde im Rahmen der IFRS-Umstellung ein Kontenplan angelegt, der Konten für beide Rechnungslegungswelten umfasst. *Gemeinsame Konten* enden mit dem Suffix »0«, *lokale Konten* mit »7« und *IFRS-Konten* mit »9«. Es existieren auch zwei unterschiedliche Bilanz- und GuV-Strukturen, denen Sie die Konten zugeordnet haben.

In unserem Ausgangsfall wurden die Anschaffungskosten der Putzmaschine auf dem Konto 1210000**0** in Höhe von EUR 1.000 erfasst. Die unterjährig ermittelten Abschreibungen nach IFRS wurden auf den Konten 121010**9** WB Anlagevermögen (IFRS) und 552000**9** Abschreibungen Anlagevermögen (IFRS) mit EUR 50 verbucht.

Zum Jahresende erfassen Sie für die handelsrechtlich ermittelte Abschreibung eine Anpassungsbuchung in Höhe von EUR 100 (siehe Tabelle 20.7):

Soll		Haben	
121010**7** WB Anlagevermögen (HGB)	100	552000**7** Abschreibungen Anlagevermögen (HGB)	100

Tabelle 20.7: Anpassungsbuchung

Aufgrund der unterschiedlichen Zuordnung der Abschreibungskonten in den Bilanz- und GuV-Strukturen, erscheinen die IFRS-Abschreibungen nur im IFRS-Abschluss und die handelsrechtlichen Abschreibungen nur im HGB-Abschluss, wie Sie in Tabelle 20.8 sehen.

Hört sich alles ganz einfach und logisch an – oder? Dieser Ansatz ist daher in der Praxis auch weit verbreitet. Hinzu kommt, dass Sie auf diese Weise bestehende Auswertungen und Berichte im Finanz- und Rechnungswesen meist ohne große Anpassungen beibehalten können. Allerdings sollten Sie beachten, dass sich selbst bei mittelständischen Unternehmen der Um-

IFRS				HGB			
Pos.	Konto	Bezeichnung	EUR	Pos.	Konto	Bezeichnung	EUR
Bilanz				**Bilanz**			
Anlagevermögen				Anlagevermögen			
	12100000	AHK Putzmaschine	1000		12100000	AHK Putzmaschine	1000
	12101009	WB Anlage-vermögen (IFRS)	−50		12101007	WB Anlage-vermögen (HGB)	−100
	Buchwert IFRS		950		Buchwert HGB		900
GuV				**GuV**			
Sonstige betriebliche Aufwendungen				Sonstige betriebliche Aufwendungen			
	55200009	Abschreibungen Anlagevermögen (IFRS)	50		55200007	Abschreibungen Anlagevermögen (HGB)	100

Tabelle 20.8: IFRS und HGB mittels kontenplanbasierter Lösung

fang des Kontenplans gehörig aufblähen kann und sich aufgrund von Unübersichtlichkeit, verbunden mit schlampiger Verbuchung oder Kontenzuordnung schnell Fehler ergeben.

Buchungskreisbasierte Lösung

Bei unserer zweiten Lösung wird Ihnen Ihr IT-Berater einen zweiten Buchungskreis als Merkmal zur Trennung der unterschiedlichen Wertansätze an die Tafel malen. Abweichend von der buchhalterischen Regel »ein rechtlich selbstständiges Unternehmen = ein Buchungskreis« stellen Sie hier Ihrem bestehenden Buchungskreis einen weiteren Buchungskreis an die Seite. Dort wird dann beispielsweise die IFRS-Bewertung vollkommen getrennt parallel fortgeschrieben. Sie könnten in diesem Fall Ihren bestehenden Kontenplan prinzipiell unverändert für beide Buchungskreise weiterverwenden. Wie hier die Trennung der Welten schematisch erfolgt, sehen Sie in Tabelle 20.9.

		Buchungskreis IFRS »001«	Buchungskreis Lokal »002«
Kontengruppe 0 – Immaterielle Vermögenswerte			
01100000	Software	2.000,00	–
Kontengruppe 1 – Sachanlagevermögen			
12100000	Maschinen	1.000,00	–
12101000	WB Anlagevermögen	./. 50,00	./. 50,00

Tabelle 20.9: Unterscheidung über Buchungskreise

Schauen wir uns auch diese Lösung kurz anhand eines Beispiels an:

20 ▶ Parallele Welten

Im Buchhaltungssystem der Korrekt & Sauber GmbH wurden zwei Buchungskreise (001: IFRS und 002: lokal) angelegt. Für IFRS-Zwecke erfolgt die komplette Buchhaltung unterjährig im IFRS-Buchungskreis 001.

Die Anschaffungskosten der Putzmaschine haben Sie daher auf dem Konto 12100000 im Buchungskreis »001« in Höhe von EUR 1.000 erfasst. Die unterjährig ermittelten Abschreibungen nach IFRS wurden im gleichen Buchungskreis unterjährig auf den Konten 12101000 WB Anlagevermögen und 55200000 Abschreibungen Anlagevermögen mit EUR 50 verbucht.

Zum Jahresende buchen Sie die Unterschiede zur IFRS-Abschreibung im lokalen Buchungskreis »002« über eine Anpassungsbuchung (Deltabuchung) wie in Tabelle 20.10 gezeigt ein:

Soll		Haben	
12101000 WB Anlagevermögen	50	55200000 Abschreibungen Anlagevermögen	50

Tabelle 20.10: Anpassungsbuchung

Der vollständige IFRS-Abschluss befindet sich unterjährig laufend und vollständig im IFRS-Buchungskreis »001«. Für die Ermittlung des lokalen Abschlusses am Jahresende müssen Sie den IFRS-Buchungskreis »001« und den lokalen Buchungskreis »002« zusammenfassen.

Wir haben hier die sogenannte *Nettomethode* vorgestellt, bei der nur in einem Buchungskreis die Geschäftsvorfälle vollständig erfasst werden. Im zweiten Buchungskreis werden nur die Bewertungsdifferenzen in Form von Deltabuchungen erfasst. Sie sehen das übrigens auch ganz gut in Tabelle 20.11.

Abschreibung (siehe Beispiel)	Buchung		Notwendige Buchungskreise zur Abschlussdarstellung	
	EUR	Typ	IFRS	Lokal
Nettomethode				
»001« IFRS	50	brutto	×	×
»002« lokal	50	netto	–	×
Bruttomethode				
»001« IFRS	50	brutto	×	–
»002« lokal	100	brutto	–	×

Tabelle 20.11: Brutto- versus Nettodarstellung

Bei der *Bruttomethode* müssen Sie jeden Geschäftsvorfall sowohl nach IFRS als auch lokal im jeweiligen Buchungskreis in voller Höhe erfassen. Dies führt bei Sachverhalten ohne Bilanzierungs- und Bewertungsunterschiede zu einer zeitaufwendigen Doppelerfassung. Allerdings haben Sie in jedem Buchungskreis einen vollständigen Abschluss vorliegen.

Die buchungskreisbasierte Lösung ist für Sie eigentlich eine sehr angenehme Lösung, da in der Regel kaum technische Anpassungs- und Umsetzungsmaßnahmen innerhalb Ihrer EDV erforderlich sind. Eine Umsetzung ist auf den meisten Systemen mit mehreren Buchungskreisen oder Mandanten möglich. Allerdings scheidet die Methode bei größeren und komplexeren Umstellungsprojekten aus, wenn laufend eine Vielzahl von einzelnen Überleitungssachverhalten zu buchen ist oder sich häufig nachträgliche Anpassungen in der führenden Bewertung ergeben.

Ledger-Lösung

Eventuell schlagen Ihnen Ihre IT-Berater auch noch die Abbildung Ihrer parallelen Rechnungslegung über verschiedene Bücher (englisch *Ledger*) vor. Dabei wird für die Sekundärbewertung zusätzlich zum Hauptbuch ein weiteres Buch eingerichtet, in dem alle *Buchungen ohne Bewertungsunterschiede* zunächst unverändert übernommen werden. *Buchungen mit Bewertungsunterschieden* zum Hauptbuch werden anschließend in den separaten Büchern manuell oder automatisch nachgebucht.

Mit dieser Lösung haben Sie für jede Ihrer Bilanzierungswelten ein separates Buch im System, aus dem der jeweilige Abschluss erstellt werden kann. Wie bei der buchungskreisbasierten Lösung können Sie in den verschiedenen Büchern prinzipiell mit dem gleichen Kontenplan arbeiten und müssen gegebenenfalls nur das eine oder andere Konto für spezielle IFRS-Sachverhalte (beispielsweise Konten für Finance Lease) ergänzen. Auch wenn sich diese Lösung für Sie zunächst sehr schön und komfortabel anhören mag, wird dabei das Standardstrukturelement »Nebenbuch« für einen nicht geplanten Zweck missbraucht, was meist später an anderen Stellen wieder zu Problemen führt. Hier ist Vorsicht angebracht!

Genau aus diesem Grund hat ein bekanntes deutsches Softwarehaus aus Walldorf die Vorteile der kontenplanbasierten Lösung und der Ledger-Lösung im sogenannten »neuen Hauptbuch« (englisch *new general ledger* oder *New GL*) vereint.

> ### Das »neue Hauptbuch«
> Beim »neuen Hauptbuch« arbeiten Sie mit einem einzigen (gegebenenfalls um IFRS-Spezialitäten angepassten) Kontenplan in einem führenden Hauptbuch und einem parallelen Hauptbuch. Gemeinsame Sachverhalte können dabei gleichzeitig in mehreren Ledgern verbucht werden, obwohl beide Hauptbücher in sich abgeschlossene und prüfungsfähige Buchhaltungen darstellen.

Wie Sie sehen, bestehen für die technische Umsetzung einer parallelen Rechnungslegung zahlreiche Möglichkeiten. Auf die Frage, welche Alternative wir Ihnen empfehlen, können wir Ihnen nur folgende Ratschläge geben:

✔ Beteiligen Sie den Finanzbereich an der Entscheidung.

✔ Unterschätzen Sie nicht die Komplexität der internationalen Rechnungslegung.

✔ Erstellen Sie eine individuelle Anforderungsanalyse und denken Sie jeden Prozess und jedes mögliche Szenario durch.

✔ Bleiben Sie in Anbetracht der Dynamik in der internationalen Rechnungslegung möglichst flexibel.

✔ Behalten Sie die grundsätzliche IT-Strategie Ihres Unternehmens im Auge.

✔ Sorgen Sie für einen Back-up-Lösung, falls etwas schiefläuft.

✔ Holen Sie sich im Zweifel Rat von erfahrenen Anwendern und Beratern.

Im Konzern ist alles möglich: Pragmatisch, individuell, umfassend oder kombiniert

In den Anfängen der internationalen Rechnungslegung näherte man sich dieser parallelen Welt zunächst nur auf Ebene des Konzernabschlusses (Sie sehen dies gleich in unserem »Pragmatisch«-Szenario).

Erst in den letzten Jahren gibt es einen eindeutigen Trend weg von Überleitungen, die auf der lokalen Rechnungslegung aufsetzen, hin zu einer Integration der parallelen Rechnungslegung in die operativen Buchhaltungssysteme.

Wir zeigen Ihnen daher vier verschiedene Szenarien für die praktische Umsetzung einer »IFRS-Conversion« in einem kleinen Konzern.

Pragmatisch: Umstellung auf Konzernebene

Bei der einfachsten Form der IFRS-Umstellung im Konzern wird in den Buchführungssystemen Ihrer Tochtergesellschaften unverändert gebucht, nach Abschluss des Geschäftsjahres unverändert ein Jahresabschluss nach lokalen Rechnungslegungsstandards (Primärbewertung) erstellt und unverändert an die Konzernmutter berichtet.

Auf Konzernebene werden die lokalen Einzelabschlüsse unverändert aufbereitet, konsolidiert und der Konzernabschluss erstellt.

Ihr IFRS-Konzernabschluss setzt anschließend auf dem lokalen Konzernabschluss auf. Ihre IFRS-Überleitung basiert dann lediglich auf einer Analyse der relevanten Umstellungssachverhalte und vielfach zwangsläufig auf vereinfachenden Annahmen. Sie können die Überleitung dabei entweder außerhalb Ihres Konsolidierungssystems (beispielsweise mit Microsoft Excel) oder direkt im Konsolidierungssystem durchführen. Letzteres setzt allerdings voraus, dass Sie Ihr zentrales Konsolidierungssystem zumindest an der einen oder anderen Stelle anpassen müssen.

Bei diesem Szenario ist nur eine »IFRS Conversion« auf Ebene des Konzernabschlusses durchzuführen. Wir haben Ihnen dies in Abbildung 20.2 hübsch aufbereitet.

Auf diese Weise fanden anfänglich fast alle IFRS-Umstellungen statt. Allerdings ist diese Form der Umstellung keine dauerhafte und stabile Lösung.

Individuell: Umstellung der Tochterunternehmen

Eine heute weitverbreitete und durchaus auch dauerhafte Form der Umstellung auf IFRS ist die Umstellung auf Ebene Ihrer Tochtergesellschaften mit anschließender IFRS-Konsolidierung (siehe Abbildung 20.3). Dieses Szenario bietet sich an, wenn Sie ausschließlich einen *Konzernabschluss nach IFRS* benötigen.

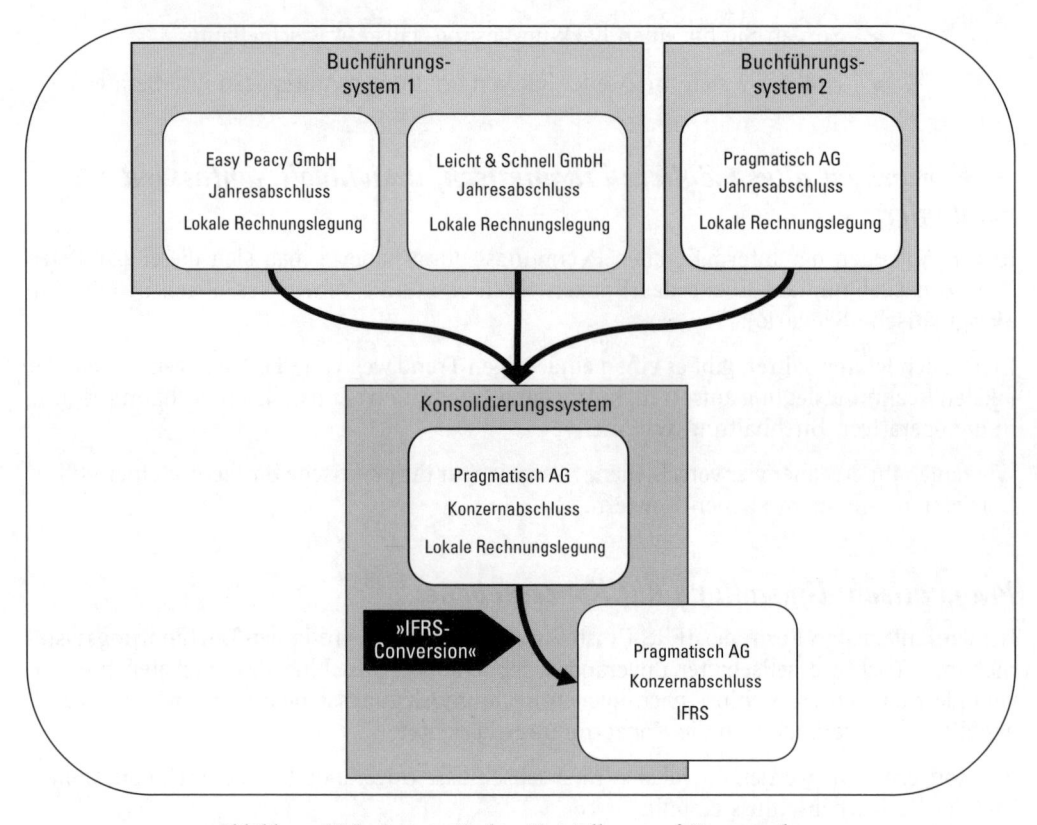

Abbildung 20.2: Pragmatisch – Umstellung auf Konzernebene

In den Buchführungssystemen Ihrer Tochtergesellschaften buchen Sie weiterhin unverändert nach lokalen Rechnungslegungsgrundsätzen (Primärbewertung) und erstellen nach Abschluss des Geschäftsjahres unverändert einen Jahresabschluss nach lokalem Recht. Diesen Abschluss leiten Sie entsprechend den lokalen Gegebenheiten auf IFRS über und berichten anschließend IFRS-Zahlen und die zusätzlichen IFRS-Anhangangaben an die Mutter.

Bei Bedarf können Sie in diesem Szenario mit überschaubarem Aufwand und relativ zügig einen vollständigen IFRS-Einzelabschluss mit Anhang und allem Pipapo auf Ebene der Tochtergesellschaften erstellen. Dies kann beispielsweise dann notwendig werden, wenn lokale Banken, Geschäftspartner oder potenzielle Investoren dies fordern.

Auf Konzernebene führen Sie letztendlich nur noch die Konsolidierung der erhaltenen IFRS-Daten durch und erstellen Ihren IFRS-Konzernabschluss.

Wie Sie in der Abbildung sehen, müssen Sie hier allerdings für jede Tochtergesellschaft eine individuelle »IFRS-Umstellung« durchführen. Die Abbildung der parallelen Welten bei Ihren Töchtern kann entweder direkt in den lokalen Buchhaltungssystemen (nach einer unserer vorhin vorgestellten Methoden) oder außerhalb (beispielsweise in Excel) erfolgen. Auch bei Ihrem

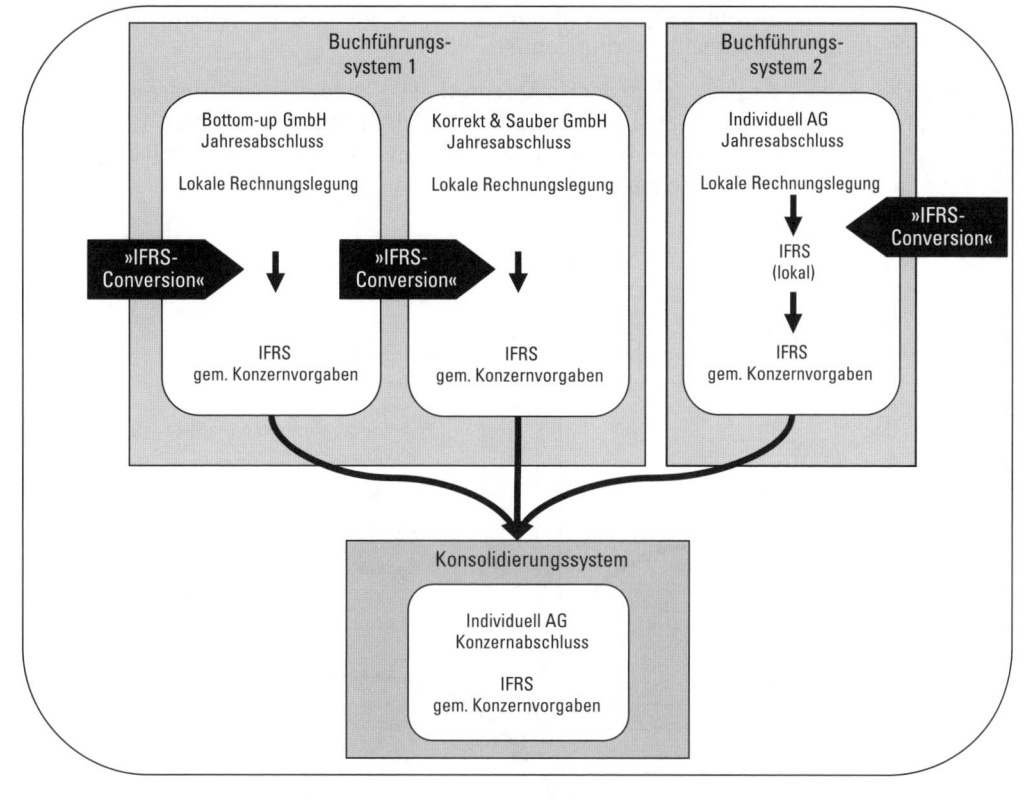

Abbildung 20.3: Individuell – Umstellung der Tochterunternehmen

Konsolidierungssystem können Sie entweder eine Standardkonsolidierungssoftware verwenden oder Sie basteln sich auch hier eine individuelle Excel-Konsolidierungslösung.

Dieses Szenario erreicht dann seine Grenzen, wenn Sie im Konzern auf Basis von IFRS steuern und daher regelmäßigen konzerninternen IFRS-Berichtspflichten unterliegen. In einem solchen Fall führt meist an einer Umstellung der Primärbewertung auf IFRS kein Weg vorbei.

Umfassend: Umstellung der lokalen Buchhaltung

Die umfassendste und dauerhafteste »IFRS-Umstellung« ist aus Konzernsicht die Umstellung der Primärbewertung aller Ihrer Tochtergesellschaften auf IFRS, verbunden mit einer direkten Verankerung der parallelen Bilanzierung und Bewertung in den lokalen Buchhaltungssystemen.

Ein solches Szenario hat den Vorteil, dass alle Geschäftsvorfälle nach IFRS erfasst werden und Sie am Periodenende (Monat, Quartal, Jahr) sowohl für Zwecke der internen IFRS-Konzernberichterstattung als auch der externen IFRS-Rechnungslegung keine zeitaufwendigen Anpassungsbuchungen mehr vornehmen müssen. Der Haken an der Sache ist, dass ein solches Szenario für Sie mit einem großen Aufwand für die Umstellung von Systemen, Prozessen und die Schulung der Mitarbeiter verbunden ist.

Technisch können Sie dies nach einer der im Abschnitt »IT-Systeme: Beamen wäre einfacher!« vorgestellten Lösungen realisieren. Der Integrationsgrad der Lösung entscheidet dabei, ob die parallelen Abschlüsse dabei eher sukzessive oder simultan erstellt werden. Wir haben dieses Szenario in Abbildung 20.4 anschaulich dargestellt.

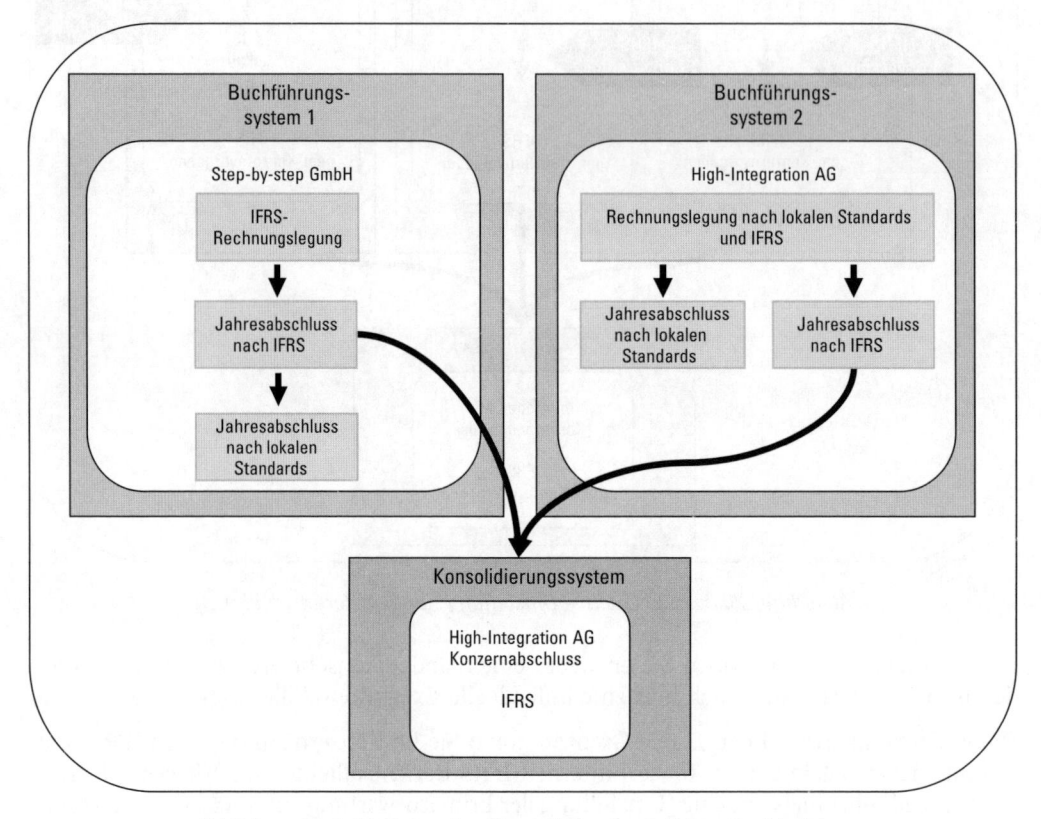

Abbildung 20.4: Umfassend – Umstellung der lokalen Buchhaltung

Kombiniert: Alles ist erlaubt

In größeren und insbesondere stark diversifizierten und international ausgerichteten Konzernen kann es auch vorkommen, dass Ihnen als Tochterunternehmen die Art und Weise der IFRS-Umstellung selbst überlassen wird.

Bei einem solchen Szenario gibt Ihnen die Konzernleitung meist nur den Zeitplan, Inhalt und Qualität sowie einheitliche Vorschriften für die erforderlichen Finanzberichte vor. Wenn Sie Glück haben, werden Sie bei Bedarf auch mit fachlichem und technischen Know-how oder Best-Practice-Lösungen versorgt.

Ein solcher Ansatz führt meist dazu, dass es innerhalb des Konzerns zu ganz unterschiedlichen Formen und Methoden der IFRS-Umstellung kommt, was meist an anderen Stellen wieder zu Problemen führt. Als Beispiele fallen uns Einarbeitungsaufwand bei der Entsendung von Mitarbeitern, Anpassungsaufwand bei Änderungen von IFRS oder Unterschiede in der Datenqualität ein.

In Abbildung 20.5 zeigen wir Ihnen, wie komplex die Strukturen bei diesem Szenario bereits in einem kleinen Konzern werden können.

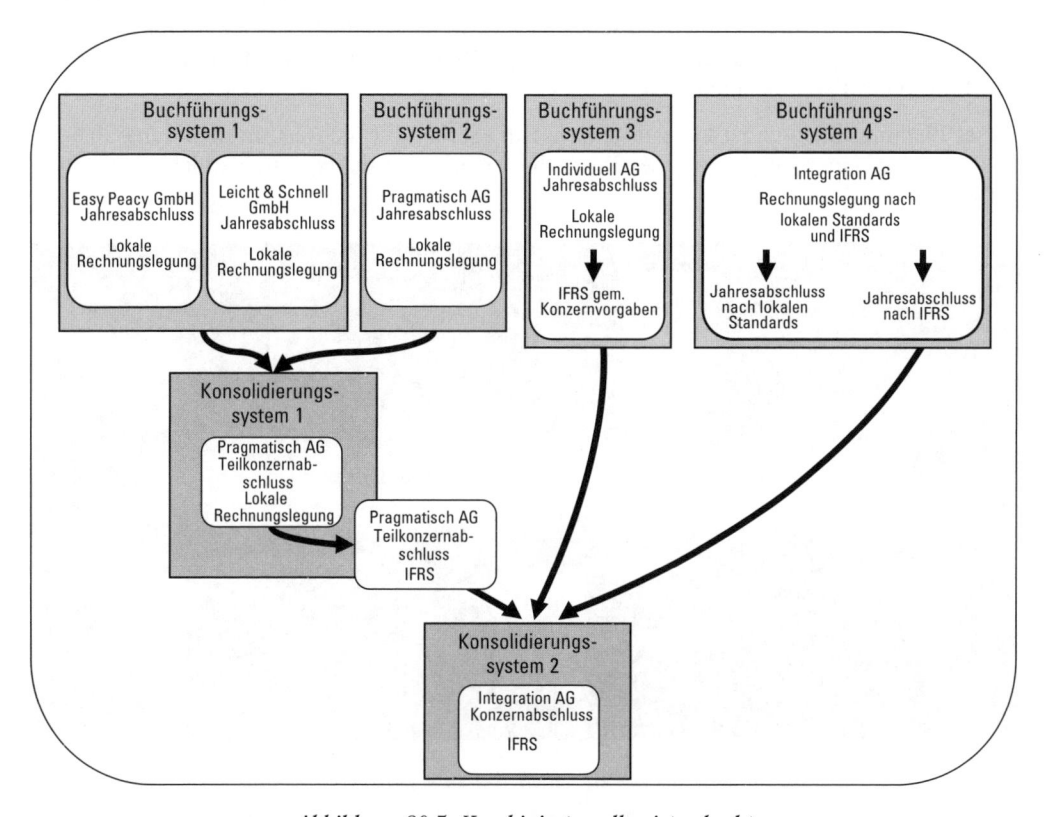

Abbildung 20.5: Kombiniert – alles ist erlaubt

Vor dem Controlling steht die (IFRS-)Planung

In vielen Unternehmen wird die Aufgabe der jährlichen Planungs- oder Budgetierungsrunde darin gesehen, den alltäglichen Zufall im Geschäftsleben durch den systematischen Irrtum der Controller zu ersetzen.

Egal wie Sie darüber denken, eines ist klar: Für eine erfolgreiche Unternehmensführung ist eine pragmatische Planung, verbunden mit einem systematischen Controlling unerlässlich. Alles andere wäre unternehmerischer Blindflug!

»Captain, noch mehr neue Welten auf Kollisionskurs!«

Egal ob bei Ihnen ein Unternehmensverkauf oder ein Gang an den Kapitalmarkt bevorsteht oder ob Sie eine internationale Expansion planen, wenn Sie auf IFRS umstellen, haben Sie meist Pläne! Und natürlich gilt auch in der IFRS-Parallelwelt: Ohne eine detaillierte IFRS-Planung und laufende Berücksichtigung der ökonomischen Begleitumstände werden Sie Ihre unternehmerischen Ziele nur schwer in der vorgegebenen Zeit und mit gesetztem Budget erreichen.

Da nun aber die im Unternehmen typischerweise verwendeten finanziellen Planungsverfahren meist von der zugrunde liegenden Bilanzierung abhängen, laufen Sie bei einer Umstellung auf IFRS in ein Planungsdilemma!

Dieses Planungsdilemma ist von zeitlicher Natur. Stellen Sie sich den in Abbildung 20.6 gezeigten Ablauf einer Umstellung der Primärbewertung von deutschem Handelsrecht (HGB) auf IFRS vor.

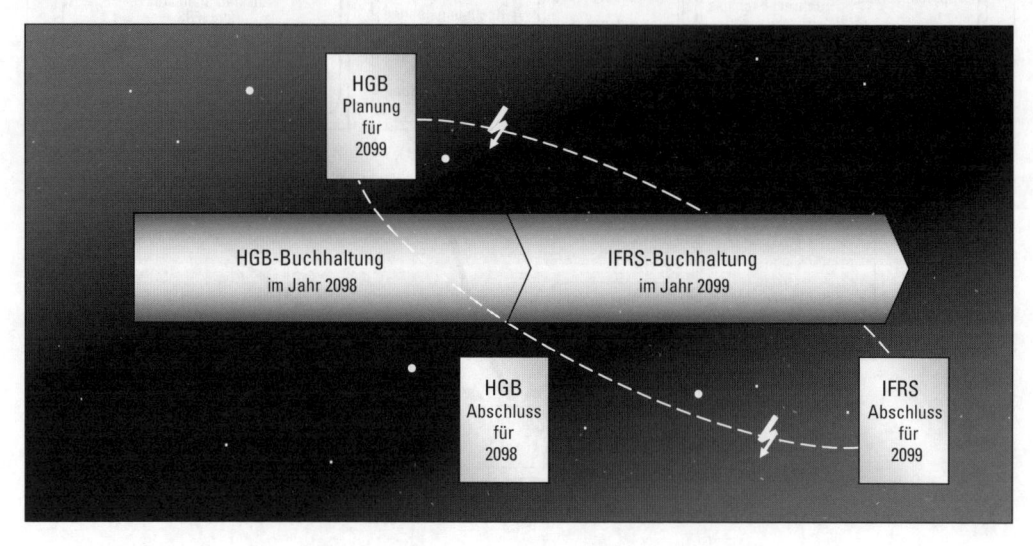

Abbildung 20.6: Tor zu neuen Welten – parallele Planung

Bei einem solchen Ablauf könnten Sie vielleicht ab dem Jahr 2099 nach IFRS bilanzieren und Bericht erstatten, haben aber folgende Probleme:

✔ **Keine Vergleichszahlen:** Da Sie Ihre Planung nicht auf IFRS umgestellt haben, liegen für das Jahr 2099 weder Ihnen noch Ihren Bilanzlesern Vergleichszahlen zur Performancemessung, Steuerung und Entscheidung vor.

✔ **Keine Historie:** Da Sie vor dem Jahr 2099 weder nach IFRS geplant noch bilanziert haben, liegen Ihnen erst einmal keine historischen Erfahrungswerte für die Erstellung der IFRS-Planung vor.

✔ **Keine Planzahlen:** Für einige Bilanzierungsthemen unter IFRS benötigen Sie verlässliche IFRS-Planzahlen für die Jahre ab 2099.

Erschwerend kommt hinzu, dass Sie bei der in die Zukunft gerichteten IFRS-Planung möglichst alle im kommenden Geschäftsjahr neu anzuwendenden oder aktualisierten Standards berücksichtigen sollten (sofern relevant und wesentlich). Nur so können Sie verhindern, dass es bei Ihrem anschließenden Soll-Ist-Vergleich nur aufgrund nicht berücksichtigter Bilanzierungsregeln zu Abweichungen kommt.

Somit tut sich für Sie das Tor zu einer weiteren Welt auf: die Welt der IFRS-Planung.

Guter Rat ist nicht teuer: Unsere Tipps für die IFRS-Planung

Das zentrale Problem bei einer so umfangreichen Anpassung der Planung liegt darin, dass in der Praxis Planungen fast immer auf Basis der Daten und Erfahrungen aus der Vergangenheit erstellt werden. Die erste valide Planung nach IFRS kann somit eigentlich erst nach der Umstellung von mindestens einem Geschäftsjahr erfolgen.

Sie sollten dieses zeitliche Dilemma daher gleich im Rahmen der Planung Ihres IFRS-Umstellungsprojekts berücksichtigen. Allerdings bietet es sich an, zunächst die Ergebnisse der Analysephase und vielleicht sogar die zukünftige IFRS-Bilanzierungsrichtlinie abzuwarten:

✔ **Analysephase**: Dort werden die wesentlichen IFRS-Sachverhalte identifiziert, die zu Umgliederung und Umbewertungen im Rechnungswesen und damit auch in der Planung führen.

✔ **IFRS-Bilanzierungsrichtlinie**: Die in Ihr enthaltenen verbindlichen Regeln für die Bilanzierung nach IFRS entfalten indirekt Wirkung für die IFRS-Planung.

Vergessen Sie bei IFRS-Schulungen und -Seminaren nicht, auch Ihre Controller und alle anderen im Rahmen der zukünftigen IFRS-Bilanzierung betroffenen Mitarbeiter. Nur so können diese korrekte Vorgaben für die Planung liefern.

Für Ihre IFRS-Planung wäre es ideal, wenn Sie im Rahmen des IFRS-Projekts Abschlüsse für abgeschlossene Geschäftsjahre rückwirkend auf IFRS umstellen (als IFRS-Vorjahresvergleichszahlen für das laufende Geschäftsjahr), denn so hätten Sie zumindest eine kleine historische Basis.

Checkliste für die IFRS-Planung

✔ Wann soll die erste Planung nach IFRS erstellt werden?

✔ Welche finanziellen Größen ändern sich durch die neuen Bilanzierungsstandards?

✔ Ändert sich neben der Bilanzierung auch die Struktur der Daten?

✔ Kann für die erste Planung auf bereits erstellte IFRS-Vergleichszahlen für Vorjahre zurückgegriffen werden?

✔ Welche Daten müssen hierfür im Unternehmen wo und wann generiert werden?

- ✔ Sind die von der neuen IFRS-Planung direkt oder indirekt betroffenen Mitarbeiter ausreichend geschult?
- ✔ Sind durch die neu definierten finanziellen Größen nachgelagerte Prozesse (beispielsweise Incentivierungs- und Vergütungssystem) und Daten (beispielsweise Kalkulationsgrößen) betroffen?
- ✔ Besteht Anpassungsbedarf bei Prozessen, Systemen und Verfahren?

Da eine Umstellung auf IFRS oft auch mit einer Umstellung von finanziellen Ergebnisgrößen (beispielsweise Umsatz oder Gewinn einer Niederlassung) einhergeht, die oft die Basis von persönlichen Zielvereinbarungen einzelner Mitarbeiter bilden, sollten Sie auch die betroffenen Mitarbeiter informieren. Berücksichtigen Sie dabei folgende Punkte:

- ✔ Prüfen Sie, welche Anreizmaßnahmen für Mitarbeiter (neudeutsch auch: Mitarbeiter-Incentivierung) von einer Umstellung auf IFRS betroffen sind.
- ✔ Analysieren Sie, wie sich die relevanten Ergebnisgrößen allein durch die IFRS-Umstellung verändern.
- ✔ Klären Sie die betroffenen Mitarbeiter frühzeitig über die Hintergründe einer notwendigen Anpassung von Zielvereinbarungen auf.
- ✔ Berücksichtigen Sie bei der Anpassung von Zielvereinbarungen das sogenannte *Controlability-Prinzip*: Mitarbeiter sollten nur für das verantwortlich gemacht oder gewürdigt werden, was sie selbst auch beeinflussen können.

Wenn Sie eine Umstellung auf IFRS durchführen, weil Ihnen ein Verkauf oder eine Kapitalmarkttransaktion bevorsteht, ist eine frühzeitige und fundierte IFRS-Planung besonders wichtig. Neben Ihnen wird jeder, der in Ihr Unternehmen investieren soll (Banken oder Investoren), wissen wollen, wie Sie sich die Entwicklung Ihres Unternehmens in den nächsten Jahren vorstellen und wann Sie Geld an die Banken zurückzahlen oder die Investoren mit Gewinnausschüttungen rechnen können.

Es kommt zusammen, was zusammengehört: IFRS-Controlling

Vielleicht kennen Sie es aus Ihrem Unternehmen: Controller verstehen sich gerne als interne Berater, die das Management mit betriebswirtschaftlichen Informationen versorgen. Daher witterten die Kollegen auch mächtig Konkurrenz, als plötzlich die IFRS daherkamen und externe Informationsempfänger mit betriebswirtschaftlich ausgerichteten Bilanzierungs- und Bewertungsinformationen versorgen wollten.

Sie werden im Laufe einer IFRS-Umstellung merken, dass die internationale Rechnungslegung wesentlich mehr Informationen aus dem Controlling benötigt. Dies ist in der HGB-Welt nicht so stark ausgeprägt. Im letzten Abschnitt sehen Sie dann auch, warum das so ist.

Aber die Absichten der Spezies aus der parallelen IFRS-Welt sind friedlicher Natur. So greifen die IFRS ausdrücklich auf Informationen zurück, die im Controlling für interne Steuerungszwecke des Managements erstellt werden. Die Controller erfahren durch die IFRS sogar eine Erweiterung ihres Tätigkeitsbereichs. Controller werden Informationslieferanten für den IFRS-Jahresabschlussprozess und müssen oft sogar Verantwortung für Teile der externen Finanzberichterstattung übernehmen.

Bestehende Controllinginstrumente müssen an vielen Stellen auf ihre IFRS- und Bilanzierungstauglichkeit hin überprüft werden.

Diese Entwicklungen haben die Diskussion um ein Zusammenwachsen beider Bereiche des Rechnungswesens wieder neu angeheizt.

Die Trennung zwischen dem internen Rechnungswesen (Controlling, Kostenrechnung) und dem externen Rechnungswesen (Buchhaltung, Jahresabschlusserstellung) hat in Deutschland eine lange Tradition und liegt primär in *historisch unterschiedlichen Zielen* begründet:

- ✔ **internes Rechnungswesen:** Es dient internen Zwecken, nämlich der betriebswirtschaftlich basierten Planung, Kontrolle und Steuerung.

- ✔ **externes Rechnungswesen:** Es soll Außenstehende informieren und unter Vernachlässigung betriebswirtschaftlicher Grundprinzipien schützen (Vorsichts- und Gläubigerschutzprinzip).

Trotz identischer Ausgangsbasis entstanden so zahlreiche Unterschiede zwischen beiden Welten:

- ✔ abweichende Konzepte hinsichtlich der Realisierung von Umsatz und Gewinn wie beispielsweise die Teilgewinnrealisierung

- ✔ kalkulatorische Kostenarten, um beispielsweise zukünftig erwartete Kostensteigerungen bei der Produktkalkulation zu berücksichtigen

- ✔ gesonderte Abschreibungsarten und Dauern, die beispielsweise steuerlich und nicht betriebswirtschaftlich begründet waren

Erst die Internationalisierung der Rechnungslegung und die mit ihr einhergehende Investorenorientierung der externen Rechnungslegung führen nun langsam zu einer Verbreiterung des Überschneidungsbereichs beider Rechenwelten.

Woher kommt dieses Zusammenwachsen?

Mit der zunehmenden Bedeutung der Kapitalbeschaffung über die Kapitalmärkte ist die externe Rechnungslegung als Kommunikationsmedium mit Kapitalanlegern immer stärker in den Vordergrund gerückt. Daher muss das Management verstärkt auf eine Steuerung der Ergebnisgrößen der externen Rechnungslegung achten.

Langsame Annäherung oder Kollisionskurs beider Welten?

Egal ob Sie das »Zusammenwachsen« als Heilmittel oder Gift für Ihr Rechnungswesen sehen oder ob Sie es als »Konvergenz« oder »Harmonisierung« bezeichnen: Eine *gemeinsame Sprache* und Wertschöpfung im Unternehmen als *einheitliches Ziel* sind nie verkehrt!

Für beide Ziele ist ein einheitliches Zahlen- und Rechenwerk als gemeinsame Basis unverzichtbar. Mit den IFRS werden die bestehenden Hindernisse zwischen beiden Welten in weiten Teilen beseitigt.

Um Ihnen den Umfang des Konvergenz- oder Harmonisierungspotenzials in Ihrem Unternehmen einmal geballt vor Augen zu führen, haben wir für Sie in Tabelle 20.12 die wichtigsten Standards mit direktem Bezug zum Controlling aufgelistet.

Standard	Bezeichnung	Wesentliche Controllingthemen
IAS 1	Darstellung des Abschlusses	Bezüglich Annahmen und Schätzungen sowie Bilanzierungs- und Bewertungsmethoden besteht Abstimmungsbedarf
IAS 2	Vorräte	Abstimmung mit der Kostenrechnung, da produktionsbezogene Kostenkomponenten nach IFRS aktivierungspflichtig sind
IAS 7	Cashflow-Rechnung	Abstimmung zwischen intern verwendeten cashflowbasierten Steuerungsgrößen und extern reporteten Zahlen
IAS 10	Ereignisse nach dem Bilanzstichtag	Abstimmung mit dem Controlling, ob sich wesentliche Planungsprämissen, die Basis für Bewertungen waren, geändert haben
IAS 11	Auftragsfertigung	Einrichtung eines IFRS-konformen Projektcontrollings für die Anwendung der Percentage-of-Completion-Methode
IAS 12	Latente Steuern	Erwartete Steuervorteile dürfen nur dann als aktive latente Steuern bilanziert werde, wenn die Unternehmensplanung entsprechende Ergebnisse zeigt
IAS 16	Sachanlagen	Rückgriff auf die wirtschaftlichen Nutzungsdauern des Anlagevermögens und einzelner Komponenten
IAS 18	Erträge	Intensive Abstimmung, da Umsatzerlöse eine zentrale Größe bei vielen Kennzahlen und internen Reportings darstellen
IAS 36	Wertminderung von Vermögenswerten	Hier muss ein umfangreicher Austausch stattfinden. Die Anknüpfungspunkte reichen von benötigten Plandaten über die Überwachung von sogenannten Triggering Events bis hin zur Definition der sogenannten Cash Generating Units.

IAS 38	Immaterielle Vermögenswerte	Einrichtung eines IFRS-konformen F&E-Controllings
IAS 39	Finanzinstrumente: Ansatz und Bewertung	Rückgriff auf die Daten des Risikocontrollings und Informationen zum bestehenden Risikomanagementsystem
IAS 40	Als Finanzinvestitionen gehaltene Immobilien	Rückgriff auf Plandaten zur Bewertung von Renditeimmobilien
IFRS 3	Unternehmenszusammenschlüsse	Insbesondere die Bilanzierung des Goodwills erfordert eine umfassende Informationsanlieferung und Planung durch das Controlling. Auf der anderen Seite können die bilanziellen Wertansätze für Planung und Steuerung im Controlling verwendet werden.
IFRS 5	Zur Veräußerung gehaltene Vermögenswerte und aufgegebene Geschäftsbereiche	Analysen und Planungen für Stilllegungen und Veräußerungen
IFRS 7	Finanzinstrumente: Angaben	Rückgriff auf die Daten des Risikocontrollings und Informationen zum bestehenden Risikomanagementsystem
IFRS 8	Segmentberichterstattung	Sowohl bei der Strukturierung der Segmente als auch bei Publikation der Segmentkennzahlen wird auf das interne Managementreporting zurückgegriffen

Tabelle 20.12: Controllingrelevante Standards

Das Zusammenwachsen birgt enormes Synergiepotenzial! Dies fängt an bei vereinheitlichten Datenbeständen und geht über integrierte EDV-Systeme bis hin zu einer organisatorischen Zusammenführung von Bereichen.

Hier geht's zur Sache: Harte Controllerarbeit!

Dort, wo die IFRS nicht auf die Daten des Controllings zurückgreifen, kommen einige neue Themen auf die Controller zu, auf die wir hier noch kurz eingehen wollen.

F&E-Controlling: Echte Werte oder falsche Investition

Auch wenn Sie sie nicht anfassen können, so spielen nach IFRS immaterielle Vermögenswerte bereits seit Langem eine bedeutende Rolle für die Beurteilung von Unternehmen.

Unter betriebswirtschaftlichen Gesichtspunkten ist es unbestritten, dass gerade durch den internen Aufbau von immateriellen Vermögenswerten Erfolgspotenzial im Unternehmen geschaffen werden kann, das einer Investition in materielle Vermögenswerte wie beispielsweise einer Fabrikhalle in nichts nachsteht.

Immaterielle Vermögenswerte sind meist wesentlich riskanter als die meisten materiellen Vermögenswerte, was ihre Werthaltigkeit angeht. Neben Marken oder Patenten trifft dies insbesondere auch auf laufende Forschungs- und Entwicklungsprojekte zu.

Sowohl im Controlling wie auch nach IFRS war man sich daher schon lange einig, dass (Erfolg versprechende) Investitionen in immaterielle Vermögenswerte wie Investitionen in materielle Vermögenswerte behandelt werden müssen:

- ✔ **Aktivierung**: Die anfänglichen Ausgaben werden wie Anschaffungs- und Herstellungskosten gesehen.
- ✔ **Abschreibung**: Dem anschließenden Nutzen in Form von Unternehmenserträgen oder -ersparnissen muss Aufwand in Form von Abschreibungen gegenüberstehen.

Nur so kommt es im Unternehmen nicht zu einer Verzerrung der Ergebnisdarstellung.

Zur Erfüllung der nach IFRS vorgeschriebenen Aktivierungsvoraussetzungen für selbst erstellte immaterielle Vermögenswerte im Bereich Forschung & Entwicklung (F&E) wünschen wir Ihnen, dass Sie auf bereits vorliegende Informationen und Kennzahlen Ihres F&E-Controllings zurückgreifen können.

In Kapitel 5 haben wir im Abschnitt »Nicht greifbar – immaterielle Vermögenswerte« vorgestellt, was Sie überhaupt aktivieren dürfen und welche Informationen Sie benötigen.

> **Was Sie von Ihrem »Daniel Düsentrieb« wissen sollten:**
>
> - ✔ In welcher Entwicklungsphase befindet sich das Projekt?
> - ✔ Ist das Projekt technisch überhaupt realisierbar?
> - ✔ Hat Ihr Unternehmen die Absicht, das Projekt zu beenden?
> - ✔ Verfügt das Unternehmen über Mitarbeiter, Know-how, Technik und Geld, um die Entwicklung erfolgreich abschließen zu können?
> - ✔ Lässt sich das zukünftige Produkt tatsächlich nutzen oder verkaufen?
> - ✔ Welchen zukünftigen wirtschaftlichen Nutzen kann Ihr Unternehmen aus dem Produkt ziehen?
> - ✔ Können die mit dem Projekt verbundenen Entwicklungskosten zuverlässig ermittelt werden?

Sofern es bei Ihnen im Unternehmen kein etabliertes F&E-Controlling gibt, kann es Ihnen passieren, dass Sie sich im häufig wenig strukturierten Bereich Forschung und Entwicklung vergeblich um entsprechende Informationen oder verbindliche Aussagen bemühen. Der im Rahmen einer IFRS-Umstellung benötigte Anpassungsbedarf zur Einführung entsprechender Prozesse und Instrumente kann erheblich sein, da oft auch kulturelle Widerstände zu überwinden sind.

Goodwill-Controlling

In Kapitel 16 haben wir Ihnen Unternehmensakquisitionen als immer beliebteres Mittel zur Wertsteigerung durch externes Unternehmenswachstum vorgestellt. Durch den dort vorgestellten bilanziellen *Impairment-only-Ansatz* ergibt sich die Notwendigkeit zur Verzahnung der Goodwill-Bilanzierung mit dem internen Controlling in Form eines »Goodwill-Controllings«.

> ### Der Impairment-only-Ansatz
> Beim Kauf von Unternehmen werden regelmäßig Kaufpreise gezahlt, die aufgrund zukünftiger Ertragserwartungen über den bilanziellen Wert aller materiellen und immateriellen Vermögensgegenstände nach Abzug der Schulden hinausgehen. Die Bilanzierung dieses Differenzbetrags (*Goodwill*) hat sich für Unternehmen, die nach IFRS bilanzieren, seit 2004 geändert. Konnten Sie bis dato einen aktivierten Goodwill planmäßig abschreiben, so müssen Sie ihn jetzt regelmäßig auf Werthaltigkeit testen (*Impairment Test*), was jedes Mal einer kleinen Unternehmensbewertung gleichkommt.

Für Ihr Controlling bedeutet dies zum einen, dass Daten aus dem internen Planungs- und Berichtswesen im Rechnungswesen benötigt werden und dort eine erhebliche bilanzielle Auswirkung haben können. Zum anderen sollten Ihre Kollegen das Management proaktiv und frühzeitig auf mögliche außerplanmäßige Abschreibungen (Wertminderungsrisiken) hinweisen und bei der Entwicklung von Strategien zur Vermeidung von Ergebnis belastenden Wertminderungen unterstützen.

Aufgrund der typischerweise sehr hohen Bedeutung des Goodwills in IFRS-Bilanzen sowie des nicht selten hohen Volumens außerplanmäßiger Abschreibungen, sollten Sie das Thema Goodwill-Wertminderung und sein Controlling nicht unterschätzen.

Konkret heißt dies für Ihr Unternehmen, dass Sie mit der Umstellung auf IFRS, aber spätestens bei einer bevorstehenden M&A-Transaktion (»M&A« steht hier für *Mergers & Acquisitions* und umfasst alle Formen eines Unternehmenskaufs beziehungsweise einer Fusion) klären sollten, wer die folgenden Aufgaben übernehmen soll:

✔ Bereits im Vorfeld eines Unternehmenskaufs sollten die zukünftigen buchhalterischen Auswirkungen der konkreten Transaktion berücksichtigt werden. Von entscheidender Bedeutung ist dabei die Analyse und Plausibilitätskontrolle der vorgelegten Planungsrechnungen der Verkäufer und geplanten Entwicklung des neuen Unternehmensverbundes.

✔ Sie müssen die Zuordnung des *Goodwills* auf seine *zahlungsmittelgenerierenden Einheiten* im Rahmen der *Kaufpreisallokation* klären (schlagen Sie diese Begriffe bitte nochmals in Kapitel 5 und 16 nach).

✔ Sie sollten eine Art Frühwarnsystem mit entsprechenden Indikatoren und Schwellenwerten einrichten und betreiben, da neben dem jährlich durchzuführenden Wertminderungstest auch plötzlich auftretende Indikatoren für eine Wertminderung die Notwendigkeit eines Wertminderungstests auslösen können. Nur so ist Ihnen eine aktive Gegensteuerung möglich.

Für den Wertminderungstest und die notwendige Ermittlung des Nutzungswertes von IAS 36 werden spezifische Anforderungen an Planungsstrukturen und -inhalte gestellt. Bei einer Umstellung auf IFRS müssen daher oft die internen Planungssysteme entsprechend angepasst werden.

✔ Aufgrund der oft sehr hohen Bedeutung von Goodwill und einer potenziellen Goodwill-Wertminderung sollten Sie entsprechende Steuerungskennzahlen in Ihr Managementreporting aufnehmen.

Bereiten Sie sich darauf vor, dass es Diskussionen darüber geben wird, ob es gerecht ist, notwendig werdende Goodwill-Wertminderungen in die Beurteilungsgrößen der Mitarbeiter-Incentivierung einzubeziehen.

Alternativ beauftragen Sie für diese Themen einen erfahrenen Berater, der Sie vom Akquisitionsprozess bis hin zur Integration des erworbenen Unternehmens in Ihr Unternehmen begleitet und Sie dabei unterstützt, dass die mit einem Unternehmenserwerb beabsichtigten Wertsteigerungen auch tatsächlich eintreten.

Projektcontrolling unter IFRS: PoC oder Flop?

Eine besondere Verantwortung kommt unter IFRS dem Projektcontrolling zu, wenn Ihr Unternehmen größere kundenindividuelle Aufträge abwickelt und sich solche Kundenprojekte typischerweise über mindestens einen Geschäftsjahreswechsel erstrecken.

Wir haben Ihnen die bilanzielle Behandlung solcher Langfristfertigungsaufträge in Kapitel 8 im Abschnitt »Individuell und mehr als temporär: Langfristfertigungsaufträge« vorgestellt.

Für die nach IFRS vorgesehene schrittweise Gewinnrealisierung entsprechend dem Leistungsfortschritt bei solchen Projekten (Percentage-of-Completion-Methode) muss Ihr Projektcontrolling die laufende (und vor allem: zuverlässige) Ermittlung des Fertigstellungsgrades jedes Projekts sicherstellen.

In der Praxis wird hierfür meist die in Kapitel 8 vorgestellte *Cost-to-Cost-Methode* verwendet, da hierbei der Fertigstellungsgrad über die Relation der bisher angefallenen Kosten zu den geschätzten Gesamtkosten ermittelt werden kann. Ihr verantwortlicher Controller muss dazu zum einen die laufenden Projekte und zum anderen seine Kollegen in den Projekten genau kennen.

Die zusätzliche Verantwortung, die auf dem Projektcontrolling unter IFRS lastet, sollten Sie nicht unterschätzen, denn

✔ der im Controlling ermittelte Fertigstellungsgrad jedes einzelnen Projekts beeinflusst bei der PoC-Methode direkt Umsatz und Ergebnis Ihres Unternehmens.

✔ eine Nichtanwendung der PoC-Methode hätte verheerende Auswirkung auf die öffentliche Wahrnehmung, denn Sie müssten im Anhang offenlegen, dass Sie zwar im Projektgeschäft tätig sind, aber über kein gutes Projektcontrolling verfügen.

Typische Probleme bei der PoC-Methode im Controlling

Unter IFRS haben es Projektcontroller nicht leicht, denn nun tragen sie eine doppelte Verantwortung und kämpfen beispielsweise mit folgenden Problemen:

- ✔ Projektleiter spielen nicht mit offenen Karten, da das Projektcontrolling natürlich versucht, unschöne Projektrisiken, wie steigende Kosten oder zeitliche Verzögerungen, zu identifizieren.

- ✔ Informationen über mögliche Kostenänderungen sind im Projekt zwar bekannt, werden aber nicht oder zu spät kommuniziert.

- ✔ Verträge oder Vertragsanpassungen (»Change Requests«) mit dem Kunden liegen trotz gestarteter Projektarbeit entweder noch nicht vor oder werden nicht rechtzeitig weitergeleitet.

- ✔ Projektmitarbeiter haben mit Hinweis auf wichtigere, operative Projekttätigkeiten keine Zeit für das unangenehme Projektcontrolling.

So geht's los: IFRS-Erstanwendung   21

In diesem Kapitel

▶ Wer ein IFRS-Erstanwender ist (und wer nicht)

▶ Beachtenswertes bei der Bilanzierung und Bewertung im ersten IFRS-Abschluss

▶ Besondere Angabepflichten für Erstanwender

---

*F*ür Ihren ersten IFRS-Abschluss reicht es leider nicht, dass Sie alle bisher vorgestellten Standards im Schlaf beherrschen. Sie müssen nämlich zusätzlich einen extra dafür geschaffenen Standard berücksichtigen:

> Erstellen Sie einen Abschluss erstmalig nach den Vorschriften der IFRS. Müssen Sie IFRS 1 »Erstmalige Anwendung der International Financial Reporting Standards« beachten. IFRS 1 regelt, wie Sie erstmalig einen IFRS-Abschluss erstellen.

Wenn Sie bereits nach IFRS bilanzieren, und dies in Ihrem letzten IFRS-Abschluss auch bestätigt haben, können Sie dieses Kapitel getrost überspringen. Sofern Sie aber noch vor einer Umstellung stehen oder sich nicht ganz sicher sind, ob Sie einen »richtigen« IFRS-Abschluss erstellt haben, werden wir Ihnen hier zeigen, ob Sie ein sogenannter IFRS-Erstanwender sind, warum ein spezieller Standard für Erstanwender so wichtig war und natürlich, was Sie bei der IFRS-Erstanwendung alles berücksichtigen müssen.

Wozu brauchen Sie einen IFRS 1?

Bevor wir in Details zur IFRS-Erstanwendung abdriften, wollen wir Ihnen kurz den Sinn und Zweck des IFRS 1 erläutern.

Prinzipiell müssen Sie bei der erstmaligen Erstellung eines IFRS-Abschlusses alle zum Berichtszeitpunkt in Kraft befindlichen IFRS anwenden und zwar so, als ob Sie schon immer nach IFRS bilanziert hätten. Diese Anforderung bedingt allerdings, dass Sie viele Sachverhalte bis zur erstmaligen bilanziellen Erfassung zurückverfolgen müssen, um zu prüfen, ob ein Sachverhalt IFRS-konform abgebildet wurde oder um ihn dahin zu bekommen.

> Man nennt diese IFRS-Anwendung, die prinzipiell rückwirkend vorgenommen wird, aufgrund der zurückschauenden Analyse auch *retrospektiv*.

Da eine retrospektive Anwendung bei der erstmaligen Erstellung eines IFRS-Abschlusses einen nicht zu unterschätzenden Aufwand bedeutet und in vielen Fällen aufgrund fehlender historischer Daten schlichtweg gar nicht möglich ist, wurde Ihnen der IFRS 1 mit zahlreichen Erleichterungen geschenkt.

Der IFRS 1 wurde Ihnen vom IASB aber nicht ganz uneigennützig geschenkt, denn es sollte auch verhindert werden, dass die mit der Erstanwendung verbundenen Schwierigkeiten potenzielle IFRS-Anwender gleich von vornherein abschrecken.

Neben Erleichterungen für Sie als IFRS-Erstanwender enthält der IFRS 1 aber auch einige spezielle Angabepflichten, um

✔ eine kontinuierliche Vergleichbarkeit *Ihrer* Unternehmensdaten auch nach einer Umstellung auf IFRS sicherzustellen und

✔ einen einheitlichen und vergleichbaren Ausgangspunkt für *alle* IFRS-Erstanwender zu schaffen.

Der IFRS 1 und seine Anhänge

Falls Sie sich den IFRS 1 schon einmal in natura angesehen haben, wird Ihnen aufgefallen sein, dass seine Anhänge umfangreicher sind als der eigentliche Standard. Daher muss bei Verweisen auf den IFRS 1 auch sehr häufig auf die Anhänge referenziert werden. Wenn Sie deren Struktur kennen, sehen Sie gleich, worum es geht, und können schnell mitreden:

✔ Anhang A: Definitionen

✔ Anhang B: Ausnahmen zur retrospektiven Anwendung anderer IFRS

✔ Anhang C: Befreiungen für Unternehmenszusammenschlüsse

✔ Anhang D: Befreiungen von anderen IFRS

✔ Anhang E: Kurzfristige Befreiungen von IFRS

Ein paar Erstanwender-Floskeln zum Mitreden

Für die Lektüre von IFRS 1 oder die Fachdiskussion mit anderen Leidensgenossen wollen wir Ihnen zunächst die Definitionen der wichtigsten Erstanwender-Floskeln mitgeben:

1. **Erstanwender:** Prinzipiell können Sie sich als IFRS-Erstanwender bezeichnen, wenn Sie das erste Mal einen IFRS-Abschluss erstellen. Allerdings wird IFRS 1 hier etwas konkreter und zählt Sie nur dann zum Kreis der Erstanwender, wenn Sie zum ersten Mal in Ihrem Abschluss ausdrücklich und uneingeschränkt die Übereinstimmung Ihres Abschlusses mit den IFRS bestätigen.

21 ▶ So geht's los: IFRS-Erstanwendung

Persönlichkeitstest »Bin ich ein Erstanwender?«

Die Frage nach dem IFRS-Erstanwender spielt für die Anwendbarkeit von IFRS 1 eine entscheidende Rolle und ist nicht immer ganz leicht zu beantworten, insbesondere wenn Sie schon etwas mit IFRS herumgespielt haben. Machen Sie doch einmal die beiden folgenden kleinen Selbsttests:

Erstanwender-Test 1

- ✔ **Frage A:** Haben Sie für das letzte Geschäftsjahr einen IFRS-Abschluss erstellt, der ausschließlich für Managementzwecke verwendet wurde?
- ✔ **Frage B:** Wurde dieser Abschluss wirklich nur intern verwendet und ging nicht an die Eigentümer oder externe Empfänger wie Anleger oder Gläubiger?

Falls Sie beide Fragen guten Gewissens mit »Ja« beantworten können, sind Sie mit Ihrem diesjährigen IFRS-Abschluss ein waschechter Erstanwender.

Erstanwender-Test 2

- ✔ **Frage A:** Haben Sie für das letzte Geschäftsjahr einen IFRS-Abschluss erstellt, der an die Eigentümer oder externe Empfänger wie Anleger oder Gläubiger ging?
- ✔ **Frage B:** Haben Sie in diesem Abschluss aber erklärt, dass Sie nur einige der eigentlich anzuwendenden IFRS berücksichtigt haben oder dass Sie nicht allen gemäß IFRS 1 vorgeschriebenen Angabepflichten nachgekommen sind?

Falls Sie diese beiden Fragen mit »Ja« beantworten können, sind Sie mit Ihrem diesjährigen (für vollständig erklärten) IFRS-Abschluss trotz Ihrer zurückliegenden IFRS-Spielchen noch immer ein Erstanwender.

2. **IFRS-Eröffnungsbilanz:** Bei einer Umstellung auf IFRS wird dies Ihre erste Tat sein. Die IFRS-Eröffnungsbilanz ist die Bilanz Ihres Unternehmens zum *Zeitpunkt des Übergangs* auf IFRS. Sie benötigen diesen Startpunkt, um Ihren ersten vollständigen IFRS-Abschluss erstellen zu können. In unserem Beispiel in Abbildung 21.1 ist dies die Bilanz, die Sie zum 31.12.2010 beziehungsweise 01.01.2011 erstellen müssen.

   Verwechseln Sie nicht *IFRS-Eröffnungsbilanz* und *erster IFRS-Abschluss*. Die IFRS-Eröffnungsbilanz ist der bilanzierungstechnisch benötigte Ausgangspunkt für Ihren ersten IFRS-Abschluss. Quasi ein Startpunkt. In Abbildung 21.1 sehen Sie diesen Zusammenhang übersichtlich dargestellt. Hier müssen Sie die IFRS-Eröffnungsbilanz für den 01.01.2011 erstellen, um für den 31.12.2012 den ersten IFRS-Abschluss (mit einer Vergleichsperiode) erstellen zu können.

3. **Erster IFRS-Abschluss:** Ihr erster IFRS-Abschluss ist der erste Abschluss, in dem Sie die International Financial Reporting Standards vollständig anwenden und dies durch eine ausdrückliche und uneingeschränkte Erklärung (»explicit and unreserved statement of compliance«) im Anhang bestätigen.

4. **Erste IFRS-Berichtsperiode:** Das ist die Berichtsperiode, die zum Berichtszeitpunkt des ersten IFRS-Abschlusses endet. In unserem Beispiel in Abbildung 21.1 ist dies die Berichtsperiode 2012, die vom 01.01. – 31.12.2012 läuft.

5. **Berichtszeitpunkt:** Dies ist das Ende oder der Stichtag der aktuellsten Periode, die durch den IFRS-Abschluss abgedeckt wird. Dieser Zeitpunkt ist auch der Stichtag Ihres ersten IFRS-Abschlusses oder der sogenannte *Erstanwendungszeitpunkt*. In unserem Beispiel in Abbildung 21.1 ist dies der 31.12.2012.

6. **Zeitpunkt des Übergangs:** Dieser Zeitpunkt markiert den Beginn der frühesten Periode, für die Sie in Ihrem ersten IFRS-Abschluss vollständige Vergleichsinformationen nach IFRS veröffentlichen. In unserem Beispiel in Abbildung 21.1 ist dies der 01.01.2011.

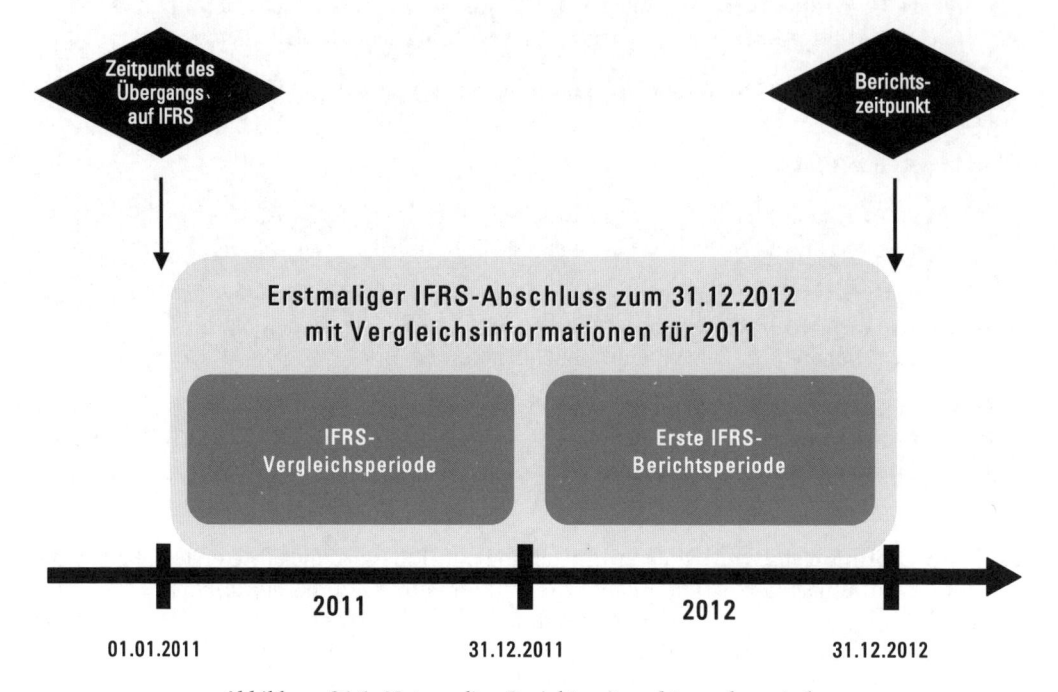

Abbildung 21.1: Notwendige Berichtszeitpunkte und -perioden

7. **Vorherige Rechnungslegungsgrundsätze:** Das sind die Rechnungslegungsvorschriften, die Sie bis unmittelbar vor der Anwendung der IFRS angewendet haben.

IFRS-Konformitätserklärung: Ihr großer Schwur auf die IFRS

Sie haben bereits auf den ersten Seiten dieses Kapitels gesehen, dass diese Erklärung von entscheidender Bedeutung für IFRS 1 ist. Sie müssen diese Erklärung in jedem IFRS-Abschluss (zumindest denen, die diesen Namen verdienen) machen. Sie finden diese Anforderung auch bei unseren Ausführungen in Kapitel 13 zu den Pflichtangaben im *allgemeinen Teil des IFRS-Anhangs*.

21 ➤ So geht's los: IFRS-Erstanwendung

Was gehört alles in den ersten IFRS-Abschluss?

In den zurückliegenden Kapiteln haben wir Ihnen zum einen das fachliche IFRS-Know-how und zum anderen das konzeptionelle Handwerkszeug mitgegeben, das Sie zur erstmaligen Erstellung Ihres IFRS-Abschluss benötigen. Aber lassen Sie uns Schritt für Schritt durch Ihre Aufgaben gehen.

Was müssen Sie liefern?

Betrachten wir uns die Jung & Dynamisch AG, die in den nächsten Jahren den Schritt an den Kapitalmarkt geplant hat und daher frühzeitig ihre Rechnungslegung auf IFRS umstellen möchte. Sie als Finanzvorstand wollen den ersten IFRS-Abschluss zum 31.12.2012 aufstellen. Was ist konkret zu tun?

- ✔ **Bilanzierungs- und Bewertungsmethoden:** Sie müssen für den ersten IFRS-Abschluss der Jung & Dynamisch AG zum 31.12.2012 die Standards beachten, die am 31.12.2012 anzuwenden sind. Dazu müssen Sie bereits für die Eröffnungsbilanz per 01.01.2011 identifizieren, welche IFRS-Sachverhalte für Sie relevant sind und welche Erleichterungen IFRS 1 für Sie bereithält.

- ✔ **IFRS-Berichtsperioden:** Für den erstmaligen IFRS-Abschluss zum 31.12.2012 müssen Sie mindestens die Abschlüsse für 2012 und 2011 aufstellen. Dazu benötigen Sie eine IFRS-Eröffnungsbilanz auf den Beginn des ersten Geschäftsjahres, für das Sie Vergleichszahlen zeigen. Da IAS 1 mindestens für ein Jahr die Darstellung von Vergleichszahlen erfordert, müssen Sie spätestens zum 01.01.2011 eine IFRS-Eröffnungsbilanz aufstellen.

- ✔ **Benötigte IFRS-Abschlusskomponenten:** Ihre Umstellungsplanung sollte also mindestens die folgenden Abschlusskomponenten enthalten:
  - Eröffnungsbilanz zum 01.01.2011
  - Bilanz zum 31.12.2012 sowie zum 31.12.2011 (Vergleichszahlen)
  - Gesamtergebnisrechnung für die Zeiträume 01.01.2012 bis 31.12.2012 und 01.01.2011 bis 31.12.2011 (Vergleichszahlen)
  - Cashflow-Rechnung für die Zeiträume 01.01.2012 bis 31.12.2012 und 01.01.2011 bis 31.12.2011 (Vergleichszahlen)
  - Eigenkapitalveränderungsrechnungen für die Zeiträume 01.01.2012 bis 31.12.2012 und 01.01.2011 bis 31.12.2011 (Vergleichszahlen)
  - Anhang zum 31.12.2012 beziehungsweise für das Geschäftsjahr 2012 inklusive Vorjahresangaben zum 31.12.2011 beziehungsweise Geschäftsjahr 2011

- ✔ **Spezielle Überleitungsrechnungen und Anhangangaben nach IFRS 1:** Damit die Abschlüsse vergleichbar sind, muss die Jung & Dynamisch AG als IFRS-Erstanwender in ihrem Anhang zum 31.12.2012 noch folgende Bestandteile aufnehmen:

- Überleitungsrechnung Ihres Eigenkapitals nach alter Rechnungslegung auf das Eigenkapital nach IFRS zum 01.01.2011 und 31.12.2011
- Überleitungsrechnung Ihres Jahresergebnisses für den Zeitraum 01.01.2011 bis 31.12.2011 von alter Rechnungslegung auf IFRS
- weitere spezielle Zusatzangaben

Wir gehen auf diese Überleitungen und Spezialitäten noch im Laufe dieses Kapitels ein.

Wenn Sie also zum 31.12.2012 erstmalig Ihren IFRS-Abschluss erstellen und veröffentlichen müssen, steht Ihnen bereits ab dem Jahr 2011 viel Arbeit ins Haus, denn wie Sie oben gesehen haben, muss Ihr erster IFRS-Abschluss auch Vorjahresvergleichszahlen nach IFRS enthalten. Das bedeutet für Sie einiges an Zusatzarbeit:

✔ Sie müssen im Jahr 2011 neben Ihrem Abschluss zum 31.12.2010 nach alter Rechnungslegung auch bereits die IFRS-Eröffnungsbilanz zum 31.12.2010/01.01.2011 erstellen.

✔ Und auch 2012 müssen Sie für das Geschäftsjahr 2011 (vom 01.01.2011 bis 31.12.2011) sowohl einen Abschluss nach bisherigen Rechnungslegungsstandards (beispielsweise HGB) als auch einen IFRS-Abschluss als Vergleich für den eigentlich gewollten, ersten IFRS-Abschluss zum 31.12.2012 erstellen.

Sehen wir uns in Abbildung 21.2 Ihr gefordertes Arbeitspensum für die Übergangsphase an.

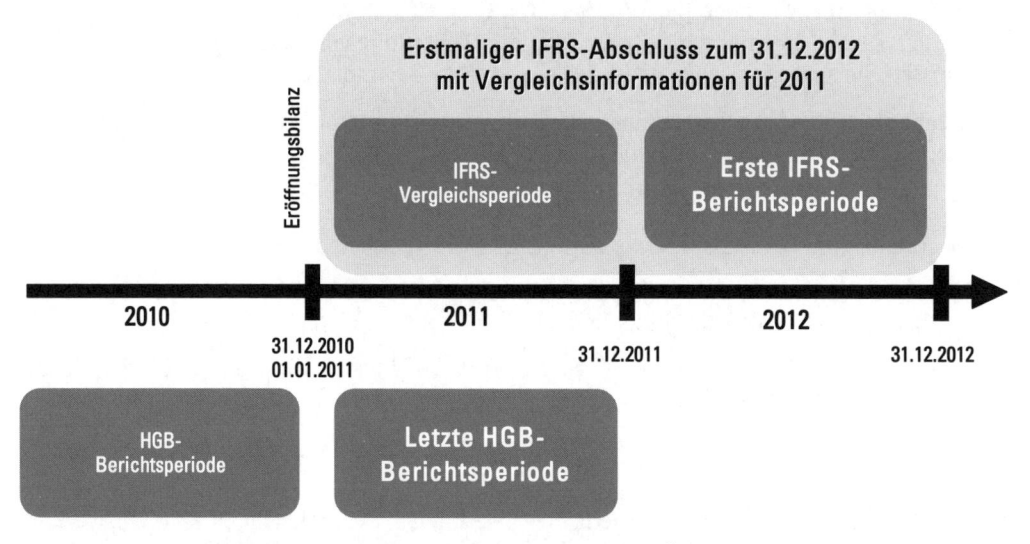

Abbildung 21.2: Hartes Arbeitspensum in der Übergangsphase

21 ➤ So geht's los: IFRS-Erstanwendung

Zwischenberichte

Wenn Sie für Ihre erste IFRS-Berichtsperiode, das heißt noch vor dem Erstanwendungszeitpunkt, bereits Zwischenberichte nach IFRS veröffentlichen müssen (schlagen Sie in Kapitel 14 nochmals die Anforderungen des IAS 34 nach), hält IFRS 1 neben einer Darstellung der Vergleichsinformationen für die entsprechenden Perioden im Vorjahr noch folgende Anforderungen für Sie bereit:

✔ Überleitungsrechnungen für das Eigenkapital und des Ergebnisses der Zwischenperiode, wie sie entsprechend für den ersten IFRS-Abschluss notwendig sind (siehe »**Spezielle Darstellungs- und Angabeanforderungen**«) sowie einen Verweis auf Letztere

✔ erläuternde Informationen, die für ein Verständnis der Zwischenberichterstattung wesentlich sind

In Abbildung 21.3 haben wir Ihnen die benötigten Bestandteile Ihres ersten IFRS-Abschlusses zum 31.12.2012 einmal ohne und einmal mit vorgelagerten Zwischenabschlüssen (Quartalsabschlüsse 2012) dargestellt (jeweils mit entsprechenden Vorperioden).

	31.12.2010/ 01.01.2011	30.03. / 30.06. / 30.09.2011	31.12.2011	30.03. / 30.06. / 30.09.2012	31.12.2012
Jahresabschlüsse					
IFRS-Eröffnungsbilanz	(x)				
Bilanz			x		x
Gesamtergebnisrechnung			x		x
Cash-Flow-Rechnung			x		x
Eigenkapitalüberleitungsrechnungen			x		x
Anhang			x		x
spezielle IFRS-1-Anforderungen					
Überleitung des Eigenkapitals	x		x		
Überleitung des Jahresergebnisses			x		
Jahres- und Zwischenabschlüsse					
IFRS-Eröffnungsbilanz	(x)				
Bilanz		x	x	x	x
Gesamtergebnisrechnung		x	x	x	x
Cash-Flow-Rechnung		x	x	x	x
Eigenkapitalüberleitungsrechnungen		x	x	x	x
Anhang				x	x
spezielle IFRS-1-Anforderungen					
Überleitung des Eigenkapitals	x	x	x		
Überleitung des Jahresergebnisses		x	x		

(x) = nicht zu veröffentlichen

Abbildung 21.3: Einmal mit und einmal ohne Zwischenabschlüsse

Ihr Analyseergebnis bitte!

Egal was passiert, eine Grundregel müssen Sie als Erstanwender immer beachten:

> Sie müssen für alle Stichtage und Perioden in Ihrem ersten IFRS-Abschluss Ihre Vermögenswerte und Schulden, aber auch Ihre Aufwendungen und Erträge so darstellen, als hätten Sie schon immer IFRS angewendet.

Dazu müssen Sie im Rahmen der Analysephase Ihres IFRS-Umstellungsprojekts die für Ihren Abschluss relevanten Unterschiede zwischen IFRS und Ihrem bisherigen Rechnungslegungsstandard ermitteln. Schlagen Sie die Bedeutung dieser Analysephase noch einmal in Kapitel 19 nach.

Sie werden dabei auf die folgenden Konstellationen treffen, auf die wir anhand einiger Beispiele kurz eingehen wollen:

1. **Sie werden einige nach IFRS zusätzlich anzusetzende Vermögenswerte und Schulden identifizieren.**

    Prüfen Sie, ob es Vermögenswerte und Schulden gibt, die zwar nach Ihren bisherigen Rechnungslegungsstandards nicht anzusetzen waren, die Sie aber in Ihre IFRS-Eröffnungsbilanz aufnehmen müssen, da nach IFRS eine Ansatzpflicht besteht. Typische Beispiele hierfür sind:

    - **Entwicklungskosten**: Nach IAS 38 müssen Sie Entwicklungskosten für eigene Produkte, die Ihnen wahrscheinlich einen wirtschaftlichen Nutzen bringen, aktivieren. Dies ist beispielsweise nach HGB – auch nach dem Bilanzrechtsmodernisierungsgesetz – nicht verpflichtend.

    - **Leasing**: Auch geleaste oder gemietete Vermögensgegenstände müssen Sie bei gleichzeitiger Passivierung einer entsprechenden Verbindlichkeit aktivieren, wenn Sie nach IAS 17 als *wirtschaftlicher* Eigentümer anzusehen sind.

2. **Einige nach IFRS nicht anzusetzende Vermögenswerte oder Schulden können Sie aus Ihrer Bilanz schmeißen.**

    Suchen Sie nach Vermögenswerten und Schulden, die Sie nach Ihren bisherigen Rechnungslegungsgrundsätzen zwar ansetzen durften, die Sie aber aus Ihrer IFRS-Eröffnungsbilanz ausbuchen müssen, da sie die Ansatzvorschriften nach IFRS nicht erfüllen. Typische Beispiele hierfür sind:

    - **Aufwandsrückstellungen**: Die Tatsache, dass Sie mit Aufwandsrückstellungen (beispielsweise im Fall von unterlassener Instandhaltung) einen periodengerechteren Erfolgsausweis bewirken, reicht nach IFRS nicht für die Bildung einer Rückstellung. Da die nach IAS 37 geforderte Verpflichtung gegenüber einem Dritten fehlt, sind Aufwandsrückstellungen verboten.

    - **Immaterielle Vermögenswerte**: IAS 38 verbietet, Ausgaben für immaterielle Vermögenswerte wie Ingangsetzung und Erweiterung des Geschäftsbetriebs, Werbemaßnahmen, Weiterbildung und diverse andere als Vermögenswert anzusetzen.

3. **Machen Sie sich darauf gefasst, dass sich im IFRS-Abschluss vieles nicht mehr an dem Platz befindet, an dem Sie es kannten:**

   Gehen Sie Ihre angestammten Bilanzpositionen durch und gliedern Sie diese in die richtigen IFRS-Positionen um.

   - **Laufzeitgliederung**: Die IFRS verlangen von Ihnen eine konsequente Aufteilung Ihrer kurz- und langfristigen Schulden. Dies führt dazu, dass Sie alle Finanzschulden und Rückstellungen aufteilen müssen und den einen Teilbetrag unter der kurzfristigen und den anderen unter der langfristigen Position auszuweisen haben.

   - **Sonstige Rückstellungen**: Nach IFRS 37 müssen Sie Rückstellungen für ausstehende Rechnungen (beispielsweise wenn Ihr Wirtschaftsprüfer noch keine Rechnung für die Jahresabschlussprüfung gestellt hat) in die sonstigen Verbindlichkeiten umgliedern, da sie nach IFRS nicht den für Rückstellungen erforderlichen Grad an Unsicherheit besitzen.

   - **Eigene Anteile**: Wenn Sie bislang eigene Anteile als Vermögenswert bilanziert haben, müssen Sie diese nach IFRS in das Eigenkapital umgliedern und dort vermindernd berücksichtigen.

   - **Saldierungsverbot**: Da nach IFRS ein generelles Verbot zur Verrechnung von Vermögenswerten und Schulden sowie von Aufwendungen und Erträgen besteht, kann es sein, dass Sie beispielsweise erhaltene Anzahlungen separat als kurzfristige Verbindlichkeiten ausweisen müssen. Eine Saldierung mit den Vorräten drehen Sie damit wieder um.

Grundsätzlich müssen Sie Akten wälzen

In Ihrer IFRS-Eröffnungsbilanz müssen Sie nun alle relevanten Vermögenswerte und Schulden so bewerten, als hätten Sie schon immer nach den zum Berichtszeitpunkt gültigen Standards bilanziert. Konkret heißt dies, dass Sie grundsätzlich jeden Sachverhalt bis zu seiner erstmaligen bilanziellen Erfassung zurückverfolgen müssen. Nur so können Sie feststellen, ob die aktuelle Abbildung IFRS-konform ist oder angepasst werden muss.

> Die Jung & Dynamisch AG hat praktisch seit dem Tag ihrer Gründung vor fünf Jahren einen hochmodernen Farblaserkopierer gemietet. In Ihrem Abschluss nach alten Rechnungslegungsstandards wurde die Miete für den Kopierer als Mietaufwand erfasst. Zu Ihrer Überraschung erfüllt das Mietverhältnis aber die Kriterien des IAS 17 für eine Aktivierung im Rahmen eines Finance-Leasings. Sie müssen daher die letzten fünf Jahre aufrollen, damit Sie den Kopierer in Ihrer IFRS-Eröffnungsbilanz ansetzen und zukünftig korrekt fortschreiben können. Dabei tun Sie so, als ob der Kopierer bereits vor fünf Jahren ein Finance Lease war.

Hier die positive Nachricht: Hilfe naht. IFRS 1 kann Ihnen in einigen Fällen diese durchaus umständliche und aufwendige Reise in die Vergangenheit ersparen.

Um den Grundsatz der retrospektiven Anwendung kommen Sie herum, wenn für Ihre konkreten IFRS-Sachverhalte die expliziten

✔ **Wahlrechte** zur retrospektiven Anwendung oder

✔ **Verbote** der retrospektiven Anwendung

des IFRS 1 greifen.

In Abbildung 21.4 haben wir den Bewertungsgrundsatz und seine konkreten Ausnahmen gemäß IFRS 1 einmal übersichtlich dargestellt.

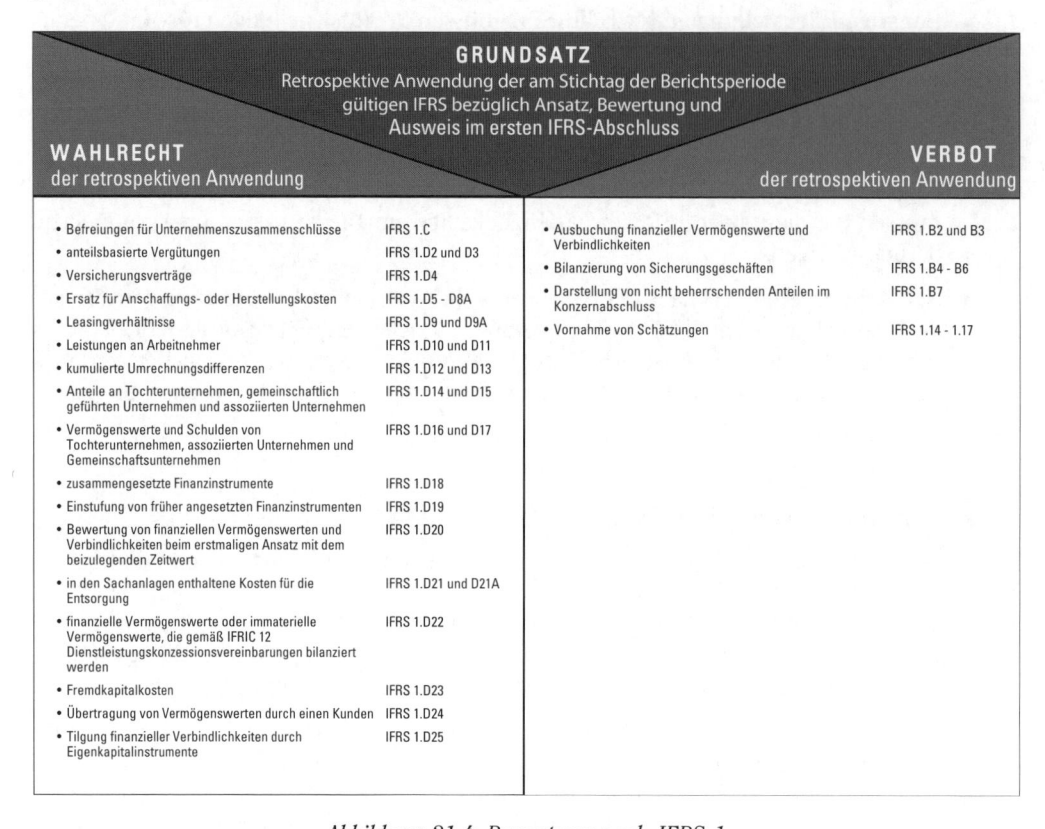

GRUNDSATZ Retrospektive Anwendung der am Stichtag der Berichtsperiode gültigen IFRS bezüglich Ansatz, Bewertung und Ausweis im ersten IFRS-Abschluss			
WAHLRECHT der retrospektiven Anwendung		**VERBOT** der retrospektiven Anwendung	
• Befreiungen für Unternehmenszusammenschlüsse	IFRS 1.C	• Ausbuchung finanzieller Vermögenswerte und Verbindlichkeiten	IFRS 1.B2 und B3
• anteilsbasierte Vergütungen	IFRS 1.D2 und D3	• Bilanzierung von Sicherungsgeschäften	IFRS 1.B4 - B6
• Versicherungsverträge	IFRS 1.D4	• Darstellung von nicht beherrschenden Anteilen im Konzernabschluss	IFRS 1.B7
• Ersatz für Anschaffungs- oder Herstellungskosten	IFRS 1.D5 - D8A	• Vornahme von Schätzungen	IFRS 1.14 - 1.17
• Leasingverhältnisse	IFRS 1.D9 und D9A		
• Leistungen an Arbeitnehmer	IFRS 1.D10 und D11		
• kumulierte Umrechnungsdifferenzen	IFRS 1.D12 und D13		
• Anteile an Tochterunternehmen, gemeinschaftlich geführten Unternehmen und assoziierten Unternehmen	IFRS 1.D14 und D15		
• Vermögenswerte und Schulden von Tochterunternehmen, assoziierten Unternehmen und Gemeinschaftsunternehmen	IFRS 1.D16 und D17		
• zusammengesetzte Finanzinstrumente	IFRS 1.D18		
• Einstufung von früher angesetzten Finanzinstrumenten	IFRS 1.D19		
• Bewertung von finanziellen Vermögenswerten und Verbindlichkeiten beim erstmaligen Ansatz mit dem beizulegenden Zeitwert	IFRS 1.D20		
• in den Sachanlagen enthaltene Kosten für die Entsorgung	IFRS 1.D21 und D21A		
• finanzielle Vermögenswerte oder immaterielle Vermögenswerte, die gemäß IFRIC 12 Dienstleistungskonzessionsvereinbarungen bilanziert werden	IFRS 1.D22		
• Fremdkapitalkosten	IFRS 1.D23		
• Übertragung von Vermögenswerten durch einen Kunden	IFRS 1.D24		
• Tilgung finanzieller Verbindlichkeiten durch Eigenkapitalinstrumente	IFRS 1.D25		

Abbildung 21.4: Bewertung nach IFRS 1

Da die Dynamik der IFRS auch nicht vor IFRS 1 haltmacht, sollten Sie bei einer bevorstehenden IFRS-Erstanwendung sicherheitshalber einen Blick in die Anhänge zu IFRS 1 werfen und sich den aktuellen Stand der Wahlrechte und Verbote anschauen. Unsere Übersicht in Abbildung 21.4 hat den Stand Juli 2010.

Wie Sie die sich ergebenden Bewertungsunterschiede buchhalterisch darstellen müssen, erfahren Sie im Abschnitt »Wohin mit den Bewertungsunterschieden?«.

21 ➤ So geht's los: IFRS-Erstanwendung

Hier haben Sie die Wahl, ob Sie sich die Finger schmutzig machen

Sie werden sehr schnell feststellen, dass eine retrospektive Umstellung dazu führen kann, dass Sie bergeweise verstaubte Aktenordner in Ihren Archiven sichten müssen, um danach vielleicht festzustellen, dass die benötigten Daten überhaupt nicht mehr vorliegen.

Um zu verhindern, dass Sie in derartigen Fällen auf ungenaue Schätzungen zurückgreifen müssen, hat das IASB eine Reihe von Fällen zugelassen, bei denen Sie die Wahl haben, die Umstellung retrospektiv vorzunehmen oder nicht. »Nicht« kann dann immer eine einfachere Methodik bedeuten.

Für eine vollständige Liste und die entsprechenden Vorschriften in IFRS 1 werfen Sie bitte einen Blick auf Abbildung 21.4. Wir können an dieser Stelle leider nur ein paar ausgewählte, aber häufig angewendete Wahlrechte etwas genauer darstellen:

✔ **Unternehmenszusammenschlüsse**: Da Ihnen für eine retrospektive Abbildung von Unternehmenserwerben oder -fusionen nach IFRS nur in seltenen Fällen alle Daten vorliegen werden, haben Sie die Wahl, Unternehmenszusammenschlüsse aus einer Zeit vor Ihrem Übergangszeitpunkt auf IFRS entweder nach IFRS 3 oder IFRS 1 Anhang C abzubilden. Die Anwendung von IFRS 3 bedeutet die rückwirkende Umrechnung auf die IFRS-Vorschriften. Wollen Sie das nicht, können Sie auch alles so belassen, wie Sie es in Ihrer bisherigen Rechnungslegung abgebildet haben – eine echte Erleichterung also!

✔ **Zeitwert oder Neubewertung als Ersatz für die Anschaffungs- oder Herstellungskosten**: Für Vermögenswerte, die Sie nach IAS 16 (Sachanlagen), IAS 38 (immaterielle Posten) und IAS 40 (vermietete Immobilien) zu Anschaffungs- oder Herstellungskosten bewerten, können Sie Ihre bisherigen Buchwerte nur dann übernehmen, wenn sie in Einklang mit diesen IFRS-Regeln ermittelt wurden. Auch ohne genauen Blick in Ihre Anlagebuchhaltung werden Ihnen da sicher steuerrechtlich motivierte Abschreibungen einen Strich durch die Rechnung machen. Dies würde bedeuten, dass Sie jeden einzelnen Posten in Ihrer Anlagenbuchhaltung neu berechnen dürfen. Nach IFRS 1 können Sie in solchen Fällen aber alternativ eine Neubewertung zum beizulegenden Zeitwert (Fair Value) vornehmen, die dann zukünftig nach dem Anschaffungskostenmodell der IFRS planmäßig fortgeschrieben wird. Ob die Ermittlung der Marktwerte Ihres kompletten Anlagevermögens einfacher ist, müssen Sie natürlich für Ihr Unternehmen immer selbst entscheiden.

Für die Neubewertung des Anlagevermögens genügt es nicht, wenn Sie ein Gutachten aufweisen, das einen bestimmten Betrag X als Zeitwert für Ihr gesamtes Anlagevermögen angibt. Sie müssen jedem einzelnen Posten Ihrer Anlagebuchhaltung einen belegbaren Zeitwert zuordnen können.

✔ **Leistungen an Arbeitnehmer:** Bei einer retrospektiven Anwendung von IAS 19 müssten Sie für jeden Pensionsplan die kumulierten versicherungsmathematischen Gewinne und Verluste seit Beginn ermitteln und zu jedem Bilanzstichtag in anzusetzende und nicht anzusetzende Gewinne und Verluste aufteilen. Alternativ können Sie die zum Umstellungsstichtag ermittelten kumulierten Gewinne und Verluste für alle diese leistungsorientierten Pläne zum Stichtag der IFRS-Eröffnungsbilanz mit dem Eigenkapital verrechnen. Das bedeutet, Sie erfassen einfach die Differenz zwischen den Bilanzansätzen zum Stichtag im Eigenkapital mit einer Buchung.

Die Ausübung dieses Wahlrechts kann zu einer erheblichen Veränderung des Eigenkapitals im Vergleich zum Eigenkapital nach der bisherigen Rechnungslegung führen. Und natürlich verändert sich auch Ihr Fremdkapital durch den veränderten Bilanzansatz der Pensionsrückstellung.

✔ **Umrechnungsdifferenzen:** Nach IFRS 1 Anhang D können Sie in Ihrem ersten Konzernabschluss auf die retrospektive Ermittlung der Umrechnungsdifferenzen von ausländischen Gesellschaften gemäß IAS 21 verzichten. Sie müssen dann alle nach bisherigen Rechnungslegungsgrundsätzen ermittelten Beträge aus der Währungsumrechnung der Abschlüsse zum Stichtag Ihrer IFRS-Eröffnungsbilanz auf null setzen und mit den Gewinnrücklagen verrechnen.

Sie sind bei der Inanspruchnahme dieser Wahlrechte übrigens vollkommen frei. Nutzen Sie nur die Befreiungen, die für Sie relevant und vorteilhaft sind. Sie sind bei der Inanspruchnahme einer Befreiung nicht zur Verwendung weiterer oder gar aller Befreiungen verpflichtet.

Bloß nicht! Grenzen der retrospektiven Bewertung

Neben den dargestellten Wahlrechten zur retrospektiven Bewertung müssen Sie aber auch ein paar Verbote vom Grundsatz der retrospektiven Umstellung beachten. Sie werden sehen, dass es sich hierbei um Fälle handelt, bei denen eine rückwirkende Betrachtung der Sachverhalte zu Problemen oder ungewollten Ermessensspielräumen aufgrund möglicher Neueinschätzungen führt, denen das IASB mit expliziten Ausnahmen begegnen wollte.

Nur zur Sicherheit: Diese Sachverhalte sind zwingend und Sie müssen sie vollkommen unabhängig von den Wahlrechten beachten.

Für eine vollständige Liste und die entsprechenden Vorschriften in IFRS 1 möchten wir Sie wieder auf Abbildung 21.4 verweisen. Die folgende Liste enthält wieder nur ein paar ausgewählte Ausnahmen:

✔ **Ausbuchung finanzieller Vermögenswerte und finanzieller Verbindlichkeiten:** Sie dürfen finanzielle Vermögenswerte oder finanzielle Schulden, die nach bisherigen Rechnungslegungsgrundsätzen vor 2004 ausgebucht wurden, nicht wieder ansetzen.

✔ **Bilanzierung von Sicherungsbeziehungen** (»Hedge Accounting«): Sie müssen alle zum Zeitpunkt der IFRS-Eröffnungsbilanz bestehenden Sicherungsbeziehungen mit dem beizulegenden Zeitwert bewerten. Gewinne oder Verluste, die Sie nach alter Rechnungslegung durch Abgrenzung »gespeichert« haben, sind aufzulösen.

✔ **Schätzungen:** An vielen Stellen dieses Buches haben Sie gesehen, dass die IFRS immer wieder Ihre Schätzungen als Basis für die Bilanzierung benötigen. Bei der IFRS-Erstanwendung stehen Sie nun vor der Herausforderung, dass Sie nur die Annahmen verwenden dürfen, die Sie vor dem Übergang auf IFRS nach bisherigen Rechnungslegungsgrundsätzen verwendet haben. Sie dürfen keine neueren Informationen verwenden, die Ihnen eventuell vorliegen. Ausnahme: Es handelt sich um Unterschiede in den Bilanzierungs- und Bewertungsmethoden oder es liegen objektive Hinweise vor, dass die bisherigen Schätzungen fehlerhaft vorgenommen wurden.

Müssen Sie zum Umstellungszeitpunkt einen Wertminderungstest rechnen, dürfen Sie nur die Unternehmensplanung verwenden, die Sie damals zu diesem Datum in der Vergangenheit verabschiedet hatten. Natürlich wissen Sie jetzt, dass die Realität ganz anders ausgesehen hat. Leider dürfen Sie das nicht berücksichtigen. Es sei denn, Sie wissen nun, dass die damalige Planung einen eklatanten Fehler enthalten hat. Dann müssen Sie den natürlich korrigieren und verwenden einen andere Planung!

Wohin mit den Bewertungsunterschieden?

Wir haben die ganze Zeit über die Unterschiede zwischen Ihrer bisherigen Rechnungslegung und der neuen IFRS-Rechnungslegung gesprochen. Doch wohin mit diesen Unterschieden?

Die Unterschiede aus der erstmaligen Anwendung der IFRS werden erfolgsneutral mit Ihrem Eigenkapital verrechnet. Eine Erfassung als Umstellungsgewinn oder Umstellungsverlust dürfen Sie nicht vornehmen.

IFRS 1 schlägt grundsätzlich die *Gewinnrücklage* als geeigneten Posten im Eigenkapital vor, sofern nicht ein anderer Posten im konkreten Fall geeigneter erscheint.

> ### Erste Hinweise für das Finanzamt: Latente Steuern
> Ihre neuen Buchwerte nach IFRS müssen Sie in Ihrer Steuerbilanz nicht anpassen. Auf die dabei entstehenden Unterschiede zwischen Ihrer nationalen Besteuerungsgrundlage und Ihrer IFRS-Bilanz wenden Sie die Vorschriften des IAS 12 zu den latenten Steuern an (schlagen Sie dazu nochmals in Kapitel 12 nach). Die darauf »fälligen« aktiven oder passiven latenten Steuern reduzieren Ihren Umstellungseffekt im Eigenkapital.

Schauen wir uns diese Vorgehensweise wieder beispielhaft bei der Jung & Dynamisch AG an: Wie Sie bereits wissen, möchte die Jung & Dynamisch AG zum 31.12.2012 erstmals ihren Konzernabschluss nach IFRS aufstellen. Der Ertragsteuersatz beträgt 25 Prozent. Für die Aufstellung der IFRS-Eröffnungsbilanz zum 01.01.2011 müssen Sie die folgenden Sachverhalte bilanziell berücksichtigen:

1. **Immaterielle Vermögenswerte:** Einer der großen Innovationsvorsprünge der Jung & Dynamisch AG ist eine seit 01.01.2008 genutzte und patentierte Produktionsanlage. Die Entwicklungsleistungen für die Produktionsanlage waren bislang weder in Ihrer Handels- noch in der Steuerbilanz aktiviert. Die Anlage hat eine wirtschaftliche Nutzungsdauer von zehn Jahren. Der Jung & Dynamisch AG sind dafür nachweisbare Kosten in Höhe von EUR 500.000 entstanden. Unter Berücksichtig von linearen Abschreibungen in Höhe von EUR 150.000 für die Jahre 2008 bis 2010 müssen Sie gemäß IAS 38 für die Ent-

wicklungsleistungen in Ihrer IFRS-Eröffnungsbilanz einen immaterielle Vermögenswert in Höhe von EUR 350.000 ansetzen.

Unter Berücksichtigung von latenten Steuern in Höhe von 25 Prozent auf die neue Differenz zwischen IFRS- und Steuerbilanz müssen Sie den Sachverhalt wie in Tabelle 21.1 dargestellt in Ihrer IFRS-Eröffnungsbilanz verbuchen.

Soll		Haben	
Immaterielle Vermögenswerte	350.000	Gewinnrücklage	262.500
		Passive latente Steuern	87.500

Tabelle 21.1: Einbuchung des selbst erstellten Patents

2. **Leasing:** Wie Sie bereits im Vorfeld überrascht festgestellt hatten, muss der *gemietete* Farbkopierer nach IAS 17 wirtschaftlich und bilanziell der Jung & Dynamisch AG als Leasingnehmer zugeordnet werden. Nach retrospektiver Analyse des Sachverhalts ermitteln Sie für den Kopierer einen IFRS-Eröffnungsbilanzwert in Höhe von EUR 45.000. Für die Verbindlichkeit aus dem Finance Lease ermitteln Sie einen Wert von EUR 32.500.

Unter Berücksichtigung latenter Steuern müssen Sie den Sachverhalt wie in Tabelle 21.2 dargestellt in Ihrer IFRS-Eröffnungsbilanz verbuchen.

Soll		Haben	
Sachanlagevermögen	45.000	Gewinnrücklage	33.750
		Passive latente Steuern	11.250
Gewinnrücklage	24.375	Verbindlichkeiten	32.500
Aktive latente Steuern	8.125		

Tabelle 21.2: Einbuchung des geleasten Farbkopierers

Da die latenten Steuern aus ein und demselben Sachverhalt resultieren und »quasi« gegenüber dem gleichen Finanzamt bestehen, dürften Sie die aktiven und passiven latenten Steuern hier ausnahmsweise miteinander verrechnen.

3. **Rückstellungen:** Die Jung & Dynamisch AG weist in ihrem handelsrechtlichen Abschluss zum 31.12.2010 eine Rückstellung für ausstehende Rechnungen in Höhe von EUR 50.000 aus. Da es sich bei ausstehenden Rechnungen nach IAS 37 nicht um eine Schuld handelt, die bezüglich Fälligkeit oder Höhe ungewiss ist, sind die *Rückstellungen* der falsche Ort für einen Bilanzausweis und Sie müssen diese Rückstellung in die *sonstigen Verbindlichkeiten* umgliedern. Da die Schuld in unveränderter Höhe auch steuerlich weiterbesteht, müssen Sie sich über latente Steuern keine Gedanken machen.

Sie verbuchen die Umgliederung wie in Tabelle 21.3 dargestellt in Ihrer IFRS-Eröffnungsbilanz.

Soll		Haben	
Sonstige Rückstellungen	50.000	Sonstige Verbindlichkeiten	50.000

Tabelle 21.3: Umgliederung der Rückstellung für ausstehende Rechnungen

Nach allen Anpassungen hat sich das Eigenkapital der Jung & Dynamisch AG um EUR 271.875 erhöht. Schöne Sache, oder?

Spezielle Darstellungs- und Angabeanforderungen

Allein durch die Umstellung auf IFRS wird sich zukünftig die Anzahl der Seiten Ihres Jahresabschlusses vervielfältigen. Dies liegt zum einen daran, dass Sie nach IFRS viele neue Sachverhalte in Ihren Anhang aufnehmen müssen, die nach bisherigen Rechnungslegungsgrundsätzen nicht verpflichtend waren (zum Beispiel Segmentinformationen, Ergebnis je Aktie, eingestellte Geschäftsbereiche, Eventualschulden und beizulegende Zeitwerte für Finanzinstrumente). Darüber hinaus sind die IFRS auch bei den Ihnen bereits bekannten Angabepflichten sehr detailverliebt und fordern mehr als bisher (etwa Angaben über Beziehungen zu nahestehenden Unternehmen und Personen).

Zunächst die schlechte Nachricht: Keine Befreiungen durch IFRS 1!

Wenn Sie nun insgeheim gehofft haben, dass Ihnen der IFRS 1 vielleicht doch eine spürbare Erleichterung für Ihren ersten IFRS-Abschluss beschert, müssen wir Sie leider enttäuschen.

Da Sie Ihren ersten IFRS-Abschluss in Übereinstimmung mit den allgemeinen Darstellungs- und Angabeanforderungen des IAS 1 (Darstellung des Abschlusses) und allen sonstigen Standards aufstellen müssen, gelten alle in den bisherigen Kapiteln dieses Buches enthaltenen Angabepflichten auch für Ihren ersten IFRS-Abschluss.

IFRS 1 enthält neben den Erleichterungen, die sich aus den dargestellten Wahlrechten und Ausnahmen ergeben, keine Befreiung von den Darstellungs- und Angabeanforderungen der einzelnen Standards.

Nun die ganz schlechte Nachricht: IFRS 1 fordert noch mehr!

Doch damit nicht genug! Damit Sie den Lesern Ihres neuen, veröffentlichten IFRS-Abschlusses auf jeden Fall ein Verständnis für die bilanziellen Auswirkungen Ihrer IFRS-Umstellung verschaffen (aber auch sich selbst darüber ein Bild verschaffen), verlangt IFRS neben der Einhaltung der allgemeinen Angabepflichten noch die Darstellung von diversen Überleitungsrechnungen sowie zahlreiche spezielle Anhangangaben zu den Änderungen der Bilanzierungs- und Bewertungsmethoden.

Mit diesen speziellen Darstellungs- und Angabeanforderungen soll dem Leser Ihres ersten IFRS-Abschlusses erklärt werden, wie sich der Übergang auf IFRS auf die Vermögens-, Finanz- und Ertragslage Ihres Unternehmens ausgewirkt hat.

Konkret sollten Sie sich bereits vor oder während der Umstellungsarbeiten Gedanken darüber machen, wie Sie die Daten und Informationen sammeln, die Sie für diese speziellen Anforderungen brauchen:

✔ **Eigenkapitalüberleitung**: Sie müssen zwei Überleitungsrechnungen Ihres nach bisherigen Rechnungslegungsgrundsätzen (beispielsweise HGB) ausgewiesenen Eigenkapitals auf IFRS erstellen:

- zum Zeitpunkt der IFRS-Eröffnungsbilanz, also dem Übergang auf IFRS,
- zum Ende der letzten Berichtsperiode nach vorherigen Rechnungslegungsgrundsätzen beziehungsweise dem Beginn der ersten Berichtsperiode nach IFRS.

In unserem Beispiel in Abbildung 21.5 sind für einen ersten IFRS-Abschluss zum 31.12.2012 Eigenkapitalüberleitungen zum 01.01.2011 und zum 31.12.2011 notwendig.

✔ **Ergebnisüberleitung**: Für die letzte Periode, die nach den bisherigen Rechnungslegungsgrundsätzen aufgestellt wurde, müssen Sie eine Überleitung der Gewinn-und-Verlust-Rechnung auf IFRS erstellen.

In unserem Beispiel in Abbildung 21.5 müssen Sie für einen ersten IFRS-Abschluss zum 31.12.2012 eine Überleitung der Gewinn-und-Verlust-Rechnung für den Zeitraum vom 01.01.2011 bis 31.12.2011 von HGB auf IFRS erstellen.

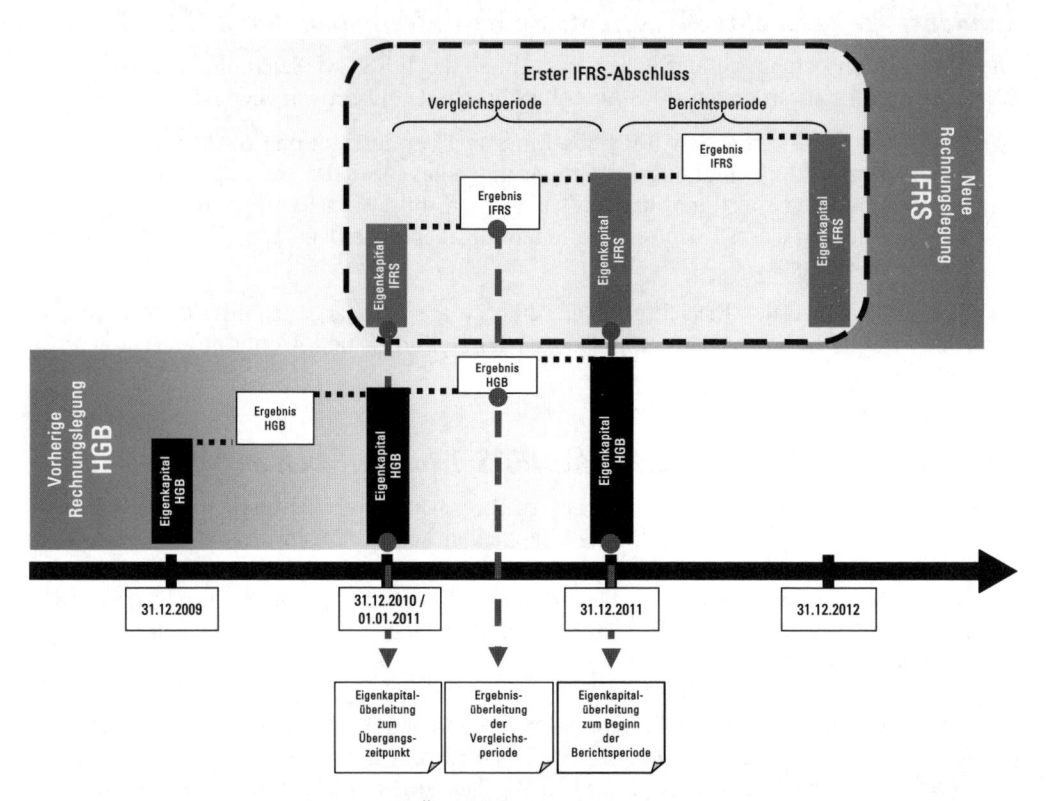

Abbildung 21.5: Überleitungsrechnungen nach IFRS 1

✔ **Spezielle Anhangangaben:** Die folgenden Erläuterungen müssen Sie nach IFRS 1 zusätzlich zu den allgemeinen Anhangangaben vornehmen:

- **Wesentliche Umstellungseffekte**: Sie müssen die betragsmäßig wesentlichen Anpassungen, die im Rahmen Ihrer IFRS-Umstellung die Bilanz, Gewinn-und-Verlust-Rechnung und Kapitalflussrechnung treffen, erläutern.

- **Fehler**: Sollten Sie bei der Umstellung auf IFRS unerwarteterweise Fehler in Ihrem Abschluss nach bisherigen Rechnungslegungsgrundsätzen entdecken, müssen diese gesondert angegeben werden.

- **Wertminderungen**: Falls Sie bei der Erstellung Ihrer IFRS-Eröffnungsbilanz bestehende Wertminderungen zurücknehmen oder neue Wertminderungen berücksichtigen, müssen Sie dies getrennt angeben.

- **Wahlrechte**: Zudem müssen Sie die Inanspruchnahme der nach IFRS 1 erlaubten Wahlrechte erläutern. Beispielsweise wenn Sie den beizulegenden Zeitwerte als Ersatz für die Anschaffungs- oder Herstellungskosten verwenden.

Wenn Sie neben dem *einen* von IAS 1 geforderten Vergleichszeitraum weitere Angaben zu früheren Zeiträumen machen möchten, müssen Sie diese Zahlen nicht an IFRS anpassen. Sie müssen solche Zahlen, die noch auf den alten Rechnungslegungsstandards basieren, jedoch klar kennzeichnen und ein paar Angaben darüber machen, welche Anpassungen vorgenommen werden müssten, damit sie IFRS-konform werden.

Zum Schluss noch ein kleiner Tipp aus der Praxis. Wenn Sie einen Konzernabschluss erstmalig nach IFRS aufstellen, können Sie unter Umständen auf die nervigen Angaben zum Umstellungszeitpunkt verzichten. Dies ist immer dann der Fall, wenn Sie vorher noch keinen Konzernabschluss nach Ihrer bisherigen Rechnungslegung erstellt haben. In diesem Falle haben Sie ja gar keine Ausgangsbasis, von der Sie überleiten können.

Teil VII

Der Top-Ten-Teil

»Ich habe mal ein Tortendiagramm angefertigt, es scheint sich dabei um Blaubeere zu handeln.«

In diesem Teil ...

Für Kenner der ... *für Dummies*-Bücher ist der Inhalt dieses Teils sicherlich bekannt. Wer kein Kenner ist, wird es hier. Wie bei allen anderen Büchern auch, folgt nun der Top-Ten-Teil.

Hier finden Sie die zehn wichtigsten und hilfreichsten Internetseiten für IFRS-Anwender. Und weil auch dort viel mit »Fachchinesisch« umhergeworfen wird, haben wir für Sie gleich anschließend die unseres Erachtens zehn wichtigsten Fachbegriffe zusammengestellt, die Sie immer wieder im Zusammenhang mit der internationalen Rechnungslegung antreffen. Wenn Sie das Buch von vorn bis hinten durchgelesen haben, haben Sie schon viel über die Dynamik der IFRS und einige der aktuell heiß diskutierten Änderungsprojekte erfahren. Aus diesem Grund haben wir das letzte Kapitel einer Sammlung mit den aus unserer Sicht zehn wichtigsten Änderungen, die in den nächsten Jahren anstehen werden, gewidmet.

Eins, zwei, drei und los!

Zehn Websites für die internationale Rechnungslegung

In diesem Kapitel
▶ Aktuelle Entwicklungen und Informationen
▶ Rechtsgrundlagen und Standards
▶ Hilfsmittel für den IFRS-Abschluss

*I*n diesem Kapitel finden Sie ein paar Webseiten, auf denen Sie sich zum einen über aktuelle Entwicklungen bei den IFRS auf dem Laufenden halten können und zum anderen nützliche Informationen für die tägliche Arbeit mit den IFRS finden.

IASB – International Accounting Standards Board

www.iasb.org

Neben der Erarbeitung der International Financial Reporting Standards ist die Veröffentlichung der IFRS und die Förderung ihrer weltweiten Akzeptanz eine der Hauptaufgaben des IASB. Daher bietet Ihnen die IASB-Website eine riesige Auswahl an Informationen – Sie saugen dort praktisch direkt an der Brust von »Mama IFRS«.

Auch wenn die Website des IASB leider nur in Englisch verfügbar ist (genauso wie die Originalstandards und Interpretationen), sollten Sie sich für einen aktuellen Überblick immer mal wieder dort umschauen.

Die wesentlichen Inhalte der Website sind:

✔ Das IASB erklärt Ihnen die eigene Organisation und den allgemeinen Entstehungsprozess von Standards und Interpretationen.

✔ Sie bekommen dort einen aktuellen Überblick über den Stand der Standards, die noch in Entstehung begriffen sind, und den Umfang der vorliegenden Standards und Interpretationen sowie deren verpflichtende Anwendung.

✔ Sie werden zur Kommentierung der Arbeit des IASB oder der Teilnahme an Konferenzen und Workshops eingeladen. Die Website nutzt meist die neuesten Medien und Informationskanäle wie SMS-/eMail-Alerts, RSS-Feeds, Twitter oder Facebook, um Ihnen die neuesten Informationen zu seiner Arbeit zukommen zu lassen oder Ihnen eine virtuelle Teilnahme an den weltweit stattfindenden Sitzungen via Web- oder Podcasts zu ermöglichen.

Da das IASB grundsätzlich öffentlich tagt (nur einzelne Tagesordnungspunkte werden unter Ausschluss der Öffentlichkeit abgehalten) und die Sitzungen in der Regel monatlich stattfinden, wird Ihnen da einiges geboten.

✔ Im Webshop des IASB können Sie gebundene Ausgaben oder CD-ROMs der Standards, Interpretationen sowie offizielle Übersetzungen und andere IFRS-Literatur kaufen. Und wenn Sie sich bei *eIFRS* (kostenpflichtig) registrieren, haben Sie immer und überall online Zugriff auf die aktuellsten IFRS-Dokumente des IASB.

EFRAG – European Financial Reporting Advisory Group

www.efrag.org

Als Europäer sollten Sie sich neben der Website des IASB auch die Website der EFRAG merken oder »bookmarken«, denn dort finden Sie den aktuellen Status aller Projekte im Rahmen des europäischen Endorsementprozesses.

Was der Endorsementprozess noch einmal genau war, lesen Sie ganz am Anfang des Buches in Kapitel 3.

So werden beispielsweise auf der Website der EFRAG die konsolidierten Stellungnahmen der europäischen Verbände und Organisationen zu allen laufenden Projekten und zur weiteren Kommentierung veröffentlicht. Entsprechend ist auch die Website strukturiert:

✔ Projekte bezüglich einzelner Standards (IAS/IFRS)

✔ Projekte zu den Interpretationen

✔ Sonstige Projekte mit IASB und IFRIC zusammen

✔ Eigenständige oder proaktive Projekte

Nach Ablauf der jeweiligen Kommentierungsfristen finden Sie auf der Website dann auch die endgültige Stellungnahme der EFRAG gegenüber der EU-Kommission mit einem Vorschlag, ob ein Standard oder eine Interpretation übernommen werden soll oder nicht.

Sehr nützlich ist der Endorsement Status Report, den Sie auf der Website herunterladen oder als regelmäßigen Newsletter abonnieren können. Mit diesem Report sind Sie praktisch immer auf dem Laufenden, was die Übernahme neuer Standards in europäisches Recht anbelangt.

Sie sollten neben dem IASB auch die europäische Kontrollinstanz auf dem Radar haben, denn dort sehen Sie, was wirklich für Sie relevant ist oder wo eventuell auch noch kritische Themen »brodeln«.

Europäische Kommission

www.ec.europa.eu/internal_market/accounting/index_de.htm

Auf den Webseiten der Europäischen Kommission zur europäischen Rechnungslegung finden Sie zahlreiche hilfreiche Dokumente zur internationalen Rechnungslegung.

Neben aktuellen Nachrichten ist dort beispielsweise der vollständige Rechtsrahmen für die Finanzberichterstattungsvorschriften kapitalmarktorientierter Unternehmen in Europa veröffentlicht.

Außerdem finden Sie dort alle in europäisches Recht übernommenen Standards in deutscher Sprache und können auch hier den aktuellen Stand des Endorsementverfahrens einzelner IFRS nachvollziehen.

DRSC – Deutsches Rechnungslegungs Standards Committee

www.drsc.de oder www.standardsetter.de

Das DRSC ist aktuell unsere deutsche Interessenvertretung in Sachen Rechnungslegung. Auf der Webseite des DRSC werden praktisch alle IFRS-relevanten Informationen nochmals gebündelt, neu strukturiert und der Öffentlichkeit zur Verfügung gestellt.

Das DRSC hat im Juni 2010 überraschend den mit dem Bundesministerium der Justiz (BMJ) bestehenden Staatsvertrag gekündigt. Dadurch fallen die bisherigen Aufgaben des DRSC zum 1. Januar 2011 wieder dem BMJ zu. Zum aktuellen Zeitpunkt ist leider noch nicht klar, ob es wieder ein privates Rechnungslegungsgremium geben wird, das die Aufgaben in § 342 HGB übernimmt und uns dann auch wieder in internationalen Rechnungslegungsthemen vertritt.

Der große Vorteil dieser Webseite ist, dass Sie hier die meisten Informationen zu den IFRS nochmals in deutscher Sprache finden.

DPR – Deutsche Prüfstelle für Rechnungslegung

www.frep.info

Dies ist die Webseite der Deutschen Prüfstelle für Rechnungslegung (englisch Financial Reporting Enforcement Panel), also der deutschen Bilanzpolizei. Sie überprüft mögliche Verstöße gegen Rechnungslegungsvorschriften kapitalmarktorientierter Unternehmen. Die Jungs schauen also, ob Sie auch alles schön im Einklang mit den IFRS dargestellt haben und überprüfen auch noch mal Ihren Wirtschaftsprüfer.

Da Sie aber selbstverständlich zu den korrekt bilanzierenden Unternehmen gehören, fürchten Sie die DPR natürlich auch nicht.

Es ist sinnvoll, sich zum Beginn eines Geschäftsjahres auf dieser Website die aktuellen Prüfungsschwerpunkte der DRP anzuschauen. Aber vernachlässigen Sie bitte nicht die anderen Themen in Ihrem Unternehmen, nur weil diese nicht auf der Liste stehen!

> Die bislang veröffentlichten Prüfungsfeststellungen oder Fehlerveröffentlichungen der DPR finden Sie übrigens auch auf der Internetseite des Elektronischen Bundesanzeigers (www.ebundesanzeiger.de). Ist ganz interessant.

Als kapitalmarktorientiertes und interessiertes Unternehmen sollten Sie die auf der Webseite beschriebenen aktuellen Verfahrensregeln und Abläufe eines Prüfungsverfahrens der DPR kennen. Natürlich können Sie sich diese Vorschriften auch erst dann anschauen, wenn die DPR bei Ihnen »klingelt«, aber dann muss es meistens sehr schnell gehen, denn die von der DPR gesetzten Antwortfristen sind sehr kurz.

> Schauen Sie sich die Abläufe und Regeln daher vorab einmal an und klären Sie die internen Prozesse und Verantwortlichkeiten im Falle einer Prüfung.

OANDA

www.oanda.com

Auf dieser mehrsprachigen Website finden Sie aktuelle und historische Wechselkurse von derzeit mehr als 164 Währungen. Sofern Ihre Finanzbuchhaltungssoftware nicht bereits über eine automatische Marktdatenversorgung verfügt, sollten Sie dort alle historischen und aktuellen Wechselkurse finden, die Sie für Ihren IFRS-Abschluss benötigen.

> Historische Wechselkurse können vor allem bei der erstmaligen Erstellung eines IFRS-Abschlusses ziemliche Bedeutung erlangen. In diesem Fall gehen Sie ja vom Abschlussstichtag sogar zwei Jahre zurück und müssen alles zum damals geltenden Kurs umrechnen.

Mit nur wenigen Klicks stehen Ihnen dort sehr komfortabel die Fremdwährungskurse zum Download zur Verfügung, die Sie benötigen, um beispielsweise die Abschlüsse Ihrer ausländischen Töchter oder die exotischsten Fremdwährungspositionen in Ihrem eigenen Abschluss korrekt und prüfungssicher umrechnen zu können.

Natürlich finden Sie auf OANDA aber auch aktuelle Wechselkurse für Ihre privaten Auslandsreisen. Besonders zu empfehlen ist der Ausdruck des kleinen und handlichen Reisespickzettels (englisch FXCheatSheet), den Sie in ähnlicher Form sicher auch von Ihrer Hausbank kennen.

Europäische Zentralbank (EZB)

www.ecb.int

Mit dem »Statistical Data Warehouse« bietet die Website der EZB (unsere Zentralbank für die gemeinsame europäische Währung) eine sehr umfangreiche Onlinedatenbank, die Sie als komfortable und kostenfreie Quelle für die oft benötigten Marktdaten heranziehen können.

Zwar steht Ihnen dort auch eine große Auswahl an volkswirtschaftlichen Daten zur Verfügung, die in Zusammenarbeit mit den nationalen Zentralbanken erhoben werden (beispielsweise die Geldmengenaggregate M3), diese Informationen sind für Bilanzierungsfragen allerdings weniger interessant.

Für die Erstellung Ihres IFRS-Abschlusses sind aber die umfangreichen Wechselkurs- und Zinsdaten interessanter. Sie können diese direkt auf der Website bequem individuell zusammenstellen und sogar gleich im csv-Dateiformat herunterladen.

Mit dieser Datenquelle in der Hinterhand sind Sie dann ganz gut gewappnet für die verschiedenen Bewertungsleckereien, die bei der Abschlusserstellung vielleicht auf Sie warten – beispielsweise die Bewertung eines variabel verzinslichen Darlehens mit der Effektivzinsmethode oder gar die Szenarioanalysen für die Anhangangaben zu diesem Darlehen. Hoffentlich haben Sie diese Stichworte jetzt nicht erschreckt. Falls doch können Sie sich bei der Lektüre der Kapitel 11 und 13 wieder von Ihrem Schreck erholen!

Websites der Big 4

www.deloitte.de

www.ey.com

www.kpmg.de

www.pwc.de

Auf den Websites praktisch aller großen Wirtschaftsprüfungsgesellschaften finden Sie spezielle Servicebereiche zum Thema internationale Rechnungslegung und IFRS. Von dort können Sie sich kostenlos aktuelle Informationen zu fast allen Themen der internationalen Rechnungslegung herunterladen. Nur in wenigen Fällen müssen Sie dazu Ihre Adress- und Kontaktdaten herausgeben oder gar dafür bezahlen.

Einen sehr guten Überblick über die IFRS finden Sie übrigens auf einer speziellen IFRS-Internetseite von Deloitte: www.iasplus.de.

Wir empfehlen Ihnen insbesondere die folgenden Dokumente beziehungsweise Tools, die Sie in der Regel auf allen Big-4-Websites in der einen oder anderen Form finden:

✔ **IFRS-Musterabschluss:** Der fiktive IFRS-Abschluss eines europäischen Konzerns (EY: *Good Group Ltd.*), der in Übereinstimmung mit den IFRS für einen konkreten Abschlussstichtag erstellt wurde. Teilweise finden Sie auch branchenspezifische Musterabschlüsse (EY: *Good Bank* oder *Good Petroleum*) in denen spezielle Branchenvorschriften, Formulierungen oder Best Practices berücksichtigt werden. In der Regel enthalten die Rechenwerke, Zahlen- und Anhangangaben in allen Musterabschlüsse Verweise auf die konkreten IFRS-Fundstellen.

- **IFRS-Anhangchecklisten:** Anhang- oder Disclosure-Checklisten unterstützen Sie bei der Erstellung Ihres IFRS-Anhangs. In den verschiedenen Checklisten finden Sie alle IFRS-Anhangangaben, die zu einem bestimmten Stichtag vorgeschrieben oder empfohlen sind. Sie müssen sich nun nur noch durch die oft mehrere Zentimeter dicken Checklisten quälen und bei jedem Sachverhalt ankreuzen, ob er für Ihren Abschluss relevant ist oder nicht. Anhand der ausgefüllten Checkliste können Sie dann prüfen, welche Anhangangaben Sie in Ihren Abschluss aufnehmen müssen. Und eines ist gewiss: Ihr zuständiger Wirtschaftsprüfer wird diese Liste Millimeter für Millimeter durchgehen und überall sein allseits bekanntes »Häkchen« machen. Deshalb kann es von Vorteil sein, wenn Sie dies bereits vorher getan haben.

- **Industriespezifische IFRS-Whitepaper:** Für fast alle großen Branchen, aber auch einige spezielle Branchen, finden Sie auf den Big-4-Websites Publikationen zur industriespezifischen Anwendung der IFRS. Dabei werden meist die Knackpunkte oder aber spezielle Auslegungen der IFRS-Rechnungslegung genauer beleuchtet.

- **IFRS und lokale Rechnungslegung im Vergleich:** Diese Publikationen bieten Ihnen eine übersichtsartige, vergleichende Darstellung der Unterschiede und Gemeinsamkeiten der verschiedenen Rechnungslegungsvorschriften.

- **IFRS-Trainer:** Mit diesen Trainingsprogrammen können Sie anhand einfacher Multiple-Choice-Fragen Ihre IFRS-Kenntnisse testen.

- **IFRS-Newsletter:** Mit regelmäßigen E-Mail-Newslettern informieren die großen Prüfungsgesellschaften ihre Kunden, aber auch die interessierte Öffentlichkeit über aktuelle Entwicklungen und neue Anforderungen der IFRS-Rechnungslegung.

Schauen Sie sich immer mal wieder auf den verschiedenen Big-4-Websites um und beschränken Sie sich dabei nicht auf die Website Ihres Wirtschaftsprüfers – es lohnt sich!

So gut, sinnvoll und professionell viele dieser Tools und Publikationen auch sind: Sie finden überall den Hinweis, dass letztlich nur die offiziellen Standards und Interpretationen gelten! Von daher ist es uns ein großes Anliegen, dass Sie mit diesen Primärquellen umzugehen wissen und diese bitte nie aus dem Auge verlieren.

Akademie für Internationale Rechnungslegung

www.internationale-rechnungslegung.de

Haben Sie nach der Lektüre dieses Buches das Gefühl, dass Sie in Sachen IFRS lieber noch mal die Schulbank drücken und mithilfe von erfahrenen Dozenten den Ernstfall proben wollen, legen wir Ihnen die Akademie für Internationale Rechnungslegung ans Herz. Sie war die erste deutschsprachige Akademie für das Spezialgebiet der internationalen Rechnungslegung und ist heute einer der größten deutschen Anbieter in diesem Bereich. Dort bekommen Sie, was auch das beste Buch nicht bieten kann: Übung, Übung, Übung. Sie finden dort ein Angebot, das vom ersten Basiskurs über umfangreiche Kompakt- und Vertiefungskurse bis hin zu anerkannten Zertifikatskursen und individuellen Inhouse-Seminaren reicht.

Fachportale zur internationalen Rechnungslegung

www.ifrs-fachportal.de (deutsch)

www.accountingresearchmanager.com (englisch)

Im Internet existieren viele Datenbanken zur internationalen Rechnungslegung, die Ihnen neben den reinen Standards und offiziellen Interpretationen des IASB auch viele weitergehende Kommentare, umfangreiche Literatur und sinnvolle Hilfsmittel wie Checklisten oder Musterabschlüsse anbieten.

Bei den genannten Webseiten handelt es sich nur um zwei Beispiele dieser kostenpflichtigen Datenbanken, die Ihnen jedoch unabhängig von einer speziellen Wirtschaftsprüfungsgesellschaft, aber mit dem Hintergrund großer Fachverlage das gesamte Universum der internationalen Rechnungslegung bietet.

> Das *IFRS-Fachportal* als auch der *Accounting Research Manager* sowie fast alle anderen Datenbanken zur internationalen Rechnungslegung bieten Ihnen meist zeitlich befristete (seltener inhaltlich beschränkte) Testzugänge an. Nutzen Sie solche Angebote, um sich vorab die Datenbanken anzusehen und zu entscheiden, welcher Anbieter die für Sie passenden und komfortabelsten Dienste anbietet.

Solche Datenbanken bieten Ihnen den Vorteil, dass Sie für die meisten Bilanzierungs- und Bewertungsfragen sowohl die Originalstandards und -interpretationen als auch weiterführende Kommentare in leicht verständlicher und übersichtlicher Form im direkten Onlinezugriff haben. Funktionen wie Stichwortsuche oder Hyperlinks erleichtern Ihnen darüber hinaus die Arbeit ungemein.

Zehn Begriffe, die Ihnen über den Weg laufen können

In diesem Kapitel
- Mitreden können
- Auslöser und Hintergründe einer IFRS-Umstellung kennen
- Erkennen, was in Ihrem Unternehmen noch alles ansteht

Mit Fachbegriffen haben wir in diesem Buch wahrlich nicht gegeizt. Aber es gibt noch mehr. Wenn Sie sich im Umfeld der internationalen Rechnungslegung bewegen, können Ihnen viele Begriffe über den Weg laufen, die Sie vielleicht so noch nicht kannten. Nach der Lektüre dieses Kapitels können Sie auch dabei mitreden.

Due Diligence

Wörtlich übersetzt bedeutet *due diligence* nichts anderes als »erforderliche Sorgfalt«. Im Umfeld der IFRS versteht man darunter eine sorgfältige Unternehmensanalyse im Vorfeld einer größeren Unternehmenstransaktion. Meist handelt es sich dabei um

- ✔ den Kauf oder Verkauf eines Unternehmens,
- ✔ einen Börsengang oder
- ✔ die Aufnahme von Eigen- oder Fremdkapital.

Falls Sie nicht ein begnadeter Bastler oder Handwerker sind, ziehen Sie vielleicht vor dem Kauf eines gebrauchten Autos oder einer Immobilie einen Kfz- beziehungsweise Immobiliensachverständigen hinzu. Genau wie für Autos oder Immobilien gibt es auch für Unternehmen unabhängige Spezialisten, die das Potenzial und damit den Wert eines Unternehmens beurteilen.

Ein Unternehmen ist ein komplexer Wertgegenstand, zu dem nicht nur Autos und Immobilien, sondern natürlich auch Produkte, Maschinen und Mitarbeiter gehören können. Bei der Beurteilung eines Unternehmens interessiert besonders das zukünftige Ertragspotenzial, denn ein Käufer will ja zukünftig Geld verdienen. Dazu müssen Sie neben der aktuellen Stellung des Unternehmens am Markt auch die Bedeutung der Wettbewerber sowie alle relevanten wirtschaftlichen, steuerlichen und rechtlichen Verhältnisse berücksichtigen.

Das Ergebnis einer Due Diligence können Sie anschließend – wie auch beim Auto- oder Hauskauf – für die Kaufpreisverhandlung mit dem Verkäufer verwenden.

Wie Sie aus den Anlässen für eine Due Diligence bereits gesehen haben, ist sowohl beim Gang an einen öffentlichen Kapitalmarkt oder dem Verkauf an ein börsennotiertes Unternehmen zumindest bei der so genannten Financial Due Diligence oft auch IFRS-Know-how gefragt. Hierbei geht es nämlich um die Beurteilung der finanziellen und bilanziellen Lage des Unternehmens.

Kapitalmarktfähigkeit

Kapitalmarktfähigkeit bedeutet nichts anderes, als dass Ihr Unternehmen reif und fit für die Börse ist. Natürlich steht an erster Stelle ein für Investoren attraktives Geschäftsmodell.

Aber auch die sonstigen Rahmenbedingungen müssen stimmen, damit fremde Investoren Vertrauen in Ihr Unternehmen haben und Ihnen ihr Geld geben. Dazu sollten Sie insbesondere auf die folgenden Aspekte achten:

- ✔ **Unternehmensstruktur:** Schaffen Sie die rechtlichen und steuerlichen Voraussetzungen für eine Börsennotierung. Ist beispielsweise die Ausgabe von Aktien geplant, so sollte die Rechtsform der AG Ihre erste Wahl sein.
- ✔ **Management:** Sowohl Vorstand als auch Aufsichtsrat sollten mit kompetenten Köpfen besetzt sein. Im Idealfall sind Vertreter mit verschiedensten Kenntnissen des Unternehmensumfeldes, wie beispielsweise der Absatz- und Beschaffungsmärkte, des Kapitalmarktes oder aber auch der Bilanzierung vertreten.
- ✔ **Finanz- und Rechnungswesen:** In Abhängigkeit von der gewählten Börse und den jeweiligen Pflichten zur Offenlegung kommt hier die Umstellung auf IFRS, die Harmonisierung des internen und externen Rechnungswesens, die Implementierung von Planungs- und Controllingprozessen und eventuell auch die Einführung neuer IT-Systeme auf Sie zu.
- ✔ **Corporate Governance:** Machen Sie glaubhaft, dass Ihr Unternehmen über die notwendigen organisatorischen Instrumente und personellen Fähigkeiten zur Führung und Überwachung des Unternehmens verfügt. Hierzu gehören beispielsweise ein aktiv gelebtes Risikomanagementsystem, ein wertorientiertes Steuerungs- und Vergütungssystem sowie eine effiziente Unternehmenskommunikation.

Wenn alle diese Voraussetzungen erfüllt sind, sollten Sie bestens für einen erfolgreichen Gang an den Kapitalmarkt gerüstet sein.

Initial Public Offering (IPO)

Initial Public Offering (oder auch kurz *IPO*) ist der englische Begriff für den Börsengang. Das wichtigste Motiv für einen Börsengang ist natürlich die Zuführung von frischem Geld als Gegenleistung für die Gewährung einer Beteiligung in Form von Aktien. Ein geplanter Börsengang bedeutet für Sie dann in der Regel auch den ersten Kontakt mit den IFRS.

Neben dem Zugang zu einem öffentlichen Kapitalmarkt und den besseren Finanzierungsmöglichkeiten können Sie aber auch die stärkere öffentliche Wahrnehmung bei (potenziellen) Kunden und Mitarbeitern für sich nutzen. Mit diesen Vorteilen kommen allerdings auch einige erhebliche Belastungen auf Sie zu:

- ✔ die verstärkte Einflussnahme von Investoren
- ✔ die zwangsläufige Optimierung interner Prozesse und Abläufe
- ✔ die Notwendigkeit eines professionellen Risikomanagements
- ✔ der Bedarf, Ihre Abschlüsse innerhalb weniger Wochen erstellen zu können
- ✔ erhebliche Anforderungen an die Offenlegung von Unternehmensinformationen. Denken Sie hier nur an die IFRS oder die Erstellung von Quartalsabschlüssen.

Fast Close

Das ständig steigende Bedürfnis von Investoren und sonstigen Geldgebern nach aussagekräftigen Unternehmensinformationen macht auch vor dem Abschlusserstellungsprozess nicht halt. Daher wird mit dem sogenannten *schnellen Abschluss*, denn nichts anderes heißt *Fast Close*, versucht, die Zeitspanne zwischen dem Bilanzstichtag und der Veröffentlichung des Jahresabschlusses immer weiter zu verkürzen. Die Beschleunigung der Abschlusserstellung wird aber allein schon dadurch begünstigt, dass Sie heute keine manuellen Kontenbücher mehr führen müssen, sondern Ihnen modernste Informationstechnologie und Rechnungswesensoftware einen Großteil der Arbeit abnehmen.

Wichtigster Ansatzpunkt beim Fast Close ist, dass Sie sich überlegen, was Sie schon vor dem Geschäftsjahresende alles vorbereiten können. Viele Unternehmen gehen sogar so weit, dass sie für ihren Fast-Close-Abschluss schon im Vorfeld einen vorgezogenen Abschluss aufstellen und die noch fehlenden Zahlen erst mal nur schätzen. Dies hat zum einen den Vorteil, dass Sie zum Stichtag nur noch Ihre Annahmen überprüfen und anpassen müssen. Ein weiterer Vorteil ist, dass Sie sich bereits vor dem Bilanzstichtag genau überlegen, welche Informationen Ihnen noch fehlen.

Klar ist aber auch, dass sowohl die Informationsfülle als auch der Informationsbedarf enorm gestiegen sind. So schön und gut also die schnelle Bereitstellung von Jahresabschlussinformationen für den Investor auch sein mag, vergessen Sie nicht, dass auch die Qualität und Verlässlichkeit der veröffentlichten Informationen wichtig ist.

Corporate Governance

Hinter dem Begriff *Corporate Governance* versteckt sich die Forderung nach einer verantwortungsvollen Unternehmensführung. Dazu gehört beispielsweise, dass Sie den Deutschen Corporate Governance Kodex oder den US-amerikanischen Sarbanes Oxley Act (auch SOX oder SOA) beachten, sich an geltende Gesetze und Regeln halten sowie Ihr unternehmerisches Handeln an allgemein anerkannten Werten ausrichten. Vielleicht fragen Sie sich, ob das nicht alles selbstverständlich ist beziehungsweise warum man so etwas überhaupt braucht. Wie man leider an einigen Bilanzskandalen in den letzten Jahrzehnten gesehen hat, ist eine verantwortungsvolle Unternehmensführung aber alles andere als selbstverständlich.

Für Aktiengesellschaften ist eine Übereinstimmung mit dem deutschen Corporate Governance Kodex verbindlich vorgeschrieben. Damit unterliegen Aktiengesellschaften quasi einem Unternehmens-TÜV. Allerdings brauchen Sie sich keine Sorgen zu machen, dass Ihr Unternehmen zwangsweise stillgelegt wird, wenn Sie sich nicht an alle Vorschriften halten. Und genau das ist das Problem. Es gibt nämlich Empfehlungen (müssen befolgt werden) und Anregungen (können befolgt werden). Wenn von den Empfehlungen abgewichen wird, muss das Unternehmen dies mitteilen, Konsequenzen gibt es aber keine. Daher weichen viele Aktiengesellschaften noch immer davon ab. Falls Sie im Übrigen mal eine Anregung nicht befolgen, können Sie dies sogar ganz verschweigen.

Allgemein können Sie sich merken, dass durch die Corporate-Governance-Regeln die Transparenz für Investoren und andere Unternehmensinteressenten erhöht werden soll. Nachfolgend finden Sie ein paar Beispiele für Empfehlungen des deutschen Corporate Governance Kodex in Bezug auf die Rechnungslegung:

- Aufstellung des Jahresabschlusses unter Einhaltung der internationalen Rechnungslegungsgrundsätze
- Veröffentlichung von detaillierten Angaben über Aktienoptionsprogramme
- Erläuterung der Beziehungen zu nahestehenden Personen
- Veröffentlichung der individuellen Vorstandsgehälter

Post Merger Integration

Der Begriff *Post Merger Integration* wird Ihnen über den Weg laufen, wenn Sie mit einem anderen Unternehmen fusionieren, ein anderes Unternehmen kaufen oder aber selbst von einem anderen Unternehmen übernommen wurden. Der Begriff bezeichnet die kritische Phase nach einem solchen Zusammenschluss, in der die verschiedenen Abläufe und Kulturen beider Unternehmen zusammengebracht werden müssen, um die gewünschten Synergien (optimal wäre beispielsweise die Rechnung: 1 + 1 = 3) des Zusammenschlusses realisieren zu können.

Der Zusammenschluss von zwei Unternehmen, also die Summe aus 1 + 1 ist aber nur dann größer als 2, wenn Sie es verstehen, die Unternehmen optimal zu integrieren!

Nehmen wir zur Veranschaulichung einfach das Unternehmen Ehe. Aufgrund von Sympathien (teilweise auch Synergien) beschließen Sie eines Tages mit Ihrer Partnerin/Ihrem Partner, Ihre zwei Einzelunternehmungen zu einem Familienbetrieb zu verschmelzen. Dabei fällt Ihnen auf, dass die Abteilungen Wohnzimmer, Schlafzimmer und Küche einschließlich Inventar und Personal (Putzfrau) doppelt vorhanden sind. Sie können dies natürlich bei Bedarf so beibehalten und die möglichen Synergien ungenutzt lassen, oder Sie legen die genannten Abteilungen zusammen. Bevor Sie allerdings die ersten Spareffekte bemerken werden, müssen Sie grundlegende Entscheidungen treffen:

- ✔ Was nutzen Sie unverändert weiter?
- ✔ Welche Dinge führen Sie einer alternativen Nutzung zu?
- ✔ Wo benötigen Sie Ersatz?
- ✔ Wie kann man das Beste aus beiden Systemen kombinieren?

Das ist schwieriger als es klingt. Das rote Markensofa mag zwar deutlich komfortabler als das schwedische Modell mit dem lustigen Namen sein, passt von der Größe her aber einfach nicht in die gemeinsame Wohnung. Immerhin muss keine Neuanschaffung her. Aber die Küche! Sie haben zwei wunderbare Küchen, aber für die Bedürfnisse zu zweit sind beide zu klein. Obendrein lassen sie sich nicht erweitern. Hier müssen Sie in den sauren Apfel beißen und eine Neuanschaffung vornehmen.

Nicht selten kommt in dieser ohnehin schon harten Phase für beide Unternehmen und ihre Mitarbeiter auch noch die zusätzliche Anforderung zur Umstellung auf IFRS, da eines der beiden Unternehmen börsennotiert ist oder aus anderen Gründen einen Abschluss nach internationalen Rechnungslegungsvorschriften benötigt.

Working Capital Management

Unter dem Management des »arbeitenden Kapitals« steckt letztendlich nichts anderes als der Gedanke, dass Sie mit Ihrem Geld sparsam und effizient umgehen sollten. Während dieser Grundsatz bei neuen Investitionen regelmäßig eingehalten wird, rückt das Working Capital Management mit seinem Fokus auf das Umlaufvermögen und das dort gebundene Kapital leider oft erst bei Liquiditätsengpässen in den Vordergrund.

Dabei ist ein effizienter Einsatz des Umlaufvermögens gar nicht so schwierig, wenn Sie die steuernden Abläufe und Prozesse effizient gestalten. Sie müssen dazu nur an drei Punkten ansetzen:

- ✔ **Reduzieren Sie die offenen Forderungen:** Je schneller die Kunden ihre Rechnungen bezahlen, desto mehr liquide Mittel stehen Ihnen zur Verfügung und Sie müssen Ihren Geldbedarf nicht mit teuren Krediten decken. Überprüfen Sie dazu vielleicht mal wieder Ihre Zahlungsbedingungen und die Effizienz Ihres Mahnwesens.

- ✔ **Zögern Sie die Bezahlung Ihrer eigenen Verbindlichkeiten hinaus:** Indem Sie die Ihnen eingeräumten Zahlungsziele voll ausnutzen, schaffen Sie sich ebenfalls Liquidität. Schauen Sie sich an, wie schnell Sie die Rechnungen Ihrer Lieferanten bezahlen, und verhandeln Sie vielleicht über längere Zahlungsziele.

- ✔ **Optimieren Sie Ihre Vorratshaltung:** Achten Sie darauf, dass Sie nicht zu viel Liquidität in Ihr Lager stecken, aber dennoch immer genug Vorräte haben, um einen eventuellen Lieferengpass zu überbrücken.

Sie sollten sich nicht erst bei Liquiditätsproblemen um eine Optimierung Ihres Working Capital kümmern, denn es bringt so viele positive Effekte mit sich:

- ✔ Verbesserung der Liquidität
- ✔ Erweiterung des Innenfinanzierungsspielraums
- ✔ Erhöhung der Eigenkapitalquote
- ✔ Verbesserung von Bonität und Rating
- ✔ Reduzierung des Zinsaufwands
- ✔ Reduzierung der Prozesskosten

Wenn Sie sich nicht aus Liquiditätsgründen um eine Optimierung Ihres Working Capital kümmern, so kommt das Thema meist im Schlepptau mit den Gründen, die auch zu einer Umstellung auf IFRS führen: Kapitalmarktfähigkeit, Unternehmenskauf/-verkauf oder Optimierung der Finanzberichterstattung.

Wertorientierte Unternehmensführung

Früher haben viele Manager ihr Unternehmen ausschließlich mit einem kurzen Blick auf die oberste (Umsatz) und unterste Zeile (Gewinn) ihrer Gewinn-und-Verlust-Rechnung geführt. Heute wissen wir, dass ein Unternehmen nur dann dauerhaft erfolgreich sein kann, wenn es zumindest die Interessen seiner wichtigsten Anspruchsgruppen berücksichtigt:

- ✔ **Eigentümer**: Sie erwarten eine attraktive Verzinsung ihres investierten Kapitals.
- ✔ **Kunden**: Nur innovative Produkte und attraktive Serviceleistungen sichern dauerhaft den Umsatz.
- ✔ **Mitarbeiter**: Sichere Arbeitsplätze, ein gutes Betriebsklima und entsprechende Qualifizierungsmaßnahmen fördern die Motivation und Effizienz.

Mit einer solchen ganzheitlichen Unternehmensführung erreichen Sie eine kontinuierliche Wertsteigerung, die letztendlich allen Interessengruppen am Unternehmen zugutekommt. Man spricht daher von *wertorientierter Unternehmensführung*.

Bei der Einführung einer wertorientierten Unternehmensführung im Unternehmen müssen Sie allerdings auf allen Ebenen umdenken, denn jede Entscheidung sollte zukünftig ausschließlich an ihrem Beitrag zum Unternehmenswert gemessen werden. Dazu müssen Sie allerdings zunächst wissen, welche Dinge in Ihrem Unternehmen zu Wertsteigerungen führen, also die Werttreiber identifizieren. Anschließend sollten Sie jeden einzelnen Mitarbeiter durch individuelle Zielvorgaben auf die durch ihn beeinflussbaren Werttreiber verpflichten.

Einen derartigen Kulturwandel können Sie natürlich nicht von heute auf morgen erzwingen. Daher geht er auch meist einher mit einer Umstellung der externen Rechnungslegung auf IFRS, einer Harmonisierung der externen und internen Rechnungslegung sowie einem Umbau der internen Berichterstattung und natürlich den Vergütungssystemen.

Fair Value

Wahrscheinlich kannten Sie den Begriff des *Fair Value* schon bevor Sie dieses Buch in die Hand genommen haben, denn er ist einer der bekanntesten Begriffe aus dem IFRS-Universum. Je nach Sichtweise steht er für das Wohl als auch das Übel der IFRS. Die Fair-Value-Bewertung markiert nämlich einen der Eckpfeiler der Bilanzierung nach IFRS und erschüttert damit gleichzeitig die Grundpfeiler der handelsrechtlichen Bilanzierung.

Der Fair Value ist nichts anderes als der objektive Wert, mit man einen Vermögenswert aktuell am Markt bewerten würde. Dieser beizulegende Zeitwert ist also der Betrag, zu dem Sie heute einen Vermögenswert an einen sachverständigen und unabhängigen Geschäftspartner weitergeben könnten.

Für die erstmalige Bewertung eines Vermögenswertes können Sie den Fair Value meist noch recht einfach beziffern:

✔ Wenn Sie einen Vermögenswert kaufen, entspricht der Fair Value im Erwerbszeitpunkt den Anschaffungskosten.

✔ Wenn Sie einen Vermögenswert selber herstellen, entspricht er den Kosten für seine Herstellung.

> Während nach HGB die fortgeführten Anschaffungskosten ausschlaggebend sind, ist es nach IFRS in vielen Bereichen der Fair Value.

Spannend wird die Ermittlung des Fair Value allerdings erst dann, wenn Sie bestimmte Vermögenswerte nun regelmäßig mit einem objektiven Wert veranschlagen müssen, denn dazu gibt es nun verschiedene Möglichkeiten:

✔ Gibt es für den Vermögenswert einen öffentlichen Markt, nehmen Sie natürlich diesen Wert.

✔ Sollte kein aktueller Preis für den Vermögenswert verfügbar sein, müssen Sie einen Vergleichswert für einen vergleichbaren Vermögenswert heranziehen.

✔ Wenn keine dieser Möglichkeiten zu einem objektiven Wert führt, müssen Sie den Fair Value mühsam mithilfe eines anerkannten Bewertungsverfahrens ermitteln.

Sie sehen schon jetzt, dass dies natürlich Tür und Tor für Manipulation und Kritik öffnet. Zum einen ergeben sich erhebliche Spielräume für die Bewertung und zum anderen schlägt sich jede Wertänderung eines Vermögenswertes unmittelbar in Ihrem IFRS-Abschluss nieder.

> Die Fair-Value-Bewertung nach IFRS wurde im Zuge der andauernden Finanzkrise als Krisenbeschleuniger mitverantwortlich gemacht, denn bei einer Fair-Value-Bewertung von Finanzinstrumenten – also beispielsweise Aktien – zu Marktpreisen dürfen Sie bei boomenden Kapitalmärkten hohe Buchgewinne ausweisen, während Sie bei einbrechenden Börsenkursen oft zu dramatischen Abschreibungen gezwungen sind.

Certified Public Accountant

Waren es bislang ausschließlich die Wirtschaftsprüfer, die Sie jährlich bei der Prüfung Ihres Jahresabschlusses begleitet haben, so werden Sie auf den Visitenkarten Ihrer Berater und Prüfer immer häufiger die drei Buchstaben *CPA* finden.

Der CPA oder Certified Public Accountant ist der Berufstitel des amerikanischen Wirtschaftsprüfers und der Rechnungswesenexperten, die das amerikanische CPA-Examen abgelegt haben. Im Zuge der fortschreitenden Internationalisierung der Rechnungslegung wurde dieser Titel auch außerhalb der USA ein begehrter Qualifikationsnachweis für Experten der internationalen Rechnungslegung nach US-GAAP und den daran angelehnten IFRS.

Den begehrten Stempel und Bestätigungsvermerk unter Ihren IFRS-Jahresabschluss gibt Ihnen aber auch weiterhin ausschließlich Ihr deutscher Wirtschaftsprüfer.

Die zehn wichtigsten Änderungen

In diesem Kapitel
▶ Den Aktionsplan des IASB kennenlernen
▶ Die wichtigsten geplanten Änderungen erfahren

D as IASB schläft nicht. Auch wenn Sie sich durch alle Kapitel dieses Buches durchgearbeitet haben, heißt dies noch nicht, dass Sie mit dem Erlernten ewig arbeiten können. Die IFRS befinden sich ständig in einem Prozess der Veränderungen. Nicht zuletzt durch die ständigen Veränderungen der wirtschaftlichen Rahmenbedingungen. In diesem Kapitel haben wir uns zehn der aktuell wichtigsten Änderungsprojekte ausgesucht und stellen Ihnen diese vor. Sie sollten also auch weiterhin die Augen und Ohren offen halten, wenn es Hinweise vom IASB gibt und Sie eines der hier angesprochenen Themen wiedererkennen.

Über den Stand der jeweiligen Projekte können Sie sich laufend auf der Website des IASB informieren.

Generell können die aktuellen Bestrebungen nach ihrem Grund in drei Teilbereiche untergliedert werden:

✔ Projekte im Zusammenhang mit der Finanzkrise

✔ Projekte im Zusammenhang mit der Angleichung von IFRS und US-GAAP

✔ sonstige Projekte

Projekte im Zusammenhang mit der Finanzkrise

Die Ende 2008 beginnende weltweite Finanzkrise hat auch das IASB mitbekommen. Durch die Finanzkrise sind einige Schwachstellen in der internationalen Rechnungslegung zutage gekommen, die das IASB nun beheben möchte.

Konsolidierung

Bisher sind die Bestimmungen zur Konsolidierung in IAS 27 und SIC-12 geregelt. Durch das aktuelle Projekt soll ein neuer Standard geschaffen werden, der sich mit dem Thema Konsolidierung auseinandersetzt.

Der Begriff der »Kontrolle« soll im neuen Standard neu definiert werden und mehr auf grundsätzlichen Prinzipien basieren. Dadurch soll sichergestellt werden, dass die Konsolidierungspflicht bestimmter Gesellschaften und Zweckgesellschaften nicht weiter durch komplizierte Vertragsgestaltungen umgangen werden kann und der neue Begriff auf eine Vielzahl unterschiedlichster Situationen anwendbar ist. Der neue Standard hat auch bereits aufgetretene Probleme in der Anwendung von IAS 27 und SIC-12 aufgegriffen und will diese durch die neuen Regelungen beheben.

Außerdem sieht der neue Standard erweiterte Offenlegungspflichten vor. Investoren sollen dadurch noch stärker erkennen, ob ein Unternehmen bestimmte Strukturen zur Umgehung einer Konsolidierungspflicht eingerichtet hat.

Finanzinstrumente

Die Klassifizierung und Bewertung von Finanzinstrumenten soll vereinfacht werden. Am Ende entsteht hieraus ein komplett neuer Standard: IFRS 9 »Finanzinstrumente« soll dann den aktuell noch gültigen IAS 39 »Finanzinstrumente: Ansatz und Bewertung« ersetzen. Ziel ist, dass der neue Standard ab dem 01.01.2013 anwendbar sein soll. Es gibt insgesamt drei Teile:

- ✔ Teil I zur Klassifizierung und Bewertung von Finanzinstrumenten (bereits herausgebracht)
- ✔ Teil II zur Bewertung der fortgeführten Anschaffungskosten und Wertminderungen von finanziellen Vermögenswerten (bereits veröffentlicht)
- ✔ Teil III zur Bilanzierung von Sicherungsbeziehungen (noch nicht veröffentlicht)

In der Bilanzierung von Finanzinstrumenten wird sich durch den neuen Standard einiges ändern. Hoffentlich bewirkt er tatsächlich eine Reduzierung der Komplexität.

Anleitung zur Fair-Value-Bewertung

Die Fair-Value-Bewertung oder auch Bewertung zum beizulegenden Zeitwert haben Sie in diesem Buch in vielen Kapiteln angetroffen. Sie gilt als einer der zentralen Eigenschaften der IFRS-Rechnungslegung und wird wohl auch in Zukunft noch weiter an Bedeutung gewinnen. So oft die Fair-Value-Bilanzierung in den einzelnen Standards auch angesprochen wird, so oft gibt es meistens auch eine Erläuterung zur Wertermittlung. Damit soll nun Schluss sein.

Das IASB arbeitet an einem Standard, der den Begriff *Fair Value* einheitlich für die internationale Rechnungslegung festlegen soll. In diesem Standard soll aber nur auf die Vorgehensweise bei der Ermittlung des Fair Value eingegangen werden. In welchen Situationen der Fair Value jedoch für Zwecke der Bilanzierung herangezogen werden soll, bleibt weiterhin in den einzelnen Standards geregelt. Damit beschäftigt sich der neue Standard nicht!

Bisher wurde vom IASB Mitte 2009 ein Entwurf herausgegeben. Laut Plan soll der Standard Ende 2010 veröffentlicht werden.

Projekte im Zusammenhang mit der Angleichung von IFRS und US-GAAP

Das IASB kennen Sie bereits. Das FASB kennen Sie noch nicht. Das »Financial Accounting Standards Board« ist das Gegenstück zum IASB in den USA. Das FASB entwickelt die Rechnungslegungsstandards, die in den USA anwendbar sind: die US-GAAP. Sie können sich vorstellen, dass da zwei große Brocken aufeinandertreffen. Hier das IASB mit dem Ziel der international überall gleichen Rechnungslegung und da die USA mit ihrem starken Kapitalmarkt und der dort geforderten US-GAAP. Das macht doch keinen Sinn. Also haben sich beide Vertreter zusammengesetzt und beschlossen, dass sie irgendwann die IFRS und die US-GAAP harmonisiert haben möchten. Das war im September 2002 und heraus kam ein »Memorandum of Understanding«. Wenn Ihnen der Begriff über den Weg läuft, wissen Sie nun, was das ist. Seitdem arbeiten die beiden Gremien an der Harmonisierung beider Systeme und haben die Arbeit in bestimmte Projekte aufgeteilt. Die wichtigsten stellen wir Ihnen hier vor.

Leasing

Die bilanzielle Abbildung von Leasingverträgen wird sich grundlegend ändern und wohl am Ende auch nicht mehr viel mit der aktuellen Situation gemein haben.

Die Unterscheidung zwischen *Operating-Leasing* und *Finance-Leasing* wird es nicht mehr geben. Stattdessen soll der Ansatz eines Leasingvermögenswertes und einer dazugehörigen Leasingverbindlichkeit für alle Leasingverträge verpflichtend sein. Bisher war das nur im Falle eines Finance-Leasings vorgesehen. Hier kommt Arbeit auf Sie zu!

Ziel des Projekts ist, dass der Ansatz von Vermögenswerten und Verbindlichkeiten aus einem Leasingvertrag mit den grundlegenden Definitionen aus dem Rahmenkonzept übereinstimmt.

Ertragsteuern

Das Projekt »Ertragsteuern« ist ein wenig ins Stocken geraten und im Augenblick weiß keiner so recht, wie und wann es denn hier weitergeht. Aber von vorn:

Das Projekt haben sich die beiden Standardsetter schon 2002 auf die Liste genommen. Erst im März 2009 erfolgte dann die Veröffentlichung eines Entwurfs für einen neuen Standard. Der Entwurf hielt an dem bisherigen grundsätzlichen »Temporary Concept« für den Ansatz latenter Steuern fest. Das war aber so ziemlich alles, was von dem alten Konzept beibehalten wurde – es gab eine ganze Menge an Änderungen. Unter anderem sollten die meisten Ausnahmen des bisherigen IAS 12 abgeschafft werden. Die Rechnung ging aber so nicht auf. Die interessierte Öffentlichkeit hat mit Kritik an dem Entwurf nicht gerade gespart und es gab einen heftigen Aufschrei. Daraufhin hat das IASB beschlossen, das Projekt zunächst auf Eis zu legen. Es wird nun beraten, wie das Projekt weitergeführt werden soll. Die folgenden drei Alternativen stehen zur Wahl:

✔ Durchsetzung des bisherigen Entwurfs mit allen seinen Kritikpunkten

✔ der vollständige Verzicht auf einen neuen Standard und stattdessen einige Detailänderungen im IAS 12 vornehmen

✔ der komplette Verzicht auf das Projekt

Aktuell ist sich das IASB noch nicht einig, wie es weitergehen soll. Es bleibt spannend.

Joint Ventures

Bereits 2007 wurde der ED 9 »Joint Arrangements« veröffentlicht. Der Entwurf sieht eine grundlegende Änderung in der bilanziellen Abbildung von gemeinschaftlichen Unternehmen vor und soll IAS 31 »Anteile an Joint Ventures« ersetzen. Die folgenden Änderungen werden sich im Gegensatz zur aktuellen Vorgehensweise ergeben:

✔ Als Oberbegriff sollen gemeinschaftliche wirtschaftliche Aktivitäten als *Joint Arrangements* bezeichnet werden. Diese können als *Joint Operations*, *Joint Assets* oder *Joint Ventures* auftreten.

✔ Grundlage der Bilanzierung von *Joint Arrangements* ist, dass die Partner ihre vertraglichen Rechte und Verpflichtungen als Vermögenswerte und Schulden (auch unter der Berücksichtigung korrespondierender Aufwendungen und Erträge) abbilden. Im Gegensatz zum derzeit geltenden IAS 31 ist dabei die rechtliche Form der Vereinbarung nicht mehr der für die Bilanzierung ausschlaggebende Punkt

✔ Das Wahlrecht für die bilanzielle Abbildung von Joint Ventures wird abgeschafft. Die Quotenkonsolidierung ist nicht weiter zulässig. Die Equity Methode wird damit verpflichtend

✔ Bei Joint Operations und Joint Assets ist eine anteilige Bilanzierung der Vermögenswerte und vereinbarten Verpflichtungen vorgesehen

✔ Und wie immer kommt es zu umfangreicheren Angaben im Anhang.

Ertragsrealisierung

In der US-GAAP-Welt gibt es unzählige Vorschriften zur Ertragsrealisierung. Die IFRS kennen hier lediglich IAS 18 »Umsatzerlöse« und IAS 11 »Fertigungsaufträge«. Diese beiden Standards sollen durch einen neuen Standard abgelöst werden. In dem neuen Standard sollen dann die Grundlagen der Umsatzrealisierung zementiert werden.

Grundsätzlich sollen Umsatzerlöse immer dann realisiert werden, wenn ein Unternehmen seine Verpflichtungen zur Leistungserbringung erfüllt hat. Dies ist im Allgemeinen dann, wenn die Ware transferiert oder aber die Dienstleistung erbracht wurde.

In diesem Standard geht es mehr um eine Klarstellung denn um eine grundsätzliche Abkehr von der bisherigen Regelung. Aufgrund der besonderen Bedeutung von Umsatzerlösen für die Rechnungslegung wird dies jedoch ein weiterer Meilenstein in der weltweiten Harmonisierung der Rechnungslegung sein.

Darstellung des Abschlusses

Hier geht es einmal nicht um Bewertungsfragen, sondern lediglich darum, wie bestimmte Sachverhalte im Abschluss ausgewiesen werden – Darstellungsthemen halt.

Die Änderungen betreffen IAS 1 »Darstellung des Abschlusses«, IAS 7 »Kapitalflussrechnungen«, IFRS 5 »Zur Veräußerung gehaltene langfristige Vermögenswerte und aufgegebene Geschäftsbereiche«.

In Zukunft soll zum Beispiel die Gesamtergebnisrechnung nur noch gemäß *One-Statement Approach* dargestellt werden. Der *Two-Statement Approach*, also das Wahlrecht, dass Sie die Gewinn-und-Verlust-Rechnung und das sonstige Ergebnis getrennt an unterschiedlichen Stellen im Abschluss darstellen können, soll damit entfallen.

Außerdem geht es um die Diskussion, ob die direkte oder die indirekte Methode bei der Ermittlung des operativen Cashflows sinnvollere Informationen zur Verfügung stellen kann.

Falls Sie Geschäftsbereiche aufgeben und in den Genuss von IFRS 5 »Zur Veräußerung gehaltene langfristige Vermögenswerte und aufgegebene Geschäftsbereiche« kommen, sollten Sie wachsam sein. Hier soll es eine einheitliche Definition des Begriffs *aufgegebener Geschäftsbereich* in beiden Rechnungslegungssystemen geben. Natürlich sollen auch hier erweiterte Anhangangaben auf Sie zukommen.

Sonstige Projekte

Neben den beiden zweckbegründeten Projektumfängen arbeitet das IASB ständig auch an der Weiterentwicklung bereits bestehender Standards. Diese werden unter den sonstigen Projekten geführt. Zwei davon haben wir für Sie herausgepickt:

✔ Schulden

✔ Jährliche Verbesserungen

Schulden

Durch dieses Projekt wird es zu Änderungen in IAS 37 »Rückstellungen, Eventualverbindlichkeiten und Eventualforderungen« kommen.

Im neuen IAS 37 werden die Ansatz- und Bewertungsregeln für Verbindlichkeiten klarer definiert werden. Es wird auch zu einer Harmonisierung innerhalb der einzelnen IFRS kommen. So gibt es aktuell hinsichtlich der Ansatzpflicht von bestimmten Verbindlichkeiten noch unterschiedliche Regelungen innerhalb der IFRS. Zum Beispiel ist im Rahmen eines Unternehmenszusammenschlusses der Ansatz von Eventualverbindlichkeiten nach IFRS 3 verbindlich, während IAS 37 diesen Ansatz verbietet. Solche Ungereimtheiten sollen beseitigt werden.

Auch bei den Bewertungsregeln werden Unklarheiten aus der aktuellen Regelung beseitigt. Der geänderte IAS 37 wird eine neue Vorgehensweise zur Ermittlung der Höhe einer Schuld vorgeben. Eine eventuelle Unsicherheit im Zusammenhang mit der Schuld wird sich nunmehr in der Bestimmung der Höhe der Schuld wiederfinden und nicht bereits in den Ansatzkriterien.

Durch den geänderten IAS 37 werden es mehr Schulden in die Bilanz schaffen als bisher.

Jährliche Verbesserungen

Sie haben in Kapitel 3 gelesen, wie umfangreich und umständlich der Prozess zur Änderung von Standards ist. Daher hat das IASB einen Prozess erfunden, der es ermöglicht, dass kleinere und nicht so wesentlich dringende Änderungen an Standards auch ohne den kompletten offiziellen Prozess möglich sind. Dieser Prozess heißt *Annual Improvement Project* oder *Jährliches Verbesserungsprojekt*.

Im Rahmen des *Annual Improvement Project* sollen nun diese kleinen Änderungen in einem einzigen Änderungsstandard verfasst werden. Der Prozess läuft folgendermaßen:

✔ Das IASB sammelt und diskutiert Vorschläge zur Verbesserung einzelner Standards.

✔ Im dritten Quartal eines Jahres wird ein einziges Dokument veröffentlicht, das alle vorgeschlagenen Änderungen enthält. Kommentare zu diesem Entwurf können innerhalb einer Frist von 90 Tagen abgegeben werden.

✔ Nach Ablauf der Kommentierungsfrist soll im zweiten Quartal des Folgejahres die finale Version des Änderungsstandards veröffentlicht werden. Die Änderungen werden dann zum 01. Januar des darauf folgenden Jahres wirksam.

Diese Änderungsstandards können mal umfangreich und mal kurz sein. Wir empfehlen Ihnen daher, sich hin und wieder einmal auf die Website des IASB zu verirren und sich dort den aktuellen Stand eines laufenden »Annual Improvement Project« anzuschauen.

Stichwortverzeichnis

A

Abgang
  Veräußerungsabsicht 137, 138
  Veräußerungsgruppe 96, 139
Abschlussbestandteile 89, 295, 334, 336, 505
Abschreibungen
  außerplanmäßige Wertminderungen 130
  Methoden 118
  planmäßige Abschreibungen 119
  Wertaufholungen 136
  Wertminderungstest 131
Abschreibungsmethode 118, 137
Accounting Regulatory Committee (ARC) 69
Accounting Standards Committee (IASC) 46
accrual principle 81
Accruals 230, 249, 271, 311
Agio 218, 281, 282, 287
Akademie für Internationale Rechnungslegung 527
Akquisition 33, 34, 37, 38, 409, 411, 414, 415, 419, 420, 497, 534
Aktienoption 174, 255–257, 329, 330, 389
Aktienrückkauf 387, 394
Aktiensplitt 391
Aktive latente Steuern 93, 324, 325, 327, 328, 494, 514
Aktiver Markt 166, 180, 417
Anhang
  allgemeine Angabepflichten 336
  Anforderungen 334
  Angaben zu finanziellen Risiken 340
  Angaben zu Finanzinstrumenten 341, 343, 349, 352
  Anhangchecklisten 335
  Derivate, Sicherungsmaßnahmen und Hedge Accounting 352
  ergänzende Informationspflichten 336
  Erstellungsaufwand 334
  Fair-Value-Angaben 352
  Gliederung 335
  Gliederungsbeispiel 338
  Grundlagen 99, 333
  Kapitalmanagement 355
  Konformitätserklärung 336
  Kredit-/Ausfallrisiko 341, 345, 355
  Liquiditätsrisiko 341, 347
  Marktrisiko 341, 349
  nahestehende Unternehmen und Personen 356
  Preisrisiken 351
  Sicherheiten für Finanzinstrumente 355
  sonstige Angabepflichten 337
  Steuern, tatsächliche und latente 328
  Umkategorisierung und Übertragung von Finanzinstrumenten 354
  Unterschiede zum HGB 333
  Vertragsverletzungen 355
  Wechselkursrisiko 351
  Zinsrisiko 350
  Zuwendungen und Beihilfen 317
Anhangcheckliste 526
Anlagevermögen
  Anhangangaben 136
  Definition 105
  immaterielles 105
  materielles 105
  Rendite-Immobilien 140
  Veräußerungsabsicht 137
Annual Improvement Project 76
Anschaffungskosten 108–115, 127, 141, 144, 148, 160, 167, 178–184, 189, 199, 225, 242, 279, 286, 287, 314–318, 344, 350, 352, 413, 420, 425, 438–442, 481, 483, 535, 538
Anschaffungskostenmethode 225, 227
Anteile
  eigene 509
Anwartschaftsbarwertverfahren 252
Anwendung
  erstmalige 457, 501, 502, 510, 512
  retrospektive 501
Anzahlungen
  erhaltene 509
Asset Deal 410, 411

Assets 165, 419, 540
Assoziierte Unternehmen 96, 228, 437–439, 442
Aufträge
  in Bearbeitung 34, 498
Auftragserlöse 204, 205, 210, 211
Auftragskosten 204–207
Aufwands- und Ertragskonsolidierung 407
Aufwandsrückstellungen 234, 508
Ausfallrisiko 175, 341, 345, 346, 354, 355
Ausleihungen 164–167, 177, 181, 342, 353, 361
Ausweis
  immaterielle Vermögensgegenstände 127
  Sachanlagen 108, 129
Auszahlungsbetrag 257, 281, 282, 287, 289, 290
available for sale 165, 169, 184, 185, 302, 368, 370

B

balance sheet 89
bargain purchase 422, 423, 427, 439, 440
Barwert
  der Mindestleasingraten 151, 152
Barwerttest 146
Basel II 38
basic earnings per share 386, 387
Bedingte Kaufpreiszahlungen (earn outs) 413
Beherrschung 357, 401, 402, 412, 437, 448
Beitragsorientierte Versorgungszusagen 250
Beitragszusage 190, 250
Bericht
  des Managements 87, 377, 384, 474
Berichterstattung
  zeitnahe 41, 87, 531
Berichtspflichtige Segmente 373
Bestandsveränderungen 95, 97, 151, 202, 299
Bestandteile IFRS-Jahresabschluss 89, 100, 393
Beteiligungen
  assoziierte Unternehmen 96, 228, 438, 442
  Beherrschung 357, 401, 402, 412, 437, 448

Joint Venture 342, 357, 359, 437, 443, 447, 540
  maßgeblicher Einfluss 357, 437, 438
  Tochterunternehmen 131, 228, 358, 361, 376, 398–401, 408, 467, 471–479, 485–488
Betrachtungsweise
  wirtschaftliche 86, 145, 157, 160, 446
Betrag
  erzielbarer 134, 429, 431
Betriebs- und Geschäftsausstattung 108
Bewertung
  Fertigungsaufträge 208
  finanzielle Verbindlichkeiten 278, 285
  finanzielle Vermögensgegenstände 165, 166
  immaterielle Vermögensgegenstände 127, 128, 130
  latente Steuern 323
  Leasing 148–150, 153, 154
  Sachanlagen 108, 115
  Vorräte 189, 195
Bewertungsgrundlagen 199
Bewertungsgrundsätze 79, 80, 510
Bewertungsmaßstäbe 71
Bewertungsvereinfachungsverfahren 193
Bewertungsvorschriften 60, 71, 83, 189, 237
Bezugsrechte 388
Big 4 Wirtschaftsprüfungsgesellschaften 525
Bilanz
  Fristengliederung 92
  Gliederungsvorschlag 93
  Grundlagen 90
  Mindestangaben 90
Bilanzierbarkeit 87
Bilanzierungsänderungen 84
  Bilanzierungsmethoden 84
  Korrekturen 85
  Schätzungen 85
Bilanzierungshilfen 57, 258
Bilanzierungswahlrecht 126
Bilanzrechtsmodernisierungsgesetz (BilMoG) siehe BilMoG
Bilanzrechtsreformgesetz (BilReG) 56
Bilanzrichtliniengesetz (BiRiLiG) 52
Bilanzstichtag

gemeinsamer 408
BilMoG 56, 57, 60, 363
Börsengang 35
Börsensegmente 36, 37
Bruttoinvestition
  in das Leasingverhältnis 151
Bundesanstalt für Finanzdienstleistungsaufsicht (BaFin) 58
Bürgschaften 261, 263, 360
business combinations 128, 412

C

Capital Asset Pricing Model (CAPM) 418, 432
Cashflow 279, 344, 353, 368, 379
  aus betrieblicher Tätigkeit 363, 365, 366
  aus Finanzierungstätigkeit 363, 365, 366
  aus Investitionstätigkeit 363, 365, 366
Cashflow-Rechnung 362
Certified Public Accountant (CPA) 536
Cold IPO 446
comparability 82
Completed-Contract-Methode 202
Compliance 54, 340, 530–532
Contingent Liabilities 230
Controlling unter IFRS
  Allgemein 492
  controllingrelevante Standards 495
  FE-Controlling 495
  Goodwill-Controlling 496
  Konvergenz internes und externes Rechnungswesen 41, 494
  Projektcontrolling 498
  Umstellungsprojekt 469
Corporate Governance 54, 530, 531
Cost-to-Cost-Methode 207, 498

D

Darlehensverbindlichkeiten 92, 114, 168, 185, 231, 272, 275–285, 288–294, 312, 313, 317–322, 341–343, 347–352, 355, 361, 365, 366, 449, 525
decision usefulness 80
Delisting 51
Derivate 164, 171, 172, 174–177, 180, 185–187, 277, 285, 286, 342, 343, 348

Deutsche Prüfstelle für Rechnungslegung (DPR) 523
  Aufgabe 57
  Enforcement 58
Deutsche Rechnungslegungs Standards Committee e.V. (DRSC) 54
Deutscher Corporate Governance Kodex 531
Deutsches Rechnungslegungs Standards Committee (DRSC) 523
diluted earnings per share 386
Disagio 281, 282, 287, 289
Discussion Paper 66
Drohende Verluste 229
Due Diligence 529
Due Process 66
Durchschnitt
  gewogener 322

E

earnings per share 386
Effektivzinsmethode 286–290, 291, 354, 525
Eigene Anteile 224
Eigenkapital
  Abgrenzung Fremdkapital 216
  Anhangangaben 227
  Ausweis 218
  Bestandteile 218
  Bilanzgewinn 220
  Definition 88, 215
  Eigene Anteile 224
  Eigenkapitalveränderungsrechnung 227
  erfolgsneutrales Eigenkapital 220
  gezeichnetes Kapital 219
  Gliederungsvorschlag 219
  Kapitalrücklage 219
  Kosten der Eigenkapitalbeschaffung 222
  Kündigungsrechte 216
  other comprehensive income (OCI) 94, 221
  satzungsmäßige oder gesetzliche Rücklage 220
Eigenkapitalinstrument 163, 387
Eigenkapitalkostensatz 432, 433
Eigenkapitalüberleitung 369
Eigenkapitalveränderungsrechnung

Allgemein 367
Darstellung 368
Eigenkapitalspiegel 371
erfolgsneutrale Gewinne oder Verluste / OCI 367
Grundlagen 98
other comprehensive income (OCI) 368
Periodenergebnis 367
Transaktionen mit Anteilseignern 367
Eigentumsübergang 107, 144, 145, 150, 154, 159
Einheit
  zahlungsmittelgenerierende 136, 422, 430, 434
Einheitstheorie 406, 407
Einzelabschluss 43, 53, 55, 56, 60, 61, 100, 358, 374, 405–408, 420, 424–426, 438, 474, 486
Einzelwertberichtigungen 182, 346
Emissionskosten 222–224
Endorsement 66, 68, 69
Enforcement 58, 523
Entwicklungskosten 125, 128, 496, 508
Equity-Methode 91, 96, 298, 305, 437–443, 447, 540
Ergebnis je Aktie
  Aktienrückkauf 387
  Aktiensplitt 388
  Anhangangaben 391
  basic earnings per share 386
  Bezugsrechte 388
  diluted earnings per share 386
  Gratisaktien 388
  Grundlagen 385
  Kapitalerhöhung 387
  Optionen 389
  Verwässerung 387, 389
Erleichterungen 333, 502, 505, 515
Ermessensspielräume 236, 238
Eröffnungsbilanz 471, 503, 505–517
Erstbewertung 108, 127, 128, 152, 166, 179, 189, 192, 278, 287, 292, 439
  finanzielle Verbindlichkeiten 278
  Finanzinstrumente 165
  Fremdwährungsverbindlichkeiten 292
  Goodwill 422

immaterielle Vermögensgegenstände 127
Leasing 148, 150, 152, 154
Sachanlagen 108
Vorräte 189
Ertragslage 90
Ertragsrealisierung
  Fertigungsaufträge 204
Ertragsteuern 539
Ertragsteuerschulden 91–93, 248, 270, 424–427, 434
Ertragsteuerzahlungen 135, 365
Erwerbsmethode 409
Erzeugnisse
  fertige 198
  unfertige 91, 195, 197
Erzielbarer Betrag 133
Europäische Kommission 523
Europäische Zentralbank (EZB) 525
European Financial Reporting Advisory Group (EFRAG) 68, 522
Eventualschulden
  Allgemein 232, 235, 246, 260
  assoziierte Unternehmen und Gemeinschaftsunternehmen 263
  Bürgschaften und finanzielle Garantien 263
  Definition 232, 260
  Gesamtschuldnerischen Haftung 262
  Prozessrisiken 262
  Unternehmenszusammenschlüsse 263
Exposure Draft 67

F

Fachportale 527
Fair Presentation 87, 273
Fair Value 535
  Begriff 179, 535
  Bewertung 538
  Ermittlung 535
  zu erwartende Änderungen 538
fair value less costs to sell 133
Fair Value Option (FVO) 277
fair value through profit or loss 165
Fast Close 531
FE-Controlling 495, 496

Stichwortverzeichnis

F&E-Controlling 496
Fertigstellungsgrad 202, 203, 205–211, 308, 498
Fertigungsaufträge
   Anhangangaben 211
   bilanzielle Abbildung 208
   Completed-Contract-Methode 202
   Cost-to-Cost-Methode 207
   Definition 201
   drohende Verluste 210
   Fertigstellungsgrad 206
   Milestone-Methode 207
   Percentage-of-Completion-Methode 203
   Projektcontrolling 205, 211
   Umsatz- und Gewinnrealisierung 204
   Vertragsarten 204
   Zero-Profit-Methode 211
Fertigungsauftrage
   Auftragskosten 206
Festpreisverträge 204
Finance Lease 343, 344, 347, 353, 480, 484
Finanzanlagen 91, 93, 142, 169, 170, 174, 175, 180, 181, 184, 185, 225, 342, 441
Finanzertrag
   nicht realisierter 149, 151
Finanzielle Verbindlichkeiten 272, 278, 342
   Erstbewertung 278
   Folgebewertung 285
   Klassifizierung 269, 349, 352, 538
Finanzierungskosten 113, 115, 322, 348, 354
Finanzierungsleasing 86, 161, 273, 278
Finanzinstrumente
   aktiver Markt 180
   Anhangangaben 175
   Bewertung 178
   Bewertungsmodelle 180
   bis zur Endfälligkeit gehalten (held to maturity) 165, 167
   Definition 163
   Derivate 171
   Derivate, eingebettet 174
   erfolgswirksam zum beizulegenden Zeitwert bewertet 165, 169
   Erstbewertung 165
   Fair Value 179
   Folgebewertung 166
   Forderungen und Ausleihungen 165, 166
   fortgeführte Anschaffungskosten 179
   freiwillig zum beizulegenden Zeitwert bewertet 165
   Hedge Accounting 185
   Kategorisierung von Finanzinstrumenten 164, 173
   Risiken 175
   Transaktionskosten 166
   Wertberichtigungen 181
   Wertminderungen 183
   zu erwartende Änderungen 177, 538
   zu Handelszwecken gehalten (held for trading) 165, 171
   Zugangsbewertung 165
   zum beizulegenden Zeitwert bewertet 172
   zur Veräußerung verfügbar 165, 168
Finanzkrise 68, 537
Finanzlage 90
Firmenwert 127, 410, 422, 428, 429, 439, 440, 442
Folgebewertung
   finanzielle Verbindlichkeiten 285
   Finanzinstrumente 166
   Fremdwährungsverbindlichkeiten 292
   immaterielle Vermögensgegenstände 128, 130
   Leasing 149, 150, 153, 154
   Sachanlagen 115
   Vorräte 195
Forderungen
   zweifelhafte 345, 346
Forschungskosten 122, 123, 339, 374, 495, 496
Fortgeführte Anschaffungskosten 179, 270, 286, 287
Framework 71
Fremdkapital 267
Fremdkapitalkosten 35, 113, 114, 190, 318–323, 339
Fremdkapitalkostensatz 113
Fremdkapitalzinsen 192
Fremdwährung 171, 292, 336, 341, 351
Fristigkeit 92, 149, 153, 260

G

Garantien 245, 259, 263, 307
Gemeinschaftliche Führung 357, 437
Generalüberholungen 234
Gesamtergebnisrechnung
  Allgemein 297
  außerordentliche Sachverhalte 331
  Bestandteile 301
  Ertragsteuern 328, 539
  Fremdkapitalkosten 318, 319
  Gesamtkostenverfahren 97, 298, 299
  Gliederungsvorschlag 97
  Grundlagen 94
  Kundenbindungsprogramme 309
  latente Steuern 323
  Mindestangaben 96
  Mindestinhalt 298
  Mitarbeiterbeteiligungen 328
  one-statement approach 95, 303, 368
  sonstiges Ergebnis 302
  two-statement approach 95, 303, 368
  Umsatzkostenverfahren 97, 298, 300
  Umsatzrealisierung 304, 305, 308, 540
  Zuschüsse 311
Gesamtkostenverfahren 97
Geschäftssegment 374, 376–380, 382–384
Gesetz zur Kontrolle und Transparenz im Unternehmensbereich (KonTraG) 53
Gewährleistungen 85, 94, 234, 240, 245, 261, 307
Gewinnrealisierung 205, 308, 498
Gewinnrücklagen 93, 226, 512
Gewinn-und-Verlust-Rechnung (GuV) 97
Gläubigerschutz 80, 493
Gliederung
  Bilanz 90
  Eigenkapitalveränderungsrechnung 367
  Gesamtergebnisrechnung 94
Globalisierung 44
Goodwill 60, 128, 129, 409, 422, 428–430, 433, 439, 440, 442, 496–498
Goodwill-Controlling 496, 497
Goodwill-Impairment-Test 128, 130
Gratisaktien 388, 389, 391
Grundprinzipien der IFRS 80, 86

Periodengerechtigkeit 81
Relevanz 83
Unternehmensfortführung 81
Vergleichbarkeit 84
Verständlichkeit 83
Wesentlichkeit 83
Grundsatz
  glaubwürdige Darstellung 87
  Neutralität 86
  Verlässlichkeit 82, 86, 446, 531
  Vollständigkeit 86, 181
  Vorsicht 80, 145, 181, 201, 207, 217, 304, 319, 430, 449, 484
  wirtschaftliche Betrachtungsweise 86, 145, 157, 160, 446
Grundstücke und Gebäude 108
GuV 94, 297

H

Handelsbilanz 60, 470
Handelsgesetzbuch (HGB) 44
  BilMoG 56
Hedge Accounting 163, 171, 185–187, 270, 277, 291, 302, 343, 352, 512
held for trading 165, 170
held to maturity 165
Herstellungskosten 108, 112–114, 116, 118, 141, 189–191, 195, 198, 241, 318, 511, 517
Hilfsstoffe 198

I

IASB 46–49, 54, 55, 59, 60, 63–70, 76, 79, 89, 124, 128, 129, 161, 171, 172, 177, 179, 181, 252, 264, 270, 301, 311, 318, 333, 374, 380, 386, 402, 413, 417, 502, 511, 512, 521, 522, 527, 537–542
IASB-Projekte 522, 537, 539, 541
IASC 46, 47, 63–65
IAS-Verordnung
  Inhalt 55
  Umsetzung in Deutschland 56
IFRIC 64, 70
IFRS Advisory Council 65
IFRS for SME 58

IFRS Foundation (IFRSF) 63
IFRS Interpretations Committee
  Aufgaben 65
  Entstehungsprozess Interpretationen 70
  IFRIC-Interpretationen 74
  SIC-Interpretationen 74
IFRS-Abschluss
  Pflichtbestandteile 89
  wichtige Darstellungsregeln 99
  zu erwartende Änderungen zur Darstellung 540
IFRS-Erstanwendung
  Anhangangaben 505, 507, 515, 516
  Aufbau von IFRS 1 502
  buchhalterische Abbildung 510, 513
  Erstanwender 502
  Erstanwendungszeitpunkt 504
  erste IFRS-Berichtsperiode 504
  erster IFRS-Abschluss 503
  Grundlagen (IFRS 1) 501
  IFRS-Eröffnungsbilanz 503
  IFRS-Umstellungsprojekt 508
  Konformitätserklärung 504
  notwendige Abschlusskomponenten 505
  retrospektive Anwendung 501
  Überleitungsrechnungen 505, 516
  Verbote der retrospektiven Anwendung 510, 512
  Wahlrechte zur retrospektiven Anwendung 510, 511
  Zeitpunkt des Übergangs 503, 504
  Zwischenberichte 506
IFRS-Roadmap 49
IFRS-Umstellung
  Abschlussphase 471
  Analysephase 456
  Bilanzierungshandbuch 465
  Dokumentation 471
  Gründe 33
  Grundlagen 453
  Kick-Off 455
  Konzeptionsphase 465
  Konzernreporting 466
  Planungsphase 461
  projektmäßiges Vorgehen 42, 454, 464
  Projektteam 462

Schulungsbedarf 467
Umsetzungsphase 470
Umstellungsaufwand 40
und Controlling 469
und EDV 40, 468
Immaterielle Vermögenswerte
  Ansatzkriterien 124
  Ausweis 127
  Bilanzierungsverbote 121
  Folgebewertung 128
  Forschung und Entwicklung 123
  Grundlagen 120
  Nutzungsdauer 129
  selbst geschaffene Vermögenswerte 122
  Zugangsbewertung 127
Immobilien 91, 106, 140–142, 157, 159, 319, 338, 449, 463, 495, 511, 529
Impairment 130
Impairment Test 130
Income Statement 94, 297
Initial Public Offering (IPO) 530
Intangibles 120
Integration der Rechnungslegung 38
International Accounting Standards siehe IAS
International Accounting Standards Board siehe IASB
International Accounting Standards Committee (IASC) 63
International Accounting Standards Committee Foundation siehe IASC
International Financial Reporting Interpretations Committee siehe IFRIC
International Organization of Securities Commissions (IOSCO) 47
Interpretationen 71
Investment Properties 131, 137, 140–142
Investoren 36–38, 44, 45, 52, 80, 161, 223, 334, 373, 375, 376, 401, 486, 492, 530–532, 538
Investorenorientierung 373, 493
IPO 35, 37, 530
IT-System 40, 57, 459–461, 468, 469, 475, 476, 488, 530

J

Jährliche Verbesserungen 76, 542
Joint Venture 342, 357, 359, 437, 443, 447, 540
Jubiläumsverpflichtungen 249, 254, 362

K

Kapitalaufnahmeerleichterungsgesetz (KapAEG) 53
Kapitalerhöhung 219, 222–224, 364, 369, 388
Kapitalflussrechnung
    aus der betrieblichen Tätigkeit 363
    aus der Finanzierungstätigkeit 363
    aus der Investitionstätigkeit 363
    Allgemein 347, 362
    direkte Methode 364
    Grundlagen 98
    indirekte Methode 364
    Zusatzangaben 367
Kapitalkonsolidierung 407
Kapitalkostensatz 418, 432, 433
Kapitalmanagement 340, 355
Kapitalmarkt 33, 34
    Aufnahme von Eigen- oder Fremdkapital 529
    Börsengang 35, 529
    Börsensegmente 36
    Cold IPO 446
    Initial Public Offering (IPO) 35
    Investorenorientierung 80, 373
    Kapitalmarktfähigkeit 37, 530, 534
    Kapitalmarktorientierung 34, 373
    Neuer Markt 52
    New York Stock Exchange (NYSE) 50, 51
Kapitalrücklage 93, 98, 219, 220, 223–227, 258, 371
Kaufoption
    günstige 146
Kaufpreisallokation 412, 417–421, 423–428, 430, 435, 440, 446, 497
Klassifizierung 92, 143, 145–147, 157, 349, 538
    finanzielle Verbindlichkeiten 269, 349, 352, 538
    finanzielle Vermögenswerte 349, 352, 538

Leasing 145–147
Komponentensatz 119
Konformitätserklärung 336, 504
Konsolidierung 407
Kontenplan 477–482, 484
Konvergenz 473, 494
Konvergenz IFRS / US-GAAP
    Anfange 47
    Norwalk Agreement 48
    IFRS-Roadmap 49
    Konvergenzprojekt 49, 539
Konzernabschluss
    Anhangangaben bei der Equity-Methode 442
    Anhangangaben zum Unternehmenserwerb 426
    Asset Deal 411
    assoziierte Unternehmen 437
    Aufstellungspflicht 400
    Aufwands- und Ertragskonsolidierung 407
    Ausnahmen 401
    bargain purchase / lucky buy 423, 440
    bedingte Kaufpreiszahlungen (earn outs) 413
    Beherrschung 402
    beteiligungsproportionale (Quoten-) Konsolidierung 447
    Bilanzstichtag, gemeinsamer 408
    Definition 399
    Dokumentation eines Unternehmenserwerbs 421
    Einbeziehung 405
    Einheitstheorie 406
    Equity-Methode 438
    Ermittlung der beizulegenden Zeitwerte 417
    Ermittlung des Unterschiedsbetrags 429
    Erstkonsolidierung 406, 410
    Erstkonsolidierung nach der Equity-Methode 439
    Erwerbsmethode 409
    erzielbarer Betrag 431
    Folgebilanzierung eines Unternehmenserwerbs 428
    Folgekonsolidierung nach der Equity-Methode 440

Stichwortverzeichnis

gemeinschaftliche Führung 400
Geschäfts- oder Firmenwert (Goodwill) 422, 428, 440
IT-Abbildung eines Unternehmenserwerbs 420
Joint Ventures 443, 540
Kapitalkonsolidierung 407
Kaufpreis 412
Kaufpreisallokation 412, 417, 440, 446
Konsolidierung 407
Konsolidierungskreis 405, 409
Kontrolle 402
Kontrollkonzept 402
Konzernbilanzierungsrichtlinie 407
Konzerndefinition 399
maßgeblicher Einfluss 400, 437
Mutterunternehmen 401
nicht beherrschende Anteile (Minderheitenanteile) 419
Nutzungswert 431
Peer Group 433
Purchase Price Allocation (PPA) 412
Schuldenkonsolidierung 407
Transaktionen unter gemeinsamer Kontrolle 411
umgekehrter Unternehmenserwerb (reverse acquisition) 445
Unternehmenserwerb 409, 529
Unterschiedsbetrags aus der Erstkonsolidierung 421
Vollkonsolidierung 409
Werthaltigkeitstest (Impairment Test) 429
Wertminderungsbedarf 433
wirtschaftliche Kontrolle 400
zahlungsmittelgenerierende Einheit 422, 430
Zinssatz zur Diskontierung 432
zu erwartende Änderungen 537, 540
Zweckgesellschaften (special purpose entities) 448
Zwischengewinnkonsolidierung 407, 442
Konzernreporting 466, 469, 474, 475, 497
Kostenzuschlagsverträge 204
Kredite 113, 322, 344
Kreditrisiko 175, 341, 345, 346, 354, 355
Kulanzleistungen 234
Kundenbindungsprogramme 309

L

Lagebericht 89
Langfristige Auftragsfertigung 201, 470, 498
Latente Steuern 93, 131, 222, 323, 470, 494, 513
   aktive 324, 325, 327, 328, 494
   Bewertung 323
   passive 324, 325, 328, 431
Leasing
   Anhangangaben des Leasinggebers 151
   Anhangangaben des Leasingnehmers 155
   Bilanzierung beim Leasinggeber 148
   Bilanzierung beim Leasingnehmer 152
   Definition 143
   Erstbewertung 148, 150, 152, 154
   Finance-Leasing 145, 148, 152
   Folgebewertung 149, 150, 153, 154
   Immobilien 146
   Klassifizierung 145–147
   Klassifizierungskriterien 145
   Operating-Leasing 145, 150, 154
   Prufschema 147
   Right-of-Use-Ansatz 161
   Sale-and-lease-back 156
   typische Vertragselemente 144
   Veräußerungsgeschäfte 149
   verdeckte Leasingverhältnisse 147, 159
   zu erwartende Änderungen 160, 539
Leasinggeber 148
Leasingnehmer 152
Leasingverbindlichkeiten 92, 153, 270
Leasingvermögen 152
Leistungen
   unfertige 197, 201, 202
Leistungsorientierte Beitragszusagen 250–252
liabilities 229, 230, 277
Liquiditätsrisiko 175, 347, 348
Liquidatsrisiko 341
loans & receivables 165
lucky buy 422, 423, 439, 440

M

Management Approach 374, 377
Marktrisiko 175, 341, 349
Maßgeblicher Einfluss 357, 437, 438
Maßgeblichkeitsprinzip 60
matching principle 81
Mickey-Mouse-Lösung 481
Mietverlängerungsoption
    günstige 146
Milestone-Methode 207
Minderheitenanteile 93, 96, 355, 387
Mindestleasingrate 146, 151–156
Mitarbeiterbeteiligungen 256, 302, 328–330
Mittelständische Unternehmen 37, 58–60, 453, 481
Musterabschluss 525
Mutterunternehmen 401, 405

N

Nahestehende Unternehmen und Personen 356
    aufgrund von Beteiligungsverhältnissen 357
    ohne ein Beteiligungsverhältnis 359
    Angaben zu Managementvergütungen 362
    Anhangangaben 360
    Beherrschung 357
    Beispiele 359
    Definition 357
    Hintergründe 356
    maßgeblicher Einfluss 357
    relevante Transaktionen 360
Nettoinvestition
    in das Leasingverhältnis 148, 153
Nettoveräußerungspreis 133, 134, 140
Neubewertung 60, 95, 116, 168, 222, 368, 409, 411, 420, 425, 426, 439–441, 511
Neubewertungsmethode 302
Neubewertungsrücklage 169, 174, 175, 178, 184–186, 302
Neuer Markt 52
Neutralität 86
New York Stock Exchange (NYSE) 50
Niederstwertprinzip 189, 195, 199, 200
Niederstwerttest 189, 195, 199, 200

Norwalk Agreement 48
notes 89
Nutzen
    wirtschaftlicher 88, 106, 124–127, 255, 374, 411
Nutzungsdauer 60, 85, 107, 114, 117–119, 128, 129, 132, 137, 141, 146, 154, 158, 242, 314, 318, 324, 428, 449, 513
    unbestimmte 129, 428
Nutzungswert 133–135, 431, 432, 434, 435

O

OANDA 524
One-Statement approach 94, 95, 368
Operating Lease 143, 145, 146, 150, 152, 154, 156, 158, 161, 340
Optionen 228, 257, 273, 329, 330, 387, 389, 390
other comprehensive income (OCI) 221

P

Parallele Rechnungslegung
    Allgemein 473
    Anforderungen IT 476
    Anpassungsbuchungen 475
    buchungskreisbasierte Lösung 478, 482
    führende Bewertung 474
    IT-Umstellung 475, 476, 488
    Kontenplan 476
    kontenplanbasierte Lösung 478, 479
    Ledger Lösung 478, 484
    Mickey-Mouse-Lösung 481
    multiple Bilanzierung 474
    Neues Hauptbuch 484
    Überleitungsrechnung 476
    Umstellung auf Konzernebene 485
    Umstellung der lokalen Buchhaltung 487
    Umstellung der Tochterunternehmen 485
Passive latente Steuern 93, 514
Pauschalwertberichtigungen 182
Peer Group 433
Pensionen und ähnliche Verpflichtungen
    Allgemein 248
    Anhangangaben 248
    anteilsbasierte Vergütungen 255

Stichwortverzeichnis

Anwartschaftsbarwertverfahren 252
beitragsorientierte Pläne 250
kurzfristig fällige Leistungen an Arbeitnehmer 249
langfristig fällige Leistungen an Arbeitnehmer 254
Leistungen aus Anlass der Beendigung des Arbeitsverhältnisses 255
Leistungen nach Beendigung des Arbeitsverhältnisses 250
leistungsorientierte Pläne 251
versicherungsmathematische Annahmen 252
versicherungsmathematischer Gewinn oder Verlust 252
Pensionspläne 95, 221, 222, 250, 252, 254, 511
Pensionsrückstellungen 93, 251, 253, 258, 459
Percentage-of-Completion-Methode 203, 498
Periodenabgrenzung 237
Periodengerechtigkeit 81, 271, 315
Personalaufwand 249, 253, 254, 258, 299, 300, 329, 330, 340
Planung nach IFRS 489
Planvermögen 251, 253, 254
Post Merger Integration 532
Preisrisiken 176, 341, 349, 351
present value 279
Primärbewertung 474
Projektcontrolling 498, 499
Property, Plant & Equipment 108
Provision 306, 310
Purchase Price Allocation (PPA) 412

Q

Quotenkonsolidierung 447, 460, 540

R

Rahmenkonzept 71, 79
Rating 38, 39
Rechnungsabgrenzungsposten 93, 114, 282, 285
Rechnungslegung
  angloamerikanische 45
  europäische 45
  internationale Unterschiede 44
Rechtssystem 45
Related Parties 356
relevance 82
Relevanz 82, 83, 86, 127, 180, 456, 461
reliability 82
Restatement 85
Restrukturierung 232, 246, 247, 283, 423
Restrukturierungsmaßnahmen 246, 394, 431, 432
Revaluation 60, 95, 116, 168, 222, 368, 409, 411, 420, 425, 426, 439–441, 511
Right-of-Use-Ansatz 161
Rohstoffe 94, 197, 360, 361
Rückbauverpflichtung 112, 113, 242–244
Rücklagen 91, 93, 218, 220, 221, 228
  gesetzliche 220
  satzungsmäßige 220
Rückstellungen
  Abbruch-, Entsorgungs-, Rekultivierungs- und Rückbauverpflichtungen 241
  Abgang von Vermögenswerten 240
  Abzinsung 239
  Allgemein 229
  Anhangangaben 258
  Außenverpflichtung 234
  Bewertung 230, 236, 237
  Bilanzierung 230, 233
  Definition 232
  drohende Verluste 244
  Erstattungen 240
  Garantien und Gewährleistungen 245
  Kulanzleistungen 245
  Personalrückstellungen 245
  Prozess- und Gerichtskosten 246
  Restrukturierung 246
  Rückstellungsspiegel 259
  Schätzungen 236
  sonstige 93, 259, 339, 509, 514
  Steuerrückstellungen 248
  Umweltschutz 248
  vergangenes Ereignis 234
  Wahrscheinlichkeiten 235
  zu erwartende Anpassungen 264
Rückstellungsspiegel 259, 260

S

Sachanlagevermögen
  Abschreibung 118
  Anschaffungskosten 109
  Anschaffungskostenmodell 116
  Ausweis 108
  Definition 106
  Folgebewertung 115
  Fremdkapitalkosten, Aktivierung von 113
  Herstellungskosten 110
  Komponentenansatz 119
  Neubewertungsmodell 116
  Rückbauverpflichtung 112
  Zugangsbewertung 108
  Zuschüsse 114
Saldierung 101, 275, 509
Sale-and-lease-back 156–158
Sarbanes Oxley Act 531
Schätzung 85, 183, 211, 233, 236, 238, 239, 242, 252, 261–265, 307
Schulden
  abgegrenzte Schulden (accruals) 231
  Abgrenzung 230, 231
  Definition 88, 230, 268
  Eventualschulden (contingent liabilities) 230
  Schulden im engeren Sinn (liabilities) 231
  sichere 230
  unsichere 229
  zu erwartende Änderungen 541
Schuldenkonsolidierung 407
Schuldtitel 35, 37, 89, 172, 174, 176, 184, 185, 390, 401
Segmentberichterstattung
  Grundlagen 373
  Anhangangaben 385
  Anwendungsbereich 373
  Bestimmung der operativen Segmente 376
  Bilanzierungs- und Bewertungsmethoden 384
  Größenkriterien 383
  Management Approach 374
  Matrixorganisation 377
  Segmentabgrenzung 374

Segmentinformationen 385
Zusammenfassung von Segmenten 378
Selbst geschaffene immaterielle Vermögenswerte 122, 124, 414
SIC 65, 71, 312, 449, 537, 538
SME-Entwurf 58
Sonstige betriebliche Erträge 95, 97, 299, 301, 339
special purpose entities 445, 448–450, 538
Standardkosten 192
Standards 71
Standards Advice Review Group (SARG) 69
Standards Advisory Council (SAC) 64
Standardsetting-Prozess 65–68, 70
Standing Interpretations Committee (SIC) 65
statement of cash flows 89
statement of changes in equity 89, 368
statement of comprehensive income 89, 368
statement of financial position 89
Stetigkeitsgebot 84, 99
Steuerbilanz 40, 53, 60, 323–325, 328, 473–475, 513, 514
Steuern 95, 96, 135, 221, 297, 298, 302, 323–328, 335, 339, 350, 365, 390, 391, 431, 435, 469, 470, 478, 494, 513, 514, 539
  aktive latente 324, 325, 327, 328, 494
  passive latente 324, 325, 328, 431
Steuerrecht 9, 53, 323, 474, 475
Substance over form 86, 144, 157, 446, 448

T

Tausch 109, 416
Technische Anlagen und Maschinen 108
Teilgewinnrealisierung 493
temporary differences 324–326
timing differences 323
Tochterunternehmen 131, 228, 358, 361, 376, 398, 400, 401, 408, 467, 471, 475, 477, 479, 485, 487, 488
Treuhänder 67
Triggering Events 181, 494
True and Fair View 87
Two-Statement approach 94, 95, 368

U

Überleitungsrechnung 47, 151, 182, 228, 367, 369, 386, 391, 394, 476, 506
Umrechnungsdifferenzen 292, 512
Umsatzerlöse 304
Umsatzkosten 339
Umsatzkostenverfahren 97
Umsatzrealisation 297, 304, 306, 309, 310, 540
- bei Dienstleistungen 308
- bei Kundenbindungsprogrammen 309
- bei Langfristfertigung 204
- bei Verkäufen 305

Umstellung auf IFRS
- Auswirkungen 39
- Chancen 33
- Projektschritte 453

Umstellungsprojekt 463
understandability 82
United States Generally Accepted Accounting Principles (US-GAAP) 46
United States Securities and Exchange Commission (SEC) 46

Unternehmen
- kapitalmarktorientierte 34, 58, 59, 89, 385
- nicht kapitalmarktorientierte 61, 373

Unternehmenserwerb 406, 409–412, 417, 420, 422, 426, 445, 446, 498
Unternehmensfortführung 81, 237
Unternehmenszusammenschlüsse 128, 263, 264, 338, 410, 495, 502, 511
US-GAAP 44, 46–53, 55, 374, 474, 536, 537, 539, 540

V

Veräußerungsabsicht 137, 138
Veräußerungswert 133, 134, 137, 139, 189, 195–201

Verbindlichkeiten
- Abgang und Ausbuchung 275
- abgegrenzte Schulden 271
- Abgrenzung Eigenkapital 272
- Agio und Disagio 281
- Allgemein 267
- Ausweis 272
- beizulegender Zeitwert 278
- Bewertung 276
- Bilanzierung 273
- Effektivzinsmethode 286, 288
- Emissions- und Transaktionskosten 282
- Fair Value 278
- Fair Value Option (FVO) 277
- Finanzinstrumente 271
- Folgebewertung 285
- Fremdwährungsverbindlichkeiten 292
- Gliederung 272
- Kapitalwertmethode 280, 288
- Kategorien finanzieller Verbindlichkeiten 276
- Leasingverbindlichkeiten 270
- Saldierung 274
- sonstige finanzielle Verbindlichkeiten 277
- un- oder unterverzinsliche Darlehen 284
- zu fortgeführten Anschaffungskosten bewertet 286
- zu Handelszwecken gehalten 276
- Zugangsbewertung 278
- zum beizulegenden Zeitwert bewertet 285

Vergleichbarkeit 34, 47, 82, 84, 86, 337, 379, 385, 386, 388, 393, 502
Vergleichsinformationen 101, 504, 507
Verlässlichkeit 82, 86, 446, 531
Verlustaufträge 211
Verlustvorträge 327, 328
Vermögenslage 90
Vermögenswerte
- biologische 91
- Definition 88
- finanzielle 163–169, 171–174, 177, 178, 181, 183, 185, 270, 271, 276, 338, 342–348, 354, 438, 512, 538
- immaterielle 120
- materielle 106
- qualifizierte 113

Versicherungsmathematische Annahmen 252
Versicherungsmathematischer Gewinn oder Verlust 252
Verständlichkeit 82, 83, 94
Vertriebskosten 97, 190–192, 195, 196, 301, 339

555

Verwässerung 387
Vollkonsolidierung 409, 421, 438, 440, 442, 447, 449, 460
Vollkosten 241
Vollständigkeit 86, 181
Vorräte 84, 85, 91–94, 99, 107, 131, 151, 189–196, 199–201, 244, 318, 338, 339, 366, 441, 459, 494, 533
Vorratsvermögen
    Anhangangaben 201
    Anschaffungskosten 189
    Bewertungsvereinfachungsmethoden 192
    Definition 189
    Durchschnittskostenmethode 193
    fertige Erzeugnisse 196
    Fertigungsaufträge 201
    First-in-First-Out-Methode (FIFO) 194
    Herstellungskosten 189
    Nettoveräußerungswert 195
    Niederstwerttest 195
    Roh-, Hilfs- und Betriebsstoffe 198
    unfertige Erzeugnisse 197
    verlustfreie Bewertung 200
    Zugangsbewertung 189
    Zuschreibung 200
Vorsichtsprinzip 45, 80, 237

W

WACC-Ansatz 418, 419, 432, 433
Wahlrecht 53, 57, 199, 256, 257, 277, 443, 447, 540, 541
Wechselkursrisiko 341, 349, 351
Werbekosten 299
Wertaufholung 136, 201
Wertberichtigung 181, 183, 184, 346, 361, 429
Wertminderung 60, 130, 132–141, 169, 183, 184, 200, 201, 270, 429–439, 494–498
Wertminderungstest 129–132, 134, 141, 169, 183, 184, 428–431, 497, 513
Wertorientierte Unternehmensführung 534
Wertpapiere 33, 34, 55, 68, 93, 164, 168–170, 178, 252, 342, 353, 459
Wesentlichkeit 83, 85–87, 100, 362, 380, 440
Wiederbeschaffungskosten 199, 418
Wirtschaftliche Betrachtungsweise 157, 446
Working Capital Management 533

Z

Zahlungsmittel 91–93, 98, 338, 339, 342, 353, 362–367, 424–427, 431, 434, 435
Zahlungsmitteläquivalente 91, 92, 98, 338, 339, 362, 367
Zahlungsmittelgenerierenden Einheit 133
Zero-Profit-Methode 211
Zinsrisiko 341, 349, 350
Zuschreibungen 183, 366
Zuschüsse 111, 114, 311, 331
Zweckgesellschaften 448
Zwischenabschluss 392–394, 408
Zwischenberichterstattung
    Anhangangaben 393
    Grundlagen 392
    Mindestbestandteile 393
    Perioden, darzustellende 393
    Umfang 392
Zwischengewinnkonsolidierung 407

EU und Wirtschaft geht uns alle an!

ISBN 978-3-527-70171-1

Wofür ist die Europäische Union eigentlich zuständig? Und was tun die da in Brüssel den ganzen Tag? Was sind die Folgen der EU-Erweiterung?
Dieses Buch geht auf alle Fragen rund um die EU ein: die verschiedenen Institutionen, der Alltag der Beamten und Politiker in Brüssel und alles Wissenswerte rund um die neuen Mitgliedsstaaten.

ISBN 978-3-527-70213-8

Angebot und Nachfrage, Rezession und Inflation – was sich hinter diesen Begriffen verbirgt, was man unter Makroökonomie und Mikroökonomie versteht und was die Ökonomen sonst so beschäftigt, das findet sich – verständlich erklärt – in diesem Buch.

ISBN 978-3-527-70437-8

»BWL für Dummies« ist eine kompetente, prägnante und umfassende Einführung in die Betriebswirtschaftslehre. Dabei stellen die Autoren die wesentlichen Elemente und Grundbegriffe der Betriebswirtschaftslehre vor und zeigen die Bezüge zur Unternehmenspraxis auf.

ISBN 978-3-527-70375-3

»Wirtschaftsmathematik für Dummies« vermittelt die Mathematikgrundlagen, die für Wirtschaftswissenschaftler von Belang sind: Algebra, Analysis, Lineare Algebra, Wahrscheinlichkeitsrechnung und Finanzmathematik. Mit vielen Praxisbeispielen.

Qualität ist der Schlüssel

ISBN 978-3-527-70429-3

Was ist Qualität? Welche Bedeutung haben Qualitätsstandards? Wie kann die Prozessqualität messbar gemacht und verbessert werden? In »Qualitätssicherung für Dummies« geben die Autoren Antworten auf diese und weitere Fragen. Sie führen in die Grundlagen des Qualitätsmanagements ein und zeigen, wie verschiedene Methoden und Instrumente zur Problemlösung und Qualitätssicherung eingesetzt werden können.

ISBN 978-3-527-70645-7

Six Sigma ist eine auf Effizienz ausgerichtete Qualitätssicherungsmethode, mit deren Hilfe die Fehlerabweichung von einem genau definierten Ziel minimiert werden soll. Sie wird bereits von vielen Unternehmen erfolgreich eingesetzt, sei es zur Verbesserung eines Produktionsprozesses oder der Kundenorientierung. Was genau Six Sigma ist und wie man die Vorteile der Methode für sich nutzen kann, erklärt dieses Buch.

ISBN 978-3-527-70450-7

Die Balanced Scorecard hat sich in den letzten Jahren zu einem beliebten Führungsinstrument entwickelt. In »Balanced Scorecard für Dummies« erklären die Autoren zunächst die Grundlagen der Balanced Scorecard und zeigen auf, wie eine Balanced Scorecard geplant, eingeführt und umgesetzt wird.

ISBN 978-3-527-70599-3

Wer wünscht sich nicht, dass alles glatt läuft und Prozesse wie ein gut funktionierendes Räderwerk ineinander greifen? Peter Rösch erklärt Ihnen, wie Sie bestehende Prozesse analysieren, die entdeckten Schwachstellen beseitigen und perfekte Workflows definieren. So sparen Sie Zeit, Geld und Nerven!

Statistik – Kein Buch mit sieben Siegeln!

ISBN 978-3-527-70594-8

Statistik kann auch Spaß machen! Dieses Buch vermittelt das notwendige Handwerkszeug, um einen Blick hinter die Kulissen der so beliebten Manipulation von Zahlenmaterial werfen zu können: von der Stichprobe, Wahrscheinlichkeit und Korrelation bis zu den verschiedenen grafischen Darstellungsmöglichkeiten.

ISBN 978-3-527-70413-2

Statistik ist nicht jedermanns Sache, weiterführende Statistik erst recht nicht. In diesem Buch erklärt die Autorin verständlich, wann und wie Varianzanalyse, Chi-Quadrat-Test, Regressionen und Co. eingesetzt werden. Denn die nächste Prüfung kommt bestimmt!

ISBN 978-3-527-70390-6

Übung macht den Meister. Ob bei der Vorbereitung auf eine Prüfung oder einfach aus Spaß an der Freude: Wer Statistik richtig verstehen und anwenden möchte, sollte üben, üben, üben. Dieses Buch bietet Hunderte von Übungen zur Festigung des Lernstoffs, natürlich mit Lösungen und Ansätzen zum Finden des Lösungswegs.

ISBN 978-3-527-70596-2

SPSS ist das Analysetool für statistische Auswertungen. Wer anhand seiner Daten Entscheidungen treffen möchte, tut gut daran, es einzusetzen. Dieses Buch vom SPSS-Profi Felix Brosius bietet eine ideale Einführung in das komplexe Programm.

WERKZEUGE FÜR ZAHLENMENSCHEN

Balanced Scorecard für Dummies
ISBN 978-3-527-70450-7

Bilanzen erstellen und lesen für Dummies
ISBN 978-3-527-70598-6

Buchführung und Bilanzierung
für Dummies
ISBN 978-3-527-70554-2

Controlling für Dummies
ISBN 978-3-527-70153-7

Crystal Reports für Dummies
ISBN 978-3-527-70482-8

IFRS für Dummies
ISBN 978-3-527-70577-1

Kosten- und Leistungsrechnung
für Dummies
ISBN 978-3-527-70538-2

Strategische Planung für Dummies
ISBN 978-3-527-70365-4

Übungsbuch Buchführung für Dummies
ISBN 978-3-527-70552-8

Wirtschaftsmathematik für Dummies
ISBN 978-3-527-70375-3